DIZIONARIO
INGLESE-ITALIANO
ITALIANO-INGLESE

HAMLYN

DIZIONARIO

INGLESE-ITALIANO
ITALIANO-INGLESE

GIUNTI

CONTENTS

INDICE

Foreword

This dictionary aims to give concise and accurate definitions of 24,000 of the most important words in use in the English and Italian languages today.

A pronunciation system based on the International Phonetic Alphabet is used (see Key to symbols used in pronunciation). Pronunciation is given for all headwords in both sections of the dictionary, and also for selected subentries in the Italian-English section.

Modern technical, commercial, and informal usage is given particular attention, in preference to outmoded terms or other expressions not in common contemporary use. Definitions are numbered in order to distinguish senses, and abbreviations are used to indicate use in specific technical, scientific, or commercial fields (see Abbreviations used in the Dictionary). An additional feature is the inclusion of idiomatic expressions and phrases, so necessary for the understanding and use of the foreign language.

This dictionary, with its emphasis on modernity, together with its compact form and clear typeface, should prove indispensable in the home, at school, in the office, and abroad.

Premessa

Questo dizionario vuole offrire in forma sintetica, ma accurata, la traduzione di 24.000 tra le parole oggi più usate nelle lingue italiana e inglese.

In entrambe le sezioni viene fornita la pronuncia dei lemmi secondo l'Alfabeto Fonetico Internazionale. Nella scelta dei vocaboli da tradurre si è dato spazio a quelli di ambito tecnico-commerciale e ad alcuni termini scientifici, come pure a quelli di uso più informale. Particolare attenzione e rilievo hanno avuto quelle espressioni e forme idiomatiche che tanto utili risultano alla reale comprensione e all'uso di una lingua straniera.

Le differenti traduzioni di uno stesso vocabolo sono numerate in successione in modo da distinguerne i significati e sono accompagnate ove sia necessario, da abbreviazioni specifiche che ne identificano l'ambito linguistico di appartenenza.

Per la particolare attenzione dedicata alle forme correnti della lingua moderna, per la scelta del formato tascabile e la chiarezza di impaginazione, questo dizionario si propone come indispensabile strumento di consultazione per il turismo, lo studio e il lavoro.

Notes on the use of the Dictionary

Irregular plural forms of Italian nouns are shown immediately after the part of speech; the gender of the plural is given only if it differs from that of the singular:

e.g. **uomo**... *nm,pl* **uomini**
  uovo... *nm,pl* **uova** *f*

Nouns or adjectives that do not change in the plural are marked as invariable:

e.g. **re**... *nm invar* king.

Feminine forms of nouns are not shown when they can be derived in a regular way from the masculine form. Both masculine and feminine forms are shown when different translations are required, e.g. *figlio* son, *figlia* daughter.

When the same word may be both an adjective and a noun, the gender of the noun is given only when it is fixed. Thus, **segreto**... *adj,nm* (secret) indicates that the word is an adjective or a masculine noun; **adulto**... *adj,n* indicates that the word is an adjective or a masculine or feminine noun (*l'adulto, l'adulta*).

Adverbs derived from adjectives are not shown in either section of the dictionary unless a separate translation is required, or unless the formation is irregular. Italian adverbs are considered regular if they are formed by adding *-mente* to the feminine singular of the adjective, e.g. *lenta—lentamente*, or by dropping the final *e* of a feminine adjective ending in a vowel followed by *-le* or *-re* and adding *-mente*, e.g. *facile—facilmente*. English adverbs are considered regular if they are formed by adding *-ly* to the adjective.

Irregular verbs are marked with an asterisk in the headword list of both sections of the dictionary. The principal parts of all these verbs, except compounds, are shown in the verb tables. For the conjugation of compounds the reader should refer to the base form, e.g. for *aggiungere*, see *giungere*.

A swung dash (~) before a change of part of speech indicates
that the part of speech refers to the headword, not the preceding
subentry shown in heavy type.

In entrambe le sezioni del dizionario, i verbi irregolari sono se-
gnati con un asterisco al lemma corrispondente e, per la massima parte, si ritrovano negli elenchi posti nella parte iniziale del
volume.
In questa parte, inoltre, si trovano esemplificate le diverse ti-
pologie dei plurali irregolari inglesi più comuni.
Gli avverbi derivati dagli aggettivi non ricorrono nelle due sezioni del dizionario, eccettuate le forme irregolari e i casi in cui
si renda necessaria una traduzione specifica del vocabolo.
Gli avverbi italiani sono considerati regolari quando sono for-
mati con l'aggiunta del suffisso *-mente* all'aggettivo femminile
singolare corrispondente (es. lenta-lentamente), con la caduta
della *e* finale nei casi di terminazione in *-le* o *-re* (es. facile-
facilmente).
Gli avverbi inglesi sono considerati regolari quando sono for-
mati con l'aggiunta del suffisso *-ly* alla forma dell'aggettivo.

Una tilde (~) segnala che il vocabolo seguente costituisce in
effetti la traduzione del lemma e non piuttosto della parola
composta o comunque derivata dal lemma, battuta in neretto,
che la precede.

Abbreviazioni   ## Abbreviations

aggettivo	adj.	*adjective*
avverbio	adv.	*adverb*
anatomia	anat.	*anatomy*
architettura	arch.	*architecture*
ausiliare	aux.	*auxiliary*
aeronautica	aviat.	*aviation*
botanica	bot.	*botany*
commercio	comm.	*commerce*
computer	comp.	*computer*
congiunzione	conj.	*conjunction*
culinaria	cul.	*culinary*
articolo determinativo	def. art.	*definite article*
dispregiativo	derog.	*derogatory*
educazione	educ.	*education*
femminile	f.	*feminine*
familiare	fam.	*familiar*
formale	fml.	*formal*
giuochi	game	*cards, chess, etc.*
grammatica	gram.	*grammar*
geografia	geog.	*geography*
articolo indeterminativo	indef. art.	*indefinite article*
informale	inf.	*informal*
infinito	infin.	*infinitive*
interiezione	interj.	*interjection*
invariabile	invar.	*invariable*
letterario	lit.	*literature*
maschile	m.	*masculine*
matematica	math.	*mathematics*
medicina	med.	*medical*
militare	mil.	*military*
mineralogia	min.	*minerals*
modale	mod.	*modal*
automobilismo	mot.	*motoring*
musica	mus.	*music*
sostantivo	n.	*noun*
nautico	naut.	*nautical*
negazione	neg.	*negative*
persona	pers.	*person*
fotografia	phot.	*photography*
politica	pol.	*politics*
possessivo	poss.	*possessive*
prefisso	pref.	*prefix*
preposizione	prep.	*preposition*
pronome	pron.	*pronoun*
religione	rel.	*religion*

singolare	s.	*singular*
scientifico	sci.	*science*
gergo	sl.	*slang*
suffisso	suff.	*suffix*
volgare	tab.	*taboo*
industriale	Tdmk	*trademark*
tecnico	tech.	*technical*
teatro	Th.	*theater*
Stati Uniti	U.S.	*United States*
verbo	v.	*verb*
verbo intransitivo	vi.	*intransitive verb*
verbo impersonale	vimp.	*impersonal verb*
verbo riflessivo	vr.	*reflexive verb*
verbo transitivo	vt.	*transitive verb*
zoologia	zool.	*zoology*

Trascrizione fonetica

Phonetic transcription

vocali					*vowels*
vino		i			*bit*
				i:	*meet*
sera	e				
bello		ɛ			*get*
				æ	*hat*
				ɑ:	*heart*
				ʌ	*cut*
				ə	*ago*
				ə:	*sir*
brodo		ɔ			*hot*
				ɔ:	*ought*
notte	o				
rupe		u			*put*
				u:	*shoot*

semivocali					*semivowels*
ieri		j			*yes*
				w	*war*

dittonghi				*diphtongs*
piaga	ia			
lieto	ie			
azione	io			
fiume	iu			
baita		ai		*fly*
lei		ei		*late*
eroico	oi			
guida	ui			
lauto		au		*how*
reuma	eu			
			ou	*go*
quattro	ua			
quello	ue			
galantuomo	uo			
			iə	*here*
			əi	*boy*
			ɛə	*air*
			uə	*poor*

consonanti				*consonants*
bambino		b		*baby*
dado		d		*dear*
famiglia		f		*free*
gatto		g		*game*
			h	*hot*
cane		k		*kiss*
letto		l		*little*
madre		m		*mark*
no		n		*nice*
gnomo	ɲ			
			ŋ	*sing*
penna		p		*pencil*
ramo		r		*rose*
sano		s		*see*
tutto		t		*time*
vero		v		*very*
esame		z		*cousin*
uscire		ʃ		*ship*
			ʒ	*measure*
cercare		tʃ		*chin*
cagionare		dʒ		*gin*
			θ	*thin*
			ð	*then*
gli	ʎ			
aglio	ʎʎ			

altri segni		miscellaneous
accento tonico principale che precede la sillaba su cui cade la voce	ə'gou	*indicates that the following syllable is stressed as in 'ago'*
posto sotto *n* o *l* indica che esse sono pronunciate come una sillaba	'flænḷ	*placed under an 'n' or 'l' is pronounced as a syllable, as in 'button' and 'flannel'*

Alcuni plurali irregolari inglesi

I plurali irregolari sono, per definizione, difficilmente riconducibili a una sistemazione coerente ed unitaria.

È d'altro canto possibile individuare alcuni dei casi più comuni e ricorrenti:

a) sostantivi con plurale in *-ves*:

calf/calves	*elf/elves*	*half/halves*
knife/knives	*leaf/leaves*	*life/lives*
loaf/loaves	*self/selves*	*sheaf/sheaves*
shelf/shelves	*thief/thieves*	*wife/wives*
wolf/wolves		

b) sostantivi che formano il plurale con mutazione di vocali:

foot/feet	*goose/geese*	*louse/lice*
man/men	*mouse/mice*	*tooth/teeth*
woman/women		

c) altri plurali irregolari

child/children   *ox/oxen*

d) alcuni sostantivi invariabili che possono essere seguiti sia da un verbo singolare che plurale:

deer	*fish*	*sheep*
barracks	*crossroads*	*data*
dice	*headquarters*	*means*
oats	*series*	*species*

e) sostantivi che possono essere usati solo al singolare:

advice	*baggage*	*business*
furniture	*hair*	*information*
luggage	*news*	*progress*

f) altre forme invariabili:

- sostantivi indicanti nazionalità terminanti in *-ese* (oltre a *Swiss*)
  es. *The Chinese*: i cinesi

- i sostantivi *dozen, hundred, thousand* e *million* quando sono accompagnati da un numerale:
  es. *three hundred people*

g) i sostantivi stranieri spesso seguono le regole della lingua originale:

basis/bases
crisis/crises
phenomenon/phenomena
thesis/theses

Salvo nel linguaggio tecnico, si tende tuttavia comunemente a formare il plurale secondo le regole inglesi:

formula/formulae (matematica)/*formulas* (in generale)
villa/villas

Pesi e misure

misure di lunghezza

inch (abbr. *in*) = cm 2,54
foot (*ft*) = cm 30,48
yard (*yd*) = cm 91,44

misure di capacità

gill (abbr. *gl*) = l 0,14
pint (*pt*) = l 0,57
quart (*qt*) = l 1,13
gallon (*gal*) = l 4,54

misure di peso

dram (abbr. *dr*) = g 1,77
ounce (*oz*) = g 28,35
pound (*lb*) = g 453,60

Sistema monetario

Gran Bretagna

(in vigore fino al 1971)

pound: sterlina (unità base)
halfpenny: mezzo penny
penny: dodicesima parte dello scellino
shilling: ventesima parte della sterlina

(in vigore attualmente)

pound: sterlina (unità base)
penny (pl. *pennies/pence*): centesima parte della sterlina

Stati Uniti

dollar: dollaro (unità base)
cent: centesima parte del dollaro
dime: dieci centesimi di dollaro
quarter: venticinque centesimi di dollaro

Verbi irregolari inglesi

Infinito	Passato	Participio passato	Infinito	Passato	Participio passato
abide	abode *or* abided	abode *or* abided	**bring**	brought	brought
arise	arose	arisen	**build**	built	built
awake	awoke *or* awaked	awoke *or* awaked	**burn**	burnt *or* burned	burnt *or* burned
be	was	been	**burst**	burst	burst
bear	bore	borne *or* born	**buy**	bought	bought
beat	beat	beaten	**can**	could	—
become	became	become	**cast**	cast	cast
begin	began	begun	**catch**	caught	caught
bend	bent	bent	**choose**	chose	chosen
bet	bet	bet	**cling**	clung	clung
beware	—	—	**come**	came	come
bid	bid	bidden *or* bid	**cost**	cost	cost
bind	bound	bound	**creep**	crept	crept
bite	bit	bitten *or* bit	**crow**	crowed *or* crew	crowed
bleed	bled	bled	**cut**	cut	cut
blow	blew	blown	**deal**	dealt	dealt
break	broke	broken	**dig**	dug *or* digged	dug *or* digged
breed	bred	bred	**do**	did	done

Infinito	Passato	Participio passato
draw	drew	drawn
dream	dreamed or dreamt	dreamed or dreamt
drink	drank	drunk
drive	drove	driven
dwell	dwelt	dwelt
eat	ate	eaten
fall	fell	fallen
feed	fed	fed
feel	felt	felt
fight	fought	fought
find	found	found
flee	fled	fled
fling	flung	flung
fly	flew	flown
forbid	forbade or forbad	forbidden or forbid
forget	forgot	forgotten or forgot
forgive	forgave	forgiven
forsake	forsook	forsaken
freeze	froze	frozen
get	got	got
give	gave	given

Infinito	Passato	Participio passato
go	went	gone
grind	ground	ground
grow	grew	grown
hang	hung or hanged	hung or hanged
have	had	had
hear	heard	heard
hide	hid	hidden or hid
hit	hit	hit
hold	held	held
hurt	hurt	hurt
keep	kept	kept
kneel	knelt	knelt
knit	knitted or knit	knitted or knit
know	knew	known
lay	laid	laid
lead	led	led
lean	leant or leaned	leant or leaned
leap	leapt or leaped	leapt or leaped
learn	learnt or learned	learnt or learned
leave	left	left
lend	lent	lent
let	let	let

Infinito	Passato	Participio passato
lie	lay	lain
light	lit *or* lighted	lit *or* lighted
lose	lost	lost
make	made	made
may	might	—
mean	meant	meant
meet	met	met
mow	mowed	mown
must	—	—
ought	—	—
panic	panicked	panicked
pay	paid	paid
picnic	picnicked	picnicked
put	put	put
quit	quitted *or* quit	quitted *or* quit
read	read	read
rid	rid *or* ridded	rid *or* ridded
ride	rode	ridden
ring	rang	rung
rise	rose	risen
run	ran	run
saw	sawed	sawn *or* sawed
say	said	said
see	saw	seen

Infinito	Passato	Participio passato
seek	sought	sought
sell	sold	sold
send	sent	sent
set	set	set
sew	sewed	sewn *or* sewed
shake	shook	shaken
shall	should	—
shear	sheared	sheared *or* shorn
shed	shed	shed
shine	shone	shone
shoe	shod	shod
shoot	shot	shot
show	showed	shown
shrink	shrank *or* shrunk	shrunk *or* shrunken
shut	shut	shut
sing	sang	sung
sink	sank	sunk
sit	sat	sat
sleep	slept	slept
slide	slid	slid
sling	slung	slung
slink	slunk	slunk
slit	slit	slit
smell	smelt *or* smelled	smelt *or* smelled

Infinito	Passato	Participio passato
sow	sowed	sown *or* sowed
speak	spoke	spoken
speed	sped *or* speeded	sped *or* speeded
spell	spelt *or* spelled	spelt *or* spelled
spend	spent	spent
spill	spilt *or* spilled	spilt *or* spilled
spin	spun	spun
spit	spat *or* spit	spat *or* spit
split	split	split
spoil	spoilt *or* spoiled	spoilt *or* spoiled
spread	spread	spread
spring	sprang	sprung
stand	stood	stood
steal	stole	stolen
stick	stuck	stuck
sting	stung	stung
stink	stank *or* stunk	stunk
stride	strode	stridden
strike	struck	struck
string	strung	strung
strive	strove	striven
swear	swore	sworn

Infinito	Passato	Participio passato
sweep	swept	swept
swell	swelled	swollen *or* swelled
swim	swam	swum
swing	swung	swung
take	took	taken
teach	taught	taught
tear	tore	torn
tell	told	told
think	thought	thought
throw	threw	thrown
thrust	thrust	thrust
traffic	trafficked	trafficked
tread	trod	trodden *or* trod
wake	woke	woken
wear	wore	worn
weave	wove	woven *or* wove
weep	wept	wept
will	would	—
win	won	won
wind	wound	wound
wring	wrung	wrung
write	wrote	written

Italian irregular verbs

Infinitive	Present Indicative	Past Definite	Future	Past Participle
accendere	accendo	accesi	accenderò	acceso
accludere	accludo	acclusi	accluderò	accluso
accorgersi	mi accorgo	mi accorsi	mi accorgerò	accorto
affiggere[1]	affiggo	affissi	affiggerò	affisso
affliggere	affliggo	afflissi	affliggerò	afflitto
alludere	alludo	allusi	alluderò	alluso
andare	vado	andai	andrò	andato
apparire	apparisco or appaio	apparvi or apparsi	apparirò	apparso
appendere	appendo	appesi	appenderò	appeso
aprire	apro	aprii or apersi	aprirò	aperto
ardere	ardo	arsi	arderò	arso
assalire	assalgo or assalisco	assalii	assalirò	assalito
assistere	assisto	assistei	assisterò	assistito
assolvere	assolvo	assolsi	assolverò	assolto
assumere	assumo	assunsi	assumerò	assunto
avere	ho	ebbi	avrò	avuto
bere	bevo	bevvi or bevei	berrò	bevuto
cadere	cado	caddi	cadrò	caduto
chiedere	chiedo	chiesi	chiederò	chiesto
chiudere	chiudo	chiusi	chiuderò	chiuso
cogliere	colgo	colsi	coglierò	colto

Infinitive	Present Indicative	Past Definite	Future	Past Participle
coincidere	coincido	coincisi	coinciderò	coinciso
comparire	comparisco *or* compaio	comparvi *or* comparsi	comparirò	comparso
comprimere	comprimo	compressi	comprimerò	compresso
concedere	concedo	concessi *or* concedei	concederò	concesso *or* conceduto
concludere	concludo	conclusi	concluderò	concluso
connettere	connetto	connettei	connetterò	connesso
conoscere	conosco	conobbi	conoscerò	conosciuto
coprire	copro	coprii *or* copersi	coprirò	coperto
correre	corro	corsi	correrò	corso
costruire	costruisco	costruii	costruirò	costruito
crescere	cresco	crebbi	crescerò	cresciuto
cuocere	cuocio	cossi	cuocerò	cotto
dare	do	diedi *or* detti	darò	dato
decidere	decido	decisi	deciderò	deciso
deludere	deludo	delusi	deluderò	deluso
deprimere	deprimo	depressi	deprimerò	depresso
difendere	difendo	difesi	difenderò	difeso
dipendere	dipendo	dipesi	dipenderò	dipeso
dipingere	dipingo	dipinsi	dipingerò	dipinto
dire	dico	dissi	dirò	detto
dirigere	dirigo	diressi	dirigerò	diretto
discutere	discuto	discussi	discuterò	discusso
dissuadere	dissuado	dissuasi	dissuaderò	dissuaso
distinguere	distinguo	distinsi	distinguerò	distinto

Infinitive	Present Indicative	Past Definite	Future	Past Participle
dividere	divido	divisi	dividerò	diviso
dolere	dolgo	dolsi	dorrò	doluto
dovere	devo or debbo	dovetti or dovei	dovrò	dovuto
emergere	emergo	emersi	emergerò	emerso
esaurire	esaurisco	esaurii	esaurirò	esaurito/esausto
escludere	escludo	esclusi	escluderò	escluso
esigere	esigo	esigetti or esigei	esigerò	esatto
esistere	esisto	esistei	esisterò	esistito
espellere	espello	espulsi	espellerò	espulso
esplodere	esplodo	esplosi	esploderò	esploso
esprimere	esprimo	espressi	esprimerò	espresso
essere	sono	fui	sarò	stato
evadere	evado	evasi	evaderò	evaso
fare	faccio	feci	farò	fatto
fingere	fingo	finsi	fingerò	finto
fondere	fondo	fusi	fonderò	fuso
friggere	friggo	frissi	friggerò	fritto
giacere	giaccio	giacqui	giacerò	giaciuto
giungere	giungo	giunsi	giungerò	giunto
illudere	illudo	illusi	illuderò	illuso
immergere	immergo	immersi	immergerò	immerso
incidere	incido	incisi	inciderò	inciso
includere	includo	inclusi	includerò	incluso
invadere	invado	invasi	invaderò	invaso

Infinitive	Present Indicative	Past Definite	Future	Past Participle
istruire	istruisco	istruii	istruirò	istruito
leggere	leggo	lessi	leggerò	letto
mettere	metto	misi	metterò	messo
mordere	mordo	morsi	morderò	morso
morire	muoio	morii	morrò *or* morirò	morto
muovere	muovo	mossi	muoverò	mosso
nascere	nasco	nacqui	nascerò	nato
nascondere	nascondo	nascosi	nasconderò	nascosto
nuocere	nuoccio	nocqui	nuocerò	nociuto
offendere	offendo	offesi	offenderò	offeso
offrire	offro	offrii *or* offersi	offrirò	offerto
opprimere	opprimo	oppressi	opprimerò	oppresso
parere	paio	parvi *or* parsi	parrò	parso
percuotere	percuoto	percossi	percuoterò	percosso
perdere	perdo	persi *or* perdei	perderò	perso *or* perduto
persuadere	persuado	persuasi	persuaderò	persuaso
piacere	piaccio	piacqui	piacerò	piaciuto
piangere	piango	piansi	piangerò	pianto
piovere	piove	piovve	pioverà	piovuto
porgere	porgo	porsi	porgerò	porto
porre	pongo	posi	porrò	posto
potere	posso	potei	potrò	potuto
premere	premo	premei *or* premetti	premerò	premuto
prendere	prendo	presi	prenderò	preso

Infinitive	Present Indicative	Past Definite	Future	Past Participle
presumere	presumo	presunsi	presumerò	presunto
produrre	produco	produssi	produrrò	prodotto
proteggere	proteggo	protessi	proteggerò	protetto
provvedere	provvedo	provvidi	provvederò	provveduto or provvisto
prudere	prudo	prudei	pruderò	—
pungere	pungo	punsi	pungerò	punto
radere	rado	rasi	raderò	raso
reggere	reggo	ressi	reggerò	retto
rendere	rendo	resi	renderò	reso
reprimere	reprimo	repressi	reprimerò	represso
ridere	rido	risi	riderò	riso
riflettere	rifletto	riflessi or rifletti	rifletterò	riflesso or riflettuto
rimanere	rimango	rimasi	rimarrò	rimasto
risolvere	risolvo	risolsi	risolverò	risolto
rispondere	rispondo	risposi	risponderò	risposto
rodere	rodo	rosi	roderò	roso
rompere	rompo	ruppi	romperò	rotto
salire	salgo	salii	salirò	salito
sapere	so	seppi	saprò	saputo
scegliere	scelgo	scelsi	sceglierò	scelto
scendere	scendo	scesi	scenderò	sceso
sciogliere	sciolgo	sciolsi	scioglierò	sciolto
scomparire	scomparisco or scompaio	scomparvi or scomparsi	scomparirò	scomparso
scoprire	scopro	scoprii or scopersi	scoprirò	scoperto

Infinitive	Present Indicative	Past Definite	Future	Past Participle
scorgere	scorgo	scorsi	scorgerò	scorto
scrivere	scrivo	scrissi	scriverò	scritto
scuotere	scuoto	scossi	scuoterò	scosso
sedere	siedo *or* seggo	sedei	sederò	seduto
seppellire	seppellisco	seppellii	seppellirò	seppellito *or* sepolto
soffrire	soffro	soffersi *or* soffrii	soffrirò	sofferto
sommergere	sommergo	sommersi	sommergerò	sommerso
sopprimere	sopprimo	soppressi	sopprimerò	soppresso
sorgere	sorgo	sorsi	sorgerò	sorto
sospendere	sospendo	sospesi	sospenderò	sospeso
spargere	spargo	sparsi	spargerò	sparso
sparire	sparisco	sparvi *or* sparii	sparirò	sparito
spegnere	spengo	spensi	spegnerò	spento
spendere	spendo	spesi	spenderò	speso
spingere	spingo	spinsi	spingerò	spinto
stare	sto	stetti	starò	stato
stringere	stringo	strinsi	stringerò	stretto
succedere	succedo	successi *or* succedei	succederò	successo *or* succeduto
tacere	taccio	tacqui	tacerò	taciuto
tendere	tendo	tesi	tenderò	teso
tenere	tengo	tenni	terrò	tenuto
tingere	tingo	tinsi	tingerò	tinto
togliere	tolgo	tolsi	toglierò	tolto
torcere	torco	torsi	torcerò	torto

Infinitive	Present Indicative	Past Definite	Future	Past Participle
trarre	traggo	trassi	trarrò	tratto
uccidere	uccido	uccisi	ucciderò	ucciso
udire	odo	udii	udrò	udito
ungere	ungo	unsi	ungerò	unto
uscire	esco	uscii	uscirò	uscito
valere	valgo	valsi	varrò	valso *or* valuto
vedere	vedo	vidi	vedrò	veduto *or* visto
venire	vengo	venni	verrò	venuto
vincere	vinco	vinsi	vincerò	vinto
vivere	vivo	vissi	vivrò	vissuto
volere	voglio	volli	vorrò	voluto
volgere	volgo	volsi	volgerò	volto

[1] Most -*ere* verbs have the alternative endings of -*ei* or -*etti* in the Past Definite.

INGLESE - ITALIANO

A

a, an (ə, ən; *stressed* ei, æn) *indef art* un, uno *ms.* una, un' *fs.*

aback (ə'bæk) *adv* all'indietro. **taken aback** preso alla sprovvista.

abandon (ə'bændən) *vt* abbandonare, lasciare. *n* abbandono, trasporto *m.* **abandonment** *n* abbandono *m.* rinuncia *f.*

abashed (ə'bæʃt) *adj* intimidito, umiliato.

abate (ə'beit) *vt* mitigare, diminuire. *vi* calmarsi, indebolirsi.

abattoir ('æbətwɑː) *n* mattatoio *m.*

abbess ('æbis) *n* badessa *f.*

abbey ('æbi) *n* abbazia *f.*

abbot ('æbət) *n* abate *m.*

abbreviate (ə'briːvieit) *vt* abbreviare, accorciare. **abbreviation** *n* abbreviazione *f.*

abdicate ('æbdikeit) *vt* abdicare, rinunciare a. *vi* abdicare. **abdication** *n* abdicazione, rinuncia *f.*

abdomen ('æbdəmən) *n* addome *m.* **abdominal** *adj* addominale.

abduct (æb'dʌkt) *vt* rapire, portar via. **abduction** *n* rapimento, ratto *m.* **abductor** *n* rapitore *m.*

abet (ə'bet) *vt* incitare, istigare, favoreggiare.

abeyance (ə'beiəns) *n* sospensione *f.* **in abeyance** giacente.

abhor (əb'hɔː) *vt* aborrire, detestare. **abhorrence** *n* avversione, ripugnanza *f.* **abhorrent** *adj* odioso, ripugnante.

abide* (ə'baid) *vi* rimanere, dimorare. *vt* tollerare. **abide by** rispettare, tener fede a.

ability (ə'biliti) *n* abilità *f.* talento *m.*

abject ('æbdʒekt) *adj* abietto, vile, spregevole.

ablaze (ə'bleiz) *adj* in fiamme, risplendente.

able ('eibəl) *adj* **1** abile, esperto. **2** in grado di. **able-bodied** *adj* robusto, forte. **ably** *adv* abilmente.

abnormal (æb'nɔːməl) *adj* anormale. **abnormality** *n* anormalità *f.*

aboard (ə'bɔːd) *adv* a bordo. **go aboard** imbarcarsi. ~*prep* a bordo di.

abode (ə'boud) *n* dimora, residenza *f.*

abolish (ə'bɔliʃ) *vt* abolire, sopprimere. **abolition** *n* abolizione *f.*

abominable (ə'bɔminəbəl) *adj* abominevole, detestabile. **abomination** *n* **1** infamia *f.* **2** disgusto *m.*

Aborigine (æbə'ridʒini) *n* aborigeno *m.*

abort (ə'bɔːt) *vi* **1** abortire. **2** fallire. **abortion** *n* aborto *m.* **abortive** *adj* **1** abortivo. **2** mancato.

abound (ə'baund) *vi* abbondare.

about (ə'baut) *prep* **1** circa, intorno a. **2** riguardo a. *adv* **1** circa, quasi. **2** presso.

above (ə'bʌv) *adv* in alto, lassù. *prep* sopra, più di, oltre. **above all** soprattutto. **above mentioned** suddetto. **above-board** *adv* lealmente, apertamente. *adj* leale.

abrasion (ə'breiʒən) *n* abrasione, escoriazione *f.* **abrasive** *adj,n* abrasivo *m.*

abreast (ə'brest) *adv* di fianco.

abridge (ə'bridʒ) *vt* abbreviare, ridurre. **abridgment** *n* sommario, riassunto *m.*

abroad (ə'brɔːd) *adv* all'estero.

abrupt (ə'brʌpt) *adj* **1** brusco, improvviso. **2** ripido, scosceso.

abscess ('æbses) *n* ascesso *m.*

abscond (əb'skɔnd) *vi* nascondersi, rendersi latitante.

absent ('æbsənt) *adj* assente, mancante. **absent-minded**

adj distratto. **absentmindedness** *n* distrazione *f*. **absence** *n* assenza, mancanza *f*. **absentee** *n* persona abitualmente assente *f*. assente *m*.

absinthe ('æbsǝluɪt) *n* assenzio *m*.

absolute ('æbsǝluɪt) *adj* **1** assoluto. **2** completo, perfetto.

absolve (ǝb'zɔlv) *vt* assolvere. **absolution** *n* assoluzione *f*.

absorb (ǝb'zɔɪb) *vt* assorbire. **absorbent** *adj* assorbente. **absorption** *n* assorbimento *m*.

abstain (ǝb'stein) *vi* astenersi. **abstention** *n* astensione *f*. **abstinence** *n* astinenza *f*. digiuno *m*.

abstract (*adj,n* 'æbstrækt; *v* ǝb'strækt) *adj* astratto. *n* estratto, riassunto *m*. *vt* astrarre, rimuovere. **abstraction** *n* astrazione *f*.

absurd (ǝb'sɔɪd) *adj* assurdo, ridicolo. **absurdity** *n* assurdità *f*.

abundance (ǝ'bʌndǝns) *n* abbondanza *f*. **abundant** *adj* abbondante.

abuse (*v* ǝ'bjuɪz; *n* ǝ'bjuɪs) *vt* **1** abusare di. **2** insultare, maltrattare, ingiuriare. *n* **1** abuso, cattivo uso. **2** insulti *m pl*. **abusive** *adj* **1** ingiurioso. **2** abusivo.

abyss (ǝ'bis) *n* abisso *m*. **abysmal** *adj* abissale. profondo.

Abyssinia (æbǝ'siniǝ) *n* Abissinia *f*. **Abyssinian** *adj,n* abissino.

academy (ǝ'kædǝmi) *n* accademia *f*. **academic** *adj,n* accademico, universitario *m*.

accelerate (ǝk'selǝreit) *vt* accelerare. **acceleration** *n* accelerazione *f*. **accelerator** *n* acceleratore *m*.

accent ('æksǝnt) *n* accento

m. **accentuate** *vt* accentuare, mettere in evidenza. **accentuation** *n* accentuazione *f*. enfasi *f invar*.

accept (ǝk'sept) *vt* accettare, accogliere, approvare. **acceptable** *adj* accettabile, ammissibile. **acceptance** *n* accettazione, approvazione *f*.

access ('ækses) *n* accesso, ingresso *m*. **accessible** *adj* accessibile.

accessory (ǝk'sesǝri) *adj* accessorio. *n* **1** complice *m*. **2** accessorio *m*.

accident ('æksidnt) *n* **1** disgrazia *f*. incidente *m*. **2** accidente caso *m*. **by accident** per caso. **accidental** *adj* fortuito, casuale.

acclaim (ǝ'kleim) *vt* acclamare. **acclamation** *n* acclamazione *f*.

acclimatize (ǝ'klaimǝtaiz) *vt* acclimatare.

accommodate (ǝ'kɔmǝdeit) *vt* **1** ricevere, ospitare. **2** metter d'accordo, conciliare. **3** adattare, conformare. **accommodating** *adj* accomodante, compiacente. **accommodation** *n* alloggio *m*.

accompany (ǝ'kʌmpǝni) *vt* accompagnare. **accompaniment** *n* accompagnamento *m*.

accomplice (ǝ'kʌmplis) *n* complice *m,f*.

accomplish (ǝ'kʌmpliʃ) *vt* compiere, terminare, realizzare. **accomplished** *adj* esperto. **accomplishment** *n* **1** compimento *m*. **2** talento *m*.

accord (ǝ'kɔɪd) *n* accordo, consenso *m*. **of one's own accord** spontaneamente. ~*vt* accordare, concedere. **accordance** *n* accordo *m*. conformità *f*. **accordingly** *adv* pertanto, di conseguenza, perciò, quindi. **according to** *adv* secondo, conformemente a.

accordion (ə'kɔːdiən) n fisarmonica f.

accost (ə'kɔst) vt indirizzarsi a, rivolgersi a.

account (ə'kaunt) n 1 conto, calcolo m. 2 versione f. resoconto m. **by all accounts** a quanto si dice. **on account of** a causa di. **on no account** per nessun motivo. ~ vt considerare, riguardare. **account for** essere responsabile di, render conto di. **accountable** adj responsabile. **accountancy** n contabilità f. **accountant** n contabile m. **chartered accountant** ragioniere m.

accumulate (ə'kjuːmjuleit) vt accumulare, ammassare. vi accumularsi. **accumulation** n accumulamento, ammasso m. **accumulative** adj accumulativo.

accurate ('ækjurət) adj accurato, preciso, esatto. **accuracy** n accuratezza, precisione f.

accuse (ə'kjuːz) vt accusare, incolpare. **accusation** n accusa f. **accused** n accusato, imputato m.

accustom (ə'kʌstəm) vt abituare.

ace (eis) n 1 asso m. 2 inf campione m.

ache (eik) n dolore, male m. vi dolere, far male.

achieve (ə'tʃiːv) vt 1 compiere, portare a termine. 2 ottenere, raggiungere. **achievement** n 1 compimento m. 2 impresa f. successo m.

acid ('æsid) adj,n acido m. **acidity** n acidità f.

acknowledge (ək'nɔlidʒ) vt ammettere, riconoscere. **acknowledge receipt** accusare ricevuta. **acknowledgment** n 1 riconoscimento m. ammissione f. 2 ricevuta f.

acne ('ækni) n acne m.

acorn ('eikɔːn) n ghianda f.

acoustic (ə'kuːstik) adj acustico. **acoustics** n acustica f.

acquaint (ə'kweint) vt informare, mettere al corrente. **be acquainted with 1** conoscere. **2** essere al corrente di. **acquaintance** n conoscenza f.

acquiesce (ækwi'es) vi acconsentire, assentire. **acquiescence** n acquiescenza f. **acquiescent** adj acquiescente, docile.

acquire (ə'kwaiə) vt 1 acquistare, acquisire. 2 imparare. **acquisition** n acquisizione f. acquisto m. **acquisitive** adj avido di guadagno.

acquit (ə'kwit) vt 1 assolvere. 2 pagare. **acquit oneself well** comportarsi bene. **acquittal** n assoluzione f.

acre ('eikə) n acro m.

acrimony ('ækriməni) n acrimonia f. **acrimonious** adj acrimonioso.

acrobat ('ækrəbæt) n acrobata m. **acrobatic** adj acrobatico. **acrobatics** n acrobazia f.

across (ə'krɔs) prep attraverso, di là da. adv attraverso.

acrylic (ə'krilik) adj acrilico.

act (ækt) n 1 atto, decreto m. 2 azione f. gesto m. 3 Th atto m. vi agire, comportarsi. vt 1 fare. 2 Th recitare. **act as** fungere da. **acting** n recitazione f.

action ('ækʃən) n 1 azione f. fatto m. 2 effetto m. 3 processo m. **out of action** fuori servizio.

active ('æktiv) adj attivo. **activate** vt attivare. **activist** n attivista m. **activity** n attività, energia f.

actor ('æktə) n attore m.

actress ('æktris) n attrice f.

actual ('æktʃuəl) adj reale, vero, effettivo.

actuary ('æktʃuəri) *n* attuario *m*.

acupuncture ('ækjupʌŋktʃə) *n* agopuntura *f*.

acute (ə'kjuːt) *adj* **1** acuto, aguzzo. **2** perspicace.

adamant ('ædəmənt) *adj* duro, inflessibile.

Adam's apple ('ædəmz) *n* pomo d'Adamo *m*.

adapt (ə'dæpt) *vt* adattare, modificare. **adaptable** *adj* adattabile. **adaptability** *n* adattabilità *f*. **adaptation** *n* adattamento *m*.

add (æd) *vt* **1** aggiungere. **2** sommare. **add to** aumentare. **add up** sommare. **adding machine** *n* addizionatrice, calcolatrice *f*. **addition** *n* **1** aggiunta *f*. **2** addizione *f*. **in addition to** oltre a. **additional** *adj* addizionale. **additive** *adj,n* additivo *m*.

addendum (ə'dendəm) *n, pl* **addenda** aggiunta, appendice *f*.

adder ('ædə) *n* vipera, aspide *f*.

addict (*n* 'ædikt; *v* ə'dikt) *n* tossicomane, drogato *m*. *vt* abbandonarsi a. **addiction** *n* inclinazione, dedizione *f*.

addled ('ædld) *adj* putrido.

address (ə'dres) *n* **1** indirizzo, recapito *m*. **2** discorso *m*. *vt* **1** indirizzare. **2** rivolgere la parola a. **address book** *n* rubrica *f*. **addressee** *n* destinatario *m*.

adenoids ('ædinɔidz) *n pl* adenoidi *f pl*.

adept ('ædept) *adj* perito, esperto, abile.

adequate ('ædikwət) *adj* adeguato, sufficiente.

adhere (əd'hiə) *vi* aderire, attaccarsi. **adherent** *adj* aderente. *n* partigiano, seguace *m*. **adhesion** *n* adesione *f*. **adhesive** *adj* adesivo, viscoso. **adhesive plaster** *n* cerotto *m*.

adjacent (ə'dʒeisənt) *adj* adiacente, attiguo.

adjective ('ædʒiktiv) *n* aggettivo *m*.

adjoining (ə'dʒɔiniŋ) *adj* contiguo, vicino.

adjourn (ə'dʒəːn) *vt* aggiornare, rinviare. *vi* trasferirsi. **adjournment** *n* rinvio, aggiornamento *m*.

adjudicate (ə'dʒuːdikeit) *vi* giudicare, decidere.

adjust (ə'dʒʌst) *vt* aggiustare, adattare, regolare. **adjustment** *n* adattamento *m*.

ad-lib (æd'lib) *vt,vi* improvvisare. *n* improvvisazione *f*. *adj* improvvisato.

administer (əd'ministə) *vt* **1** amministrare, gestire, governare. **2** somministrare. *vi* contribuire. **administration** *n* **1** amministrazione, gestione *f*. **2** somministrazione *f*. **administrative** *adj* amministrativo. **administrator** *n* amministratore *m*.

admiral ('ædmərəl) *n* ammiraglio *m*. **admiralty** *n* **1** ammiragliato *m*. **2** Ministero della Marina *m*.

admire (əd'maiə) *vt* ammirare. **admirable** *adj* ammirevole. **admiration** *n* ammirazione *f*. **admirer** *n* ammiratore, corteggiatore *m*.

admit (əd'mit) *vt* **1** ammettere, riconoscere. **2** lasciar entrare. **admission** *n* **1** ammissione, entrata *f*. ingresso *m*. **2** confessione *f*. **admittance** *n* accesso *m*. entrata *f*. **no admittance** vietato l'ingresso.

ado (ə'duː) *n* **1** fatica, difficoltà *f*. **2** rumore, trambusto *m*.

adolescence (ædə'lesəns) *n* adolescenza *f*. **adolescent** *adj,n* adolescente.

adopt (ə'dɔpt) *vt* adottare. **adoption** *n* adozione *f*.

adore (ə'dɔː) *vt* adorare, venerare. **adorer** n adoratore m. adoratrice f.

adorn (ə'dɔːn) vt adornare, abbellire.

adrenaline (ə'drenəlin) n adrenalina f.

Adriatic (eidri'ætik) adj adriatico. **Adriatic (Sea)** n (Mare) Adriatico m.

adrift (ə'drift) adv alla deriva.

adroit (ə'drɔit) adj abile, destro.

adulation (ædju'leiʃən) n adulazione f.

adult ('ædʌlt) adj,n adulto.

adulterate (ə'dʌltəreit) vt adulterare, falsificare.

adultery (ə'dʌltəri) n adulterio m. **adulterer** n adultero m. **adulteress** n adultera f.

advance (əd'vɑːns) n 1 avanzamento, progresso m. marcia in avanti f. 2 anticipo m. **make advances** fare degli approcci. ~ vt 1 avanzare, promuovere. 2 anticipare. vi avanzare, progredire. **advancement** n 1 progresso m. 2 promozione f.

advantage (əd'vɑːntidʒ) n vantaggio, profitto m. **take advantage of** approfittare di. **advantageous** adj vantaggioso.

advent ('ædvent) n 1 venuta f. 2 cap avvento m.

adventure (əd'ventʃə) n avventura, impresa f. **adventurous** adj avventuroso.

adverb ('ædvəːb) n avverbio m.

adverse ('ædvəːs) adj avverso, contrario. **adversity** n avversità f.

advertise ('ædvətaiz) vt annunziare, fare pubblicità a. vi mettere annunci. **advertisement** n annuncio m. inserzione f. **advertising** n pubblicità f.

advise (əd'vaiz) vt consigliare, raccomandare. **advice** n consigli m pl. avviso m. **advis-**

able adj consigliabile, opportuno. **advised** adj giudizioso, prudente. **ill-/well-advised** incauto/saggio.

advocate (n 'ædvəkət; v 'ædvəkeit) n difensore, avvocato m. vt difendere, sostenere.

Aegean (i'dʒiːən) adj egeo. **Aegean (Sea)** n (Mare) Egeo m.

aerate ('ɛəreit) vt aerare.

aerial ('ɛəriəl) adj aereo. n antenna f.

aerodynamics (ɛəroudai'næmiks) n aerodinamica f.

aeronautics (ɛərə'nɔːtiks) n aeronautica f. **aeronautical** adj aeronautico.

aeroplane ('ɛərəplein) n aeroplano m.

aerosol ('ɛərəsol) n aerosol m invar.

aesthetic (is'θetik) adj estetico. **aesthetics** n estetica f.

afar (ə'fɑː) adv lontano, in lontananza. **from afar** da lontano.

affable ('æfəbəl) adj affabile, cortese. **affability** n affabilità, cortesia f.

affair (ə'fɛə) n 1 affare m. 2 faccenda f. 3 relazione amorosa f.

affect[1] (ə'fekt) vt 1 concernere, riguardare. 2 commuovere.

affect[2] (ə'fekt) vt 1 affettare, ostentare. 2 fingere. **affectation** n affettazione, simulazione f. **affected** adj affettato, ricercato.

affection (ə'fekʃən) n affetto m. **affectionate** adj affettuoso, affezionato.

affiliate (ə'filieit) vt affiliare, associare. vi affiliarsi, unirsi.

affinity (ə'finiti) n affinità, parentela f.

affirm (ə'fəːm) vt affermare, confermare, asserire. **affirmation** n affermazione, asserzione f. **affirmative** adj affermativo. n affermativa f.

affix (ə'fiks) *vt* affiggere, apporre.

afflict (ə'flikt) *vt* affliggere, tormentare. **affliction** *n* afflizione *f.* dolore *m.*

affluence ('æfluəns) *n* abbondanza *f.* **affluent** *adj* ricco, opulento.

afford (ə'fɔːd) *vt* **1** concedere, offrire, dare. **2** permettere. **afford to** avere i mezzi di.

affront (ə'frʌnt) *n* affronto, insulto *m.* *vt* offendere, insultare.

Afghanistan (æf'gænistɑːn, -stæn) *n* Afghanistan *m.* **Afghan** *adj,n* afghano.

afield (ə'fiːld) **far afield** *adv* molto lontano.

afloat (ə'flout) *adv* a galla, in mare.

afoot (ə'fut) *adv* in movimento.

aforesaid (ə'fɔːsed) *adj* suddetto, predetto.

afraid (ə'freid) *adj* spaventato, pauroso. **be afraid** aver paura.

afresh (ə'freʃ) *adv* da capo, di nuovo.

Africa ('æfrikə) *n* Africa *f.* **African** *adj,n* africano.

aft (ɑːft) *adv* a poppa.

after ('ɑːftə) *prep* **1** dopo, in seguito a. **2** secondo. *adv* dopo, poi. *conj* dopo che. **after-care** *n* assistenza postoperatoria *f.* **after-effect** *n* conseguenza *f.* risultato *m.* **afterlife** *n* vita dell'al di là *f.* **aftermath** *n* conseguenze *f pl.* frutti *m pl.* **afternoon** *n* pomeriggio *m.* **afterthought** *n* ripensamento *m.* riflessione *f.* **afterwards** *adv* dopo, in seguito.

again (ə'gen) *adv* ancora, di nuovo. **again and again** ripetutamente. **as much again** altrettanto. **now and again** di tanto in tanto.

against (ə'genst) *prep* contro, in opposizione a.

age (eidʒ) *n* **1** età *f.* **2** periodo, secolo *m.* **be of age** essere maggiorenne. **be under age** essere minorenne. ~ *vi* invecchiare, invecchiarsi. **aged** *adj* vecchio, stagionato. **age-group** *n* persone pressappoco della stessa età *f pl.*

agency ('eidʒənsi) *n* agenzia, succursale *f.*

agenda (ə'dʒendə) *n* ordine del giorno *m.*

agent ('eidʒənt) *n* agente, rappresentante *m.*

aggravate ('ægrəveit) *vt* aggravare.

aggregate (*adj,n* 'ægrigit; *v* 'ægrigeit) *adj,n* aggregato *m.* *vt* aggregare.

aggression (ə'greʃən) *n* aggressione *f.* **aggressive** *adj* aggressivo, offensivo. **aggressor** *n* aggressore *m.*

aggrieved (ə'griːvd) *adj* addolorato.

aghast (ə'gɑːst) *adj* atterrito, costernato.

agile ('ædʒail) *adj* agile.

agitate ('ædʒiteit) *vt* **1** agitare, scuotere. **2** turbare. **agitation** *n* agitazione *f.*

aglow (ə'glou) *adj* ardente.

agnostic (æg'nɔstik) *adj,n* agnostico.

ago (ə'gou) *adv* fa, passato. **long ago** molto tempo fa.

agog (ə'gɔg) *adv,adj* in ansia, bramoso.

agony ('ægəni) *n* agonia, angoscia *f.* dolore *m.* **agonize** *vi* agonizzare. **agonizing** *adj* angoscioso, lancinante.

agrarian (ə'greəriən) *adj* agrario, agricolo.

agree (ə'griː) *vi* **1** accordarsi, convenire, andare d'accordo. **2** acconsentire. **agreeable** *adj* **1** piacevole. **2** disposto. **agreement** *n* **1** accordo *m.* **2** contratto, patto *m.*

agriculture (ˈægrikʌltʃə) n agricoltura f. **agricultural** adj agricolo.

aground (əˈgraund) adv a secco. **run aground** arenarsi, incagliarsi.

ahead (əˈhed) adv (in) avanti.

aid (eid) n 1 aiuto, soccorso m. sussidi m pl. 2 aiutante m. vt soccorrere, assistere.

ailment (ˈeilmənt) n indisposizione, malattia f.

aim (eim) n 1 mira f. 2 proposito, scopo m. vt 1 puntare. 2 dirigere. vi 1 mirare. 2 aspirare.

air (ɛə) n 1 aria, atmosfera f. 2 aspetto m. **in the open air** all'aperto. ~ vt ventilare.

airborne (ˈɛəbɔːn) adj 1 sostenuto dall'aria. 2 aviotrasportato.

air-conditioning n aria condizionata f.

aircraft (ˈɛəkrɑːft) n aereo, velivolo m.

aircraft carrier n portaerei f invar.

airfield (ˈɛəfiːld) n campo d'aviazione m.

airforce (ˈɛəfɔːs) n aviazione, aeronautica f.

air-hostess n hostess f. assistente di volo f.

air lift n ponte aereo m. vt mandare per aereo.

airline (ˈɛəlain) n linea aerea f.

airmail (ˈɛəmeil) n posta aerea f. **by air mail** per via aerea.

airman (ˈɛəmən) n aviatore m.

airport (ˈɛəpɔːt) n aeroporto m.

air-raid n incursione aerea f.

airtight (ˈɛətait) adj a tenuta d'aria, ermetico.

airy (ˈɛəri) adj aerato, arioso, leggero.

aisle (ail) n navata f.

ajar (əˈdʒɑː) adv socchiuso.

alabaster (ˈæləbɑːstə) n alabastro m.

alarm (əˈlɑːm) n 1 allarme m. 2 (electrical) suoneria elettrica f. vt allarmare, spaventare.

alarm clock n sveglia f.

alarming adj allarmante.

alas (əˈlæs) interj ahimè!

Albania (ælˈbeiniə) n Albania f. **Albanian** adj,n albanese.

albatross (ˈælbətros) n albatro m.

albeit (ɔːlˈbiːit) conj quantunque.

album (ˈælbəm) n album m invar.

alchemy (ˈælkəmi) n alchimia f.

alcohol (ˈælkəhol) n alcool m invar. spirito m. **alcoholic** adj alcoolico. n alcolizzato m.

alcove (ˈælkouv) n alcova f.

alderman (ˈɔːldəmən) n assessore municipale m.

ale (eil) n birra f. **brown ale** n birra scura f. **pale ale** n birra chiara f.

alert (əˈləːt) adj vigilante. n allarme m. **on the alert** all'erta.

algebra (ˈældʒibrə) n algebra f.

Algeria (ælˈdʒiəriə) n Algeria f. **Algerian** adj,n algerino.

alias (ˈeiliəs) adv altrimenti detto, alias.

alibi (ˈælibai) n alibi m invar.

alien (ˈeiliən) adj alieno, straniero, estraneo. n straniero, forestiero m. **alienate** vt alienare, estraniare. **alienation** n alienazione f.

alight[1] (əˈlait) adj in fiamme, illuminato. **set alight** dar fuoco a.

alight[2] (əˈlait) vi discendere, smontare, atterrare.

align (əˈlain) vt allineare. vi allinearsi. **alignment** n allineamento m.

alike (əˈlaik) adj simile, somigliante. **be alike** assomigliarsi. ~ adv similmente.

alimentary (æliˈmentəri) adj alimentare, alimentario.

alimony (ˈæliməni) n alimenti m pl.

alive (ə'laiv) *adj* vivo, vivente.

alkali ('ælkəlai) *n, pl* **-is** *or* **-ies** alcale *m*.

all (ɔːl) *adj* tutto, intero. *adv* completamente. **all right** va bene. ~ *pron* tutto.

allay (ə'lei) *vt* calmare, mitigare.

allege (ə'ledʒ) *vt* allegare, asserire.

allegiance (ə'liːdʒəns) *n* fedeltà, obbedienza *f*.

allegory ('æligəri) *n* allegoria *f*. **allegorical** *adj* allegorico.

allergy ('ælədʒi) *n* allergia *f*. **allergic** *adj* allergico.

alleviate (ə'liːvieit) *vt* alleviare, lenire, attenuare.

alley ('æli) *n* vicolo *m*.

alliance (ə'laiəns) *n* alleanza *f*.

allied (ə'laid, 'ælaid) *adj* alleato, connesso.

alligator ('æligeitə) *n* alligatore *m*.

alliteration (əlitə'reiʃən) *n* allitterazione *f*.

allocate ('æləkeit) *vt* assegnare, distribuire. **allocation** *n* assegnamento, stanziamento *m*.

allot (ə'lɔt) *vt* assegnare, spartire.

allow (ə'lau) *vt* permettere, lasciare, concedere. **allow for** tener conto di. **allowance** *n* **1** assegno *m*. pensione *f*. **2** riduzione *f*.

alloy ('ælɔi) *n* lega metallica. *vt* amalgamare.

All Saint's Day *n* Ognissanti *m pl*.

allude (ə'luːd) *vi* alludere. **allusion** *n* allusione *f*.

allure (ə'luə) *vt* adescare, allettare. **alluring** *adj* seducente, attraente.

ally (*n* 'ælai; *v* ə'lai) *n* alleato *m*. *vt* unire, alleare. *vi* allearsi.

almanac ('ɔːlmənæk) *n* almanacco, calendario *m*.

almighty (ɔːl'maiti) *adj* onnipotente.

almond ('aːmənd) *n* mandorla *f*. **almond tree** *n* mandorlo *m*.

almost ('ɔːlmoust) *adv* quasi.

alms (aːmz) *n pl invar* elemosina *f*. **almshouse** *n* ospizio di carità *m*.

aloft (ə'lɔft) *adv* in alto, in aria.

alone (ə'loun) *adj* solo, solitario. *adv* solamente.

along (ə'lɔŋ) *prep* lungo. *adv* avanti. **all along** sempre. **along with** insieme a. **alongside** *prep* accanto a, al fianco di. *adv* a fianco.

aloof (ə'luːf) *adj* riservato. *adv* a distanza.

aloud (ə'laud) *adv* a voce alta *or* forte.

alphabet ('ælfəbet) *n* alfabeto *m*. **alphabetical** *adj* alfabetico.

alpine ('ælpain) *adj* alpino.

Alps (ælps) *n pl* Alpi *f pl*.

already (ɔːl'redi) *adv* già.

Alsatian (æl'seiʃən) *n* cane-lupo *m*.

also ('ɔːlsou) *adv* anche, inoltre, pure.

altar ('ɔːltə) *n* altare *m*. **altarpiece** *n* pala d'altare *f*. **altar rail** *n* balaustra *f*.

alter ('ɔːltə) *vt* alterare, cambiare. *vi* cambiarsi. **alteration** *n* alterazione, modifica *f*.

alternate (*adj* ɔːl'təːnit; *v* 'ɔːltəneit) *adj* alterno, alternato. *vt* alternare. *vi* alternarsi. **alternative** *adj* alternativo. *n* alternativa *f*.

although ('ɔːlðou) *conj* sebbene, benché, quantunque.

altitude ('æltitjuːd) *n* altitudine, altezza *f*.

alto ('æltou) *n* contralto *m*.

altogether (ɔːltə'geðə) *adv* interamente, complessivamente.

aluminium (ælju'miniəm) *n* alluminio *m*.

always ('ɔːlweiz) *adv* sempre.

am (əm; *stressed* æm) *v* see **be**.

amalgamate (ə'mælgəmeit) *vt*
amalgamare. *vi* amalgamar-
si. **amalgamation** *n* amalga-
mazione *f*.

amass (ə'mæs) *vt* accumulare,
ammassare.

amateur ('æmətə) *n* dilettante
m,f.

amaze (ə'meiz) *vt* meravigliare,
stupire. **amazed** *adj* stupito,
sorpreso. **amazing** *adj* straordinario, sbalorditivo.

ambassador (æm'bæsədə) *n*
ambasciatore *m*.

amber ('æmbə) *n* ambra *f*.

ambidextrous (æmbi'dekstrəs)
adj ambidestro.

ambiguous (æm'bigjuəs) *adj*
ambiguo.

ambition (æm'biʃən) *n* ambizione *f*. **ambitious** *adj* ambizioso.

ambivalent (æm'bivələnt) *adj*
ambivalente.

amble ('æmbəl) *vi* camminare
lentamente.

ambulance ('æmbjuləns) *n* ambulanza *f*.

ambush ('æmbuʃ) *n* imboscata
f. agguato *m*. *vt* tendere un'imboscata a.

amenable (ə'miːnəbəl) *adj* mal-
leabile, trattabile.

amend (ə'mend) *vt* emendare,
migliorare. *vi* migliorarsi.
amendment *n* emendamento
m. **amends** *n pl* compenso
m. riparazione *f*. **make
amends** fare ammenda.

amenity (ə'miːniti) *n* amenità *f*.

America (ə'merikə) *n* America
f. **American** *adj,n* americano.

amethyst ('æmiθist) *n* ametista
f.

amiable ('eimiəbəl) *adj* amabile.

amicable ('æmikəbəl) *adj* amichevole.

amid (ə'mid) *prep also* **amidst**
fra, tra, in mezzo a.

amiss (ə'mis) *adv* male, erroneamente.

ammonia (ə'mouniə) *n* ammoniaca *f*.

ammunition (æmju'niʃən) *n*
munizioni *f pl*.

amnesty ('æmnəsti) *n* amnistia
f.

amoeba (ə'miːbə) *n*, *pl* **-bae** *or*
-bas ameba *f*.

among (ə'mʌŋ) *prep also*
amongst tra, fra, in mezzo a.

amoral (ei'mɔrəl) *adj* amorale.

amorous ('æmərəs) *adj* amoroso, erotico.

amorphous (ə'mɔːfəs) *adj*
amorfo.

amount (ə'maunt) *n* ammontare, totale *m*. somma *f*. *vi* ammontare, equivalere.

ampere ('æmpeə) *n* ampère *m*.

amphetamine (æm'fetəmiːn) *n*
anfetamina *f*.

amphibian (æm'fibiən) *adj,n*
anfibio *m*. **amphibious** *adj*
anfibio.

amphitheatre ('æmfiθiətə) *n*
anfiteatro *m*.

ample ('æmpəl) *adj* ampio, abbondante.

amplify ('æmplifai) *vt* amplificare, ampliare. **amplifica-
tion** *n* amplificazione *f*. **amplifier** *n* amplificatore *m*.

amputate ('æmpjuteit) *vt* amputare.

amuse (ə'mjuːz) *vt* divertire,
dilettare. **amusement** *n* divertimento *m*. **amusing** *adj*
divertente.

an (ən; *stressed* æn) *indef art*
see **a.**

anachronism (ə'nækrənizəm)
n anacronismo *m*.

anaemia (ə'niːmiə) *n* anemia
f. **anaemic** *adj* anemico.

anaesthetic (ænis'θetik) *adj,n*
anestetico *m*. **anaesthetist** *n*
anestesista *f*. **anaesthetize**
vt anestetizzare.

anagram ('ænəgræm) *n* anagramma *m*.

anal ('einḷ) *adj* anale.

analogy (ə'nælədʒi) *n* analogia *f*. **analogous** (ə'næləgəs) *adj* analogo.

analysis (ə'nælisis) *n, pl* **-ses** analisi *f invar*. **analyse** *vt* analizzare. **analyst** *n* analista *m*.

anarchy ('ænəki) *n* anarchia *f*. **anarchist** *n* anarchico *m*.

anatomy (ə'nætəmi) *n* anatomia *f*. **anatomical** *adj* anatomico.

ancestor ('ænsəstə) *n* antenato *m*.

anchor ('æŋkə) *n* ancora *f*. *vt* ancorare. *vi* ancorarsi.

anchovy ('æntʃəvi) *n* acciuga *f*.

ancient ('einʃənt) *adj* antico, vecchio.

ancillary (æn'siləri) *adj* sussidiario, ausiliario.

and (ən, ənd; *stressed* ænd) *conj* e, ed. **and so forth** e così via.

anecdote ('ænikdout) *n* aneddoto *m*.

anemone (ə'neməni) *n* anemone *m*.

anew (ə'njuː) *adv* di nuovo, da capo.

angel ('eindʒəl) *n* angelo *m*. **angelic** *adj* angelico.

angelica (æn'dʒelikə) *n* angelica *f*.

anger ('æŋgə) *n* ira, collera *f*. *vt* adirare, far andare in collera.

angle[1] ('æŋgəl) *n* **1** *math* angolo *m*. **2** punto di vista *m*. prospettiva *f*.

angle[2] ('æŋgəl) *vi* **1** pescare. **2** *inf* adescare. **angler** *n* pescatore *m*. **angling** *n* pesca con l'amo.

Anglican ('æŋglikən) *adj,n* anglicano.

angry ('æŋgri) *adj* arrabbiato, adirato, stizzito. **get angry** arrabbiarsi, adirarsi.

anguish ('æŋgwiʃ) *n* angoscia *f*.

angular ('æŋgjulə) *adj* angolare.

animal ('æniməl) *adj,n* animale *m*.

animate (*adj* 'ænimət; *v* 'ænimeit) *adj* animato, vivente. *vt* animare. **animation** *n* animazione, vivacità *f*.

aniseed ('ænisiːd) *n* semi di anice *m pl*.

ankle ('æŋkəl) *n* caviglia *f*.

annals ('ænḷz) *n pl* annali *m pl*.

annex (ə'neks) *vt* annettere, unire. **annexe** *n* annesso, edificio secondario *m*.

annihilate (ə'naiəleit) *vt* annientare. **annihilation** *n* annientamento *m*.

anniversary (æni'vəːsəri) *n* anniversario *m*.

annotate ('ænəteit) *vt* annotare.

announce (ə'nauns) *vt* annunciare, render noto. **announcement** *n* annuncio *m*. dichiarazione *f*. **announcer** *n* annunciatore *m*.

annoy (ə'nɔi) *vt* disturbare, irritare. **annoying** *adj* seccante, fastidioso.

annual ('ænjuəl) *adj* annuale, annuo. *n* annuario *m*.

annuity (ə'njuːiti) *n* pensione annuale *f*.

annul (ə'nʌl) *vt* annullare.

anode ('ænoud) *n* anodo *m*.

anoint (ə'nɔint) *vt* consacrare, ungere.

anomaly (ə'nɔməli) *n* anomalia *f*.

anonymous (ə'nɔniməs) *adj* anonimo.

another (ə'nʌðə) *adj,pron* altro. **one another** l'un l'altro, si.

answer ('ɑːnsə) *n* risposta *f*. *vt* rispondere a.

ant (ænt) *n* formica *f*.

antagonize (æn'tægənaiz) *vt* opporsi, provocare. **antagonism** *n* antagonismo *m*.

Antarctic (æn'taːktik) *adj,n* antartico *m*.

antelope ('æntiloup) *n* antilope *f*.

antenatal (ænti'neitl) *adj* prenatale.

antenna (æn'tenə) *n,pl* **-tennae** antenna *f*.

anthem ('ænθəm) *n* inno *m*. antifona *f*.

anthology (æn'θɔlədʒi) *n* antologia *f*.

anthropology (ænθrə'pɔlədʒi) *n* antropologia *f*.

anti-aircraft *adj* antiaereo, contraereo.

antibiotic (æntibai'ɔtik) *adj,n* antibiotico *m*.

antibody ('æntibɔdi) *n* anticorpo *m*.

anticipate (æn'tisipeit) *vt* anticipare, aspettarsi, prevenire. **anticipation** *n* anticipazione *f*. anticipo *m*.

anticlimax (ænti'klaimæks) *n* conclusione banale *f*.

anticlockwise (ænti'klɔkwaiz) *adj,adv* in senso antiorario.

antics ('æntiks) *n pl* buffoneria, stramberia *f*.

anticyclone (ænti'saikloun) *n* anticiclone *m*.

antidote ('æntidout) *n* antigelo *m*.

antifreeze ('æntifriːz) *n* antigelo *m*.

antique (æn'tiːk) *n* oggetto antico *m*. *adj* antico, arcaico. **antique dealer** *n* antiquario *m*. **antiquated** *adj* antiquato. **antiquity** *n* 1 antichità *f*. 2 *pl* ruderi *mpl*.

anti-Semitic *adj* antisemita.

antiseptic (ænti'septik) *adj,n* antisettico *m*.

antisocial (ænti'souʃəl) *adj* antisociale.

antithesis (æn'tiθəsis) *n, pl* **-ses** antitesi *f invar*.

antler ('æntlə) *n* corno *m, pl* corna *f*.

antonym ('æntənim) *n* opposto *m*.

anus ('einəs) *n* ano *m*.

anvil ('ænvil) *n* incudine *f*.

anxious ('æŋkʃəs) *adj* ansioso, apprensivo. **anxiety** *n* ansietà, apprensione *f*.

any ('eni) *adj* 1 del, qualche. 2 ogni, qualsiasi, qualunque. *pron* 1 alcuno. 2 ne. **in any case** comunque. **anybody** *pron also* **anyone** 1 qualcuno, alcuno. 2 chiunque. **anyhow** *adv* in ogni caso, comunque, tuttavia. **anything** *pron* 1 qualche cosa. 2 qualunque cosa. **anyway** *adv* in ogni modo, in tutti i casi. **anywhere** *adv* dovunque, in qualunque luogo. **anywhere else** in qualsiasi altro luogo.

apart (ə'paːt) *adv* a parte, in disparte. **come apart** dividersi, sfasciarsi.

apartheid (ə'paːtait) *n* segregazione razziale *f*.

apartment (ə'paːtmənt) *n* 1 stanza, camera *f*. 2 appartamento *m*.

apathy ('æpəθi) *n* apatia *f*. **apathetic** *adj* apatico.

ape (eip) *n* scimmia *f*. *vt* scimmiottare, imitare.

aperitif (ə'peritif) *n* aperitivo *m*.

aperture ('æpətʃə) *n* apertura *f*.

apex ('eipeks) *n, pl* **apexes** or **apices** apice, vertice *m*.

apiece (ə'piːs) *adv* a testa, per ciascuno.

apology (ə'pɔlədʒi) *n* scusa, giustificazione *f*. **apologetic** *adj* spiacente, pieno di scuse. **apologize** *vi* scusarsi.

apostle (ə'pɔsəl) *n* apostolo *m*.

apostrophe (ə'pɔstrəfi) *n* apostrofo *m*.

appal (ə'pɔːl) *vt* spaventare, inorridire. **appalling** *adj* terribile, spaventoso.

apparatus (æpə'reitəs) *n, pl*

-tus *or* -tuses apparato, apparecchio *m*.

apparent (ə'pærənt) *adj* apparente, visibile, chiaro.

appeal (ə'piːl) *vi* 1 appellarsi, fare appello a. 2 ricorrere in appello. 3 attrarre. *n* appello *m*. attrazione *f*.

appear (ə'piə) *vi* 1 apparire, comparire. 2 sembrare.

appearance *n* 1 apparenza *f*. aspetto *m*. 2 apparizione *f*.

appease (ə'piːz) *vt* pacificare, calmare, placare.

appendix (ə'pendiks) *n*, *pl* -ixes *or* -ices appendice *f*. **appendicitis** *n* appendicite *f*.

appetite ('æpətait) *n* appetito *m*. **appetizing** *adj* appetitoso.

applaud (ə'plɔːd) *vt*,*vi* applaudire. **applause** *n* applauso *m*.

apple ('æpəl) *n* mela *f*. **apple tree** *n* melo *m*.

apply (ə'plai) *vt* applicare. *vi* 1 applicarsi, riferirsi. 2 rivolgersi. **apply oneself** dedicarsi. **appliance** *n* apparecchio, dispositivo *m*. **applicable** *adj* applicabile. **applicant** *n* candidato *m*. richiedente *m*,*f*. **application** *n* 1 applicazione. 2 domanda, richiesta *f*.

appoint (ə'pɔint) *vt* 1 fissare, stabilire. 2 nominare. **appointment** *n* 1 appuntamento, impegno *m*. 2 nomina *f*.

appraise (ə'preiz) *vt* stimare, valutare.

appreciate (ə'priːʃieit) *vt* apprezzare, rendersi conto di. **appreciable** *adj* apprezzabile. **appreciation** *n* apprezzamento, giudizio *m*.

apprehend (æpri'hend) *vt* 1 arrestare. 2 cogliere, afferrare. **apprehension** *n* 1 timore *m*. 2 arresto *m*. **apprehensive** *adj* timoroso.

apprentice (ə'prentis) *n* apprendista *m*. *vt* mettere a far pratica. **apprenticeship** *n* apprendistato *m*.

approach (ə'proutʃ) *vt* avvicinare, avvicinarsi a. *vi* avvicinarsi. *n* 1 accostamento *m*. 2 accesso *m*.

appropriate (*adj* ə'proupriət; *v* ə'prouprieit) *adj* appropriate, adatto. *vt* 1 appropriarsi di. 2 assegnare.

approve (ə'pruːv) *vt* approvare, sanzionare. **approval** *n* approvazione *f*. **on approval** in prova, in visione.

approximate (*adj* ə'prɔksimət; *v* ə'prɔksimeit) *adj* approssimativo. *vt* approssimare.

apricot ('eiprikɔt) *n* albicocca *f*. **apricot tree** *n* albicocco *m*.

April ('eiprəl) *n* aprile *m*. **April Fool** *n* pesce d'aprile *m*.

apron ('eiprən) *n* grembiule, grembiale *m*.

apse (æps) *n* abside *f*.

apt (æpt) *adj* adatto, idoneo. **aptitude** ('æptitjuːd) *n* abilità, attitudine *f*.

aquarium (ə'kweəriəm) *n* acquario *m*.

Aquarius (ə'kweəriəs) *n* Aquario *m*.

aquatic (ə'kwætik) *adj* acquatico.

aqueduct ('ækwədʌkt) *n* acquedotto *m*.

Arabia (ə'reibiə) *n* Arabia *f*. **Arab** *adj*,*n* arabo. **Arabic** *adj* arabico. **Arabic** (language) *n* arabo *m*.

arable ('ærəbəl) *adj* arabile.

arbitrary ('ɑːbitrəri) *adj* arbitrario.

arbitrate ('ɑːbitreit) *vt*,*vi* arbitrare. **arbitration** *n* arbitraggio, arbitrato *m*. **arbitrator** *n* arbitro *m*.

arc (ɑːk) *n* arco *m*.

arcade (ɑː'keid) *n* galleria *f*. portico *m*.

arch (ɑɪtʃ) n arco m. arcata, volta f. vt arcuare, curvare. vi arcuarsi.

archaeology (ɑɪkiˈɔlədʒi) n archeologia f. **archaeologist** n archeologo m.

archaic (ɑɪˈkeiik) adj arcaico.

archangel (ˈɑɪkeindʒəl) n arcangelo m.

archbishop (ɑɪtʃˈbiʃəp) n arcivescovo m.

archduke (ɑɪtʃˈdjuɪk) n arciduca m.

archery (ˈɑɪtʃəri) n tiro all'arco m.

archetype (ˈɑɪkitaip) n archetipo m. **archetypal** adj archetipo.

archipelago (ɑɪkiˈpeləgou) n, pl -gos or -goes arcipelago m.

architect (ˈɑɪkitekt) n architetto m. **architecture** n architettura f. **architectural** adj architettonico.

archives (ˈɑɪkaivz) n pl archivio m.

archway (ˈɑɪtʃwei) n passaggio a volta m.

arctic (ˈɑɪktik) adj,n artico m.

ardent (ˈɑɪdnt) adj ardente, fervente.

ardour (ˈɑɪdə) n ardore, fervore m.

arduous (ˈɑɪdjuəs) adj arduo, difficile.

are (ə; stressed ɑɪ) v see **be**.

area (ˈɛəriə) n area, zona f.

arena (əˈriɪnə) n arena f.

Argentina (ɑɪdʒənˈtiɪnə) n Argentina f. **Argentinian** adj,n Argentino.

argue (ˈɑɪgjuɪ) vi argomentare, discutere, disputare. **arguable** adj discutibile. **argument** n discussione, disputa f. **argumentative** adj polemico.

arid (ˈærid) adj arido.

Aries* (ˈɛəriɪz) n Ariete m.

arise* (əˈraiz) vi 1 alzarsi, sorgere. 2 derivare.

aristocrat (ˈæristəkræt) n aristocratico m. **aristocracy** n aristocrazia f.

arithmetic (əˈriθmətik) n aritmetica f.

arm[1] (ɑɪm) n 1 braccio m,pl braccia f. or bracci m. 2 (of a chair, etc.) bracciuolo m. **arm in arm** a braccetto. **armchair** n poltrona f. **armful** n bracciata f. **armhole** n giro della manica m. **armpit** n ascella f.

arm[2] (ɑɪ ɪm) vt armare. vi armarsi.

armour (ˈɑɪmə) n armatura, corazza f. **armour-plated** adj corazzato. **armoury** n arsenale m.

arms (ɑɪmz) n pl armi f pl. **in arms** armato.

army (ˈɑɪmi) n esercito m. armata f. **be in the army** prestare servizio militare.

aroma (əˈroumə) n aroma m.

arose (əˈrouz) v see **arise**.

around (əˈraund) adv intorno, all'intorno. prep intorno a.

arouse (əˈrauz) vt 1 destare, risvegliare. 2 eccitare.

arrange (əˈreindʒ) vt 1 accomodare, disporre, combinare. 2 mus adattare. **arrangement** n 1 accomodamento, ordinamento m. 2 mus arrangiamento m. **make arrangements** fare i preparativi.

array (əˈrei) vt 1 ornare. 2 mil schierare. n schiera f.

arrears (əˈriəz) n pl arretrati m pl.

arrest (əˈrest) n 1 arresto m. 2 sospensione f. vt 1 arrestare. 2 fermare, sospendere.

arrive (əˈraiv) vi arrivare, giungere. **arrival** n arrivo m. venuta f.

arrogant (ˈærəgənt) adj arrogante. **arrogance** n arroganza f.

arrow (ˈærou) n freccia f. **arrowroot** n fecola dell'arundinacea f.

arsenic ('ɑɪsnɪk) *n* arsenico *m*.

arson ('ɑɪsən) *n* incendio doloso *m*.

art (ɑɪt) *n* arte *f*. **art gallery** *n* galleria d'arte *f*. **art school** *n* scuola d'arte *f*. **artful** *adj* subdolo, astuto.

artery ('ɑɪtəri) *n* arteria *f*. **arterial** *adj* arterioso, arteriale.

arthritis (ɑɪ'θraitis) *n* artrite *f*.

artichoke ('ɑɪtitʃouk) *n* carciofo *m*.

article ('ɑɪtikəl) *n* articolo *m*. *vt* collocare come apprendista.

articulate (*adj* ɑɪ'tikjulət; *v* ɑɪ'tikjuleit) *adj* articolato, distinto. *vt,vi* articolare.

artificial (ɑɪti'fiʃəl) *adj* artificiale, artificioso.

artillery (ɑɪ'tiləri) *n* artiglieria *f*.

artist ('ɑɪtist) *n* artista, pittore *m*. pittrice *f*. **artistic** *adj* artistico.

as (əz; *stressed* æz) *conj* **1** come. **2** poiché. **3** mentre. **as far as** sin dove. **as if** come se. **as long as** finché. **as for me** per quanto mi riguarda. **as soon as** non appena. **as it were** per così dire. ~ *as* così, come, tanto, quanto. *pron* che.

asbestos (æs'bestəs) *n* amianto *m*.

ascend (ə'send) *vi* ascendere, salire. *vt* salire. **ascension** *n* ascensione *f*.

ascertain (æsə'tein) *vt* assicurarsi di, accertarsi di.

ash[1] (æʃ) *n* cenere *f*. **ashtray** *n* portacenere *m*.

ash[2] (æʃ) *n bot* frassino *m*.

ashamed (ə'ʃeimd) *adj* che prova vergogna. **be ashamed** vergognarsi.

ashore (ə'ʃɔɪ) *adv* a *or* sulla riva.

Ash Wednesday *n* le Ceneri *f pl*.

Asia ('eiʃə) *n* Asia *f*. **Asian** *adj,n* asiatico.

aside (ə'said) *adv* da parte, in disparte. *n* parole dette a parte *f pl*.

ask (ɑɪsk) *vt* **1** domandare, chiedere. **2** invitare. *vi* informarsi. **ask a question** rivolgere una domanda.

askew (ə'skjuɪ) *adv* di traverso. *adj* obliquo, storto.

asleep (ə'sliɪp) *adv,adj* addormentato. **fall asleep** addormentarsi.

asparagus (ə'spærəgəs) *n* asparago *m*, *pl* asparagi *m*.

aspect ('æspekt) *n* aspetto *m*. apparenza *f*.

asphalt ('æsfælt) *n* asfalto *m*.

aspire (ə'spaiə) *vi* aspirare. **aspiring** *adj* ambizioso.

aspirin ('æsprin) *n* aspirina *f*.

ass (æs) *n* asino *m*.

assassin (ə'sæsin) *n* assassino *m*. **assassinate** *vt* assassinare. **assassination** *n* assassinio *m*.

assault (ə'sɔɪlt) *n* assalto, attacco *m*. *vt* assalire, aggredire.

assemble (ə'sembəl) *vt* riunire. *vi* riunirsi. **assembly** *n* **1** assemblea *f*. **2** montaggio *m*. **assembly hall** *n* sala da riunioni *f*. **assembly line** *n* catena di montaggio *f*.

assent (ə'sent) *n* consenso *m*. sanzione *f*. *vi* acconsentire, approvare.

assert (ə'sɔɪt) *vt* asserire, sostenere. **assert oneself** farsi valere. **assertion** *n* asserzione *f*.

assess (ə'ses) *vt* valutare, stimare. **assessment** *n* valutazione *f*.

asset ('æset) *n* **1** bene, vantaggio *m*. **2** *pl comm* attività *f pl*.

assign (ə'sain) *vt* assegnare, attribuire. **assignment** *n* **1** assegnazione *f*. **2** incarico *m*.

assimilate (ə'simileit) *vt* assimilare.

assist (ə'sist) *vt* assistere, aiutare. **assistance** n assistenza f.

assizes (ə'saiziz) n pl corte d'assise f.

associate (v ə'souʃieit; n ə'souʃiit) vt associare. vi associarsi. **associate** with frequentare. ~n collega m. **association** n associazione f.

assort (ə'sɔːt) vt assortire, raggruppare. **assortment** n assortimento m.

assume (ə'sjuːm) vt assumere, fingere, presumere.

assure (ə'ʃuə) vt assicurare, rassicurare. **assurance** n assicurazione, certezza f.

asterisk ('æstərisk) n asterisco m.

asteroid ('æstərɔid) n asteroide m.

asthma ('æsmə) n asma f.

astonish (ə'stɔniʃ) vt stupire, meravigliare. **astonishment** n sorpresa f. stupore m.

astound (ə'staund) vt stupefare.

astray (ə'strei) adv fuori strada. **go astray** smarrirsi, traviarsi. **lead astray** sviare, traviare.

astride (ə'straid) adv a cavalcioni.

astrology (ə'strɔlədʒi) n astrologia f. **astrologer** n astrologo m. **astrological** adj astrologico.

astronaut ('æstrənɔːt) n astronauta m.

astronomy (ə'strɔnəmi) n astronomia f. **astronomer** n astronomo m. **astronomical** adj astronomico.

astute (ə'stjuːt) adj furbo, astuto.

asunder (ə'sʌndə) adv separatamente, a pezzi.

asylum (ə'sailəm) n asilo, rifugio m. **lunatic asylum** n manicomio m.

at (ət; stressed æt) prep **1** a, in. **2** da.

ate (eit) v see **eat.**

atheism ('eiθiizəm) n ateismo m. **atheist** n ateo m.

Athens ('æθinz) n Atene f.

athlete ('æθliːt) n atleta m. **athletic** adj atletico. **athletics** n atletica f.

Atlantic (ət'læntik) adj atlantico. **Atlantic (Ocean)** n (Oceano) Atlantico m.

atlas ('ætləs) n atlante m.

atmosphere ('ætməsfiə) n atmosfera f. **atmospheric** adj atmosferico. **atmospherics** n pl disturbi atmosferici m pl.

atom ('ætəm) n atomo m. **atom bomb** n bomba atomica f. **atomic** adj atomico.

atone (ə'toun) vi espiare, fare ammenda. **atonement** n espiazione, riparazione f.

atrocious (ə'trouʃəs) adj atroce. **atrocity** n atrocità f.

attach (ə'tætʃ) vt 1 attaccare. 2 attribuire. vi attaccarsi. **attachment** n attaccamento, affetto m.

attaché (ə'tæʃei) n addetto diplomatico m. **attaché case** n borsa per documenti f.

attack (ə'tæk) n 1 attacco m. offensiva f. 2 med accesso m. vt assalire, attaccare.

attain (ə'tein) vt raggiungere, ottenere. **attainment** n conseguimento m.

attempt (ə'tempt) n tentativo, attentato m. vt tentare, provare, attentare a.

attend (ə'tend) vt frequentare, assistere a. vi prestare attenzione. **attendance** n 1 servizio m. 2 frequenza f. 3 pubblico m. **attendant** n inserviente, accompagnatore m. adj presente. **attention** n attenzione, premura f. **pay attention** fare attenzione. **attentive** adj attento, premuroso.

attic ('ætik) n attico m. soffitta f.

attire (ə'taiə) *vt* vestire. *n* vestiti *m pl.*

attitude ('ætitjurd) *n* posa *f.* atteggiamento *m.*

attorney (ə'təini) *n* procuratore *m.* **attorney general** *n* procuratore generale *m.*

attract (ə'trækt) *vt* attrarre. **attraction** *n* attrazione *f.* **attractive** *adj* attraente.

attribute (*n* 'ætribjuit; *v* ə'tribjuit) *n* attributo *m.* qualità *f. vt* attribuire, ascrivere.

aubergine ('oubəʒiin) *n* melanzana *f.*

auburn ('ɔibən) *adj* color di rame, ramato.

auction ('ɔikʃən) *n* asta. *vt* vendere all'asta. **auctioneer** *n* banditore *m.*

audacious (ɔi'deiʃəs) *adj* audace.

audible ('ɔidibəl) *adj* udibile, intelligibile.

audience ('ɔidiəns) *n* pubblico *m.* udienza *f.*

audiovisual (ɔidiou'viʒuəl) *adj* audiovisivo.

audit ('ɔidit) *n* controllo *m.* verifica dei conti *f. vt* verificare. **auditor** *n* revisore, sindaco *m.*

audition (ɔi'diʃən) *n* audizione *f. vt* ascoltare in audizione.

auditorium (ɔidi'tɔiriəm) *n* auditorio *m.* sala per concerti *f.*

August ('ɔigəst) *n* agosto *m.*

aunt (ɑint) *n* zia *f.*

au pair (ou 'peə) *adj,adv* alla pari. *n* ragazza alla pari *f.*

aura ('ɔirə) *n* atmosfera, aria *f.*

austere (ɔi'stiə) *adj* austero. **austerity** *n* austerità *f.*

Australia (ɔ'streiliə) *n* Australia *f.* **Australian** *adj,n* australiano.

Austria ('ɔistriə) *n* Austria *f.* **Austrian** *adj,n* austriaco.

authentic (ɔi'θentik) *adj* autentico.

author ('ɔiθə) *n* autore *m.* autrice *f.*

authority (ɔi'θɔriti) *n* autorità *f.* **on good authority** da fonte autorevole. **authoritarian** *adj* autoritario, assolutista. **authoritative** *adj* autoritario, autorevole.

authorize ('ɔiθəraiz) *vt* autorizzare. **authorization** *n* autorizzazione *f.*

autistic (ɔi'tistik) *adj* autistico.

autobiography (ɔitəbai'ɔgrəfi) *n* autobiografia *f.* **autobiographical** *adj* autobiografico.

autograph ('ɔitəgrɑif) *n* autografo *m.* firma *f. vt* autografare.

automatic (ɔitə'mætik) *adj* automatico.

automation (ɔitə'meiʃən) *n* automazione *f.*

autonomous (ɔi'tɔnəməs) *adj* autonomo.

autumn ('ɔitəm) *n* autunno *m.*

auxiliary (ɔig'ziliəri) *adj,n* ausiliario, ausiliare.

available (ə'veiləbəl) *adj* disponibile, libero.

avalanche ('ævəlɑinʃ) *n* valanga *f.*

avenge (ə'vendʒ) *vt* vendicare.

avenue ('ævənjui) *n* viale *m.*

average ('ævridʒ) *n* media *f. adj* medio. *vt* fare la media di.

aversion (ə'vəiʃən) *n* avversione, antipatia *f.*

aviary ('eiviəri) *n* uccelliera *f.*

aviation (eivi'eiʃən) *n* aviazione *f.*

avid ('ævid) *adj* avido.

avocado (ævə'kɑidou) *n* avocado *m.*

avoid (ə'vɔid) *vt* evitare, schivare.

await (ə'weit) *vt* aspettare.

awake* (ə'weik) *vt* svegliare. *vi* svegliarsi. *adj* sveglio. **awaken** *vt* risvegliare. *vi* risvegliarsi. **awakening** *n* risveglio *m.*

award (ə'wɔid) *n* ricompensa *f. vt* giudicare, conferire.

aware (ə'weə) *adj* conscio, consapevole. **awareness** n consapevolezza f.

away (ə'wei) adv lontano, via.

awe (ɔː) n timore reverenziale m. **awe-inspiring** adj maestoso. **awe-struck** adj in preda a timore.

awful ('ɔːfəl) adj terribile, spaventoso. **awfully** adv 1 terribilmente, notevolmente. 2 inf molto.

awkward ('ɔːkwəd) adj goffo, difficile.

awoke (ə'wouk) v see **awake**.

axe (æks) n ascia f.

axis ('æksis) n, pl **axes** asse m.

axle ('æksəl) n asse, assale m.

azalea (ə'zeiliə) n azalea f.

B

babble ('bæbəl) vt balbettare. vi ciarlare, far pettegolezzi. n 1 balbettio m. 2 chiacchiera f.

baboon (bə'buːn) n babbuino m.

baby ('beibi) n bimbo m. **babyhood** n prima infanzia f. **baby-sit** vi far da baby-sitter.

baccarat ('bækəraɪ) n baccarà m.

bachelor ('bætʃələ) n 1 celibe, scapolo m. 2 educ laureato m. **Bachelor of Arts/Science** laureato in lettere/scienze.

back (bæk) n 1 anat dorso m. schiena f. 2 schienale m. parte posteriore f. adj 1 posteriore. 2 arretrato. adv 1 dietro, indietro. 2 di ritorno. **be back** essere di ritorno. ~ vt 1 sostenere, aiutare. 2 scommettere (su). **back out** ritirarsi.

backache ('bækeik) n mal di schiena m.

backbone ('bækboun) n 1 spina dorsale f. 2 fermezza f.

backbreaking ('bækbreikiŋ) adj massacrante, faticosissimo.

backchat ('bæktʃæt) n rimbecco m.

backcloth ('bækklɔθ) n fondale m.

backdate ('bækdeit) vt retrodatare.

backdoor ('bækdɔː) n porta di servizio f. adj segreto.

backfire ('bækfaiə) vi 1 far ritorno di fiamma. 2 fallire. n ritorno di fiamma m.

backgammon ('bækgæmən) n tavola reale f.

background ('bækgraund) n 1 sfondo m. 2 precedenti m pl. retroscena m.

backhand ('bækhænd) adj di rovescio.

backlash ('bæklæʃ) n reazione sfavorevole f.

backlog ('bæklɔg) n arretrati m pl.

backstage (bæk'steidʒ) adj,adv dietro le quinte.

backstroke ('bækstrouk) n nuoto sul dorso m.

backward ('bækwəd) adj arretrato, tardivo. **backwards** adv indietro, all'indietro.

backwater ('bækwɔːtə) n acqua stagnante f.

bacon ('beikən) n lardo affumicato m. pancetta f.

bacteria (bæk'tiəriə) n pl batteri m pl.

bad (bæd) adj cattivo, malvagio, nocivo. **from bad to worse** di male in peggio. **not too bad** non c'è male. **bad-tempered** adj irascibile.

bade (beid) v see **bid**.

badge (bædʒ) n distintivo, emblema m.

badger ('bædʒə) n tasso m. vt tormentare.

badminton ('bædmintən) n badminton, volano m.

baffle ('bæfəl) vt eludere, confondere.

bag (bæg) n 1 sacco m. 2 borsa, borsetta f. vt insaccare. **bag-**

gage n bagaglio m. **baggy** adj rigonfio. **bagpipes** n pl cornamusa f.

bail (beil) n cauzione, garanzia f. **go bail for** rendersi garante per. ~ vt prestare cauzione.

bailiff ('beilif) n 1 ufficiale fiscale m. 2 fattore m.

bait (beit) n esca f. vt 1 adescare. 2 tormentare.

baize (beiz) n panno di lana m.

bake (beik) vt cuocere al forno. vi cuocersi. **baker** n fornaio m. **bakery** n forno, panificio m.

balance ('bæləns) n 1 bilancia f. 2 comm bilancio m. 3 equilibrio m. armonia f. **lose one's balance** perdere l'equilibrio. ~ vt 1 bilanciare 2 pareggiare. vi bilanciarsi. **balance sheet** n bilancio di esercizio m.

balcony ('bælkəni) n 1 balcone m. 2 Th balconata f.

bald (bɔːld) adj 1 calvo. 2 nudo, disadorno. **baldness** n 1 calvizie f. 2 semplicità f.

bale[1] (beil) n balla f. vt (straw, etc.) imballare.

bale[2] (beil) vt vuotare, aggottare. **bale out** lanciarsi col paracadute.

ball[1] (bɔːl) n 1 palla f. pallone m. 2 sfera f. **ball-bearing** n cuscinetto a sfere m.

ball[2] (bɔːl) n (dance) ballo m. **ballroom** n sala da ballo f.

ballad ('bæləd) n ballata f.

ballast ('bæləst) n zavorra f.

ballet ('bælei) n balletto m. **ballet-dancer** n ballerino m.

ballistic (bə'listik) adj balistico. **ballistics** n balistica f.

balloon (bə'luːn) n aerostato, pallone m.

ballot ('bælət) n 1 scheda f. 2 voto m. vi votare a scrutinio segreto. **ballot-box** n urna elettorale f.

Baltic ('bɔːltik) adj baltico. **Baltic (Sea)** n (Mare) Baltico m.

bamboo (bæm'buː) n bambù m.

ban (bæn) vt bandire, proibire. n bando m. interdizione f.

banal (bə'nɑːl) adj banale.

banana (bə'nɑːnə) n banana f. **banana tree** n banano m.

band[1] (bænd) n 1 comitiva f. 2 mus banda, orchestrina f.

band[2] (bænd) n (strip) benda, striscia, fascia f. **bandage** n benda f. vt bendare, fasciare.

bandit ('bændit) n bandito m.

bandy ('bændi) vt 1 gettare, lanciare. 2 scambiare. adj arcato, curvo, storto.

bang (bæŋ) n 1 fracasso, colpo rumoroso m. 2 esplosione f. vt, vi sbattere, rimbombare.

bangle ('bæŋgəl) n braccialetto m.

banish ('bæniʃ) vt bandire, esiliare. **banishment** n esilio, bando m.

banister ('bænistə) n ringhiera f.

banjo ('bændʒou) n banjo m.

bank[1] (bæŋk) n altura, sponda, riva f.

bank[2] (bæŋk) n comm banca f. vt, vi depositare in banca. **bank on** contare su. **bank account** n conto in banca m. **bankbook** n libretto di deposito m. **banker** n banchiere m. **banker's card** n carta di credito f. **bank holiday** n festività legale f. **banking** n operazione bancaria f. adj di banca. **banknote** n banconota f.

bankrupt ('bæŋkrʌpt) adj, n fallito. **go bankrupt** fallire. ~ vt far fallire, rovinare. **bankruptcy** n bancarotta f.

banner ('bænə) n stendardo m. insegna f.

banquet ('bæŋkwit) *n* banchetto *m*.

baptize (bæp'taiz) *vt* battezzare. **baptism** *n* battesimo *m*. **baptismal** *adj* battesimale.

bar (baɪ) *n* **1** sbarra, spranga *f*. **2** barriera *f*. **3** bar *m invar*. **4** *law* tribunale *m*. **5** (of chocolate, etc.) tavoletta *f*. *vt* **1** impedire, sbarrare. **2** escludere. **barmaid** *n* cameriera (al banco) *f*. **barman** *n* barista *m*.

barbarian (baɪ'bɛərɪən) *adj,n* barbaro. **barbaric** *adj* barbarico, incolto. **barbarity** *n* barbarie *f invar*. **barbarous** *adj* barbaro.

barbecue ('baɪbɪkjuɪ) *n* banchetto all'aperto *m*.

barbed wire ('baɪbd) *n* filo spinato *m*.

barber ('baɪbə) *n* barbiere *m*.

barbiturate (baɪ'bɪtjurət) *n* barbiturico *m*.

bare (bɛə) *adj* **1** nudo, scoperto, brullo. **2** vuoto. *vt* denudare, smascherare. **barefoot** *adj* scalzo. *adv* a piedi scalzi. **barely** *adv* appena, a mala pena.

bargain ('baɪgɪn) *n* affare *m*. occasione *f*. **into the bargain** in aggiunta. ~ *vi* contrattare, pattuire.

barge (baɪdʒ) *n* chiatta *f*. barcone *m*. *v* **barge into** urtare contro.

baritone ('bærɪtoun) *n* baritono *m*.

bark¹ (baɪk) *n* (of a dog) abbaio, latrato *m*. *vi* abbaiare, latrare.

bark² (baɪk) *n bot* scorza, corteccia *f*.

barley ('baɪlɪ) *n* orzo *m*. **barley sugar** *n* zucchero d'orzo *m*.

barn (baɪn) *n* granaio *m*.

barometer (bə'rɔmitə) *n* barometro *m*.

baron ('bærən) *n* barone *m*. **baronet** *n* baronetto *m*.

barracks ('bærəks) *n pl* caserma *f*.

barrel ('bærəl) *n* **1** barile *m*. botte *f*. **2** (of a gun) canna *f*.

barren ('bærən) *adj* desolato, nudo, sterile.

barricade ('bærɪkeid) *n* barricata *f*. *vt* barricare.

barrier ('bærɪə) *n* barriera *f*.

barrister ('bærɪstə) *n* avvocato *m*.

barrow ('bærou) *n* carretta, carriola *f*.

barter ('baɪtə) *vt* barattare, scambiare. *n* baratto, cambio *m*.

base¹ (beis) *n* base *f*. fondamento *m*. *vt* basare, fondare. **baseball** *n* base-ball *m*. **basement** *n* sottosuolo *m*.

base² (beis) *adj* vile, indegno. **baseness** *n* bassezza *f*.

bash (bæʃ) *vt inf* fracassare, colpire violentemente. *n* colpo *m*.

bashful ('bæʃfəl) *adj* timido, vergognoso.

basic ('beisik) *adj* basilare, fondamentale.

basil ('bæzəl) *n* basilico *m*.

basin ('beisən) *n* **1** bacino *m*. **2** lavabo *m*. catinella *f*.

basis ('beisis) *n, pl* **bases** base *f*. fondamento *m*.

bask (baɪsk) *vi* scaldarsi, bearsi.

basket ('baɪskit) *n* canestro, cesto *m*. **basketball** *n* pallacanestro *f*.

bass¹ (beis) *adj,n mus* basso *m*.

bass² (bæs) *n zool* pesce persico *m*.

bassoon (bə'suɪn) *n* fagotto *m*.

bastard ('baɪstəd) *adj,n* bastardo.

baste ('beist) *vt cul* spruzzare.

bat¹ (bæt) *n* **1** mazza *f*. **2** racchetta *f*. *vi* battere. **batsman** *n* battitore *m*.

bat² (bæt) *n zool* pipistrello *m*.

batch (bætʃ) *n* **1** lotto *m*. partita *f*. **2** (of loaves) infornata *f*.

bath (bɑːθ) *n* bagno *m*. **have a bath** fare un bagno. **bathrobe** *n* accappatoio *m*. **bathroom** *n* stanza da bagno *f*.

bathe (beið) *vt* bagnare. *vi* farsi il bagno. *n* bagno *m*. **bathing costume** *n* costume da bagno *m*. **bathing trunks** *n pl* calzoncini da bagno *m pl*.

baton ('bætən) *n* **1** bastone (di comando) *m*. **2** bacchetta *f*.

battalion (bə'tæliən) *n* battaglione *m*.

batter¹ ('bætə) *vt* colpire, battere.

batter² ('bætə) *n* pastella *f*.

battery ('bætəri) *n* **1** pila, batteria *f*. **2** *also* **storage battery** accumulatore *m*.

battle ('bætl) *n* battaglia *f*. combattimento *m*. *vi* combattere, lottare. **battlefield** *n* campo di battaglia *m*. **battleship** *n* nave da battaglia *f*.

bawl (bɔːl) *vi* urlare, schiamazzare. *n* schiamazzo *m*.

bay¹ (bei) *n geog* baia, insenatura del mare *f*.

bay² (bei) *n arch* vano *m*. **bay window** *n* finestra sporgente *f*.

bay³ (bei) *vi* abbaiare, latrare. **at bay** *adv* a bada.

bay⁴ (bei) *n bot* lauro *m*. **bay leaf** *n* foglia d'alloro *f*.

bay⁵ (bei) *adj* baio. *n* cavallo baio *m*.

bayonet ('beiənit) *n* baionetta *f*.

be* (biː) *vi* **1** essere. **2** esistere, vivere. **3** stare. **4** fare. *v aux* essere. **be about to** stare per. **be cold 1** (of a person) aver freddo. **2** (of the weather) far freddo. **be warm 1** (of a person) aver caldo. **2** (of the weather) far caldo.

beach (biːtʃ) *n*. spiaggia *f*. lido *m*. **beachcomber** *n* vagabondo *m*.

beacon ('biːkən) *n* faro *m*. segnalazione luminosa *f*.

bead (biːd) *n* **1** perlina *f*. grano *m*. **2** goccia *f*. **3** *pl* rosario *m*.

beak (biːk) *n* becco, rostro *m*.

beaker ('biːkə) *n* coppa *f*.

beam (biːm) *n* **1** trave *f*. **2** raggio *m*. **3** sorriso *m*. *vi* **1** irradiare. **2** sorridere.

bean (biːn) *n* fagiolo *m*. fava *f*. **full of beans** pieno d'energia.

bear*¹ (bɛə) *vt* **1** sopportare, tollerare. **2** portare. **3** partorire. **bear a grudge** portare rancore. **bearable** *adj* sopportabile. **bearing** *n* **1** condotta *f*. **2** portamento *m*. **3** orientamento *m*. **4** *tech* cuscinetto *m*.

bear² (bɛə) *n* orso *m*.

beard (biəd) *n* barba *f*. **bearded** *adj* barbuto.

beast (biːst) *n* bestia *f*. animale *m*.

beat* (biːt) *vt* battere, bastonare. *vi* battere, palpitare. **beat about the bush** menare il can per l'aia. ~ *n* **1** battito, palpito *m*. **2** ronda *f*.

beauty ('bjuːti) *n* bellezza *f*. **beauty queen** *n* regina di bellezza *f*. **beautiful** *adj* bello.

beaver ('biːvə) *n* castoro *m*.

became (bi'keim) *v* see **become**.

because (bi'kɔz) *conj* poiché, perché. **because of** a causa di.

beckon ('bekən) *vt, vi* accennare.

become* (bi'kʌm) *vi* diventare, divenire. *vt* addirsi a, star bene a. **becoming** *adj* adatto.

bed (bed) *n* **1** letto *m*. **2** (of a river) alveo *m*. **bedclothes** *n pl* coperte *f pl*. **bedding** *n* coperte per letto *f pl*. **bedridden** *adj* costretto a letto. **bedroom** n camera da letto f. **bedside** n capezzale m. **bed-sitter** n monocamera f. **bedspread** n copriletto m.

bedraggled (bi'drægəld) adj inzaccherato, infangato.

bee (biː) n ape f. **beehive** n alveare m.

beech (biːtʃ) n faggio m.

beef (biːf) n manzo m. **beefburger** ('biːfbɜːgə) n hamburger m.

been (bin) v see **be.**

beer (biə) n birra f.

beet (biːt) n barbabietola f. **beetroot** n barbabietola f.

beetle ('biːtl) n scarafaggio m.

befall* (bi'fɔːl) vi accadere, succedere.

before (bi'fɔː) adv prima, precedentemente. prep **1** davanti a. **2** prima di. conj prima che. **beforehand** adv in anticipo.

befriend (bi'frend) vt **1** aiutare, sostenere. **2** mostrarsi amico a.

beg (beg) vt implorare, pregare. vi elemosinare. **beggar** n mendicante m.

beget* (bi'get) vt **1** generare, procreare, causare.

begin* (bi'gin) vt,vi cominciare, iniziare. **to begin with** innanzi tutto. **beginner** n principiante m,f. **beginning** n **1** inizio, esordio m. **2** origine f.

begrudge (bi'grʌdʒ) vt **1** invidiare. **2** lesinare.

behalf (bi'hɑːf) n vantaggio m. **on behalf of** a nome di, a favore di.

behave (bi'heiv) vi comportarsi. **behave oneself** comportarsi bene. **behaviour** n comportamento m. condotta f.

behind (bi'haind) prep dietro a. adv indietro, in ritardo. **behindhand** adv in arretrato, in ritardo.

behold* (bi'hould) vt scorgere, vedere.

beige (beiʒ) adj,nm beige.

being ('biːiŋ) n **1** creatura f. **2** essere m. esistenza f. **for the time being** per il momento.

belch (beltʃ) vi ruttare.

belfry ('belfri) n campanile m.

Belgium ('beldʒəm) n Belgio m. **Belgian** adj,n belga.

believe (bi'liːv) vt **1** credere, aver fede in. **2** pensare, supporre. vi credere. **belief** n credenza, fede, convinzione f. **believer** n credente, fedele m,f.

bell (bel) n campana f. campanello m. **bellringer** n campanaro m.

bellow ('belou) vt,vi muggire, rombare, tuonare. n muggito m.

bellows ('belouz) n pl mantice m.

belly ('beli) n pancia f. ventre m.

belong (bi'lɔŋ) vi appartenere, spettare, far parte di. **belongings** n pl effetti personali m pl. roba f.

below (bi'lou) prep sotto, al di sotto di. adv al di sotto, giù.

belt (belt) n **1** cintura f. **2** zona, regione f.

bench (bentʃ) n **1** panca f. sedile, seggio m. **2** banco di lavoro m. **3** law ufficio di magistrato m.

bend* (bend) vt curvare, piegare, torcere. vi piegarsi, chinarsi, adattarsi. n **1** curva, curvatura f. **2** inclinazione f.

beneath (bi'niːθ) prep sotto, al di sotto di. adv sotto, in basso.

benefit ('benifit) n beneficio, vantaggio m. utilità f. vt giovare a, beneficare. vi profittare, avvantaggiarsi. **beneficial** adj utile, vantaggioso.

benevolent (bi'nevələnt) adj benevolo, caritatevole.

bent (bent) v see **bend**. adj **1** curvato. **2** risoluto. n tendenza f.

bereave* (bi'riːv) vt privare, spogliare.

berry ('beri) n bacca f. chicco m.

berth (bəːθ) n **1** cuccetta f. **2** naut ormeggio m. vt ancorare.

beseech (bi'siːtʃ) vt supplicare, scongiurare.

beset (bi'set) vt circondare.

beside (bi'said) prep accanto a, di fianco a, presso. **be beside oneself** essere fuori di sé. **besides** adv d'altronde, inoltre. prep oltre a.

besiege (bi'siːdʒ) vt assediare.

best (best) adj il migliore. adv nel modo migliore. n meglio, migliore m. **best man** n testimone dello sposo m. **bestseller** n libro di gran successo m.

bestow (bi'stou) vt elargire, conferire, dare.

bet* (bet) vt, vi scommettere. n scommessa, puntata f.

betray (bi'trei) vt tradire, svelare. **betrayal** n tradimento m.

better ('betə) adj migliore, meglio. **all the better** tanto meglio. **be better** star meglio. ~adv meglio. **better and better** di bene in meglio. **get the better of** avere la meglio su.

between (bi'twiːn) prep tra, fra, in mezzo a. adv in mezzo.

beverage ('bevridʒ) n bevanda f.

beware* (bi'wɛə) vi guardarsi, stare attento.

bewilder (bi'wildə) vt disorientare, confondere. **bewildering** adj sconcertante, sbalorditivo. **bewilderment** n confusione f. smarrimento m.

beyond (bi'jɔnd) adv oltre. prep al di là di, oltre.

bias ('baiəs) n inclinazione f. pregiudizio m. vt influenzare.

bib (bib) n bavaglino m.

Bible ('baibəl) n Bibbia f. **biblical** adj biblico.

bibliography (bibli'ɔgrəfi) n bibliografia f. **bibliographical** adj bibliografico.

biceps ('baiseps) n bicipite m.

bicker ('bikə) vi bisticciare, litigare. **bickering** n litigio m.

bicycle ('baisikəl) n bicicletta f.

bid* (bid) vt **1** comandare, ordinare. **2** offrire. **3** invitare. n offerta, proposta f. **bidder** n offerente m, f.

biennial (bai'eniəl) adj biennale.

bifocals (bai'foukəlz) n pl lenti bifocali fpl.

big (big) adj **1** grosso, grande. **2** ampio. **3** importante.

bigamy ('bigəmi) n bigamia f. **bigamist** n bigamo m.

bigoted ('bigətid) adj bigotto, fanatico.

bikini (bi'kiːni) n bikini m.

bilingual (bai'liŋgwəl) adj bilingue.

bilious ('biliəs) adj biliare.

bill[1] (bil) n **1** conto m. fattura f. **2** pol progetto di legge m. **3** affisso m.

bill[2] (bil) n zool becco m.

billiards ('biliədz) n biliardo m.

billion ('bilian) n **1** bilione m. **2** US miliardo m.

bin (bin) n bidone m. deposito m.

binary ('bainəri) adj binario.

bind* (baind) vt **1** attaccare, legare. **2** rilegare. **3** obbligare. **be bound to** dovere. **binding** adj obbligatorio, impegnativo. n **1** legame m. **2** rilegatura f.

binoculars (bi'nɔkjuləz) n pl binocolo m.

biodegradable (baioudi'greidəbəl) adj biodegradabile.

biography (bai'ɔgrəfi) n biografia f. **biographical** adj biografico.

biology (bai'ɔlədʒi) *n* biologia *f*. **biological** *adj* biologico. **biologist** *n* biologo *m*.

birch (bəːtʃ) *n* betulla *f*.

bird (bəːd) *n* uccello *m*. **birdcage** *n* gabbia per uccelli *f*.

birth (bəːθ) *n* **1** nascita *f*. **2** origine *f*. **3** discendenza *f*. **give birth to 1** partorire. **2** dar luogo a. **birth certificate** *n* certificato di nascita *m*. **birth control** *n* limitazione delle nascite *f*. **birthday** *n* compleanno *m*. **birthmark** *n* voglia *f*. **birth rate** *n* natalità *f*.

biscuit ('biskit) *n* biscotto *m*.

bishop ('biʃəp) *n* **1** vescovo *m*. **2** *game* alfiere *m*.

bit (bit) *n* **1** pezzetto *m*. briciola *f*. **2** tozzo, boccone *m*. **a bit more** un po' di più. **bit by bit** a poco a poco. **not to care a bit** infischiarsene.

bitch (bitʃ) *n* cagna *f*.

bite* (bait) *vt* mordere, pungere. *n* **1** morso, boccone *m*. **2** puntura *f*.

bitter ('bitə) *adj* **1** amaro. **2** aspro. **3** accanito. **bitterness** *n* **1** amarezza *f*. **2** rancore *m*.

bizarre (bi'zɑː) *adj* bizzarro, strano.

black (blæk) *adj* nero, oscuro, sporco. *n* **1** nero. **2** *cap* negro *m*. **blacken** *vt* annerire. *vi* diventar nero. **blackness** *n* nerezza *f*.

blackberry ('blækbəri) *n* mora *f*. **blackberry bush** *n* rovo *m*.

blackbird ('blækbəːd) *n* merlo *m*.

blackboard ('blækbɔːd) *n* lavagna *f*.

blackcurrant (blæk'kʌrənt) *n* ribes nero *m*.

black eye *n* occhio nero *m*.

blackleg ('blækleg) *n* truffatore, crumiro *m*.

blackmail ('blækmeil) *n* ricatto *m*. *vt* ricattare.

black market *n* mercato nero *m*.

blackout ('blækaut) *n* **1** oscuramento *m*. **2** perdita momentanea della conoscenza *f*.

black pudding *n* sanguinaccio *m*.

blacksmith ('blæksmiθ) *n* fabbro *m*.

bladder ('blædə) *n* vescica *f*.

blade (bleid) *n* **1** lama *f*. **2** (of grass) filo *m*.

blame (bleim) *n* biasimo *m*. colpa *f*. *vt* biasimare, rimproverare. **blameless** *adj* innocente.

blancmange (blə'mɔnʒ) *n* biancomangiare *m*.

blank (blæŋk) *adj* **1** in bianco. **2** confuso. *n* **1** spazio vuoto *m*. lacuna *f*. **2** *mil* cartuccia a salve *f*.

blanket ('blæŋkit) *n* coperta di lana *f*.

blare (blɛə) *vi* squillare. *n* squillo *m*.

blaspheme (blæs'fiːm) *vi* bestemmiare. **blasphemous** *adj* blasfemo, empio.

blast (blɑːst) *n* esplosione, raffica *f*. squillo *m*. *vt* fare esplodere, rovinare.

blatant ('bleitɪnt) *adj* evidente.

blaze (bleiz) *n* fiamma, vampata *f*. *vi* ardere, fiammeggiare. **blazer** *n* giacca sportiva *f*.

bleach (bliːtʃ) *n* candeggina *f*. *vt* imbiancare, scolorire. *vi* scolorirsi.

bleak (bliːk) *adj* squallido, deserto, desolato. **bleakness** *n* desolazione, freddezza *f*.

bleat (bliːt) *vi* belare. *n* belato *m*.

bleed* (bliːd) *vi* sanguinare. **bleeding** *n* **1** emorragia *f*. **2** salasso *m*.

blemish ('blemiʃ) *n* macchia *f*. difetto *m*. *vt* macchiare, sfigurare.

blend (blend) *vt* mescolare. *vi* fondersi. *n* miscela *f.* miscuglio *m.*

bless (bles) *vt* benedire, consacrare. **bless you!** *interj* salute! **blessing** *n* benedizione *f.*

blew (bluː) *v* see **blow**².

blind (blaind) *adj* 1 cieco. 2 senza apertura. *n* 1 persiana *f.* 2 pretesto *m.* *vt.* 1 accecare. 2 ingannare. **blind alley** *n* vicolo cieco *m.* **blindfold** *adv* ad occhi bendati. *vt* bendare gli occhi a. **blind person** *n* cieco *m.*

blink (bliŋk) *vi* battere le palpebre, ammiccare. *n* occhiata *f.* **blinkers** *n pl* paraocchi *m pl.*

bliss (blis) *n* beatitudine *f.* **blissful** *adj* beato.

blister (ˈblistə) *n* bolla, vescica *f.*

blizzard (ˈblizəd) *n* tormenta *f.*

blob (blɔb) *n* macchia *f.*

bloc (blɔk) *n* blocco *m.*

block (blɔk) *n* 1 blocco, ceppo *m.* 2 (of houses) gruppo *m.* 3 ostacolo *m.* *vt* bloccare, ostacolare.

blockade (blɔˈkeid) *n* blocco *m.* *vt* bloccare.

blond (blɔnd) *adj,n* biondo.

blood (blʌd) *n* 1 sangue *m.* 2 stirpe, parentela *f.* **bloodcurdling** *adj* raccapricciante. **blood pressure** *n* pressione del sangue *f.* **bloodstream** *n* circolazione del sangue *f.* **bloodthirsty** *adj* assetato di sangue. **bloody** *adj* 1 sanguinoso, cruento. 2 *sl* maledetto.

bloom (bluːm) *n* 1 fiore *m.* fioritura *f.* 2 freschezza *f.* **blooming** *adj* 1 fiorente. 2 prosperoso.

blossom (ˈblɔsəm) *n* fiore *m.* fioritura *f.* *vi* fiorire, essere in fiore.

blot (blɔt) *n* 1 macchia *f.* 2 cancellatura *f.* 3 colpa *f.* *vt* 1 macchiare. 2 asciugare. **blotting paper** *n* carta assorbente *f.*

blotch (blɔtʃ) *n* macchia *f.* scarabocchio *m.*

blouse (blauz) *n* camicetta, blusa *f.*

blow¹ (blou) *n* colpo *m.*

blow²² (blou) *vt* 1 soffiare. 2 suonare. *vi* sbuffare. **blow one's nose** soffiarsi il naso. **blow up** (far) saltare per aria.

blubber (ˈblʌbə) *n* grasso di balena *m.*

blue (bluː) *adj* azzurro, celeste, blu. *n* blu *m.* **bluebell** *n* giacinto selvatico *m.*

bluff (blʌf) *vi* bluffare, ingannare.

blunder (ˈblʌndə) *n* errore, sbaglio *m.* papera *f.* *vi* commettere un errore grossolano.

blunt (blʌnt) *adj* 1 ottuso, spuntato. 2 sgarbato. *vt* rintuzzare, smussare. **bluntly** *adv* bruscamente.

blur (bləː) *vt* offuscare, confondere. *n* offuscamento *m.* macchia *f.*

blush (blʌʃ) *n* rossore *m.* *vi* arrossire.

boar (bɔː) *n* cinghiale *m.*

board (bɔːd) *n* 1 asse *m.* tavola *f.* 2 pensione *f.* 3 commissione *f.* ministero *m.* **on board** a bordo. ~ *vi* alloggiare. *vt* imbarcarsi. **boarder** *n* pensionante *m,f.* **boarding house** *n* pensione *f.* **boarding school** *n* collegio *m.*

boast (boust) *vi* gloriarsi, vantarsi. *n* vanto *m.*

boat (bout) *n* barca *f.* battello *m.* imbarcazione *f.*

bob (bɔb) *n* inchino *m.* *vi* 1 oscillare. 2 inchinarsi. **bob up** venire a galla.

bodice (ˈbɔdis) *n* corpetto, busto *m.*

body (ˈbɔdi) *n* 1 corpo. 2 tronco, cadavere *m*. **3** gruppo *m*. **4** *mot* carrozzeria *f*. **bodyguard** *n* guardia del corpo *f*.

bog (bɔg) *n* palude *f*. pantano *m*.

bohemian (bəˈhiːmiən) *adj* **1** boemo. **2** di artista.

boil[1] (bɔil) *vi* bollire. *vt* far bollire, lessare. **boil down** condensare, ridursi. **boiler** *n* caldaia *f*. **boiling point** *n* punto d'ebollizione *m*.

boil[2] (bɔil) *n* vescica *f*. foruncolo *m*.

boisterous (ˈbɔistərəs) *adj* impetuoso, turbolento.

bold (bould) *adj* audace, temerario, impudente. **boldness** *n* audacia, spavalderia *f*.

bolster (ˈboulstə) *n* cuscinetto *m*.

bolt (boult) *n* **1** *tech* bullone *m*. **2** catenaccio *m*. *vt* **1** sprangare. **2** imbullonare. *vi* scappare.

bomb (bɔm) *n* bomba *f*. *vt* bombardare. **bombard** *vt* bombardare.

bond (bɔnd) *n* **1** legame, vincolo *m*. **2** titolo *m*. **3** cauzione *f*.

bone (boun) *n* osso *m*, *pl* ossa *f*. **bony** *adj* ossuto.

bonfire (ˈbɔnfaiə) *n* falò *m*.

bonnet (ˈbɔnit) *n* berretto, cappellino da donna *m*. **2** *mot* cofano *m*.

bonus (ˈbounəs) *n* gratifica, indennità *f*.

booby trap (ˈbuːbi) *n* mina nascosta *f*. tranello *m*.

book (buk) *n* **1** libro *m*. **2** registro *m*. *vt* **1** prenotare. **2** registrare, mettere in lista. **bookcase** *n* scaffale *m*. **booking office** *n* biglietteria *f*. ufficio prenotazioni *m*. **bookkeeping** *n* contabilità *f*. **booklet** *n* libretto, opuscolo *m*. **bookmaker** *n* allibratore *m*. **bookshop** *n* libreria *f*. **bookstall** *n* edicola *f*.

boom (buːm) *vi* **1** rimbombare. **2** essere in periodo di sviluppo. *n* **1** rimbombo *m*. **2** *comm* aumento improvviso, boom *m*.

boost (buːst) *n* spinta, pressione *f*. *vt* **1** alzare. **2** aumentare.

boot (buːt) *n* **1** stivale *m*. **2** *mot* portabagagli *m invar*.

booth (buːθ) *n* baracca, cabina *f*.

booze (buːz) *n inf* bevande alcoliche *f pl. vi inf* sbronzarsi.

border (ˈbɔːdə) *n* **1** confine, margine *m*. **2** bordo *m*. *vi* orlare. **border on** confinare con. **borderline** *n* linea di demarcazione *f. adj* marginale.

bore[1] (bɔː) *n* **1** buco *m*. **2** (of a gun) calibro *m*. *vt* forare, trapanare.

bore[2] (bɔː) *vt* annoiare, infastidire. *n* **1** seccatura, noia *f*. **2** seccatore *m*.

bore[3] (bɔː) *v* see **bear**[1].

born (bɔːn) *adj* nato, generato. **be born** nascere.

borough (ˈbʌrə) *n* borgo, capoluogo, comune *m*.

borrow (ˈbɔrou) *vt* farsi prestare, prendere a prestito.

bosom (ˈbuzəm) *n* petto, seno *m. adj* intimo, del cuore.

boss (bɔs) *n inf* capo, direttore *m. vt* spadroneggiare. **bossy** *adj* autoritario, dispotico.

botany (ˈbɔtəni) *n* botanica *f*. **botanical** *adj* botanico. **botanist** *n* botanico *m*.

both (bouθ) *adj,pron* ambedue, entrambi. **both of them** tutti e due. **both...and** tanto ...quanto. ~ *adv* insieme.

bother (ˈbɔðə) *vt* infastidire, seccare. *vi* preoccuparsi. *n* noia, seccatura *f*.

bottle (ˈbɔtl) *n* bottiglia *f*. *vt* imbottigliare. **bottleneck** *n* ingorgo *m*.

bottom (ˈbɔtəm) *adj* ultimo, inferiore. *n* **1** fondo *m*. base *f*. **2** *inf* sedere *m*.

bough (bau) *n* ramo *m*.

bought (bɔːt) v see **buy.**

boulder ('bouldə) n macigno m. roccia f.

bounce (bauns) vi rimbalzare. vt far rimbalzare. n balzo, salto m.

bound[1] (baund) v see **bind.** adj **1** legato. **2** rilegato. **3** obbligato.

bound[2] (baund) n (jump) salto, balzo m. vi saltare.

bound[3] (baund) n confine, limite m. **boundary** n limite m. frontiera f.

bound[4] (baund) adj diretto, con destinazione. **be bound for** essere diretto a.

boundary ('baundri) n limite m. frontiera f.

bouquet (buːˈkei) n mazzo di fiori m.

bourgeois ('buəʒwɑː) adj,n borghese.

bout (baut) n **1** periodo d'attività m. **2** med accesso m. **3** sport turno m. ripresa f.

bow[1] (bau) vt piegare. vi chinarsi, sottomettersi. n saluto, inchino m.

bow[2] (bou) n **1** arco m. **2** mus archetto m. **bow-legged** adj dalle gambe arcuate.

bow[3] (bau) n naut prua f.

bowels ('bauəlz) n pl intestini m pl. viscere f pl.

bowl[1] (boul) n ciotola, vaschetta f. recipiente m.

bowl[2] (boul) n boccia f. vt far rotolare. vi servire la palla.

box[1] (bɔks) n **1** scatola f. **2** cassetta f. **3** law banco dei testimoni m. **4** Th palco m. **box number** n casella postale f. **box office** n Th botteghino m.

box[2] (bɔks) vi fare del pugilato. vt schiaffeggiare. n ceffone, pugno m. **boxing** n pugilato m.

Boxing Day n giorno di Santo Stefano m.

boy (bɔi) n ragazzo m. **boyfriend** n amico, ragazzo m. **boyhood** n adolescenza f. **boyish** adj fanciullesco, giovanile.

boycott ('bɔikɔt) vt boicottare. n boicottaggio m.

bra (brɑː) n inf reggipetto m.

brace (breis) n **1** supporto m. **2** pl bretelle f pl. **3** coppia f. vt assicurare, fortificare.

bracelet ('breislət) n braccialetto m.

bracket ('brækit) n **1** mensola f. **2** parentesi f invar. vt **1** munire di supporto. **2** mettere tra parentesi.

brag (bræg) vi vantarsi.

braid (breid) n gallone m. vt intrecciare, legare con un nastro.

braille (breil) n alfabeto braille m.

brain (brein) n **1** cervello m. **2** pl intelligenza f. senno m. **rack one's brains** lambiccarsi il cervello. **brainwash** vt fare il lavaggio del cervello a. **brainwave** n buona idea f.

braise (breiz) vt brasare, cuocere a stufato.

brake (breik) n freno m. vi frenare.

branch (brɑːntʃ) n **1** ramo m. **2** comm filiale f. vi diramarsi. **branch off** biforcarsi.

brand (brænd) n **1** tizzone m. **2** marchio m. **3** marca f. **4** qualità f. vt **1** marchiare. **2** stigmatizzare. **brand-new** adj nuovo fiammante.

brandish ('brændiʃ) vt brandire.

brandy ('brændi) n acquavite f.

brass (brɑːs) n **1** ottone m. **2** sl moneta f. adj di ottone. **brass band** n banda f.

brassiere ('bræziə) n reggipetto m.

brave (breiv) adj coraggioso, ardito. vt sfidare, affrontare.

brawl (brɔːl) n zuffa, disputa f. vi rissare, azzuffarsi.

bray (brei) *vi* ragliare. *n* raglio *m*.

brazen ('breizən) *adj* **1** impudente. **2** di ottone.

Brazil (brə'zil) *n* Brasile *m*. **Brazilian** *adj,n* brasiliano.

breach (briːtʃ) *n* **1** breccia *f*. **2** rottura *f*. **3** violazione *f*. *vt* far breccia in.

bread (bred) *n* pane *m*. **breadcrumb** *n* mollica, briciola *f*. **breadknife** *n* coltello da pane *m*. **breadwinner** *n* sostegno della famiglia *m*.

breadth (bredθ) *n* **1** larghezza, ampiezza *f*. **2** altezza *f*.

break* (breik) *vt* **1** rompere. **2** infrangere. **3** interrompere. *vi* rompersi. **break away** fuggire, distaccarsi. **break down** essere in panne. **breakdown** *n* **1** collasso, esaurimento nervoso *m*. **2** *mot* panna *f*. **break out** scoppiare. **break up** sciogliere. ~ *n* **1** rottura *f*. **2** interruzione *f*. **3** pausa *f*. **breakthrough** *n* innovazione, conquista *f*.

breakfast ('brekfəst) *n* prima colazione *f*.

breast (brest) *n* petto, seno *m*. **breaststroke** *n* nuoto a rana *m*.

breath (breθ) *n* respiro, fiato, soffio *m*. **out of breath** ansimante. **breathtaking** *adj* sorprendente, affascinante.

breathe (briːð) *vi* respirare, soffiare, sussurrare. **breathe a sigh** sospirare. **breathing** *n* respirazione *f*.

breed* (briːd) *vt* **1** generare. **2** allevare. *vi* nascere. *n* razza, stirpe, covata *f*. **breeding** *n* allevamento *m*.

breeze (briːz) *n* brezza *f*.

brew (bruː) *vt* mescolare, fare fermentare. *n* mistura *f*. **brewery** *n* fabbrica di birra *f*.

bribe (braib) *vt* corrompere, allettare. *n* offerta a scopo di corruzione, bustarella *f*. **bribery** *n* corruzione *f*.

brick (brik) *n* mattone *m*.

bride (braid) *n* sposa *f*. **bridegroom** *n* sposo *m*. **bridesmaid** *n* damigella d'onore *f*.

bridge[1] (bridʒ) *n* ponte *m*. *vt* congiungere.

bridge[2] (bridʒ) *n game* bridge *m*.

bridle ('braidl) *n* briglia *f*. freno *m*. **bridlepath** *n* pista *f*.

brief (briːf) *adj* breve, conciso. *n* riassunto *m*. istruzioni *f pl*. *vt* impartire istruzioni a.
briefcase *n* cartella *f*. borsa d'avvocato *f*.

brigade (bri'geid) *n* brigata *f*. **brigadier** *n* generale di brigata *m*.

bright (brait) *adj* **1** risplendente, luminoso, chiaro. **2** allegro. **3** intelligente. **brighten** *vt* **1** rendere più brillante. **2** rallegrare. *vi* illuminarsi, schiarirsi.

brilliant ('briljənt) *adj* **1** brillante, splendido. **2** di talento.

brim (brim) *n* **1** orlo, bordo *m*. **2** (of a hat) tesa *f*.

bring* (briŋ) *vt* **1** portare, recare. **2** produrre, provocare. **bring about** far accadere. **bring up** educare.

brink (briŋk) *n* orlo, limite estremo *m*.

brisk (brisk) *adj* vivace, arzillo.

bristle ('brisəl) *n* setola *f*. *vi* rizzarsi.

Britain ('britn) *n* Gran Bretagna *f*. **British** *adj* britannico. **Briton** *n* inglese *m,f*.

brittle ('britl) *adj* fragile.

broad (brɔːd) *adj* **1** largo, ampio. **2** generale. **3** marcato. **broad bean** *n* fava *f*. **broaden** *vt* allargare. *vi* allargarsi. **broad-minded** *adj* di larghe vedute.

broadcast* ('brɔːdkɑːst) *n* trasmissione radiofonica *f*. *vt* trasmettere per radio, diffondere.

broccoli (ˈbrɔkəli) *n* broccoli *m pl.*

brochure (ˈbrouʃə) *n* opuscolo *m.*

broke (brouk) *v* see **break.** *adj inf* rovinato, al verde.

broken (ˈbroukən) *v* see **break.** *adj* rotto, sconnesso, affranto.

broker (ˈbroukə) *n* mediatore, sensale, agente di cambio *m.*

bronchitis (brɔŋˈkaitis) *n* bronchite *f.*

bronze (brɔnz) *n* bronzo *m. adj* di bronzo.

brooch (broutʃ) *n* spilla *f.*

brood (bruːd) *n* covata *f. vi* **1** covare. **2** meditare.

brook (bruk) *n* ruscello *m.*

broom (bruːm) *n* **1** scopa *f.* **2** *bot* ginestra *f.*

brothel (ˈbrɔðəl) *n* bordello *m.* casa di tolleranza *f.*

brother (ˈbrʌðə) *n* fratello *m.* **brotherhood** *n* fratellanza, fraternità *f.* **brother-in-law** *n* cognato *m.* **brotherly** *adj* fraterno.

brought (brɔːt) *v* see **bring.**

brow (brau) *n* sopracciglio *m.* fronte *f.*

brown (braun) *adj* marrone, castano. *n* bruno *m. vt* brunire. **2** *cul* rosolare. *vi* diventare bruno.

browse (brauz) *vi* scartabellare.

bruise (bruːz) *n* contusione *f.* livido *m. vt* ammaccare. *vi* ammaccarsi.

brunette (bruːˈnet) *adj,n* bruna, brunetta *f.*

brush (brʌʃ) *n* **1** pennello *m.* **2** spazzola *f. vt* spazzolare. **brush against** sfiorare. **brush up** ripassare.

brusque (bruːsk) *adj* brusco, rude.

Brussels (ˈbrʌsəlz) *n* Bruxelles *f.* **Brussels sprout** *n* cavolino di Bruxelles *m.*

brute (bruːt) *n* bruto *m. adj* brutale, selvaggio. **brutal** *adj* brutale.

bubble (ˈbʌbəl) *n* bolla *f. vi* formare bolle.

buck[1] (bʌk) *vi* impennarsi.

buck[2] (bʌk) *n* *zool* daino, caprone *m.*

bucket (ˈbʌkit) *n* secchio *m.*

buckle (ˈbʌkəl) *n* fibbia *f. vt* affibbiare, allacciare. *vi* affibbiarsi.

bud (bʌd) *n* germoglio, bocciolo *m.*

Buddhism (ˈbudizəm) *n* buddismo *m.* **Buddhist** *adj,n* buddista.

budget (ˈbʌdʒit) *n* bilancio preventivo *m. vi* fare un bilancio preventivo.

buffalo (ˈbʌfəlou) *n, pl* **-loes** *or* **-los** bufalo *m.*

buffer (ˈbʌfə) *n* respingente, cuscinetto *m.*

buffet[1] (ˈbufit) *n* schiaffo *m. vt* schiaffeggiare.

buffet[2] (ˈbʌfei) *n* ristorante *m.* tavola calda *f.*

bug (bʌg) *n* **1** *zool* cimice *f.* **2** *inf* virus *m.*

bugle (ˈbjuːgəl) *n* tromba *f.*

build* (bild) *vi* costruire, fabbricare, nidificare. *n* corporatura *f.* **building** *n* fabbricato, edificio *m.* **building society** *n* credito edilizio *m.*

bulb (bʌlb) *n* **1** *bot* bulbo *m.* **2** (electric) lampadina *f.*

Bulgaria (bʌlˈgeəriə) *n* Bulgaria *f.* **Bulgarian** *adj,n* bulgaro. **Bulgarian** (language) *n* bulgaro *m.*

bulge (bʌldʒ) *n* gonfiore *m.* protuberanza *f. vi* gonfiare, gonfiarsi.

bulk (bʌlk) *n* massa *f.* volume *m.* **bulky** *adj* ingombrante, voluminoso.

bull (bul) *n* toro *m.* **bulldog** *n* mastino *m.* **bulldozer** *n* livellatrice *f.* **bullfight** *n* corrida *f.*

bullet ('bulit) *n* pallottola *f.* **bullet-proof** *adj* a prova di pallottola, corazzato.

bulletin ('bulətin) *n* bollettino *m.*

bully ('buli) *n* gradasso, prepotente *m. vt* maltrattare, tiranneggiare.

bump (bʌmp) *vt* battere, urtare. *vi* sbattere. *n* colpo, bernoccolo *m.* **bumper** *n* paraurti *m invar. adj inf* abbondante.

bun (bʌn) *n* 1 *cul* focaccia *f.* 2 crocchia *f.*

bunch (bʌntʃ) *n* fascio, mazzo, grappolo *m. vt* riunire, raggruppare.

bundle ('bʌndl) *n* fagotto, involto *m. vt* fare un involto di.

bungalow ('bʌŋgəlou) *n* casa ad un piano *f.*

bungle ('bʌŋgəl) *vt* guastare. *n* lavoro malfatto *m.*

bunk (bʌŋk) *n* cuccetta *f.*

bunker ('bʌŋkə) *n* 1 carbonile *m.* 2 *sport* ostacolo *m.*

buoy (bɔi) *n* boa *f.* **buoyant** *adj* 1 galleggiante. 2 allegro, esuberante.

burden ('bəːdn) *n* fardello, carico, onere *m. vt* caricare, opprimere.

bureau ('bjuərou) *n, pl* **-eaus** or **-eaux** 1 ufficio *m.* 2 scrittoio *m.*

bureaucracy (bju'rɔkrəsi) *n* burocrazia *f.* **bureaucrat** *n* burocrate *m.*

burglar ('bəːglə) *n* ladro, scassinatore *m.* **burglar alarm** *n* segnale antifurto *m.* **burglary** *n* furto con scasso *m.* **burgle** *vt* svaligiare, scassinare.

burn* (bəːn) *vt* bruciare, incendiare. *vi* 1 bruciare, essere in fiamme. 2 scottare. *n* ustione, scottatura *f.*

burrow ('bʌrou) *n* tana *f. vi* fare una tana, nascondersi.

burst* (bəːst) *vt* far esplodere. *vi* scoppiare. *n* scoppio *m.* esplosione *f.*

bury ('beri) *vt* seppellire, sotterrare. **burial** *n* sepoltura *f.*

bus (bʌs) *n* autobus *m invar.* **bus-stop** *n* fermata dell'autobus *f.*

bush (buʃ) *n* 1 cespuglio *m.* 2 macchia *f.* **bushy** *adj* folto, cespuglioso.

business ('biznis) *n* affari *m pl.* commercio *m.* occupazione *f.* **business-like** *adj* pratico, sbrigativo. **businessman** *n* uomo d'affari *m.*

bust[1] (bʌst) *n* busto *m.*

bust[2] (bʌst) *inf vt* far saltare. *vi* andare in malora.

bustle ('bʌsəl) *n* attività disordinata *f.* trambusto *m. vi* muoversi, agitarsi.

busy ('bizi) *adj* indaffarato, occupato.

but (bət; *stressed* bʌt) *conj* ma. *adv* solo, soltanto. *prep* tranne, eccetto.

butcher ('butʃə) *n* macellaio *m. vt* massacrare, macellare. **butcher's shop** *n* macelleria *f.*

butler ('bʌtlə) *n* maggiordomo *m.*

butt[1] (bʌt) *n* 1 mozzicone *m.* 2 (of a gun) calcio *m.*

butt[2] (bʌt) *n* (person or object) bersaglio *m.* meta *f.*

butt[3] (bʌt) *n* cornata *f. vt* dar cornate a, cozzare.

butter ('bʌtə) *n* burro *m.* **buttercup** *n* ranuncolo *m.* **butterfly** *n* farfalla *f.* **butterscotch** *n* tipo di caramella *m.*

buttocks ('bʌtəks) *n pl* natiche *f pl.*

button ('bʌtn) *n* bottone *m. vt* abbottonare. **button up** abbottonarsi. **buttonhole** *n* occhiello *m. vt* inchiodare.

buttress ('bʌtrəs) *n* contrafforte *f.* sperone *m.*

buy* (bai) *vt* comprare, acquistare. *n* acquisto *m*. **buyer** *n* acquirente, compratore *m*.

buzz (bʌz) *n* **1** ronzio *m*. **2** *inf* telefonata *f*. *vi* ronzare, mormorare.

by (bai) *prep* **1** da, di, a, per, in, con. **2** vicino a. **3** entro, durante. *adv* **1** vicino. **2** da parte. **by the way** a proposito. **by-election** *n* elezione straordinaria *f*. **bylaw** *n* legge locale *f*. regolamento *m*. **bypass** *n* circonvallazione *f*. *vt* girare intorno a.

Byzantine (bi'zæntain, bai-) *adj,n* bizantino.

C

cab (kæb)*n* tassì *m invar*. vettura pubblica *f*.

cabaret ('kæbərei) *n* caffè concerto *m*.

cabbage ('kæbidʒ) *n* cavolo *m*.

cabin ('kæbin) *n* cabina, capanna *f*. **cabin cruiser** *n* cabinato *m*.

cabinet ('kæbinət) *n* **1** armadietto *m*. **2** *pol* gabinetto *m*. **cabinet-maker** *n* ebanista *m*.

cable ('keibəl) *n* **1** cavo *m*. **2** cablogramma *m*. *vt* mandare un cablogramma a. **cable car** *n* funivia *f*.

cackle ('kækəl) *vi* schiamazzare, ridacchiare. *n* **1** verso della gallina *m*. **2** chiacchierio *m*.

cactus ('kæktəs) *n, pl* **-ti** or **-tuses** cactus *m*.

cadence ('keidns) *n* cadenza *f*.

cadet (kə'det) *n* cadetto *m*.

cafe ('kæfei) *n* caffè *m invar*. ristorante *m*.

cafeteria (kæfi'tiəriə) *n* bar-ristorante *m*.

caffeine ('kæfiːn) *n* caffeina *f*.

cage (keidʒ) *n* gabbia *f*.

cake (keik) *n* torta, focaccia *f*. *vt* incrostare. *vi* incrostarsi, indurirsi.

calamity (kə'læməti) *n* calamità *f*.

calcium ('kælsiəm) *n* calcio *m*.

calculate ('kælkjuleit) *vt* calcolare, valutare. **calculation** *n* calcolo *m*. **calculator** *n* calcolatore *m*. macchina calcolatrice *f*.

calendar ('kælində) *n* calendario *m*.

calf[1] (kɑːf) *n, pl* **calves** *anat* polpaccio *m*.

calf[2] (kɑːf) *n, pl* **calves** *zool* vitello *m*.

calibre ('kælibə) *n* calibro *m*.

call (kɔːl) *vt* **1** chiamare. **2** richiamare. **3** svegliare. *vi* **1** gridare. **2** fare scalo. **3** visitare. **call on** visitare. **call up** **1** convocare. **2** richiamare. ~*n* **1** chiamata *f*. appello, grido *m*. **2** visita *f*. **3** vocazione *f*. **callbox** *n* cabina telefonica *f*.

callous ('kæləs) *adj* calloso, insensibile, spietato.

calm (kɑːm) *adj* calmo, sereno. *n* calma, quiete *f*. *vt* calmare. **calm down** calmarsi.

calorie ('kæləri) *n* caloria *f*.

Cambodia (kæm'boudiə) *n* Cambogia *f*. **Cambodian** *adj,n* cambogiano.

came (keim) *v* see **come**.

camel ('kæməl) *n* cammello *m*. **camelhair** *n* pelo di cammello *m*.

camera ('kæmrə) *n* macchina fotografica *f*. **cameraman** *n* operatore *m*.

camouflage ('kæməflɑːʒ) *n* mimetizzazione *f*. camuffamento *m*. *vt* **1** mascherare. **2** *mil* mimetizzare.

camp[1] (kæmp) *n* accampamento, campo *m*. *vi* accampare, accamparsi. **camp bed** *n* brandina *f*. **camping** *n* campeggio *m*. **camping site** *n* luogo per campeggio *m*.

camp[2] (kæmp) *adj* effeminato.

campaign (kæm'pein) *n* campagna *f*. *vi* fare una campagna.

campus ('kæmpəs) *n* città universitaria *f*.

can[1] (kæn) *n* recipiente, bidone, barattolo *m*. *vt* mettere in scatola.

can[*2] (kæn) *v mod aux* **1** potere, essere in grado di. **2** sapere.

Canada ('kænədə) *n* Canada *m*. **Canadian** *adj,n* canadese.

canal (kə'næl) *n* canale *m*.

canary (kə'neəri) *n* canarino *m*.

Canary Islands *n pl* Isole Canarie *f pl*.

cancel ('kænsəl) *vt* annullare, cancellare, sopprimere. **cancellation** *n* cancellazione *f*. annullamento *m*.

cancer ('kænsə) *n* **1** cancro *m*. **2** *cap* Cancro *m*.

candid ('kændid) *adj* franco, sincero.

candidate ('kændidət) *n* candidato *m*.

candle ('kændl) *n* candela *f*. **candlelight** *n* lume di candela *m*. **candlestick** *n* candelabro, candeliere *m*.

candour ('kændə) *n* franchezza *f*.

cane ('kein) *n* **1** canna *f*. **2** bastone da passeggio *m*. *vt* bastonare.

canine ('keinain) *adj* canino.

cannabis ('kænəbis) *n* ascisc *m*.

cannibal ('kænəbəl) *n* cannibale *m*.

cannon ('kænən) *n* cannone *m*.

cannot ('kænət) contraction of **can not**.

canoe (kə'nu) *n* canoa *f*.

canon[1] ('kænən) *n* canone *m*. regola, disciplina *f*.

canon[2] ('kænən) *n rel* canonico *m*. **canonize** *vt* canonizzare.

canopy ('kænəpi) *n* baldacchino *m*. volta *f*.

canteen (kæn'tiːn) *n* mensa aziendale, cantina *f*.

canter ('kæntə) *n* piccolo galoppo *m*. *vi* andare al piccolo galoppo.

canton ('kæntɔn) *n* cantone *m*.

canvas ('kænvəs) *n* canovaccio *m*. tela, vela *f*.

canvass ('kænvəs) *vt* sollecitare.

canyon ('kænjən) *n* burrone *m*.

cap (kæp) *n* **1** berretto *m*. cuffia *f*. **2** *tech* cappuccio *m*.

capable ('keipəbəl) *adj* capace, abile.

capacity (kə'pæsiti) *n* **1** capacità, abilità *f*. **2** *tech* potenza *f*.

cape[1] (keip) *n* cappa, mantellina *f*.

cape[2] (keip) *n geog* capo, promontorio *m*.

caper ('keipə) *n* cappero *m*.

capital ('kæpitl) *n* **1** *geog* capitale *f*. **2** *comm* capitale *m*. **3** (letter) maiuscola *f*. *adj* **1** capitale, eccellente. **2** maiuscolo. **capitalism** *n* capitalismo *m*. **capitalist** *n* capitalista *m,f*. **capitalize** *vt* capitalizzare.

capricious (kə'priʃəs) *adj* capriccioso, volubile.

Capricorn ('kæprikɔn) *n* Capricorno *m*.

capsicum ('kæpsikəm) *n* peperone, pimento *m*.

capsize (kæp'saiz) *vi* capovolgersi. *vt* rovesciare.

capsule ('kæpsjuːl) *n* capsula *f*.

captain ('kæptin) *n* capitano, comandante *m*.

caption ('kæpʃən) *n* **1** intestazione *f*. **2** (cinema) didascalia *f*.

captivate ('kæptiveit) *vt* attrarre, sedurre.

captive ('kæptiv) *adj,n* prigioniero, schiavo *m*.

capture ('kæptʃə) *vt* catturare, far prigioniero. *n* cattura *f*. arresto *m*.

car (kɑː) *n* **1** automobile, macchina *f*. **2** (railway) carro *m*. **car park** *n* posteggio *m*.

caramel ('kærəməl) *n* caramella *f*.

carat ('kærət) *n* carato *m*.

caravan ('kærəvæn) *n* carovana *f*.

caraway ('kærəwei) *n* cumino *m*.

carbohydrate (kɑːbou'haidreit) *n* carboidrato *m*.

carbon ('kɑːbən) *n* **1** *sci* carbonio *m*. **2** *tech* carbone *m*. **carbon paper** *n* carta carbone *f*. **carbon dioxide** *n* anidride carbonica *f*.

carburettor (kɑːbjuˈretə) *n* carburatore *m*.

carcass ('kɑːkəs) *n* carcassa *f*.

card (kɑːd) *n* carta *f*. **cardboard** *n* cartone *m*.

cardigan ('kɑːdigən) *n* giacchetta di lana *f*.

cardinal ('kɑːdinl) *adj* cardinale, principale. *n* cardinale *m*.

care (keə) *n* **1** ansietà *f*. **2** cura, premura, sollecitudine *f*. **3** custodia *f*. **care of** presso. ~ *vi* curarsi, preoccuparsi. **care for 1** voler bene a. **2** curare. **carefree** *adj* spensierato. **careful** *adj* attento, accurato. **careless** *adj* trascurato, negligente. **caretaker** *n* custode, guardiano *m*.

career (kəˈriə) *n* carriera *f*.

caress (kəˈres) *n* carezza *f*. *vt* accarezzare.

cargo ('kɑːgou) *n, pl* **-goes** carico *m*.

Caribbean (kæriˈbiən) *adj* dei Caraibi. **Caribbean (Sea)** *n* Mare dei Caraibi *m*.

caricature ('kærikətjuə) *n* caricatura *f*. *vt* far la caricatura di.

carnal ('kɑːnl) *adj* carnale, sensuale.

carnation (kɑːˈneiʃən) *n* garofano *m*.

carnival ('kɑːnivəl) *n* carnevale *m*.

carnivorous (kɑːˈnivərəs) *adj* carnivoro.

carol ('kærəl) *n* canto, inno natalizio *m*.

carpenter ('kɑːpintə) *n* carpentiere, falegname *m*.

carpet ('kɑːpit) *n* tappeto *m*.

carriage ('kæridʒ) *n* **1** carro *m*. vettura *f*. **2** (railway) vagone *m*. **3** trasporto *m*. **4** portamento *m*. **carriageway** *n* strada rotabile *f*.

carrier ('kæriə) *n* trasportatore *m*. **carrier bag** *n* sacchetto *m*.

carrot ('kærət) *n* carota *f*.

carry ('kæri) *vt,vi* portare. **carry away** trasportare. **carry on** proseguire. **carry out** effettuare. **carrycot** *n* culla portabile *f*.

cart (kɑːt) *n* carro, calesse *m*. **carthorse** *n* cavallo da traino *m*. **cartwheel** *n* ruota di carro *f*.

cartilage ('kɑːtilidʒ) *n* cartilagine *f*.

carton ('kɑːtn) *n* **1** scatola di cartone *f*. **2** (of cigarettes) stecca *f*.

cartoon (kɑːˈtuːn) *n* cartone *m*. **cartoonist** *n* disegnatore, vignettista *m*.

cartridge ('kɑːtridʒ) *n* cartuccia *f*.

carve (kɑːv) *vt* **1** *Art* intagliare, incidere. **2** tagliare. **carving** *n* intaglio *m*. **carving-knife** *n* trinciante *m*.

cascade (kæˈskeid) *n* cascata *f*.

case[1] (keis) *n* **1** caso, avvenimento *m*. **2** *law* causa *f*. processo *m*.

case[2] (keis) *n* **1** scatola, custodia *f*. **2** (for glasses, etc.) astuccio *m*.

cash (kæʃ) *n* cassa *f*. denaro *m*. contanti *m pl*. *vt* incassare, riscuotere. **cash desk** *n* cassa *f*.

cashier[1] (kæˈʃiə) *n* cassiere *m*.

cashier[2] (kæˈʃiə) *vt* destituire.

cashmere (kæʃˈmiə) *n* cachemire *m*.

casino (kə'siːnou) n casinò m.

casket ('kɑːskit) n cofanetto, scrigno m.

casserole ('kæsəroul) n teglia, casseruola f.

cassette (kə'set) n cassetta f.

cassock ('kæsək) n tonaca, veste f.

cast* (kɑːst) vt 1 gettare, lanciare. 2 reclutare. 3 fondere. n 1 lancio, getto, stampo m. 2 Th complesso m.

castanets (kæstə'nets) n pl nacchere f pl.

caste (kɑːst) n casta f.

castle ('kɑːsəl) n castello m.

castrate (kæ'streit) vt castrare.

casual ('kæʒuəl) adj 1 accidentale, casuale, fortuito. 2 sportivo, semplice. **casualty** n 1 vittima m. 2 incidente, sinistro m.

cat (kæt) n gatto m. **cat's eye** n mot catarifrangente m.

catalogue ('kætəlɔg) n catalogo m. vt catalogare.

catamaran (kætəmə'ræn) n catamarano m.

catapult ('kætəpʌlt) n catapulta, fionda f.

cataract ('kætərækt) n cateratta f.

catarrh (kə'tɑː) n catarro m.

catastrophe (kə'tæstrəfi) n catastrofe f.

catch* (kætʃ) vt 1 prendere, afferrare. 2 sorprendere. vi attaccarsi. n 1 cattura, preda f. 2 trucco m.

catechism ('kætikizəm) n catechismo m.

category ('kætigəri) n categoria f. **categorical** adj categorico. **categorize** vt classificare, giudicare.

cater ('keitə) vi provvedere cibo. **cater for** provvedere. **caterer** n fornitore, negoziante m.

caterpillar ('kætəpilə) n bruco m.

cathedral (kə'θiːdrəl) n cattedrale f.

cathode ('kæθoud) n catodo m.

Catholic ('kæθlik) adj,n cattolico. **Catholicism** n cattolicesimo m.

catkin ('kætkin) n amento m.

cattle ('kætl) n pl bestiame m.

caught (kɔːt) v see **catch.**

cauliflower ('kɔliflauə) n cavolfiore m.

cause (kɔːz) n ragione, causa f. motivo m. vt causare, provocare.

causeway ('kɔːzwei) n strada rialzata f.

caustic ('kɔːstik) adj caustico, mordente.

caution ('kɔːʃən) n 1 cautela, prudenza f. 2 avvertimento m. vt ammonire, mettere in guardia.

cavalry ('kævəlri) n cavalleria f.

cave (keiv) n caverna, tana f.

caviar ('kæviɑː) n caviale m.

cavity ('kæviti) n cavità f.

cayenne (kei'en) n pepe di Caienna m.

cease (siːs) vt,vi cessare, finire. **cease-fire** n cessato il fuoco m. tregua f. **ceaseless** adj incessante.

cedar ('siːdə) n cedro m.

ceiling ('siːliŋ) n soffitto m.

celebrate ('seləbreit) vt celebrare, onorare. vi far festa. **celebration** n celebrazione f.

celebrity (si'lebriti) n celebrità f.

celery ('seləri) n sedano m.

celestial (si'lestiəl) adj celestiale.

celibate ('selibət) adj,n celibe m.

cell (sel) n 1 cella f. 2 sci cellula f.

cellar ('selə) n cantina f. sottosuolo m.

cello ('tʃelou) n violoncello m.

Cellophane ('seləfein) n Tdmk Cellophane m.

Celt (kelt) n celta m. **Celtic** adj celtico.

cement (si'ment) n cemento m. vt cementare.

cemetery ('semətri) n cimitero m.

censor ('sensə) n censore m. vt censurare. **censorship** n censura f.

censure ('senʃə) n censura, critica f. vt criticare, biasimare.

census ('sensəs) n censimento m.

cent (sent) n 1 centesimo m. 2 soldo m.

centenary (sen'tiːnəri) adj,n centenario m.

centigrade ('sentigreid) adj centigrado.

centimetre ('sentimiːtə) n centimetro m.

centipede ('sentipiːd) n millepiedi m invar.

centre ('sentə) n centro m. vt centrare, concentrare. vi concentrarsi. **centre-forward** n centravanti m. **centre-half** n centromediano m. **central** adj centrale. **central heating** n riscaldamento centrale m. **centralize** vt centralizzare. **centralization** n centralizzazione f.

century ('sentʃəri) n secolo m.

ceramic (si'ræmik) adj di ceramica. **ceramics** n ceramica f.

cereal ('siəriəl) n cereale m.

ceremony ('serəməni) n cerimonia f. **stand on ceremony** far complimenti. **ceremonial** adj da cerimonia. n cerimonia f. **ceremonious** adj cerimonioso.

certain ('səːtn) adj certo, sicuro. **certainty** n certezza f.

certify ('səːtifai) vt attestare, certificare. **certificate** n certificato m.

Ceylon (si'lɔn) n Ceylon m. **Ceylonese** adj,n cingalese.

chaffinch ('tʃæfintʃ) n fringuello m.

chain (tʃein) n catena f. vt incatenare. **chain-smoke** vi fumare ininterrottamente. **chain-reaction** n reazione a catena f. **chain-store** n negozio che fa parte di una catena f.

chair (tʃeə) n 1 sedia f. seggio m. 2 educ cattedra f. **chair lift** n seggiovia f. **chairman** n presidente m.

chalet ('ʃælei) n chalet m.

chalk (tʃɔːk) n gesso m.

challenge ('tʃæləndʒ) n sfida, provocazione f. vt sfidare, provocare. **challenging** adj stimolante.

chamber ('tʃeimbə) n camera, sala f. **chambermaid** n cameriera f. **chamber music** n musica da camera f.

chamberlain ('tʃeimbəlin) n ciambellano m.

chameleon (kə'miːliən) n camaleonte m.

chamois ('ʃæmi) n invar pelle di camoscio f.

champagne (ʃæm'pein) n sciampagna m.

champion ('tʃæmpiən) n campione m. vt difendere, sostenere. **championship** n campionato m.

chance (tʃɑːns) n fortuna f. caso m. **by chance** per caso. ~ vt arrischiare. vi accadere. adj fortuito, casuale.

chancellor ('tʃɑːnsələ) n cancelliere m.

chandelier (ʃændə'liə) n lampadario m.

change (tʃeindʒ) vt cambiare. vi mutarsi. n 1 cambio m. alterazione f. 2 (of money) moneta f. **changeable** adj mutevole.

channel ('tʃænl) n canale m. vt incanalare.

Channel Islands n pl Isole Normanne f pl.

chant (tʃɑɪnt) n canto monotono m. cantilena f. vi cantare, salmodiare.

chaos ('keiɔs) n caos m.

chap[1] (tʃæp) vt screpolare. vi screpolarsi. n screpolatura f.

chap[2] (tʃæp) n inf tipo, individuo, ragazzo m.

chapel ('tʃæpəl) n cappella f.

chaperon ('ʃæpəroun) n compagna f. vt accompagnare.

chaplain ('tʃæplin) n cappellano m.

chapter ('tʃæptə) n capitolo m.

char[1] (tʃɑɪ) vt carbonizzare. vi carbonizzarsi.

char[2] (tʃɑɪ) n inf domestica a ore f. vi lavorare a giornata.

character ('kærɪktə) n 1 carattere m. indole f. 2 personalità f. 3 personaggio m. **characteristic** adj caratteristico. n caratteristica f.

charcoal ('tʃɑɪkoul) n carbonella f.

charge (tʃɑɪdʒ) vt 1 far pagare. 2 incaricare. 3 caricare. n 1 spesa f. costo m. 2 incarico m. sorveglianza f. 3 accusa f. 4 mil carica f.

chariot ('tʃæriət) n cocchio m.

charisma (kə'rizmə) n carisma m.

charity ('tʃærɪti) n carità, elemosina f. **charitable** adj caritatevole.

charm (tʃɑɪm) n 1 fascino m. 2 incantesimo m. 3 amuleto m. vt affascinare, incantare, stregare. **charming** adj attraente, grazioso.

chart (tʃɑɪt) n 1 carta nautica f. 2 grafico m. 3 cartella clinica f. vt fare la carta idrografica di, tracciare.

charter ('tʃɑɪtə) n carta f. documento m. **charter flight** n volo speciale or charter m. ~ vt 1 noleggiare. 2 concedere statuto.

chase (tʃeis) vt cacciare, inseguire, rincorrere. n caccia f. inseguimento m.

chasm ('kæzəm) n abisso m.

chassis ('ʃæsi) n invar telaio m.

chaste (tʃeist) adj casto, virtuoso, severo.

chastise (tʃæ'staiz) vt castigare, punire. **chastisement** n castigo m. punizione f.

chat (tʃæt) n chiacchierata f. vi chiacchierare. **chatty** adj chiacchierone, ciarliero.

chatter ('tʃætə) n chiacchiera f. **chatterbox** n chiacchierone m. vi 1 chiacchierare. 2 battere i denti.

chauffeur ('ʃoufə) n autista m.

chauvinism ('ʃouvinizəm) n sciovinismo m. **chauvinist** n sciovinista m.

cheap (tʃiɪp) adj 1 a buon mercato. 2 di scarso valore, spregevole.

cheat (tʃiɪt) n 1 inganno m. 2 (person) imbroglione m. vt,vi ingannare, truffare.

check (tʃek) n 1 arresto, impedimento m. 2 controllo m. 3 (on material) quadretto m. 4 game scacco m. vt 1 controllare. 2 fermare. 3 tenere in scacco. **checkmate** n scacco matto m. vt dar scacco matto a. **checkpoint** n punto di controllo m. **check up** n 1 revisione f. 2 visita medica f.

cheek (tʃiɪk) n 1 guancia, gota f. 2 inf sfrontatezza f. **cheekbone** n zigomo m. **cheeky** adj insolente.

cheer (tʃiə) n applauso m. vt rallegrare, incoraggiare. vi applaudire. **cheer up** rallegrarsi. **cheerful** adj allegro.

cheese (tʃiɪz) n formaggio m. **cheesecake** n torta di formaggio f.

cheetah ('tʃiɪtə) n ghepardo m.

chef (ʃef) n capocuoco m.

chemical ('kemikəl) adj chimico. n prodotto chimico m.

chemist ('kemist) n 1 chimico m. 2 med farmacista m. **chemist's shop** n farmacia f.

chemistry ('kemistri) n chimica f.

cheque (tʃek) n assegno m. **chequebook** n libretto degli assegni m. **cheque card** n carta bancaria f.

cherish ('tʃeriʃ) vt 1 tener caro, amare. 2 nutrire.

cherry ('tʃeri) n ciliegia f. **cherry tree** n ciliegio m.

cherub ('tʃerəb) n cherubino m.

chess (tʃes) n scacchi m pl. **chessboard** n scacchiera f. **chessman** n pezzo degli scacchi m.

chest (tʃest) n 1 anat petto, torace m. 2 cassa f. **chest of drawers** n cassettone m.

chestnut ('tʃesnʌt) n castagna f. **chestnut tree** n castagno m.

chew (tʃuː) vt,vi masticare. **chew over** meditare. **chewing gum** n gomma da masticare f.

chick (tʃik) n pulcino m.

chicken ('tʃikən) n pollo, pollastro m. **chickenpox** n varicella f.

chicory ('tʃikəri) n cicoria f.

chief (tʃiːf) adj principale. n capo, comandante m.

chilblain ('tʃilblein) n gelone m.

child (tʃaild) n, pl **children** 1 bambino m. 2 figlio m. **childbirth** n parto m. **childhood** n infanzia f. **childish** adj puerile, infantile. **childlike** adj da bambino, infantile. **childminder** n bambinaia f.

chill (tʃil) n 1 med raffreddore m. 2 brivido m. vt raffreddare. adj freddo. **chilly** adj 1 freddoloso, frescolino. 2 senza cordialità.

chilli ('tʃili) n pepe di Caienna m.

chime (tʃaim) n scampanio m. vi risuonare, scampanare. vt suonare, battere.

chimney ('tʃimni) n camino, fumaiolo m. **chimneypot** n comignolo m. **chimneysweep** n spazzacamino m.

chimpanzee (tʃimpæn'ziː) n scimpanzé m.

chin (tʃin) n mento m.

china ('tʃainə) n porcellana f. **China** ('tʃainə) n Cina f. **Chinese** adj,n cinese. **Chinese** (language) n cinese m.

chink¹ (tʃiŋk) n fessura, crepa f.

chink² (tʃiŋk) vt far tintinnare. vi tintinnare. n tintinnio m.

chip (tʃip) n 1 frammento m. scheggia f. 2 cul patatina fritta f. vt rompere. vi scheggiarsi.

chiropody (ki'rɔpədi) n arte del pedicure f. **chiropodist** n chiropodista m.

chirp (tʃəːp) n cinguettio, canto m. vi cinguettare, pigolare.

chisel ('tʃizəl) n scalpello, cesello m. vt cesellare, scalpellare.

chivalry ('ʃivəlri) n galanteria f.

chives (tʃaivz) n erba cipollina f.

chlorine ('klɔːriːn) n cloro m.

chlorophyll ('klɔrəfil) n clorofilla f.

chocolate ('tʃɔklit) n 1 cioccolato m. cioccolata f. 2 (sweet) cioccolatino m. adj di cioccolato.

choice (tʃɔis) n scelta f. assortimento m. adj scelto, di prima qualità.

choir (kwaiə) n coro m. **choirboy** n ragazzo cantore m. **choirmaster** n maestro di cappella m.

choke (tʃouk) vt soffocare, asfissiare. vi soffocarsi, ostruirsi.

cholera ('kɔlərə) n colera m.

choose* (tʃuːz) *vt, vi* scegliere.

chop[1] (tʃɔp) *vt* tagliare, spaccare. *n* 1 colpo *m*. 2 *cul* braciola *f*. **chopper** *n* accetta *f*.

chop[2] (tʃɔp) *vi* mutare.

chopsticks ('tʃɔpstiks) *n pl* bastoncini *m pl*.

chord (kɔːd) *n* 1 corda *f*. 2 *mus* accordo *m*.

chore (tʃɔː) *n* 1 lavoro *m*. 2 *pl* lavori in casa.

choreography (kɔriˈɔɡrəfi) *n* coreografia *f*. **choreographer** *n* coreografo *m*.

chorus ('kɔːrəs) *n* coro *m*. **choral** *adj* corale.

chose (tʃouz) *v* see **choose**.

chosen ('tʃouzən) *v* see **choose**.

Christ (kraist) *n* Cristo *m*.

christen ('krisən) *vt* battezzare. **christening** *n* battesimo *m*.

Christian ('kristʃən) *adj, n* cristiano. **Christian name** *n* nome di battesimo *m*. **Christianity** *n* cristianesimo *m*.

Christmas ('krisməs) *n* Natale *m*. **Christmas tree** *n* albero di Natale *m*.

chromatic (krəˈmætik) *adj* cromatico.

chrome (kroum) *n* cromo *m*.

chromium ('kroumiəm) *n* cromo *m*.

chromosome ('krouməsoum) *n* cromosomo *m*.

chronic ('krɔnik) *adj* cronico.

chronicle ('krɔnikəl) *n* cronaca *f*. *vt* narrare.

chronological (krɔnəˈlɔdʒikəl) *adj* cronologico.

chrysalis ('krisəlis) *n* crisalide *f*.

chrysanthemum (kriˈzænθiməm) *n* crisantemo *m*.

chubby ('tʃʌbi) *adj* paffuto, pienotto.

chuck (tʃʌk) *vt* lanciare. **chuck out** scacciare.

chuckle ('tʃʌkəl) *n* riso soffocato *m*. *vi* ridacchiare.

chunk (tʃʌŋk) *n* grosso pezzo *m*.

church (tʃəːtʃ) *n* chiesa *f*. **churchyard** *n* cimitero *m*.

churn (tʃəːn) *n* zangola *f*.

chute (ʃuːt) *n* 1 cascata d'acqua *f*. 2 scivolo *m*.

chutney ('tʃʌtni) *n* salsa indiana *f*.

cicada (siˈkaːdə) *n* cicala *f*.

cider ('saidə) *n* sidro *m*.

cigar (siˈɡaː) *n* sigaro *m*. **cigarette** *n* sigaretta *f*. **cigarette lighter** *n* accendino *m*.

cinder ('sində) *n* 1 brace *f*. tizzone *m*. 2 *pl* cenere *f*.

cinecamera ('sinikæmrə) *n* macchina di presa *f*.

cinema ('sinəmə) *n* cinema *m*.

cinnamon ('sinəmən) *n* cannella *f*.

circle ('səːkəl) *n* 1 cerchio, circolo *m*. 2 *Th* galleria. 3 gruppo *m*. *vt* circondare, aggirare. *vi* volteggiare. **circular** *adj* circolare. **circulation** *n* 1 circolazione *f*. 2 tiratura *f*. **circulate** *vi* circolare. *vt* mettere in circolazione.

circuit ('səːkit) *n* circuito, giro *m*.

circumcise ('səːkəmsaiz) *vt* circoncidere. **circumcision** *n* circoncisione *f*.

circumference (səˈkʌmfərəns) *n* circonferenza *f*.

circumscribe ('səːkəmskraib) *vt* circoscrivere.

circumstance ('səːkəmstæns) *n* circostanza, condizione *f*.

circus ('səːkəs) *n* circo *m*.

cistern ('sistən) *n* cisterna *f*. serbatoio *m*.

cite (sait) *vt* citare.

citizen ('sitizən) *n* cittadino *m*. **citizenship** *n* cittadinanza *f*.

citrus ('sitrəs) *n* agrume *m*. **citrus fruits** agrumi *m pl*.

city ('siti) *n* città *f*.

civic ('sivik) *adj* civico.

civil ('sivəl) *adj* 1 civile. 2 cortese, educato. **civil engineering** *n* ingegneria civile *f*. **civil servant** *n* funzionario dello stato *m*. **civil service** *n* amministrazione statale *f*. **civil war** *n* guerra civile *f*.

civilian (si'viliən) *adj,n* borghese *m*.

civilization (sivilai'zeiʃən) *n* civiltà, civilizzazione *f*. **civilize** *vt* incivilire, civilizzare. **civilized** *adj* civile, civilizzato.

clad (klæd) *adj* vestito, rivestito.

claim (kleim) *n* 1 richiesta, pretesa, rivendicazione *f*. 2 diritto *m*. *vt* 1 chiedere, reclamare, rivendicare. 2 asserire.

clam (klæm) *n* mollusco *m*.

clamber ('klæmbə) *vi* arrampicarsi.

clammy ('klæmi) *adj* vischioso, viscido.

clamour ('klæmə) *n* clamore, schiamazzo *m*. *vi* gridare a gran voce, richiedere rumorosamente. **clamour for** strepitare per.

clamp (klæmp) *n* morsa, tenaglia *f*. *vt* stringere, incastrare.

clan (klæn) *n* tribù *f*.

clandestine (klæn'destin) *adj* clandestino.

clang (klæŋ) *vt* far risuonare. *vi* risuonare. *n* suono metallico *m*.

clank (klæŋk) *vt,vi* risuonare. *n* rumore metallico *m*.

clap (klæp) *n* 1 colpo, scoppio *m*. 2 battimano *m*. *vt,vi* applaudire. *vt* battere.

claret ('klærət) *n* chiaretto *m*.

clarify ('klærifai) *vt* chiarificare. *vi* chiarificarsi. **clarity** *n* 1 chiarezza *f*. 2 lucidità di mente *f*.

clarinet (klæri'net) *n* clarinetto *m*.

clash (klæʃ) *n* urto, conflitto *m*. *vi* 1 urtare, urtarsi. 2 (of

colours) stonare. *vt* far cozzare.

clasp (klɑɪsp) *vt* abbracciare, stringere, afferrare. *n* 1 fermaglio *m*. 2 abbraccio *m*. presa *f*.

class (klɑɪs) *n* 1 classe, categoria *f*. 2 lezione *f*. *vt* classificare. **classroom** *n* aula *f*. **classify** *vt* classificare.

classic ('klæsik) *adj,n* classico *m*. **classical** *adj* classico.

clatter ('klætə) *vi* far fracasso. *vt* far risuonare. *n* fracasso, schiamazzo *m*.

clause (klɔːz) *n* 1 clausola *f*. 2 *gram* proposizione *f*.

claustrophobia (klɔstrə'foubiə) *n* claustrofobia *f*.

claw (klɔː) *n* 1 artiglio *m*. 2 grinfia, chela *f*. *vt* artigliare, graffiare.

clay (klei) *n* argilla, creta *f*.

clean (kliːn) *adj* pulito, netto. *vt* pulire, purificare.

cleanse (klenz) *vt* pulire, depurare. **cleanser** *n* detersivo *m*.

clear (kliə) *adj* 1 chiaro, evidente. 2 libero. 3 limpido. *vt* 1 chiarire, schiarire. 2 assolvere. *vi* schiarirsi. **clear away** 1 portar via. 2 dissiparsi. **clear off** andarsene. **clear up** 1 rassettare. 2 rasserenarsi. **clearance** *n* 1 chiarificazione *f*. 2 sgombero *m*. 3 *comm* liquidazione *f*. **clearing** *n* 1 schiarimento *m*. 2 radura *f*.

clef (klef) *n* chiave *f*.

clench (klentʃ) *vt* stringere, serrarsi.

clergy ('kləɪdʒi) *n* clero *m*. **clergyman** *n* ecclesiastico, pastore evangelico *m*.

clerical ('klerikəl) *adj* 1 clericale. 2 impiegatizio.

clerk (klɑːk) *n* impiegato, commesso *m*.

clever ('klevə) *adj* intelligente, abile, ingegnoso.

cliché ('kliʃei) *n* luogo comune *m*.

click (klik) *n* suono secco, schiocco *m*. *vt* fare schioccare. *vi* produrre un suono breve e secco.

client ('klaiənt) *n* cliente *m, f*. **clientele** *n* clientela *f*.

cliff (klif) *n* scogliera, rupe *f*.

climate ('klaimit) *n* clima *m*.

climax ('klaimæks) *n* apice, punto culminante *m*.

climb (klaim) *vt* salire, scalare. *vi* arrampicarsi. *n* ascesa *f*.

cling* (kliŋ) *vi* aggrapparsi, aderire, attaccarsi.

clinic ('klinik) *n* clinica *f*. **clinical** *adj* clinico.

clip[1] (klip) *vt* tosare, tagliare. *n* tosatura *f*. taglio *m*.

clip[2] (klip) *n* molletta *f*. fermaglio *m*.

clitoris ('klitəris) *n* clitoride *f*.

cloak (klouk) *n* 1 mantello *m*. 2 pretesto *m*. **cloakroom** *n* guardaroba *m*.

clock (klɔk) *n* orologio *m*. pendola *f*. **clocktower** *n* campanile *m*. **clockwise** *adj,adv* in senso orario. **clockwork** *n* meccanismo d'orologeria *m*.

clog (klɔg) *n* 1 (shoe) zoccolo *m*. 2 impedimento *m*. *vt* impedire, impacciare, intasare.

cloister ('klɔistə) *n* convento, monastero *m*.

close *vt,vi* (klouz) 1 chiudere. 2 terminare, finire. **close down** chiudere. *adj* (klous) 1 chiuso. 2 stretto. 3 intimo. 4 pesante. *adv* (klous) vicino, presso. *n* 1 (klouz) fine, conclusione *f*. 2 (klous) recinto, spazio, cintato *m*. **closeness** *n* 1 prossimità *f*. 2 afa *f*.

closet ('klɔzit) *n* gabinetto *m*. *vt* chiudere, rinchiudere.

clot (klɔt) *n* grumo, coagulo *m*. *vi* raggrumare, coagularsi.

cloth (klɔθ) *n* 1 stoffa, tela *f*. panno *m*. 2 tovaglia *f*.

clothe (klouð) *vt* vestire, abbigliare. **clothes** *n pl* indumenti, vestiti *m pl*. **clothes brush** *n* spazzola per vestiti *f*. **clothes line** *n* corda per stendere il bucato *f*. **clothes peg** *n* molletta per biancheria *f*. **clothing** *n invar* vestiario *m*. abiti *m pl*.

cloud (klaud) *n* nuvola *f*. **cloudburst** *n* acquazzone *m*. **cloudy** *adj* 1 nuvoloso. 2 oscuro.

clove[1] (klouv) *n* chiodo di garofano *m*.

clove[2] (klouv) *n* (of garlic) spicchio *m*.

clover ('klouvə) *n* trifoglio *m*.

clown (klaun) *n* pagliaccio, buffone *m*.

club (klʌb) *n* 1 bastone *m*. 2 circolo *m*. associazione *f*. 3 *game* fiore *m*. *v* **club together** riunirsi.

clue (kluː) *n* indizio *m*. traccia *f*.

clump (klʌmp) *n* gruppo, cespo *m*.

clumsy ('klʌmzi) *adj* goffo, maldestro.

clung (klʌŋ) *v* see **cling**.

cluster ('klʌstə) *n* 1 grappolo *m*. 2 gruppo, sciame *m*.

clutch (klʌtʃ) *n* 1 stretta, presa *f*. 2 *mot* frizione *f*. *vt* afferrare, aggrapparsi a.

clutter ('klʌtə) *n* trambusto *m*. confusione *f*. *vt* scompigliare.

coach (koutʃ) *n* 1 *mot* corriera *f*. pullman *m*. 2 istruttore, allenatore *m*. *vt* allenare.

coal (koul) *n* carbone *m*. **coalmine** *n* miniera di carbone *f*.

coalition (kouə'liʃən) *n* coalizione *f*.

coarse (kɔːs) *adj* 1 grezzo. 2 ruvido, volgare, grossolano.

coast (koust) *n* costa *f*. litorale *m*. **coastguard** *n* guardia costiera *f*. **coastline** *n* costa *f*. litorale *m*.

coat (kout) *n* 1 cappotto, soprabito *m.* **2** (of an animal) pelliccia *f.* **3** rivestimento, strato *m.* *vt* spalmare, rivestire. **coat-hanger** *n* attaccapanni *m invar.* stampella *f.* **coat of arms** *n* insegna nobiliare *f.*

coax (kouks) *vt* persuadere.

cobble ('kɔbəl) *n* ciottolo *m.* **cobblestone** *n* ciottolo *m.*

cobbler ('kɔblə) *n* calzolaio *m.*

cobra ('koubrə) *n* cobra *m.*

cobweb ('kɔbweb) *n* ragnatela *f.*

cock[1] (kɔk) *n* **1** gallo *m.* **2** maschio di uccelli *m.*

cock[2] (kɔk) *vt* **1** drizzare. **2** (a gun) armare.

cockle ('kɔkəl) *n* **1** *zool* cardio *m.* **2** *bot* loglio *m.*

cockpit ('kɔkpit) *n* **1** *aviat* carlinga *f.* **2** *naut* castello di poppa *m.*

cockroach ('kɔkroutʃ) *n* scarafaggio *m.*

cocktail ('kɔkteil) *n* cocktail *m.*

cocky ('kɔki) *adj* arrogante.

cocoa ('koukou) *n* cacao *m.*

coconut ('koukənʌt) *n* noce di cocco *f.*

cocoon (kə'kuːn) *n* bozzolo *m.*

cod (kɔd) *n* merluzzo *m.*

code (koud) *n* codice, cifrario *m.* *vt* codificare, cifrare.

codeine ('koudiːn) *n* codeina *f.*

co-education (kouedju'keiʃən) *n* istruzione in scuola mista *f.*

coerce (kou'əːs) *vt* costringere.

coexist (kouig'zist) *vi* coesistere.

coffee ('kɔfi) *n* caffè *m invar.* **coffee bar** *n* caffè *f.* **coffee bean** *n* chicco di caffè *m.* **coffee table** *n* tavolo da caffè *m.*

coffin ('kɔfin) *n* bara *f.*

cog (kɔg) *n* dente *m.*

cognac ('kɔnjæk) *n* cognac *m.*

cohabit (kou'hæbit) *vi* coabitare.

cohere (kou'hiə) *vi* aderire. **coherence** *n* coerenza *f.* **coherent** *adj* coerente.

coil (kɔil) *n* **1** matassa *f.* rotolo *m.* **2** (of a snake) spira *f.* **3** *tech* bobina *f.* *vt* avvolgere.

coin (kɔin) *n* moneta *f.* *vt* **1** coniare. **2** inventare.

coincide (kouin'said) *vi* coincidere. **coincidence** *n* coincidenza *f.*

colander ('kʌləndə) *n* colino *m.*

cold (kould) *adj* freddo. **be cold 1** (of a person) aver freddo. **2** (of the weather) fare freddo. ∼ *n* **1** freddo *m.* **2** *med* raffreddore *m.* **catch a cold** prendersi un raffreddore.

collaborate (kə'læbəreit) *vi* collaborare.

collapse (kə'læps) *n* crollo *m.* caduta *f.* *vi* **1** crollare, sprofondare. **2** accasciarsi.

collar ('kɔlə) *n* colletto, bavero, collare *m.* **collarbone** *n* clavicola *f.*

colleague ('kɔliːg) *n* collega *m.*

collect (kə'lekt) *vt* **1** riunire. **2** fare collezione di, raccogliere. *vi* radunarsi, ammassarsi. **collection** *n* collezione, raccolta *f.* **2** colletta *f.* **collective** *adj* collettivo.

college ('kɔlidʒ) *n* collegio *m.*

collide (kə'laid) *vi* scontrarsi, urtarsi. **collision** *n* urto, scontro *m.*

colloquial (kə'loukwiəl) *adj* familiare. **colloquialism** *n* espressione familiare *f.*

colon ('koulən) *n gram* due punti *m pl.*

colonel ('kəːnl) *n* colonnello *m.*

colony ('kɔləni) *n* colonia *f.* **colonial** *adj* coloniale.

colossal (kə'lɔsəl) *adj* colossale.

colour ('kʌlə) *n* **1** colore *m.* tinta *f.* **2** colorito *m.* **3** *pl* bandiera *f.* *vt* colorire, dipingere. *vi* arrossire, colorirsi. **colourbar** *n* discriminazione razziale

f. **colour-blind** adj daltonico. **coloured person** n persona di colore f.

colt (koult) n puledro m.

column ('koləm) n colonna f.

columnist ('koləmnist) n giornalista, cronista m.

coma ('koumə) n coma m.

comb (koum) n 1 pettine m. 2 (of a cock) cresta f. vt 1 pettinare, strigliare. 2 perlustrare.

combat (n 'kombæt; v kəm'bæt) n combattimento m. lotta f. vt combattere, lottare.

combine (v kəm'bain; n 'kombain) vt combinare, unire. vi unirsi. n associazione f.

combustion (kəm'bʌstʃən) n combustione f.

come* (kʌm) vi 1 venire, arrivare. 2 avvenire. 3 derivare. **come about** accadere. **come across** incontrare per caso. **come back** ritornare. **comeback** n ritorno m. **come round** riprendere i sensi.

comedy ('komədi) n commedia f. **comedian** n comico m.

comic adj comico, buffo. n giornale a fumetti m.

comet ('komit) n cometa f.

comfort ('kʌmfət) n 1 agio, benessere m. comodità f. 2 sollievo m. vt confortare, consolare. **comfortable** adj confortevole, agiato.

comma ('komə) n virgola f.

command (kə'maind) vt comandare, ordinare, controllare. n 1 comando, ordine m. 2 padronanza f. **commandment** n comandamento m.

commemorate (kə'meməreit) vt commemorare, celebrare.

commence (kə'mens) vt cominciare. vi esordire. **commencement** n inizio, principio m.

commend (kə'mend) vt raccomandare, lodare. **commendable** adj lodevole.

comment ('koment) n commento m. critica f. vi commentare, fare note critiche. **commentary** n commentario m.

commentator n commentatore, radiocronista m.

commerce ('komais) n commercio, scambio m. **commercial** adj commerciale. n pubblicità f. **commercial vehicle** n utilitaria f.

commission (kə'miʃən) n 1 commissione f. comitato m. 2 incarico m. 3 provvigione f. vt 1 incaricare. 2 mil dare una carica a. **commissioner** n commissario m.

commit (kə'mit) vt 1 commettere. 2 affidare, consegnare. **commit oneself** impegnarsi. **committed** adj impegnato.

committee (kə'miti) n comitato m. commissione f.

commodity (kə'moditi) n merce f.

common ('komən) adj 1 comune, ordinario. 2 pubblico. 3 volgare. n terreno demaniale m. **commonplace** adj banale, comune. n luogo comune m. banalità f. **commonsense** n buon senso m. **commonwealth** n confederazione f.

Common Market n Mercato Comune m.

commotion (kə'mouʃən) n agitazione f. tumulto m.

communal ('komjuinl) adj della comunità, comunale.

commune[1] (kə'mjuin) vi comunicare, discutere.

commune[2] ('komjuin) n comune m.

communicant (kə'mjuinikənt) n comunicando m.

communicate (kə'mjuinikeit) vt comunicare, far conoscere. vi fare la comunione. **communication** n comunicazione, informazione f.

communion (kə'mjuinian) n 1

comunione f. **2** rel santa comunione f.

communism ('kɔmjunizəm) n comunismo m. **communist** adj,n comunista.

community (kə'mjuːniti) n comunità f.

commute (kə'mjuːt) vt commutare. vi viaggiare con abbonamento, fare il pendolare. **commuter** n pendolare m.

compact[1] (adj kəm'pækt; n 'kɔmpækt) adj compatto, unito. n cipria compatta f.

compact[2] ('kɔmpækt) n accordo, trattato m.

companion (kəm'pæniən) n compagno, socio m. **companionship** n amicizia f. cameratismo m.

company ('kʌmpəni) n **1** compagnia f. **2** comm società f. **3** comitiva f.

compare (kəm'pɛə) vt comparare, confrontare. vi reggere al confronto. **comparable** adj paragonabile. **comparative** adj comparativo, comparato. **comparison** n paragone, confronto m.

compartment (kəm'pɑːtmənt) n scompartimento m.

compass ('kʌmpəs) n **1** bussola f. **2** circonferenza f. spazio m. **3** pl compasso m.

compassion (kəm'pæʃən) n compassione, pietà f. **compassionate** adj compassionevole.

compatible (kəm'pætibəl) adj compatibile.

compel (kəm'pel) vt costringere, obbligare.

compensate ('kɔmpənseit) vt compensare, ricompensare. vi compensarsi. **compensation** n compenso m.

compete (kəm'piːt) vi competere, concorrere. **competition** n competizione, gara f. concorso m. **competitive**

adj di concorrenza, di competizione, competitivo, agonistico.

competent ('kɔmpitənt) adj competente, abile.

compile (kəm'pail) vt compilare.

complacent (kəm'pleisənt) adj compiacente, soddisfatto.

complain (kəm'plein) vi lagnarsi, lamentarsi. **complaint** n **1** lamentela f. **2** med malattia f.

complement (n 'kɔmplimənt; v 'kɔmpliment) n complemento m. vt completare. **complementary** adj complementare.

complete (kəm'pliːt) adj **1** completo, finito. **2** intero. vt completare, terminare.

complex ('kɔmpleks) adj complesso, intricato. n complesso m.

complexion (kəm'plekʃən) n carnagione f. colorito m.

complicate ('kɔmplikeit) vt complicare.

compliment (n 'kɔmplimənt; v 'kɔmpliment) n complimento m. vt congratularsi con. **complimentary** adj **1** lusinghiero. **2** di favore.

comply (kəm'plai) vi accondiscendere, prestare osservanza.

component (kəm'pounənt) adj,n componente m.

compose (kəm'pouz) vt comporre. **compose oneself** calmarsi. **composed** adj calmo, composto. **composition** n composizione f. **composure** n calma, imperturbabilità f.

compound[1] (adj,n 'kɔmpaund; v kəm'paund) adj composto. n miscela f. composto m. vt mescolare, comporre.

compound[2] ('kɔmpaund) n cinta f.

comprehend (kɔmpri'hend) vt comprendere. **comprehen-**

sion n comprensione f.
comprehensive adj comprensivo, inclusivo, esauriente.
comprehensive school n scuola secondaria f.
compress (v kəm'pres; n 'kompres) vt comprimere. n compressa f.
comprise (kəm'praiz) vt comprendere, includere.
compromise ('komprəmaiz) n compromesso m. vi venire a un compromesso, compromettere.
compulsion (kəm'pʌlʃən) n costrizione f. **compulsive** adj coercitivo.
compulsory (kəm'pʌlsəri) adj obbligatorio, irresistibile.
computer (kəm'pjuɪtə) n calcolatore m. **computerize** vt computerizzare.
comrade ('komrəd, -reid) n compagno m.
concave ('konkeiv) adj concavo, a volta.
conceal (kən'siɪl) vt nascondere, dissimulare.
concede (kən'siɪd) vt ammettere, riconoscere.
conceit (kən'siɪt) n 1 presunzione f. 2 idea ricercata f. **conceited** adj presuntuoso.
conceive (kən'siɪv) vt 1 concepire. 2 immaginare.
concentrate ('konsəntreit) vt concentrare. vi concentrarsi. **concentration camp** n campo di concentramento m.
concentric (kon'sentrik) adj concentrico.
concept ('konsept) n concetto m.
conception (kən'sepʃən) n 1 concezione f. 2 idea f.
concern (kən'səɪn) vt 1 concernere, riguardare. 2 toccare. n 1 interesse m. faccenda f. 2 ansietà f. 3 azienda f. **concerning** prep riguardo a, circa.
concert (n 'konsət; v kən'səɪt) n

concerto m. vt concertare. **concerted** adj concertato, convenuto.
concertina (konsə'tiɪnə) n piccola fisarmonica f.
concerto (kən'tʃeətou) n concerto m.
concession (kən'seʃən) n concessione f.
concise (kən'sais) adj conciso, breve.
conclude (kən'kluɪd) vt 1 concludere. 2 dedurre. vi terminare. **conclusion** n 1 conclusione f. 2 decisione f.
concoct (kən'kokt) vt 1 mescolare. 2 preparare, tramare. **concoction** n 1 intruglio m. 2 storia inventata f.
concrete ('konkriːt) adj concreto. n cemento m.
concussion (kən'kʌʃən) n trauma m. commozione cerebrale f.
condemn (kən'dem) vt condannare, biasimare. **condemnation** n condanna f.
condense (kən'dens) vt condensare. **condensation** n condensazione f.
condescend (kondi'send) vi accondiscendere. **condescending** adj condiscendente.
condition (kən'diʃən) n 1 condizione f. 2 patto m. **conditional** adj condizionale.
condolence (kən'douləns) n condoglianza f.
condone (kən'doun) vt condonare, perdonare.
conduct (n 'kondʌkt; v kən'dʌkt) n condotta f. comportamento m. vt 1 condurre. 2 mus dirigere. **conductor** n 1 mus direttore d'orchestra m. 2 bigliettaio, capotreno m.
cone (koun) n 1 cono m. 2 bot pigna f.
confectioner (kən'fekʃənə) n pasticciere m. **confectioner's shop** n pasticceria f.

confederate (*adj,n* kən'fedə-rət; *v* kən'fedəreit) *adj,n* confederato, alleato *m*. *vi* associarsi.

confer (kən'fəɪ) *vi* conferire, consultarsi. *vt* conferire. **conference** *n* conferenza *f*. congresso *m*.

confess (kən'fes) *vt,vi* confessare. **confession** *n* confessione *f*.

confetti (kən'feti) *n pl* coriandoli *m pl*.

confide (kən'faid) *vt* confidare. **confide in** confidarsi con, fare affidamento su. **confidence** *n* fiducia, confidenza *f*. **confident** *adj* 1 fiducioso, sicuro. 2 baldanzoso. **confidential** *adj* confidenziale, riservato.

confine (kən'fain) *vt* relegare, confinare, limitare. **confinement** *n* 1 imprigionamento *m*. reclusione *f*. 2 parto *m*.

confirm (kən'fəɪm) *vt* 1 confermare, convalidare. 2 *rel* cresimare. **confirmation** *n* 1 conferma *f*. 2 *rel* cresima *f*. **confirmed** *adj* convinto.

confiscate ('kɔnfiskeit) *vt* confiscare.

conflict (*v* kən'flikt; *n* 'kɔnflikt) *vi* essere in conflitto, lottare. *n* conflitto *m*. lotta, guerra *f*.

conform (kən'fɔɪm) *vt* conformare. *vi* uniformarsi.

confound (kən'faund) *vt* 1 confondere. 2 turbare.

confront (kən'frʌnt) *vt* affrontare, mettere a confronto.

confuse (kən'fjuɪz) *vt* confondere, disorientare. **confusion** *n* 1 confusione *f*. 2 tumulto *m*.

congeal (kən'dʒiɪl) *vt* congelare. *vi* coagularsi.

congenial (kən'dʒiɪniəl) *adj* congeniale, affine.

congested (kən'dʒestid) *adj* congestionato, sovrappopolato.

congratulate (kən'grætjuleit) *vt* congratularsi con, rallegrarsi con. **congratulation** *n* felicitazione *f*.

congregate ('kɔngrigeit) *vt* radunare. *vi* unirsi. **congregation** *n* congregazione *f*. insieme dei fedeli *m*.

congress ('kɔngres) *n* congresso *m*.

conical ('kɔnikəl) *adj* conico.

conifer ('kɔnifə) *n* conifera *f*.

conjugal ('kɔndʒugəl) *adj* coniugale.

conjugate ('kɔndʒugeit) *vt* coniugare.

conjunction (kən'dʒʌŋkʃən) *n* 1 *gram* congiunzione *f*. 2 unione *f*.

conjure ('kʌndʒə) *vi* fare giochi di prestigio. *vt* scongiurare. **conjure up** evocare. **conjurer** *n* prestigiatore *m*.

connect (kə'nekt) *vt* 1 connettere, collegare. 2 associare. *vi* collegarsi. **connection** *n* 1 connessione, attinenza *f*. 2 parentela *f*. 3 (of trains, buses, etc.) coincidenza *f*.

connoisseur (kɔnə'səɪ) *n* conoscitore, intenditore *m*.

connotation (kɔnə'teiʃən) *n* significato implicito *m*. connotazione *f*.

conquer ('kɔŋkə) *vt* conquistare, vincere. **conqueror** *n* conquistatore *m*.

conquest ('kɔŋkwest) *n* conquista *f*.

conscience ('kɔnʃəns) *n* coscienza *f*. **conscientious** *adj* coscienzioso.

conscious ('kɔnʃəs) *adj* conscio, consapevole, cosciente.

conscript ('kɔnskript) *n* coscritto *m*.

consecrate ('kɔnsikreit) *vt* consacrare.

consecutive (kən'sekjutiv) *adj* consecutivo.

consent (kən'sent) *n* accordo, consenso *m*. *vi* acconsentire, aderire.

consequence ('kɔnsikwəns) *n* **1** conseguenza *f.* risultato *m*. **2** importanza *f.*

conservative (kən'sɔːvətiv) *adj,n* conservatore.

conservatory (kən'sɔːvətri) *n* serra *f.* conservatorio *m*.

conserve (kən'sɔːv) *vt* conservare. *n* conserva *f.*

consider (kən'sidə) *vt* considerare. *vi* pensare. **considerable** *adj* considerevole, notevole. **considerably** *adv* assai. **considerate** *adj* gentile, riguardoso. **consideration** *n* **1** considerazione, riflessione *f.* **2** riguardo *m*.

consign (kən'sain) *vt* consegnare, affidare. **consignment** *n* **1** consegna *f.* **2** partita di merci *f.*

consist (kən'sist) *vi* consistere, essere composto. **consistency** *n* consistenza, densità *f.* **consistent** *adj* coerente, logico.

console (kən'soul) *vt* consolare.

consolidate (kən'sɔlideit) *vt* consolidare. *vi* consolidarsi.

consonant ('kɔnsənənt) *n* consonante *f.*

conspicuous (kən'spikjuəs) *adj* cospicuo, evidente.

conspire (kən'spaiə) *vi* cospirare, congiurare.

constable ('kʌnstəbəl) *n* poliziotto *m*. guardia *f.*

Constance, Lake *n* Lago di Costanza *m*.

constant ('kɔnstənt) *adj* invariabile, costante, fedele. *n math* costante *f.*

constellation (kɔnstə'leiʃən) *n* costellazione *f.*

constipation (kɔnsti'peiʃən) *n* stitichezza *f.*

constituency (kən'stitjuənsi) *n* circoscrizione elettorale *f.*

constituent (kən'stitjuənt) *adj* costituente. *n* **1** costituente *m*. **2** elettore *m*.

constitute ('kɔnstitjuːt) *vt* costituire, fondare. **constitution** *n* costituzione *f.* statuto *m*.

constraint (kən'streint) *n* **1** repressione, costrizione *f.* **2** imbarazzo *m*.

constrict (kən'strikt) *vt* costringere, comprimere.

construct (kən'strʌkt) *vt* costruire. **construction** *n* costruzione *f.*

consul ('kɔnsəl) *n* console *m*.

consulate ('kɔnsjulət) *n* consolato *m*.

consult (kən'sʌlt) *vt* consultare. **consultant** *n* consulente, esperto *m*.

consume (kən'sjuːm) *vt* consumare.

contact ('kɔntækt) *n* contatto *m*. *vt* mettere in contatto. *vi* mettersi in contatto. **contact lenses** *n pl* lenti a contatto *f pl.*

contagious (kən'teidʒəs) *adj* contagioso.

contain (kən'tein) *vt* **1** contenere. **2** reprimere. **container** *n* recipiente *m*.

contaminate (kən'tæmineit) *vt* contaminare.

contemplate ('kɔntəmpleit) *vt* contemplare, meditare. *vi* proporsi.

contemporary (kən'tempərəri) *adj,n* contemporaneo.

contempt (kən'tempt) *n* disprezzo *m*. **contemptuous** *adj* sprezzante.

content[1] ('kɔntent) *n* contenuto *m*. dose *f.*

content[2] (kən'tent) *adj* contento, soddisfatto. *vt* accontentare.

contest (*n* 'kɔntest; *v* kən'test) *n* contesa, gara *f.* *vt,vi* contestare, disputare. **contestant** *n* concorrente *m,f.*

context ('kɔntekst) *n* contesto *m.*

continent ('kɔntinənt) *n* continente *m. adj* **1** moderato. **2** casto. **continental** *adj,n* continentale.

contingency (kən'tindʒənsi) *n* contingenza *f.*

continue (kən'tinjuː) *vt, vi* continuare. **continual** *adj* continuo. **continuity** *n* continuità *f.* **continuous** *adj* continuo.

contour ('kɔntuə) *n* contorno *m.*

contraband ('kɔntrəbænd) *n* contrabbando *m. adj* di contrabbando.

contraception (kɔntrə'sepʃən) *n* pratiche antifecondative *f pl.* **contraceptive** *adj,n* antifecondativo, anticoncezionale *m.*

contract (*n* 'kɔntrækt; *v* kən'trækt) *n* **1** contratto *m.* **2** appalto *m. vt* contrarre. *vi* contrarsi, contrattare. **contraction** *n* contrazione *f.*

contradict (kɔntrə'dikt) *vt* contraddire. **contradiction** *n* contraddizione *f.*

contraflow ('kɔntrəflou) *n* traffico contrario *m.*

contralto (kən'træltou) *n* contralto *f.*

contraption (kən'træpʃən) *n* aggeggio *m.*

contrary ('kɔntrəri) *adj* contrario, opposto, sfavorevole. *n* contrario *m.* **on the contrary** al contrario.

contrast (*v* kən'trɑːst; *n* 'kɔntrɑːst) *vt* mettere in contrasto. *vi* far contrasto. *n* contrasto *m.*

contravene (kɔntrə'viːn) *vt* contravvenire a.

contribute (kən'tribjuːt) *vt* contribuire. *vi* contribuire a. **contribution** *n* **1** contributo *m.* **2** *lit* collaborazione *f.*

contrive (kən'traiv) *vt* **1** escogitare. **2** inventare.

control (kən'troul) *n* **1** autorità *f.* **2** controllo *m.* sorveglianza *f.* **3** freno *m.* **4** *pl* comandi *m pl. vt* **1** regolare, dirigere. **2** dominare.

controversy ('kɔntrəvəːsi, kən'trɔvəsi) *n* polemica, controversia *f.* **controversial** *adj* polemico, controverso.

convalesce (kɔnvə'les) *vi* essere in convalescenza. **convalescence** *n* convalescenza *f.*

convenience (kən'viːniəns) *n* convenienza, comodità *f.* comodo *m.* **convenient** *adj* conveniente, adatto.

convent ('kɔnvənt) *n* convento *m.*

convention (kən'venʃən) *n* convenzione *f.* **conventional** *adj* tradizionale, convenzionale.

converge (kən'vəːdʒ) *vi* convergere.

converse[1] (kən'vəːs) *vi* conversare. **conversation** *n* conversazione *f.*

converse[2] ('kɔnvəːs) *adj,n* contrario, opposto *m.*

convert (*v* kən'vəːt; *n* 'kɔnvəːt) *vt* convertire, trasformare. *n* convertito *m.* **conversion** *n* conversione *f.* **convertible** *adj* **1** trasformabile. **2** *mot* decappottabile.

convex ('kɔnveks) *adj* convesso.

convey (kən'vei) *vt* **1** trasportare. **2** esprimere. **conveyor belt** *n* nastro trasportatore *m.*

convict (*v* kən'vikt; *n* 'kɔnvikt) *vt* condannare. *n* forzato, ergastolano *m.*

conviction (kən'vikʃən) *n* **1** *law* condanna *f.* **2** convinzione *f.*

convince (kən'vins) *vt* convincere.

convoy ('kɔnvɔi) *n* convoglio *m.* scorta *f. vt* convogliare, scortare.

cook (kuk) *n* cuoco *m. vt* **1** fare

cuocere, cucinare. 2 *inf* falsificare. *vi* cuocersi. **cookery** *n* arte culinaria *f.* **cookery book** *n* libro di cucina *m.*

cool (kuːl) *adj* 1 fresco. 2 calmo. 3 disinvolto, senza entusiasmo. *n* fresco *m.* *vt* rinfrescare. *vi* raffreddarsi.

coop (kuːp) *n* stia *f.* *v* **coop up** rinchiudere.

cooperate (kouˈɔpəreit) *vi* cooperare. **cooperation** *n* cooperazione *f.* **cooperative** *adj* cooperativo.

coordinate (*adj,n* kouˈɔːdinət; *v* kouˈɔːdineit) *adj* coordinato. *n math* coordinata *f.* *vt* coordinare.

cope[1] (koup) *vi* far fronte, riuscire.

cope[2] (koup) *n* cappa di ecclesiastico *f.*

copious *adj* abbondante.

copper[1] (ˈkɔpə) *n* rame *m.* *adj* di rame.

copper[2] (ˈkɔpə) *n inf* poliziotto *m.*

copy (ˈkɔpi) *n* 1 copia, trascrizione *f.* 2 (*of a book*) esemplare *m.* *vt* 1 copiare. 2 imitare. **copyright** *n* diritto d'autore *m.*

coral (ˈkɔrəl) *n* corallo *m.* *adj* di corallo.

cord (kɔːd) *n* corda *f.* spago *m.*

cordial (ˈkɔːdiəl) *adj,n* cordiale *m.*

cordon (ˈkɔːdn̩) *n* cordone *m.*

corduroy (ˈkɔːdərɔi) *n* velluto a coste *m.*

core (kɔː) *n* 1 (*of fruit*) torsolo *m.* 2 centro *m.*

cork (kɔːk) *n* 1 sughero *m.* 2 (*of a bottle*) tappo *m.* *vt* tappare. **corkscrew** *n* cavatappi *m invar.*

corn[1] (kɔːn) *n* grano, granturco *m.* cereali *m pl.* **cornflakes** *n pl* fiocchi di granturco *m pl.* **cornflour** *n* farina di granturco *f.* **cornflower** *n* fiordaliso *m.*

corn[2] (kɔːn) *n med* callo *m.*

corner (ˈkɔːnə) *n* angolo *m.* *vt* 1 mettere alle strette. 2 *comm* accaparrare.

cornet (ˈkɔːnit) *n* 1 *mus* cornetta *f.* 2 cartoccio, cono *m.*

coronary (ˈkɔrənəri) *adj* coronario.

coronation (kɔrəˈneifən) *n* incoronazione *f.*

corporal[1] (ˈkɔːprəl) *adj* corporale, corporeo.

corporal[2] (ˈkɔːprəl) *n mil* corporale *m.*

corporation (kɔːpəˈreifən) *n* corporazione *f.*

corps (kɔː) *n invar* corpo *m.*

corpse (kɔːps) *n* cadavere *m.*

correct (kəˈrekt) *adj* corretto, esatto. *vt* correggere. **correction** *n* correzione *f.*

correlate (ˈkɔrəleit) *vt* mettere in correlazione. *vi* essere in correlazione.

correspond (kɔriˈspɔnd) *vi* corrispondere, rispondere. **correspondence** *n* corrispondenza *f.* **correspondent** *adj,n* corrispondente.

corridor (ˈkɔridɔː) *n* corridoio *m.*

corrode (kəˈroud) *vt* corrodere. *vi* corrodersi. **corrosion** *n* corrosione *f.*

corrupt (kəˈrʌpt) *adj* corrotto, guasto. *vt* corrompere. **corruption** *n* corruzione, decomposizione *f.*

corset (ˈkɔːsit) *n* corsetto, busto *m.*

Corsica (ˈkɔːsikə) *n* Corsica *f.* **Corsican** *adj,n* corso.

cosmetic (kɔzˈmetik) *adj,n* smetico *m.*

cosmopolitan (kɔzməˈpɔlitən) *adj,n* cosmopolita.

cosmos (ˈkɔzmɔs) *n* cosmos *m.* **cosmic** *adj* cosmico.

cost* (kɔst) *n* costo, prezzo *m.* spesa *f.* *vi,vt* costare.

costume (ˈkɔstjuːm) *n* costume, abito *m.*

cosy ('kouzi) *adj* comodo, intimo.

cot (kɔt) *n* lettino per bambini *m.* culla *f.*

cottage ('kɔtidʒ) *n* villino *m.* casetta *f.* **cottage cheese** *n* specie di ricotta *f.*

cotton ('kɔtn) *n* cotone *m.* **cottonwool** *n* cotone idrofilo *m.*

couch (kautʃ) *n* divano *m.*

cough (kɔf) *n* tosse *f. vi* tossire.

could (kud; *unstressed* kəd) *v* see **can.**

council ('kaunsəl) *n* consiglio *m.* **councillor** *n* consigliere *m.*

counsel ('kaunsəl) *n* 1 consiglio, parere *m.* 2 *law* avvocato *m. vt* raccomandare.

count[1] (kaunt) *vt* 1 contare, calcolare. 2 considerare. *vi* avere importanza, contare. *n* conto, calcolo *m.* **countdown** *n* conto alla rovescia *m.*

count[2] (kaunt) *n* (title) conte *m.*

counter[1] ('kauntə) *n* 1 banco *m.* cassa *f.* 2 *game* gettone *m.*

counter[2] ('kauntə) *adj* contrario, opposto. *adv* contrariamente. *vt* contraddire, opporsi a.

counterattack ('kauntərətæk) *n* contrattacco *m.*

counterfeit ('kauntəfit) *adj* contraffatto. *n* contraffazione, falsificazione *f. vt* contraffare, falsificare.

counterfoil ('kauntəfɔil) *n* matrice *f.*

counterpart ('kauntəpɑit) *n* 1 sostituto *m.* 2 sosia *m.* 3 complemento *m.*

countess ('kauntis) *n* contessa *f.*

country ('kʌntri) *n* 1 paese *m.* nazione *f.* 2 campagna *f.* **countryside** *n* campagna *f.*

county ('kaunti) *n* contea *f.*

coup (kuɪ) *n* colpo audace *m.* **coup de grâce** *n* colpo di grazia *m.* **coup d'état** *n* colpo di stato *m.*

couple ('kʌpəl) *n* coppia *f.* paio *m,* *pl* paia *f. vt* accoppiare, agganciare.

coupon ('kuɪpɔn) *n* tagliando, scontrino *m.*

courage ('kʌridʒ) *n* coraggio *m.* **courageous** *adj* coraggioso.

courgette (kuə'ʒet) *n* zucchino *m.*

courier ('kuriə) *n* corriere, messaggero *m.*

course (kɔis) *n* 1 corso *m.* direzione *f.* 2 *cul* portata *f.* **in due course** a tempo debito. **of course** naturalmente.

court (kɔit) *n* 1 corte *f.* 2 *law* tribunale *m.* 3 *sport* campo *m. vt* corteggiare. **court martial** *n* corte marziale *f.* **court-martial** *vt* processare davanti alla corte marziale. **courtyard** *n* cortile *m.*

courteous ('kɔitiəs) *adj* cortese. **courtesy** *n* cortesia *f.*

cousin ('kʌzən) *n* cugino *m.*

cove (kouv) *n* grotta, insenatura *f.*

covenant ('kʌvənənt) *n* patto, contratto *m.*

cover ('kʌvə) *vt* 1 coprire. 2 nascondere. *n* 1 coperto *m.* copertura *f.* 2 (of a book) copertina *f.* 3 riparo *m.*

cow (kau) *n* vacca *f.* **cowboy** *n* bovaro, cowboy *m.* **cowhand** *n* vaccaro *m.* **cowshed** *n* stalla *f.*

coward ('kauəd) *n* vigliacco, codardo *m.* **cowardly** *adj* codardo, vile.

cower ('kauə) *vi* acquattarsi, accasciarsi.

coy (kɔi) *adj* timido, modesto.

crab (kræb) *n* granchio *m.*

crack (kræk) *vt* 1 incrinare. 2 schiantare. 3 (a joke) fare. *vi* spaccarsi. *n* 1 spaccatura, screpolatura *f.* 2 schianto *m. adj* di prim'ordine.

cracker ('krækə) n petardo m. galletta f.

crackle ('krækəl) n crepitio m. vi crepitare.

cradle ('kreidl) n culla f.

craft (krɑːft) n **1** mestiere m. arte f. **2** naut imbarcazione f. **craftsman** n artigiano m. **craftsmanship** n artigianato m. abilità d'esecuzione f. **crafty** adj astuto, abile.

cram (kræm) vt stipare, rimpinzare. vi imbottirsi di nozioni.

cramp[1] (kræmp) n crampo m. vt paralizzare, causare crampi a.

cramp[2] (kræmp) n tech morsetto m.

crane (krein) n gru f invar.

crash (kræʃ) vt fracassare. vi **1** fracassarsi. **2** aviat precipitare. n **1** tonfo m. **2** comm crollo m. adj intenso. **crash-helmet** n casco paraurti m.

crate (kreit) n gabbia d'imballaggio f.

crater ('kreitə) n cratere m.

crave (kreiv) vt desiderare ardentemente. **crave for** bramare.

crawl (krɔːl) vi **1** strisciare, trascinarsi. **2** brulicare. n **1** movimento strisciante m. **2** (swimming) crawl m.

crayfish ('kreifiʃ) n gambero m.

crayon ('kreiən) n pastello per disegno m.

craze (kreiz) n pazzia, mania f. **crazy** adj pazzo, instabile.

creak (kriːk) n cigolio m. vi scricchiolare, cigolare.

cream (kriːm) n crema, panna f. **creamy** adj cremoso.

crease (kriːs) n grinza, piegatura f. vt increspare. vi (of) pieghe, sgualcirsi. **crease-resistant** adj antipiega.

create (kri'eit) vt creare. **creation** n creazione f. creato m. **creative** adj creativo.

creature ('kriːtʃə) n creatura f.

creche (kreʃ) n nido, asilo infantile m.

credentials (kri'denʃəlz) n pl credenziali f pl.

credible ('kredibəl) adj credibile.

credit ('kredit) n **1** credito m. **2** fiducia f. **3** merito m. vt **1** credere, attribuire. **2** comm accreditare. **credit card** n carta di credito f.

creep* (kriːp) vi **1** insinuarsi, strisciare. **2** bot arrampicarsi.

cremate (kri'meit) vt cremare. **crematorium** n crematorio m.

creosote ('kriːəsout) n creosoto m.

crept (krept) v see **creep**.

crescent ('kresənt) adj crescente. n mezzaluna f.

cress (kres) n crescione m.

crest (krest) n **1** cresta f. ciuffo m. **2** pennacchio m. **crestfallen** adj abbattuto.

crevice ('krevis) n fessura, crepa f.

crew (kruː) n **1** naut equipaggio m. **2** squadra f.

crib (krib) n presepio, letto da bambino m.

cricket[1] ('krikit) n zool grillo m.

cricket[2] ('krikit) n sport cricket m.

crime (kraim) n crimine, delitto m. **criminal** adj criminale. n criminale, delinquente m,f.

crimson ('krimzən) adj,n cremisi m.

cringe (krindʒ) vi **1** acquattarsi. **2** sottomettersi.

crinkle ('kriŋkəl) n crespa, ruga f. vi increspare, raggrinzirsi.

cripple ('kripəl) n invalido, storpio m. vt storpiare, menomare.

crisis ('kraisis) n, pl **-ses** crisi f invar.

crisp (krisp) *adj* **1** croccante. **2** crespo. **3** frizzante. *n* patatina *f.*

criterion (krai'tiəriən) *n, pl* **-teria** *or* **-terions** criterio *m.*

criticize ('kritisaiz) *vt* criticare, censurare. **critic** *n* critico *m.* **critical** *adj* critico. **criticism** *n* critica *f.*

croak (krouk) *vi* gracchiare, gracidare, brontolare. *n* gracchio *m.*

crochet ('krouʃei) *n* lavoro all'uncinetto *m. vt* lavorare all'uncinetto.

crockery ('krɔkəri) *n* vasellame *m.*

crocodile ('krɔkədail) *n* coccodrillo *m.*

crocus ('kroukəs) *n* croco *m.*

crook (kruk) *n* **1** curva *f.* **2** *inf* imbroglione *m.*

crooked ('krukid) *adj* **1** storto, piegato. **2** *inf* disonesto.

crop (krɔp) *n* **1** raccolto *m.* **2** (of a bird) gozzo *m. vt* **1** mietere, falciare. **2** brucare. **crop up** capitare.

croquet ('kroukei) *n* croquet *m.*

cross (krɔs) *n* croce *f. adj* **1** trasversale. **2** imbronciato, contrario. *vt* **1** attraversare. **2** incrociare. **3** ostacolare. *vi* accoppiarsi. **cross-examine** *vt* sottoporre ad interrogatorio. **cross-eyed** *adj* strabico. **crossing** *n* **1** incrocio *m.* **2** traversata *f.* **cross-question** *vt* esaminare attentamente, sottoporre ad interrogatorio. **cross-reference** *n* riferimento *m.* **crossroads** *n* incrocio, crocevia *m.* **crossword** *n* parole incrociate *f pl.* **crossword puzzle** *n* cruciverba *m.*

crotchet ('krɔtʃit) *n mus* semiminima *f.*

crouch (krautʃ) *vi* rannicchiarsi.

crow[1] (krou) *n zool* corvo *m.* cornacchia *f.*

crow[*2] (krou) *vi* **1** cantare. **2** esultare. *n* canto del gallo *m.*

crowd (kraud) *n* folla, massa *f. vt* affollare. *vi* accalcarsi.

crown (kraun) *n* **1** corona *f.* **2** cima, sommità *f. vt* **1** incoronare. **2** sormontare. **crowning** *adj* supremo, finale. *n* coronamento *m.* incoronazione *f.*

crucial ('kruːʃəl) *adj* cruciale, critico.

crucify ('kruːsifai) *vt* crocifiggere. **crucifix** *n* crocifisso *m.* **crucifixion** *n* crocifissione *f.*

crude (kruːd) *adj* **1** grezzo, rozzo. **2** volgare. **crude oil** *n* petrolio grezzo *m.*

cruel ('kruəl) *adj* crudele. **cruelty** *n* crudeltà *f.*

cruise (kruːz) *n* crociera *f.* **cruiser** *n* incrociatore *m.*

crumb (krʌm) *n* mollica, briciola *f.*

crumble ('krʌmbəl) *vi* **1** sbriciolarsi, sgretolarsi. **2** crollare. *vt* sbriciolare.

crumple ('krʌmpəl) *vt* sgualcire. *vi* spiegazzarsi, sgualcirsi.

crunch (krʌntʃ) *n* sgretolio *m. vt* sgranocchiare.

crusade (kruːˈseid) *n* crociata *f.*

crush (krʌʃ) *n* calca *f.* affollamento *m. vt* **1** sgualcire. **2** frantumare, annientare.

crust (krʌst) *n* crosta *f.*

crustacean (krʌsˈteiʃən) *adj,n* crostaceo *m.*

crutch (krʌtʃ) *n* gruccia, stampella *f.*

cry (krai) *n* grido, richiamo, lamento *m. vt,vi* gridare. *vi* piangere.

crypt (kript) *n* cripta *f.* **cryptic** *adj* occulto, misterioso.

crystal ('kristl) *n* cristallo *m.*

adj di cristallo. **crystallize** *vt* cristallizzare. *vi* fossilizzarsi.

cub (kʌb) *n* cucciolo *m.*

cube (kjuːb) *n* cubo *m.* **cubic** *adj* cubico. **cubicle** *n* cubicolo *m.*

cuckoo ('kukuː) *n* cuculo *m.*

cucumber ('kjuːkʌmbə) *n* cetriolo *m.*

cuddle ('kʌdl) *vt* abbracciare affettuosamente. *n* abbraccio affettuoso *m.*

cue[1] (kjuː) *n* spunto *m.* indicazione *f.*

cue[2] (kjuː) *n sport* stecca *f.*

cuff[1] (kʌf) *n* polsino *m.* **cufflinks** *n pl* gemelli da camicia *m pl.*

cuff[2] (kʌf) *vt* schiaffeggiare, picchiare. *n* pugno, schiaffo *m.*

culinary ('kʌlinri) *adj* culinario.

culprit ('kʌlprit) *n* accusato, colpevole *m.*

cult (kʌlt) *n* culto *m.*

cultivate ('kʌltiveit) *vt* coltivare.

culture ('kʌltʃə) *n* **1** cultura *f.* **2** coltivazione *f.* **cultural** *adj* culturale. **cultured** *adj* colto.

cumbersome ('kʌmbəsəm) *adj* ingombrante, scomodo.

cunning ('kʌniŋ) *n* furbizia, accortezza *f. adj* astuto, furbo.

cup (kʌp) *n* **1** tazza *f.* **2** *sport* coppa *f.* **cupful** *n* tazza piena *f.*

cupboard ('kʌbəd) *n* credenza *f.*

curate ('kjuərit) *n* curato *m.*

curator (kju'reitə) *n* sovrintendente *m,f.*

curb (kəːb) *n* freno *m. vt* frenare, reprimere.

curdle ('kəːdl) *vt* agghiacciare. *vi* rapprendersi, coagularsi.

cure (kjuə) *n* cura *f.* rimedio *m. vt* **1** guarire, sanare. **2** *cul* salare.

curfew ('kəːfjuː) *n* coprifuoco *m.*

curious ('kjuəriəs) *adj* curioso. **curiosity** *n* curiosità *f.*

curl (kəːl) *n* ricciolo *m. vt* arricciare. *vi* arrotolarsi. **curly** *adj* ricciuto.

currant ('kʌrənt) *n* **1** ribes *m.* **2** (dried) uva sultanina *f.*

current ('kʌrənt) *n* corrente *f. adj* attuale, in corso. **current account** *n* conto corrente *m.* **currency** *n* valuta, moneta legale *f.*

curry ('kʌri) *n* pietanza indiana *f. v* **curry favour with** cercare di avere il favore di. **curry powder** *n* curry, polvere di radice di curcuma *f.*

curse (kəːs) *n* maledizione, bestemmia *f. vt* maledire, imprecare. *vi* bestemmiare.

curt (kəːt) *adj* brusco, sbrigativo.

curtail (kəːˈteil) *vt* accorciare, restringere.

curtain ('kəːtn) *n* **1** cortina, tendina *f.* **2** *Th* sipario *m.*

curtsy ('kəːtsi) *n* inchino *m.* riverenza *f. vi* inchinarsi, fare la riverenza.

curve (kəːv) *n* curva *f.* diagramma *m. vt* curvare. *vi* piegarsi, svoltare.

cushion ('kuʃən) *n* cuscino *m. vt* imbottire, ammortizzare.

custard ('kʌstəd) *n* crema *f.*

custody ('kʌstədi) *n* custodia, detenzione *f.*

custom ('kʌstəm) *n* **1** usanza, abitudine *f.* **2** *comm* clientela *f.* **3** *pl* dogana *f.* **customs officer** *n* doganiere *m.*

customer ('kʌstəmə) *n* cliente *m,f.* avventore *m.*

cut* (kʌt) *n* **1** taglio *m.* incisione *f.* **2** riduzione *f.* **3** (of clothes) linea *f. vt,vi* tagliare. *vt game* alzare. **cut down 1** abbattere. **2** ridurre. **cut off** tagliar fuori. **cut out** ritagliare. **cut-price** adj a prezzo ridotto. **cutting** adj 1 tagliente. 2 mordace. n 1 taglio m. 2 ritaglio m.

cute (kjuːt) adj 1 svelto, ingegnoso. 2 grazioso.

cuticle ('kjuːtikəl) n cuticola f.

cutlery ('kʌtləri) n posate f pl.

cutlet ('kʌtlit) n cotoletta f.

cycle ('saikəl) n 1 ciclo m. 2 bicicletta f. vi andare in bicicletta.

cyclone ('saikloun) n ciclone m.

cygnet ('signit) n giovane cigno m.

cylinder ('silində) n cilindro m.

cymbal ('simbəl) n cembalo m.

cynic ('sinik) n cinico m. **cynical** adj cinico.

cypress ('saiprəs) n cipresso m.

Cyprus ('saiprəs) n Cipro f. **Cypriot** adj,n cipriota.

czar (zɑː) n zar m.

Czechoslovakia (tʃekəslə'vækiə) n Cecoslovacchia f. **Czech** adj,n ceco. **Czech** (language) n ceco m.

D

dab (dæb) n colpetto m. macchia f. vt toccare leggermente, cospargere.

dabble ('dæbəl) vt inumidire. vi sguazzare. **dabble in** dilettarsi in.

daddy ('dædi) n inf also **dad** babbo, babbino m.

daffodil ('dæfədil) n narciso selvatico m.

daft (dɑːft) adj sciocco, matto.

dagger ('dægə) n stiletto, pugnale m.

dahlia ('deiliə) n dalia f.

daily ('deili) adj quotidiano, giornaliero. adv ogni giorno. n giornale, quotidiano m.

dainty ('deinti) adj raffinato, prelibato, grazioso.

dairy ('dɛəri) n latteria f. caseificio m. **dairy farm** n fattoria con cascina f.

daisy ('deizi) n margherita f.

dam (dæm) n diga f. argine m. vt arginare, sbarrare.

damage ('dæmidʒ) n danno, guasto m. vt danneggiare, avariare.

damn (dæm) vt dannare. n un bel niente m. **I don't give a damn!** non m'importa un fico! **damnable** adj 1 maledetto, dannabile. 2 detestabile. **damnation** n dannazione f.

damp (dæmp) adj umido, bagnato. n umidità f. vapore m. **dampen** 1 inumidire. 2 soffocare, deprimere.

damson ('dæmzən) n prugna damaschina f. **damson tree** n prugno di Damasco m.

dance (dɑːns) n 1 danza f. 2 ballo m. vi ballare.

dandelion ('dændilaiən) n dente di leone m.

dandruff ('dændrʌf) n forfora f.

Dane (dein) n danese m,f. **Danish** adj danese. **Danish** (language) n danese m.

danger ('deindʒə) n pericolo m. **dangerous** adj pericoloso.

dangle ('dæŋgəl) vt far ciondolare. vi penzolare.

dare (dɛə) vt osare. vt sfidare. **daring** adj audace, temerario.

dark (dɑːk) adj buio, cupo, scuro. n oscurità f. buio m. tenebre f pl. **darken** vt scurire, turbare, rabbuiarsi.

darling ('dɑːliŋ) adj caro, amatissimo. n tesoro m.

darn (dɑːn) vt rammendare. n rammendo m.

dart (dɑːt) n 1 dardo m. 2 movimento improvviso m. vi scagliare, balzare, slanciarsi.

dartboard n tirassegno per frecchette m.

dash (dæʃ) n **1** slancio m. **2** spruzzo m. **3** trattino m. vt **1** cozzare. **2** spruzzare. vi **1** slanciarsi. **2** sbattere violentemente. **dashboard** n cruscotto m.

data ('deitə) n pl dati, elementi m pl. **data processing** n elaborazione di dati f.

date[1] (deit) n **1** data f. **2** inf appuntamento m. **be up to date 1** essere al corrente. **2** essere aggiornato. **out of date** antiquato. ~ vt datare, mettere la data a. **date from** risalire a.

date[2] (deit) n bot dattero m.

daughter ('dɔːtə) n figlia f. **daughter-in-law** n nuora f.

dawdle ('dɔːdl) vi bighellonare, oziare.

dawn (dɔːn) n aurora, alba f. vi albeggiare.

day (dei) n giorno m. giornata f. **by day** di giorno. **day after tomorrow** dopodomani. **day before yesterday** l'altroieri. **one day** un bel giorno. **daybreak** n spuntar del giorno m. **daydream** n fantasticheria f. sogno ad occhi aperti m. vi sognare ad occhi aperti. **daylight** n luce del giorno f.

daze (deiz) n stupore, sbalordimento m. vt sbalordire, stupefare.

dazzle ('dæzəl) vt abbagliare. n abbagliamento m.

dead (ded) adj **1** morto, estinto. **2** spento. **3** sordo. adv assolutamente. **deaden** vt attutire, affievolire. **deadline** n data di scadenza f. **deadlock** n punto morto m.

deaf (def) adj sordo. **deaf-aid** n apparecchio acustico m. **deafen** vt assordare. **deafmute** n sordomuto m.

deal* (diːl) vi **1** trattare. **2** occuparsi. **3** negoziare. vt di-

stribuire. n **1** quantità f. **2** comm affare m. **3** accordo m. **4** game mano f.

dean (diːn) n **1** educ preside m. **2** rel decano m.

dear (diə) adj **1** caro. **2** costoso.

death (deθ) n morte f. **death certificate** n certificato di morte m. **death duty** n tassa di successione f. **death rate** n (indice di) mortalità f.

debase (di'beis) vt abbassare, degradare, svalutare.

debate (di'beit) n dibattito m. disputa f. vt, vi discutere, deliberare.

debit ('debit) n debito m. vt addebitare.

debris ('deibri) n detriti m pl.

debt (det) n debito m. **debtor** n debitore m.

decade ('dekeid) n decennio m.

decadent ('dekədənt) adj decadente.

decaffeinated (diː'kæfineitid) adj decaffeinato.

decant (di'kænt) vt travasare. **decanter** n caraffa f.

decay (di'kei) n **1** rovina f. deperimento m. **2** putrefazione f. vi decadere, andare in rovina, deperire.

decease (di'siːs) n decesso m. **deceased** adj, n defunto.

deceit (di'siːt) n inganno m. frode f. **deceitful** adj ingannevole, falso.

deceive (di'siːv) vt ingannare. **deceive oneself** illudersi.

December (di'sembə) n dicembre m.

decent ('diːsənt) adj **1** decente, modesto. **2** onesto.

deceptive (di'septiv) adj ingannevole.

decibel ('desibel) n decibel m.

decide (di'said) vt vi decidersi. vt decidere. **decided** adj deciso, risoluto.

deciduous (di'sidjuəs) *adj* caduco.

decimal ('desiməl) *adj,n* decimale *m*.

decipher (di'saifə) *vt* decifrare.

decision (di'siʒən) *n* decisione *f*. **decisive** *adj* decisivo, fermo.

deck (dek) *n* ponte *m*. coperta *f*. *vt* coprire, adornare. **deck-chair** *n* sedia a sdraio *f*.

declare (di'klɛə) *vt* dichiarare, proclamare. **declaration** *n* dichiarazione *f*.

decline (di'klain) *vt* **1** declinare. **2** rifiutare. *vi* deperire. *n* **1** declino *m*. **2** deperimento *m*. **3** decadenza *f*. **declension** *n* declinazione *f*.

decorate ('dekəreit) *vt* decorare, abbellire. **decoration** *n* decorazione *f*. ornamento *m*.

decoy (*n* 'diːkɔi; *v* di'kɔi) *n* **1** trappola *f*. **2** uccello da richiamo *m*. *vt* adescare, abbindolare.

decrease (di'kriːs) *n* diminuzione *f*. *vt,vi* diminuire.

decree (di'kriː) *n* decreto *m*.

decrepit (di'krepit) *adj* decrepito.

dedicate ('dedikeit) *vt* dedicare. **dedicated** *adj* dedicato, scrupoloso.

deduce (di'djuːs) *vt* dedurre.

deduct (di'dʌkt) *vt* dedurre, sottrarre. **deduction** *n* sottrazione, deduzione *f*.

deed (diːd) *n* **1** atto *m*. **2** azione *f*. **3** impresa *f*.

deep (diːp) *adj* profondo, alto. *n* abisso *m*. *adv* profondamente. **deepen** *vt* approfondire. *vi* approfondirsi. **deep-freeze** *n* congelatore *m*. *vt* surgelare. **deep-seated** *adj* radicato.

deer (diə) *n invar* cervo, daino *m*.

deface (di'feis) *vt* sfigurare, deturpare, cancellare.

default (di'fɔːlt) *n* **1** mancanza *f*. **2** *law* contumacia *f*.

defeat (di'fiːt) *n* sconfitta, disfatta *f*. *vt* sconfiggere.

defect (*n* 'diːfekt; *v* di'fekt) *n* difetto *m*. mancanza *f*. *vi* disertare, defezionare. **defection** *n* defezione *f*. abbandono *m*. **defective** *adj* difettoso, anormale.

defence (di'fens) *n* difesa *f*. **defenceless** *adj* indifeso. **defend** *vt* difendere. **defendant** *n* imputato *m*.

defer (di'fəː) *vt* differire, rimandare. **deference** *n* deferenza *f*. riguardo *m*. **deferential** *adj* deferente.

defiant (di'faiənt) *adj* ardito, provocante.

deficient (di'fiʃənt) *adj* deficiente, insufficiente.

deficit (di'fisit) *n* deficit, disavanzo *m*.

define (di'fain) *vt* definire, determinare. **definition** *n* definizione *f*.

definite ('definit) *adj* determinato, preciso. **definitely** *adv* definitivamente, senz'altro.

deflate (di'fleit) *vt* **1** sgonfiare. **2** *comm* deflazionare. *vi* sgonfiarsi. **deflation** *n* **1** sgonfiamento *m*. **2** *comm* deflazione *m*.

deform (di'fɔːm) *vt* deformare.

defraud (di'frɔːd) *vt* defraudare, privare.

defrost (di'frɔst) *vt* disgelare, sbrinare.

deft (deft) *adj* abile, destro.

defunct (di'fʌŋkt) *adj* defunto.

defy (di'fai) *vt* sfidare. **defiance** *n* sfida *f*.

degenerate (*v* di'dʒenəreit; *adj,n* di'dʒenərit) *v* degenerare. *adj,n* degenerato.

degrade (di'greid) *vt* degradare. **degrading** *adj* avvilente.

degree (di'griː) *n* **1** grado, punto *m*. **2** *educ* laurea *f*.

dehydrate (di'haidreit) *vt* disidratare.

deity ('deiiti) *n* divinità *f*.

dejected (di'dʒektid) *adj* scoraggiato, abbattuto.

delay (di'lei) *n* ritardo, indugio, rinvio *m*. *vt* ritardare. *vi* indugiare.

delegate (*n* 'deligət; *v* 'deligeit) *n* delegato *m*. *vt* delegare.

delete (di'liːt) *vt* cancellare.

deliberate (*adj* di'libərət; *v* di'libəreit) *adj* ponderato, intenzionale. *vt, vi* deliberare, riflettere.

delicate ('delikət) *adj* delicato, sensibile. **delicacy** *n* 1 delicatezza *f*. 2 leccornia *f*.

delicatessen (delikə'tesən) *n* pizzicheria *f*.

delicious (di'liʃəs) *adj* delizioso.

delight (di'lait) *n* gioia *f*. entusiasmo *m*. *vt* dilettare. **delightfull** *adj* piacevole, simpatico.

delinquency (di'liŋkwənsi) *n* delinquenza *f*. **delinquent** *n* delinquente *m*.

deliver (di'livə) *vt* 1 distribuire, consegnare. 2 liberare. 3 partorire. 4 (a speech) pronunciare. **delivery** *n* 1 consegna, distribuzione *f*. 2 *med* parto *m*. 3 dizione *f*.

delta ('deltə) *n* delta *m*.

delude (di'luːd) *vt* deludere, illudere.

delve (delv) *vi* scavare, far ricerche.

demand (di'maːnd) *n* 1 domanda *f*. 2 esigenza *f*. *vt* 1 richiedere, domandare. 2 esigere.

democracy (di'mɔkrəsi) *n* democrazia *f*. **democrat** *n* democratico *m*. **democratic** *adj* democratico.

demolish (di'mɔliʃ) *vt* demolire. **demolition** *n* demolizione *f*.

demon ('diːmən) *n* demonio *m*.

demonstrate ('demənstreit) *vt* dimostrare. *vi* fare una dimostrazione. **demonstration** *n* 1 dimostrazione *f*. 2 *pol* manifestazione *f*.

demoralize (di'mɔrəlaiz) *vt* demoralizzare.

demure (di'mjuə) *adj* modesto, pudico.

den (den) *n* covo *m*. tana *f*.

denial (di'naiəl) *n* rifiuto, diniego *m*.

denim ('denim) *n* 1 tessuto di cotone *m*. 2 *pl* pantaloni, blue-jeans *m pl*.

Denmark ('denmɑːk) *n* Danimarca *f*.

denomination (dinɔmi'neiʃən) *n* 1 denominazione *f*. 2 confessione *f*. 3 *comm* taglio *m*. **denominator** *n* denominatore *m*.

denote (di'nout) *vt* denotare, indicare.

denounce (di'nauns) *vi* denunciare.

dense (dens) *adj* 1 denso, fitto. 2 *inf* stupido. **density** *n* densità *f*.

dent (dent) *n* incavo *m*. ammaccatura *f*. *vt* ammaccare, intaccare.

dental ('dentl) *adj* dentale. **dentist** *n* dentista *m*. **dentistry** *n* odontoiatria *f*. **denture** *n* dentiera *f*.

deny (di'nai) *vt* negare, smentire.

deodorant (di'oudərənt) *n* deodorante *m*.

depart (di'pɑːt) *vi* 1 partire. 2 deviare. **departure** *n* partenza *f*.

department (di'pɑːtmənt) *n* dipartimento, reparto *m*. **department store** *n* grande magazzino *m*.

depend (di'pend) *vi* 1 dipendere. 2 fare assegnamento. **dependable** *adj* fidato, sicuro. **dependant** n dipendente m,f. **dependence** n dipendenza f. **dependent** adj dipendente.

depict (di'pikt) vt descrivere, rappresentare.

deplete (di'pliːt) vt vuotare, esaurire.

deplore (di'plɔɪ) vt deplorare.

deport (di'pɔɪt) vt deportare, esiliare. **deportment** n comportamento m.

depose (di'pouz) vt deporre.

deposit (di'pɔzit) n deposito m. vt depositare, posare.

depot ('depou) n magazzino m.

deprave (di'preiv) vt depravare.

depreciate (di'priːʃieit) vi deprezzarsi.

depress (di'pres) vt deprimere. **depression** n 1 depressione f. avvilimento m. 2 comm depressione f. crisi f invar.

deprive (di'praiv) vt privare.

depth (depθ) n profondità, altezza f.

deputize ('depjutaiz) vi fungere da delegato. **deputation** n deputazione f. **deputy** n deputato, delegato m.

derail (di'reil) vi deragliare. vt far deragliare. **derailment** n deragliamento m.

derelict ('derəlikt) adj derelitto, abbandonato.

deride (di'raid) vt deridere.

derive (di'raiv) vt,vi derivare. vi provenire.

derogatory (di'rogətri) adj calunnioso, sprezzante.

descend (di'send) vt,vi discendere, scendere. **descendant** n discendente m,f. **descent** n 1 discesa f. 2 discendenza f.

describe (di'skraib) vt descrivere. **description** n descrizione f.

desert[1] ('dezət) n deserto m.

desert[2] (di'zəɪt) vt,vi disertare. **deserter** n disertore m. **desertion** n diserzione f. abbandono m.

desert[3] (di'zəɪt) n merito m.

deserve (di'zəɪv) vt meritare.

design (di'zain) n 1 progetto, disegno m. 2 intento m. vt progettare.

designate ('dezigneit) vt designare.

desire (di'zaiə) n desiderio m. passione f. vt desiderare, augurare.

desk (desk) n scrivania f.

desolate ('desələt) adj desolato, deserto.

despair (di'spɛə) n disperazione f. vi disperare.

desperate ('desprət) adj disperato, accanito.

despise (di'spaiz) vt disprezzare.

despite (di'spait) prep malgrado.

despondent (di'spɔndənt) adj scoraggiato, depresso.

dessert (di'zəɪt) n frutta f. dolce m. **dessertspoon** n cucchiaio da dessert.

destine ('destin) vt destinare. **destination** n destinazione f. **destiny** n destino m.

destitute ('destitjuɪt) adj indigente.

destroy (di'strɔi) vt distruggere, abbattere. **destroyer** n naut cacciatorpediniere m.

detach (di'tætʃ) vt staccare, isolare. **detachable** adj staccabile. **detachment** n 1 distacco m. indifferenza f. 2 mil distaccamento m.

detail ('diːteil) n dettaglio, particolare m. vt specificare, dettagliare.

detain (di'tein) vt trattenere, detenere. **detainee** n confinato m.

detect (di'tekt) vt scoprire, scovare, percepire. **detective** n investigatore m. adj poliziesco.

detention (di'tenʃən) n detenzione f. arresto m.

deter (di'tər) vt trattenere, dissuadere. **deterrent** n arma f. freno m.

detergent (di'tərdʒənt) n detergente, detersivo m.

deteriorate (di'tiəriəreit) vi deteriorare, deteriorarsi.

determine (di'tərmin) vt determinare, stabilire. vi decidersi. **determination** n determinazione, risolutezza f.

detest (di'test) vt detestare. **detestable** adj odioso.

detonate ('detəneit) vt,vi detonare, esplodere.

detour ('dirtuə) n deviazione, digressione f.

detract (di'trækt) vt detrarre.

devalue (di'væljuː) vt svalutare. **devaluation** n svalutazione f.

devastate ('devəsteit) vt devastare, rovinare.

develop (di'veləp) vt sviluppare, ampliare. vi svilupparsi. **development** n sviluppo m. crescita f.

deviate ('dirvieit) vi,vt deviare. **devious** adj tortuoso, remoto.

device (di'vais) n 1 congegno, dispositivo m. 2 mezzo, stratagemma m.

devil ('devəl) n diavolo, demonio m.

devise (di'vaiz) vt escogitare, progettare.

devoid (di'void) adj privo.

devote (di'vout) vt dedicare, consacrare. **devotee** n devoto, fanatico m. **devotion** n devozione f. affetto m.

devour (di'vauə) vt divorare.

devout (di'vaut) adj devoto, fervente.

dew (djuː) n rugiada f.

dexterous ('dekstrəs) adj abile, capace.

diabetes (daiə'biːtiz) n diabete m.

diagonal (dai'agənl) adj,n diagonale m.

diagram ('daiəgræm) n diagramma m.

dial (dail) n 1 (of a clock) quadrante m. 2 (of a telephone) disco combinatore m. vt comporre.

dialect ('daiəlekt) n dialetto m.

dialogue ('daiəlog) n dialogo m.

diameter (dai'æmitə) n diametro m.

diamond ('daiəmənd) n diamante m.

diaphragm ('daiəfræm) n diaframma m.

diarrhoea (daiə'riə) n diarrea f.

diary ('daiəri) n diario m.

dice (dais) n pl dadi m pl. vt tagliare a cubetti.

dictate (dik'teitɪ) vt,vi dettare. **dictation** n dettato m. **dictator** n dittatore m. **dictatorship** n dittatura f.

dictionary ('dikʃənri) n dizionario m.

did (did) v see **do**.

die (dai) vi morire.

diesel ('diːzəl) n diesel m.

diet ('daiət) n 1 dieta f. 2 alimentazione f. vi essere a dieta.

differ ('difə) vi 1 dissentire. 2 essere diverso.

difference ('difrəns) n 1 differenza f. 2 divergenza f. **different** adj differente. **differential** adj,n differenziale m. **differentiate** vt differenziare.

difficult ('difikəlt) adj difficile. **difficulty** n difficoltà f.

dig* (dig) vt,vi scavare. n 1 vangata f. 2 urto m. 3 scavi m pl. 4 pl camera, ammobiliata f.

digest (dai'dʒest) vt,vi digerire. **digestible** adj digeribile. **digestion** n digestione f.

digit ('didʒit) n numero semplice m. cifra f. **digital** adj digitale.

dignity ('digniti) n dignità f. **dignified** adj dignitoso, nobile.

dilapidated (di'læpideitid) adj decrepito, in rovina.

dilemma (di'lemə) n dilemma m.

diligent ('dilidʒənt) adj diligente.

dilute (dai'luːt) vt diluire.

dim (dim) adj pallido, vago, ottuso. vt smorzare, offuscare. vi oscurarsi, indebolirsi.

dimension (di'menʃən) n dimensione f.

diminish (di'miniʃ) vt diminuire, ridurre. vi ridursi.

diminutive (di'minjutiv) adj,n diminutivo m.

dimple ('dimpəl) n fossetta f.

din (din) n rumore assordante, fracasso m.

dine (dain) vi pranzare. **dining car** n carrozza ristorante f. **dining room** n sala da pranzo f.

dinghy ('diŋgi) n lancia, barchetta f.

dingy ('dindʒi) adj scuro, sbiadito, sporco.

dinner ('dinə) n pranzo, desinare m. cena f. **dinner jacket** n smoking m.

dinosaur ('dainəsɔː) n dinosauro m.

diocese ('daiəsis) n diocesi f invar.

dip (dip) vt 1 immergere, intingere, tuffare. 2 abbassare. vi 1 immergersi. 2 abbassarsi. n 1 immersione f. tuffo m. 2 pendenza f.

diphthong ('difθɔŋ) n dittongo m.

diploma (di'ploumə) n diploma m.

diplomacy (di'plouməsi) n diplomazia f. **diplomat** ('dipləmæt) n diplomatico m. **diplomatic** adj diplomatico.

direct (di'rekt) vt 1 dirigere. 2 indirizzare. 3 ordinare. adj 1 diretto. 2 sincero. **direction** n 1 direzione f. senso m. 2 istruzione f. **director** n 1 direttore m. 2 Th regista m. **directory** n elenco telefonico m. guida f.

dirt (dəːt) n sporcizia, immondizia f. **dirty** adj sporco, sudicio. vt insudiciare, sporcare.

disability (disə'biliti) n incapacità, impotenza f. **disabled** adj invalido m.

disadvantage (disəd'vɑːntidʒ) n svantaggio m. **disadvantageous** adj svantaggioso.

disagree (disə'griː) vi 1 non andar d'accordo, differire. 2 far male. **disagreeable** adj sgradevole.

disappear (disə'piə) vi sparire. **disappearance** n scomparsa f.

disappoint (disə'pɔint) vt deludere. **disappointment** n delusione f.

disapprove (disə'pruːv) vt,vi disapprovare. **disapproval** n disapprovazione f.

disarm (dis'ɑːm) vt disarmare. **disarmament** n disarmo m.

disaster (di'zɑːstə) n disastro m. catastrofe f. **disastrous** adj disastroso.

disc (disk) n disco m. **disc jockey** n presentatore radiofonico di dischi m.

discard (dis'kɑːd) vt scartare, abbandonare.

discern (di'səːn) vt percepire, scorgere. **discernment** n discernimento, acume m.

discharge (dis'tʃɑːdʒ) vt 1 scaricare. 2 congedare. 3 assolvere, liberare. n 1 scarico m. 2 mil congedo m. 3 law assoluzione f.

disciple (di'saipəl) n discepolo m.

discipline ('disəplin) n disciplina f.

disclose (dis'klouz) *vt* rivelare, svelare.

discomfort (dis'kʌmfət) *n* disagio *m*. *vt* mettere a disagio.

disconnect (diskə'nekt) *vt* **1** sconnettere. **2** *tech* disinnestare.

disconsolate (dis'kɔnsələt) *adj* sconsolato.

discontinue (diskən'tinjuɪ) *vt,vi* cessare.

discord ('diskɔɪd) *n* discordia, disarmonia *f*.

discotheque ('diskətek) *n* discoteca *f*.

discount (*n* 'diskaunt; *v* dis'kaunt) *n* sconto *m*. riduzione *f*. *vt* scontare, ribassare.

discourage (dis'kʌridʒ) *vt* scoraggiare, dissuadere. **discouragement** *n* scoraggiamento *m*.

discover (dis'kʌvə) *vt* scoprire. **discovery** *n* scoperta *f*.

discredit (dis'kredit) *vt* screditare.

discreet (dis'kriɪt) *adj* prudente, riservato.

discrepancy (dis'krepənsi) *n* contraddizione *f*. divario *m*. **discretion** *n* discrezione *f*. discernimento *m*.

discrete (dis'kriɪt) *adj* separato, distinto.

discriminate (dis'krimineit) *vt,vi* discriminare, distinguere. **discrimination** *n* **1** discriminazione *f*. **2** discernimento *m*.

discus ('diskəs) *n, pl* **discuses** disco *m*.

discuss (dis'kʌs) *vt* discutere. **discussion** *n* discussione *f*.

disease (di'ziɪz) *n* malattia *f*.

disembark (disim'baɪk) *vi* sbarcare.

disengage (disin'geidʒ) *vt* disimpegnare, disinnestare.

disfigure (dis'figə) *vt* deturpare, sfigurare.

disgrace (dis'greis) *n* disonore *m*. vergogna *f*. *vt* disonorare, destituire.

disgruntled (dis'grʌntəld) *adj* di cattivo umore, scontento.

disguise (dis'gaiz) *vt* travestire, dissimulare. *n* **1** travestimento *m*. **2** finzione *f*.

disgust (dis'gʌst) *n* disgusto *m*. nausea *f*. *vt* disgustare.

dish (diʃ) *n* **1** piatto *m*. **2** *cul* pietanza *f*. *vt* scodellare, servire. **dishcloth** *n* strofinaccio per i piatti *m*. **dishwasher** *n* lavastoviglie *f*.

dishearten (dis'haɪtn) *vt* scoraggiare.

dishevelled (di'ʃevəld) *adj* arruffato.

dishonest (dis'ɔnist) *adj* disonesto. **dishonesty** *n* disonestà *f*.

dishonour (dis'ɔnə) *n* disonore *m*. *vt* disonorare.

disillusion (disi'luɪʒən) *n* disinganno *m*. *vt* disilludere.

disinfect (disin'fekt) *vt* disinfettare. **disinfectant** *adj,n* disinfettante *m*.

disinherit (disin'herit) *vt* diseredare.

disintegrate (dis'intigreit) *vt* disintegrare. *vi* disgregarsi.

disinterested (dis'intrəstid) *adj* disinteressato.

disjointed (dis'dʒɔintid) *adj* disgiunto, sconnesso.

dislike (dis'laik) *vt* non piacere. *n* antipatia, avversione *f*.

dislocate ('disləkeit) *vt* slogare, spostare.

dislodge (dis'lɔdʒ) *vt* sloggiare, scacciare.

disloyal (dis'lɔiəl) *adj* sleale.

dismal ('dizməl) *adj* tetro, cupo, lugubre.

dismantle (dis'mæntl) *vt* smantellare, demolire.

dismay (dis'mei) *n* sgomento *m*. *vt* costernare, spaventare.

dismiss (dis'mis) *vt* **1** licenziare, mandar via. **2** respingere. **dismissal** *n* **1** licenziamento *m*. **2** congedo *m*.

dismount (dis'maunt) vi scendere. vt smontare.

disobey (diso'bei) vt disubbidire a. **disobedient** adj disubbidiente. **disobedience** n disubbidienza f.

disorder (dis'ɔidə) n 1 disordine m. 2 med disturbo m.

disorganized (dis'ɔigənaizd) adj disorganizzato.

disown (dis'oun) vt smentire, rinnegare.

disparage (dis'pæridʒ) vt sottovalutare, disprezzare. **disparaging** adj sprezzante, spregiativo.

dispassionate (dis'pæʃənət) adj calmo, spassionato.

dispatch (dis'pætʃ) vt spedire, inviare, sbrigare. n 1 spedizione f. 2 dispaccio m. 3 prontezza f.

dispel (dis'pel) vt dissipare, disperdere.

dispense (dis'pens) vt dispensare, distribuire. **dispense with** fare a meno di. **dispensary** n dispensario m.

disperse (dis'pəis) vt disperdere, sparpagliare. vi dispersi.

displace (dis'pleis) vt spostare, soppiantare. **displacement** n 1 spostamento m. 2 naut dislocamento m.

display (dis'plei) n 1 mostra f. 2 ostentazione f. vt mostrare, ostentare, rivelare.

displease (dis'pliiz) vt dispiacere a, offendere.

dispose (dis'pouz) vt disporre. **dispose of** liberarsi di, eliminare. **disposal** n disposizione f. **disposition** n disposizione f. carattere m.

disprove (dis'pruiv) vt confutare, contraddire.

dispute (dis'pjuit) n disputa, vertenza f. vt contestare. vi discutere.

disqualify (dis'kwɔlifai) vt sport squalificare. **disqualification** n squalifica f.

disregard (disri'gɑid) n noncuranza f. disprezzo m. vt ignorare, trascurare.

disreputable (dis'repjutəbəl) adj indecoroso, di cattiva fama.

disrespect (disri'spekt) n mancanza di rispetto f.

disrupt (dis'rʌpt) vt 1 mettere in confusione. 2 rompere, spaccare. **disruption** n disordine m.

dissatisfy (di'sætisfai) vt scontentare, deludere. **dissatisfaction** n scontento m.

dissect (di'sekt) vt sezionare, analizzare. **dissection** n sezionamento m.

dissent (di'sent) n dissenso m. vi dissentire.

dissimilar (di'similə) adj diverso.

dissociate (di'souʃieit) vt dissociare, separare.

dissolve (di'zɔlv) vt dissolvere. vi sciogliersi.

dissuade (di'sweid) vt dissuadere.

distance ('distəns) n distanza f.

distant ('distnt) adj 1 distante, lontano. 2 vago, riservato.

distaste (dis'teist) n ripugnanza f.

distil (dis'til) vt stillare, distillare.

distinct (dis'tiŋkt) adj 1 distinto, chiaro. 2 diverso. **distinction** n distinzione f. **distinctive** adj caratteristico.

distinguish (dis'tiŋgwiʃ) vt distinguere. **distinguished** adj distinto, illustre.

distort (dis'tɔit) vt distorcere, alterare.

distract (dis'trækt) vt 1 distrarre. 2 turbare. **distraction** n 1 distrazione f. 2 svago m. 3 follia f.

distraught (dis'trɔit) adj turbato, pazzo.

distress (dis'tres) n 1 dolore m.

angoscia f. **2** miseria f. vt affliggere, tormentare.

distribute (dis'tribjuɪt) vt distribuire. **distribution** n distribuzione f.

district ('distrikt) n distretto, quartiere m.

distrust (dis'trʌst) n diffidenza f. sospetto m. vt non aver fiducia in.

disturb (dis'tɜɪb) vt disturbare. **disturbance** n perturbazione f. tumulto m.

ditch (ditʃ) n fossato m. vt inf piantare in asso.

ditto ('ditou) n idem, lo stesso m.

divan (di'væn) n divano m.

dive (daiv) n tuffo m. immersione f. vi tuffarsi, immergersi. **diving board** n trampolino m.

diverge (dai'vɜɪdʒ) vi divergere.

diverse (dai'vɜɪs) adj **1** differente. **2** vario.

diversify (di'vɜɪrsifai) vi differenziare.

divert (dai'vɜɪt) vt **1** deviare, sviare. **2** divertire. **diversion** n **1** diversione f. **2** diversivo m.

divide (di'vaid) vt dividere. vi separarsi. **divisible** adj divisibile. **division** n divisione f.

dividend ('dividend) n dividendo m.

divine (di'vain) adj divino. **divinity** n divinità f.

divorce (di'vɔɪs) n divorzio m. vt **1** divorziare. **2** separare.

divulge (di'vʌldʒ) vt divulgare.

dizzy ('dizi) adj stordito, che ha il capogiro. **dizziness** n vertigine f.

do* (duɪ) vt fare, compiere. vi **1** bastare. **2** andare bene. **3** agire. **do one's utmost** fare tutto il possibile. **do up** abbottonare. **do without** fare a meno.

docile ('dousail) adj docile.

dock[1] (dɔk) n naut molo, bacino, portuario m. vi attraccare. **dockyard** n arsenale m.

dock[2] (dɔk) n (tail) troncone m. vt mozzare, ridurre.

dock[3] (dɔk) n law banco degli imputati m.

doctor ('dɔktə) n dottore, medico m.

doctrine ('dɔktrin) n dottrina f.

document ('dɔkjumənt) n documento m. vt documentare. **documentary** adj,n documentario m.

dodge (dɔdʒ) vt schivare, eludere. vi scansarsi. n **1** sotterfugio m. **2** schivata f.

dog (dɔg) n cane m. vt pedinare. **dog-collar** n **1** collare per cani m. **2** inf collarino m. **dogged** adj ostinato.

dogma ('dɔgmə) n dogma m. **dogmatic** adj dogmatico.

dole (doul) n sussidio m. distribuzione f. **go on the dole** ricevere il sussidio per disoccupati. v **dole out** distribuire.

doll (dɔl) n bambola f.

dollar ('dɔlə) n dollaro m.

Dolomites ('dɔləmaits) n pl Dolomiti f pl.

dolphin ('dɔlfin) n delfino m.

domain (də'mein) n dominio m. proprietà f.

dome (doum) n cupola f.

domestic (də'mestik) adj domestico, casalingo. **domesticate** vt addomesticare.

dominate ('dɔmineit) vt,vi dominare. **dominant** adj dominante. **domineer** vi tiranneggiare.

dominion (də'miniən) n dominio m.

donate (dou'neit) vt donare. **donation** n **1** dono m. **2** pl carità f.

done (dʌn) v see **do**.

donkey ('dɔŋki) n asino m.

donor ('dounə) n donatore m. donatrice f.

doom (duːm) *n* destino *m*. sorte, distruzione, morte *f*. **doomsday** *n* giorno del giudizio *m*.

door (dɔː) *n* porta *f*. **doorbell** *n* campanello *m*. **doorhandle** *n* maniglia della porta *f*. **doorknob** *n* pomo della porta *m*. **doorknocker** *n* battente *m*. **doormat** *n* zerbino *m*. **doorstep** *n* gradino della porta *m*. **doorway** *n* soglia, entrata *f*.

dope (doup) *n sl* stupefacente *m*. *vt sl* narcotizzare, drogare.

dormant ('dɔːmənt) *adj* dormiente, sopito, latente.

dormitory ('dɔːmitri) *n* dormitorio *m*.

dormouse ('dɔːmaus) *n* ghiro *m*.

dose (dous) *n* dose *f*. *vt* somministrare a dosi, dosare. **dosage** *n* dosaggio *m*.

dot (dɔt) *n* punto, puntino *m*. **on the dot** in punto. ~ *vt* mettere il punto su, punteggiare.

dote (dout) *vi* **dote on** essere infatuato di.

double ('dʌbəl) *adj* doppio. *n* **1** doppio *m*. **2** sosia *m,f invar*. *adv* due volte tanto, in coppia. *vt* raddoppiare, doppiare. *vi* piegarsi. **double bass** *n* contrabbasso *m*. **double-cross** *vt* tradire. **double-decker bus** *n* autobus a due piani *m invar*. **double-dutch** *n* lingua incomprensibile *f*. **double glazing** *n* vetro doppio *m*.

doubt (daut) *n* dubbio *m*. incertezza *f*. *vt* dubitare di. *vi* dubitare. **doubtful** *adj* ambiguo, incerto.

dough (dou) *n* pasta *f*. **doughnut** *n* ciambella *f*.

dove (dʌv) *n* colomba *f*. **dovecote** *n* colombaia *f*.

dowdy ('daudi) *adj* sciatto, vestito male.

down[1] (daun) *adv* giù, in basso, di sotto. *adj* abbattuto, depresso. *prep* giù per. *vt* **1** abbattere. **2** *inf* tracannare.

down[2] (daun) *n* (soft fur etc.) lanugine *f*.

downcast ('daunkɑːst) *adj* scoraggiato, abbattuto.

downfall ('daunfɔːl) *n* caduta, rovina *f*.

downhearted (daun'hɑːtid) *adj* depresso.

downhill ('daunhil) *adj* discendente. *adv* in pendio.

downpour ('daunpɔː) *n* acquazzone *m*.

downright ('daunrait) *adj* vero, sincero. *adv* assolutamente.

downstairs (daun'stɛəz) *adj* di sotto. *adv* dabbasso. *n* pianterreno *m*.

downstream (daun'striːm) *adv* seguendo la corrente.

downtrodden ('dauntrɔdṇ) *adj* calpestato, oppresso.

downward ('daunwəd) *adj* discendente. **downwards** *adv* dall'alto al basso, verso il basso.

dowry ('dauəri) *n* dote *f*.

doze (douz) *n* sonnellino *m*. *vi* sonnecchiare. **doze off** assopirsi.

dozen ('dʌzən) *n* dozzina *f*.

drab (dræb) *adj* sbiadito, scialbo.

draft (drɑːft) *n* **1** abbozzo *m*. **2** *comm* assegno *m*. **3** *mil* leva *f*. *vt* **1** redigere. **2** *mil* arruolare.

drag (dræg) *vt* **1** trascinare. **2** *naut* dragare. *vi* trascinarsi. **drag on** prolungarsi.

dragon ('drægən) *n* drago *m*. **dragonfly** *n* libellula *f*.

drain (drein) *n* canale, tubo di scarico *m*. *vt* prosciugare, drenare. *vi* defluire, prosciugarsi. **drainage** *n* fognatura *f*. drenaggio *m*. **draining board** *n* scolatoio *m*. **drainpipe** *n* tubo di scarico *m*.

drake (dreik) *n* anitra maschio *m*.

dram (dræm) *n* **1** (weight) dramma *f*. **2** sorso *m*.

drama ('drɑːmə) *n* dramma *m*. arte drammatica *f*. **dramatic** *adj* drammatico. **dramatist** *n* drammaturgo *m*. **dramatize** *vt* drammatizzare, mettere in forma drammatica.

drank (dræŋk) *v* see **drink**.

drape (dreip) *vt* drappeggiare.

draper ('dreipə) *n* negoziante di tessuti *m*. **drapery** *n* tendaggio *m*. tessuti *m pl*.

drastic ('dræstik) *adj* drastico.

draught (drɑːft) *n* **1** corrente d'aria *f*. **2** sorso *m*. **draughtsman** *n* disegnatore *m*.

draw* (drɔː) *vt* **1** tirare, attirare, estrarre. **2** disegnare. **draw near** avvicinarsi. ~ *n* **1** tirata *f*. **2** *sport* pareggio *m*. **3** estrazione *f*. **4** attrazione *f*. **drawback** *n* inconveniente, ostacolo *m*. **drawbridge** *n* ponte levatoio *m*. **drawer** *n* cassetto *m*. **drawing** *n* disegno *m*. **drawing pin** *n* puntina da disegno *f*. **drawing room** *n* salotto *m*.

drawl (drɔːl) *vt,vi* strascicare.

dread (dred) *n* timore *m*. *adj* terribile. *vt* temere, aver paura di. **dreadful** *adj* spaventoso, terribile.

dream* (driːm) *n* sogno *m*. *vt,vi* sognare.

dreary ('driəri) *adj* triste, cupo.

dredge (dredʒ) *vt* dragare. **dredger** *n* draga *f*.

dregs (dregz) *n pl* feccia *f*. scorie *f pl*.

drench (drentʃ) *vt* inzuppare, bagnare.

dress (dres) *vt* **1** vestire. **2** *med* bendare. **3** *cul* condire. *vi* abbigliarsi. **1** abito *m*. **2** vestito *m*. **dress circle** *n Th* prima galleria *f*. **dress-**

maker *n* sarta da donna *f*. **dress rehearsal** *n* prova generale *f*. **dressing** *n* **1** *med* medicazione, benda *f*. **2** *cul* condimento *m*. **dressing-gown** *n* vestaglia *f*. **dressing-room** *n* spogliatoio, camerino *m*. **dressing-table** *n* tavola da toletta *f*.

dresser[1] ('dresə) *n Th* guardarobiere *m*.

dresser[2] ('dresə) *n* credenza *f*.

drew (druː) *v* see **draw**.

dribble ('dribəl) *n* gocciolamento *m*. *vi* gocciolare, sbavare.

drier ('draiə) *n* essiccatore *m*.

drift (drift) *n* **1** spinta *f*. **2** corrente *f*. **3** deriva *f*. **4** (of snow) monticello *m*. *vi* andare alla deriva.

drill (dril) *n* **1** *tech* trapano *m*. **2** *mil* esercitazione *f*. *vt* **1** *tech* trapanare. **2** *mil* addestrare.

drink* (driŋk) *vt,vi* bere. *n* bevanda *f*. **drinking water** *n* acqua potabile *f*.

drip (drip) *vi* gocciolare. *n* sgocciolio *m*. **drip-dry** *adj* che s'asciuga rapidamente e non si stira. **dripping** *adj* gocciolante. *n* **1** *cul* grasso colato *m*. **2** sgocciolio *m*.

drive* (draiv) *n* **1** corsa *f*. **2** viale *m*. **3** impulso *m*. *vt,vi* **1** guidare, condurre. **2** spingere. *vi* guidare. **drive away** scacciare. **drive mad** far impazzire. **drive off** partire. **driver** *n* guidatore, autista *m*. **driving licence** *n* patente automobilistica *f*. **driving school** *n* scuola guida *f*. **driving test** *n* esame di guida *m*.

drivel ('drivəl) *vi* **1** sbavare. **2** dire sciocchezze. *n* **1** bava *f*. **2** stupidaggini *f pl*.

drizzle ('drizəl) *vi* piovigginare. *n* pioggerella *f*.

dromedary ('drʌmədəri) *n* dromedario *m*.

drone¹ (droun) *n zool* fuco *m*.
drone² (droun) *vi* ronzare. *n* ronzio *m*.
droop (druːp) *vi* curvarsi, languire, afflosciarsi. **drooping** *adj* pendente, abbattuto.
drop (drɔp) *n* 1 goccio *m*. goccia *f*. 2 dislivello *m*. 3 abbassamento *m*. 4 pastiglia *f*. *vt* lasciar cadere. *vi* 1 cadere. 2 diminuire. **drop out** sparire, ritirarsi. **drop-out** *n* persona emarginata dalla società *f*.
drought (draut) *n* siccità *f*.
drove¹ (drouv) *v see* **drive**.
drove² (drouv) *n* mandria *f*. gregge *m*.
drown (draun) *vt, vi* annegare, affogare.
drowsy ('drauzi) *adj* sonnolento.
drudge (drʌdʒ) *n* sgobbone, schiavo *m*. *vi* sfacchinare. **drudgery** *n* lavoro faticoso e monotono *m*.
drug (drʌg) *n* 1 droga *f*. stupefacente *m*. 2 prodotto chimico *m*. *vt* narcotizzare, drogare. **drug addict** *n* morfinomane *m,f*.
drum (drʌm) *n* 1 tamburo *m*. 2 *tech* rullo *m*. 3 *anat* timpano *m*. *vi* suonare il tamburo. *vt* tamburellare.
drunk (drʌŋk) *v see* **drink**. *adj,n* ubriaco. **drunken** *adj* ebbro, ubriaco.
dry (drai) *adj* 1 secco, arido. 2 monotono. *vt* seccare. *vi* asciugarsi. **dry-clean** *vt* lavare a secco. **dry-cleaning** *n* lavaggio a secco *m*.
dual ('djuəl) *adj* doppio, duplice. **dual carriageway** *n* strada a doppia carreggiata *f*.
dubious ('djuːbiəs) *adj* dubbio, esitante.
duchess ('dʌtʃis) *n* duchessa *f*.
duck¹ (dʌk) *n* anitra *f*. **duckling** *n* anatroccolo *m*.
duck² (dʌk) *n* 1 tuffo *m*. im-

mersione *f*. 2 colpo *m*. *vi* 1 immergersi. 2 chinarsi di colpo. *vt* 1 tuffare. 2 chinare.
duct (dʌkt) *n* 1 condotto, canale *m*. 2 *anat* vaso *m*.
dud (dʌd) *adj* inutile, falso. *n* proiettile che non esplode *m*.
due (djuː) *adj* 1 dovuto, adatto. 2 scaduto. 3 atteso. **be due to** essere causato da. ~ *n* spettanza *f*. debito *m*.
duel ('djuəl) *n* duello *m*.
duet (dju'et) *n* duetto *m*.
dug (dʌg) *v see* **dig**.
duke (djuːk) *n* duca *m*.
dulcimer ('dʌlsimə) *n* salterio *m*.
dull (dʌl) *adj* 1 tardo, lento. 2 sordo. 3 monotono. 4 cupo. *vt* 1 istupidire, intorpidire. 2 smussare. 3 offuscare. **dullness** *n* 1 stupidità, lentezza *f*. 2 monotonia *f*.
dumb (dʌm) *adj* 1 muto, reticente. 2 sciocco. **dumbfound** *vt* sbalordire, confondere.
dummy ('dʌmi) *adj* muto, falso. *n* 1 fantoccio *m*. 2 *game* morto *m*.
dump (dʌmp) *n* 1 mucchio, deposito *m*. 2 luogo di scarico *m*. *vt* scaricare, ammassare.
dumpling ('dʌmpliŋ) *n* gnocco *m*.
dunce (dʌns) *n inf* ignorante *m,f*. asino *m*.
dune (djuːn) *n* duna *f*.
dung (dʌŋ) *n* sterco, letame *m*.
dungeon ('dʌndʒən) *n* cella sotterranea *f*.
duplicate (*adj,n* 'djuːplikət; *v* 'djuːplikeit) *adj* doppio. *n* duplicato *m*. *vt* duplicare.
durable ('djuərəbəl) *adj* durevole.
duration (djuə'reifən) *n* durata *f*.
during ('djuəriŋ) *prep* durante.
dusk (dʌsk) *n* crepuscolo *m*.
dust (dʌst) *n* polvere *f*. *vt* 1 im-

polverare. 2 spolverare. **dustbin** n pattumiera f. **duster** n spolverino m. **dustman** n netturbino m. **dustpan** n paletta per la spazzatura f.
Dutch (dʌtʃ) adj olandese. **go Dutch** pagare alla romana. **Dutch** (language) n olandese m. **Dutchman** n olandese m.
duty ('djuːti) n 1 dovere, obbligo m. 2 comm dazio m. imposta f. **be on/off duty** essere in/fuori servizio. **duty-free** adj esente da dogana. **dutiful** adj rispettoso, obbediente.
duvet ('duːvei) n coperta imbottita con piume f.
dwarf (dwɔːf) n nano m. vt rimpicciolire.
dwell* (dwel) vi 1 dimorare. 2 soffermarsi, restare. **dwelling** n abitazione, dimora f.
dwindle ('dwindl) vi diminuire, consumarsi.
dye (dai) n tintura f. colorante m. vt tingere. vi tingersi.
dyke (daik) n diga f. argine m.
dynamic (dai'næmik) adj dinamico. **dynamics** n dinamica f.
dynamite ('dainəmait) n dinamite f.
dynasty ('dinəsti) n dinastia f.
dysentery ('disəntri) n dissenteria f.
dyslexia (dis'leksiə) n dislessia f.

E

each (iːtʃ) adj ogni, ciascuno. pron ognuno. **each other** l'un l'altro, sì.
eager ('iːgə) adj ardente, avido, impaziente. **eagerness** n brama, impazienza f.
eagle ('iːgəl) n aquila f.
ear[1] (iə) n anat orecchio m. **turn a deaf ear** fare orecchi da mercante. **earache** n mal d'orecchi m. **eardrum** n tim-

pano m. **earmark** n marchio di riconoscimento m. vt assegnare. **earring** n orecchino m.
ear[2] (iə) n bot spiga f.
earl (əːl) n conte m. **earldom** n contea f.
early ('əːli) adv presto, di buon'ora. adj 1 primo. 2 mattiniero. 3 precoce.
earn (əːn) vt guadagnare, meritarsi. **earnings** n pl guadagni m pl. stipendio m.
earnest ('əːnist) adj serio, zelante. **in earnest** sul serio.
earth (əːθ) n 1 terra f. mondo m. 2 terreno m. **earthenware** n terraglia f. **earthly** adj terrestre, terreno. **earthquake** n terremoto m. **earthworm** n lombrico m.
earwig ('iəwig) n forfecchia f.
ease (iːz) n 1 agio, comodo m. 2 riposo m. vt alleviare, calmare. vi attenuarsi. **easy** adj 1 facile, agevole. 2 disinvolto. adv facilmente, piano. **easygoing** adj facilone, poco esigente.
easel ('iːzəl) n cavalletto m.
east (iːst) n est, oriente m. adj d'est, orientale. **easterly** adj d'est, orientale. **eastern** adj orientale.
Easter ('iːstə) n Pasqua f.
eat* (iːt) vt, vi 1 mangiare. 2 corrodere.
eavesdrop ('iːvzdrɔp) vi origliare.
ebb (eb) n 1 riflusso m. 2 declino m. vi rifluire, abbassarsi.
ebony ('ebəni) n ebano m. adj d'ebano, nero.
eccentric (ik'sentrik) adj, n eccentrico.
ecclesiastical (ikliːzi'æstikəl) adj ecclesiastico.
echo ('ekou) n, pl **echoes** eco f, pl echi m. vi echeggiare. vt ripetere.
eclair (ei'kleə) n bignè m. pasta al cioccolato f.

eclipse (i'klips) *n* eclissi *f*. *vt* eclissare.

ecology (iː'kɔlədʒi) *n* ecologia *f*.

economy (i'kɔnəmi) *n* economia *f*. **economic** *adj* economico. **economics** *n* scienze economiche *f pl*. economia *f*. **economical** *adj* economico, parsimonioso. **economize** *vi* economizzare.

ecstasy ('ekstəsi) *n* estasi *f invar*.

eczema ('eksimə) *n* eczema *m*.

edge (edʒ) *n* **1** orlo, margine *m*. **2** (of a blade) filo *m*. **3** sponda *f*. **be on edge** avere i nervi tesi. ~ *vt* bordare, rasentare. **edge one's way** farsi strada.

edible ('edibəl) *adj* commestibile.

Edinburgh ('edinbərə) *n* Edimburgo *f*.

edit ('edit) *vt* **1** redigere, curare. **2** dirigere. **editor** *n* redattore, direttore *m*. **editorial** *adj* editoriale. *n* articolo di fondo *m*.

edition (i'diʃən) *n* edizione *f*.

educate ('edjukeit) *vt* educare, istruire. **educated** *adj* istruito, colto. **education** *n* istruzione, pedagogia *f*. **educational** *adj* pedagogico, della scuola.

eel (iːl) *n* anguilla *f*.

eerie ('iəri) *adj* strano, misterioso.

effect (i'fekt) *n* **1** risultato *m*. consequenza *f*. **2** *pl* effetti personali *m pl*. *vt* compiere, eseguire. **effective** *adj* efficace.

effeminate (i'feminət) *adj* effeminato.

effervesce (efə'ves) *vi* essere effervescente.

efficient (i'fiʃənt) *adj* efficiente, abile.

effigy ('efidʒi) *n* effigie *f*.

effort ('efət) *n* sforzo *m*. **effortless** *adj* senza sforzo.

egg[1] (eg) *n* uovo *m*, *pl* uova *f*. **eggcup** *n* portauovo *m*. **eggshell** *n* guscio d'uovo *m*. **eggwhisk** *n* frullino *m*.

egg[2] (eg) *vt* **egg on** incitare, istigare.

ego ('iːgou) *n* ego *m*. **egocentric** *adj* egocentrico. **egoism** *n* egoismo *m*. **egotism** *n* egotismo *m*.

Egypt ('iːdʒipt) *n* Egitto *m*. **Egyptian** *adj,n* egiziano.

eiderdown ('aidədaun) *n* piumino *m*.

eight (eit) *adj,n* otto *m*. **eighth** *adj* ottavo.

eighteen (ei'tiːn) *adj,n* diciotto *m or f*. **eighteenth** *adj* diciottesimo.

eighty ('eiti) *adj,n* ottanta *m*. **eightieth** *adj* ottantesimo.

either ('aiðə) *adj,pron* **1** l'uno o l'altro. **2** tutti e due. *adv* nemmeno. **either...or** o...o.

ejaculate (i'dʒækjuleit) *vt* **1** esclamare. **2** eiaculare. **ejaculation** *n* **1** esclamazione *f*. **2** emissione *f*.

eject (i'dʒekt) *vt* espellere, emettere. **ejection** *n* **1** espulsione *f*. **2** *tech* eiezione *f*.

eke (iːk) *vt* **eke out** aggiungere a, accrescere.

elaborate (*adj* i'læbrət; *v* i'læbəreit) *adj* elaborato, minuzioso. *vt* elaborare.

elapse (i'læps) *vi* trascorrere.

elastic (i'læstik) *adj,n* elastico *m*. **elastic band** *n* elastico *m*.

elated (i'leitid) *adj* esaltato, esultante.

elbow ('elbou) *n* gomito *m*.

elder[1] ('eldə) *adj* maggiore, più vecchio. *n* maggiore *m,f*. **elderly** *adj* anziano.

elder[2] ('eldə) *n bot* sambuco *m*. **elderberry** *n* bacca del sambuco *f*.

eldest ('eldist) *adj* primogenito, maggiore.

elect (i'lekt) *vt* eleggere, designare, scegliere. *adj* scelto, eletto. **election** *n* elezione *f*. **electorate** *n* elettorato *m*.

electricity (ilek'trisiti) *n* elettricità *f*. **electric** *adj* elettrico. **electrician** *n* elettricista *m*. **electrify** *vt* 1 elettrificare. 2 elettrizzare. **electrocute** *vt* fulminare con l'elettricità.

electrode (i'lektroud) *n* elettrodo *m*.

electromagnet (ilektrou'mægnit) *n* elettromagnete *m*. **electromagnetic** *adj* elettromagnetico.

electron (i'lektrɔn) *n* elettrone *m*. **electronic** *adj* elettronico. **electronics** *n* elettronica *f*.

elegant ('eligənt) *adj* elegante. **elegance** *n* eleganza *f*.

element ('eləmənt) *n* elemento, fattore *m*. **elemental** *adj* degli elementi, essenziale. **elementary** *adj* elementare, schematico.

elephant ('eləfənt) *n* elefante *m*.

elevate ('eləveit) *vt* innalzare, esaltare. **elevation** *n* elevazione, altezza *f*. **elevator** *n* ascensore, elevatore *m*.

eleven (i'levən) *adj,n* undici *m or f*. **eleventh** *adj* undicesimo.

elf (elf) *n* folletto *m*.

eligible ('elidʒəbəl) *adj* eleggibile, accettabile.

eliminate (i'limineit) *vt* 1 eliminare. 2 scartare.

elite (ei'liːt) *n* elite *f*. fior fiore della società *m*.

ellipse (i'lips) *n* ellisse *f*.

elm (elm) *n* olmo *m*.

elocution (elə'kjuːʃən) *n* elocuzione *f*.

elope (i'loup) *vi* fuggire. **elopement** *n* fuga *f*.

eloquent ('eləkwənt) *adj* eloquente.

else (els) *adv* 1 altro. 2 altrimenti, oppure. **elsewhere** *adv* altrove.

elucidate (i'luːsideit) *vt* spiegare, chiarire.

elude (i'luːd) *vt* eludere, schivare.

emaciate (i'meisieit) *vt* emaciare. **emaciated** *adj* emaciato.

emanate ('eməneit) *vi* emanare, provenire.

emancipate (i'mænsipeit) *vt* emancipare. **emancipation** *n* emancipazione *f*.

embalm (im'baːm) *vt* imbalsamare.

embankment (im'bæŋkmənt) *n* argine *m*.

embargo (im'baːgou) *n, pl* -goes embargo *m*. proibizione *f*.

embark (im'baːk) *vt* imbarcare. *vi* imbarcarsi.

embarrass (im'bærəs) *vt* mettere in imbarazzo. **embarrassing** *adj* imbarazzante. **embarrassment** *n* imbarazzo *m*.

embassy ('embəsi) *n* ambasciata *f*.

embellish (im'beliʃ) *vt* abbellire, ornare.

ember ('embə) *n* 1 tizzone *m*. 2 *pl* brace *f*.

embezzle (im'bezəl) *vt* appropriarsi indebitamente di. **embezzlement** *n* appropriazione fraudolenta *f*.

embitter (im'bitə) *vt* amareggiare.

emblem ('embləm) *n* emblema *m*.

embody (im'bɔdi) *vt* 1 incarnare, personificare. 2 includere.

emboss (im'bɔs) *vt* scolpire in rilievo.

embrace (im'breis) *vt* abbracciare. *vi* abbracciarsi. *n* abbraccio *m*.

embroider (im'brɔidə) *vt* ricamare. **embroidery** n ricamo m.

embryo ('embriou) n embrione m.

emerald ('emrəld) n smeraldo m.

emerge (i'məɪdʒ) vi emergere, affiorare.

emergency (i'məɪdʒənsi) n emergenza f. **emergency exit** n uscita di sicurezza f.

emigrate ('emigreit) vi emigrare.

eminent ('eminənt) adj eminente.

emit (i'mit) vt emettere, emanare.

emotion (i'mouʃən) n emozione f. sentimento m. **emotional** adj emotivo, commovente.

empathy ('empəθi) n empatia f.

emperor ('empərə) n imperatore m.

emphasis ('emfəsis) n, pl **-ses** rilievo m. evidenza f. enfasi f invar. **emphasize** vt accentuare, mettere in evidenza. **emphatic** adj enfatico, espressivo.

empire ('empaiə) n impero m.

empirical (im'pirikəl) adj empirico.

employ (im'plɔi) vt 1 impiegare, servirsi di. 2 dare impiego a. **employee** n impiegato m. **employer** n datore di lavoro m. **employment** n impiego m. occupazione f. **employment exchange** n ufficio di collocamento m.

empower (im'pauə) vt autorizzare.

empress ('emprəs) n imperatrice f.

empty ('empti) adj 1 vuoto. 2 vano, vuotare. vi vuotarsi. **empty-handed** adj a mani vuote. **empty headed** adj scervellato.

emu ('iːmjuɪ) n emu m.

emulate ('emjuleit) vt emulare.

emulsion (i'mʌlʃən) n emulsione f.

enable (i'neibəl) vt mettere in grado di.

enact (i'nækt) vi 1 law decretare. 2 Th rappresentare.

enamel (i'næməl) n smalto m. vt smaltare.

enchant (in'tʃɑɪnt) vt incantare. **enchantment** n incantesimo m.

encircle (in'səɪkəl) vt circondare, cingere.

enclose (in'klouz) vt 1 racchiudere. 2 includere.

encore ('ɔŋkɔɪ) n Th bis m.

encounter (in'kauntə) n 1 incontro m. 2 lotta f. vt 1 incontrare. 2 affrontare.

encourage (in'kʌridʒ) vt incoraggiare. **encouragement** n incoraggiamento m.

encroach (in'kroutʃ) vi usurpare, abusare, intromettersi.

encumber (in'kʌmbə) vt ingombrare, ostacolare, opprimere.

encyclopedia (insaiklə'piːdiə) n enciclopedia f.

end (end) n 1 fine f. termine m. 2 scopo, fine m. 3 morte f. **make ends meet** sbarcare il lunario. ~vt,vi finire, concludere. **endless** adj senza fine, interminabile.

endanger (in'deindʒə) vt mettere in pericolo.

endeavour (in'devə) n sforzo, tentativo m. vi tentare, sforzarsi.

endemic (en'demik) adj endemico.

endive ('endaiv) n indivia f.

endorse (in'dɔɪs) vt 1 comm girare, firmare. 2 approvare. **endorsement** n 1 comm girata f. 2 attergato m.

endow (in'dau) vt dotare. **endowment** n dotazione f.

endure (in'djuə) vt 1 sopportare. 2 durare. vi durare.

enemy ('enəmi) *adj,n* nemico, *pl* nemici *m.*

energy ('enədʒi) *n* energia *f.* **energetic** *adj* energico.

enfold (in'fould) *vt* avvolgere.

enforce (in'fɔɪs) *vt* imporre, far rispettare. **enforcement** *n* 1 imposizione *f.* 2 *law* applicazione *f.*

engage (in'geidʒ) *vt* 1 impegnare, occupare. 2 *mot* ingranare. *vi* impegnarsi. **engaged** 1 fidanzato. 2 occupato. **engagement** *n* 1 impegno, appuntamento *m.* 2 fidanzamento *m.*

engine ('endʒin) *n* motore *m.*

engineer (endʒi'niə) *n* 1 ingegnere *m.* 2 tecnico *m. vt* costruire, ideare. **engineering** *n* ingegneria *f.*

England ('inglənd) *n* Inghilterra *f.* **English** *adj* inglese. **English** (language) *n* inglese *m.* **English Channel** *n* Manica *f.* **Englishman** *n* inglese *m.*

engrave (in'greiv) *vt* intagliare, incidere. **engraving** *n* incisione *f.*

engross (in'grous) *vt* assorbire.

engulf (in'gʌlf) *vt* inghiottire, inabissare.

enhance (in'hɑɪns) *vt* 1 migliorare. 2 accrescere.

enigma (i'nigmə) *n* enigma *m.* **enigmatic** *adj* enigmatico.

enjoy (in'dʒɔi) *vt* 1 godere. 2 apprezzare. **enjoy oneself** divertirsi. **enjoyment** *n* divertimento, piacere *m.*

enlarge (in'lɑɪdʒ) *vt* espandere, ingrandire.

enlighten (in'laitn) *vt* illuminare. **enlightenment** *n* 1 spiegazione *f.* 2 *cap* Illuminismo *m.*

enlist (in'list) *vt* arruolare. *vi* arruolarsi.

enormous (i'nɔɪməs) *adj* enorme, immenso.

enough (i'nʌf) *adj* abbastanza. *adv* sufficientemente, abbastanza. **be enough** bastare.

enquire (in'kwaiə) *vi* chiedere, domandare, informarsi. *vt* chiedere, domandare. **enquiry** *n* 1 domanda *f.* 2 *law* inchiesta *f.* **enquiry office** *n* ufficio informazioni *m.*

enrage (in'reidʒ) *vt* far arrabbiare.

enrich (in'ritʃ) *vt* arricchire.

enrol (in'roul) *vt* arruolare, iscrivere. **enrolment** *n* arruolamento *m.*

ensign ('ensain) *n* bandiera, insegna *f.*

enslave (in'sleiv) *vt* assoggettare, asservire.

ensure (in'ʃuə) *vt* assicurare, garantire.

entail (in'teil) *vt* implicare.

entangle (in'tæŋgl) *vt* impigliare, coinvolgere. **entanglement** *n* groviglio, imbroglio *m.*

enter ('entə) *vt* 1 entrare in. 2 iscrivere. *vi* entrare.

enterprise ('entəpraiz) *n* impresa, iniziativa *f.* **enterprising** *adj* intraprendente.

entertain (entə'tein) *vt* 1 intrattenere, divertire. 2 ricevere. 3 accarezzare. **entertaining** *adj* divertente. **entertainment** *n* festa *f.* spettacolo *m.*

enthral (in'θrɔːl) *vt* affascinare, incantare.

enthusiasm (in'θjuːziæzəm) *n* entusiasmo *m.* **enthusiast** *n* entusiasta *m.* **enthusiastic** *adj* entusiastico.

entice (in'tais) *vt* 1 sedurre. 2 allettare.

entire (in'taiə) *adj* intero, completo.

entitle (in'taitl) *vt* intitolare, dare diritto a.

entity ('entiti) *n* entità *f.*

entrails ('entreilz) *n pl* viscere *f pl.* intestini *m pl.*

entrance¹ ('entrəns) n 1 entrata f. ingresso m. 2 ammissione f. **entrance fee** n tassa d'iscrizione f.

entrance² (in'trɑːns) vt mandare in estasi.

entreat (in'triːt) vt supplicare. **entreaty** n supplica f.

entrench (in'trentʃ) vt trincerare.

entrepreneur (ɔntrəprə'nəː) n impresario, imprenditore m.

entrust (in'trʌst) vt affidare, consegnare.

entry ('entri) n 1 entrata f. ingresso m. 2 registrazione f.

entwine (in'twain) vt intrecciare.

enunciate (i'nʌnsieit) vt enunciare.

envelop (in'veləp) vt avviluppare.

envelope ('envəloup) n busta f.

environment (in'vairənmənt) n ambiente m.

envisage (in'vizidʒ) vt considerare, immaginare.

envoy ('envɔi) n inviato m.

envy ('envi) n invidia, gelosia f. vt invidiare.

enzyme ('enzaim) n enzima f.

epaulet ('epəlet) n spallina f.

ephemeral (i'femərəl) adj effimero.

epic ('epik) adj epico. n epica f.

epidemic (epi'demik) n epidemia f. adj epidemico.

epilepsy ('epilepsi) n epilessia f. **epileptic** adj,n epilettico.

epilogue ('epilɔg) n epilogo m.

Epiphany (i'pifəni) n Epifania f.

episcopal (i'piskəpəl) adj episcopale.

episode ('episoud) n episodio m.

epitaph ('epitɑːf) n epitaffio m.

epitome (i'pitəmi) n epitome f.

epoch ('iːpɔk) n epoca f.

equable ('ekwəbəl) adj uniforme, costante.

equal ('iːkwəl) adj uguale, simile, pari. n pari m invar. vt uguagliare. **equalize** vt uguagliare. vt,vi sport pareggiare.

equate (i'kweit) vt uguagliare, paragonare. **equation** n equazione f. **equator** n equatore m.

equestrian (i'kwestriən) adj equestre.

equilateral (iːkwi'lætərəl) adj equilatero.

equilibrium (iːkwi'libriəm) n equilibrio m.

equinox ('iːkwinɔks) n equinozio m.

equip (i'kwip) vt 1 equipaggiare. 2 fornire. **equipment** n 1 equipaggiamento m. 2 attrezzatura f.

equity ('ekwiti) n giustizia f.

equivalent (i'kwivələnt) adj equivalente.

era ('iərə) n era, epoca f.

eradicate (i'rædikeit) vt sradicare.

erase (i'reiz) vt cancellare, raschiare.

erect (i'rekt) adj eretto, elevato. vt erigere, rizzare. **erection** n costruzione, erezione f.

ermine ('əːmin) n ermellino m.

erode (i'roud) vt erodere, corrodere. **erosion** n erosione f.

erotic (i'rɔtik) adj erotico.

err (əː) vi sbagliare.

errand ('erənd) n commissione f. **errand boy** n fattorino m.

erratic (i'rætik) adj erratico, irregolare.

error ('erə) n 1 errore m. 2 torto m.

erupt (i'rʌpt) vi erompere, eruttare. **eruption** n eruzione f.

escalate ('eskəleit) vt aumentare, accrescere. **escalator** n scala mobile f.

escalope (i'skæləp) n scaloppa f.

escape (i'skeip) vi fuggire, evadere, sfuggire. vt 1 evitare. 2

sfuggire. *n* **1** fuga *f*. **2** salvezza *f*.

escort (*n* 'eskɔːt; *v* is'kɔːt) *n* scorta *f*. *vt* scortare, accompagnare.

Eskimo ('eskimou) *adj,n* eschimese.

esoteric (esə'terik) *adj* esoterico.

especial (i'speʃəl) *adj* speciale. **especially** *adv* soprattutto, specialmente.

espionage ('espiənɑːʒ) *n* spionaggio *m*.

esplanade ('esplənɑːd) *n* spianata, passeggiata lungo mare *f*.

essay ('esei) *n* saggio *m*.

essence ('esəns) *n* essenza *f*. **essential** *adj* essenziale.

establish (i'stæbliʃ) *vt* **1** affermare. **2** fondare, stabilire. **establishment** *n* **1** fondazione *f*. **2** stabilimento *m*.

estate (i'steit) *n* proprietà *f*. patrimonio *m*. **estate agent** *n* mediatore *m*. **estate car** *n* giardiniera *f*.

esteem (i'stiːm) *vt* stimare, rispettare. *n* stima, considerazione *f*.

estimate (*n* 'estimət; *v* 'estimeit) *n* valutazione *f*. preventivo *m*. *vt* valutare, preventivare.

estuary ('estʃuəri) *n* estuario *m*.

etching ('etʃiŋ) *n* incisione, acquaforte *f*.

eternal (i'təːnl) *adj* eterno. e-**ternity** *n* eternità *f*.

ether ('iːθə) *n* etere *m*.

ethereal (i'θiəriəl) *adj* etereo, leggero.

ethical ('eθikəl) *adj* etico, morale. **ethics** *n pl* etica *f*.

Ethiopia (iːθi'oupiə) *n* Etiopia *f*. **Ethiopian** *adj,n* etiope.

ethnic ('eθnik) *adj* etnico.

etiquette ('etikit) *n* etichetta *f*. cerimoniale *m*.

etymology (eti'mɔlədʒi) *n* etimologia *f*.

eucalyptus (juːkə'liptəs) *n* eucalipto *m*.

Eucharist ('juːkərist) *n* Eucarestia *f*.

eunuch ('juːnək) *n* eunuco *m*.

euphemism ('juːfəmizəm) *n* eufemismo *m*.

euphoria (juː'fɔːriə) *n* euforia *f*.

Europe ('juərəp) *n* Europa *f*. **European** *adj,n* europeo. **European Economic Community** *n* Comunità Economica Europea *f*.

euthanasia (juːθə'neiziə) *n* eutanasia *f*.

evacuate (i'vækjueit) *vt* evacuare, sfollare. **evacuation** *n* evacuazione *f*.

evade (i'veid) *vt* evitare, eludere. **evasion** *n* evasione *f*. **evasive** *adj* evasivo.

evaluate (i'væljueit) *vt* valutare.

evangelical (iːvæn'dʒelikəl) *adj* evangelico. **evangelist** *n* evangelista *m*.

evaporate (i'væpəreit) *vi* evaporare. *vt* far evaporare.

eve (iːv) *n* vigilia *f*.

even ('iːvən) *adj* **1** uguale, costante. **2** pari. **3** piano. *adv* perfino, anche. *vt* appianare, livellare. **even-tempered** *adj* di umore costante.

evening ('iːvniŋ) *n* sera, serata *f*. **evening dress** *n* abito da sera *m*.

event (i'vent) *n* **1** avvenimento *m*. **2** eventualità *f*. **3** *sport* prova *f*. **eventual** *adj* eventuale, finale. **eventually** *adv* alla fine.

ever ('evə) *adv* **1** mai. **2** sempre. **for ever** per sempre. **evergreen** *adj,n* sempreverde *m*. **everlasting** *adj* eterno, perenne. **evermore** *adv* sempre.

every ('evri) *adj* ogni, ciascuno. **every now and then** di tanto in tanto. **everybody** *pron* ognuno, tutti. **everyday** *adj* di tutti i giorni. **everyone** *pron* ognuno, tutti. **everything** *pron* tutto, ogni cosa. **everywhere** *adv* dovunque.

evict (i'vikt) *vt* sfrattare. **eviction** *n* sfratto *m.*

evidence ('evidəns) *n* **1** evidenza, prova *f.* **2** *law* deposizione *f.* **evident** *adj* evidente, ovvio.

evil ('i:vəl) *adj* cattivo, malvagio. *n* male *m.*

evoke (i'vouk) *vt* evocare.

evolve (i'vɔlv) *vt* evolvere. *vi* svilupparsi. **evolution** *n* evoluzione *f.* sviluppo *m.*

ewe (ju:) *n* pecora *f.*

exact (ig'zækt) *adj* esatto, giusto. *vt* esigere, richiedere. **exacting** *adj* esigente, impegnativo.

exaggerate (ig'zædʒəreit) *vt, vi* esagerare. **exaggeration** *n* esagerazione *f.*

exalt (ig'zɔ:lt) *vt* esaltare, innalzare. **exaltation** *n* esaltazione *f.*

examine (ig'zæmin) *vt* esaminare, verificare. **examination** *n* esame *m.* **examiner** *n* ispettore, esaminatore *m.*

example (ig'zɑ:mpəl) *n* esempio *m.*

exasperate (ig'zɑ:spəreit) *vt* esasperare, inasprire.

excavate ('ekskəveit) *vt* scavare. **excavation** *n* scavo *m.*

exceed (ik'si:d) *vt* eccedere, superare.

excel (ik'sel) *vi* eccellere. *vt* battere.

Excellency ('eksələnsi) *n* (title) Eccellenza *f.*

excellent ('eksələnt) *adj* eccellente, ottimo.

except (ik'sept) *prep* eccetto, tranne, all'infuori di. **excepting** *prep* tranne. **exception**

n eccezione *f.* **with the exception of** eccetto. **exceptional** *adj* eccezionale.

excerpt ('eksə:pt) *n* brano *m.*

excess (ik'ses) *n* eccesso *m.* **excessive** *adj* eccessivo.

exchange (iks'tʃeindʒ) *n* **1** scambio *m.* **2** *comm* cambio *m.* **3** (telephone) centralino *m.* *vt* cambiare, scambiare.

exchequer (iks'tʃekə) *n* tesoro *m.*

excise ('eksaiz) *n* imposta indiretta *f.*

excite (ik'sait) *vt* **1** eccitare. **2** provocare, suscitare. **excitement** *n* agitazione *f.*

exclaim (ik'skleim) *vt, vi* esclamare, gridare. **exclamation** *n* esclamazione *f.* **exclamation mark** *n* punto esclamativo *m.*

exclude (ik'sklu:d) *vt* escludere, interdire. **exclusion** *n* esclusione *f.* **exclusive** *adj* scelto, esclusivo, unico.

excommunicate (ekskə'mju:nikeit) *vt* scomunicare.

excruciating (ik'skru:ʃieitiŋ) *adj* straziante, tormentoso.

excursion (ik'skə:ʒən) *n* gita *f.*

excuse (v ik'skju:z; n ik'skju:s) *vt* scusare, esentare. *n* scusa *f.* pretesto *m.*

execute ('eksikju:t) *vt* **1** eseguire. **2** giustiziare. **execution** *n* esecuzione *f.* **executioner** *n* boia *m invar.*

executive (ig'zekjutiv) *adj* esecutivo. *n* **1** *pol* potere esecutivo *m.* **2** *comm* dirigente *m.*

exempt (ig'zempt) *adj* esente. *vt* esentare, esonerare.

exercise ('eksəsaiz) *n* **1** esercizio *m.* **2** *mil* esercitazione *f.* **exercise book** *n* quaderno *m.*

exert (ig'zə:t) *vt* esercitare, fare uso di. **exert oneself** sforzarsi.

exhale (eks'heil) *vt* esalare, emanare.

exhaust (ig'zɔːst) vt esaurire. n scarico, scappamento m. **exhaust pipe** n tubo di scappamento m. **exhausted** adj esaurito, sfinito.

exhibit (ig'zibit) vt esibire, esporre. n oggetto per mostra m. **exhibition** n mostra, esibizione f. **exhibitionism** n esibizionismo m.

exhilarate (ig'ziləreit) vt rallegrare, esilarare.

exile ('egzail) n 1 esilio m. 2 esule m,f. vt esiliare, bandire.

exist (ig'zist) vi esistere. **existence** n esistenza f. **existent** adj esistente. **existentialism** n esistenzialismo m.

exit ('eksit) n uscita f.

exorbitant (ig'zɔːbitənt) adj esorbitante.

exorcize ('eksɔːsaiz) vt esorcizzare.

exotic (ig'zɔtik) adj esotico.

expand (ik'spænd) vt espandere. vi dilatarsi. **expansion** n espansione f.

expanse (ik'spæns) n spazio m. estensione f.

expatriate (adj,n eks'pætriit; v eks'pætrieit) adj,n espatriato. vt esiliare, espatriare. **expatriation** n espatrio m.

expect (ik'spekt) vt 1 aspettare, aspettarsi. 2 pensare. **expectation** n 1 aspettativa f. 2 attesa f. 3 speranza f.

expedient (ik'spiːdiənt) adj conveniente. n espediente, mezzo m.

expedition (ekspi'diʃən) n spedizione f.

expel (ik'spel) vt espellere.

expenditure (ik'spenditʃə) n spesa f.

expense (ik'spens) n 1 spesa f. 2 pl spese f pl. indennità f. **expensive** adj costoso, caro.

experience (ik'spiəriəns) n esperienza f. vt provare, subire.

experiment (ik'sperimənt) n esperimento m. vi fare esperimenti. **experimental** adj sperimentale.

expert ('ekspəːt) adj esperto, competente. n esperto, perito m. **expertise** n abilità f.

expire (ik'spaiə) vi 1 scadere. 2 morire.

explain (ik'splein) vt spiegare. **explanation** n spiegazione f.

expletive (ik'spliːtiv) n bestemmia f.

explicit (ik'splisit) adj esplicito.

explode (ik'sploud) vt 1 far esplodere. 2 demolire. vi esplodere, scoppiare. **explosive** adj,n esplosivo m.

exploit[1] (ik'sploit) vt sfruttare, utilizzare. **exploitation** n sfruttamento m. utilizzazione f.

exploit[2] ('eksploit) n impresa eroica f.

explore (ik'splɔː) vt esplorare.

exponent (ik'spounənt) n esponente m.

export (v ik'spɔːt, 'ekspɔːt; n 'ekspɔːt) vt esportare. n esportazione f.

expose (ik'spouz) vt esporre, scoprire, svelare. **exposure** n 1 esposizione f. 2 smascheramento m. 3 phot posa f.

express (ik'spres) adj 1 espresso. 2 preciso. vt esprimere. **expression** n 1 espressione f. 2 manifestazione f. **express train** n direttissimo m.

exquisite (ek'skwizit) adj squisito, fine.

extend (ik'stend) vt estendere, prolungare. vi estendersi. **extension** n estensione, proroga f. **extensive** adj esteso, vasto.

extent (ik'stent) n limite, grado, punto m.

exterior (ek'stiəriə) adj esteriore. n esterno m.

exterminate (ik'stəːmineit) vt distruggere, sterminare.

external (ek'stəɪnl) *adj* esterno.

extinct (ik'stiŋkt) *adj* estinto, spento.

extinguish (ik'stiŋgwiʃ) *vt* estinguere, spegnere.

extra ('ekstrə) *adj* extra, straordinario. *n* 1 supplemento *m*. 2 edizione straordinaria *f*. 3 *Th* comparsa *f*. *adv* in più.

extract (ik'strækt) *n* estratto *m*. citazione *f*. *vt* estrarre. **extraction** *n* 1 estrazione *f*. 2 origine *f*.

extramural (ekstrə'mjuərəl) *adj* fuori dell'università.

extraordinary (ik'strɔɪdənri) *adj* straordinario.

extravagant (ik'strævəgənt) *adj* stravagante, eccessivo.

extreme (ik'striːm) *adj* estremo, grave. *n* estremo *m*. **extremist** *n* estremista *m*. **extremity** *n* estremità *f*.

extricate ('ekstrikeit) *vt* districare, liberare.

extrovert ('ekstrəvəɪt) *n* estroverso *m*.

exuberant (ig'zjuːbərənt) *adj* esuberante.

eye (ai) *n* 1 occhio *m*. 2 (of needle) cruna *f*. *vt* 1 guardare. 2 sbirciare.

eyeball ('aibɔɪl) *n* bulbo oculare *m*.

eyebrow ('aibrau) *n* sopracciglio *m,pl* sopracciglia *f*.

eye-catching *adj* che salta all'occhio.

eyelash ('ailæʃ) *n* ciglio *m, pl* ciglia *f*.

eyelid ('ailid) *n* palpebra *f*.

eye-opener *n* fatto sorprendente *m*.

eye shadow *n* ombretto *m*.

eyesight ('aisait) *n* vista *f*.

eye-witness *n* testimone oculare *m,f*.

F

fable ('feibəl) *n* favola *f*.

fabric ('fæbrik) *n* 1 tessuto *m*. stoffa *f*. 2 struttura *f*. **fabricate** *vt* inventare, falsificare.

fabulous ('fæbjuləs) *adj* favoloso, leggendario.

façade (fə'sɑɪd) *n* 1 *arch* facciata *f*. 2 apparenza *f*.

face (feis) *n* 1 faccia *f*. volto *m*. 2 (of a clock) quadrante *m*. **lose face** perdere prestigio. ~ *vt* fronteggiare, essere esposto a. **facecloth** *n* telo per lavarsi il volto *m*. **facecream** *n* crema per il viso *f*. **facelift** *n* plastica facciale *f*. **face-pack** *n* maschera di bellezza *f*. **face value** *n* valore nominale *m*.

facet ('fæsit) *n* 1 faccetta *f*. 2 aspetto *m*.

facetious (fə'siːʃəs) *adj* gioviale, scherzoso.

facile ('fæsail) *adj* 1 facile. 2 superficiale. **facilitate** *vt* facilitare. **facility** *n* 1 facilità, destrezza *f*. 2 *pl* attrezzatura *f*.

facing ('feisiŋ) *n* rivestimento *m*.

facsimile (fæk'siməli) *n* facsimile *m*.

fact (fækt) *n* fatto *m*. **as a matter of fact** effettivamente. **in fact** infatti. **factual** *adj* effettivo, reale.

faction ('fækʃən) *n* 1 fazione *f*. 2 discordia *f*.

factor ('fæktə) *n* 1 fattore *m*. 2 agente *m*.

factory ('fæktəri) *n* fabbrica *f*. officina, azienda *f*.

faculty ('fækəlti) *n* facoltà *f*.

fad (fæd) *n* capriccio *m*. moda *f*.

fade (feid) *vi* 1 appassire. 2 scolorirsi. *vt* far sbiadire. **faded** *adj* sbiadito.

fag (fæg) *n* 1 lavoro pesante *m*. 2 *sl* sigaretta *f*. **fagged out** *adj* stanco morto.

Fahrenheit ('færənhait) *adj* Fahrenheit.

fail (feil) *vi* **1** venire a mancare. **2** diminuire. **3** *comm* fallire. *vt* **1** bocciare. **2** abbandonare. **without fail** *adv* senza fallo. **failing** *n* difetto *m*. debolezza *f*. *adj* debole. *prep* in mancanza di. **failure** *n* **1** insuccesso *m*. **2** indebolimento *m*. **3** fallimento *m*.

faint (feint) *vi* svenire. *adj* fiacco, incerto, tenue. *n* svenimento *m*. **faint-hearted** *adj* timido, pusillanime.

fair[1] (feə) *adj* **1** giusto, onesto. **2** chiaro, biondo. **3** bello. *adv* giustamente, lealmente. **fair play** *n* comportamento leale *m*. **fairly** *adv* abbastanza, giustamente.

fair[2] (feə) *n* mercato *m*. fiera *f*. **fairground** *n* spazio per la fiera *m*.

fairy ('feəri) *n* fata *f*. **fairytale** *n* fiaba *f*.

faith (feiθ) *n* fede, fiducia *f*. **faith-healing** *n* guarigione ottenuta con preghiere *f*. **faithful** *adj* fedele.

fake (feik) *vt* contraffare, fingere. *n* trucco *m*. *adj* falso.

falcon ('fɔlkən) *n* falcone *m*.

fall* (fɔːl) *n* **1** caduta *f*. **2** crollo *m*. **3** ribasso *m*. *vi* cadere. **fall down** prostrarsi. **fall off** staccarsi. **fall through** fallire.

fallacy ('fæləsi) *n* errore, sofisma *m*. **fallacious** *adj* fallace.

fallible ('fæləbəl) *adj* fallibile.

fallow ('fælou) *adj* fulvo, incolto.

false (fɔːls) *adj* falso. *adv* falsamente. **false alarm** *n* falso allarme *m*. **falsehood** *n* menzogna, bugia *f*. **false pretences** *n pl* millantato credito *m*. **false teeth** *n pl* dentiera *f*. **falsify** *vt* falsificare.

falter ('fɔːltə) *vi* **1** barcollare, indugiare. **2** balbettare.

fame (feim) *n* fama, rinomanza *f*.

familiar (fə'miliə) *adj* familiare, usuale. **familiarize** *vt* familiarizzare.

family ('fæmili) *n* famiglia *f*.

famine ('fæmin) *n* carestia *f*. **famished** *adj* affamato.

famous ('feiməs) *adj* famoso.

fan[1] (fæn) *n* **1** ventaglio *m*. **2** ventilatore *m*. *vt* far vento a, ventilare. **fanbelt** *n* cinghia del ventilatore *f*.

fan[2] (fæn) *n* tifoso, appassionato *m*. **fan club** *n* circolo di ammiratori *m*.

fanatic (fə'nætik) *adj,n* fanatico.

fanciful ('fænsifəl) *adj* fantasioso, bizzarro.

fancy ('fænsi) *adj* elaborato. *n* **1** immaginazione *f*. **2** capriccio *m*. **3** illusione *f*. *vt* **1** credere. **2** desiderare. **3** immaginare. **fancy dress** *n* costume *m*.

fanfare ('fænfeə) *n* fanfara *f*.

fang (fæŋ) *n* zanna *f*.

fantasy ('fæntəsi) *n* fantasia *f*.

fantastic (fæn'tæstik) *adj* fantastico.

far (fɑː) *adj* lontano, distante. *adv* **1** lontano. **2** molto, assai. **far-fetched** *adj* improbabile, inverosimile. **far-off** *adj* lontano. **far-reaching** *adj* di grande portata.

farce (fɑːs) *n* farsa *f*.

fare (feə) *n* prezzo *m*. tariffa *f*. **Far East** *n* Estremo Oriente *m*.

farewell (feə'wel) *n* addio, congedo *m*.

farm (fɑːm) *n* fattoria *f*. podere *m*. *vt* coltivare. *vi* fare l'agricoltore. **farmer** *n* coltivatore *m*. **farmhouse** *n* casa colonica *f*. **farmland** *n* terreno da coltivare *m*. **farmyard** *n* aia *f*.

farther ('fɑːðə) *adj,adv* più lontano. **farthest** *adj* il più lontano.

fascinate ('fæsineit) *vt* affascinare. **fascination** *n* fascino *m*.

fascism ('fæʃizəm) *n* fascismo *m*. **fascist** *n* fascista *m*.

fashion ('fæʃən) *n* 1 moda *f*. 2 maniera *f*. *vt* foggiare, adattare. **fashionable** *adj* elegante, di moda.

fast[1] (fɑːst) *adj* 1 veloce. 2 saldo, costante. 3 *inf* dissoluto. *adv* 1 velocemente. 2 saldamente.

fast[2] (fɑːst) *vi* digiunare. *n* digiuno *m*.

fasten ('fɑːsən) *vt* attaccare, fissare. *vi* chiudersi. **fastener** *n* chiusura *f*. fermaglio *m*.

fastidious (fə'stidiəs) *adj* meticoloso, schizzinoso.

fat (fæt) *adj* 1 untuoso. 2 grasso. *n* grasso *m*.

fatal ('feitl) *adj* fatale, mortale. **fatality** *n* fatalità *f*.

fate (feit) *n* fato *m*. sorte *f*.

father ('fɑːðə) *n* padre *m*. **father-in-law** *n* suocero *m*. **fatherland** *n* patria *f*. **fatherly** *adj* paterno.

fathom ('fæðəm) *n* *naut* braccio *m*, *pl* braccia *f*. *vt* capire. **fathomless** *adj* impenetrabile.

fatigue (fə'tiːg) *n* stanchezza *f*. *vt* affaticare.

fatten ('fætn) *vt,vi* ingrassare.

fatuous ('fætjuəs) *adj* fatuo.

fault (fɔːlt) *n* 1 errore *m*. 2 colpa *f*. 3 difetto *m*. **faulty** *adj* difettoso.

fauna ('fɔːnə) *n* fauna *f*.

favour ('feivə) *n* 1 favore *m*. 2 parzialità *f*. *vt* favorire, preferire. **favourable** *adj* propizio, favorevole. **favourite** *adj* preferito. *n* favorito *m*.

fawn[1] (fɔːn) *n* 1 *zool* cerbiatto *m*. 2 fulvo *m*. *adj* fulvo.

fawn[2] (fɔːn) *vi* **fawn on** adulare.

fear (fiə) *n* paura *f*. *vt* temere, aver paura di. **fearless** *adj* ardimentoso.

feasible ('fiːzibəl) *adj* probabile, realizzabile.

feast (fiːst) *n* 1 festa *f*. 2 banchetto *m*. *vi* far festa, banchettare.

feat (fiːt) *n* azione, impresa *f*.

feather ('feðə) *n* piuma, penna *f*. **featherbed** *n* letto di piume *m*. **featherweight** *n* peso piuma *m*.

feature ('fiːtʃə) *n* 1 fattezza *f*. 2 *pl* fisionomia *f*. 3 caratteristica *f*. 4 articolo speciale *m*. *vt* 1 caratterizzare. 2 mettere in risalto.

February ('februəri) *n* febbraio *m*.

feckless ('fekləs) *adj* debole, inetto.

fed (fed) *v* see **feed.**

federal ('fedərəl) *adj* federale. **federate** *vt* confederare. *vi* confederarsi. *adj* confederato. **federation** *n* federazione *f*.

fee (fiː) *n* 1 onorario *m*. 2 tassa *f*.

feeble ('fiːbəl) *adj* debole.

feed* (fiːd) *vt* nutrire. *vi* nutrirsi. **be fed up** essere stufo. ~ *n* alimentazione, pastura *f*. **feedback** *n* reazione *f*.

feel* (fiːl) *vt* 1 sentire, percepire. 2 ritenere. *vi* sentirsi. **feel one's way** procedere a tastoni. ~ *n* tatto *m*. **feeler** *n* 1 tentacolo *m*. 2 sondaggio *m*. **feeling** *n* sentimento *m*. sensazione *f*.

feign (fein) *vt* fingere, simulare.

feint[1] (feint) *n* finta *f*. *vi* fare una finta.

feint[2] (feint) *adj* rigato leggermente.

feline ('fiːlain) *adj* felino.

fell[1] (fel) *v* see **fall.**

fell[2] (fel) *vt* abbattere.

fellow ('felou) *n* 1 compagno, collega *m*. 2 individuo *m*. 3

educ docente *m*. **fellowship**
n **1** associazione *f*. **2** borsa di
studio *f*.

felon ('felən) *n* criminale *m*,*f*.
felony *n* crimine *m*.

felt[1] (felt) *v* see **feel**.

felt[2] (felt) *n* feltro *m*.

female ('fiːmeil) *adj* femminile,
di sesso femminile. *n* donna,
femmina *f*.

feminine ('feminin) *adj* femminile, femminino. **feminism** *n*
femminismo *m*.

fence (fens) *n* recinto *m*. paliz-
zata *f*. *vt* recintare. *vi* tirar di
scherma. **fencing** *n* **1** *sport*
scherma *f*. **2** recinto *m*.

fend (fend) *vt* **fend for oneself**
provvedere a se stesso. **fend
off** parare, schivare. **fender**
n paraurti *m invar*.

fennel ('fenl) *n* finocchio *m*.

ferment (fə'ment) *vi* fermentare. *vt* fare fermentare. **fermentation** *n* fermentazione *f*.

fern (fəːn) *n* felce *f*.

ferocious (fə'rouʃəs) *adj* feroce.

ferret ('ferit) *n* furetto *m*. *vi*
frugare. **ferret out** scoprire.

ferry ('feri) *n* traghetto *m*.
ferryboat *n* nave traghetto *f*.

fertile ('fəːtail) *adj* fertile.
fertilize *vt* fertilizzare.

fervent ('fəːvent) *adj* fervente,
ardente.

fervour ('fəːvə) *n* fervore *m*.

fester ('festə) *vi* suppurare.

festival ('festivəl) *n* festival *m*.
celebrazione *f*. **festivity** *n* festa *f*.

festoon (fes'tuːn) *vt* decorare
con festoni. *n* festone *m*.

fetch (fetʃ) *vt* **1** andare a prendere, andare a chiamare. **2** dare. **fetching** *adj* attraente.

fete (feit) *n* festa *f*.

fetid ('fetid) *adj* fetido.

fetish ('fetiʃ) *n* feticcio *m*.

fetlock ('fetlɔk) *n* barbetta *f*.

fetter ('fetə) *n* catena *f*. *vt* incatenare.

feud (fjuːd) *n* feudo *m*.
feudal *adj* feudale.

fever ('fiːvə) *n* febbre *f*.
feverish *adj* febbricitante, eccitato.

few (fjuː) *adj*,*pron* pochi, alcuni. *adj* qualche. **a few** alcuni. **quite a few** un numero
considerevole.

fiancé (fi'ɑ̃sei) *n* fidanzato *m*.
fiancée *n* fidanzata *f*.

fiasco (fi'æskou) *n* fiasco, insuccesso *m*.

fib (fib) *n* frottola, bugia *f*. *vi*
raccontare frottole.

fibre ('faibə) *n* fibra *f*. **fibre-
glass** *n* lana di vetro *f*.

fickle ('fikəl) *adj* volubile.

fiction ('fikʃən) *n* **1** novellistica
f. **2** finzione *f*. **fictitious** *adj*
falso.

fiddle ('fidl) *n* **1** violino *m*. **2**
inf imbroglio *m*. *vt* *inf* imbrogliare.

fidelity (fi'deliti) *n* fedeltà *f*.

fidget ('fidʒit) *vi* agitarsi, essere
irrequieto.

field (fiːld) *n* **1** campo *m*. **2**
settore *m*. **fieldwork** *n* fortificazione *f*.

fiend (fiːnd) *n* demonio *m*.
fiendish *adj* diabolico.

fierce (fiəs) *adj* **1** fiero, selvaggio. **2** ardente.

fiery ('faiəri) *adj* impetuoso.

fifteen (fif'tiːn) *adj*,*n* quindici
m or *f*. **fifteenth** *adj* quindicesimo.

fifth (fifθ) *adj* quinto.

fifty ('fifti) *adj*,*n* cinquanta
m. **fiftieth** *adj* cinquantesimo.

fig (fig) *n* fico *m*.

fight* (fait) *vt*,*vi* combattere. *n*
combattimento *m*. lotta *f*.

figment ('figmənt) *n* finzione,
invenzione *f*.

figure ('figə) *n* **1** figura *f*. **2**
math cifra *f*. **3** linea *f*. *vt* figu-
rarsi, immaginare. *vi* appari-
re. **figure out** calcolare.

figurative *adj* figurativo, simbolico. **figurehead** *n* uomo di paglia *m*.

filament ('fɪləmənt) *n* filamento *m*.

file[1] (fail) *n* schedario, archivio *m*. *vt* ordinare, archiviare. **filing cabinet** *n* casellario *m*.

file[2] (fail) *n* lima *f*. *vt* limare.

filial ('fɪlɪəl) *adj* filiale.

fill (fɪl) *vt* 1 riempire. 2 (a tooth) otturare. 3 ricoprire. *vi* riempirsi. **fill in** compilare. **fill up** *mot* fare il pieno. ~ *n* sazietà, sufficienza *f*. **filling** *n* 1 otturazione *f*. 2 *cul* ripieno *m*. **filling station** stazione di rifornimento *f*.

fillet ('fɪlɪt) *n* filetto *m*.

filly ('fɪlɪ) *n* puledra *f*.

film (fɪlm) *n* 1 pellicola *f*. velo *m*. 2 film *m*. *vt* filmare. **film star** *n* diva, stella del cinema *f*.

filter ('fɪltə) *n* filtro *m*. *vt* filtrare.

filth (fɪlθ) *n* sudiciume *m*. **filthy** *adj* sudicio, sporco, sordido.

fin (fɪn) *n* pinna *f*.

final ('faɪnl) *adj* ultimo, decisivo. *n* 1 *sport* finale *f*. 2 *pl* esami finali *m pl*. **finalize** *vt* mettere a punto, concludere.

finance ('faɪnæns) *n* finanza *f*. *vt* finanziare. **financial** *adj* finanziario. **financier** *n* finanziere *m*.

finch (fɪntʃ) *n* fringuello *m*.

find* (faɪnd) *vt* trovare, scoprire. **find out** scoprire. *n* scoperta *f*.

fine[1] (faɪn) *adj* bello, buono, raffinato. *adv* bene. **fine arts** *n pl* belle arti *f pl*. **finery** *n* abiti delle feste *m pl*.

fine[2] (faɪn) *n* multa *f*. *vt* multare.

finesse (fi'nes) *n* delicatezza, sottigliezza *f*.

finger ('fɪŋgə) *n* dito *m,pl* dita *f*. *vt* toccare con le dita. **fingermark** *n* ditata *f*. **fingernail** *n* unghia *f*. **fingerprint** *n* impronta digitale *f*. **fingertip** *n* punta delle dita *f*.

finish ('fɪnɪʃ) *vt,vi* finire. *n* 1 fine, conclusione *f*. 2 rifinitura *f*.

finite ('faɪnaɪt) *adj* limitato, circoscritto.

Finland ('fɪnlənd) *n* Finlandia *f*. **Finn** *n* finlandese *m,f*. **Finnish** *adj* finnico, finlandese. **Finnish** (language) *n* finlandese *m*.

fiord (fjɔːd) *n* fiordo *m*.

fir (fəː) *n* abete *m*. **fir cone** *n* pigna *f*.

fire (faɪə) *n* 1 fuoco *m*. 2 incendio *m*. **catch fire** prendere fuoco. ~ *vt* 1 incendiare. 2 (a gun, etc.) sparare. 3 *inf* licenziare. *vi* 1 incendiarsi. 2 sparare.

fire alarm *n* allarme d'incendio *m*.

fire brigade *n* pompieri *m pl*.

fire drill *n* esercitazione di pompieri *f*.

fire-engine *n* pompa antincendio *f*.

fire-escape *n* uscita di sicurezza *f*.

fireguard ('faɪəgɑːd) *n* parafuoco *m*.

firelight ('faɪəlaɪt) *n* luce del focolare *f*.

fireman ('faɪəmən) *n* pompiere *m*.

fireplace ('faɪəpleɪs) *n* caminetto *m*.

fireproof ('faɪəpruːf) *adj* antincendio.

fireside ('faɪəsaɪd) *n* angolo del focolare *m*.

fire station *n* caserma dei pompieri *f*.

firework ('faɪəwəːk) *n* fuoco d'artificio *m*.

firm[1] (fəːm) *adj* 1 solido. 2 risoluto. **firmly** *adv* fermamente.

firm[2] (fəːm) n ditta, società f.

first (fəːst) adj primo. adv prima di tutto. **first aid** n pronto soccorso m. **first-class** adj di prima qualità. **firsthand** adj,adv di prima mano. **first person** n prima persona f. **first-rate** adj ottimo.

fiscal ('fiskəl) adj fiscale.

fish (fiʃ) n, pl fishes or fish pesce m. vi pescare. **fisherman** n pescatore m. **fish finger** n bastoncino di pesce m. **fishing** n pesca f. adj da pesca. **fishing rod** n canna da pesca f. **fishmonger** n pescivendolo m. **fishslice** n paletta per il pesce f. **fishy** adj inf losco, ambiguo.

fission ('fiʃən) n fissione f.

fist (fist) n pugno m.

fit[*1] (fit) adj 1 adatto. 2 sano, in forma. n misura f. vt 1 adattare. 2 convenire a. vi 1 andare bene. 2 convenire. **fitting** adj adatto, opportuno. n 1 prova f. 2 pl mobili m pl.

fit[2] (fit) n med convulsione f. accesso m. **fitful** adj spasmodico, incostante.

five (faiv) adj,n cinque m.

fix (fiks) vt 1 assicurare, sistemare. 2 riparare. n inf difficoltà f. **fixation** n fissazione f. **fixture** n 1 infisso m. 2 avvenimento sportivo m.

fizz (fiz) vi frizzare. **fizzy** adj effervescente, frizzante. **fizzle** vi frizzare. **fizzle out** fare fiasco.

flabbergast ('flæbəgɑːst) vt inf sbalordire.

flabby ('flæbi) adj floscio, molle.

flag[1] (flæg) n bandiera f. **flagpole** n asta della bandiera f.

flag[2] (flæg) vi pendere, avvizzire, indebolirsi.

flagon ('flægən) n flacone, bottiglione m.

flagrant ('fleigrənt) adj flagrante.

flair (flɛə) n istinto m. attitudine f.

flake (fleik) n 1 fiocco m. 2 scaglia f. vt sfaldare. vi squamarsi. **flaky** adj a scaglie.

flamboyant (flæm'bɔiənt) adj sgargiante, vistoso.

flame (fleim) n fiamma f.

flamingo (flə'miŋgou) n fenicottero m.

flan (flæn) n sformato m.

flank (flæŋk) n fianco, lato m. vt fiancheggiare.

flannel ('flænl) n flanella f. adj di flanella.

flap (flæp) n 1 lembo m. 2 colpo leggero m. 3 tech deflettore m. **be in a flap** essere agitato. ~vt 1 agitare. 2 (wings) battere. vi sbattere.

flare (flɛə) n 1 bagliore m. fiammata f. 2 razzo m. vi splendere, avvampare. **flare up** infiammarsi.

flash (flæʃ) n lampo, sprazzo m. vi lampeggiare, balenare. vt dirigere. **flashback** n scena retrospettiva f. **flashbulb** n lampada per fotolampo f. **flashlight** n fotolampo m.

flask (flɑːsk) n borraccia f. fiasco m.

flat[1] (flæt) adj 1 piatto. 2 insipido. 3 deciso. **flatfish** n sogliola f. **flat-footed** adj con i piedi piatti. **flatten** vt appiattire.

flat[2] (flæt) n appartamento m.

flatter ('flætə) vt adulare, lusingare. **flattering** adj lusinghiero. **flattery** n adulazione f.

flaunt (flɔːnt) vt ostentare. vi pavoneggiarsi.

flautist ('flɔːtist) n flautista m.

flavour ('fleivə) n gusto, sapore m. vt aromatizzare.

flaw (flɔː) n difetto m.

flax (flæks) n lino m.

flea (fliː) *n* pulce *f.*

fleck (flek) *n* chiazza *f.*

fled (fled) *v* see **flee.**

flee* (fliː) *vt* fuggire, abbandonare. *vi* fuggire.

fleece (fliːs) *n* vello *m.* *vt* **1** tosare. **2** *sl* derubare.

fleet (fliːt) *n* flotta *f.*

fleeting ('fliːtiŋ) *adj* fuggevole.

Fleming ('flemiŋ) *n* fiammingo *m.*

Flemish ('flemiʃ) *adj* fiammingo. **Flemish** (language) *n* fiammingo *m.*

flesh (fleʃ) *n* **1** carne *f.* **2** polpa *f.*

flew (fluː) *v* see **fly.**

flex (fleks) *n* filo *m.* **flexible** *adj* flessibile, arrendevole.

flick (flik) *n* colpo, buffetto *m.* *vt* far saltare con un colpetto.

flicker ('flikə) *n* barlume, guizzo *m.* *vi* tremolare.

flight[1] (flait) *n* **1** (of a bird, plane, etc.) volo *m.* **2** slancio *m.* **3** (of stairs) rampa *f.*

flight[2] (flait) *n* (departure) fuga *f.*

flimsy ('flimzi) *adj* **1** sottile, fragile. **2** inconsistente.

flinch (flintʃ) *vi* ritrarsi, sottrarsi.

fling* (fliŋ) *vt* gettare, lanciare. *n* lancio *m.*

flint (flint) *n* **1** selce *f.* **2** pietra focaia *f.*

flip (flip) *n* colpetto, buffetto *m.* *vt* dare un buffetto a. **flipper** *n* pinna *f.*

flippant ('flipant) *adj* impertinente, leggero.

flirt (fləːt) *n* civetta *f.* *vi* civettare, flirtare.

flit (flit) *vi* **1** svolazzare. **2** andarsene.

float (flout) *n* **1** carro *m.* **2** galleggiante *m.* **3** *comm* riserva di cassa. *vi* **1** galleggiare. **2** fluttuare.

flock[1] (flɔk) *n* **1** gregge *m.* **2** folla *f.* *vi* affollarsi.

flock[2] (flɔk) *n* (of wool, etc.) fiocco di lana *m.*

flog (flɔg) *vt* frustare.

flood (flʌd) *n* **1** diluvio *m.* inondazione, piena *f.* **2** (of tears) torrente *m.* *vt* allagare, inondare. **floodlight** *n* riflettore *m.*

floor (flɔː) *n* **1** pavimento *m.* **2** piano *m.* **floorboard** *n* tavola di pavimento *f.*

flop (flɔp) *vi* fallire. **flop down** cadere. ~*n* **1** tonfo *m.* **2** *inf* fiasco *m.* **floppy** *adj* floscio. **floppy disc** *n* disco flessibile *m.*

flora ('flɔːrə) *n* flora *f.*

floral ('flɔːrəl) *adj* floreale. **florist** *n* fiorista *m,f.*

Florence ('flɔrəns) *n* Firenze *f.* **Florentine** *adj,n* fiorentino.

flounce[1] (flauns) *n* gesto rapido *m.* *vi* sussultare, agitarsi.

flounce[2] (flauns) *n* falpalà *m.*

flounder[1] ('flaundə) *vi* dibattersi.

flounder[2] ('flaundə) *n* *zool* passera *f.*

flour ('flauə) *n* farina *f.*

flourish ('flʌriʃ) *vi* prosperare, fiorire. *vt* agitare. *n* **1** ornamento *m.* **2** squillo di tromba *m.*

flout (flaut) *vt* sprezzare.

flow (flou) *n* **1** flusso *m.* **2** corrente *f.* *vi* **1** scorrere. **2** circolare.

flown (floun) *v* see **fly.**

flower ('flauə) *n* fiore *m.* *vi* fiorire. **flowerbed** *n* aiuola *f.* **flowerpot** *n* vaso da fiori *m.*

fluctuate ('flʌktʃueit) *vi* fluttuare, oscillare. **fluctuation** *n* fluttuazione *f.*

flue (fluː) *n* canna del camino *f.*

fluent ('fluːənt) *adj* scorrevole. **fluently** *adv* correntemente.

fluff (flʌf) *n* lanugine, peluria *f.*

fluid ('fluːɪd) adj,n fluido m.

flung (flʌŋ) v see **fling.**

fluorescent (fluˈresənt) adj fluorescente.

fluoride ('fluəraid) n fluoruro m.

flush[1] (flʌʃ) n 1 rossore m. 2 violento flusso d'acqua m. 3 game colore m. vi arrossire. vt sciacquare. **flushed** adj accaldato.

flush[2] (flʌʃ) adj 1 a livello, rasente. 2 abbondante.

fluster ('flʌstə) n agitazione f. vt stordire, eccitare.

flute (fluːt) n flauto m.

flutter ('flʌtə) n 1 battito m. 2 agitazione f. vt 1 battere. 2 innervosire. vi sventolare.

flux (flʌks) n flusso m.

fly[*1] (flai) vi volare, slanciarsi. vt far volare. **flyover** n cavalcavia m.

fly[2] (flai) n mosca f.

foal (foul) n puledro m.

foam (foum) n schiuma, bava f. vi spumeggiare, far bava.

focus ('foukəs) n 1 fuoco m. 2 centro vt 1 mettere a fuoco. 2 concentrare. vi convergere.

fodder ('fɔdə) n foraggio m.

foe (fou) n nemico, pl nemici, avversario m.

foetus ('fiːtəs) n feto m.

fog (fɔg) n nebbia f. **foghorn** n sirena da nebbia f. **foggy** adj nebbioso.

foible ('fɔibəl) n punto debole m.

foil[1] (fɔil) vt frustrare, sventare.

foil[2] (fɔil) n 1 lamina di metallo f. 2 carta stagnola f.

foil[3] (fɔil) n sport fioretto m.

foist (fɔist) vt rifilare, introdurre di soppiatto.

fold[1] (fould) n piega, ripiegatura f. vt 1 piegare. 2 (one's arms) incrociare. **folder** n cartella f.

fold[2] (fould) n (for sheep) ovile m.

foliage ('fouliidʒ) n fogliame m.

folk (fouk) n gente f. popolo m. **folkdance** n ballo popolare m. **folklore** n folclore m. **folksong** n canzone popolare f. **folktale** n racconto m. leggenda popolare f.

follicle ('fɔlikəl) n follicolo m.

follow ('fɔlou) vt 1 seguire. 2 imitare. vi seguire, risultare. **follower** n seguace m,f.

folly ('fɔli) n pazzia, follia f.

fond (fɔnd) adj affezionato. **be fond of 1** voler bene a. **2** amare.

fondant ('fɔndənt) adj,n fondente m.

fondle ('fɔndl) vt accarezzare, vezzeggiare.

font (fɔnt) n fonte battesimale f.

food (fuːd) n cibo, nutrimento m.

fool (fuːl) n sciocco, stupido, buffone m. **make a fool of oneself** rendersi ridicolo. ~ vt ingannare. **foolish** adj stolto, insensato.

foolscap ('fuːlzkæp) n carta protocollo f.

foot (fut) n, pl **feet** 1 anat piede m. 2 base f. 3 (measure) piede m. v **foot the bill** pagare il conto. **football** n 1 (game) calcio m. 2 pallone m. **footbridge** n passerella f. **foothold** n punto d'appoggio m. **footing** n 1 punto d'appoggio m. 2 posizione f. **footnote** n nota in calce f. **footprint** n orma f. **footstep** n passo, rumore di passi m. **footwear** n calzatura f.

for (fə; stressed fɔr) prep per, adatto a, di. **for sale** in vendita. ~ conj poiché, perché.

forage ('fɔridʒ) n foraggio m.

forbear* (fəˈbeə) vt astenersi da. vi astenersi.

forbid* (fə'bid) vt proibire, impedire. **forbidding** adj severo, minaccioso.

force (fɔːs) n 1 forza f. vigore m. 2 validità f. 3 pl forze armate f pl. vt forzare, costringere. **forcible** adj forte.

forceps ('fɔːseps) n pl forcipe m.

ford (fɔːd) n guado m.

fore (fɔː) adj anteriore. n naut prua f.

forearm[1] ('fɔːrɑːm) n avambraccio m.

forearm[2] (fɔː'rɑːm) vt premunire.

forecast ('fɔːkɑːst) vt prevedere, predire. n pronostico m. previsione f.

forecourt ('fɔːkɔːt) n cortile m.

forefather ('fɔːfɑːðə) n avo, antenato m.

forefinger ('fɔːfiŋgə) n dito indice m.

forefront ('fɔːfrʌnt) n prima linea f.

foreground ('fɔːgraund) n primo piano m.

forehand ('fɔːhænd) n 1 posizione superiore f. 2 sport colpo diritto m.

forehead ('fɔrid) n fronte f.

foreign ('fɔrin) adj straniero, estraneo. **foreigner** n straniero m.

foreleg ('fɔːleg) n zampa anteriore f.

forelock ('fɔːlɔk) n ciuffo m.

foreman ('fɔːmən) n caposquadra, capo-operaio m.

foremost ('fɔːmoust) adj primo, principale. adv in testa.

forensic (fə'rensik) adj forense.

forerunner ('fɔːrʌnə) n precursore m.

foresee* (fɔː'siː) vt prevedere.

foresight ('fɔːsait) n previsione, prudenza f.

forest ('fɔrist) n foresta f.

forestall (fɔː'stɔːl) vt prevenire, anticipare.

foretaste ('fɔːteist) n pregustazione f.

foretell (fɔː'tel) vt predire.

forethought ('fɔːθɔːt) n premeditazione, previdenza f.

forfeit ('fɔːfit) n multa, pena, perdita f. vt perdere.

forge[1] (fɔːdʒ) n fucina f. vt 1 forgiare. 2 contraffare, falsificare. **forgery** n 1 contraffazione f. 2 documento falso m. 3 falsificazione f.

forge[2] (fɔːdʒ) vi **forge ahead** avanzare gradatamente.

forget* (fə'get) vt dimenticare. **forgetful** adj smemorato, immemore.

forgive* (fə'giv) vt perdonare. **forgiving** adj indulgente.

forgo (fɔː'gou) vt rinunziare a, fare a meno di.

fork (fɔːk) n 1 cul forchetta f. 2 forca f. 3 (in a road) biforcazione f. vi biforcarsi.

forlorn (fə'lɔːn) adj sperduto, desolato.

form (fɔːm) n 1 forma f. 2 modulo m. 3 classe f. 4 formalità f. vt formare. **formal** adj formale. **formality** n 1 formalità f. 2 convenzionalismo m. **formation** n formazione f. **formative** adj formativo.

former ('fɔːmə) adj precedente, anteriore. **formerly** adv in passato, già.

formidable ('fɔːmidəbəl) adj spaventoso, temibile.

formula ('fɔːmjulə) n, pl **-las** or **-lae** formula f. **formulate** vt formulare.

forsake* (fə'seik) vt abbandonare.

fort (fɔːt) n forte m.

forte ('fɔːtei) n forte m.

forth (fɔːθ) adv avanti. **and so forth** ecosì via. **forthcoming** adj prossimo, imminente.

fortify ('fɔːtifai) vt 1 mil fortificare. 2 rinvigorire, incoraggiare.

fortnight ('fɔːtnait) n due settimane f pl. quindicina f.

fortress ('fɔːtrəs) n fortezza f.

fortune ('fɔːtʃən) n 1 fortuna, sorte f. 2 ricchezza f. **fortune-teller** n chiromante m,f.

fortunate adj fortunato.

forty ('fɔːti) adj,n quaranta m. **fortieth** adj quarantesimo.

forum ('fɔːrəm) n foro m.

forward ('fɔːwəd) adj 1 avanzato, precoce. 2 sfrontato. adv avanti. n sport attaccante m. vt 1 promuovere, agevolare, inoltrare. 2 rispedire. **forwards** adv avanti, in poi.

fossil ('fɔsəl) n fossile m.

foster ('fɔstə) vt 1 allevare. 2 favorire, incoraggiare. **fosterchild** n figlio adottivo m. **fostermother** n madre adottiva f.

fought (fɔːt) v see **fight.**

foul (faul) adj 1 sporco, infetto, osceno, 2 (of weather) cattivo. n sport fallo m. vt 1 sporcare. 2 sport commettere un fallo su. **foul play** n giuoco scorretto m.

found[1] (faund) v see **find.**

found[2] (faund) vt fondare, istituire. **foundation** n 1 istituzione f. 2 base f. 3 pl fondamenta f pl.

founder[1] ('faundə) n fondatore m.

founder[2] ('faundə) vi affondare, sprofondarsi.

foundry ('faundri) n fonderia f.

fountain ('fauntin) n fontana, sorgente f.

four (fɔː) adj,n quattro m or f. **on all fours** carponi. **four-poster** n letto a quattro colonne m. **foursome** n quartetto m. **fourth** adj quarto.

fourteen (fɔː'tiːn) adj,n quattordici m or f. **fourteenth** adj quattordicesimo.

fowl (faul) n pollo, uccello m.

fox (fɔks) n volpe f. **foxglove** n digitale m. **foxhound** n cane per caccia alla volpe m. **foxhunting** n caccia alla volpe f.

foyer ('fɔiei) n ridotto m.

fraction ('frækʃən) n frazione f.

fracture ('fræktʃə) n frattura f. vt spaccare. vi fratturarsi.

fragile ('frædʒail) adj fragile.

fragment ('frægmənt) n frammento, brano m.

fragrant ('freigrənt) adj fragrante.

frail (freil) adj debole, fragile.

frame (freim) n 1 struttura f. 2 telaio m. 3 cornice f. 4 inquadratura f. **frame of mind** stato d'animo m. ~ vt 1 costruire. 2 incorniciare. **framework** n struttura f. scheletro m.

franc (fræŋk) n franco m.

France (frɑːns) n Francia f.

franchise ('fræntʃaiz) n 1 diritto di voto m. 2 franchigia f.

frank (fræŋk) adj sincero, schietto.

frankfurter ('fræŋkfɜːtə) n salsiccia tedesca f.

frantic ('fræntik) adj frenetico.

fraternal (frə'tɜːnl) adj fraterno. **fraternity** n fraternità, confraternita f. **fraternize** vi fraternizzare.

fraud (frɔːd) n frode f.

fraught (frɔːt) adj carico.

fray[1] (frei) n lotta f. conflitto m.

fray[2] (frei) vt consumare. vi logorarsi.

freak (friːk) n 1 capriccio m. 2 anomalia della natura f.

freckle ('frekəl) n lentiggine f.

free (friː) adj 1 libero. 2 esente. 3 gratuito. adv liberamente, gratuitamente. vt liberare. **freedom** n libertà f. **freehold** n proprietà fondiaria assoluta f. **freelance** adj a ore, indipendente. n giornalista indipendente m. **freewheel** girare a ruota libera. **free will** n libero arbitrio m.

freeze* (friːz) vt congelare, gelare. vi gelare. **freezing point** n punto di congelamento m.

freight (freit) n 1 carico mercantile m. 2 trasporto m. vt trasportare. **freight train** n treno merci m.

French (frentʃ) adj francese. **French (language)** n francese m. **French bean** n fagiolino verde m. **French dressing** n condimento alla francese m. **French horn** n corno da caccia m. **Frenchman** n francese m. **French window** n porta-finestra f.

frenzy ('frenzi) n frenesia f.

frequency ('friːkwənsi) n frequenza f. **frequent** adj frequente, diffuso.

fresco ('freskou) n, pl -oes or -os affresco m.

fresh (freʃ) adj 1 fresco, nuovo. 2 vigoroso. **freshwater** adj d'acqua dolce.

fret[1] (fret) vi logorarsi, affliggersi.

fret[2] (fret) n arch fregio m. **fretwork** n lavoro di traforo m.

friar ('fraiə) n frate m.

friction ('frikʃən) n frizione f.

Friday ('fraidi) n venerdì m.

fridge (fridʒ) n frigorifero m.

friend (frend) n amico, pl amici m. **friendly** adj amichevole, affabile. **friendship** n amicizia f.

frieze (friːz) n fregio m.

fright (frait) n spavento m. paura f. **frighten** vt spaventare. **frightful** adj spaventoso, terribile. **frightfully** adv straordinariamente.

frigid ('fridʒid) adj frigido, freddo.

frill (fril) n fronzolo m.

fringe (frindʒ) n 1 frangia f. orlo m. 2 periferia f. vt ornare con frangia, orlare.

frisk (frisk) vt perquisire. vi saltellare.

fritter[1] ('fritə) vt sperperare, sciupare.

fritter[2] ('fritə) n frittella f.

frivolity (fri'vɔliti) n leggerezza, vanità f. **frivolous** adj leggero, frivolo.

frizz (friz) vt arricciare. n ricciolo m. **frizzy** adj ricciuto.

frizzle[1] ('frizl) vt arricciare. vi arricciarsi.

frizzle[2] ('frizəl) cul vt friggere. vi sfrigolare.

fro (frou) **to and fro** adv avanti e indietro.

frock (frɔk) n abito m.

frog (frɔg) n rana f. **frogman** n sommozzatore m.

frolic ('frɔlik) vi divertirsi. n scherzo m. **frolicsome** adj allegro, vivace.

from (frəm; stressed frɔm) prep 1 da. 2 da parte di. 3 per.

front (frʌnt) adj di fronte, anteriore. n 1 arch facciata f. 2 fronte m. 3 lungomare m. **in front of** davanti a.

frontier ('frʌntiə) n frontiera f. confine m.

frost (frɔst) n gelo m. brina f. **frostbite** n congelamento m. **frosty** adj gelato, congelato.

froth (frɔθ) n schiuma, spuma f. vi schiumare.

frown (fraun) n cipiglio m. vi aggrottare le sopracciglia.

froze (frouz) v see **freeze**.

frozen ('frouzn) v see **freeze**.

frugal ('fruːgəl) adj frugale, sobrio.

fruit (fruːt) n 1 frutta f invar. 2 frutto m. **fruit salad** n macedonia di frutta f. **fruitful** adj fertile, vantaggioso. **fruition** n realizzazione *f.* **fruitless** *adj* infruttuoso, vano.

frustrate (frʌs'treit) *vt* frustrare, deludere.

fry (frai) *vt,vi* friggere. **frying pan** *n* padella *f.*

fuchsia ('fjuːʃə) *n* fucsia *m.*

fuck (fʌk) *tab vt* chiavare. **fuck off!** va' fan culo!

fudge (fʌdʒ) *n* dolce caramellato con cioccolata *m.*

fuel ('fjuːəl) *n* carburante *m.*

fugitive ('fjuːdʒitiv) *adj* fuggente. *n* fuggiasco *m.*

fulcrum ('fʌlkrəm) *n* fulcro *m.*

fulfil (ful'fil) *vt* soddisfare, esaudire, completare. **fulfilment** *n* adempimento *m.* realizzazione *f.*

full (ful) *adj* pieno, completo, colmo, abbondante. **full-length** *adj* in tutta la lunghezza. **full moon** *n* luna piena *f.* **full stop** *n* punto *m.* **full-time** *adj,adv* orario completo *m.*

fumble ('fʌmbəl) *vi* 1 annaspare. 2 andare a tastoni.

fume (fjuːm) *n* esalazione *f.* *vi* 1 esalare fumo. 2 irritarsi.

fun (fʌn) *n* allegria *f.* divertimento *m.* **make fun of** prendere in giro. **funfair** *n* parco dei divertimenti *m.*

function ('fʌŋkʃən) *n* 1 funzione *f.* 2 cerimonia *f.* *vi* funzionare.

fund (fʌnd) *n* fondo *m.* riserva *f.*

fundamental (fʌndə'ment]) *adj* fondamentale.

funeral ('fjuːnərəl) *n* funerale *m.* *adj* funebre, funereo.

fungus ('fʌŋgəs) *n, pl* **fungi** or **funguses** *bot* fungo *m.*

funnel ('fʌnl) *n* 1 imbuto *m.* 2 *naut* ciminiera *f.*

funny ('fʌni) *adj* 1 divertente. 2 strano.

fur (fəɪ) *n* 1 pelo, pelame *m.* 2 pelliccia *f.*

furious ('fjuəriəs) *adj* furibondo, furioso.

furnace ('fəɪnis) *n* fornace *f.*

furnish ('fəɪniʃ) *vt* ammobiliare, fornire.

furniture ('fəɪnitʃə) *n* mobilio *m.*

furrow ('fʌrou) *n* solco *m.* scia *f.*

further ('fəɪðə) *adj* più lontano, ulteriore. *adv* oltre, inoltre. *vt* favorire, promuovere. **furthest** *adj* il più lontano, estremo.

furtive ('fəɪtiv) *adj* furtivo.

fury ('fjuəri) *n* furia, violenza *f.*

fuse[1] (fjuːz) *n* 1 tech fusibile *m.* valvola *f.* 2 *mil* spoletta, miccia *f.* *vi* saltare.

fuse[2] (fjuːz) *vt* fondere. *vi* fondersi.

fuselage ('fjuːzəlɑːʒ) *n* fusoliera *f.*

fusion ('fjuːʒən) *n* fusione *f.*

fuss (fʌs) *n* trambusto *m.* agitazione *f.* *vi* affaccendarsi, preoccuparsi per nulla. **fussy** *adj* pignolo, meticoloso.

futile ('fjuːtail) *adj* inutile, vano.

future ('fjuːtʃə) *adj,n* futuro *m.*

fuzz (fʌz) *n* 1 lanuggine *f.* 2 *sl* polizia *f.* **fuzzy** *adj* 1 increspato. 2 confuso.

G

gabble ('gæbəl) *n* borbottio *m.* *vt* borbottare. *vi* parlare in modo confuso.

gable ('geibəl) *n* frontone *m.*

gadget ('gædʒit) *n* congegno, gingillo *m.*

gag[1] (gæg) *n* bavaglio *m.* *vt* imbavagliare.

gag[2] (gæg) *n* battuta comica *f.*

gaiety ('geiəti) *n* allegria *f.*

gaily ('geili) *adv* gaiamente.

gain (gein) *n* 1 guadagno, profitto *m.* 2 miglioramento *m.* *vt* guadagnare. *vi* profittare.

gait (geit) *n* andatura *f.*

gala ('gɑːlə) *n* gala *f.*

galaxy ('gæləksi) *n* galassia *f.*

gale (geil) *n* burrasca *f.*

gall (gɔːl) *n* bile *f.* fiele *m.*

gallant ('gælənt) *adj* valoroso, cortese.

galleon ('gæliən) *n* galeone *m.*

gallery ('gæləri) *n* galleria *f.* loggione *m.*

galley ('gæli) *n* **1** galera, galea *f.* **2** cambusa *f.*

gallon ('gælən) *n* gallone *m.*

gallop ('gæləp) *n* galoppo *m. vi* galoppare.

gallows ('gælouz) *n pl* forca *f.* patibolo *m.*

galore (gə'lɔː) *adv* in quantità.

galvanize ('gælvənaiz) *vt* galvanizzare.

gamble ('gæmbəl) *n* gioco d'azzardo *m. vi* giocare d'azzardo. *vt* **1** giocare. **2** rischiare. **gambler** *n* giocatore d'azzardo *m.*

game (geim) *n* **1** gioco *m.* **2** partita *f.* **3** *(hunting)* selvaggina *f. adj* **1** coraggioso. **2** pronto. **gamekeeper** *n* guardiacaccia *m.*

gammon ('gæmən) *n* prosciutto affumicato *m.*

gander ('gændə) *n* papero *m.*

gang (gæŋ) *n* squadra, banda *f. v* **gang up** allearsi. **gangster** *n* bandito *m.* **gangway** *n* corridoio, passaggio *m.* passerella *f.*

gangrene (gæŋ'griːn) *n* cancrena *f.*

gap (gæp) *n* breccia, apertura, fessura, lacuna *f.*

gape (geip) *vi* **1** sbadigliare. **2** restare a bocca aperta. *n* sbadiglio *m.*

garage ('gærɑːʒ) *n* garage *m.* autorimessa *f.*

garbage ('gɑːbidʒ) *n* **1** rifiuti *m pl.* **2** cosa spregevole *f.*

garble ('gɑːbəl) *vt* alterare.

garden ('gɑːdn) *n* giardino *m.*

vi fare del giardinaggio.

gardener *n* giardiniere *m.*

gardening *n* giardinaggio *m.*

gargle ('gɑːgəl) *vi* fare gargarismi. *n* liquido per gargarismi.

gargoyle ('gɑːgɔil) *n* mascherone da grondaia *m.*

garland ('gɑːlənd) *n* ghirlanda *f.*

garlic ('gɑːlik) *n* aglio *m.*

garment ('gɑːmənt) *n* indumento *m.*

garnish ('gɑːniʃ) *vt* guarnire, ornare. *n* guarnizione *f.* contorno *m.*

garrison ('gærisən) *n* presidio *m.* guarnigione *f. vt* presidiare.

garter ('gɑːtə) *n* giarrettiera *f.*

gas (gæs) *n* gas *m invar. vt* asfissiare con il gas. **gas cooker** *n* fornello a gas *m.* **gas fire** *n* stufa a gas *f.* **gasworks** *n pl* officina del gas *f.*

gash (gæʃ) *n* ferita *f.* squarcio *m. vt* sfregiare, tagliare.

gasket ('gæskit) *n* guarnizione *f.*

gasp (gɑːsp) *n* rantolo *m. vi* boccheggiare, ansimare.

gastric ('gæstrik) *adj* gastrico. **gastronomic** *adj* gastronomico.

gate (geit) *n* cancello *m.* porta *f.* **gatecrash** *vt* entrare senza invito a.

gateau ('gætou) *n, pl* **-teaux** pasticcino *m.*

gather ('gæðə) *vt* **1** riunire. **2** raccogliere. **3** dedurre. *vi* radunarsi. **gathering** *n* riunione *f.*

gauche (gouʃ) *adj* maldestro.

gaudy ('gɔːdi) *adj* vistoso, di gusto pesante.

gauge (geidʒ) *n* **1** misura *f.* **2** calibro *m. vt* misurare, stimare.

gaunt (gɔːnt) *adj* magro, scarno.

gauze (gɔːz) *n* garza *f.* velo *m.*

gave (geiv) *v* see **give**.

gay (gei) *adj* allegro, vivace.

gaze (geiz) *n* sguardo fisso *m*. *vi* guardare fissamente.

gazelle (gəˈzel) *n* gazzella *f*.

gear (giə) *n* **1** meccanismo *m*. **2** *mot* marcia *f*. **3** utensili *m pl*. *vt* adattare. **gearbox** *n* scatola del cambio *f*. **gear lever** *n* leva del cambio *f*.

gelatine (ˈdʒelətiːn) *n* gelatina *f*.

gelignite (ˈdʒelignait) *n* nitroglicerina *f*.

gem (dʒem) *n* gemma *f*. gioiello *m*.

Gemini (ˈdʒeminai) *n pl* Gemelli *m pl*.

gender (ˈdʒendə) *n* genere *m*.

gene (dʒiːn) *n* gene *m*.

genealogy (dʒiniˈælədʒi) *n* genealogia *f*.

general (ˈdʒenərəl) *adj* generale, comune. **general election** *n* elezioni generali *f pl*. **general practitioner** *n* medico generico *m*. **generally** *adv* in generale, generalmente. **generalize** *vt,vi* generalizzare.

generate (ˈdʒenəreit) *vt* generare, produrre. **generation** *n* generazione *f*.

generic (dʒiˈnerik) *adj* generico.

generous (ˈdʒenərəs) *adj* generoso, abbondante.

genetic (dʒiˈnetik) *adj* genetico. **genetics** *n* genetica *f*.

genial (ˈdʒiːniəl) *adj* cordiale, amabile.

genital (ˈdʒenitl) *adj* genitale. **genitals** *n pl* organi genitali *m pl*.

genius (ˈdʒiːniəs) *n* **1** genio *m*. **2** talento *m*.

genteel (dʒenˈtiːl) *adj* garbato, compito.

gentian (ˈdʒenʃən) *n* genziana *f*.

gentile (ˈdʒentail) *adj* pagano. *n* gentile, pagano *m*.

gentle (ˈdʒentl) *adj* mite, nobile, cortese. **gentleman** *n, pl* **gentlemen** signore *m*.

genuflect (ˈdʒenjuflekt) *vi* genuflettersi.

genuine (ˈdʒenjuin) *adj* **1** genuino. **2** sincero. **3** puro.

genus (ˈdʒiːnəs) *n, pl* **genera** classe, specie *f*.

geography (dʒiˈogrəfi) *n* geografia *f*. **geographical** *adj* geografico.

geology (dʒiˈolədʒi) *n* geologia *f*. **geological** *adj* geologico.

geometry (dʒiˈomətri) *n* geometria *f*. **geometric** *adj also* **geometrical** geometrico.

geranium (dʒəˈreiniəm) *n* geranio *m*.

geriatric (dʒeriˈætrik) *adj* geriatrico. **geriatrics** *n* geriatria, gerontologia *f*.

germ (dʒəːm) *n* germe *m*.

Germany (ˈdʒəːməni) *n* Germania *f*. **German** *adj,n* tedesco. **German** (language) *n* tedesco *m*. **German measles** *n* rosolia *f*. **Germanic** *adj* germanico.

germinate (ˈdʒəːmineit) *vi* germinare. **germination** *n* germinazione *f*.

gerund (ˈdʒerənd) *n* gerundio *m*.

gesticulate (dʒisˈtikuleit) *vi* gesticolare.

gesture (ˈdʒestʃə) *n* gesto *m*.

get* (get) *vt* **1** ottenere, guadagnare. **2** prendere, afferrare. *vi* **1** divenire. **2** arrivare. **3** fare, farsi. **4** persuadere. **get off** scendere. **get on** montare. **get over** superare. **get up** alzarsi.

geyser (ˈgiːzə) *n* **1** *geog* geyser *m*. **2** scaldabagno *m*.

ghastly (ˈgaːstli) *adj* orrendo, spettrale.

gherkin (ˈgəːkin) *n* cetriolo *m*.

ghetto (ˈgetou) *n, pl* **-os** or **-oes** ghetto *m*.

ghost (goust) *n* spirito, fantasma *m*.

giant ('dʒaiənt) *n* gigante *m*. *adj* gigantesco.

giddy ('gidi) *adj* stordito, vertiginoso. **giddiness** *n* vertigine *f*.

gift (gift) *n* regalo, dono *m*. **gifted** *adj* dotato, fornito di talento.

gigantic (dʒai'gæntik) *adj* gigantesco.

giggle *n* risatina sciocca *f*. *vi* far risatine.

gild (gild) *vt* dorare.

gill (gil) *n* *zool* branchia *f*.

gilt (gilt) *adj* dorato. *n* doratura *f*.

gimmick ('gimik) *n* trucco, stratagemma *m*.

gin (dʒin) *n* gin *m*.

ginger ('dʒindʒə) *n* zenzero *m*. *adj* fulvo. **ginger beer** *n* bibita allo zenzero *f*. **gingerbread** *n* pan di zenzero *m*.

gingham ('giŋəm) *n* percallina *f*.

Gipsy ('dʒipsi) *n* gitano, zingaro *m*.

giraffe (dʒi'rɑːf) *n* giraffa *f*.

girder ('gəːdə) *n* putrella *f*.

girdle ('gəːdl) *n* cintura *f*. busto *m*. *vt* cingere, fasciare.

girl (gəːl) *n* ragazza, fanciulla *f*.

Giro ('dʒairou) *n* sistema bancario *m*.

girth (gəːθ) *n* 1 giro *m*. circonferenza *f*. 2 sottopancia *f*.

give* (giv) *vt* 1 dare. 2 consegnare. *vi* cedere. **give away** 1 rivelare, tradire. 2 regalare. **give back** restituire. **give in** cedere. **give up** 1 smettere. 2 arrendersi.

glacier ('glæsiə) *n* ghiacciaio *m*.

glad (glæd) *adj* contento, allegro. **gladly** *adv* con piacere.

glamour ('glæmə) *n* fascino, incantesimo *m*. **glamorous** *adj* affascinante. **glamorize** *vt* rendere attraente, valorizzare.

glance (glɑːns) *n* occhiata *f*. sguardo *m*. *vi* dare un'occhiata, guardare di sfuggita.

gland (glænd) *n* ghiandola *f*.

glare (gleə) *n* 1 riverbero *m*. 2 sguardo penetrante *m*. *vi* guardare con astio.

glass (glɑːs) *n* 1 vetro *m*. 2 bicchiere *m*. 3 *pl* occhiali *m pl*. *adj* di vetro.

glaze (gleiz) *n* smalto *m*. vernice *f*. *vt* 1 fornire di vetro. 2 smaltare.

gleam (gliːm) *n* barlume *m*. *vi* scintillare, brillare.

glean (gliːn) *vt* 1 spigolare. 2 raccogliere.

glee (gliː) *n* allegria, gioia *f*.

glib (glib) *adj* scorrevole, loquace.

glide (glaid) *n* 1 scivolata *f*. 2 *mus* legamento *m*. 3 *aviat* volo libero *m*. *vi* 1 scorrere. 2 scivolare. 3 planare. **glider** *n* aliante *m*.

glimmer ('glimə) *n* barlume, luccichio *m*. *vi* brillare, luccicare.

glimpse (glimps) *n* visione *f*. colpo d'occhio *m*. **catch a glimpse of** vedere di sfuggita.

glint (glint) *n* scintillio *m*. *vi* scintillare.

glisten ('glisən) *vi* brillare.

glitter ('glitə) *n* scintillio *m*. lucentezza *f*. *vi* brillare, rifulgere.

gloat (glout) *vi* gongolare (malignamente).

globe (gloub) *n* 1 globo *m*. sfera *f*. 2 mappamondo *m*.

gloom[1] (gluːm) *n* oscurità *f*. buio *m*. **gloomy** *adj* annuvolato.

gloom[2] (gluːm) *n* malinconia, tristezza *f*. **gloomy** *adj* cupo, triste.

glory ('glɔːri) *n* gloria *f*. splendore *m*. **glorify** *vt* glorificare. **glorious** *adj* maestoso, splendido.

gloss[1] (glɔs) n lucentezza f. vt 1 lucidare. 2 rendere plausibile.

gloss[2] (glɔs) n chiosa f. commento m. vt interpretare, còmmentare.

glossary ('glɔsəri) n glossario, lessico m.

glove (glʌv) n guanto m.

glow (glou) n ardore m. incandescenza f. vi ardere, essere incandescente. **glow-worm** n lucciola f.

glower ('glauə) vi guardare con occhi torvi.

glucose ('gluːkous) n glucosio m.

glue (gluː) n colla f. vt incollare.

glum (glʌm) adj tetro, acci-gliato.

glut (glʌt) n sovrabbondanza. vt satollare, rimpinzare.

glutton ('glʌtn) n ghiottone, goloso m. **gluttony** n ghiottoneria f.

gnarled (nɑːld) adj nodoso, rugoso.

gnash (næʃ) vt digrignare.

gnat (næt) n moscerino m. zanzara f.

gnaw (nɔː) vt rodere, tormentare.

gnome (noum) n gnomo m.

go* (gou) vi 1 andare, partire. 2 funzionare. 3 divenire. **go about** occuparsi di. **go back** ritornare. **go down** 1 discendere. 2 affondare. **go into** entrare. **go on** continuare. **go out** 1 uscire. 2 spegnersi. **go up** salire. ~ n 1 vigore m. 2 tentativo m.

goad (goud) n pungolo m. vt stimolare, incitare.

goal (goul) n 1 traguardo, scopo m. 2 sport rete, porta f. **goalkeeper** n portiere m. **goalpost** n palo della porta m.

goat (gout) n capra f.

gobble ('gɔbəl) vt inghiottire, tranguiare.

goblin ('gɔblin) n folletto m.

god (gɔd) n 1 idolo m. divinità f. 2 cap Dio m. **goddaughter** n figlioccia f. **godfather** n padrino m. **godmother** n madrina f. **godson** n figlioccio m. **goddess** n dea f.

goggles ('gɔgəlz) n pl occhiali di protezione m pl.

going ('gouiŋ) n 1 andare m. andatura f. 2 sport terreno. adj attivo.

gold (gould) n oro m. adj d'oro. **goldfish** n pesce rosso m. **goldmine** n 1 miniera d'oro f. 2 fonte di ricchezza f. **gold rush** n febbre dell'oro f. **goldsmith** n orefice m. **golden** adj d'oro, aureo. **golden syrup** n melassa f.

golf (gɔlf) n golf m. **golfball** n palla da golf f. **golf club** n 1 mazza da golf f. 2 circolo del golf m. **golfcourse** n campo di golf m.

gondola ('gɔndələ) n gondola f. **gondolier** n gondoliere m.

gone (gɔn) v see **go**.

gong (gɔŋ) n gong m.

good (gud) adj 1 buono, onesto. 2 valido. n bene, vantaggio m. **for good** per sempre. **it is no good** è inutile.

good afternoon interj buona sera!

goodbye (gud'bai) interj addio! arrivederci!

good evening interj buona sera!

Good Friday n Venerdì Santo m.

good-humoured adj di buon umore.

good-looking adj di bell'aspetto.

good morning interj buon giorno!

good night interj buona notte!

goods train n treno merci m.
good will n buona volontà f.
goose (guːs) n, pl **geese** n oca f. **gooseberry** n uva spina f.
gore[1] (gɔː) n sangue m.
gore[2] (gɔː) vt trafiggere con le corna.
gorge (gɔːdʒ) n gola f. vt satollare.
gorgeous ('gɔːdʒəs) adj magnifico, splendido.
gorilla (gə'rilə) n gorilla m.
gorse (gɔːs) n ginestra spinosa f.
gory ('gɔːri) adj insanguinato.
gosh (gɔʃ) interj perbacco!
gosling ('gɔzliŋ) n papero m.
gospel ('gɔspəl) n vangelo m.
gossip ('gɔsip) n 1 chiacchiera f. pettegolezzo m. 2 pettegolo m. vi far pettegolezzi.
got (gɔt) v see **get**.
Gothic ('gɔθik) adj gotico.
goulash ('guːlæʃ) n gulash m.
gourd (guəd) n zucca f.
gourmet (guə'mei) n buongustaio m.
govern ('gʌvən) vt governare, influenzare, controllare. **government** n governo m. **governmental** adj governativo. **governor** n 1 governatore m. 2 sl capo, principale m.
gown (gaun) n 1 veste f. 2 toga f.
grab (græb) vt afferrare, arraffare. n presa, stretta f.
grace (greis) n grazia f. **His/Your Grace** Sua/Vostra Grazia. **graceful** adj grazioso, leggiadro. **gracious** adj clemente, benigno.
grade (greid) n grado, rango m. vt graduare, classificare. **gradient** n pendenza f. gradiente m. **gradual** adj graduale. **graduate** n laureato m. vi laurearsi.
graffiti (grə'fiːti) n pl graffiti m pl.
graft (grɑːft) vt 1 innestare. 2

trapiantare. n 1 bot innesto m. 2 med trapianto m.
grain (grein) n 1 grano m. 2 chicco m. 3 granello m.
gram (græm) n grammo m.
grammar ('græmə) n grammatica f. **grammar school** n scuola secondaria f. **grammatical** adj grammaticale.
gramophone ('græməfoun) n grammofono m.
granary ('grænəri) n granaio m.
grand (grænd) adj grandioso, imponente. **grandeur** n grandiosità f. splendore m. **grandad** ('grændæd) n inf also **grandpa** nonno m.
grandchild ('græntʃaild) n nipote m.f.
granddaughter ('grændɔːtə) n nipote, nipotina f.
grandfather ('grænfɑːðə) n nonno m.
grandma ('grænmɑː) n inf also **granny** nonnina f.
grandmother ('grænmʌðə) n nonna f.
grandparent ('grænpeərənt) n nonno m.
grand piano n piano a coda m.
grandson ('grænsʌn) n nipote, nipotino m.
grandstand ('grændstænd) n tribuna d'onore f.
granite ('grænit) n granito m.
grant (grɑːnt) vt concedere, ammettere. **take for granted** dare per scontato. n 1 concessione f. 2 educ borsa di studio f.
grape (greip) n 1 acino m. 2 pl uva f. **grapefruit** n pompelmo m. **grapevine** n vite f.
graph (græf) n grafico m. curva f. **graphic** adj grafico.
grapple ('græpəl) vi venire alle prese.
grasp (grɑːsp) vt afferrare, capire. n 1 stretta f. 2 comprensione f.

grass (grɑːs) n erba f. prato m.

grate[1] (greit) n griglia, graticola f.

grate[2] (greit) vt grattugiare. vi stridere.

grateful ('greitfəl) adj grato, riconoscente. **gratify** vt ricompensare, soddisfare.

gratitude ('grætitjuːd) n gratitudine f.

grave[1] (greiv) n fossa, tomba f. **gravestone** n lapide f. **graveyard** n cimitero m.

grave[2] (greiv) adj serio, solenne, grave.

gravel ('grævəl) n ghiaia f.

gravity ('græviti) n gravità, serietà f.

gravy ('greivi) n sugo di carne m.

graze[1] (greiz) vi pascolare.

graze[2] (greiz) vt med sfiorare, scalfire. n scalfittura f.

grease (griːs) n unto, grasso m. vt ungere, ingrassare. **grease-proof** adj oleato.

great (greit) adj 1 grande. 2 celebre. **a great deal** molto. **Great Britain** n Gran Bretagna f.

Greece (griːs) n Grecia f. **Grecian** adj greco, pl greci. **Greek** adj,n greco, pl greci. **Greek** (language) n greco m.

greed (griːd) n avidità, ingordigia f. **greedy** adj avido, goloso.

green (griːn) adj 1 verde. 2 inesperto. n 1 prato m. 2 (colour) verde m. 3 pl verdura f. **greenery** n vegetazione f. **greenfly** n pidocchio delle piante m. **greengage** n prugna f. **greengrocer** n erbivendolo m. **greenhouse** n serra f.

Greenland ('griːnlənd) n Groenlandia f. **Greenlander** n groenlandese m,f.

greet (griːt) vt salutare. **greeting** n saluto m.

gregarious (griˈgɛəriəs) adj socievole, gregario.

grenade (griˈneid) n granata f.

grew (gruː) v see **grow**.

grey (grei) adj,n grigio m. **greyhound** n levriero m.

grid (grid) n griglia f.

grief (griːf) n dolore m. angoscia f.

grieve (griːv) vt affliggere. vi affliggersi. **grievance** n 1 lamentela f. 2 ingiustizia f.

grill (gril) n graticola f. vt cuocere ai ferri.

grille (gril) n griglia, inferriata f.

grim (grim) adj torvo, sinistro.

grimace ('grimis) n smorfia f. vi fare smorfie.

grime (graim) n sporcizia f. **grimy** adj sporco.

grin (grin) n sogghigno m. vi sogghignare.

grind* (graind) vt 1 macinare. 2 affilare. 3 (teeth) digrignare. vi sgobbare. n lavoro arduo m.

grip (grip) vt 1 afferrare. 2 attirare. vi afferrare. n stretta f.

gripe (graip) n colica f.

gristle ('grisəl) n cartilagine f.

grit (grit) n 1 sabbia f. pulviscolo m. 2 inf forza di carattere f. vt digrignare.

groan (groun) n gemito m. vi lamentarsi.

grocer ('grousə) n droghiere m. **grocer's shop** n drogheria f.

groin (groin) n inguine m.

groom (gruːm) n 1 palafreniere m. 2 sposo m. vt strigliare, riordinare.

groove (gruːv) n scanalatura f. canale m. vt scanalare.

grope (group) vi brancolare, andare a tastoni.

gross (grous) adj 1 volgare, grossolano. 2 comm lordo. n massa f.

grotesque (grouˈtesk) adj grottesco.

grotto ('grɔtou) *n, pl* **-toes** *or* **-tos** grotta *f.*

ground[1] (graund) *n* **1** terra *f.* terreno *m.* **2** motivo *m.* base *f.* **3** campo, fondo *m. vt* **1** basare. **2** trattenere a terra. *vi* incagliarsi. **ground floor** *n* pianterreno *m.* **ground-sheet** *n* telone impermeabile *m.* **groundsman** *n* addetto in un campo sportivo *m.* **groundwork** *n* base *f.* fondamento *m.*

ground[2] (graund) *v see* **grind.** *adj* macinato, levigato.

group (gruːp) *n* gruppo *m. vt* raggruppare.

grouse[1] (graus) *n* gallo cedrone *m.*

grouse[2] (graus) *vi* brontolare.

grove (grouv) *n* boschetto *m.*

grovel ('grɔvəl) *vi* umiliarsi.

grow* (grou) *vi* **1** crescere, aumentare. **2** diventare. *vt* coltivare. **grow up** crescere. **growth** *n* **1** crescita *f.* aumento *m.* **2** *med* escrescenza *f.*

growl (graul) *n* brontolio, ringhio *m. vi* borbottare, ringhiare.

grub (grʌb) *n* **1** verme, lombrico *m.* **2** *sl* cibo *m.* **grubby** *adj* sporco.

grudge (grʌdʒ) *n* rancore, risentimento *m.* **bear a grudge** avere del risentimento. ~ *vt* lesinare, concedere a malincuore.

gruelling ('gruːəliŋ) *adj* estenuante.

gruesome ('gruːsəm) *adj* macabro.

gruff (grʌf) *adj* burbero, arcigno.

grumble ('grʌmbəl) *vi* borbottare, lamentarsi. *n* lagnanza *f.*

grumpy ('grʌmpi) *adj* bisbetico, irritabile.

grunt (grʌnt) *vi* grugnire, brontolare. *n* grugnito, borbottio *m.*

guarantee (gærən'tiː) *n* **1** garanzia *f.* **2** garante *m. vt* garantire, assicurare, rendersi garante di. **guarantor** *n* garante *m.*

guard (gɑːd) *vt, vi* guardare. *n* **1** guardia *f.* **2** (railway) capotreno *m.* **3** protezione *f.* **guard's van** *n* carro di servizio *m.* **guardian** *n* guardiano *m.* **guardian angel** *n* angelo custode *m.*

guerrilla (gə'rilə) *n* guerrigliero *m.*

guess (ges) *n* congettura, supposizione *f. vt, vi* supporre, indovinare. **guesswork** *n* congettura *f.*

guest (gest) *n* ospite *m, f.* invitato *m.* **guesthouse** *n* pensione *f.*

guide (gaid) *n* guida *f.* cicerone *m. vt* dirigere, guidare. **guidance** *n* guida, direzione *f.* **guidebook** *n* guida *f.* manuale *m.* **guide-dog** *n* cane guida *m.*

guild (gild) *n* corporazione *f.*

guillotine (gilə'tiːn) *n* ghigliottina *f. vt* ghigliottinare.

guilt (gilt) *n* colpa *f.* **guilty** *adj* colpevole.

guinea ('gini) *n* ghinea *f.* **guinea pig** *n* porcellino d'India *m.* cavia *f.*

guitar (gi'tɑː) *n* chitarra *f.*

gulf (gʌlf) *n* **1** *geog* golfo *m.* **2** abisso *m.*

gull (gʌl) *n* gabbiano *m.*

gullet ('gʌlit) *n* gola *f.* esofago *m.*

gulp (gʌlp) *n* boccone, sorso *m. vt* inghiottire, trangugiare.

gum[1] (gʌm) *n* gengiva *f.*

gum[2] (gʌm) *n* gomma *f. vt* ingommare.

gun (gʌn) *n* **1** cannone *m.* **2** rivoltella *f.* fucile *m.* **gunman** *n* bandito, terrorista *m.* **gunpowder** *n* polvere da sparo *f.* **gunrunning** *n* contrabbando d'armi *m*. **gun-shot** *n* colpo d'arma da fuoco *m*.

gurgle ('gɔːgəl) *n* gorgoglio *m*. *vi* gorgogliare, mormorare.

gush (gʌʃ) *n* **1** sgorgo, zampillo *m*. **2** effusione *f*. *vi* **1** sgorgare. **2** abbandonarsi ad effusioni.

gust (gʌst) *n* raffica *f*.

gut (gʌt) *n* **1** budello *m*, *pl* budella *f*. **2** *pl sl* coraggio *m*. *vt* sventrare.

gutter ('gʌtə) *n* grondaia *f*. rigagnolo *m*.

guy¹ (gai) *n* **1** *inf* individuo, tipo *m*. **2** spauracchio *m*.

guy² (gai) *n* (rope) tirante di fissaggio *m*.

gymnasium (dʒim'neiziəm) *n* palestra *f*. **gymnast** *n* ginnasta *m*. **gymnastic** *adj* ginnastico. **gymnastics** *n pl* ginnastica *f*.

gynaecology (gaini'kɔlədʒi) *n* ginecologia *f*. **gynaecologist** *n* ginecologo *m*.

gypsum ('dʒipsəm) *n* pietra da gesso *f*.

H

haberdasher ('hæbədæʃə) *n* merciaio *m*. **haberdashery** *n* merceria *f*.

habit ('hæbit) *n* abitudine *f*. **habitable** *adj* abitabile. **habitual** *adj* abituale.

hack¹ (hæk) *vt* tagliare, troncare. *n* tacca *f*. taglio *m*. **hacksaw** *n* seghetto *m*.

hack² (hæk) *n* **1** (horse) ronzino *m*. **2** scribacchino *m*.

hackneyed ('hæknid) *adj* trito, banale.

had (hæd) *v see* **have**.

haddock ('hædək) *n* merluzzo *m*.

haemorrhage ('heməridʒ) *n* emorragia *f*.

hag (hæg) *n* strega, vecchiaccia *f*.

haggard ('hægəd) *adj* smunto, sparuto.

haggle ('hægl) *vi* mercanteggiare.

Hague, The (heig) *n* L'Aia *f*.

hail¹ (heil) *n* grandine *f*. *vi* grandinare. **hailstone** *n* chicco di grandine *m*. **hailstorm** *n* grandinata *f*.

hail² (heil) *vt* salutare, chiamare. *n* saluto *m*.

hair (heə) *n* **1** capelli *m pl*. **2** pelo *m*. **3** pelame *m*. **split hairs** cercare il pelo nell'uovo.

hairbrush ('heəbrʌʃ) *n* spazzola per capelli *f*.

haircut ('heəkʌt) *n* taglio dei capelli *m*.

hairdo ('heəduː) *n* acconciatura *f*.

hairdresser ('heədresə) *n* parrucchiere *m*. parrucchiera *f*. **hairdressing** *n* mestiere del parrucchiere *m*.

hairdryer ('heədraiə) *n* asciugacapelli *m invar*.

hairgrip ('heəgrip) *n* forcina per capelli *f*.

hairnet ('heənet) *n* retina per capelli *f*.

hairpiece ('heəpiːs) *n* toupet *m*.

hair-raising *adj* raccapricciante, che fa rizzare i capelli.

hairstyle ('heəstail) *n* pettinatura *f*.

hairy ('heəri) *adj* peloso.

half (hɑːf) *n*, *pl* **halves** metà *f*. mezzo *m*. **go halves** fare a metà. ~ *adj* mezzo. *adv* a mezzo.

half-a-dozen *adj,n* mezza dozzina *f*.

half-and-half *adj,adv* mezzo e mezzo.

half-back *n* mediano *m*.

half-baked *adj* **1** non completamente cotto. **2** incompleto.

half-breed *n* meticcio *m*.

half-brother *n* fratellastro *m*.

half-caste *n* mulatto *m*.

half-hearted *adj* esitante, abulico.

half-hour *n* mezz'ora *f*.

half-mast *adv* **at half-mast** a mezz'asta.

halfpenny ('heipni) *n* moneta da mezzo penny *f*.

half-pint *n* mezza pinta *f*.

half-sister *n* sorellastra *f*.

half-term *n* vacanza di metà trimestre *f*.

half-time *n* intervallo *m*.

halftone ('hɑːftoun) *n* mezzatinta *f*.

halfway (hɑːf'wei) *adj,adv* a mezza strada.

halfwit ('hɑːfwit) *n* tonto, stupido *m*.

halibut ('hælibət) *n, pl* **-buts** *or* **-but** sogliola atlantica *f*. halibut *m invar*.

hall (hɔːl) *n* sala *f*. salone *m*.

hallelujah (hæli'luːjə) *interj n* alleluia *m*.

hallmark ('hɔːlmɑːk) *n* marchio *m*.

hallo (hə'lou) *interj* see **hello.**

hallowed ('hæloud) *adj* benedetto, santo.

Hallowe'en (hælou'iːn) *n* vigilia dell'Ognissanti *f*.

hallucination (həluːsi'neiʃən) *n* allucinazione *f*.

halo ('heilou) *n, pl* **-loes** *or* **-los** aureola *f*. alone *m*.

halt (hɔːlt) *n* fermata, sosta *f*. *vt* fermare. *vi* trattenersi.

halter ('hɔːltə) *n* cavezza *f*. capestro *m*.

halve (hɑːv) *vt* dimezzare.

ham (hæm) *n* prosciutto *m*.

hamburger ('hæmbəːgə) *n* **1** polpetta di carne *f*. **2** panino con polpetta *m*.

hammer ('hæmə) *n* martello *m*. *vt* martellare.

hammock ('hæmək) *n* amaca *f*.

hamper[1] ('hæmpə) *vt* ostacolare, impedire.

hamper[2] ('hæmpə) *n* paniere *m*.

hamster ('hæmstə) *n* criceto *m*.

hand (hænd) *n* **1** mano *f*, *pl* mani. **2** operaio *m*. **3** lato *m*. **4** calligrafia *f*. **5** (of a clock) lancetta *f*. **at hand** a portata di mano. **on hand. on the other hand** d'altra parte. ~ *vt* porgere, consegnare, dare.

handbag ('hændbæg) *n* borsa, borsetta *f*.

handbook ('hændbuk) *n* manuale *m*.

handbrake ('hændbreik) *n* freno a mano *m*.

handcart ('hændkɑːt) *n* carretto a mano *m*.

handcuff ('hændkʌf) *n* manetta *f*. *vt* mettere le manette a.

handful ('hændful) *n* **1** manata, manciata *f*. **2** piccolo numero *m*.

hand grenade *n* granata *or* bomba a mano *f*.

handicap ('hændikæp) *n* **1** svantaggio, ostacolo *m*. **2** *sport* handicap *m*. *vt* **1** impedire, intralciare. **2** regolare un handicap. **handicapped** *adj* mutilato, menomato.

handicraft ('hændikrɑːft) *n* **1** artigianato *m*. **2** arte *f*.

handiwork ('hændiwəːk) *n* lavoro a mano *m*.

handkerchief ('hæŋkətʃif) *n* fazzoletto *m*.

handle ('hændl) *n* **1** manico *m*. **2** maniglia *f*. **3** manubrio *m*. *vt* maneggiare, trattare. **handlebar** *n* manubrio *m*.

handmade (hænd'meid) *adj* fatto a mano.

hand-pick *vt* scegliere singolarmente, cogliere a mano.

handrail ('hændreil) *n* corrimano *m* ringhiera *f*.

handshake ('hændʃeik) *n* stretta di mano *f*.

handsome ('hænsəm) *adj* **1** bello, ben fatto. **2** considerevole, generoso.

handstand ('hændstænd) *n* (in ginnastica) verticale sulle mani *f*.

handwriting ('hændraitiŋ) *n* calligrafia *f.*

handy ('hændi) *adj* **1** abile. **2** utile, a portata di mano.

hang* (hæŋ) *vt* **1** appendere. **2** impiccare. **3** attaccare. *vi* pendere. **hang back** esitare. **hang on 1** persistere. **2** rimanere attaccato. **hang out** stendere. **hang up 1** appendere. **2** attaccare. **hanger** *n* gancio *m.* stampella *f.* **hangman** *n* boia *invar.* **hangover** *n* malessere *m.* postumi di sbornia *m pl.*

hanker ('hæŋkə) *vi* agognare, bramare.

haphazard (hæp'hæzəd) *adj* casuale.

happen ('hæpən) *vi* avvenire, accadere. **happening** *n* avvenimento *m.*

happy ('hæpi) *adj* felice, contento. **happy-go-lucky** *adj* spensierato.

harass ('hærəs) *vt* molestare, tormentare. **harassment** *n* molestia *f.* tormento *m.*

harbour ('haːbə) *n* **1** porto *m.* **2** rifugio *m.* *vt* **1** dar rifugio a. **2** albergare.

hard (haːd) *adj* **1** duro. **2** difficile, faticoso. *adv* **1** energicamente. **2** molto. **hardback** *n* libro con la copertina dura *m.* **hardboard** *n* pannello di fibra di legno *m.* **hard-boiled** *adj* sodo. **hard-headed** *adj* ostinato. **hard-hearted** *adj* insensibile, senza cuore. **hardship** *n* disagio, stento *m.* privazione *f.* **hardware** *n* ferramenta *f pl.* **harden** *vt* indurire. *vi* indurirsi. **hardly** ('haːdli) *adv* **1** appena, a stento. **2** quasi. **hardy** ('haːdi) *adj* coraggioso, resistente.

hare (hɛə) *n* lepre *f.*

haricot ('hærikou) *n* fagiolino *m.*

hark (haːk) *vi* ascoltare.

harm (haːm) *n* torto, danno *m.* *vt* nuocere a, danneggiare.

harmonic (haː'mɔnik) *adj* armonioso, armonico. **harmonica** *n* armonica *f.* **harmonize** *vt* armonizzare. *vi* andare d'accordo. **harmony** *n* armonia *f.*

harness ('haːnis) *n* finimenti *m pl.* *vt* bardare, imbrigliare.

harp (haːp) *n* arpa *f.*

harpoon (haː'puːn) *n* fiocina *f.* *vt* fiocinare.

harpsichord ('haːpsikɔːd) *n* clavicembalo *m.*

harrow ('hærou) *n* erpice *m.* *vt* **1** erpicare. **2** straziare.

harsh (haːʃ) *adj* ruvido, aspro, severo. **harshness** *n* durezza, severità *f.*

harvest ('haːvist) *n* raccolto *m.* *vt* mietere, raccogliere.

has (hæz) *v* see **have**.

hashish ('hæʃiʃ) *n* hascisc *m.*

haste (heist) *n* fretta *f.* **hasten** *vt* affrettare. *vi* affrettarsi.

hat (hæt) *n* cappello *m.* **bowler hat** bombetta *f.*

hatch[1] (hætʃ) *vt* covare. *vi* nascere. *n* covata *f.*

hatch[2] (hætʃ) *naut* portello, boccaporto *m.*

hatchback ('hætʃbæk) *n* auto a portellone posteriore *f.*

hatchet ('hætʃit) *n* scure, accetta *f.*

hate (heit) *vt* odiare, detestare. *n* odio *m.* **hateful** *adj* odioso.

haughty ('hɔːti) *adj* superbo, altezzoso.

haul (hɔːl) *vt* tirare, trainare. *n* bottino *m.* retata *f.*

haunch (hɔːntʃ) *n* anca *f.* fianco *m.*

haunt (hɔːnt) *vt* **1** frequentare. **2** perseguitare. *n* ritrovo *m.* tana *f.* **haunted** *adj* **1** perseguitato. **2** infestato da apparizioni.

have* (hæv) *vt* **1** avere. **2** possedere. **3** dovere. *v aux* avere. **have done** *or* **made** far fare.

haven ('heivən) *n* **1** porto *m*. **2** rifugio *m*.

haversack ('hævəsæk) *n* zaino *m*.

havoc ('hævək) *n* rovina, devastazione *f*.

hawk (hɔːk) *n* falco, sparviero *m*.

hawthorn ('hɔːθɔːn) *n* biancospino *m*.

hay (hei) *n* fieno *m*. **hayfever** *n* febbre da fieno *f*. **haystack** *n* mucchio di fieno *m*. **haywire** *adj* pazzo. **go haywire** eccitarsi.

hazard ('hæzəd) *n* rischio, azzardo *m*. *vt* arrischiare. **hazardous** *adj* rischioso.

haze (heiz) *n* **1** nebbia *f*. **2** confusione *f*.

hazel ('heizəl) *n* nocciuolo *m*. **hazelnut** *n* nocciuola *f*.

he (hiː) *pron 3rd pers s* **1** egli *m*. **2** lui *m*. **3** colui *m*.

head (hed) *n* **1** *anat* testa *f*. **2** dirigente *m,f*. **3** capezzale *m*. **4** schiuma *f*. *vt* **1** colpire con la testa. **2** intestare. **3** dirigere. **head for** dirigersi verso.

headache ('hedeik) *n* mal di testa *m*.

heading ('hediŋ) *n* intestazione *f*.

headlight ('hedlait) *n* faro *m*.

headline ('hedlain) *n* titolo di prima pagina *m*.

headlong ('hedlɔŋ) *adv* a capofitto.

headmaster (hed'mɑːstə) *n* direttore, preside *m*.

headphone ('hedfoun) *n* cuffia *f*.

headquarters (hedkwɔːtəz) *n pl* **1** *mil* quartiere generale *m*. **2** centro *m*.

headscarf ('hedskɑːf) *n* fazzoletto da testa *m*.

headstrong ('hedstrɔŋ) *adj* testardo.

headway ('hedwei) *n* progresso *m*.

heal (hiːl) *vt,vi* guarire.

health (helθ) *n* salute *f*. **health food** cibo macrobiotico *m*. **healthy** *adj* sano, salubre.

heap (hiːp) *n* mucchio, cumulo *m*. *vt* ammucchiare, accumulare.

hear* (hiə) *vt* **1** udire, ascoltare. **2** apprendere. *vi* udire, sentire. **hear about** avere notizie di. **hearing** *n* **1** udito *m*. **2** udienza *f*. **hearing aid** *n* apparecchio acustico *m*.

hearse (həːs) *n* carro funebre *m*.

heart (hɑːt) *n* **1** cuore *m*. **2** coraggio *m*. **3** centro *m*. **by heart** a memoria. **heart attack** *n* attacco cardiaco *m*. **heartbeat** *n* pulsazione *f*. **heartbroken** *adj* affranto, angosciato. **heartless** *adj* spietato, senza cuore. **hearty** *adj* cordiale, vigoroso.

hearth (hɑːθ) *n* focolare *m*.

heat (hiːt) *n* **1** caldo *m*. **2** ardore *m*. **3** *sport* prova singola *f*. **heater** *n* radiatore *m*. stufetta *f*. **heatwave** *n* ondata di caldo *f*.

heath (hiːθ) *n* brughiera *f*.

heathen ('hiːðən) *adj,n* pagano.

heather ('heðə) *n* erica *f*.

heave (hiːv) *n* sollevamento *m*. *vt* sollevare, issare. *vi* gonfiarsi.

heaven ('hevən) *n* cielo, paradiso *m*.

heavy ('hevi) *adj* pesante. **heavyweight** *n* *sport* peso massimo *m*.

Hebrew ('hiːbruː) *adj* ebreo, ebraico. *n* ebreo *m*. **Hebrew (language)** *n* ebraico *m*.

heckle ('hekəl) *vt* tempestare di domande.

hectare ('hektɛə) n ettaro m.

hectic ('hektik) adj movimentato.

hedge (hedʒ) n siepe f. vt circondare con siepe. vi evitare di dare una risposta diretta. **hedgehog** n porcospino m.

heed (hiːd) n attenzione f. vt fare attenzione a, badare a.

heel (hiːl) n 1 calcagno m, pl calcagna f or calcagni m. 2 tacco m.

hefty ('hefti) adj 1 forte. 2 vigoroso.

height (hait) n 1 altezza f. 2 colmo m. 3 altura f. **heighten** vt 1 intensificare. 2 innalzare. vi accentuarsi.

heir (ɛə) n erede m,f. **heirloom** n cimelio di famiglia m.

held (held) v see **hold**.

helicopter ('helikɔptə) n elicottero m.

helium ('hiːliəm) n elio m.

hell (hel) n inferno m. **hellish** adj infernale.

hello (hə'lou) interj 1 salve! ciao! 2 (on the telephone) pronto!

helm (helm) n timone m.

helmet ('helmit) n casco, elmetto m.

help (help) n 1 aiuto m. assistenza f. 2 rimedio m. vt aiutare, assistere. **helpful** adj utile, vantaggioso. **helpless** adj indifeso, debole.

hem (hem) n orlo m. vt orlare.

hemisphere ('hemisfiə) n emisfero m.

hemp (hemp) n canapa f.

hen (hen) n 1 gallina f. 2 femmina f.

hence (hens) adv 1 di qui. 2 perciò. **henceforth** adv d'ora in avanti.

henna ('henə) n alcanna f.

her (hə:) pron 3rd pers s la, lei, le f. poss adj 3rd pers s (il) suo, (la) sua, (i) suoi, (le) sue.

herald ('herəld) n araldo m. messaggero m. vt annunziare.

herb (hə:b) n erba aromatica f.

herd (hə:d) n gregge m. mandria f.

here (hiə) adv qui, qua. **hereafter** adv in futuro.

hereditary (hi'reditri) adj ereditario.

heredity (hi'rediti) n ereditarietà f.

heresy ('herəsi) n eresia f.

heritage ('heritidʒ) n eredità f.

hermit ('hə:mit) n eremita m.

hero ('hiərou) n, pl -oes n 1 eroe m. 2 protagonista m.

heroin ('herouin) n eroina f.

heroine ('herouin) n 1 eroina f. 2 protagonista f.

heron ('herən) n airone m.

herring ('heriŋ) n, pl **herrings** or **herring** aringa f.

hers (hə:z) pron 3rd pers s il suo, la sua, i suoi, le sue, di lei. **herself** pron 3rd pers s 1 ella or lei stessa. 2 si, sé.

hesitate ('heziteit) vi esitare. **hesitation** n esitazione f.

heterosexual (hetərə'seksjuəl) adj eterosessuale.

hexagon ('heksəgən) n esagono m. **hexagonal** adj esagonale.

hibernate ('haibəneit) vi svernare, essere in letargo. **hibernation** n ibernazione f.

hiccup ('hikʌp) n singhiozzo m. vi avere il singhiozzo.

hide[*1] (haid) vt nascondere. vi celarsi. **hide-and-seek** n nascondino m.

hide[2] (haid) n cuoio m. pelle f.

hideous ('hidiəs) adj orrendo, mostruoso.

hiding[1] ('haidiŋ) n nascondiglio m.

hiding[2] ('haidiŋ) n inf bastonatura, sculacciata f.

hierarchy ('haiərɑːki) n gerarchia f.

high (hai) adj 1 alto, elevato. 2 importante. 3 cul alterato. adv 1 in alto. 2 fortemente. **highbrow** adj intellettuale. **high-fidelity** n alta fedeltà f. **high-frequency** adj ad alta frequenza f. **highland** n altopiano m. regione montuosa f. **highlight** n momento culminante m. vt 1 mettere in risalto. 2 proiettare un fascio di luce su. **high-pitched** adj stridulo, acuto. **high tide** n alta marea f. **highway** n strada maestra f.

Highness ('hainis) n Altezza f.

hijack ('haidʒæk) vt 1 sequestrare. 2 costringere a cambiar rotta. **hijacker** n pirata m.

hike (haik) n escursione a piedi f.

hilarious (hi'leəriəs) adj allegro, esilarante.

hill (hil) n colle m. collina f. **hillside** n pendio m. **hilltop** n sommità della collina f.

him (him) pers pron 3rd pers s lo, lui, gli m. **himself** pron 3rd pers s 1 egli or lui stesso. 2 si, sé.

hind (haind) adj posteriore. **hindleg** n gamba posteriore f. **hindsight** n senno di poi m.

hinder ('hində) vt impedire, ostacolare. **hindrance** n impedimento, ostacolo m.

Hindu ('hinduː) adj,n indù.

hinge (hindʒ) n perno, cardine m. cerniera f.

hint (hint) n 1 accenno m. allusione f. 2 consiglio m. vi accennare, insinuare, alludere. **take the hint** capire al volo.

hip (hip) n anat anca f. fianco m.

hippopotamus (hipə'potəməs) n, pl -**muses** or -**mi** ippopotamo m.

hire (haiə) vt affittare, noleggiare. n affitto m. **for hire** da nolo.

his (hiz) pron 3rd pers s il suo, la sua, i suoi, le sue, di lui. poss adj 3rd pers s (il) suo, (la) sua, (i) suoi, (le) sue.

hiss (his) vi sibilare, fischiare. n sibilo, fischio m.

history ('histri) n storia f. **historian** n storico m. **historic** adj storico.

hit* (hit) vt 1 colpire. 2 urtare. 3 toccare. n 1 colpo m. 2 successo m.

hitch (hitʃ) vt agganciare. vi fare l'autostop. n difficoltà f. **hitch-hike** vi fare l'autostop.

hive (haiv) n alveare m.

hoard (hɔːd) n cumulo, tesoro m. vt ammassare.

hoarding ('hɔːdiŋ) n 1 recinto provvisorio m. 2 tabellone m.

hoarse (hɔːs) adj rauco. **hoarseness** n raucedine f.

hoax (houks) n inganno, scherzo m.

hobble ('hɔbəl) vi zoppicare.

hobby ('hɔbi) n passatempo svago m.

hock[1] (hɔk) n (of a horse) garretto m.

hock[2] (hɔk) n vino bianco del Reno m.

hockey ('hɔki) n hockey m.

hoe (hou) n zappa f. vt zappare.

hoist (hɔist) n montacarichi m. vt alzare, sollevare.

hold*[1] (hould) vt 1 tenere. 2 contenere. 3 trattenere. vi tenere. **hold back** trattenersi, esitare. **hold up** 1 (traffic, etc.) fermare. 2 rapinare. ~n 1 presa f. 2 sostegno m. **holdall** n borsa da viaggio f. **holder** n 1 possessore m. 2 astuccio m.

hold[2] (hould) n naut stiva f.

hole (houl) n 1 buco m. buca f. 2 tana f.

holiday ('hɔlidi) n vacanza, festa f. **holiday-maker** n villeggiante m,f.

Holland ('hɔlənd) n Olanda f.

hollow ('hɔlou) n cavità f. fosso m. adj **1** cavo, vuoto. **2** falso. vt scavare.

holly ('hɔli) n agrifoglio m. **hollyhock** n altea rosata f.

holster ('houlstə) n fondina f.

holy ('houli) adj santo, sacro.

homage ('hɔmidʒ) n omaggio m.

home (houm) n **1** casa f. focolare domestico m. **2** patria f. **3** rifugio m. adj **1** familiare, domestico. **2** nazionale. adv **1** a casa, di ritorno. **2** a segno. **homecoming** n ritorno alla propria casa m. **homeland** n patria f. **homesick** adj nostalgico. **homesickness** n nostalgia f. **homework** n compiti m pl.

homosexual (houmə'sekʃuəl) adj,n omosessuale m.

honest ('ɔnist) adj onesto, leale, genuino. **honestly** adv veramente. **honesty** n onestà f.

honey ('hʌni) n miele m. **honeycomb** n favo m. **honeymoon** n luna di miele f. **honeysuckle** n caprifoglio m.

honour ('ɔnə) n **1** onore m. **2** reputazione f. **His/Your Honour** Sua/Vostra Eccellenza. ~ vt onorare, rispettare. **honorary** adj onorario, onorifico. **honourable** adj stimato, onorevole.

hood (hud) n **1** cappuccio m. **2** mot mantice m. vt incappucciare. **hoodwink** vt ingannare.

hoof (huːf) n, pl **hoofs** or **hooves** zoccolo m.

hook (huk) n **1** gancio, uncino m. **2** amo m. **by hook or by crook** a qualunque costo. ~ vt agganciare.

hooligan ('huːligən) n teppista m. **hooliganism** n teppismo m.

hoop (huːp) n cerchio m. vt cerchiare.

hoot (huːt) n grido m. vi **1** urlare. **2** mot suonare.

Hoover ('huːvə) n Tdmk aspirapolvere m.

hop[1] (hɔp) n balzo, salto m. vi saltellare.

hop[2] (hɔp) n bot luppolo m.

hope (houp) n speranza f. vt,vi sperare. **hopeful** adj fiducioso, promettente. **hopeless** adj disperato, irrimediabile.

horde (hɔːd) n orda f.

horizon (hə'raizən) n orizzonte m. **horizontal** adj orizzontale.

hormone ('hɔːmoun) n ormone m.

horn (hɔːn) n **1** corno m, pl corna f. or corni m. **2** mot clacson m.

hornet ('hɔːnit) n calabrone m.

horoscope ('hɔrəskoup) n oroscopo m.

horrible ('hɔrəbl) adj orrendo, orribile.

horrid ('hɔrid) adj **1** spaventoso. **2** inf spiacevole.

horrify ('hɔrifai) vt atterrire, far inorridire.

horror ('hɔrə) n orrore m.

hors d'oeuvres (ɔː'dəːvs) n pl antipasto m.

horse (hɔːs) n cavallo m. **on horseback** adv a cavallo. **horse chestnut** n ippocastano m. **horsefly** n mosca cavallina f. **horsehair** n crine di cavallo m. **horseman** n cavaliere m. **horsepower** n cavallo vapore m. **horseradish** n rafano m. **horseshoe** n ferro di cavallo m.

horticulture ('hɔːtikʌltʃə) n orticoltura f.

hose (houz) n tubo flessibile m.

hosiery ('houziəri) n maglieria f.

hospitable ('hɔspitəbəl) adj ospitale.

hospital ('hɔspitl) *n* ospedale *m*.

hospitality (hɔspi'tæliti) *n* ospitalità *f*.

host[1] (houst) *n* ospite *m*.

host[2] (houst) *n* (crowd) moltitudine, schiera *f*.

hostage ('hɔstidʒ) *n* ostaggio *m*.

hostel ('hɔstl) *n* locanda *f*. ostello *m*.

hostess ('houstis) *n* ospite *f*.

hostile ('hɔstail) *adj* nemico, ostile.

hot (hɔt) *adj* **1** caldo, bollente, ardente. **2** piccante. **3** pericoloso. **hot-blooded** *adj* ardente, dal sangue caldo. **hot dog** *n* panino imbottito con salsiccia *m*. **hothouse** *n* serra *f*. **hotplate** *n* fornello *m*. piastra riscaldante *f*. **hot-tempered** *adj* dal temperamento focoso. **hot-water bottle** *n* borsa dell'acqua calda *f*.

hotel (hou'tel) *n* albergo *m*.

hound (haund) *n* cane da caccia *m*. *vt* inseguire.

hour (auə) *n* ora *f*.

house (*n* haus; *v* hauz) **1** casa *f*. **2** dinastia *f*. **3** ditta *f*. **4** *Th* sala *f*. *vt* alloggiare.

houseboat ('hausbout) *n* casa galleggiante *f*.

housebound ('hausbaund) *adj* costretto a casa.

household ('haushould) *n* famiglia *f*.

housekeeper ('hauskiːpə) *n* governante, massaia *f*.

housemaid ('hausmeid) *n* cameriera *f*.

House of Commons *n* Camera dei Comuni *f*.

House of Lords *n* Camera dei Pari *f*.

houseproud ('hauspraud) *adj* orgoglioso della propria casa.

housewife ('hauswaif) *n* casalinga, donna di casa *f*.

housework ('hauswəːk) *n* faccende domestiche *f pl*.

housing ('hauziŋ) *n* alloggio *m*. **housing estate** *n* zona residenziale *f*.

hover ('hɔvə) *vi* librarsi sulle ali, ondeggiare, sorvolare. **hovercraft** *n* veicolo a cuscino pneumatico *m*. hovercraft *m invar*.

how (hau) *adv* **1** come, in che modo. **2** quanto. **how are you?** come stai? **how long** quanto tempo. **however** *conj* tuttavia. *adv* **1** comunque. **2** per quanto.

howl (haul) *n* ululato *m*. *vi* lamentarsi, ululare.

hub (hʌb) *n* **1** *mot* mozzo *m*. **2** centro *m*.

huddle ('hʌd) *n* calca, folla *f*. *vt* metter insieme alla rinfusa. *vi* affollarsi.

huff (hʌf) *n* collera *f*.

hug (hʌg) *n* abbraccio *m*. *vt* abbracciare. *vi* abbracciarsi.

huge (hjuːdʒ) *adj* enorme, vasto.

hulk (hʌlk) *n* carcassa *f*.

hull[1] (hʌl) *n bot* baccello, guscio *m*. *vt* sgusciare.

hull[2] (hʌl) *n naut* scafo *m*.

hullo (hə'lou) *interj* see **hello**.

hum (hʌm) *vi* ronzare, mormorare. *vt* cantare a bocca chiusa. *n* ronzio *m*.

human ('hjuːmən) *adj* umano. *n* essere umano *m*. **human nature** *n* natura umana *f*. **humane** *adj* umano, compassionevole. **humanism** *n* umanesimo *m*. **humanitarian** *adj* filantropico. *n* filantropo *m*. **humanity** *n* umanità, benevolenza *f*.

humble ('hʌmbəl) *adj* umile, modesto. *vt* umiliare.

humdrum ('hʌmdrʌm) *adj* monotono.

humid ('hjuːmid) *adj* umido.

humiliate (hjuː'milieit) *vt* umiliare. **humiliation** n umiliazione f.

humility (hjuːˈmiliti) n umiltà f.

humour (ˈhjuːmə) n **1** umore m. **2** capriccio m. vt assecondare, compiacere. **humorist** n umorista m. **humorous** adj umoristico, comico.

hump (hʌmp) n gobba f.

hunch (hʌntʃ) n **1** gobba f. **2** inf sospetto, presentimento m. vt curvare. **hunchback** n gobbo m.

hundred (ˈhʌndrəd) adj,n cento m. n centinaio m, pl centinaia f. **hundredth** adj centesimo. **hundredweight** n misura di peso di 112 libbre f.

hung (hʌŋ) v see **hang.**

Hungary (ˈhʌŋgəri) n Ungheria f. **Hungarian** adj,n ungherese. **Hungarian** (language) n ungherese m.

hunger (ˈhʌŋgə) n fame f. vi bramare. **hunger-strike** n sciopero della fame m. **hungry** adj affamato. **be hungry** avere fame.

hunt (hʌnt) n **1** caccia f. **2** inseguimento m. vt **1** cacciare. **2** inseguire. **hunting** n caccia f. **huntsman** n cacciatore m.

hurdle (ˈhəːdl) n **1** ostacolo m. **2** barriera f.

hurl (həːl) vt scagliare.

hurrah (huˈrɑː) interj urrà! evviva!

hurricane (ˈhʌrikein) n uragano, ciclone m.

hurry (ˈhʌri) n fretta, urgenza f. vt affrettare. vi precipitarsi.

hurt* (həːt) vt **1** far male a. **2** offendere. **3** danneggiare. vi dolere.

husband (ˈhʌzbənd) n marito m.

hush (hʌʃ) n silenzio m. interj zitto! tacere. vi far tacere.

husk (hʌsk) n guscio, baccello m.

husky (ˈhʌski) adj rugoso, rauco.

hustle (ˈhʌsəl) vt spingere. vi affrettarsi. n spinta, fretta f.

hut (hʌt) n capanna, baracca f.

hutch (hʌtʃ) n conigliera f.

hyacinth (ˈhaiəsinθ) n giacinto m.

hybrid (ˈhaibrid) adj,n ibrido m.

hydraulic (haiˈdrɔːlik) adj idraulico.

hydro-electric (haidrouiˈlektrik) adj idroelettrico.

hydrofoil (ˈhaidroufɔil) n aliscafo m.

hydrogen (ˈhaidrədʒən) n idrogeno m. **hydrogen bomb** n bomba all'idrogeno f.

hyena (haiˈiːnə) n iena f.

hygiene (ˈhaidʒiːn) n igiene f. **hygienic** adj igienico.

hymn (him) n inno m. **hymnbook** n libro di inni m.

hypermarket (ˈhaipəmɑːkit) n ipermercato m.

hyphen (ˈhaifən) n trattino m. lineetta di congiunzione f. **hyphenate** vt mettere un trattino a.

hypnosis (hipˈnousis) n, pl **-ses** ipnosi f. **hypnotism** n ipnotismo m.

hypochondria (haipəˈkondriə) n ipocondria f. **hypochondriac** n ipocondriaco.

hypocrisy (hiˈpokrəsi) n ipocrisia f. **hypocrite** n ipocrita m. **hypocritical** adj ipocrita.

hypodermic (haipəˈdəːmik) adj ipodermico.

hypothesis (haiˈpoθəsis) n, pl **-ses** ipotesi f sing invar. **hypothetical** adj ipotetico.

hysterectomy (histəˈrektəmi) n isterectomia f.

hysteria (hisˈtiəriə) n isterismo m. **hysterical** adj isterico. **hysterics** n pl attacco d'isteria m.

I

I (ai) *pron 1st pers s* io *m,f.*
ice (ais) *n* ghiaccio *m.* *vt*
1 ghiacciare. **2** *cul* glassare.
iceberg *n* massa di ghiaccio
galleggiante *f.* **ice-cream** *n*
gelato *m.* **ice-cube** *n* cubetto
di ghiaccio *m.* **ice hockey** *n*
hockey su ghiaccio *m.* **ice
rink** *n* pista di pattinaggio
f. **icicle** *n* ghiacciolo *m.*
icing *n* glassa *f.* **icy** *adj* gelido, ghiacciato.
Iceland (´aislənd) *n* Islanda
f. **Icelandic** *adj* islandese. **Icelandic** (language) *n*
islandese *m.* **Icelander** *n*
islandese *m,f.*
icon (´aikɔn) *n* icona *f.*
idea (ai´diə) *n* idea *f.* concetto
m.
ideal (ai´diəl) *adj,n* ideale
m. **idealistic** *adj* idealisti-
co. **idealize** *vt* idealizzare.
identify (ai´dentifai) *vt* identificare. **identification** *n* identificazione *f.*
identity (ai´dentiti) *n* identità
f. **identity card** *n* carta d'i-
dentità *f.* **identical** *adj* identico. **identical twins** *n pl* gemelli monozigotici *m pl.*
ideology (aidi´ɔlədʒi) *n* ideologia *f.*
idiom (´idiəm) *n* idioma, dialetto *m.* **idiomatic** *adj* idiomatico.
idiosyncrasy (idiə´siŋkrəsi) *n*
idiosincrasia *f.*
idiot (´idiət) *n* idiota *m.* **idiotic** *adj* idiota, ebete.
idle (´aidl) *adj* pigro, inutile, vano. *vi* oziare. **idleness** *n* pigrizia, indolenza *f.*
idol (´aidl) *n* idolo *m.* **idolatry**
n idolatria *f.* **idolize** *vt* idola-
trare.
idyllic (i´dilik) *adj* idillico.
if (if) *conj* se. **if anything** se
mai.
igloo (´igluː) *n* igloo *m.*

ignite (ig´nait) *vt* accendere. *vi*
accendersi. **ignition** *n* igni-
zione, accensione *f.*
ignorant (´ignərənt) *adj* ignorante.
ignore (ig´nɔː) *vt* ignorare, far
finta di non vedere *or* sentire.
ill (il) *adj* **1** ammalato. **2** cattivo. *n* male, danno *m.* *adv* ma-
le. **ill-bred** *adj* maleducato. **illness** *n* malattia *f.* **ill-
treat** *vt* maltrattare. **ill will** *n*
cattiva volontà *f.*
illegal (i´liːgəl) *adj* illegale.
illegible (i´ledʒəbəl) *adj* illeggibile.
illegitimate (ili´dʒitimət) *adj* illegittimo.
illicit (i´lisit) *adj* illecito.
illiterate (i´litərət) *adj* analfabeta.
illogical (i´lɔdʒikəl) *adj* illogico.
illuminate (i´luːmineit) *vt* rischiarare, illuminare. **illumi-
nation** *n* illuminazione *f.*
illusion (i´luːʒən) *n* illusione *f.*
illustrate (´iləstreit) *vt* spiegare,
illustrare. **illustration** *n* illustrazione *f.*
illustrious (i´lʌstriəs) *adj* illustre, celebre.
image (´imidʒ) *n* immagine
f. **imagery** *n* linguaggio fi-
gurato *m.*
imagine (i´mædʒin) *vt* immaginare, farsi un' idea di. **im-
aginary** *adj* immaginario.
imagination *n* fantasia, immaginazione *f.* **imaginative**
adj fantasioso.
imbecile (´imbisiːl) *adj,n* imbecille.
imitate (´imiteit) *vt* imitare.
imitation *n* imitazione *f.* *adj*
contraffatto, artificiale.
immaculate (i´mækjulət) *adj*
immacolato.
immature (imə´tjuə) *adj* immaturo.
immediate (i´miːdiət) *adj* immediato, istantaneo. **imme-**

diately *adv* subito, d'un tratto.

immense (i'mens) *adj* immenso. **immensely** *adv* moltissimo.

immerse (i'mə:s) *vt* immergere, tuffare.

immigrate ('imigreit) *vi* immigrare. **immigrant** *n* immigrante *m,f.* **immigration** *n* immigrazione *f.*

imminent ('iminənt) *adj* imminente.

immobile (i'moubail) *adj* immobile. **immobilize** *vt* immobilizzare.

immoral (i'mɔrəl) *adj* immorale.

immortal (i'mɔ:tl) *adj* immortale. **immortality** *n* immortalità *f.*

immovable (i'mu:vəbəl) *adj* inamovibile.

immune (i'mju:n) *adj* immune, esente. **immunize** *vt* immunizzare.

imp (imp) *n* diavoletto *m.*

impact ('impækt) *n* 1 urto *m.* 2 impressione *f.*

impair (im'peə) *vt* indebolire, menomare.

impart (im'pa:t) *vt* impartire, dare.

impartial (im'pa:ʃəl) *adj* imparziale, giusto. **impartiality** *n* imparzialità *f.*

impatient (im'peiʃənt) *adj* impaziente. **impatience** *n* impazienza *f.*

impeach (im'pi:tʃ) *vt* imputare, incriminare. **impeachment** *n* accusa, incriminazione *f.*

impeccable (im'pekəbəl) *adj* impeccabile.

impediment (im'pedimənt) *n* ostacolo, impedimento *m.*

impel (im'pel) *vt* incitare, stimolare.

imperative (im'perativ) *adj* imperativo, urgente. *n* imperativo *m.*

imperfect (im'pə:fikt) *adj* imperfetto.

imperial (im'piəriəl) *adj* imperiale.

impersonal (im'pə:sənl) *adj* impersonale.

impersonate (im'pə:səneit) *vt* impersonare, imitare.

impertinent (im'pə:tinənt) *adj* impertinente.

impetuous (im'petʃuəs) *adj* impetuoso.

impetus ('impitəs) *n* impeto, slancio *m.*

impinge (im'pindʒ) *vi* **impinge on** 1 urtare contro. 2 violare.

implement (*n* 'impləmənt; *v* 'impləment) *n* 1 utensile *m.* 2 *pl* attrezzi *m pl.* *vt* compiere, attuare.

implicit (im'plisit) *adj* implicito.

implore (im'plɔ:) *vt* implorare.

imply (im'plai) *vt* implicare, insinuare, significare.

import (*v* im'pɔ:t; *n* 'impɔ:t) *vt* 1 *comm* importare. 2 significare. *n* 1 *comm* importazione *f.* 2 portata *f.* significato *m.*

importance (im'pɔ:tns) *n* importanza *f.* **important** *adj* importante.

impose (im'pouz) *vt* imporre. *vi* imporsi. **impose on** abusare di. **imposing** *adj* imponente, grandioso.

impossible (im'posəbəl) *adj* impossibile.

impostor (im'pɔstə) *n* impostore, imbroglione *m.*

impotent ('impətənt) *adj* impotente, debole.

impound (im'paund) *vt* sequestrare, confiscare.

impoverish (im'pɔvəriʃ) *vt* impoverire.

impress (im'pres) *vt* 1 fare buona impressione su. 2 inculcare. 3 stampare. **impression** *n* 1 impressione *f.* 2 ristampa *f.* **impressive** *adj* impressionante.

imprint (n 'imprint; v im'print) n impronta f. vt stampare.
improbable (im'prɔbəbəl) adj improbabile.
impromptu (im'prɔmptjuː) adj improvvisato. adv all'improvviso, a prima vista.
improper (im'prɔpə) adj erroneo, sconveniente.
improve (im'pruːv) vt, vi migliorare. **improvement** n miglioramento, progresso m.
improvise ('imprəvaiz) vt improvvisare. **improvisation** n improvvisazione f.
impudent ('impjudənt) adj sfrontato. **impudence** n impudenza f.
impulse ('impʌls) n impeto, stimolo m. **impulsive** adj impulsivo.
impure (im'pjuə) adj impuro, contaminato. **impurity** n impurità f.
in (in) prep **1** a, in. **2** entro, tra. **3** durante. **4** di. adv dentro, a casa.
inability (inə'biliti) n incapacità f.
inaccurate (in'ækjurət) adj impreciso, sbagliato. **inaccuracy** n inesattezza f.
inadequate (in'ædikwit) adj insufficiente.
inadvertent (inəd'vəːtnt) adj sbadato, involontario.
inane (i'nein) adj vuoto, insensato.
inarticulate (inɑr'tikjulət) adj inarticolato, indistinto.
inasmuch (inəz'mʌtʃ) conj **inasmuch as** in quanto che.
inaugurate (i'nɔːgjureit) vt inaugurare.
incapable (in'keipəbəl) adj incapace, inetto.
incendiary (in'sendiəri) adj,n incendiario m.
incense[1] ('insens) n incenso m.
incense[2] (in'sens) vt provocare, irritare.

incessant (in'sesənt) adj continuo.
incest ('insest) n incesto m. **incestuous** adj incestuoso.
inch (intʃ) n pollice m. **inch by inch** gradatamente.
incident ('insidənt) n **1** caso m. **2** episodio m. **incidental** adj fortuito, accidentale.
incite (in'sait) vt spronare, incitare.
incline (in'klain) vt inclinare. vi propendere. n pendio m. **inclined** adj propenso.
include (in'kluːd) vt includere, comprendere. **inclusion** n inclusione f. **inclusive** adj compreso.
incognito (inkɔg'niːtou) adj incognito. adv in incognito.
incoherent (inkou'hiərənt) adj incoerente.
income ('inkʌm) n reddito m. entrata f. **income tax** n tassa sul reddito f.
incompatible (inkəm'pætibəl) adj incompatibile.
incompetent (in'kɔmpətənt) adj incompetente, incapace.
incongruous (in'kɔŋgruəs) adj incongruo, assurdo.
inconsiderate (inkən'sidərit) adj sconsiderato, senza riguardi.
inconsistent (inkən'sistənt) adj inconsistente, incompatibile.
inconvenient (inkən'viːniənt) adj scomodo, inopportuno. **inconvenience** n inconveniente, incomodo m. vt incomodare, disturbare.
incorporate (in'kɔːpəreit) vt incorporare. vi unirsi.
incorrect (inkə'rekt) adj inesatto, scorretto.
increase (v in'kriːs; n 'inkriːs) n aumento m. aggiunta f. vt accrescere. vi ingrandirsi.
incredible (in'kredəbəl) adj incredibile.
incubate ('inkjubeit) vt, vi co-

vare. **incubator** n incubatrice f.

incur (in'kə:r) vt incorrere in, esporsi a.

incurable (in'kjuərəbəl) adj incurabile.

indecent (in'di:sənt) adj indecente.

indeed (in'di:d) adv veramente, infatti, proprio, anzi.

indefinite (in'defənit) adj indefinito.

indent (in'dent) vt 1 dentellare. 2 iniziare a distanza dal margine.

independent (indi'pendənt) adj indipendente. **independence** n indipendenza f.

index ('indeks) n, pl -**exes** or -**ices** indice m. rubrica f. vt 1 corredare d'indice. 2 mettere in ordine alfabetico. **index finger** n dito indice m.

India ('indiə) n India f. **Indian** adj,n indiano.

indicate ('indikeit) vt indicare. **indicator** n indicatore m.

indifferent (in'difrənt) adj indifferente, mediocre.

indigestion (indi'dʒestʃən) n indigestione f.

indignant (in'dignənt) adj indignato.

indirect (indi'rekt) adj indiretto, secondario.

indispensable (indi'spensəbəl) adj indispensabile.

individual (indi'vidʒuəl) adj singolo, particolare. n individuo m.

indoctrinate (in'dɔktrineit) vt addottrinare.

indolent ('indələnt) adj indolente.

Indonesia (ində'ni:ziə) n Indonesia f. **Indonesian** adj,n indonesiano.

indoor ('indɔ:r) adj interno, da casa. **indoors** adv al coperto, all'interno.

induce (in'dju:s) vt indurre, produrre.

indulge (in'dʌldʒ) vt essere indulgente con. **indulge in** permettersi di. **indulgent** adj indulgente, condiscendente, benevolo.

industry ('indəstri) n 1 industria f. 2 diligenza f. **industrial** adj industriale. **industrious** adj operoso, attivo.

inefficient (ini'fiʃənt) adj inefficiente.

inept (i'nept) adj incapace, sciocco.

inequality (ini'kwɔliti) n ineguaglianza f.

inert (i'nə:t) adj inerte, apatico. **inertia** n inerzia, apatia f.

inevitable (in'evitəbəl) adj inevitabile.

infallible (in'fæləbəl) adj infallibile.

infamous ('infəməs) adj infame.

infant ('infənt) n neonato, bambino m. **infancy** n infanzia f. **infantile** adj infantile, puerile.

infantry ('infəntri) n fanteria f.

infatuate (in'fætʃueit) vt infatuare. **infatuation** n infatuazione f.

infect (in'fekt) vt infettare. **infection** n infezione f. contagio m.

infer (in'fə:r) vt dedurre, arguire.

inferior (in'fiəriə) adj,n inferiore. **inferiority** n inferiorità f.

infernal (in'fə:nl̩) adj infernale.

infest (in'fest) vt infestare.

infidelity (infi'deliti) n infedeltà f.

infiltrate ('infiltreit) vt infiltrare. vi infiltrarsi.

infinite ('infinit) adj infinito, immenso. n infinito m. **infinity** n infinità f.

infinitive (in'finitiv) adj,n infinito m.

infirm (in'fə:m) adj infermo, malaticcio.

inflame (in'fleim) *vt* infiammare. *vi* ardere, infiammarsi.
inflammable *adj* infiammabile.

inflate (in'fleit) *vt* gonfiare. *vi* gonfiarsi. **inflation** *n* 1 gonfiatura *f*. 2 *comm* inflazione *f*.

inflection (in'flek∫ən) *n* inflessione *f*.

inflict (in'flikt) *vt* infliggere.

influence ('influəns) *n* ascendenza, influenza *f*. *vt* influenzare.

influenza (influ'enzə) *n* influenza *f*.

influx ('inflʌks) *n* affluenza *f*.

inform (in'fɔ:m) *vt* informare. **informant** *n* informatore *m*. **information** *n* 1 informazioni *f pl*. 2 *law* accusa *f*.

informal (in'fɔ:məl) *adj* non ufficiale, semplice.

infrastructure ('infrəstrʌkt∫ə) *n* infrastruttura *f*.

infringe (in'frindʒ) *vt* violare. **infringe upon** trasgredire. **infringement** *n* violazione, infrazione *f*.

infuriate (in'fjuərieit) *vt* far infuriare.

ingenious (in'dʒi:niəs) *adj* ingegnoso.

ingredient (in'gri:diənt) *n* ingrediente *m*.

inhabit (in'hæbit) *vt* abitare. **inhabitant** *n* abitante *m,f*.

inhale (in'heil) *vt* inalare, aspirare.

inherent (in'hiərənt) *adj* inerente, intrinseco.

inherit (in'herit) *vt,vi* ereditare. **inheritance** *n* eredità *f*.

inhibit (in'hibit) *vt* inibire, reprimere. **inhibition** *n* inibizione *f*.

inhuman (in'hju:mən) *adj* inumano, brutale.

initial (i'ni∫əl) *adj,n* iniziale *f*. *vt* siglare.

initiate (i'ni∫ieit) *vt* 1 cominciare. 2 iniziare a. **initiative** *n* iniziativa *f*.

inject (in'dʒekt) *vt* iniettare. **injection** *n* iniezione *f*.

injure ('indʒə) *vt* 1 danneggiare, ferire. 2 offendere. **injury** *n* 1 male *m*. ferita *f*. 2 offesa *f*.

injustice (in'dʒʌstis) *n* ingiustizia *f*.

ink (iŋk) *n* inchiostro *m*. *vt* imbrattare d'inchiostro.

inkling ('iŋkliŋ) *n* indizio, sentore *m*.

inland ('inlənd) *adv* interno. *n* retroterra *m*.

Inland Revenue *n* fisco *m*.

inmate ('inmeit) *n* 1 inquilino *m*. 2 ricoverato *m*.

inn (in) *n* osteria, locanda *f*.

innate (i'neit) *adj* istintivo, innato.

inner ('inə) *adj* interiore, intimo. **innermost** *adj* il più profondo.

innocent ('inəsənt) *adj* innocente, innocuo.

innocuous (i'nɔkjuəs) *adj* innocuo.

innovation (inə'vei∫ən) *n* innovazione *f*.

innuendo (inju'endou) *n* insinuazione, allusione *f*.

innumerable (i'nju:mərəbəl) *adj* innumerevole.

inoculate (i'nɔkjuleit) *vt* inoculare.

input ('input) *n* tech potenza, entrata *f*. input *m invar*.

inquest ('inkwest) *n* inchiesta, indagine *f*.

inquire (in'kwaiə) *vt* domandare. *vi* 1 informarsi. 2 indagare. **inquiry** *n* 1 domanda *f*. 2 indagine *f*. 3 *law* inchiesta *f*.

inquisition (inkwi'zi∫ən) *n* 1 inchiesta *f*. 2 *cap* Inquisizione *f*.

inquisitive (in'kwizitiv) *adj* curioso, indagatore.

insane (in'sein) adj pazzo, insensato.

insatiable (in'seifəbəl) adj insaziabile.

inscribe (in'skraib) vt incidere, iscrivere. inscription n iscrizione f.

insect ('insekt) n insetto m. insecticide n insetticida m.

insecure (insi'kjuə) adj malsicuro, instabile.

inseminate (in'semineit) vt fecondare.

insert (in'səːt) vt inserire, introdurre. n inserzione f. allegato m. insertion n inserzione, aggiunta f.

inside (in'said) prep entro. adv 1 internamente. 2 dentro. adj,n interno m.

insidious (in'sidiəs) adj insidioso.

insight ('insait) n perspicacia f. intuito m.

insinuate (in'sinjueit) vt 1 insinuare. 2 introdurre.

insist (in'sist) vi insistere. insistence n insistenza f. insistent adj insistente.

insolent ('insələnt) adj insolente.

insomnia (in'somniə) n insonnia f.

inspect (in'spekt) vt ispezionare, sorvegliare. inspection n ispezione f. inspector n ispettore m.

inspire (in'spaiə) vt ispirare, infondere. inspiration n ispirazione f.

instability (instə'biliti) n instabilità f.

install (in'stoːl) vt installare. installation n impianto m. installazione f.

instalment (in'stoːlmənt) n 1 comm rata f. 2 puntata f.

instance ('instəns) n esempio, caso m. instant adj istantaneo. n istante, momento

m. instantaneous adj istantaneo.

instead (in'sted) adv invece.

instep ('instep) n collo del piede m.

instigate ('instigeit) vt istigare, incitare.

instil (in'stil) vt infondere, instillare.

instinct ('instiŋkt) n istinto m. instinctive adj istintivo, impulsivo.

institute ('institjuːt) n istituto m. istituzione f. vt istituire, fondare. institution n istituzione f. ente m.

instruct (in'strʌkt) vt istruire, dare istruzioni a. instruction n 1 istruzione f. 2 pl disposizioni f pl.

instrument ('instrumənt) n strumento m. instrumental adj strumentale.

insubordinate (insə'bɔːdinət) adj insubordinato.

insufferable (in'sʌfərəbəl) adj insopportabile.

insular ('insjulə) adj insulare.

insulate ('insjuleit) vt isolare. insulation n isolamento m.

insulin ('insjulin) n insulina f.

insult (v in'sʌlt; n 'insʌlt) vt insultare. n insulto m.

insure (in'ʃuə) vt assicurare, garantire. insurance n assicurazione f. insurance company n compagnia d'assicurazione f.

intact (in'tækt) adj intatto, integro.

intake ('inteik) n 1 tech presa f. 2 entrata f.

integral ('intigrəl) adj integrale, completo.

integrate ('intigreit) vt integrare, completare.

integrity (in'tegriti) n integrità f.

intellect ('intəlekt) n intelletto m. intellectual adj,n intellettuale.

intelligent (in'telidʒənt) *adj* intelligente. **intelligence** *n* 1 intelligenza *f*. 2 informazioni *f pl*. **intelligence service** *n* servizio segreto *m*. **intelligible** *adj* intelligibile, chiaro.

intend (in'tend) *vt* 1 intendere, proporsi. 2 destinare.

intense (in'tens) *adj* intenso, profondo. **intensify** *vt* intensificare. *vi* rafforzarsi. **intensity** *n* intensità *f*. vigore *m*. **intensive** *adj* intensivo. **intensive course** *n* corso accelerato *m*.

intent[1] (in'tent) *n* scopo, proposito *m*.

intent[2] (in'tent) *adj* intento, assorto.

intention (in'tenʃən) *n* intenzione *f*. proposito *m*.

inter (in'tɔɪ) *vt* seppellire.

interact (intə'rækt) *vi* esercitare un'azione reciproca.

intercept (intə'sept) *vt* intercettare. **interception** *n* intercettamento *m*.

interchange (*v* intə'tʃeindʒ; *n* 'intətʃeindʒ) *vt* scambiare. *vi* scambiarsi. *n* scambio reciproco *m*.

intercourse ('intəkɔːs) *n* relazione *f*. rapporto *m*.

interest ('intrəst) *vt* interessare. *n* 1 interesse *m*. 2 interessamento *m*. **interesting** *adj* interessante.

interface ('intəfeis) *n* interfaccia *f*.

interfere (intə'fiə) *vi* interferire, intromettersi. **interfere with** ostacolare. **interference** *n* 1 ingerenza *f*. 2 *tech* interferenza *f*.

interim ('intərim) *adj* 1 provvisorio. 2 *pol* interino. *n* interim, intervallo *m*.

interior (in'tiəriə) *adj,n* interno *m*.

interjection (intə'dʒekʃn) *n* interiezione *f*.

interlude ('intəluːd) *n* 1 intervallo *m*. 2 *mus* intermezzo *m*.

intermediate (intə'miːdiət) *adj* intermedio. **intermediary** *adj,n* intermediario *m*.

interminable (in'tɔːminəbəl) *adj* interminabile.

intermission (intə'miʃən) *n* pausa *f*. intervallo *m*.

intermittent (intə'mitnt) *adj* intermittente.

intern (in'tɔːn) *vt* internare. **internee** *n* internato *m*.

internal (in'tɔːnl) *adj* interno.

international (intə'næʃənl) *adj* internazionale.

interpose (intə'pouz) *vt* interporre. *vi* interferire.

interpret (in'tɔːprit) *vt* interpretare. *vi* fare l'interprete. **interpretation** *n* interpretazione *f*. **interpreter** *n* interprete *m,f*.

interrogate (in'terəgeit) *vt* interrogare. **interrogation** *n* interrogazione *f*. **interrogative** *adj* interrogativo.

interrupt (intə'rʌpt) *vt* interrompere. **interruption** *n* interruzione *f*.

intersect (intə'sekt) *vt* intersecare. *vi* incrociarsi. **intersection** *n* intersecazione *f*.

interval ('intəvəl) *n* intervallo *m*.

intervene (intə'viːn) *vi* 1 intervenire. 2 accadere.

interview ('intəvjuɪ) *n* intervista *f*. colloquio *m*. *vt* intervistare.

intestine (in'testin) *n* intestino *m*.

intimate[1] ('intimit) *adj* intimo.

intimate[2] ('intimeit) *vt* intimare, accennare a.

intimidate (in'timideit) *vt* intimidire.

into ('intə; *stressed* 'intuɪ) *prep* in, dentro, entro.

intolerable (in'tɔlərəbəl) *adj*

insopportabile, intollerabile.
intolerance n intolleranza
f. **intolerant** adj intollerante.
intonation (intə'neiʃən) n into-
nazione f. accento m.
intoxicate (in'tɔksikeit) vt u-
briacare, inebriare.
intransitive (in'trænsitiv) adj
intransitivo.
intricate ('intrikət) adj intricato, complicato.
intrigue (in'triːg) vt incuriosire.
vi intrigare. n intrigo m.
intrinsic (in'trinsik) adj intrinseco.
introduce (intrə'djuːs) vt **1** introdurre. **2** presentare. **introduction** n **1** introduzione f.
2 presentazione f.
introspective (intrə'spektiv)
adj introspettivo.
introvert ('intrəvəːt) adj introverso, introvertito. n introvertito m.
intrude (in'truːd) vi intromettersi. **intrusion** n intrusione
f.
intuition (intju'iʃən) n intuito
m. intuizione f. **intuitive** adj
intuitivo.
inundate ('inʌndeit) vt inondare.
invade (in'veid) vt invadere, assalire. **invasion** n invasione
f.
invalid[1] ('invəliːd) adj,n invalido.
invalid[2] (in'vælid) adj non valevole, nullo.
invaluable (in'væljubəl) adj
inestimabile.
invariable (in'vɛəriəbəl) adj invariabile, costante.
invent (in'vent) vt inventare. **invention** n invenzione
f.
inventory ('invəntəri) n inventario m.
invert (in'vəːt) vt invertire.
inverted adj rovesciato, capo-

volto. **inverted commas** n
pl virgolette f pl.
invertebrate (in'vəːtəbreit)
adj,n invertebrato m.
invest (in'vest) vt investire. **investment** n investimento m.
investigate (in'vestigeit) vt
investigare, indagare. **investigation** n investigazione
f.
invincible (in'vinsəbəl) adj in-
vincibile.
invisible (in'vizəbəl) adj invisibile.
invite (in'vait) vt **1** invitare. **2**
provocare. **invitation** n invi-
to m.
invoice ('invɔis) n fattura f. vt
fatturare.
invoke (in'vouk) vt invocare.
involve (in'vɔlv) vt **1** implicare,
avvolgere, coinvolgere. **2** richiedere, comportare. **get involved** impegnarsi. **involve-
ment** n implicazione f.
inward ('inwəd) adj interno, intimo. **inwards** adv internamente, verso l'interno.
iodine ('aiədiːn) n iodio m.
ion ('aiən) n ione m.
Iran (i'raːn) n Iran m. **Iranian**
adj,n persiano.
Iraq (i'raːk) n Iraq m. **Iraqi**
adj,n iracheno.
Ireland ('aiələnd) n Irlanda f.
Irish adj irlandese. **Irishman**
n irlandese m.
iris ('airis) n **1** anat iride f. **2**
bot giaggiolo m.
iron ('aiən) n **1** ferro m. **2**
dom ferro da stiro m. adj
di ferro. vt stirare. **ironing
board** n tavola da stiro f.
ironmonger n negoziante in
ferramenta f. **Iron Curtain**
n Cortina di ferro f.
irony ('airəni) n ironia f.
ironic (ai'rɔnik) adj ironico.
irrational (i'ræʃənl) adj irrazionale, assurdo.

irregular (i'regjulə) *adj* irregolare.

irrelevant (i'reləvənt) *adj* non pertinente.

irresistible (iri'zistəbəl) *adj* irresistibile.

irrespective (iri'spektiv) *adj* noncurante.

irresponsible (iri'spɔnsəbəl) *adj* irresponsabile.

irrevocable (i'revəkəbəl) *adj* irrevocabile.

irrigate ('irigeit) *vt* irrigare. **irrigation** *n* irrigazione *f*.

irritate ('iriteit) *vt* irritare.

is (iz) *v see* **be**.

Islam ('izlɑːm) *n* islamismo *m*. **Islamic** *adj* islamico, maomettano.

island ('ailənd) *n* isola *f*.

isle (ail) *n* isola *f*.

isolate ('aisəleit) *vt* isolare, separare. **isolation** *n* isolamento *m*.

Israel ('izreiəl) *n* Israele *m*. **Israeli** *adj,n* israeliano.

issue ('iʃuː) *n* 1 edizione *f*. numero *m*. 2 risultato *m*. 3 problema *m*. 4 prole *f*. *vt* 1 emettere. 2 pubblicare. 3 rilasciare. *vi* uscire.

it (it) *pron 3rd pers s* 1 esso *m*. essa *f*. 2 lo *m*. la *f*. 3 gli *m*. le *f*. 4 ci *m,f*. **its** *poss adj* (il) suo, (la) sua, (i) suoi, (le) sue. **itself** *pron 3rd pers s* 1 se stesso *or* esso stesso. 2 si, sé. sue.

italic (i'tælik) *adj* italico. **italics** *n pl* corsivi *m pl*.

Italy ('itəli) *n* Italia *f*. **Italian** *adj,n* italiano. **Italian** (language) *n* italiano *m*.

itch (itʃ) *n* prurito *m*. *vi* prudere.

item ('aitəm) *n* 1 *comm* voce *f*. capo *m*. 2 articolo *m*.

itinerary (ai'tinərəri) *n* itinerario *m*.

ivory ('aivəri) *n* avorio *m*. *adj* d'avorio.

ivy ('aivi) *n* edera *f*.

J

jab (dʒæb) *vt* colpire, dare un colpo secco a. *n* colpo *m*. stoccata *f*.

jack (dʒæk) *n* 1 *mot* cricco *m*. 2 *game* fante *m*. *v* **jack up** levare.

jackal ('dʒækəl) *n* sciacallo *m*.

jackdaw ('dʒækdɔː) *n* cornacchia *f*.

jacket ('dʒækit) *n* 1 giacca, giubba *f*. 2 *cul* buccia *f*. 3 (of a book) copertina *f*.

jackpot ('dʒækpɔt) *n* vincita *f*.

jade (dʒeid) *n* giada *f*.

jaded ('dʒeidid) *adj* stanco, sfinito.

jagged ('dʒægid) *adj* frastagliato, dentellato.

jaguar ('dʒægjuə) *n* giaguaro *m*.

jail (dʒeil) *n* carcere *m*. *vt* incarcerare.

jam¹ (dʒæm) *n* conserva di frutta, marmellata *f*. **jam-jar** *n* barattolo per marmellata *m*.

jam² (dʒæm) *vt* 1 pigiare. 2 bloccare. *vi* bloccarsi. *n* ingorgo *m*.

Jamaica (dʒə'meikə) *n* Giamaica *f*. **Jamaican** *adj,n* giamaicano.

jangle ('dʒæŋgəl) *n* suono stonato *m*. *vi* far rumori discordanti.

January ('dʒænjuəri) *n* gennaio *m*.

Japan (dʒə'pæn) *n* Giappone *m*. **Japanese** *adj,n* giapponese. **Japanese** (language) *n* giapponese *m*.

jar¹ (dʒɑː) *n* barattolo *m*. brocca *f*.

jar² (dʒɑː) *vi* discordare, stridere. *n* discordanza *f*. stridio *m*.

jargon ('dʒɑːgən) *n* gergo *m*.

jasmine ('dʒæzmin) *n* gelsomino *m*.

jaundice ('dʒɔːndis) *n* itterizia *f*.

jaunt (dʒɔːnt) *n* gita *f*.

javelin ('dʒævlin) n giavellotto m.

jaw (dʒɔː) n mascella, mandibola f. **jawbone** n osso mascellare m. mascella f.

jazz (dʒæz) n jazz m.

jealous ('dʒeləs) adj geloso, invidioso. **jealousy** n gelosia f.

jeans (dʒiːnz) n pl blue-jeans, calzoni all'americana m pl.

jeep (dʒiːp) n jeep, camionetta f.

jeer (dʒiə) vi schernire. n scherno m. derisione f.

jelly ('dʒeli) n gelatina f. **jellyfish** n medusa f.

jeopardize ('dʒepədaiz) vt mettere in pericolo.

jerk (dʒəːk) n 1 strattone m. 2 sussulto m. vt dare uno strattone a. vi sobbalzare.

jersey ('dʒəːzi) n maglia f. **Jersey** ('dʒəːzi) n Jersey f.

jest (dʒest) n scherzo m. burla f. vi scherzare.

Jesus ('dʒiːzəs) n Gesù m.

jet[1] (dʒet) n 1 spruzzo, zampillo m. 2 aviat aviogetto m.

jet[2] (dʒet) n min giavazzo m. ambra nera f. adj 1 d'ambra nera. 2 nero lucido.

jetty ('dʒeti) n gettata f. molo m.

Jew (dʒuː) n ebreo, giudeo m. **Jewish** adj ebreo, giudeo.

jewel ('dʒuːəl) n gioiello m. **jeweller** n gioielliere, orefice m.

jig[1] (dʒig) n tech maschera di montaggio f.

jig[2] (dʒig) n giga f.

jiggle ('dʒigəl) vi muoversi a scatti.

jigsaw ('dʒigsɔː) n (puzzle) gioco di pazienza m.

jilt (dʒilt) vt piantare in asso.

jingle ('dʒingəl) n tintinnio m. vi tintinnare.

job (dʒɔb) n impiego, lavoro, affare m. impresa f.

jockey ('dʒɔki) n fantino m.

jodhpurs ('dʒɔdpəz) n pl calzoni da cavallerizzo m pl.

jog (dʒɔg) vt spingere, urtare. vi muoversi a rilento. n 1 spinta, gomitata f. 2 andatura lenta f.

join (dʒɔin) vt 1 unire, congiungere. 2 partecipare a. vi unirsi. **join up** arruolarsi. ~ n giuntura f. **joiner** n falegname m. **joint** n 1 giuntura f. 2 cul pezzo di carne m. 3 anat articolazione f. adj comune, collettivo.

joist (dʒɔist) n travetto m.

joke (dʒouk) n scherzo m. burla f. **crack a joke** dire una battuta. ~ vi burlare, celiare.

jolly ('dʒɔli) adj gaio, vivace. adv inf molto.

jolt (dʒoult) n scossa f. sobbalzo m. vt spingere, urtare. vi sobbalzare.

Jordan ('dʒɔːdṇ) n Giordania f. **(River) Jordan** n (fiume) Giordano m. **Jordanian** adj,n giordano.

jostle ('dʒɔsəl) n urto m. gomitata f. vt spingere, urtare col gomito. vi urtarsi.

journal ('dʒəːnḷ) n 1 giornale m. 2 diario m. **journalism** n giornalismo m. **journalist** n giornalista m.

journey ('dʒəːni) n viaggio m.

jovial ('dʒouviəl) adj allegro, gioviale.

joy (dʒɔi) n gioia, allegria f. **joyful** adj gioioso.

jubilee ('dʒuːbiliː) n giubileo m.

Judaism ('dʒuːdeiizəm) n giudaismo m.

judge (dʒʌdʒ) n giudice m. vt,vi giudicare. **judgment** n 1 giudizio m. 2 sentenza f.

judicial (dʒuː'diʃəl) adj giuridico, giudiziario. **judicious** adj giudizioso.

judo ('dʒuːdou) n giudò m.

jug (dʒʌg) n caraffa f. boccale m.

juggernaut ('dʒʌgənɔɪt) n gran camion m.

juggle ('dʒʌgəl) vt 1 giocare. 2 ingannare. vi fare giochi di prestigio. **juggler** n giocoliere m.

juice (dʒuːs) n succo m. **juicy** adj succoso, sostanzioso.

jukebox ('dʒuːkbɔks) n grammofono automatico a gettoni, jukebox m.

July (dʒuˈlai) n luglio m.

jumble ('dʒʌmbəl) n miscuglio m. confusione f. vt mescolare, gettare alla rinfusa. **jumble sale** n vendita di merci varie per beneficenza f.

jump (dʒʌmp) n salto, balzo, sussulto m. vi 1 saltare, trasalire. 2 (of prices, etc.) rincarare. vt saltare.

jumper ('dʒʌmpə) n 1 maglione m. 2 casacchina f.

junction ('dʒʌŋkʃən) n 1 congiunzione f. 2 (railway) nodo ferroviario m.

June (dʒuːn) n giugno m.

jungle ('dʒʌŋgəl) n giungla f.

junior ('dʒuːniə) adj minore, cadetto. n minore, cadetto m.

juniper ('dʒuːnipə) n ginepro m.

junk (dʒʌŋk) n cianfrusaglie f pl.

junta ('dʒʌntə) n giunta f.

Jupiter ('dʒuːpitə) n Giove m.

jurisdiction (dʒuərisˈdikʃən) n giurisdizione f.

jury ('dʒuəri) n giuria f. **juror** n giurato m.

just (dʒʌst) adj giusto, retto, dovuto. adv 1 proprio, appunto. 2 soltanto. 3 appena.

justice ('dʒʌstis) n giustizia f. **justice of the peace** n giudice conciliatore m.

justify ('dʒʌstifai) vt giustificare, assolvere.

jut (dʒʌt) vi **jut out** sporgersi, protendersi.

jute (dʒuːt) n iuta f.

juvenile ('dʒuːvənail) adj giovane, immaturo. n giovane, ragazzo m. **juvenile delinquency** n delinquenza minorile f.

juxtapose (dʒʌkstəˈpouz) vt affiancare.

K

kaftan ('kæftn) n caffettano m.

kaleidoscope (kəˈlaidəskoup) n caleidoscopio m.

kangaroo (kæŋgəˈruː) n canguro m.

karate (kəˈrɑːti) n karatè m.

kebab (kəˈbæb) n carne marinata cotta allo spiedo f.

keel (kiːl) n chiglia f. v **keel over** capovolgere, rovesciarsi.

keen (kiːn) adj 1 aguzzo, acuto, perspicace. 2 appassionato.

keep* (kiːp) vt 1 tenere. 2 mantenere, conservare. 3 trattenere. vi 1 continuare. 2 mantenersi, restare. 3 durare. **keep on** continuare. **keep up** mantenere. **keeper** n guardiano m. custode m,f. **keepsake** n ricordo, pegno m.

keg (keg) n barilotto m.

kennel ('kenl) n canile m.

Kenya ('kenjə) n Kenia m. **Kenyan** adj,n keniano.

kept (kept) v see **keep**.

kerb (kəːb) n bordo del marciapiede m.

kernel ('kəːnl) n 1 mandorla f. 2 seme m. 3 nucleo m.

kettle ('ketl) n bollitore m. **kettledrum** n timpano m.

key (kiː) n 1 chiave f. 2 (of a piano, typewriter, etc.) tasto m. 3 mus tono m. **keyboard** n tastiera f. **keyhole** n buco della serratura m. **keyring** n portachiavi m invar.

khaki ('kɑːki) adj,n cachi m.

kibbutz (ki'buts) *n* kibbutz *m.* comunità agricola israeliana *f.*

kick (kik) *n* calcio *m.* pedata *f. vt* dar calci a, tirar pedate a. *vi* calciare. **kick off** dare il calcio d'inizio. **kick-off** *n* calcio d'inizio *m.*

kid¹ (kid) *n* 1 capretto *m.* 2 *sl* bambino *m.*

kid² (kid) *vt inf* burlare, prendere in giro.

kidnap ('kidnæp) *vt* rapire. **kidnapper** *n* rapitore *m.* rapitrice *f.*

kidney ('kidni) *n* 1 *anat* rene *m.* 2 *cul* rognone *m.* **kidney bean** *n* fagiolo *m.*

kill (kil) *vt* 1 uccidere. 2 distruggere. **killer** *n* assassino, uccisore *m.*

kiln (kiln) *n* fornace *f.*

kilo ('kiːlou) *n* chilo *m.*

kilogram ('kiləgræm) *n* chilogrammo *m.*

kilometre (ki'lɔmitə) *n* chilometro *m.*

kilowatt ('kiləwɔt) *n* chilowatt *m.*

kilt (kilt) *n* gonnellino scozzese *m.*

kimono (ki'mounou) *n* chimono *m.*

kin (kin) *n* parenti *m pl.*

kind¹ (kaind) *adj* buono, gentile. **kindness** *n* bontà, gentilezza *f.*

kind² (kaind) *n* specie, natura *f.* genere *m.*

kindergarten ('kindəgɑːtn) *n* asilo, giardino d'infanzia *m.*

kindle ('kindl) *vt* 1 accendere. 2 eccitare. *vi* infiammarsi.

kinetic (ki'netik) *adj* cinetico. **kinetics** *n* cinetica *f.*

king (kiŋ) *n* re *m invar.* monarca *m.* **kingdom** *n* reame, regno *m.* **kingfisher** *n* martin pescatore *m.*

kink (kiŋk) *n* 1 nodo *m.* 2 ghiribizzo *m. vt* attorcigliare. *vi* attorcigliarsi.

kiosk ('kiɔsk) *n* edicola *f.* chiosco *m.*

kipper ('kipə) *n* aringa affumicata *f.*

kiss (kis) *n* bacio *m. vt* baciare.

kit (kit) *n* equipaggiamento *m.* attrezzi *m pl.*

kitchen ('kitʃin) *n* cucina *f.*

kite (kait) *n* 1 aquilone *m.* 2 *zool* nibbio *m.*

kitten ('kitŋ) *n* gattino *m.*

kitty ('kiti) *n* fondi comuni *m pl.*

kiwi ('kiːwi) *n* kivi *m.*

kleptomania (kleptə'meiniə) *n* cleptomania *f.* **kleptomaniac** *n* cleptomane *m,f.*

knack (næk) *n* abilità, facoltà *f.*

knave (neiv) *n* 1 furfante *m.* 2 *game* fante *m.*

knead (niːd) *vt* impastare, massaggiare.

knee (niː) *n* ginocchio *m, pl* ginocchi *m.* or ginocchia *m.* **kneecap** *n* rotula *f.*

kneel* (niːl) *vi* inginocchiarsi.

knew (nuː) *vi* see **know.**

knickers ('nikəz) *n pl* mutandine *f pl.*

knife (naif) *n, pl* **knives** coltello *m. vt* pugnalare, accoltellare.

knight (nait) *n* cavaliere *m.*

knit* (nit) *vt* 1 lavorare a maglia. 2 (one's brows) aggrottare. *vi* 1 lavorare a maglia. 2 (one's bones) saldarsi. **knitting** *n* lavoro a maglia *m.* **knitting needle** *n* ferro da calza *m.* **knitwear** *n* maglieria *f.*

knob (nɔb) *n* 1 pomo *m.* manopola *f.* 2 protuberanza *f.* **knobbly** *adj* nodoso, bitorzoluto.

knock (nɔk) *n* colpo *m. vt* urtare, colpire, battere. *vi* bussare. **knock down** abbattere. **knock out** mettere fuori combattimento.

knot (nɔt) n nodo m. vt annodare.

know* (nou) vt **1** conoscere. **2** sapere. **3** riconoscere. **knowing** adj intelligente, accorto. **knowledge** n conoscenza f. sapere m. **known** adj noto.

knuckle ('nʌkəl) n nocca delle dita, giuntura f.

Korea (kə'riə) n Corea f. **Korean** adj,n coreano.

kosher ('kouʃə) adj puro, lecito. n cibo permesso dalla religione ebraica m.

Kuwait (ku'weit) n Kuwait m. **Kuwaiti** adj,n kuwaitiano.

L

label ('leibəl) n etichetta f. cartellino m. vt **1** mettere le etichette a. **2** classificare.

laboratory (lə'bɔrətri) n laboratorio m.

labour ('leibə) n **1** lavoro m. fatica f. **2** manodopera f. **3** med doglie f pl. vi lavorare, affaticarsi. **labour-saving** adj che fa risparmiare lavoro. **laborious** adj laborioso. **Labour Party** n partito laburista m.

laburnum (lə'bəːnəm) n laburno m.

labyrinth ('læbərinθ) n labirinto m.

lace (leis) n **1** (of shoes) laccio m. **2** merletto m. vt allacciare.

lack (læk) n mancanza f. vt mancare di. vi mancare.

lacquer ('lækə) n lacca f. vt laccare.

lad (læd) n inf ragazzo m.

ladder ('lædə) n **1** scala f. **2** (in a stocking) smagliatura f. vi smagliarsi.

laden ('leidn) adj carico.

ladle ('leidl) n mestolo m. vt versare.

lady ('leidi) n signora f. **ladybird** n coccinella f.

lag¹ (læg) vi ritardare. n ritardo m.

lag² (læg) vt rivestire con materiale isolante.

lager ('lɑːgə) n birra chiara f.

laid (leid) v see **lay.**

lain (lein) v see **lie.**

lair (leə) n tana f.

laity ('leiəti) n laici m pl.

lake (leik) n lago m.

lamb (læm) n agnello m.

lame (leim) adj zoppo. vt storpiare.

lament (lə'ment) n lamento m. vi lamentarsi, dolersi. vt lamentare.

laminated ('læmineitid) adj laminato. **laminated plastics** n laminato plastico m. **laminated glass** n vetro stratificato m.

lamp (læmp) n lampada f. lume m. **lamppost** n lampione m. **lampshade** n paralume m.

lance (lɑːns) n lancia f.

land (lænd) n **1** terra f. **2** paese m. **3** terreno m. proprietà f. vi **1** sbarcare. **2** approdare. **3** aviat atterrare. vt **1** ottenere. **2** allungare. **land on one's feet** cadere in piedi. **landing** n **1** pianerottolo m. **2** atterraggio m. **3** sbarco m. **landlady** n padrona di casa, affittacamere f. **landlord** n padrone di casa, affittacamere, proprietario m. **landmark** n punto di riferimento m. **landscape** n paesaggio m.

lane (lein) n **1** viottolo m. **2** mot corsia f.

language ('læŋgwidʒ) n lingua f. linguaggio m. **language laboratory** n laboratorio linguistico m.

lanky ('læŋki) adj allampanato.

lantern ('læntən) n lanterna f.

lap¹ (læp) *n* grembo, seno *m*.

lap² (læp) *n sport* giro di pista *m*.

lap³ (læp) *vt* bere avidamente. *vi* lambire.

lapel (lə'pel) *n* risvolto *m*.

Lapland ('læplænd) *n* Lapponia *f*. **Lapp** *n* lappone *m,f*.

lapse (læps) *n* **1** errore *m*. **2** intervallo *m*. *vi* **1** sbagliare. **2** trascorrere. **3** scadere.

larceny ('lɑːsəni) *n* furto *m*.

larch (lɑːtʃ) *n* larice *m*.

lard (lɑːd) *n* lardo, strutto *m*. *vt* ungere con lardo.

larder ('lɑːdə) *n* dispensa *f*.

large (lɑːdʒ) *adj* grande, spazioso.

lark¹ (lɑːk) *n zool* allodola *f*.

lark² (lɑːk) *n* burla *f*.

larva ('lɑːvə) *n, pl* **larvae** larva *f*.

larynx ('læriŋks) *n* laringe *f*. **laryngitis** *n* laringite *f*.

laser ('leizə) *n* laser *m*.

lash (læʃ) *n* **1** frustata *f*. **2** (of an eye) ciglio *m, pl* cigli *m.* or ciglia *f*. *vt* frustare.

lass (læs) *n* ragazza, fanciulla *f*.

lasso (læ'suː) *n* lasso, laccio *m*.

last¹ (lɑːst) *adj* ultimo, scorso, finale. *n* **1** fine *f*. **2** ultimo *m*. *adv* per ultimo, l'ultima volta. **at last** finalmente. **to the last** fino all'ultimo.

last² (lɑːst) *vi* durare, resistere.

latch (lætʃ) *n* chiavistello *m*.

late (leit) *adj* **1** tardi, tardivo. **2** recente. **3** defunto. *adv* tardi, in ritardo. **be late** essere in ritardo. **latecomer** *n* ritardatario *m*. **lately** *adj* ultimamente, recentemente.

latent ('leitnt) *adj* latente, nascosto.

lateral ('lætərəl) *adj* laterale.

latest ('leitist) *adj* ultimo. **at the latest** al più tardi.

lathe (leið) *n* tornio *m*.

lather ('lɑːðə) *n* schiuma *f*. *vt* insaponare. *vi* schiumare.

Latin ('lætin) *adj,n* latino *m*.

latitude ('lætitjuːd) *n* latitudine *f*.

latter ('lætə) *adj* **1** ultimo. **2** posteriore.

lattice ('lætis) *n* grata, inferriata *f*.

laugh (lɑːf) *vi* ridere. **laugh at** farsi beffe di. ~ *n* risata *f*.

launch¹ (lɔːntʃ) *n naut* lancia, scialuppa *f*.

launch² (lɔːntʃ) *vt* **1** *aviat* lanciare. **2** *naut* varare. **launching pad** *n* piattaforma di lancio *f*.

launder ('lɔːndə) *vt* lavare e stirare. **laundry** *n* **1** (place) lavanderia *f*. **2** bucato *m*.

laurel ('lɔrəl) *n* lauro, alloro *m*.

lava ('lɑːvə) *n* lava *f*.

lavatory ('lævətri) *n* gabinetto *m*.

lavender ('lævində) *n* lavanda *f*.

lavish ('læviʃ) *adj* prodigo, generoso. *vt* prodigare, elargire.

law (lɔ) *n* legge *f*. diritto *m*. **law-abiding** *adj* osservante della legge. **lawful** *adj* legale, consentito. **lawyer** *n* avvocato *m*.

lawn (lɔːn) *n* prato *m*. **lawn-mower** *n* falciatrice per prati *f*.

lax (læks) *adj* **1** trascurato. **2** rilasciato.

laxative ('læksətiv) *adj,n* lassativo *m*.

lay*¹ (lei) *vt* posare, collocare, adagiare. *vi* fare le uova. **lay aside** mettere da parte. **lay out** esporre, distendere. **layer** *n* strato *m*.

lay² (lei) *v see* **lie**.

lay³ (lei) *adj* laico. **layman** *n* secolare *m*.

laze (leiz) *vi* oziare, fare il pigro. **lazy** *adj* pigro, indolente. **laziness** *n* pigrizia *f*.

lead*¹ (liːd) *vt* **1** condurre, dirigere. **2** indurre. *vi* cominciare. **lead astray** traviare, sviare. ~ *n* 1 comando *m.* 2 guida *f.* 3 guinzaglio *m.* **be in the lead** essere in testa. **leader** *n* 1 capo *m.* guida *f.* 2 articolo di fondo *m.* **leadership** *n* comando *m.* direzione *f.*

lead² (led) *n* piombo *m.*

leaf (liːf) *n, pl* **leaves** 1 *bot* foglia *f.* 2 pagina *f.* 3 battente *m.* **leaflet** *n* volantino, manifestino *m.*

league (liːg) *n* lega, società *f.*

leak (liːk) *n* 1 *naut* falla *f.* 2 (of gas) fuga *f.* 3 fessura *f.* *vi* perdere, colare. **leak out** trapelare.

lean*¹ (liːn) *vi* 1 pendere, inclinare. 2 appoggiarsi. *vt* appoggiare. **lean out** sporgersi.

lean² (liːn) *adj* magro, esile.

leap* (liːp) *vi* balzare, lanciarsi. *n* salto, balzo *m.* **leapfrog** *n* cavalletta *f.* **leap year** *n* anno bisestile *m.*

learn* (ləːn) *vt,vi* imparare, studiare. **learned** *adj* colto, istruito.

lease (liːs) *n* contratto d'affitto *m.* *vt* affittare. **leasehold** *n* proprietà in affitto *f.*

leash (liːʃ) *n* guinzaglio *m.*

least (liːst) *adj* minimo. *n* meno *m.* **at least** almeno. **not in the least** per niente. ~ *adv* (il) meno, minimamente.

leather ('leðə) *n* pelle *f.* cuoio *m.*

leave*¹ (liːv) *vt* abbandonare, lasciare. *vi* partire. **leave alone** lasciare in pace. **leave off** smettere.

leave² (liːv) *n* 1 permesso *m.* 2 congedo *m.*

Lebanon ('lebənən) *n* Libano *m.* **Lebanese** *adj,n* libanese.

lecherous ('letʃərəs) *adj* lascivo, vizioso.

lectern ('lektən) *n* leggio *m.*

lecture ('lektʃə) *n* 1 conferenza,

lezione *f.* 2 *inf* ramanzina *f.* *vi* tenere delle lezioni. *vt* ammonire. **lecturer** *n* insegnante universitario *m.*

led (led) *v* see **lead**¹.

ledge (ledʒ) *n* sporgenza *f.*

ledger ('ledʒə) *n* libro mastro *m.*

lee (liː) *n* 1 riparo *m.* 2 sottovento *m.* *adj* sottovento. **leeward** *adj,adv* sottovento.

leech (liːtʃ) *n* sanguisuga *f.*

leek (liːk) *n* porro *m.*

leer (liə) *n* occhiata tendenziosa *f.* *vi* guardare di traverso *or* biecamente.

left¹ (left) *adj* sinistro. *n* sinistra *f.* *adv* a sinistra. **left hand** *n* mano sinistra *f.* **left-handed** *adj* mancino. **left-wing** *adj* sinistro. **left-luggage office** *n* deposito bagagli *m.*

left² (left) *v* see **leave**.

leg (leg) *n* 1 *anat* gamba *f.* 2 (of furniture) piede *m.* 3 *zool* zampa *f.* **pull someone's leg** prendere in giro qualcuno.

legacy ('legəsi) *n* lascito *m.* eredità *f.*

legal ('liːgəl) *adj* legale. **legalize** *vt* legalizzare.

legend ('ledʒənd) *n* leggenda *f.*

legible ('ledʒibl) *adj* leggibile.

legion ('liːdʒən) *n* legione *f.*

legislate ('ledʒisleit) *vi* promulgare leggi. **legislation** *n* legislazione *f.*

legitimate (li'dʒitimət) *adj* legittimo.

leisure ('leʒə) *n* 1 agio *m.* 2 tempo a disposizione *m.*

lemon ('lemən) *n* limone *m.* **lemon tree** *n* limone *m.* **lemonade** *n* limonata *f.*

lend* (lend) *vt* prestare, imprestare.

length (leŋθ) *n* 1 lunghezza *f.* 2 durata *f.* 3 (of material, etc.) taglio *m.*

lenient ('liːniənt) *adj* indulgente, benevolo.

lens (lenz) n lente f.

lent (lent) v see **lend**.

Lent (lent) n Quaresima f.

lentil ('lentl) n lenticchia f.

Leo ('liːou) n Leone m.

leopard ('lepəd) n leopardo, gattopardo m.

leper ('lepə) n lebbroso m. **leprosy** n lebbra f.

lesbian ('lezbiən) adj lesbico. n lesbica f.

less (les) adj minore, meno. n meno m. adv,prep meno. **lessen** vt,vi diminuire.

lesson ('lesən) n lezione f.

lest (lest) conj per paura che.

let* (let) vt 1 permettere, lasciare. 2 affittare. **let down 1** piantare in asso. 2 allungare. **let know** far sapere. **let loose** sciogliere, scatenare.

lethal ('liːθəl) adj letale.

lethargy ('leθədʒi) n letargo m. **lethargic** adj letargico.

letter ('letə) n lettera f. **letterbox** n buca delle lettere f. **lettering** n iscrizione f.

lettuce ('letis) n lattuga f.

leukaemia (luː'kiːmiə) n leucemia f.

level ('levəl) adj 1 uniforme. 2 a livello. n livello m. **on the level** onesto. ~ vt 1 livellare, spianare. 2 (a gun) puntare. **level crossing** n passaggio a livello m. **level-headed** adj equilibrato.

lever ('liːvə) n leva f. manubrio m.

levy ('levi) n 1 imposta f. 2 mil leva f. vt 1 imporre. 2 mil arruolare.

lewd (luːd) adj lascivo, osceno.

liable ('laiəbəl) adj 1 soggetto. 2 responsabile. **liability** n 1 obbligo m. 2 responsabilità f. 3 tendenza f. 4 pl comm passività f. debiti m pl.

liaison (li'eizən) n 1 legame m. 2 mil collegamento m.

liar ('laiə) n bugiardo m.

libel ('laibəl) n calunnia f.

liberal ('libərəl) adj liberale, generoso. n liberale m,f.

liberate ('libəreit) vt liberare.

liberty ('libəti) n libertà f.

Libra ('liːbrə) n Bilancia f.

library ('laibrəri) n biblioteca f. **librarian** n bibliotecario m.

libretto (li'bretou) n libretto d'opera f.

Libya ('libiə) n Libia f. **Libyan** adj,n libico.

licence ('laisəns) n 1 mot patente f. 2 licenza f. **license** vt permettere, autorizzare.

licensee n colui che possiede un'autorizzazione m.

lichen ('laikən) n lichene m.

lick (lik) vt leccare. n leccata f.

lid (lid) n coperchio m.

lie*¹ (lai) n bugia, menzogna f. vi mentire.

lie*² (lai) vi 1 giacere. 2 trovarsi. 3 consistere. **lie down** coricarsi.

lieutenant (lef'tenənt) n tenente m. **lieutenant colonel** n tenente colonnello m.

life (laif) n, pl **lives** vita f. **lifebelt** n cintura di salvataggio f. **lifeboat** n scialuppa di salvataggio f. **lifebuoy** n salvagente m. **lifeguard** n bagnino m. **lifeline** n sagola di salvataggio f. **lifetime** n durata della vita f.

lift (lift) vt alzare, sollevare. vi 1 levarsi. 2 dissiparsi. n 1 ascensore m. 2 passaggio m.

light*¹ (lait) adj chiaro, luminoso. n 1 luce f. lume m. 2 fuoco, fiammifero m. vt 1 accendere. 2 illuminare. **light up** illuminarsi. **lighter** n accendisigari m invar. **lighthouse** n faro m. **lighting** n illuminazione f.

light² (lait) adj 1 leggero. 2 semplice, frivolo. **light-headed** adj scervellato, frivolo. **light-hearted** adj allegro, gaio. **lightweight** n peso leggero m.

light³ (lait) vi scendere, smontare.

lighten¹ ('laitn) vt illuminare. vi 1 illuminarsi. 2 rischiararsi.

lighten² ('laitn) vt alleggerire. vi alleggerirsi.

lightning ('laitniŋ) n fulmine, lampo m.

like¹ (laik) prep come, alla maniera di. adj 1 simile, uguale. 2 tipico di. n simile, uguale m. **feel like** aver voglia di. **likelihood** n probabilità f. **likely** adj verosimile. adv probabilmente. **like-minded** adj dello stesso genere. **likeness** n 1 somiglianza f. 2 ritratto m. **likewise** adv similmente, lo stesso. **liking** n simpatia f.

like² (laik) vt 1 gradire, piacere a. 2 amare, preferire. vi desiderare, volere, piacere.

lilac ('lailək) n bot lilla f.

lily ('lili) n giglio m. **lily-of-the-valley** n mughetto m.

limb (lim) n 1 arto m. membro m, pl membra f. 2 bot ramo m.

limbo ('limbou) n limbo m.

lime¹ (laim) n calce, calcina f. **limelight** n luci della ribalta f pl. **limestone** n calcare m.

lime² (laim) n bot cedro m. **limejuice** n succo di cedro m. **lime tree** n tiglio m.

limerick ('limərik) n piccola poesia umoristica f.

limit ('limit) n 1 limite m. 2 inf colmo m. vt limitare. **limitation** n limitazione f.

limp¹ (limp) vi zoppicare. n andatura zoppicante f.

limp² (limp) adj molle, debole, floscio.

limpet ('limpit) n patella f.

linden ('lindən) n tiglio m.

line¹ (lain) n 1 linea, riga f. 2 corda f. 3 limite m. 4 campo d'attività m. 5 tipo m. vt rigare, segnare. **lineage** n lignaggio m. stirpe f. **linear** adj lineare.

line² (lain) vt (clothes, etc.) foderare. **lining** n fodera f.

linen ('linin) n 1 tela di lino f. 2 biancheria f invar. adj di lino. **linen basket** n cesto dei panni m.

liner ('lainə) n transatlantico m.

linger ('liŋgə) vi indugiare, soffermarsi.

lingerie ('lɔnʒəriː) n biancheria per signora f.

linguist ('liŋgwist) n linguista m. **linguistic** adj linguistico. **linguistics** n linguistica f.

link (liŋk) n 1 anello m. 2 legame m. 3 collegamento m. vt collegare. vi congiungersi.

linoleum (li'nouliəm) n linoleum m. linoleum m.

lino ('lainou) n linoleum m.

linseed ('linsiːd) n semi di lino m pl.

lion ('laiən) n leone m. **lioness** n leonessa f.

lip (lip) n 1 labbro m, pl labbra f. 2 orlo m. **lip-read** vt capire dal movimento delle labbra. **lipstick** n rossetto m.

liqueur (li'kjuə) n liquore m.

liquid ('likwid) adj,n liquido m. **liquidate** vt liquidare. **liquidation** n liquidazione f. **liquidize** vt rendere liquido.

liquor ('likə) n bevanda alcoolica f.

liquorice ('likəris) n liquirizia f.

lira ('liərə) n lira f.

lisp (lisp) n blesità f. vi parlare bleso.

list¹ (list) n lista f. elenco, listino m. vt elencare.

listen ('lisən) vi ascoltare. **listener** n ascoltatore m.

listless ('listləs) adj svogliato, apatico, languido.

lit (lit) *v* see **light.**

litany ('litəni) *n* litania *f.*

literal ('litərəl) *adj* letterale, alla lettera.

literary ('litərəri) *adj* letterario.

literate ('litərət) *adj* che sa leggere e scrivere.

literature ('litərətʃə) *n* letteratura *f.*

litre ('li:tə) *n* litro *m.*

litter ('litə) *n* **1** rifiuti *m pl.* cartacce *f pl.* **2** (of animals) figliata *f. vt* mettere in disordine. **litter-bin** *n* cestino dei rifiuti *m.*

little ('litl) *adj* **1** piccolo. **2** poco. **3** breve. *adv* poco, un po'. **little by little** a poco a poco. ~ *n* poco, po' *m.* **little finger** *n* (dito) mignolo *m.* **little toe** *n* mignolo (del piede) *m.*

liturgy ('litədʒi) *n* liturgia *f.*

live[1] (liv) *vt, vi* vivere, abitare. **live on** nutrirsi di. **live up to** mettere in pratica, non venir meno a.

live[2] (laiv) *adj* **1** vivo, vivente. **2** ardente. **3** (of electricity) sottotensione. **livestock** *n* bestiame *m.*

livelihood ('laivlihud) *n* vita *f.*

lively ('laivli) *adj* vivace. **liveliness** *n* vivacità *f.*

liver ('livə) *n* fegato *m.*

livery ('livəri) *n* livrea *f.*

livid ('livid) *adj* **1** livido, cereo. **2** furioso.

living ('liviŋ) *adj* vivo, in esistenza. *n* **1** vita, sussistenza *f.* **2** *rel* benefizio *m.* **living room** *n* stanza di soggiorno *f.*

lizard ('lizəd) *n* lucertola *f.*

llama ('lɑːmə) *n* lama *m invar.*

load (loud) *n* carico, fardello *m. vt* caricare.

loaf[1] (louf) *n, pl* **loaves** pagnotta *f.* pane carré *m.*

loaf[2] (louf) *vi* oziare, vagabondare, bighellonare.

loan (loun) *n* prestito *m. vt* prestare.

loathe (louð) *vt* detestare, provare ripugnanza per. **loathing** *n* ripugnanza *f.* **loathsome** *adj* ripugnante.

lob (lɔb) *vt* tirare alto. *n* palbonetto *m.*

lobby ('lɔbi) *n* **1** atrio *m.* **2** *pol* corridoio *m. vi* sollecitar voti.

lobe (loub) *n* lobo *m.*

lobster ('lɔbstə) *n* aragosta *f.*

local ('loukəl) *adj* locale. *n* **1** *inf* pub *m invar.* **2** *pl* gente del luogo *f.* **locality** *n* località *f.* **localize** *vt* circoscrivere.

locate *vt* **1** individuare, localizzare. **2** situare. **location** *n* luogo, sito *m.*

loch (lɔx) *n* lago *m.*

lock[1] (lɔk) *n* **1** (of a door, etc.) serratura *f.* **2** *naut* chiusa *f. vt* chiudere a chiave, sprangare. **lock in** chiudere dentro a chiave. **lock up** mettere sotto chiave, chiudere.

lock[2] (lɔk) *n* (of hair) riccio *m.* ciocca *f.*

locker ('lɔkə) *n* armadietto *m.*

locket ('lɔkit) *n* medaglione *m.*

locomotive (loukə'moutiv) *n* locomotiva *f. adj* locomotivo. **locomotion** *n* locomozione *f.*

locust ('loukəst) *n* locusta *f.*

lodge (lɔdʒ) *n* **1** villetta, dipendenza *f.* **2** portineria *f. vt* **1** alloggiare. **2** piazzare. **3** presentare. *vi* alloggiare. **lodger** *n* pensionante *m,f.* **lodgings** *n pl* camera d'affitto *f.*

loft (lɔft) *n* soffitta *f.* solaio *m.*

log (lɔg) *n* **1** tronco, ciocco *m.* **2** *naut* giornale di bordo *m.* **logbook** *n mot* libretto di circolazione *m.*

logarithm ('lɔgəriðəm) *n* logaritmo *m.*

logic ('lɔdʒik) *n* logica *f.* **logical** *adj* logico.

loins (lɔinz) *n pl* fianchi *m pl.*

loiter ('lɔitə) *vi* bighellonare.

lollipop ('lɔlipɔp) n lecca lecca m invar.

London ('lʌndən) n Londra f.

lonely ('lounli) adj solitario, solo. **loneliness** n solitudine f.

long[1] (lɔŋ) adj 1 lungo. 2 lento. **a long time ago** molto tempo fa. **in the long run** a lungo andare. ~ adv a lungo. **all day long** tutto il giorno. **as long as I want** finché voglio. **as long as** purché. **long-distance** adj interurbano. **long-playing** adj a lunga durata. **long-range** adj a lunga scadenza, a lunga portata. **long-sighted** adj 1 presbite. 2 previdente. **long-standing** adj di vecchia data, di lunga data. **long wave** n onda lunga f. **longwinded** adj 1 prolisso. 2 noioso.

long[2] (lɔŋ) vi struggersi per, desiderare ardentemente. **long to** non veder l'ora di.

longevity (lɔn'geviti) n longevità f.

longitude ('lɔŋgitjuːd) n longitudine f.

loo (luː) n inf gabinetto m.

look (luk) n 1 sguardo m. occhiata f. 2 apparenza f. vi 1 guardare. 2 sembrare, parere. **look after** prendersi cura di. **look at** guardare. **look for** cercare. **look on to** dare su. **look out** fare attenzione.

loom[1] (luːm) n telaio m.

loom[2] (luːm) vi intravedersi, apparire.

loop (luːp) n cappio m. vi descrivere una curva.

loophole ('luːphoul) n scappatoia f.

loose (luːs) adj 1 sciolto, libero. 2 allentato. 3 sfrenato, dissoluto. 4 vago, libero. **at a loose end** senza nulla da fare. ~ vt sciogliere. **loosen** vt 1 allentare. 2 sciogliere.

loot (luːt) n bottino m. vt saccheggiare. **looting** n saccheggio m.

lop (lɔp) vt 1 mozzare. 2 bot potare.

lopsided (lɔp'saidid) adj storto, pencolante.

lord (lɔːd) n 1 sovrano, signore m. 2 cap Pari m invar. **lordship** n potere m. signoria f. **Your Lordship** Vostra Signoria, Vostra Eccellenza.

lorry ('lɔri) n camion m invar. autocarro m.

lose* (luːz) vt perdere, smarrire. vi 1 rimetterci. 2 (of a watch) ritardare. **lose one's temper** arrabbiarsi. **lose one's way** smarrirsi. **loser** n perdente m.

loss (lɔs) n perdita f.

lost (lɔst) v see **lose**.

lot (lɔt) n 1 sorte, ventura f. destino m. 2 comm partita f. 3 quantità f.

lotion ('loufən) n lozione f.

lottery ('lɔtəri) n lotteria f. lotto m.

lotus ('loutəs) n loto m.

loud (laud) adj 1 forte, alto, rumoroso. 2 (of colours) vistoso. adv alto, forte. **loud-mouthed** adj sguaiato, vociferatore. **loudness** n sonorità f. **loudspeaker** n altoparlante m.

lounge (laundʒ) n 1 salotto m. 2 sala di ritrovo f. vi poltrire, oziare.

louse (laus) n, pl **lice** pidocchio m. **lousy** adj 1 pidocchioso. 2 inf sordido, pessimo.

love (lʌv) n 1 amore m. 2 sport zero m. **fall in love with** innamorarsi di. ~ vt 1 amare. 2 voler bene a. **lovely** adj bello, carino, piacevole. **lover** n amante m,f. **lovesick** adj malato d'amore.

low[1] (lou) adj 1 basso. 2 volgare. adv 1 basso. 2 sottovoce. **lowbrow** *adj* incolto, di bassa levatura. **low frequency** *n* bassa frequenza *f*. **low-grade** *adj* inferiore, di qualità inferiore. **lowland** *n* pianura *f*. bassopiano *m*. *adj* di pianura. **low-necked** *adj* scollato. **low-pitched** *adj* basso. **low tide** *n* bassa marea *f*.

low[2] (lou) *vi* muggire.

lower ('louə) *vt* abbassare. *vt, vi* calare, diminuire. **lowercase** *adj* minuscolo. **lower classes** classi inferiori *f pl*.

loyal ('lɔiəl) *adj* fedele, leale. **loyalty** *n* fedeltà, lealtà *f*.

lozenge ('lɔzindʒ) *n* pastiglia *f*.

LSD *n* LSD *f*.

lubricate ('luːbrikeit) *vt* lubrificare. **lubrication** *n* lubrificazione *f*.

lucid ('luːsid) *adj* **1** chiaro, limpido. **2** lucido.

luck (lʌk) *n* fortuna *f*. **good luck!** auguri! **lucky** *adj* fortunato.

lucrative ('luːkrətiv) *adj* lucroso, lucrativo.

ludicrous ('luːdikrəs) *adj* ridicolo, irrisorio.

lug (lʌg) *vt* trascinare.

luggage ('lʌgidʒ) *n* bagaglio *m*.

lukewarm (luːk'wɔːm) *adj* tiepido.

lull (lʌl) *n* pausa, calma *f*. **lullaby** *n* ninna-nanna *f*.

lumbago (ləm'beigou) *n* lombaggine *f*.

lumber[1] ('lʌmbə) *n* legname *m*. **lumberjack** *n* boscaiolo, tagli(a)legna *m*.

lumber[2] ('lʌmbə) *vi* muoversi goffamente.

luminous ('luːminəs) *adj* luminoso.

lump (lʌmp) *n* **1** massa *f*. pezzo *m*. **2** gonfiore *m*. *vt* ammassare.

lunacy ('luːnəsi) *n* pazzia *f*.

lunar ('luːnə) *adj* lunare.

lunatic ('luːnətik) *adj,n* pazzo, matto *m*.

lunch (lʌntʃ) *n* colazione *f*. pranzo *m*. *vi* far colazione, pranzare.

lung (lʌŋ) *n* polmone *m*.

lunge (lʌndʒ) *n* affondo *m*. *vi* scagliarsi.

lurch[1] (ləːtʃ) *n* sbandata *f*. *vi* barcollare.

lurch[2] (ləːtʃ) *n* **leave in the lurch** piantare in asso.

lure (luə) *vt* allettare. *n* allettamento *m*.

lurid ('luərid) *adj* **1** spettrale. **2** raccapricciante.

lurk (ləːk) *vi* stare in agguato, essere nascosto.

luscious ('lʌʃəs) *adj* succulento.

lush (lʌʃ) *adj* lussureggiante.

lust (lʌst) *n* cupidigia, libidine *f*. *v* **lust for** *or* **after** bramare. **lustful** *adj* bramoso, avido.

lustre ('lʌstə) *n* lustro *m*.

lute (luːt) *n* liuto .

Luxembourg ('lʌksəmbəːg) *n* Lussemburgo *m*.

luxury ('lʌkʃəri) *n* lusso *m*. *adj* di lusso.

lynch (lintʃ) *vt* linciare.

lynx (liŋks) *n* lince *f*.

lyre (laiə) *n* lira *f*.

lyrics ('liriks) *n pl* parole di una canzone *f pl*. **lyrical** *adj* lirico.

M

mac (mæk) *n inf* impermeabile *m*.

macabre (mə'kɑːbrə) *adj* macabro.

macaroni (mækə'rouni) *n* maccheroni *m pl*.

mace[1] (meis) *n* mazza *f*.

mace[2] (meis) *n bot* macis *m or f*.

machine (mə'ʃiːn) *n* macchina *f*. **machine-gun** *n* mitragliatrice *f*. mitragliatore *m*.

machinery n 1 macchinario m. 2 meccanismo m. 3 procedimento m. **machinist** n 1 macchinista m. 2 meccanico m. 3 lavorante m,f.

mackerel ('mækrəl) n sgombro m.

mackintosh ('mækintɔʃ) n impermeabile m.

mad (mæd) adj 1 matto, pazzo. 2 inf arrabbiato. **madness** n pazzia f.

madam ('mædəm) n signora f.

made (meid) v see **make**.

Madonna (mə'dɔnə) n Madonna f.

madrigal ('mædrigəl) n madrigale m.

magazine (mægə'ziɪn) n 1 periodico, mensile m. 2 mil caricatore m.

Maggiore, Lake (mædʒi'ɔːri) n Lago Maggiore m.

maggot ('mægət) n larva f.

magic ('mædʒik) n magia f. adj magico. **magical** adj magico. **magician** n mago m.

magistrate ('mædʒistreit) n magistrato m.

magnanimous (mæg'næniməs) adj magnanimo.

magnate ('mægneit) n magnate m.

magnet ('mægnit) n calamita f. magnete m. **magnetic** adj magnetico. **magnetism** n magnetismo m. **magnetize** vt magnetizzare.

magnificent (mæg'nifisənt) adj magnifico.

magnify ('mægnifai) vt 1 ingrandire. 2 esagerare. **magnifying glass** n lente d'ingrandimento f.

magnitude ('mægnitjuɪd) n grandezza, magnitudine f.

magnolia (mæg'noulia) n magnolia f.

magpie ('mægpai) n gazza f.

mahogany (mə'hɔgəni) n mogano m. adj di mogano.

maid (meid) n domestica f. **maiden** adj inaugurale, primo. n fanciulla, signorina f. **maiden name** n cognome da ragazza m.

mail (meil) n posta f. vt imbucare, mandare per posta. **mailbag** n sacco postale m. **mailing list** n elenco di indirizzi per l'invio di materiale pubblicitario, etc. m. **mail order** n ordinazione per posta f.

maim (meim) vt ferire gravemente, mutilare.

main (mein) adj principale. **mainland** n terraferma f. **mainsail** n vela (di) maestra f. **mainspring** n 1 tech molla principale f. 2 agente principale m. **mainstream** n corrente principale f. **mains** n pl 1 fognatura f. 2 rete elettrica f.

maintain (mein'tein) vt 1 mantenere. 2 sostenere. **maintenance** n 1 manutenzione f. 2 mantenimento m.

maize (meiz) n granturco m.

majesty ('mædʒisti) n maestà f. **majestic** adj maestoso.

major ('meidʒə) adj maggiore, più importante. n maggiore m. **major general** n generale di divisione m. **majority** n 1 maggioranza f. 2 maggior età f.

make* (meik) vt 1 fare, costruire. 2 costringere a. vi fare. **make for** avviarsi verso. **make off** squagliarsela. **make out** scorgere. **make up** 1 completare. 2 inventare. 3 Th truccare. **make-up** n trucco m. **make up for** compensare. ~ n 1 forma, fabbricazione f. 2 marca f. **make-believe** n finzione f. **make-shift** adj improvvisato.

maladjusted (mælə'dʒʌstid) adj incapace di adattarsi.

malaria (mə'lɛəriə) n malaria f.
Malaya (mə'leiə) n Malesia f. **Malay** adj,n malese. **Malay** (language) n malese m.
Malaysia (mə'leiziə) n Malaysia f. **Malaysian** adj,n malese.
male (meil) adj maschile. n maschio m.
malfunction (mæl'fʌŋkʃən) vi funzionare male. n funzionamento imperfetto m.
malice ('mælis) n malignità f.
malignant (mə'lignənt) adj maligno.
mallet ('mælət) n maglio m.
malnutrition (mælnju'triʃən) n malnutrizione f.
malt (mɔːlt) n malto m.
Malta ('mɔːltə) n Malta f. **Maltese** adj,n maltese.
maltreat (mæl'triːt) vt maltrattare.
mammal ('mæməl) n mammifero m.
mammoth ('mæməθ) adj immenso.
man (mæn) n, pl **men** uomo m, pl uomini. vt equipaggiare.
man-handle vt malmenare.
manhole n chiusino m.
man-made adj artificiale.
manpower n manodopera f. **manslaughter** n omicidio preterintenzionale m.
Man, Isle of n Isola di Man f.
manage ('mænidʒ) vt dirigere. vi cavarsela. **manage to** riuscire a. **manageable** adj docile. **management** n direzione f. **manager** n direttore m.
mandarin ('mændərin) n mandarino m.
mandate ('mændeit) n mandato m. **mandatory** adj obbligatorio.
mandolin ('mændəlin) n mandolino m.
mane (mein) n criniera f.
mange (meindʒ) n rogna f. **mangy** adj **1** rognoso. **2** inf squallido.

mangle[1] ('mæŋgəl) vt rovinare, deformare.
mangle[2] ('mæŋgəl) n mangano, strizzatoio m. vt manganare.
mango ('mæŋgou) n, pl **-goes** or **-gos** mango m.
mania ('meiniə) n mania f. **maniac** n maniaco m. **manic** adj maniaco.
manicure ('mænikjuə) n manicure, cosmesi delle mani f. vt fare la manicure. **manicurist** n manicure m,f.
manifest ('mænifest) adj evidente, palese, manifesto. vt dimostrare.
manifesto (mæni'festou) n manifesto m.
manifold ('mænifould) adj molteplice.
manipulate (mə'nipjuleit) vt **1** manipolare. **2** manovrare, maneggiare. **manipulation** n **1** manipolazione f. maneggio m.
mankind ('mænkaind) n umanità f.
manner ('mænə) n maniera f. modo m. **mannerism** n manierismo m.
manoeuvre (mə'nuːvə) n manovra f. vi,vi manovrare.
manor ('mænə) n maniero m.
mansion ('mænʃən) n casa signorile f.
mantelpiece ('mæntəlpiːs) n mensola f.
mantilla (mæn'tilə) n mantiglia f.
mantle ('mæntl) n mantello m.
manual ('mænjuəl) adj manuale.
manufacture (mænju'fæktʃə) n manifattura f. vt fabbricare. **manufacturer** n fabbricante m.
manure (mə'njuə) n letame m. vt concimare.
manuscript ('mænjuskript) n manoscritto m.
Manx (mæŋks) adj dell'isola di Man.

many ('meni) *adj* molti. **a good many** parecchi. **as many** altrettanti. **how many?** quanti? **many a** molti. **so many** tanti.

Maori ('mauri) *adj,n* maori *invar.*

map (mæp) *n* **1** mappa, carta *f.* **2** (of a town) pianta *f.* *vt* fare la carta di. **map out** tracciare.

maple ('meipəl) *n* acero *m.*

mar (maɪ) *vt* guastare.

marathon ('mærəθən) *n* maratona *f.*

marble ('maɪbəl) *n* **1** marmo *m.* **2** *game* biglia, pallina *f.* *adj* di marmo, marmoreo.

march (maɪtʃ) *n* marcia *f.* *vi* marciare.

March (maɪtʃ) *n* marzo *m.*

marchioness ('maɪʃənis) *n* marchesa *f.*

mare (mɛə) *n* cavalla *f.*

margarine (maɪdʒə'riɪn) *n* margarina *f.*

margin ('maɪdʒin) *n* margine *m.* **marginal** *adj* marginale.

marguerite (maɪgə'riɪt) *n* margherita *f.*

marigold ('mærigould) *n* calendola *f.*

marijuana (mæri'waɪnə) *n* marijuana *f.*

marinade (*n* mæri'neid) *n* marinata *f.* **marinate** *vt* marinare.

marine (mə'riɪn) *adj* marino. *n* soldato di marina *m.* **maritime** *adj* marittimo.

marital ('mæritl) *adj* maritale, coniugale.

marjoram ('maɪdʒərəm) *n* maggiorana *f.*

mark[1] (maɪk) *n* **1** segno, marchio *m.* impronta *f.* **2** *educ* voto *m.* *vt* **1** segnare, marcare. **2** *educ* correggere. **mark out** tracciare. **marksman** *n* tiratore scelto *m.*

mark[2] (maɪk) *n comm* marco *m.*

market ('maɪkit) *n* **1** mercato *m.* **2** *comm* borsa *f.* *vt* mettere in vendita. **market garden** *n* orto *m.* **market research** *n* ricerca di mercato *f.*

marmalade ('maɪməleid) *n* marmellata *f.*

maroon[1] (mə'ruɪn) *adj,n* marrone rossastro *m.*

maroon[2] (mə'ruɪn) *vt* abbandonare.

marquee (maɪ'kiɪ) *n* grande tenda *f.*

marquess ('maɪkwis) *n* marchese *m.*

marquise (maɪ'kiɪz) *n* marchesa *f.*

marrow ('mærou) *n* **1** midollo *m.* **2** *bot* zucca *f.* **marrowbone** *n* ossobuco *m.*

marry ('mæri) *vt* sposare. *vi* sposarsi. **marriage** *n* matrimonio *m.* **marriage certificate** *n* certificato di matrimonio *m.*

Mars (maɪz) *n* Marte *m.*

marsh (maɪʃ) *n* palude *f.* **marshy** *adj* paludoso. **marshmallow** *n* **1** *bot* altea *f.* **2** specie di caramella *f.*

marshal ('maɪʃəl) *n* maresciallo *m.* *vt* ordinare.

marsupial (maɪ'sjuɪpiəl) *adj,n* marsupiale *m.*

martial ('maɪʃəl) *adj* marziale.

martin ('maɪtin) *n* balestruccio *m.*

martini (maɪ'tiɪni) *n* martini *m* *invar.*

martyr ('maɪtə) *n* martire *m.* **martyrdom** *n* martirio *m.*

marvel ('maɪvəl) *n* meraviglia *f.* *vi* meravigliarsi. **marvellous** *adj* meraviglioso.

Marxism ('maɪksizəm) *n* marxismo *m.* **Marxist** *adj,n* marxista.

marzipan ('maɪzipæn) *n* marzapane *m.*

mascara (mæ'skaɪrə) *n* mascara *m.*

mascot ('mæskɔt) n mascotte f,
pl mascottes.
masculine ('mæskjulin) adj
maschile, mascolino.
mash (mæʃ) vt schiacciare, pestare.
mask (mɑːsk) n maschera f. vt
mascherare.
masochism ('mæsəkizəm) n
masochismo m. **masochist**
n masochista m. **masochis-
tic** adj masochistico.
mason ('meisən) n 1 muratore
m. 2 massone m. **masonic**
adj massonico. **masonry** n 1
muratura f. 2 massoneria f.
masquerade (mæskə'reid) n 1
ballo in maschera m. masche-
rata f. 2 finzione f. vi ma-
scherarsi.
mass[1] (mæs) n massa f. **mas-
ses of** un sacco di. ~ vt adunare, ammassare. **mass media** n massmedia m pl. **mass-
produce** vt produrre in massa.
mass[2] (mæs) n rel messa f.
massacre ('mæsəkə) n massacro m. vt massacrare.
massage ('mæsɑːʒ) vt massaggiare. n massaggio m.
massive ('mæsiv) adj massiccio.
mast (mɑːst) n albero m.
master ('mɑːstə) n 1 padrone
m. 2 educ maestro, professore m. vt dominare. **master-
ful** adj imperioso. **master-
mind** n cervello m. **masterpiece** n capolavoro m.
masturbate ('mæstəbeit) vi
masturbarsi. **masturbation** n
masturbazione f.
mat (mæt) n 1 stuoia f. 2 (table) sottovaso, sottopiatto m.
matador ('mætədɔ:) n matador
m, pl matadores.
match[1] (mætʃ) n fiammifero
m. **matchbox** n scatola da
fiammiferi f. **matchstick** n
fiammifero m.
match[2] (mætʃ) n 1 uguale m,f.

pari m,f invar. 2 sport partita
f. incontro m. 3 matrimonio
m. vt 1 uguagliare. 2 andar bene con. 3 opporre. vi andar
bene insieme.
mate (meit) n 1 inf compagno,
amico m. 2 naut ufficiale in
seconda m. vt accoppiare. vi
accoppiarsi.
material (mə'tiəriəl) n 1 materiale m. 2 stoffa f. adj 1 materiale. 2 essenziale. **mate-
rialist** n materialista m.
materialistic adj materialisti-
co. **materialize** vi realizzarsi.
maternal (mə'tə:nl) adj materno. **maternity** n maternità f.
mathematics (mæθə'mætiks)
n matematica f.
matins ('mætinz) n pl mattuti-
no m.
matinee ('mætinei) n (rappresentazione) diurna f.
matriarchal ('meitriɑːkəl) adj
matriarcale.
matrimony ('mætriməni) n matrimonio m.
matrix ('meitriks) n, pl
matrices or **matrixes** matrice
f.
matron ('meitrən) n 1 educ governante f. 2 med capoinfer-
miera f.
matter ('mætə) n 1 materia
f. 2 contenuto m. 3 faccenda, questione f. **as a matter
of fact** a dire il vero. **printed
matter** n stampati m
pl. **what's the matter?** che
c'è? ~ vi importare, aver importanza.
Matterhorn ('mætəhɔːn) n Cer-
vino m.
mattress ('mætrəs) n materasso m.
mature (mə'tjuə) adj maturo.
vt, vi maturare. **maturity** n
maturità f.
maudlin ('mɔːdlin) adj piagnu-
coloso, sentimentale.

maul (mɔːl) vt dilaniare, straziare.

Maundy Thursday ('mɔːndi) n Giovedì Santo m.

mausoleum (mɔːsə'liəm) n mausoleo m.

mauve (mouv) adj,n malva m invar.

maxim ('mæksim) n massima f.

maximum ('mæksiməm) adj,n massimo m. **maximize** vt rendere massimo.

may (mei) v mod aux potere. **it may be so** può darsi. **maybe** adv forse, può darsi che.

May (mei) n maggio m. **May Day** n primo maggio m. festa del lavoro f. **maypole** n albero di maggio m.

mayonnaise (meiə'neiz) n maionese f.

mayor ('mɛə) n sindaco m. **mayoress** n sindaca f.

maze (meiz) n labirinto m.

me (miː) pers pron 1st pers s mi, me.

meadow ('medou) n prato m.

meagre ('miːgə) adj magro.

meal[1] (miːl) n cul pasto m.

meal[2] (miːl) n farina grossa f.

mean[*1] (miːn) vt 1 significare, voler dire. 2 intendere. 3 destinare. **mean well** essere ben intenzionato.

mean[2] (miːn) adj 1 meschino, di basso conio. 2 gretto, tirchio, taccagno. 3 medio.

meander (mi'ændə) vi serpeggiare. n meandro m.

meaning ('miːniŋ) n significato m. **meaningful** adj significativo. **meaningless** adj privo di significato.

means (miːnz) n pl mezzo m. **by all means** certo, senz'altro. **by no means** non...affatto, niente affatto.

meantime ('miːntaim) adv intanto. **in the meantime** nel frattempo.

measles ('miːzəlz) n morbillo m.

measure ('meʒə) n misura f. **made to measure** confezionato su misura. ~ vt,vi misurare. **measurement** n misura f.

meat (miːt) n carne f.

mechanic (mi'kænik) n meccanico m. **mechanical** adj meccanico. **mechanical engineering** n ingegneria meccanica f. **mechanism** n meccanismo m. **mechanize** vt meccanizzare.

medal ('medl) n medaglia f. **medallion** n medaglione m.

meddle ('medl) vi immischiarsi, intromettersi.

media ('miːdiə) **mass media** n mezzi di comunicazione di massa m pl.

medial ('miːdiəl) adj mediano, medio.

median ('miːdiən) adj mediano. n mediana f.

mediate ('miːdieit) vt,vi mediare. **mediator** n mediatore m.

medical ('medikəl) adj medico. n esame medico m. **medication** n medicazione f. **medicine** n 1 medicina f. 2 farmaco m.

medieval (medi'iːvəl) adj medievale.

mediocre (miːdi'oukə) adj mediocre. **mediocrity** n mediocrità f.

meditate ('mediteit) vt,vi meditare. **meditator** n meditatore m.

Mediterranean (meditə'reiniən) adj mediterraneo. **Mediterranean (Sea)** n (Mare) Mediterraneo m.

medium ('miːdiəm) n,pl **media** or **mediums** mezzo m. **happy medium** giusto mezzo. ~adj medio.

meek (miːk) adj remissivo, mite.

meet* (miːt) *vt* incontrare. *vi* 1 incontrarsi. 2 riunirsi. **meet with** 1 imbattersi in. 2 subire. **meeting** *n* riunione, assemblea *f*.

megaphone ('megəfoun) *n* megafono *m*.

melancholy ('melənkəli) *n* malinconia *f*. *adj* malinconico.

mellow ('melou) *adj* 1 maturo. 2 amabile. 3 addolcito. 4 morbido. *vt* far maturare, addolcire. *vi* maturare, addolcirsi.

melodrama ('melədrɑːmə) *n* melodramma *m*. **melodramatic** *adj* melodrammatico.

melody ('melədi) *n* melodia *f*.

melon ('melən) *n* melone *m*.

melt* (melt) *vt* squagliare, sciogliere, fondere. *vi* squagliarsi, sciogliersi, fondere. **melt down** fondere. **melting** *n* fusione *f*. **melting point** *n* punto di fusione *m*.

member ('membə) *n* membro, socio *m*. **member of Parliament** *n* deputato *m*. **membership** *n* 1 appartenenza *f*. 2 totale dei membri *m*.

membrane ('membrein) *n* membrana *f*.

memento (mə'mentou) *n*, *pl* -os *or* -oes ricordo *m*.

memo ('memou) *n inf* memorandum *m*.

memoir ('memwɑː) *n* 1 nota biografica *f*. 2 *pl* memorie *f pl*.

memorandum (memə'rændəm) *n*, *pl* -dums *or* -da memorandum *m*.

memory ('meməri) *n* 1 memoria *f*. 2 ricordo *m*. **memorable** *adj* memorabile. **memorial** *n* monumento *m*. *adj* commemorativo. **memorize** *vt* imparare a memoria.

menace ('menəs) *n* minaccia *f*. *vt* minacciare. **menacing** *adj* minaccioso.

menagerie (mə'nædʒəri) *n* serraglio *m*.

mend (mend) *vt* 1 riparare, rammendare. 2 migliorare. *vi* rimettersi, migliorare. **mend one's ways** ravvedersi. *n* aggiustatura *f*. rammendo *m*. **mending** *n* 1 riparazione *f*. 2 roba da riparare *f*.

menial ('miːniəl) *adj* umile, servile. *n* servo *m*.

menopause ('menəpɔːz) *n* menopausa *f*.

menstrual ('menstruəl) *adj* menstruale. **menstruate** *vi* mestruare.

mental ('mentl) *adj* mentale. **mental hospital** *n* manicomio *m*. **mentality** *n* mentalità *f*.

menthol ('menθɔl) *n* mentolo *m*.

mention ('menʃən) *vt* far menzione di, citare, menzionare. **don't mention it!** di nulla! ~ *n* menzione, citazione *f*.

menu ('menjuː) *n* menu *m invar*.

mercantile ('məːkəntail) *adj* mercantile.

mercenary ('məːsənəri) *adj* mercenario, venale. *n* mercenario *m*.

merchant ('məːtʃənt) *n* commerciante, mercante *m*. **merchant bank** *n* banca *f*. **merchant navy** *n* marina mercantile *f*. **merchandise** *n* merce, mercanzia *f*.

mercury ('məːkjuri) *n* mercurio *m*.

mercy ('məːsi) *n* misericordia, pietà, clemenza *f*.

mere (miə) *adj* puro, semplice, mero.

merge (məːdʒ) *vt* fondere, amalgamare. *vi* fondersi. **merger** *n* fusione *f*.

meridian (mə'ridiən) *n* meridiano *m*.

meringue (mə'ræŋ) *n* meringa *f*.

merit ('merit) n merito m. vt meritare.

mermaid ('mə:meid) n sirena f.

merry ('meri) adj 1 allegro, giocondo. 2 inf brillo, alticcio. **merry-go-round** giostra f. carosello m.

mesh (meʃ) n maglia f.

mesmerize ('mezməraiz) vt ipnotizzare.

mess (mes) n 1 pasticcio m. confusione f. 2 mensa f. v **mess about** perdere tempo. **mess up** guastare.

message ('mesidʒ) n 1 messaggio m. 2 commissione f. **messenger** n messaggero, fattorino m.

met (met) v see **meet**.

metabolism (mi'tæbəlizəm) n metabolismo m.

metal ('metl) n metallo m. adj di metallo, metallico. **metallic** adj metallico. **metallurgy** n metallurgia f.

metamorphosis (metə'mɔːfəsis) n, pl **metamorphoses** metamorfosi f invar.

metaphor ('metəfə) n metafora f. **metaphorical** adj metaforico.

metaphysics (metə'fiziks) n metafisica f. **metaphysical** adj metafisico.

meteor ('miːtiə) n meteora f. **meteorology** n meteorologia f.

meter ('miːtə) n 1 contatore m. 2 mot parchimetro m.

methane ('miːθein) n metano m.

method ('meθəd) n metodo m. **methodical** adj metodico. **methodology** n metodologia f.

Methodist ('meθədist) n metodista m.

meticulous (mi'tikjuləs) adj meticoloso.

metre ('miːtə) n metro m. **metric** adj metrico.

metropolis (mə'trɔpəlis) n metropoli f invar. **metropolitan** adj metropolitano.

Mexico ('meksikou) n Messico m. **Mexican** adj messicano.

miaow (mi'au) n miagolio m. vi miagolare.

microbe ('maikroub) n microbo m.

microphone ('maikrəfoun) n microfono m.

microscope ('maikrəskoup) n microscopio m.

mid (mid) adj 1 mezzo, di mezzo, a metà. 2 pieno. **midday** n mezzogiorno m. **midland** adj interno. **midmorning** n metà mattina f. **midnight** n mezzanotte f. **midstream** n centro della corrente m. **midsummer** n mezza estate f. **midway** adj,adv a metà strada. **midweek** n metà (della) settimana f.

middle ('midl) n mezzo, centro m. metà f. adj di mezzo, medio. **middle finger** n (dito) medio m. **middle-aged** adj di mezz'età. **middle-class** adj borghese. **Middle Ages** n pl medioevo m. **Middle East** n Medio Oriente m.

midget ('midʒit) n nano m.

midst (midst) n mezzo, centro m.

midwife ('midwaif) n ostetrica f. **midwifery** n ostetricia f.

might[1] (mait) v see **may**.

might[2] (mait) n forza, potenza f.

migraine ('miːgrein) n emicrania f.

migrate (mai'greit) vi 1 zool migrare. 2 emigrare. **migration** n 1 migrazione f. 2 emigrazione f.

mike (maik) n inf microfono m.

Milan (mi'læn) n Milano f. **Milanese** adj,n milanese.

mild (maild) adj 1 mite, gentile. **2** dolce, leggero. **3** clemente. **mildly** adv gentilmente.

mildew ('mildjur) n muffa f.

mile (mail) n miglio m, pl miglia f. **mileage** n distanza percorsa in miglia f. chilometraggio m. **mileometer** n contamiglia, contachilometri m. **milestone** n pietra miliare f.

militant ('militənt) adj,n militante. **military** adj militare.

milk (milk) n latte m. vt mungere. **milkman** n lattaio m.

Milky Way n Via Lattea f.

mill (mil) n **1** mulino m. **2** fabbrica f. stabilimento m. **3** macinino m. **millstone** n macina f.

millennium (mi'leniəm) n, pl **-niums** or **-nia** millennio m.

milligram ('miligræm) n milligrammo m.

millilitre ('mililiːtə) n millilitro m.

millimetre ('milimiːtə) n millimetro m.

million ('miljən) n milione m. **millionaire** n milionario m. **millionth** adj milionesimo.

mime (maim) n mimo m. vt,vi mimare. **mimic** n mimo, imitatore m. vt imitare. **mimicry** n mimica f.

mimosa (mi'mouzə) n mimosa f.

minaret (minə'ret) n minareto m.

mince (mins) vt tritare, tagliuzzare. n carne tritata f. **mincer** n tritatutto m.

mind (maind) n **1** mente f. **2** memoria f. **make up one's mind** decidersi. ~vt **1** badare a, fare attenzione a. **2** occuparsi di. vi stare attento to. **do you mind?** ti dispiace? **never mind!** non importa!

mine[1] (main) poss pron 1st pers s mio, il mio, mia, la mia, miei, i miei, mie, le mie.

mine[2] (main) n **1** miniera f. **2** mil mina f. vt **1** scavare, estrarre. **2** mil minare. **miner** n minatore m.

mineral ('minərəl) adj,n minerale m. **mineral water** n acqua minerale f.

minestrone (mini'strouni) n minestrone m.

mingle ('miŋgəl) vt mischiare. vi mescolarsi.

miniature ('miniətʃə) n miniatura f. adj in miniatura.

minim ('minim) n minima f. **minimize** vt minimizzare. **minimum** adj,n minimo m.

mining ('mainiŋ) n attività mineraria, estrazione f. adj minerario.

minister ('ministə) n **1** ministro m. **2** rel pastore m. **ministerial** adj ministeriale. **ministry** n **1** ministero m. **2** rel clero m.

mink (miŋk) n visone m.

minor ('mainə) adj minore, più piccolo, secondario. n minorenne m,f. **minority** n **1** minoranza f. **2** law qualità di minorenne f.

minstrel ('minstrəl) n menestrello m.

mint[1] (mint) n bot menta f.

mint[2] (mint) n zecca f. vt coniare.

minuet (minju'et) n minuetto m.

minus ('mainəs) adj,prep meno.

minute[1] ('minit) n **1** minuto m. **2** momento m. **3** pl verbale m.

minute[2] (mai'njuːt) adj **1** minuto. **2** particolareggiato.

miracle ('mirəkəl) n miracolo m. **miraculous** adj miracoloso.

mirage ('mirɑːʒ) n miraggio m.

mirror ('mirə) n specchio m. vt rispecchiare.

mirth (mɜːθ) n ilarità, allegria f. riso m, pl risa f.

misbehave (misbi'heiv) vi comportarsi male. **misbehaviour** n cattiva condotta f.

miscarriage (mis'kæridʒ) n 1 med aborto m. 2 insuccesso m. **miscarry** vi 1 abortire. 2 fare cilecca.

miscellaneous (misə'leiniəs) adj miscellaneo. **miscellany** n miscellanea f.

mischance (mis'tʃɑːns) n disavventura f.

mischief ('mistʃif) n 1 birichinata f. 2 danno m. **mischievous** adj birichino, dispettoso.

misconceive (miskən'siːv) vt fraintendere, farsi un'idea erronea di. **misconception** n malinteso m. idea erronea f.

misconduct (miskən'dʌkt) n 1 cattiva condotta f. 2 cattiva amministrazione f.

misdeed (mis'diːd) n misfatto m.

miser ('maizə) n avaro m. **miserly** adj avaro.

miserable ('mizərəbəl) adj 1 triste, infelice. 2 misero, miserabile.

misery ('mizəri) n depressione, sofferenza f.

misfire (mis'faiə) vi 1 incepparsi. 2 fare fiasco, mancare il bersaglio.

misfit ('misfit) n 1 spostato m. 2 vestito che non va bene m.

misfortune (mis'fɔːtʃən) n sfortuna f.

misgiving (mis'givin) n 1 dubbio, sospetto m. 2 diffidenza f.

misguided (mis'gaidid) adj sviato.

mishap ('mishæp) n infortunio m.

mislay (mis'lei) vt smarrire.

mislead (mis'liːd) vt 1 ingannare. 2 fuorviare. **misleading** adj fallace.

misprint (n 'misprint; v mis'print) n errore di stampa m. vt stampare male.

miss[1] (mis) vt 1 mancare, sbagliare. 2 sentire la mancanza di. 3 perdere. 4 evitare. vi mancare, sbagliare. **miss out** omettere. ~n colpo mancato, sbaglio m. **missing** adj 1 mancante, smarrito. 2 mil disperso.

miss[2] (mis) n 1 signorina f. 2 cap (title of address) Signorina.

missile ('misail) n missile m.

mission ('miʃən) n missione f. **missionary** adj,n missionario m.

mist (mist) n foschia f. vi appannarsi. **misty** adj 1 fosco. 2 nebuloso.

mistake* (mis'teik) n sbaglio, errore m. vt 1 sbagliare. 2 fraintendere. 3 scambiare.

mister ('mistə) n signore m.

mistletoe ('misəltou) n vischio m.

mistress ('mistrəs) n 1 signora f. 2 padrona f. 3 professoressa f. 4 amante f.

mistrust (mis'trʌst) vt non fidarsi di. n diffidenza f. **mistrustful** adj diffidente.

misunderstand* (misʌndə'stænd) vt fraintendere. **misunderstanding** n equivoco m.

misuse (v mis'juːz; n mis'juːs) vt 1 far cattivo uso di, usare a sproposito. 2 maltrattare. n cattivo uso m.

mitre ('maitə) n mitra f.

mitten ('mitn) n manopola f.

mix (miks) vt mischiare, combinare, mettere insieme. vi mischiarsi, andar bene insieme. **mixture** n 1 misto m. mistura f. 2 miscela f.

moan (moun) n gemito, lamento m. *vi* gemere, lamentarsi. *vt* lamentare.

moat (mout) *n* fossato *m.*

mob (mɔb) *n* marmaglia *f.* folla in tumulto *f.* *vt* assalire.

mobile ('moubail) *adj* 1 mobile. 2 mutevole. **mobility** *n* mobilità *f.* **mobilize** *vt* mobilitare. *vi* mobilitarsi. **mobilization** *n* mobilitazione *f.*

mock (mɔk) *vt* deridere, prendere in giro. *adj* finto. **mockery** *n* derisione *f.*

mode (moud) *n* modo *m.*

model ('mɔdl) *n* 1 modello *m.* 2 *Art* modello *m.* 3 indossatrice *f.* *adj* esemplare, modello. *vt* modellare. *vi* fare l'indossatore.

moderate (*adj,n* 'mɔdərət; *v* 'mɔdəreit) *adj,n* moderato. *vt* moderare. **moderation** *n* moderazione *f.*

modern ('mɔdən) *adj* moderno. **modernize** *vt* modernizzare.

modest ('mɔdist) *adj* modesto. **modesty** *n* modestia *f.*

modify ('mɔdifai) *vt* 1 modificare. 2 temperare. **modifier** *n* parola modificante *f.*

modulate ('mɔdjuleit) *vt* modulare.

module ('mɔdjuːl) *n* modulo *m.*

mohair ('mouhɛə) *n* mohair *m.*

moist (mɔist) *adj* umido. **moisten** *vt* inumidire. *vi* inumidirsi. **moisture** *n* vapore condensato *m.* **moisturize** *vt* umidificare.

mole[1] (moul) *n* neo *m.*

mole[2] (moul) *n* *zool* talpa *f.*

molecule ('mɔlikjuːl) *n* molecola *f.* **molecular** *adj* molecolare.

molest (mə'lest) *vt* molestare.

mollusc ('mɔləsk) *n* mollusco *m.*

molten ('moultən) *adj* fuso.

moment ('moumənt) *n* 1 momento *m.* 2 importanza *f.*

momentary *adj* momentaneo. **momentous** *adj* grave, di grande importanza.

momentum *n* 1 *sci* momento *m.* 2 slancio *m.*

monarch ('mɔnək) *n* monarca *m.* **monarchy** *n* monarchia *f.*

monastery ('mɔnəstri) *n* monastero, convento *m.* **monastic** *adj* monastico.

Monday ('mʌndi) *n* lunedì *m.*

money ('mʌni) *n* quattrini, soldi *m pl.* denaro *m.* **moneybox** *n* salvadanaio *m.* **money order** *n* vaglia *m invar.* **monetarism** *n* monetarismo *m.* **monetary** *adj* monetario.

mongrel ('mʌŋgrəl) *adj,n* bastardo *m.*

monitor ('mɔnitə) *n* 1 monitor *m invar.* 2 addetto all'ascolto di trasmissioni estere *m.* *vt* 1 controllare. 2 ascoltare.

monk (mʌŋk) *n* monaco, frate *m.*

monkey ('mʌŋki) *n* scimmia *f.*

monochrome ('mɔnəkroum) *adj* monocromo. *n* monocromato *m.*

monogamy (mə'nɔgəmi) *n* monogamia *f.*

monologue ('mɔnəlɔg) *n* monologo *m.*

monopoly (mə'nɔpəli) *n* monopolio *m.* **monopolize** *vt* monopolizzare.

monosyllable ('mɔnəsiləbəl) *n* monosillabo *m.* **monosyllabic** *adj* monosillabico, monosillabo.

monotone ('mɔnətoun) *n* tono uniforme *m.* **monotonous** *adj* monotono. **monotony** *n* monotonia *f.*

monsoon (mɔn'suːn) *n* monsone *m.*

monster ('mɔnstə) *n* mostro *m.* **monstrous** *adj* mostruoso.

month (mʌnθ) *n* mese *m.* **monthly** *adj* mensile. *adv* mensilmente.

monument (´mɔnjumənt) *n* monumento *m*. **monumental** *adj* monumentale.

moo[1] (muɪ) *vi* muggire. *n* muggito *m*.

mood[1] (muɪd) *n* umore *m*. **moody** *adj* capriccioso.

mood[2] (muɪd) *n gram* modo *m*.

moon (muɪn) *n* luna *f*. **moonlight** *n* chiaro di luna *m*.

moor[1] (muə) *n* brughiera *f*. **moorhen** *n* gallinella d'acqua *f*. **moorland** *n* brughiera *f*.

moor[2] (muə) *vt* ormeggiare. **moorings** *n pl* ormeggio *m*.

Moor (muə) *n* moro, saraceno *m*. **Moorish** *adj* moresco.

mop (mɔp) *n* 1 strofinaccio *m*. 2 (of hair) zazzera *f*. *vt* 1 asciugare. 2 raccogliere. **mop up** pulire.

mope (moup) *vi* darsi alla malinconia, immusonirsi.

moped (´mouped) *n* ciclomotore *m*.

moral (´mɔrəl) *adj* morale. *n* 1 morale *f*. 2 *pl* morale *f*. **morale** *n* morale *m*. **morality** *n* moralità *f*. **moralize** *vi* moraleggiare. *vt* moralizzare.

morbid (´mɔːbid) *adj* morboso.

more (mɔː) *adj* più, di più, maggiore. *adv* 1 di più, più. 2 ancora. **more and more** sempre più. **once more** ancora una volta. **moreover** *adj* inoltre.

morgue (mɔːg) *n* obitorio *m*.

morning (´mɔːniŋ) *n* mattina, mattinata *f*. mattino *m*. **this morning** stamattina, stamane.

Morocco (mə´rɔkou) *n* Marocco *m*. **Moroccan** *adj,n* marocchino.

moron (´mɔːrɔn) *n* 1 *med* oligofrenico *m*. 2 *inf* idiota *m*.

morose (mə´rous) *adj* scontroso.

morphine (´mɔːfiːn) *n* morfina *f*.

morse code (mɔːs) *n* alfabeto Morse *m*.

mortal (´mɔːtl) *adj,n* mortale *m*. **mortality** *n* mortalità *f*.

mortar[1] (´mɔːtə) *n* mortaio *m*.

mortar[2] (´mɔːtə) *n* (for building) malta *f*.

mortgage (´mɔːgidʒ) *n* ipoteca *f*. *vt* ipotecare.

mortify (´mɔːtifai) *vt* mortificare.

mortuary (´mɔːtjuəri) *n* camera mortuaria *f*.

mosaic (mou´zeiik) *n* mosaico *m*.

mosque (mɔsk) *n* moschea *f*.

mosquito (mə´skiːtou) *n, pl* **-oes** *or* **-os** zanzara *f*.

moss (mɔs) *n* muschio *m*.

most (moust) *adj* 1 il maggior numero di, la maggior quantità di, la maggior parte di. 2 più. *n* massimo, più *m*. **at the most** al massimo. **make the most of** usar bene, sfruttare. ~ *adv* più, di più. **mostly** *adv* per lo più, per la maggior parte.

motel (mou´tel) *n* motel *m*.

moth (mɔθ) *n* farfalla notturna *f*.

mother (´mʌðə) *n* madre, mamma *f*. **motherly** *adj* materno. **motherhood** *n* maternità *f*. **mother-in-law** *n* suocera *f*. **mother superior** *n* (madre) superiora *f*.

motion (´mouʃən) *n* 1 movimento, moto *m*. 2 *pol* mozione *f*. *vt,vi* far segno a. **motionless** *adj* immobile.

motive (´moutiv) *n* motivo *m*. *adj* motore.

motor (´moutə) *n* motore *m*. *vi* andare in macchina. **motor car** *n* automobile, macchina *f*. auto *f invar*. **motor cycle** *n* motocicletta *f*. **motorist** *n* automobilista *m*. **motorway** *n* autostrada *f*.

mottle (´mɔtl) *vt* chiazzare.

motto ('mɔtou) *n, pl* **-oes** *or* **-os** motto *m.*

mould[1] (mould) *n* stampo *m. vt* 1 formare, modellare. 2 plasmare.

mould[2] (mould) *n* muffa *f.* **mouldy** *adj* 1 ammuffito. 2 stantio.

moult (moult) *vi* fare la muda.

mound (maund) *n* 1 collinetta *f.* 2 mucchio *m.*

mount[1] (maunt) *vt* 1 montare, salire. 2 (jewels) incastonare. *vi* 1 salire, montare. 2 aumentare. *n* (of a picture, etc.) montatura *f.*

mount[2] (maunt) *n* monte *m.* montagna *f.*

mountain ('mauntin) *n* montagna *f.* **mountaineer** *n* alpinista *m.* **mountaineering** *n* alpinismo *m.* **mountainous** *adj* montuoso, montagnoso.

mourn (mɔɪn) *vi* lamentarsi. *vt* lamentare, piangere, esser in lutto per. **mourning** *n* cordoglio, lutto *m.* lamentazione *f.*

mouse (maus) *n, pl* **mice** topo *m.* **mousetrap** *n* trappola per i topi *f.*

mousse (muɪs) *n* dolce di panna montata e aromi *m.*

moustache (mə'staɪʃ) *n* baffi *m pl.*

mouth (mauθ) *n* 1 bocca *f.* 2 (of a river) foce *f.* **mouthful** *n* boccone *m.* **mouthpiece** *n* 1 bocchino *m.* 2 organo, portavoce *m.*

move (muɪv) *vi* 1 muoversi, spostarsi. 2 cambiar casa, traslocare. 3 far progressi. *vt* 1 muovere, spostare. 2 trasportare. 3 commuovere. 4 proporre. **move in** occupare. **move out** sgombrare. ~*n* 1 mossa *f.* 2 trasloco *m.* 3 manovra *f.* **movable** *adj* movibile, mobile. **movement** *n* movimento *m.* **mov-**

-ing *adj* 1 commovente. 2 mobile. 3 in moto.

mow[*] (mou) *vt* falciare. **mow down** falciare, abbattere. **mower** *n* falciatrice *f.*

Mr ('mistə) (title of address) Signor.

Mrs ('misiz) (title of address) Signora.

much (mʌtʃ) *adj,adv* molto, assai. **how much** quanto. **so much** tanto. **too much** troppo.

muck (mʌk) *n* 1 sterco *m.* 2 sudiciume *m.*

mud (mʌd) *n* fango *m.* **muddy** *adj* fangoso. **mudguard** *n* parafango *m.*

muddle ('mʌdl) *vt* 1 impasticciare. 2 confondere. *n* 1 pasticcio *m.* 2 confusione *f.*

muff (mʌf) *n* manicotto *m.*

muffle ('mʌfəl) *vt* 1 (sound) smorzare, attenuare. 2 imbaccuccare, avvolgere.

mug (mʌg) *n* 1 boccale *m.* 2 *sl* muso, grugno *m. vt sl* assalire.

mulberry ('mʌlbəri) *n* mora *f.* **mulberry bush** *n* gelso *m.*

mule[1] (mjuɪl) *n zool* mulo *m.*

mule[2] (mjuɪl) *n* pianella *f.*

mullet ('mʌlit) *n* triglia .

multiple ('mʌltipəl) *adj* molteplice. *n* multiplo *m.*

multiply ('mʌltiplai) *vt* moltiplicare. *vi* moltiplicarsi.

multiracial ('mʌltireiʃəl) *adj* multirazziale.

multitude ('mʌltitjuɪd) *n* moltitudine *f.*

mum (mʌm) *n inf* mamma *f.*

mumble ('mʌmbəl) *vi* borbottare.

mummy[1] ('mʌmi) *n* mummia *f.*

mummy[2] ('mʌmi) *n inf* mamma *f.*

mumps (mʌmps) *n pl* orecchioni *m pl.*

munch (mʌntʃ) *vt* sgranocchiare. *vi* masticare rumorosamente.

mundane ('mʌndein) adj mondano.

municipal (mju'nisipəl) adj municipale, comunale. **municipality** n municipio, comune m.

mural ('mjuərəl) adj murale. n pittura murale f.

murder ('məːdə) vt assassinare. n assassinio m. **murderer** n assassino m. **murderous** adj 1 brutale. 2 micidiale.

murmur ('məːmə) n mormorio m. vt, vi mormorare.

muscle ('mʌsəl) n muscolo m.

muse (mjuːz) n musa f. vi rimuginare, meditare.

museum (mjuː'ziəm) n museo m.

mushroom ('mʌʃrum) n fungo m.

music ('muːzik) n musica f. **music centre** n impianto stereofonico m. **musical** adj musicale. **musician** n musicista m.

musk (mʌsk) n muschio m.

musket ('mʌskit) n moschetto m.

Muslim ('muzlim) adj, n islamico, mussulmano.

muslin ('mʌzlin) n mussolina f.

mussel ('mʌsəl) n cozza f.

must* (mʌst) v mod aux dovere.

mustard ('mʌstəd) n senape, mostarda f.

mute (mjuːt) adj, n muto.

mutilate ('mjuːtileit) vt mutilare. **mutilation** n mutilazione f.

mutiny ('mjuːtini) n ammutinamento m. vi ammutinarsi.

mutter ('mʌtə) vt, vi borbottare.

mutton ('mʌtɪn) n carne di montone f.

mutual ('mjuːtjuəl) adj mutuo, reciproco.

muzzle ('mʌzəl) n 1 muso m. 2 museruola f. 3 (of a gun) bocca f. vt mettere la museruola a.

my (mai) poss adj 1st pers s (il) mio, (la) mia, (il) miei, (le) mie. **myself** pron 1st pers s 1 io stesso. 2 me stesso, mi, me.

myrrh (məː) n mirra f.

myrtle ('məːtl) n mortella f.

mystery ('mistəri) n mistero m. **mysterious** adj misterioso.

mystic ('mistik) adj, n mistico m. **mysticism** n misticismo m. **mystify** vt sconcertare.

mystique (mi'stiːk) n mistica f.

myth (miθ) n mito m. **mythical** adj mitico. **mythology** n mitologia f. **mythological** adj mitologico.

N

nag¹ (næg) vt rimbrottare. vi brontolare.

nag² (næg) n inf ronzino m.

nail (neil) n 1 anat unghia f. 2 chiodo m. **hit the nail on the head** colpire nel segno. ~ vt inchiodare. **nailbrush** n spazzolino per le unghie m. **nailfile** n lima per le unghie f. **nail varnish** n smalto m.

naive (nai'iːv) adj ingenuo

naked ('neikid) adj nudo.

name (neim) n nome m. vt 1 chiamare. 2 nominare. 3 fissare. **nameless** adj senza nome, anonimo. **namely** adv vale a dire. **namesake** n omonimo m.

nanny ('næni) n governante, bambinaia f

nap¹ (næp) n pisolino m.

nap² (næp) n (of material) pelo m.

napalm ('neipɑːm) n napalm m

napkin ('næpkin) n salvietta f. tovagliolo m

Naples ('neipəlz) n Napoli f

nappy ('næpi) n pannolino m

narcotic (nɑː'kɔtik) adj, n narcotico, stupefacente m.

narrate (nə'reit) *vt* narrare, raccontare. **narration** *n* narrazione *f.* racconto *m.* **narrative** *n* narrativa *f. adj* narrativo. **narrator** *n* narratore *m.*

narrow ('nærou) *adj* 1 stretto. 2 ristretto. *vt* 1 assottigliare. 2 restringere. *vi* 1 assottigliarsi. 2 restringersi. **narrowly** *adv* per un pelo. **narrow-minded** *adj* gretto.

nasal ('neizəl) *adj* nasale.

nasturtium (nə'stəːfəm) *n* nasturzio *m.*

nasty ('naːsti) *adj* 1 sgradevole, disgustoso. 2 cattivo. **nastily** *adv* con cattiveria. **nastiness** *n* cattiveria *f.*

nation ('neifən) *n* nazione *f.* popolo *m.* **national** *adj* nazionale. **national anthem** *n* inno nazionale *m.* **national insurance** *n* assicurazione sociale *f.* **national service** *n* servizio di leva *m.* leva *f.* **nationality** *n* nazionalità *f.* **nationalize** *vt* nazionalizzare. **nationalization** *n* nazionalizzazione *f.* **nationwide** *adj* nazionale.

native ('neitiv) *n* oriundo, indigeno, nativo *m. adj* 1 nativo, natio. 2 innato.

nativity (nə'tiviti) *n* natività *f.*

natural ('nætfərəl) *adj* naturale. **natural gas** metano *m.* **natural history** *n* storia naturale *f.* **natural science** *n* scienze naturali *f pl.* **naturalize** *vt* naturalizzare. **nature** ('neitfə) *n* natura *f.*

naughty ('nɔːti) *adj* 1 cattivo, birichino. 2 indecente.

nausea ('nɔːsiə, -ziə) *n* nausea *f.* **nauseate** *vt* nauseare.

nautical ('nɔːtikəl) *adj* nautico.

naval ('neivəl) *adj* navale.

nave (neiv) *n* navata centrale *f.*

navel ('neivəl) *n* ombelico *m.*

navigate ('nævigeit) *vt* 1 pilotare, dirigere. 2 mantenere in rotta. *vi* navigare. **navigator** *n* 1 ufficiale di rotta *m.* 2 navigatore *m.*

navy ('neivi) *n* marina militare *f.* **navy blue** *adj,n* blu scuro *m.*

Neapolitan (niə'pɔlitn) *adj,n* napoletano.

near (niə) *adj* 1 vicino, prossimo. 2 intimo. 3 esatto. 4 stretto. *adv* 1 vicino. 2 quasi. **near at hand** a portata di mano. **near by** vicino. ~*prep* vicino a, accanto a. *vt* avvicinarsi a. *vi* avvicinarsi. **nearby** *adj,adv* vicino. **nearly** *adv* quasi. **nearside** *n* lato a *or* di sinistra *m.*

Near East *n* Vicino Oriente *m.*

neat (niːt) *adj* 1 nitido, accurato, ordinato. 2 elegante. 3 (of drinks) liscio.

nebulous ('nebjuləs) *adj* nebuloso, vago.

necessary ('nesəsəri) *adj* necessario. **necessity** *n* necessità *f.* bisogno *m.* **of necessity** necessariamente. **necessitate** *vt* necessitare.

neck (nek) *n* collo *m.* **neckband** *n* colletto *m.* **necklace** *n* collana *f.* **neckline** *n* scollatura *f.*

nectar ('nektə) *n* nettare *m.*

need (niːd) *n* 1 bisogno *m.* necessità *f.* 2 povertà *f.* **if need be** all'occorrenza. ~*vt* 1 aver bisogno di. 2 dovere. 3 chiedere. *vi* occorrere. **needless** *adj* superfluo. **needy** *adj* bisognoso.

needle ('niːdl) *n* 1 ago *m.* 2 (knitting) ferro *m.* 3 *tech* puntina *f.* **needlework** *n* cucito, ricamo *m.*

negate (ni'geit) *vt* negare. **negative** *adj* negativo. *n* 1 negazione *f.* 2 *phot* negativa *f.*

neglect (ni'glekt) *vt* trascurare. *n* trascuratezza *f.* **negligent** *adj* negligente. **negligible** *adj* trascurabile.

negotiate (ni'gouʃieit) vi discutere, intavolare trattative. vt 1 negoziare. 2 superare. **negotiation** n trattativa f. **negotiator** n negoziatore m.

Negro ('niːgrou) adj or n, pl -oes negro m.

neigh (nei) n nitrito m. vi nitrire.

neighbour ('neibə) n vicino m. **neighbourhood** n vicinato m.

neither ('naiðə) adj,pron nessuno dei due, né l'uno né l'altro. adv né. conj neppure, nemmeno. **neither...nor** né...né.

neon ('niːɔn) n neon m.

nephew ('nevjuː) n nipote m.

nepotism ('nepətizəm) n nepotismo m.

Neptune ('neptjuːn) n Nettuno m.

nerve (nəːv) n 1 nervo m. 2 nerbo m. 3 inf sfacciataggine f. **nerve-racking** adj esasperante. **nervous** adj 1 nervoso, timido. 2 vigoroso. **nervous breakdown** n esaurimento nervoso m. **nervous system** n sistema nervoso m.

nest (nest) n nido m. vi nidificare.

nestle ('nesəl) vi annidarsi.

net[1] (net) n rete f. vt prendere con la rete. **netball** n pallavolo f. **network** n rete f.

net[2] (net) adj netto. vt ricavare.

Netherlands ('neðələndz) n pl Paesi Bassi m pl.

nettle ('netl) n ortica f.

neurosis (njuə'rousis) n, pl -ses nevrosi f invar. **neurotic** adj nevrotico.

neuter ('njuːtə) adj 1 neutro. 2 castrato. n neutro m.

neutral ('njuːtrəl) adj 1 neutrale. 2 tech neutro. 3 mot folle. **neutrality** n neutralità f. **neutralize** vt neutralizzare.

neutron ('njuːtrɔn) n neutrone m.

never ('nevə) adv mai, non...mai. **never mind!** pazienza! **nevertheless** adv, conj nondimeno, tuttavia.

new (njuː) adj 1 nuovo. 2 fresco. **brand new** nuovo di zecca. **newcomer** n nuovo venuto m. **news** n 1 notizie f pl. novità f. 2 (on radio, etc.) notiziario m. informazioni f pl. **a piece of news** una notizia f. **newsagent** n giornalaio m. **newspaper** n giornale, quotidiano m. **newsreel** n cinegiornale m.

newt (njuːt) n tritone m.

New Testament n Nuovo Testamento m.

New Year n Anno Nuovo m. **Happy New Year!** Buon Anno!

New Zealand ('ziːlənd) n Nuova Zelanda f. adj della Nuova Zelanda. **New Zealander** n neozelandese m,f.

next (nekst) adj 1 prossimo. 2 vicino. 3 successivo, seguente. adv dopo, poi, in seguito. **next day** l'indomani. **next to nothing** quasi niente.

nib (nib) n pennino m.

nibble ('nibəl) vt,vi 1 mordicchiare. 2 sbocconcellare. 3 brucare.

nice (nais) adj 1 piacevole, buono, bello. 2 sottile, delicato. 3 fine, raffinato. **nicely** adv 1 molto bene, gradevolmente. 2 esattamente.

niche (nitʃ) n nicchia f.

nick (nik) n tacca f. vt 1 intaccare. 2 inf rubare.

nickel ('nikəl) n 1 nichel m. 2 comm nichelino m.

nickname ('nikneim) n soprannome, nomignolo m. vt soprannominare.

nicotine ('nikətiːn) n nicotina f.

niece (niːs) n nipote f.

Nigeria (nai'dʒiəriə) n Nigeria f. **Nigerian** adj,n nigeriano.

north

nigger ('nigə) *n derog* negro *m.*

niggle ('nigəl) *vi* preoccuparsi d'inezie. **niggling** *adj* insignificante.

night (nait) *n* notte, nottata, sera *f.* **nightclub** *n* locale notturno *m.* **nightdress** *n* camicia da notte *f.* **nightmare** *n* incubo *m.* **night-time** *n* notte *f.* **night-watchman** *n* guardiano notturno *m.*

nightingale ('naitiŋgeil) *n* usignolo *m.*

nil (nil) *n* zero *m.*

Nile (nail) *n* Nilo *m.*

nimble ('nimbəl) *adj* agile, svelto.

nine (nain) *adj,n* nove *m.* **ninth** *adj* nono.

nineteen (nain'tiːn) *adj,n* diciannove *m or f.* **nineteenth** *adj* diciannovesimo.

ninety ('nainti) *adj,n* novanta *m.* **ninetieth** *adj* novantesimo.

nip[1] (nip) *n* pizzico, pizzicotto *m.* *vt* pizzicare.

nip[2] (nip) *n* (small amount) bicchierino *m.*

nipple ('nipəl) *n* capezzolo *m.*

nit (nit) *n* lendine *m.*

nitrogen ('naitrədʒən) *n* azoto *m.*

no[1] (nou) *adv* **1** no. **2** non. *n, pl* **noes** no *m.*

no[2] (nou) *adj* **1** nessun, nessuno. **2** non, niente.

noble ('noubəl) *adj,n* nobile *m.* **nobleman** *n* nobiluomo, nobile *m.* **nobility** *n* nobiltà *f.*

nobody ('noubədi) *pron* nessuno. *n* illustre sconosciuto *m.*

nocturnal (nɔk'təːnl) *adj* notturno.

nod (nɔd) *vi* **1** inchinare la testa, fare un cenno col capo. **2** annuire. **3** addormentarsi, sonnecchiare. *vt* accennare col capo. *n* cenno *m.*

noise (nɔiz) *n* rumore, chiasso *m.* **noisy** *adj* rumoroso, chiassoso.

nomad ('noumæd) *n* nomade *m,f.* **nomadic** *adj* nomade.

nominal ('nɔminl) *adj* **1** nominale. **2** nominativo.

nominate ('nɔmineit) *vt* nominare, designare. **nomination** *n* nomina *f.*

nominative ('nɔminətiv) *adj,n* nominativo *m.*

non- *pref* non, non-.

nonchalant ('nɔnʃələnt) *adj* noncurante.

nondescript ('nɔndiskript) *adj* scadente.

none (nʌn) *pron* **1** nessuno. **2** niente. **none other than** nientedimeno che. **~** *adj* nessuno. *adv* non...affatto, mica. **none the less** nondimeno.

nonentity (nɔn'entiti) *n* nullità *f.*

nonsense ('nɔnsəns) *n* **1** nonsenso *m.* insensatezza *f.* **2** sciocchezze *f pl.* **nonsensical** *adj* assurdo.

noodles ('nuːdlz) *n pl* pasta *f.*

noon (nuːn) *n* mezzogiorno *m.*

no-one *pron* nessuno.

noose (nuːs) *n* nodo scorsoio *m.*

nor (nɔː) *conj* né, e non, e neanche.

norm (nɔːm) *n* **1** norma *f.* **2** quota *f.* **normal** *adj* normale.

Norse (nɔːs) *adj,n* norvegese *m.* **Norse** (language) *n* norvegese *m.*

north (nɔːθ) *n* nord, settentrione *m. adj* del nord, settentrionale. **northerly** *adj* di, da, *or* a nord. **northern** *adj* settentrionale, del nord. **north-east** *n* nord-est *m.* **north-easterly** *adj* di, da, *or* a nord-est. **north-eastern** *adj* del *or* dal nord-est. **north-west** *n* nord-ovest *m.* **north-west-erly** *adj* di, da, *or* a nord-ovest. **north-western** *adj* del *or* dal nord-ovest.

North America *n* America del Nord *m.* **North American** *adj,n* nordamericano.

Northern Ireland *n* Irlanda del Nord *f.*

Norway ('nɔ|Kwei) *n* Norvegia *f.* **Norwegian** *adj,n* norvegese. **Norwegian** (language) *n* norvegese *m.*

nose (nouz) *n* **1** naso *m.* **2** *aviat* muso *m.* **nosy** *adj* curioso.

nostalgia (nɔ'stældʒiə) *n* nostalgia *f.* **nostalgic** *adj* nostalgico.

nostril ('nɔstril) *n* narice *f.*

not (nɔt) *adv* non. **not at all!** di nulla!

notch (nɔtʃ) *n* tacca *f.* intaglio *m.* *vt* intaccare.

note (nout) *n* **1** nota *f.* appunto *m.* **2** biglietto *m.* **3** *mus* nota *f.* *vt* rilevare, fare attenzione a. **note down** prender nota di. **notable** *adj* notevole. **notation** *n* notazione *f.* **notebook** *n* taccuino *m.* **noted** *adj* celebre. **notepaper** *n* carta da lettere *f.* **noteworthy** *adj* degno di nota.

nothing ('nʌθiŋ) *n* nessuna cosa *f.* niente, nulla *m.* **for nothing** gratis. *~ adv* niente affatto. **nothingness** *n* nulla *m.*

notice ('noutis) *n* **1** annuncio, avviso *m.* **2** conoscenza, attenzione *f.* **3** recensione *f.* **4** preavviso *m.* **take no notice of** ignorare. **notice board** *n* quadro (degli) annunci *m.*

notify ('noutifai) *vt* informare, notificare a. **notification** *n* comunicazione, notifica *f.*

notion ('noufən) *n* idea, nozione *f.*

notorious (nou'tɔːriəs) *adj* famigerato, notorio. **notoriety** *n* notorietà *f.*

notwithstanding (nɔtwiθ'stændiŋ) *prep* nonostante. *adv* lo stesso.

nougat ('nuːgɑː) *n* torrone *m.*

nought (nɔːt) *n* zero *m.*

noun (naun) *n* sostantivo *m.*

nourish ('nʌriʃ) *vt* nutrire, alimentare. **nourishing** *adj* nutriente. **nourishment** *n* nutrimento, cibo *m.*

novel[1] ('nɔvəl) *n* romanzo *m.* **novelist** *n* romanziere *m.*

novel[2] ('nɔvəl) *adj* nuovo, insolito. **novelty** *n* novità *f.*

November (nou'vembə) *n* novembre *m.*

novice ('nɔvis) *n* novizio *m.*

now (nau) *adv* **1** adesso, ora. **2** dunque. *conj* ora che. **just now** appena adesso, proprio adesso. **now and then** di quando in quando. **nowadays** *adv* oggi, al giorno d'oggi.

nowhere ('nouwɛə) *adv* in nessun luogo.

noxious ('nɔkʃəs) *adj* nocivo, pericoloso.

nozzle ('nɔzəl) *n* becco *m.* imboccatura *f.*

nuance ('njuːɑns) *n* sfumatura *f.*

nucleus ('njuːkliəs) *n* nucleo *m.* **nuclear** *adj* nucleare.

nude (njuːd) *adj,n* nudo. **nudist** *n* nudista *m.* **nudity** *n* nudità *f.*

nudge (nʌdʒ) *n* gomitata *f.* *vt* dare una gomitata a.

nugget ('nʌgit) *n* pepita *f.*

nuisance ('njuːsəns) *n* **1** fastidio *m.* noia *f.* **2** (person) seccatore *m.*

null (nʌl) *adj* nullo. **null and void** annullato.

numb (nʌm) *adj* intorpidito. *vt* intorpidire. **numbness** *n* intorpidimento, torpore *m.*

number ('nʌmbə) *n* numero *m.* cifra *f.* *vt* numerare, contare. **a number of** parecchi.

numeral *adj,n* numerale *m.*
numerate *vt* enumerare, contare, numerare. **numerical** *adj* numerico. **numerous** *adj* numeroso.

nun (nʌn) *n* suora, religiosa, monaca *f.* **nunnery** *n* convento *m.*

nurse (nəːs) *n* 1 infermiera *f.* 2 bambinaia *f. vt* 1 curare. 2 allattare. 3 covare. **nursery** *n* 1 stanza dei bambini *f.* 2 *bot* vivaio *m.* serra *f.* **nursery rhyme** *n* poesia per bambini *f.* **nursery school** *n* asilo *m.* **nursing home** *n* clinica *f.*

nurture ('nəːtʃə) *vt* allevare, nutrire.

nut (nʌt) *n* 1 noce *f.* 2 *tech* dado *m.* **nutcrackers** *n* schiaccianoci *m.* **nutmeg** *n* noce moscata *f.* **nutshell** *n* guscio di noce *m.* **in a nutshell** in poche parole.

nutrition (njuːˈtriʃən) *n* nutrizione *f.* **nutritious** *adj* nutriente, nutritivo.

nuzzle ('nʌzəl) *vt* annusare. *vi* annidarsi, accoccolarsi.

nylon ('nailon) *n* nailon *m.*

nymph (nimf) *n* ninfa *f.*

O

oak (ouk) *n* quercia *f.*

oar (ɔː) *n* remo *m. vi* remare. **oarsman** *n* rematore *m.*

oasis (ouˈeisis) *n, pl* **oases** oasi *f invar.*

oath (ouθ) *n* 1 (promise) giuramento *m.* 2 bestemmia *f.*

oats (outs) *n pl* avena *f.* **oatmeal** *n* farina d'avena *f.*

obedient (əˈbiːdiənt) *adj* ubbidiente, obbediente. **obedience** *n* ubbidienza, obbedienza *f.*

obese (ouˈbiːs) *adj* obeso, corpulento. **obesity** *n* obesità *f.*

obey (əˈbei) *vt* ubbidire, obbedire.

obituary (əˈbitjuəri) *n* necrologia *f.*

object (*n* ˈɔbdʒikt; *v* əbˈdʒekt) *n* 1 oggetto *m.* 2 scopo, fine *m. vi* obiettare, protestare. **objection** *n* obiezione *f.* **objective** *n* obiettivo, scopo *m. adj* obiettivo.

oblige (əˈblaidʒ) *vt* 1 costringere, obbligare. 2 fare un favore a. **be obliged to** 1 dovere. 2 essere riconoscente a. **obligation** *n* obbligazione *f.* dovere *m.* **obligatory** *adj* obbligatorio. **obliging** *adj* gentile, cortese.

oblique (əˈbliːk) *adj* obliquo.

obliterate (əˈblitəreit) *vt* cancellare, distruggere. **obliteration** *n* distruzione, obliterazione *f.*

oblivion (əˈbliviən) *n* oblio *m.* **oblivious** *adj* dimentico, immemore.

oblong (ˈɔblɔŋ) *adj* oblungo. *n* rettangolo *m.*

obnoxious (əbˈnɔkʃəs) *adj* odioso, offensivo.

oboe (ˈoubou) *n* oboe *m.*

obscene (əbˈsiːn) *adj* osceno, impudico. **obscenity** *n* oscenità *f.*

obscure (əbˈskjuə) *adj* oscuro, sconosciuto. *vt* oscurare. **obscurity** *n* oscurità *f.*

observe (əbˈzəːv) *vt* 1 osservare, notare. 2 celebrare. **observance** *n* osservanza *f.* rito *m.* **observant** *adj* osservante, attento. **observation** *n* osservazione *f.* **observatory** *n* osservatorio *m.* **observer** *n* osservatore *m.*

obsess (əbˈses) *vt* ossessionare. **obsessed** *adj* ossesso. **obsession** *n* ossessione *f.*

obsolescent (ɔbsəˈlesənt) *adj* che cade in disuso. **obsolescence** *n* disuso *m.*

obsolete (ˈɔbsəliːt) *adj* caduto in disuso, disusato.

obstacle ('ɔbstəkəl) n ostacolo, impedimento m.

obstinate ('ɔbstinət) adj ostinato, inflessibile. **obstinacy** n ostinazione f.

obstruct (əb'strʌkt) vt impedire, ostruire. **obstruction** n ostacolo, impedimento m.

obtain (əb'tein) vt ottenere, raggiungere.

obtrusive (əb'truːsiv) adj importuno, indiscreto.

obtuse (əb'tjuːs) adj 1 ottuso. 2 stupido.

obverse ('ɔbvəːs) n 1 faccia f. 2 (of a page) retto m.

obvious ('ɔbviəs) adj ovvio, evidente.

occasion (ə'keiʒən) n 1 occasione f. 2 causa f. motivo m. vt occasione a. **occasional** adj occasionale, raro. **occasionally** adv qualche volta.

Occident ('ɔksidənt) n occidente m.

occult (ɔ'kʌlt) adj occulto, misterioso, segreto.

occupy ('ɔkjupai) vt 1 occupare. 2 impiegare. 3 abitare in. **occupation** n 1 occupazione f. 2 lavoro m. professione f. **occupational** adj del lavoro. **occupier** n abitante m,f.

occur (ə'kəː) vi succedere, capitare, accadere. **occurrence** n avvenimento, caso m.

ocean ('ouʃən) n oceano m.

ochre ('oukə) n ocra f.

octagon ('ɔktəgən) n ottagono m. **octagonal** adj ottagonale.

octane ('ɔktein) n ottano m.

octave ('ɔktiv) n ottava f.

October (ɔk'toubə) n ottobre m.

octopus ('ɔktəpəs) n, pl -puses or -pi polipo m.

oculist ('ɔkjulist) n oculista m.

odd (ɔd) adj 1 dispari invar. 2 strano, bizzarro, eccentrico.

odds and ends cianfrusaglie f pl. **oddity** n 1 bizzarria, stranezza f. 2 persona eccentrica f. **oddment** n articolo spaiato m. **odds** n pl 1 probabilità f. 2 differenza f. **odds and ends** avanzi m pl.

ode (oud) n ode f.

odious ('oudiəs) adj odioso.

odour ('oudə) n odore, profumo m. fragranza f.

oesophagus (iː'sɔfəgəs) n esofago m.

oestrogen ('iːstrədʒən) n estrogeno m.

oestrus ('iːstrəs) n estro m.

of (əv; stressed ɔv) prep 1 di. 2 da. 3 a, in. 4 per. **of course** naturalmente.

off (ɔf) adv lontano, via. prep da. adj 1 più distante. 2 laterale. 3 esterno. 4 libero. **be well off** essere ricco.

offal ('ɔfəl) n frattaglie f pl.

offend (ə'fend) vt offendere. **offence** n 1 offesa, ingiuria f. 2 contravvenzione f. 3 delitto m. **offender** n offensore m. **offensive** adj offensivo, oltraggioso, spiacevole. n offensiva f.

offer ('ɔfə) vt offrire, porgere. n offerta, proposta f. **on offer** in vendita.

offhand (ɔf'hænd) adj indifferente, noncurante.

office ('ɔfis) n 1 ufficio m. 2 ministero m. **take office** entrare in carica. **officer** n ufficiale m. **official** n funzionario, impiegato m. adj ufficiale. **officious** (ə'fiʃəs) adj ufficioso.

offing ('ɔfiŋ) **in the offing** adv in vista.

off-licence n negozio dove si vendono bevande alcoliche m.

off-peak adj non di punta.

off-putting adj dissuadente.

off-season adj fuori stagione.

offset ('ɔfset) vt controbilanciare.

offshore (ɔf'ʃɔɪ) *adv* al largo. *adj* di terra.

offside (ɔf'said) *adj,adv* fuori gioco.

offspring ('ɔfspriŋ) *n* discendenti, figli *m pl*.

offstage (ɔf'steidʒ) *adv,adj* fuori scena.

often ('ɔfən) *adv* spesso, molte volte. **how often?** quante volte?

ogre ('ougə) *n* orco *m*.

oil (ɔil) *n* 1 olio *m*. 2 petrolio *m*. 3 gasolio *m*. *vt* lubrificare, ungere. **oilfield** *n* giacimento di petrolio, campo petrolifero *m*. **oilskin** *n* impermeabile *m*. **oily** *adj* oleoso.

ointment ('ɔintmənt) *n* unguento *m*.

old (ould) *adj* 1 vecchio. 2 antico. **old age** *n* vecchiaia *f*. **old-fashioned** *adj* fuori moda.

Old Testament *n* Antico Testamento *m*.

olive ('ɔliv) *n* oliva *f*. **olive oil** *n* olio d'oliva *m*. **olive tree** *n* olivo *m*.

omelette ('ɔmlət) *n* frittata *f*.

omen ('oumen) *n* presagio, augurio *m*.

ominous ('ɔminəs) *adj* sinistro, di cattivo augurio. **ominously** *adv* minacciosamente.

omit (ə'mit) *vt* omettere, tralasciare. **omission** *n* omissione *f*.

omnibus ('ɔmnibəs) *n* autobus *m invar*.

omnipotent (ɔm'nipətənt) *adj* onnipotente.

on (ɔn) *prep* 1 su, sopra. 2 a, di. *adv* 1 avanti. 2 su, sopra. **and so on** e così via.

once (wʌns) *adv* una volta. **all at once** ad un tratto. **at once** subito.

one (wʌn) *adj,n* uno. *adj* unico, solo. *pron* 1 (l')uno *m*. (l')una *f*. 2 si, uno. **one and all**

tutti quanti. **one by one** uno dopo l'altro. *poss pron 3rd pers s* il suo, la sua, i suoi, le sue. **oneself** *pron 3rd pers s* 1 se stesso. 2 sé. **one-sided** *adj* 1 unilaterale. 2 ingiusto. **one-way** *adj* a senso unico.

onion ('ʌnian) *n* cipolla *f*.

onlooker ('ɔnlukə) *n* spettatore *m*.

only ('ounli) *adj* solo, unico. *adv* soltanto, non...che. **if only** se almeno. **only just** appena.

onset ('ɔnset) *n* 1 inizio *m*. 2 attacco *m*.

onslaught ('ɔnslɔɪt) *n* assalto *m*.

onus ('ounəs) *n* onere *m*.

onward ('ɔnwəd) *adv* avanti. **onwards** *adv* avanti. **from now onwards** da ora in poi.

ooze (uɪz) *vi* colare, trapelare.

opal ('oupəl) *n* opale *m*.

opaque (ou'peik) *adj* opaco.

open ('oupən) *vt* 1 aprire. 2 cominciare, iniziare. *adj* 1 aperto. 2 chiaro, franco. **wide open** spalancato. **in the open** all'aperto. **open-air** *adj* all'aria aperta. **open-ended** *adj* senza limiti. **open-handed** *adj* generoso. **open-hearted** *adj* franco, sincero. **open-minded** *adj* liberale, spregiudicato. **open-mouthed** *adj,adv* a bocca aperta. **open-plan** *adj* ambiente aperto. **opening** *n* 1 apertura *f*. 2 occasione *f*.

opera ('ɔprə) *n* opera *f*. **opera house** *n* teatro dell'opera *m*. **operetta** *n* operetta *f*.

operate ('ɔpəreit) *vt* 1 operare. 2 dirigere. *vt,vi* operare, agire. **operation** *n* 1 operazione *f*. 2 *med* intervento chirurgico *m*. **operative** *adj* operativo, attivo.

opinion (ə'piniən) n opinione f.
parere m. **opinion poll** n
sondaggio dell'opinione pubblica m.

opium ('oupiəm) n oppio m.

opponent (ə'pounənt) n avversario, opponente, rivale m.

opportune (ɔpə'tjuːn) adj opportuno.

opportunity (ɔpə'tjuːniti) n occasione f.

oppose (ə'pouz) vt contrappor-
re, opporre, combattere. **op-
posed** adj contrario.

opposite ('ɔpəzit) adj contrario, opposto, diverso. n contrario m. prep in faccia a, di
fronte a. **opposition** n opposizione f.

oppress (ə'pres) vt opprimere. **oppression** n oppressione f. **oppressive** adj oppressivo. **oppressor** n oppresso-
re, tiranno m.

opt (ɔpt) vi scegliere.

optical ('ɔptikəl) adj ottico.
optician n ottico m. **optics** n
pl ottica f.

optimism ('ɔptimizəm) n ottimismo m. **optimist** n ottimista m. **optimistic** adj ottimi-
stico.

option ('ɔpʃən) n scelta, opzio-
ne f. **optional** adj facoltativo.

opulent ('ɔpjulənt) adj opulento. **opulence** n opulenza f.

or (ɔː) conj o, oppure. **or else**
altrimenti.

oral ('ɔːrəl) adj orale.

orange ('ɔrindʒ) n 1 bot arancia f. 2 (colour) arancio m.
adj arancione. **orange tree**
n arancio m.

oration (ɔ'reiʃən) n orazione f.
discorso m. **orator** n oratore
m.

orbit ('ɔːbit) n orbita f.

orchard ('ɔːtʃəd) n frutteto m.

orchestra ('ɔːkistrə) n orchestra f. **orchestrate** vt orche-

strare. **orchestration** n or-
chestrazione f.

orchid ('ɔːkid) n orchidea f.

ordain (ɔː'dein) vt 1 ordinare,
decretare. 2 rel ordinare,
consacrare.

ordeal (ɔː'diːl) n prova f. travaglio m.

order ('ɔːdə) n 1 ordine m. 2
comm ordinazione f. 3 grado
m. vt ordinare, comanda-
re. **in order that** affinché,
perché. **in order to** per. **or-
derly** adj ordinato, regolato. n
attendente m.

ordinal ('ɔːdinl) adj ordinale.

ordinary ('ɔːdənri) adj ordinario, solito, normale, comune. **out of the ordinary**
straordinario. **ordinarily** adv
di solito.

ore (ɔː) n minerale m.

oregano (ɔri'gɑːnou) n origano
m.

organ ('ɔːgən) n organo m.

organism ('ɔːgənizəm) n orga-
nismo m. **organic** adj organico.

organize ('ɔːgənaiz) vt organizzare. **organization** n organizzazione f. **organizer** n or-
ganizzatore m.

orgasm ('ɔːgæzəm) n orgasmo
m.

orgy ('ɔːdʒi) n orgia f.

Orient ('ɔːriənt) n oriente, levante m. **oriental** adj orientale.

orientate ('ɔːrienteit) vt orientare.

origin ('ɔridʒin) n origine f.
original adj originale, nuovo.
n originale m. **originality** n
originalità f. **originate** vt originare, produrre. vi originarsi,
derivare. **originate from**
provenire da.

Orlon ('ɔːlon) n Tdmk Orlon m.

ornament ('ɔːnəmənt) n ornamento m. vt ornare, adornare,
abbellire. **ornamental** adj
decorativo.

ornate (ɔɪˈneit) *adj* ornato.

ornithology (ɔɪniˈθɒlədʒi) *n* ornitologia *f*. **ornithologist** *n* ornitologo *m*.

orphan (ˈɔːfən) *adj,n* orfano. **orphanage** *n* orfanotrofio *m*.

orthodox (ˈɔːθədɒks) *adj* ortodosso.

orthography (ɔːˈθɒgrəfi) *n* ortografia *f*.

orthopaedic (ɔːθəˈpiːdik) *adj* ortopedico.

oscillate (ˈɒsəleit) *vi* oscillare.

ostensible (ɒˈstensəbəl) *adj* ostensibile, preteso. **ostensibly** *adv* ostensibilmente.

ostentatious (ɒstenˈteiʃəs) *adj* vanitoso, ostentato.

osteopath (ˈɒstiəpæθ) *n* specialista di osteopatia *m*.

ostracize (ˈɒstrəsaiz) *vt* ostracizzare.

ostrich (ˈɒstritʃ) *n* struzzo *m*.

other (ˈʌðə) *adj* altro, diverso. **every other day** ogni due giorni. **on the other hand** d'altra parte. ~ *pron* l'altro. **each other** l'un l'altro. **otherwise** *adv* altrimenti.

otter (ˈɒtə) *n* lontra *f*.

ought* (ɔːt) *v mod aux* dovere.

ounce (auns) *n* oncia *f*.

our (auə) *poss adj 1st pers pl* (il) nostro, (la) nostra, (i) nostri, (le) nostre. **ours** *poss pron 1st pers pl* il nostro, la nostra, i nostri, le nostre. **ourselves** *pron 1st pers pl* **1** noi stessi. **2** ci.

oust (aust) *vt* espellere, cacciare.

out (aut) *adv* fuori, via. *prep* fuori di. *adj* **1** di fuori. **2** (of a fire, etc.) spento. **out of work** disoccupato. **out-of-date** *adj* fuori moda.

outboard (ˈautbɔːd) *adj* fuoribordo.

outbreak (ˈautbreik) *n* **1** scoppio *m*. **2** *med* epidemia .

outburst (ˈautbəːst) *n* **1** scoppio *m*. esplosione *f*. **2** tirata *f*.

outcast (ˈautkɑːst) *n* proscritto *m*.

outcome (ˈautkʌm) *n* risultato, esito *m*.

outcry (ˈautkrai) *n* clamore, grido *m*.

outdo (autˈduː) *vt* superare, sorpassare.

outdoor (ˈautdɔː) *adj* all'aperto, di fuori. **outdoors** *adv* fuori di casa, all'aria aperta.

outer (ˈautə) *adj* esterno, esteriore.

outfit (ˈautfit) *n* **1** abito, corredo *m*. **2** equipaggiamento *m*.

outgoing (ˈautgouiŋ) *adj* partente, uscente.

outgrow (autˈgrou) *vt* diventare troppo grande per.

outhouse (ˈauthaus) *n* tettoia *f*. edificio annesso *m*.

outing (ˈautiŋ) *n* gita, escursione *f*.

outlandish (autˈlændiʃ) *adj* strano, bizzarro.

outlaw (ˈautlɔː) *n* bandito, fuorilegge *m*. *vt* bandire, proscrivere.

outlay (ˈautlei) *n* spesa *f*.

outlet (ˈautlet) *n* uscita *f*. sbocco *m*.

outline (ˈautlain) *n* **1** contorno *m*. **2** abbozzo *m*. *vt* abbozzare, delineare.

outlive (autˈliv) *vt* sopravvivere a.

outlook (ˈautluk) *n* prospetto *m*. veduta *f*.

outlying (ˈautlaiiŋ) *adj* remoto, lontano.

outnumber (autˈnʌmbə) *vt* superare in numero.

outpatient (ˈautpeiʃənt) *n* malato esterno *m*.

outpost (ˈautpoust) *n* avamposto *m*.

output (ˈautput) *n* produzione *f*.

outrage (autˈreidʒ) *n* oltraggio

m. *vt* oltraggiare, violare.
outrageous *adj* oltraggioso, esorbitante.

outright ('autrait) *adv* **1** subito, immediatamente. **2** apertamente. *adj* completo.

outside (aut'said) *adj* esterno, esteriore. *adv* fuori, all'aperto. *prep* fuori di. n esterno *m.* superficie *f.* **at the outside** al massimo. **outsider** *n* estraneo *m.*

outsize ('autsaiz) *adj* di taglia fuori misura.

outskirts ('autskɔrts) *n pl* periferia *f.* dintorni *m pl.*

outspoken (aut'spoukən) *adj* franco, esplicito.

outstanding (aut'stændiŋ) *adj* **1** prominente. **2** *comm* non pagato. **3** eminente.

outstrip (aut'strip) *vt* superare, sorpassare.

outward ('autwəd) *adj* esterno, esteriore. **outwards** *adv* fuori, esternamente.

outweigh (aut'wei) *vt* **1** sorpassare in importanza. **2** sorpassare in peso.

outwit (aut'wit) *vt* superare in furberia.

oval ('ouvəl) *adj,n* ovale *m.*

ovary ('ouvəri) *n* ovaia *f.*

ovation (ou'veifən) *n* ovazione *f.*

oven ('ʌvən) *n* forno *m.*

over ('ouvə) *prep* **1** sopra, su. **2** attraverso. **3** più di, oltre. **over here** da questa parte. **over there** laggiù. ~*adv* **1** al di sopra. **2** oltre. **all over** dappertutto. **over and over again** continuamente.

overall ('ɔvərɔːl) *n* **1** (woman's) grembiule *m.* **2** (workman's) tuta *f.*

overbalance (ouvə'bæləns) *vi* perdere l'equilibrio.

overbearing (ouvə'bɛəriŋ) *adj* arrogante.

overboard ('ouvəbɔːd) *adv* fuori bordo, in mare.

overcast ('ouvəkaːst) *adj* coperto di nuvole.

overcharge (ouvə'tʃaːdʒ) *vt* far pagare troppo.

overcoat ('ouvəkout) *n* soprabito, cappotto *m.*

overcome (ouvə'kʌm) *vt* superare, vincere. *adj* commosso.

overdo (ouvə'duː) *vt* **1** esagerare. **2** *cul* cuocere troppo.

overdose ('ouvədous) *n* dose troppo forte *f.*

overdraft ('ouvədraːft) *n* credito allo scoperto *m.*

overdraw* (ouvə'drɔː) *vt* trarre allo scoperto.

overdue (ouvə'djuː) *adj* in ritardo, non pagato in tempo.

overestimate (ouvər'estimeit) *vt* sopravalutare.

overfill (ouvə'fil) *vt* riempire troppo.

overflow (*v* ouvə'flou; *n* 'ouvəflou) *vt* inondare. *vi* **1** traboccare. **2** straripare. *n* inondazione *f.*

overhang (*v* ouvə'hæŋ; *n* 'ouvəhæŋ) *vt* sovrastare a. *n* strapiombo *m.*

overhaul (ouvə'hɔːl) *vt* esaminare, restaurare.

overhead (*adv* ouvə'hed; *adj,n* 'ouvəhed) *adv* in alto. *adj* di sopra. **overheads** *n pl* spese generali *f pl.*

overhear (ouvə'hiə) *vt* sentire per caso.

overheat (ouvə'hiːt) *vt,vi* riscaldare troppo.

overjoyed (ouvə'dʒɔid) *adj* molto felice, colmo di gioia.

overland (*adv* ouvə'lænd; *adj* 'ouvəlænd) *adj, adv* per terra.

overlap (*v* ouvə'læp; *n* 'ouvəlæp) *vi* **1** sovrapporsi. **2** coincidere. *n* sovrapposizione *f.*

overlay (*v* ouvə'lei; *n* 'ouvəlei) *vt* coprire. *n* copertura *f.*

overleaf (ouvə'liːf) *adv* al rovescio. **see overleaf** vedi retro.

overload (*v* ouvə'loud; *n* 'ouvəloud) *vt* sovraccaricare. *n* sovraccarico *m*.

overlook (ouvə'luk) *vt* passare sopra, trascurare.

overnight (*adv* ouvə'nait; *adj* 'ouvənait) *adv* durante la notte. *adj* **1** per una notte. **2** compiuto durante la notte.

overpower (ouvə'pauə) *vt* soggiogare, vincere.

overrate (ouvə'reit) *vt* sopravalutare.

overreach (ouvə'riːtʃ) *vt* oltrepassare.

overrule (ouvə'ruːl) *vt* annullare.

overrun (*v* ouvə'rʌn) *vt* invadere.

overseas (ouvə'siːz) *adj* d'oltremare. *adv* oltremare.

overshadow (ouvə'ʃædou) *vt* **1** ombreggiare. **2** oscurare.

overshoot (ouvə'ʃuːt) *vt* oltrepassare.

oversight ('ouvəsait) *n* svista *f*. sbaglio *m*.

oversleep (ouvə'sliːp) *vi* dormire oltre l'ora giusta.

overspend (ouvə'spend) *vi* spendere troppo.

overt ('ouvəːt) *adj* aperto, evidente.

overtake (ouvə'teik) *vt* sorpassare, raggiungere.

overthrow (*v* ouvə'θrou; *n* 'ouvəθrou) *vt* rovesciare, sconfiggere. *n* sconfitta *f*.

overtime ('ouvətaim) *n* ore straordinarie *f pl*.

overtone ('ouvətoun) *n* sfumatura *f*. sottinteso *m*.

overture ('ouvətʃə) *n* preludio *m*.

overturn (ouvə'təːn) *vt* rovesciare, capovolgere.

overweight (*adj* ouvə'weit *n* 'ouvəweit) *adj* grasso, che pesa troppo. *n* eccesso di peso *m*.

overwhelm (ouvə'welm) *vt* opprimere, sconvolgere.

overwork (*v* ouvə'wəːk; *n* 'ouvəwəːk) *vi* lavorare troppo. *vt* far lavorare troppo. *n* eccesso di lavoro *m*.

overwrought (ouvə'rɔːt) *adj* sovreccitato.

ovulate ('ɔvjuleit) *vi* ovulare.

owe (ou) *vt* dovere. **owing to** *prep* a causa di.

owl (aul) *n* gufo *m*.

own (oun) *adj* proprio. *vt* possedere. **own up** confessare. **owner** *n* proprietario, padrone *m*. **ownership** *n* possesso *m*. diritti di proprietà *m pl*.

ox (ɔks) *n*, *pl* **oxen** bue *m*, *pl* buoi. **oxtail** *n* coda di bue *f*.

oxygen ('ɔksidʒən) *n* ossigeno *m*.

oyster ('ɔistə) *n* ostrica *f*.

P

pace (peis) *n* **1** passo *m*. **2** velocità *f*. *vt* misurare con i passi. *vi* passeggiare, camminare lento. **pacemaker** *n* stimolatore cardiaco *m*.

pacific (pə'sifik) *adj* pacifico. **Pacific (Ocean)** *n* (Ocean) Pacifico *m*.

pacify ('pæsifai) *vt* pacificare. **pacifism** *n* pacifismo *m*. **pacifist** *n* pacifista *m*.

pack (pæk) *n* **1** pacco *m*. **2** *game* mazzo *m*. **3** (of hounds) muta *f*. **4** (of thieves) banda *f*. *vt* imballare, impaccare. *vi* fare le valigie. **package** *n* pacco *m*. balla *f*. **packet** *n* pacchetto *m*.

packhorse *n* cavallo da soma *m*.

pact (pækt) *n* patto *m*.

pad¹ (pæd) *n* **1** cuscinetto, tampone *m*. **2** blocco *m*. **3** *zool* zampa *f*. *vt* imbottire.

pad² (pæd) *n* passo *m*. *vi* camminare silenziosamente.

paddle¹ ('pædl) n (of a boat) pagaia f. remo m. vt pagaiare, remare.
paddle² ('pædl) vi sguazzare.
paddock ('pædɔk) n recinto per cavalli m.
paddyfield ('pædifiːld) n risaia f.
padlock ('pædlɔk) n lucchetto m. vt chiudere col lucchetto.
paediatric (piːdi'ætrik) adj pediatrico. **paediatrics** n pediatria f.
pagan ('peigən) adj,n pagano.
page¹ (peidʒ) n (of a book) pagina f.
page² (peidʒ) n paggio, fattorino m.
pageant ('pædʒənt) n spettacolo storico m. **pageantry** n spettacolo sfarzoso m.
pagoda (pə'goudə) n pagoda f.
paid (peid) v see **pay**.
pain (pein) n dolore, male m. sofferenza f. **painful** adj doloroso. **painstaking** adj laborioso, diligente.
paint (peint) n colore m. vernice f. vt colorire, dipingere. **paintbrush** n pennello m. **painter** n 1 Art pittore m. 2 imbianchino m. **painting** n 1 pittura f. 2 quadro m.
pair (pɛə) n paio m, pl paia f. coppia f. vt appaiare, accoppiare. **pair off** andare in due, appaiare.
Pakistan (pɑːki'stɑːn) n Pakistan m. **Pakistani** adj,n pachistano.
pal (pæl) n inf amico, compagno m.
palace ('pælis) n palazzo m.
palate ('pælət) n palato m. **palatable** adj appetitoso, gustoso.
pale (peil) adj pallido. **paleness** n pallidezza f.
Palestine ('pælistain) n Palestina f. adj,n palestinese.
palette ('pælit) n tavolozza f. **palette knife** n spatola f.

palm¹ (pɑːm) n anat palmo m. **palmistry** n chiromanzia f.
palm² (pɑːm) n bot palma f.
Palm Sunday n Domenica delle Palme f.
pamper ('pæmpə) vt accarezzare, viziare.
pamphlet ('pæmflət) n opuscolo, libretto m.
pan (pæn) n padella f. tegame m. **pancake** n frittella f.
Panama ('pænəmɑː) n Panama m.
pancreas ('pæŋkriəs) n pancreas m.
panda ('pændə) n panda f.
pander ('pændə) n mezzano m. vi fare il mezzano.
pane (pein) n vetro m.
panel ('pænl) n 1 pannello m. 2 lista f. vt pannellare, rivestire di legno. **panelling** n rivestimento m.
pang (pæŋ) n dolore acuto, spasimo m.
panic* ('pænik) n panico m. vi essere colto dal panico.
pannier ('pæniə) n paniere, cesto m.
panorama (pænə'rɑːmə) n panorama m. **panoramic** adj panoramico.
pansy ('pænzi) n viola del pensiero f.
pant (pænt) vi ansare, anelare. n anelito m.
panther ('pænθə) n pantera f.
pantomime ('pæntəmaim) n pantomima f.
pantry ('pæntri) n dispensa f.
pants (pænts) n mutande f pl.
papal ('peipəl) adj papale, pontificio.
paper ('peipə) n 1 carta f. 2 documento m. 3 giornale m. vt coprire di carta, tappezzare con carta. **paperback** n edizione economica f. **paperclip** n serracarte m. **paperwork** n amministrazione f.

papier-mâché (pæpiei'mæʃei) *n* cartapesta *f*.

papist ('peipist) *n* papista *m*.

paprika ('pæprikə) *n* paprica *f*.

par (paɪ) *n* pari, parità *f*. **above/below par** sopra/sotto la pari. **on a par with** pari a.

parable ('pærəbəl) *n* parabola *f*.

parachute ('pærəʃuɪt) *n* paracadute *m*. **parachutist** *n* paracadutista *m*.

parade (pə'reid) *n* parata, mostra *f*. *vt* far mostra di. *vi* sfilare in parata.

paradise ('pærədais) *n* paradiso *m*.

paradox ('pærədɔks) *n* paradosso *m*. **paradoxical** *adj* paradossale.

paraffin ('pærəfin) *n* petrolio combustibile *m*.

paragraph ('pærəgraɪf) *n* paragrafo *m*.

parallel ('pærəlel) *adj* **1** parallelo. **2** analogo. *n* **1** *math* parallela *f*. **2** *geog* parallelo *m*. *vt* paragonare.

paralyse ('pærəlaiz) *vt* paralizzare. **paralysis** *n* paralisi *f*.

paramount ('pærəmaunt) *adj* supremo, sommo.

paranoia (pærə'nɔiə) *n* paranoia *f*.

parapet ('pærəpit) *n* parapetto *m*.

paraphernalia (pærəfə'neiliə) *n* roba *f*. oggetti *m pl*.

paraphrase ('pærəfreiz) *n* parafrasi *f*. *vt* parafrasare.

parasite ('pærəsait) *n* parassita *f*.

paratrooper ('pærətruɪpə) *n* soldato paracadutista *m*.

parcel ('paɪsəl) *n* pacco, pacchetto *m*. *vt* impacchettare.

parch (paɪtʃ) *vt* arsicciare. *vi* diventare riarso. **parched** *adj* riarso.

parchment ('paɪtʃmənt) *n* pergamena *f*.

pardon ('paɪdn) *n* perdono *m*. grazia, amnistia *f*. *vt* perdonare. **pardon me!** mi scusi! **pardonable** *adj* scusabile.

pare (peə) *vt* sbucciare, pelare.

parent ('peərənt) *n* genitore *m*. **parenthood** *n* paternità, maternità *f*.

parenthesis (pə'renθəsis) *n, pl* **-ses** parentesi *f*.

parish ('pæriʃ) *n* **1** *rel* parrocchia *f*. **2** comune *m*. **parishioner** *n* parrocchiano *m*.

parity ('pæriti) *n* parità *f*.

park (paɪk) *n* parco *m*. *vt* posteggiare. **parking** *n* posteggio *m*. **parking meter** *n* parchimetro *m*.

parliament ('paɪləmənt) *n* parlamento *m*. camera dei deputati *f*. **parliamentary** *adj* parlamentare.

parlour ('paɪlə) *n* salotto *m*.

parochial (pə'roukiəl) *adj* **1** comunale. **2** *rel* parrocchiale.

parody ('pærədi) *n* parodia *f*. *vt* parodiare.

parole (pə'roul) *n* parola d'onore *f*. **on parole** lasciato libero sulla parola.

parquet ('paɪkei) *n* pavimento di legno lucido *m*.

parrot ('pærət) *n* pappagallo *m*.

parry ('pæri) *vt* **1** parare. **2** evitare.

parsley ('paɪsli) *n* prezzemolo *m*.

parsnip ('paɪsnip) *n* pastinaca *f*.

parson ('paɪsən) *n* parroco, prete *m*.

part (paɪt) *n* **1** parte *f*. **2** pezzo *m*. **3** regione *f*. **spare part** pezzo di ricambio. ~ *vt* dividere, separare. *vi* dividersi, separarsi. **part with** disfare di. **parting** *n* **1** separazione, divisione *f*. **2** (in hair) scrimmatura *f*. **part-time** *adj* a mezza giornata.

partake (paɪ'teik) *vi* partecipare, prendere parte.

partial ('pɑːʃəl) *adj* parziale. **be partial to** avere un debole per.

participate (pɑː'tisipeit) *vi* partecipare. **participation** *n* partecipazione *f*.

participle ('pɑːtisəpəl) *n* participio *m*.

particle ('pɑːtikəl) *n* particola, particella *f*.

particular (pə'tikjulə) *adj* particolare, preciso. *n* particolare, dettaglio *m*.

partisan (pɑːti'zæn) *adj,n* partigiano.

partition (pɑː'tiʃən) *n* 1 partizione *f*. 2 (in a room) tramezzo *m*. *vt* 1 dividere. 2 tramezzare.

partner ('pɑːtnə) *n* 1 compagno *m*. 2 *comm* socio *m*. *vt* fare da campagno di, ballare con. **partnership** *n* 1 società *f*. 2 associazione *f*.

partridge ('pɑːtridʒ) *n* pernice *f*.

party ('pɑːti) *n* 1 ricevimento *m*. festa *f*. 2 *pol* partito *m*. 3 gruppo *m*.

pass (pɑːs) *vt* 1 passare. 2 attraversare. 3 superare. *vi* 1 succedere. 2 accadere. *n* 1 lasciapassare *m*. 2 (through a mountain) passo *m*. **passer-by** *n* passante *m*. **password** *n* parola d'ordine *f*.

passage ('pæsidʒ) *n* 1 passaggio *m*. 2 corridoio *m*. 3 viaggio *m*.

passenger ('pæsindʒə) *n* viaggiatore *m*.

passion ('pæʃən) *n* passione *f*. **passionate** *adj* appassionato.

passive ('pæsiv) *adj* passivo.

passivity (pæ'siviti) *n* passività *f*.

Passover ('pɑːsouvə) *n* Pasqua degli ebrei *f*.

passport ('pɑːspɔt) *n* passaporto *m*.

past (pɑːst) *adj* 1 passato, trascorso. 2 scorso. 3 ultimo. *prep* dopo, oltre. *n* passato *m*. **past participle** *n* participio passato.

pasta ('pæstə) *n* pasta *f*.

paste (peist) *n* colla *f*. *vt* incollare.

pastel ('pæstəl) *n* pastello *m*.

pasteurize ('pæstəraiz) *vt* pastorizzare.

pastime ('pɑːstaim) *n* passatempo, svago *m*.

pastoral ('pæstərəl) *adj* pastorale.

pastry ('peistri) *n* 1 pasticceria *f*. pasticcio *m*. 2 pasta *f*.

pasture ('pɑːstʃə) *n* pascolo *m*. pastura *f*.

pasty[1] ('peisti) *adj* pallido.

pasty[2] ('pæsti) *n* pasticcio *m*.

pat[1] (pæt) *n* 1 colpetto *m*. carezza *f*. 2 (of butter) panetto *m*. *vt* accarezzare.

pat[2] (pæt) *adj* pronto, opportuno. *adv* a proposito.

patch (pætʃ) *n* 1 toppa *f*. 2 (of land) pezzo *m*. *vt* raccomodare, rappezzare. **patchwork** *n* rappezzamento, mosaico *m*.

pâté ('pætei) *n* pasticcio *m*.

patent ('peitnt) *n* brevetto *m*. *adj* aperto, evidente. *vt* prendere un brevetto per. **patent leather** *n* cuoio verniciato *m*.

paternal (pə'tɔːnl) *adj* paterno. **paternity** *n* paternità *f*.

path (pɑːθ) *n* sentiero *m*. via, strada *f*.

pathetic (pə'θetik) *adj* patetico, commovente.

pathology (pə'θɔlədʒi) *n* patologia *f*.

pathway ('pɑːθwei) *n* 1 sentiero *m*, viottolo *m*, stradina *f*. 2 corsia pedonale *f*.

patience ('peiʃəns) *n* pazienza *f*. **patient** *adj* paziente. *n* paziente *m,f*. malato sotto cura *m*.

patio ('pætiou) n patio m.

patriarchal (peitri'ɑːkəl) adj patriarcale.

patriot ('pætriət) n patriota m. **patriotic** adj patriottico. **patriotism** n patriottismo m.

patrol (pə'troul) n pattuglia f. vi andare di pattuglia.

patron ('peitrən) n 1 patrono, protettore m. 2 (customer) cliente m. **patronage** n patronato m. protezione f. **patronize** vt 1 proteggere. 2 frequentare. **patronizing** adj condiscendente.

patter¹ ('pætə) n (noise) picchiettio m. vi picchiettare.

patter² ('pætə) n (talk) cicalio m.

pattern ('pætən) n 1 modello, disegno m. 2 esempio m. vt modellare.

paunch (pɔːntʃ) n pancione m.

pauper ('pɔːpə) n indigente, mendicante m.

pause (pɔːz) n pausa, fermata f. vi far pausa, fermarsi.

pave (peiv) vt pavimentare. **pavement** n marciapiede m.

pavilion (pə'viliən) n padiglione m. tenda f.

paw (pɔː) n zampa f. vt zampare. **paw the ground** scalpitare.

pawn¹ (pɔːn) vt impegnare. n pegno m. **pawnbroker** n prestatore su pegni m.

pawn² (pɔːn) n game pedina f.

pay* (pei) vt 1 pagare. 2 fare. vi rendere. n paga f. stipendio, salario m. **payment** n pagamento m. **payroll** n distinta dei salari f.

pea (piː) n pisello m.

peace (piːs) n pace, tranquillità f. **peaceful** adj tranquillo.

peach (piːtʃ) n pesca f. **peach tree** n pesco m.

peacock ('piːkɔk) n pavone m.

peak (piːk) n 1 cima, vetta f.

picco m. 2 (of a cap) visiera f.

peal (piːl) n 1 scoppio, scroscio m. 2 (of bells) scampanio m. vi 1 scampanare, risonare. 2 (of thunder) tuonare.

peanut ('piːnʌt) n arachide, nocciolina americana f.

pear (pɛə) n pera f. **pear tree** n pero m.

pearl (pɔːl) n perla f. **mother of pearl** n madreperla f.

peasant ('pezənt) n contadino m. adj contadinesco. **peasantry** n contadini m pl.

peat (piːt) n torba f.

pebble ('pebəl) n ciottolo, sasso m.

peck (pek) vt,vi beccare. n 1 beccata f. 2 bacetto m.

peckish ('pekiʃ) adj che ha fame.

peculiar (pi'kjuːliə) adj 1 particolare, speciale. 2 strano. **peculiarity** n particolarità, stranezza f.

pedal ('pedl) n pedale m. vi pedalare.

peddle ('pedl) vt vendere in piccola quantità. vi fare il venditore ambulante. **pedlar** n merciaiuolo ambulante m.

pedestal ('pedistəl) n piedistallo m.

pedestrian (pi'destriən) n pedone m. adj pedestre. **pedestrian crossing** n passaggio pedonale m.

pedigree ('pedigriː) n genealogia f. albero genealogico m. adj di razza pura.

peel (piːl) n buccia, pelle f. vt sbucciare, pelare. **peelings** n pl bucce f pl.

peep (piːp) n occhiata f. sguardo furtivo m. vi spiare, guardare furtivamente.

peer¹ (piə) n pari m invar. **peerage** n nobiltà f.

peer² (piə) vi guardare da vicino.

peevish ('piːviʃ) *adj* irritabile, brontolone.

peg (peg) *n* 1 gancio *m*. 2 molletta *f*. appiglio *m*. *vt* fissare con mollette.

pejorative (pi'dʒɔrətiv) *adj* peggiorativo.

pelican ('pelikən) *n* pellicano *m*.

pellet ('pelit) *n* 1 pallina, pallottola *f*. 2 pillola *f*.

pelmet ('pelmit) *n* pendaglio sopra le tende *m*.

pelt[1] (pelt) *vt,vi* colpire, tirare.

pelt[2] (pelt) *n* pelliccia, pelle greggia *f*.

pelvis ('pelvis) *n* pelvi *f*. bacino *m*.

pen[1] (pen) *n* penna *f*. **fountain pen** *n* penna stilografica *f*. **penfriend** *n* amico per corrispondenza *m*. **penknife** *n* temperino *m*. **pen nib** *n* pennino *m*.

pen[2] (pen) *n* 1 recinto *m*. 2 (for sheep) ovile *m*. *vt* rinchiudere.

penal ('piːnl) *adj* penale. **penalize** *vt* punire. **penalty** *n* pena, penalità *f*. **penalty kick** *n* calcio di rigore *m*.

penance ('penəns) *n* penitenza *f*.

pencil ('pensəl) *n* matita *f*. lapis *m invar*. **pencil-sharpener** *n* temperalapis *m invar*.

pendant ('pendənt) *n* pendente, pendaglio *m*.

pending ('pendiŋ) *adj* pendente. *prep* in attesa di.

pendulum ('pendjuləm) *n* pendolo *m*.

penetrate ('penitreit) *vt* penetrare. **penetration** *n* penetrazione *f*.

penguin ('peŋgwin) *n* pinguino *m*.

penicillin (peni'silin) *n* penicillina *f*.

peninsula (pə'ninsjulə) *n* penisola *f*. **peninsular** *adj* peninsulare.

penis ('piːnis) *n* pene *m*.

penitent ('penitənt) *adj* penitente.

pennant ('penənt) *n* banderuola *f*. pennone *m*.

penny ('peni) *n* 1 *pl* **pennies** British unit of currency. 2 *pl* **pence** soldo *m*. **penniless** *adj* senza un soldo, povero, indigente.

pension ('penʃən) *n* pensione *f*. *v* **pension off** mettere in pensione. **pensioner** *n* pensionato *m*.

pensive ('pensiv) *adj* pensieroso.

pent (pent) *adj* rinchiuso. **pent-up** *adj* represso.

pentagon ('pentəgən) *n* pentagono *m*.

Pentecost ('pentikɔst) *n* Pentecoste *f*.

penthouse ('penthaus) *n* tettoia *f*.

people ('piːpəl) *n* 1 gente *f*. 2 (race) popolo *m*. nazione *f*. *vt* popolare.

pepper ('pepə) *n* pepe *m*. **peppercorn** *n* granello di pepe *m*. **peppermill** *n* macinino da pepe *m*. **peppermint** *n* 1 menta peperina *f*. 2 (sweet) caramella alla menta *f*.

per (pəː) *prep* per, per mezzo di.

perambulator (pə'ræmbjuleitə) *n* carrozzina *f*.

perceive (pə'siːv) *vt* 1 accorgersi di. 2 osservare. 3 capire. **perceptible** *adj* percettibile, visibile.

per cent (pə 'sent) *prep* per cento.

percentage (pə'sentidʒ) *n* percentuale *f*.

perception (pə'sepʃən) *n* percezione, nozione *f*. **perceptive** *adj* percettivo.

perch[1] (pəːtʃ) *n zool* pesce persico *m*.

perch[2] (pəːtʃ) n posatoio m. vi appollaiarsi, posarsi.

percolate ('pəːkəleit) vt, vi filtrare. **percolator** n filtro m.

percussion (pə'kʌʃən) n percussione f.

perennial (pə'reniəl) adj perenne, eterno.

perfect (adj, n 'pəːfikt; v pə'fekt) adj perfetto, completo. n gram tempo perfetto m. vt perfezionare. **perfection** n perfezione f.

perforate ('pəːfəreit) vt perforare. **perforation** n perforazione f. buco m.

perform (pə'fɔːm) vt, vi 1 eseguire, compire. 2 Th rappresentare. **performance** n 1 esecuzione f. adempimento m. 2 Th rappresentazione f. spettacolo m.

perfume (n 'pəːfjuːm; v pə'fjuːm) n profumo m. fragranza f. vt profumare. **perfumery** n profumeria f.

perhaps (pə'hæps) adv forse.

peril ('peril) n pericolo, rischio m. **perilous** adj pericoloso.

perimeter (pə'rimitə) n perimetro m.

period ('piəriəd) n 1 periodo m. 2 epoca f. 3 med mestruazioni f pl. **periodic** adj periodico. **periodical** n periodico, giornale m. rivista f.

peripheral (pə'rifərəl) adj periferica.

perish ('periʃ) vi 1 perire, morire. 2 guastarsi. **perishable** adj deperibile.

perjury ('pəːdʒəri) n spergiuro m.

perk (pəːk) vi **perk up** rianimarsi. **perky** adj impertinente, vivace.

permanent ('pəːmənənt) adj permanente, durevole.

permeate ('pəːmieit) vt permeare, penetrare.

permit (v pə'mit; n 'pəːmit) vt

permettere, lasciare. n permesso, lasciapassare m. licenza f. **permission** n permesso m. licenza f. **permissive** adj permissivo.

permutation (pəːmjuːˈteiʃən) n permutazione f.

peroxide (pə'rɔksaid) n perossido m.

perpendicular (pəːpənˈdikjulə) adj, n perpendicolare f.

perpetual (pə'petʃuəl) adj perpetuo, continuo. **perpetuate** (pə'petʃueit) vt perpetuare.

perplex (pə'pleks) vt confondere, imbarazzare. **perplexed** adj perplesso. **perplexity** n perplessità f. imbarazzo m.

persecute ('pəːsikjuːt) vt perseguitare, importunare. **persecution** n persecuzione f.

persevere (pəːsiˈviə) vi perseverare. **perseverance** n perseveranza f.

Persia ('pəːʃə) n Persia f. **Persian** adj, n persiano. **Persian** (language) n persiano m.

persist (pə'sist) vi persistere, ostinarsi. **persist in** persistere a. **persistence** n persistenza f. **persistent** adj persistente, tenace.

person ('pəːsən) n persona f. **personage** n personaggio m. **personal** adj personale. **personality** n personalità f. **personify** vt personificare. **personnel** n personale m.

perspective (pə'spektiv) n prospettiva, vista f.

Perspex ('pəːspeks) n Tdmk Perspex m.

perspire (pə'spaiə) vi sudare, traspirare. **perspiration** n sudore m.

persuade (pə'sweid) vt persuadere. **persuasion** n persuasione f. **persuasive** adj persuasivo.

pert (pəɪt) *adj* **1** impertinente, sfrontato. **2** vivace.

pertain (pə'tein) *vi* appartenere. **pertinent** *adj* pertinente, relativo. **pertinence** *n* pertinenza *f*.

perturb (pə'təɪb) *vt* perturbare, confondere, agitare.

Peru (pə'ruɪ) *n* Perù *m*. **Peruvian** *adj,n* peruviano.

pervade (pə'veid) *vt* pervadere, permeare, diffondersi in. **pervasive** *adj* penetrante, diffuso.

perverse (pə'vəɪs) *adj* perverso, malvagio. **perversity** *n* perversità, malvagità *f*.

pervert (*v* pəɪ'vəɪt; *n* 'pəɪvəɪt) *vt* pervertire, corrompere. *n* pervertito *m*. **perversion** *n* perversione *f*.

pessimism ('pesimizəm) *n* pessimismo *m*. **pessimist** *n* pessimista *m*. **pessimistic** *adj* pessimistico.

pest (pest) *n* peste, pestilenza *f*. **pesticide** *n* pesticida *f*.

pester ('pestə) *vt* annoiare, tormentare.

pet (pet) *n* **1** favorito *m*. **2** animale favorito *m*. *adj* favorito, preferito. *vt* accarezzare. **pet name** *n* nomignolo *m*.

petal ('petl) *n* petalo *m*.

peter ('piːtə) *vi* **peter out** diminuire, finire, morire.

petition (pi'tiʃən) *n* petizione, supplica *f*. *vt* **1** supplicare. **2** presentare una petizione a.

petrify ('petrifai) *vt* **1** pietrificare. **2** stupire, spaventare.

petroleum (pi'trouliəm) *n* petrolio *m*. **petrol** *n* benzina *f*.

petticoat ('petikout) *n* sottoveste *f*.

petty ('peti) *adj* insignificante, meschino, triviale. **petty cash** *n* spese minute *f pl*. **petty officer** *n* sottufficiale di marina *m*. **pettiness** *n* piccolezza, meschinità *f*.

petulant ('petjulənt) *adj* petulante, capriccioso, irritabile.

pew (pjuɪ) *n* panca di chiesa *f*.

pewter ('pjuɪtə) *n* peltro *m*.

phantom ('fæntəm) *n* fantasma, spettro *m*. *adj* spettrale, irreale.

pharmacy ('faɪməsi) *n* farmacia *f*. **pharmacist** *n* farmacista *m*.

pharynx ('færiŋks) *n* faringe *f*.

phase (feiz) *n* fase *f*.

pheasant ('fezənt) *n* fagiano *m*.

phenomenon (fi'nɔminən) *n*, *pl* **-na** fenomeno *m*. **phenomenal** *adj* fenomenale.

philanthropy (fi'lænθrəpi) *n* filantropia *f*. **philanthropist** *n* filantropo *m*.

philately (fi'lætəli) *n* filatelia *f*. **philatelist** *n* filatelico *m*.

Philistine ('filistain) *n* filisteo *m*.

philosophy (fi'lɔsəfi) *n* filosofia *f*. **philosopher** *n* filosofo *m*. **philosophical** *adj* filosofico.

phlegm (flem) *n* flemma *f*.

phlegmatic (fleg'mætik) *adj* flemmatico, calmo.

phobia ('foubiə) *n* fobia *f*.

phoenix ('fiːniks) *n* fenice *f*.

phone (foun) *inf n* telefono *m*. *vt,vi* telefonare. **phone call** *n inf* telefonata *f*.

phonetic (fə'netik) *adj* fonetico. **phonetics** *n* fonetica *f*.

phoney ('founi) *adj* fasullo, falso, finto.

phosphate ('fɔsfeit) *n* fosfato *m*.

phosphorescence (fɔsfə'resəns)*n* fosforescenza *f*. **phosphorescent** *adj* fosforescente.

phosphorus ('fɔsfərəs) *n* fosforo *m*. **phosphorous** *adj* fosforoso.

photo ('foutou) *n inf* foto *f invar*.

photocopy ('foutoukɔpi) *vt* fotocopiare. *n* fotocopia *f*.

photogenic (foutə'dʒenik) *adj* fotogenico.

photograph ('foutəgrɑːf) *n* fotografia *f*. *vt* fotografare. **photographer** *n* fotografo *m*. **photographic** *adj* fotografico. **photography** *n* fotografia *f*.

phrase (freiz) *n* **1** frase *f*. **2** modo di dire *m*. *vt* esprimere, dire. **phrasebook** *n* libro di fraseologia *m*.

physical ('fizikəl) *adj* fisico. **physical education** *n* educazione fisica *f*.

physician (fi'ziʃən) *n* medico, dottore *m*.

physics ('fiziks) *n* fisica *f*. **physicist** *n* fisico *m*.

physiognomy (fizi'ɔnəmi) *n* fisionomia *f*.

physiology (fizi'ɔlədʒi) *n* fisiologia *f*. **physiological** *adj* fisiologico. **physiologist** *n* fisiologo *m*.

physiotherapy (fiziou'θerəpi) *n* fisioterapia *f*. **physiotherapist** *n* fisioterapista *m*.

physique (fi'ziːk) *n* fisico *m*. costituzione *f*.

piano (pi'ænou) *n* pianoforte *m*. **grand piano** pianoforte a coda. **pianist** *n* pianista *m*.

pick[1] (pik) *n* scelta *f*. *vt* **1** scegliere. **2** cogliere. **3** (a lock) aprire. **pick up** raccogliere. **picking** *n* raccolta *f*. **pickpocket** *n* borsaiolo *m*.

pick[2] (pik) *n* (tool) piccone *m*.

picket ('pikit) *n* picchetto, palo *m*. *vt* picchettare.

pickle ('pikəl) *n* **1** salamoia *f*. **2** *pl* sottaceti *m pl*. *vt* mettere sotto aceto, marinare. **pickled** *adj* in aceto.

picnic* ('piknik) *n* merenda all'aperto *f*. picnic *m*. *vi* mangiare all'aperto.

pictorial (pik'tɔːriəl) *adj* pittorico, illustrato.

picture ('piktʃə) *n* **1** quadro *m*.

pittura *f*. **2** immagine *f*. **3** *pl* cinema *m*. *vt* figurare, descrivere.

picturesque (piktʃə'resk) *adj* pittoresco.

pidgin ('pidʒən) *n* pidgin, gergo *m*.

pie (pai) *n* **1** (meat) pasticcio *m*. **2** (fruit) torta, crostata *f*.

piece (piːs) *n* **1** pezzo *m*. parte *f*. **2** (of material) pezza *f*. **piecemeal** *adv* a spizzico, pezzo a pezzo. **piecework** *n* lavoro a cottimo *m*.

pied (paid) *adj* screziato, variegato.

pier (piə) *n* **1** molo *m*. banchina *f*. **2** *arch* pilone *m*.

pierce (piəs) *vt* penetrare, forare. **piercing** *adj* penetrante, acuto.

piety ('paiəti) *n* pietà *f*.

pig (pig) *n* maiale, porco *m*. **pig-headed** *adj* ostinato, testardo. **pig-iron** *n* ghisa *f*. **piglet** *n* porcellino *m*. **pigskin** *n* pelle di cinghiale *f*. **pigsty** *n* porcile *m*. **pigtail** *n* treccia *f*.

pigeon ('pidʒən) *n* piccione *m*. colomba *f*. **pigeonhole** *n* casella *f*.

piggyback ('pigibæk) *n* cavalcata sul dorso *f*. *adv* sul dorso.

pigment ('pigmənt) *n* pigmento, colore *m*.

pike (paik) *n* picca *f*.

pilchard ('piltʃəd) *n* sardella *f*.

pile[1] (pail) *n* mucchio, ammasso *m*. *vt* ammucchiare, accumulare.

pile[2] (pail) *n tech* palo *m*. **piledriver** *n* battipalo *m*.

pile[3] (pail) *n* (of material, etc.) pelo *m*.

piles (pəlz) *n pl* emorroidi *f pl*.

pilfer ('pilfə) *vt* rubacchiare. **pilferer** *n* ladroncello *m*.

pilgrim ('pilgrim) *n* pellegrino *m*. **pilgrimage** *n* pellegrinaggio *m*.

pill (pil) n pillola, compressa f.

pillage ('pilidʒ) n saccheggio m. vt saccheggiare.

pillar ('pilǝ) n pilastro m. colonna f. **pillar-box** n buca delle lettere f.

pillion ('piliǝn) n sedile posteriore m.

pillow ('pilou) n guanciale, cuscino m. **pillowcase** n federa f.

pilot ('pailǝt) n pilota m. vt pilotare.

pimento (pi'mentou) n pimento m.

pimple ('pimpǝl) n pustoletta f. foruncolo m.

pin (pin) n spillo m. vt appuntare, fissare. **pins and needles** n formicolio m. **pincushion** n portaspilli m invar. **pinpoint** vt segnalare con precisione. **pinstripe** adj a strisce sottili.

pinafore ('pinǝfɔː) n grembiule m.

pincers ('pinsǝz) n pl tenaglie f pl.

pinch (pintʃ) vt 1 pizzicare, stringere. 2 sl rubare. n 1 pizzicotto m. 2 pizzico m. presa f.

pine[1] (pain) n pino m. **pine cone** n pigna f.

pine[2] (pain) vi languire, sospirare per, consumarsi.

pineapple ('painæpǝl) n ananasso m. ananas m invar.

Ping-pong ('piŋpɒŋ) n Tdmk tennis da tavola m.

pinion ('piniǝn) n tech pignone m.

pink (piŋk) adj,n rosa m invar.

pinnacle ('pinǝkǝl) n sommo, colmo m. cima f.

pint (paint) n pinta f

pioneer (paiǝ'niǝ) n pioniere m. vt preparare la via a.

pious ('paiǝs) adj pio, religioso.

pip[1] (pip) n game macchia f.

pip[2] (pip) n bot, seme (di frutto carnoso) m.

pipe (paip) n 1 tubo, condotto m. 2 (tobacco) pipa f. 3 mus piffero m. **pipedream** n progetto inattuabile m.

pipeline n 1 condotto di petrolio m. 2 linea di comunicazione f. **pipette** n pipetta f.

piquant ('piːkǝnt) adj piccante. **piquancy** n gusto piccante m.

pique (piːk) n irritazione f. vt offendere, irritare.

pirate ('pairǝt) n pirata m. **piracy** n pirateria f.

pirouette (piru'et) n piroetta f. vi piroettare.

Pisces ('pisiːz) n pl Pesci m pl.

piss (pis) tab vi pisciare. **piss off!** va' via! n orina f.

pistachio (pis'tæʃiou) n pistacchio m.

pistol ('pistǝl) n pistola f.

piston ('pistǝn) n pistone, stantuffo m.

pit (pit) n 1 fossa, buca f. pozzo m. 2 miniera f. **pitfall** n trappola f.

pitch[1] (pitʃ) n 1 punto, lancio m. 2 mus tono m. vt 1 lanciare, gettare. 2 fissare. vi beccheggiare. **pitchfork** n forcone m.

pitch[2] (pitʃ) n pece f.

pith (piθ) n midollo m.

pittance ('pitins) n piccola quantità f.

pituitary gland (pi'tjuǝtri) n pituitario m.

pity ('piti) n pietà, compassione f. vt avere pietà di. **pitiful** adj pietoso.

pivot ('pivǝt) n pernio m. asse f. vt imperniare.

pizza ('piːtsǝ) n pizza f.

placard ('plækɑːd) n affisso, cartellone m.

placate (plǝ'keit) vt placare, pacificare.

place (pleis) n luogo, posto m. **out of place** inopportuno.

take place accadere, succedere, avere luogo. ~ *vt* porre, mettere. **placename** *n* nome di località *m*.

placenta (plə'sentə) *n* placenta *f*.

placid ('plæsid) *adj* tranquillo, sereno.

plagiarize ('pleidʒəraiz) *vt* plagiare. **plagiarism** *n* plagio *m*. **plagiarist** *n* plagiario *m*.

plague (pleig) *n* **1** peste, pestilenza *f*. **2** flagello *m*. *vt* tormentare, importunare.

plaice (pleis) *n* passerino *m*.

plaid (plæd) *n* mantello scozzese *m*.

plain (plein) *adj* **1** semplice, ordinario. **2** evidente, chiaro. *n* pianura *f*. **plain-clothes** *adj* in borghese.

plaintiff ('pleintif) *n* attore *m*.

plaintive ('pleintiv) *adj* lamentoso, triste, querulo.

plait (plæt) *n* treccia *f*. *vt* intrecciare.

plan (plæn) *n* piano, disegno, progetto *m*. *vt* progettare, fissare. *vi* fare progetti.

plane¹ (plein) *n* **1** piano *m*. **2** *aviat* aeroplano *m*.

plane² (plein) *n tech* pialla *f*. *vt* piallare.

plane³ (plein) *n bot* platano *m*.

planet ('plænit) *n* pianeta *m*.

plank (plæŋk) *n* asse, tavola *f*.

plankton ('plæŋktən) *n* plancton *m*.

plant (plɑint) *n* **1** *bot* pianta *f*. **2** *tech* impianto *m*. attrezzi *m pl*. *vt* piantare. **plantation** *n* piantagione *f*.

plaque (plɑik) *n* placca, lastra *f*.

plasma ('plæzmə) *n* plasma *m*.

plaster ('plɑistə) *n* **1** *med* cerotto *m*. **2** gesso *m*. **3** stucco *m*. *vt* ingessare, intonacare. **plaster of Paris** *n* **1** gesso *m*. **2** *med* ingessatura *f*.

plasterer *n* intonacatore *m*.

plastic ('plæstik) *adj* plastico. *n* plastica *f*. **plastic surgery** *n* chirurgia estetica *f*.

Plasticine ('plæstisiin) *n Tdmk* Plastilina *Tdmk f*.

plate (pleit) *n* **1** *cul* piatto *m*. **2** placca, lamina *f*. **3** argenteria *f*. **4** illustrazione *f*. *vt* **1** placcare, laminare. **2** inargentare. **platelayer** *n* guardalinea *m*.

plateau ('plætou) *n* altipiano *m*.

platform ('plætfɔim) *n* **1** piattaforma *f*. **2** (railway) marciapiede, binario *m*. banchina *f*.

platinum ('plætnəm) *n* platino *m*.

platonic (plə'tɔnik) *adj* platonico.

plausible ('plɔizəbəl) *adj* plausibile.

play (plei) *n* **1** gioco, divertimento *m*. **2** *Th* dramma *m*. commedia *f*. *vt* **1** giocare a. **2** rappresentare. **3** suonare. *vi* scherzare. **playful** *adj* scherzoso. **playground** *n* cortile di ricreazione *f*. **playgroup** *n* asilo *m*. **playhouse** *n* teatro *m*. **playmate** *n* compagno di gioco *m*. **playschool** *n* asilo *m*. **playwright** *n* drammaturgo *m*. **playing card** *n* carta da gioco *f*. **playing field** *n* campo di gioco *m*.

plea (plii) *n* **1** scusa *f*. pretesto *m*. **2** *law* causa, difesa *f*. **3** supplica *f*.

plead (pliid) *vt* **1** perorare. **2** allegare. *vi* implorare, appellarsi.

pleasant ('plezənt) *adj* piacevole, gradevole, simpatico.

please (pliiz) *vt, vi* piacere, soddisfare. **pleased** *adj* contento, soddisfatto. **pleasing** *adj* piacevole, gradevole.

pleasure ('pleʒə) *n* piacere, favore *m*.

pleat (pliːt) *n* piega, ripiegatura *f*. *vt* piegare.

plectrum ('plektrəm) *n*, *pl* **-tra** or **-trums** plettro *m*.

pledge (pledʒ) *n* impegno *m*. promessa *f*. *vt* impegnare.

plenty ('plenti) *n* abbondanza *f*. **plenty of** tanto. **plentiful** *adj* abbondante.

pliable ('plaiəbəl) *adj* 1 pieghevole, flessibile. 2 influenzato facilmente.

plight (plait) *n* condizione *f*. stato *m*.

plimsoll ('plimsəl) *n* scarpa da tennis *f*.

plod (plɔd) *vi* camminare a fatica. **plodder** *n* sgobbone *m*.

plonk (plɔŋk) *vt* buttare giù.

plot[1] (plɔt) *n* 1 complotto *m*. cospirazione *f*. 2 (of a book) intreccio *m*. *vt* 1 complottare. 2 fare un piano di. **plotter** *n* cospiratore *m*.

plot[2] (plɔt) *n* (of ground) pezzo di terreno *m*.

plough (plau) *n* aratro *m*. *vt* arare, solcare. **ploughing** *n* aratura *f*.

pluck (plʌk) *vt* 1 cogliere, tirare. 2 spennare. **pluck up courage** farsi coraggio. ~ *n* 1 strappo *m*. 2 *inf* coraggio, fegato *m*. **plucky** *adj* coraggioso.

plug (plʌg) *n* 1 tappo, tampone, zaffo *m*. 2 *tech* spina *f*. 3 *mot* candela *f*. *vt* tamponare, tappare, zaffare.

plum (plʌm) *n* prugna, susina *f*. **plum tree** *n* prugno, susino *m*.

plumage ('pluːmidʒ) *n* piumaggio *m*. penne *f pl*.

plumb (plʌm) *n* piombo *m*. *adj,adv* a piombo. *vt* 1 piombare. 2 *naut* scandagliare. **plumber** *n* idraulico, tubista *m*. **plumbing** *n* piombatura *f*.

plume (pluːm) *n* penna, piuma *f*. pennacchio *m*.

plump[1] (plʌmp) *adj* grassoccio, paffuto.

plump[2] (plʌmp) *vi* cadere a piombo. **plump for** scegliere.

plunder ('plʌndə) *n* bottino, saccheggio *m*. *vt* rubare, saccheggiare.

plunge (plʌndʒ) *n* tuffo *m*. *vt* tuffare, immergere. *vi* 1 tuffarsi. 2 precipitare.

pluperfect (pluːˈpəːfikt) *n* passato anteriore *m*.

plural ('pluərəl) *adj,n* plurale *m*.

plus (plʌs) *prep* più. *adj* in più.

plush (plʌʃ) *n* felpa *f*. *adj* lussuoso.

Pluto ('pluːtou) *n* Plutone *m*.

ply[1] (plai) *vt* 1 adoperare, usare. 2 applicare, manipolare.

ply[2] (plai) *n* spessore *m*. **plywood** *n* legno compensato *m*.

pneumatic (njuˈmætik) *adj* pneumatico. **pneumatic drill** *n* trapano pneumatico *m*.

pneumonia (njuːˈmouniə) *n* polmonite *f*.

poach[1] (poutʃ) *vi* andare a caccia di frodo. **poacher** *n* cacciatore di frodo *m*. **poaching** *n* caccia di frodo *f*.

poach[2] (poutʃ) *vt* cuocere. **poached egg** *n* uovo in camicia *m*.

pocket ('pɔkit) *n* tasca *f*. *vt* intascare, appropriarsi. **pocket-knife** *n* temperino *m*. **pocket-money** *n pl* soldi per le piccole spese *m pl*.

pod (pɔd) *n* baccello, guscio *m*.

poem ('pouim) *n* 1 poesia *f*. 2 (epic) poema *m*.

poet ('pouit) *n* poeta *m*. **poetic** *adj* poetico. **poetry** *n* poesia *f*.

poignant ('pɔinjənt) *adj* intenso, commovente. **poignancy** *n* acutezza, violenza *f*.

point (pɔint) *n* 1 punto *m*. 2 (of a pencil, etc.) punta *f*. **be**

ponder

on the point of stare per. **to the point** a proposito. ~ *vt* appuntare, puntare. **point out** additare, mostrare. **point-blank** *adj* diretto. *adv* a bruciapelo. **pointed** *adj* appuntato, acuto. **pointless** *adj* inutile.

poise (pɔiz) *n* **1** equilibrio *m*. **2** portamento *m*. *vt* equilibrare, bilanciare. *vi* equilibrarsi.

poison ('pɔizən) *n* veleno *m*. *vt* avvelenare, intossicare. **poisonous** *adj* velenoso.

poke (pouk) *vt* **1** colpire, dare una botta a. **2** (fire) attizzare. **poke fun at** deridere. ~ *n* spinta, puntata *f*. **poky** *adj* piccolo.

poker[1] ('poukə) *n* attizzatoio *m*.

poker[2] ('poukə) *n game* poker *m*.

Poland ('poulənd) *n* Polonia *f*. **Pole** *n* polacco *m*.

polar ('poulə) *adj* polare. **polar bear** *n* orso bianco *m*. **polarization** *n* polarizzazione *f*. **polarize** *vt* polarizzare.

pole[1] (poul) *n* palo, polo *m*. **pole-vault** *vi* saltare con l'asta.

pole[2] (poul) *n geog* polo *m*. **Pole Star** *n* stella polare *f*.

polemic (pə'lemik) *n* polemica *f*. *adj* polemico.

police (pə'liːs) *n* polizia *f*. **policeman** *n* poliziotto, vigile urbano *m*. **police station** *n* questura *f*. posto di polizia *m*.

policy[1] ('pɔlisi) *n pol* politica, linea di condotta *f*. politica *m*.

policy[2] ('pɔlisi) *n* (insurance) polizza *f*.

polish ('pɔliʃ) *n* **1** lucido *m*. crema, vernice *f*. **2** raffinatezza *f*. *vt* **1** lustrare, lucidare. **2** raffinare. **polishing** *n* verniciatura *f*.

Polish ('pouliʃ) *adj* polacco. **Polish** (language) *n* polacco *m*.

polite (pə'lait) *adj* cortese, gentile. **politeness** *n* cortesia, gentilezza *f*.

politics ('pɔlitiks) *n* politica *f*. **political** *adj* politico. **politician** *n* politico *m*.

polka ('pɔlkə) *n* polca *f*.

poll (poul) *n* elezione, votazione *f*. scrutinio *m*. *vt* ottenere. **polling booth** *n* cabina elettorale *f*.

pollen ('pɔlən) *n* polline *m*. **pollinate** *vt* pollinare.

pollute (pə'luːt) *vt* contaminare, corrompere. **pollution** *n* contaminazione, corruzione *f*. inquinamento *m*.

polyester (pɔli'estə) *n* poliestere *m*.

polygamy (pə'ligəmi) *n* poligamia *f*. **polygamist** *n* poligamo *m*. **polygamous** *adj* poligamo.

polygon ('pɔligən) *n* poligono *m*. **polygonal** *adj* poligonale.

Polynesia (pɔli'niːziə) *n* Polinesia *f*. **Polynesian** *adj,n* polinesiano.

polystyrene (pɔli'stairiːn) *n* polistirene *m*.

polytechnic (pɔli'teknik) *adj,n* politecnico *m*.

polythene ('pɔliθiːn) *n* politene *m*.

polyunsaturated (pɔliʌn'sætjəreitid) *adj* poliinsaturo.

pomegranate ('pɔmigrænət) *n* melagrana *f*.

pommel ('pʌməl) *n* pomo, pomolo *m*. *vt* battere, percuotere.

pomp (pɔmp) *n* pompa, ostentazione *f*. **pompous** *adj* pomposo, affettato.

pond (pɔnd) *n* stagno, laghetto *m*.

ponder ('pɔndə) *vt,vi* considerare, meditare.

pony ('pouni) *n* cavallino *m*.

poodle ('puːd|) *n* cane barbone *m*.

pool[1] (puːl) *n* (of water, etc.) stagno *m*. pozzanghera *f*.

pool[2] (puːl) *n* **1** comm fondo comune *m*. **2** *pl* totocalcio *m*. *vt* mettere in comune.

poor (puə, pɔː) *adj* **1** povero, indigente. **2** scarso, misero. **poorly** *adv* male. *adj* indisposto.

pop[1] (pɔp) *n* schiocco, scatto *m*. *vt,vi* schioccare, esplodere. **pop in** fare una breve visita. **pop out** uscire per un attimo. **popcorn** *n* pop-corn *m*. chicchi di granoturco arrostiti *m pl*.

pop[2] (pɔp) *adj* popolare. **pop music** *n* musica pop *f*.

pope (poup) *n* Papa *m*.

poplar ('pɔplə) *n* pioppo *m*.

poppy ('pɔpi) *n* papavero *m*.

popular ('pɔpjulə) *adj* **1** popolare, alla moda. **2** ben voluto. **popularity** *n* popolarità, voga *f*.

populate ('pɔpjuleit) *vt* popolare. **population** *n* popolazione *f*.

porcelain ('pɔːslin) *n* porcellana *f*.

porch (pɔːtʃ) *n* portico, vestibolo, atrio *m*.

porcupine ('pɔːkjupain) *n* porcospino *m*.

pore[1] (pɔː) *vt* **pore over 1** studiare con diligenza. **2** meditare.

pore[2] (pɔː) *n* poro *m*.

pork (pɔːk) *n* carne di maiale *f*.

pornography (pɔː'nɔgrəfi) *n* pornografia *f*. **pornographic** *adj* pornografico.

porous ('pɔːrəs) *adj* poroso.

porpoise ('pɔːpəs) *n* marsovino *m*.

porridge ('pɔridʒ) *n* pappa fatta con farina di avena *f*.

port[1] (pɔːt) *n* (harbour) porto *m*.

port[2] (pɔːt) *n naut* babordo *m*. sinistra *f*.

port[3] (pɔːt) *n* (drink) vino di Oporto *m*.

portable ('pɔːtəbəl) *adj* portabile, portatile.

porter[1] ('pɔːtə) *n* (of baggage) facchino, portabagagli *m*.

porter[2] ('pɔːtə) *n* portinaio, portiere *m*.

portfolio (pɔːt'fouliou) *n* **1** cartella *f*. **2** *pol* portafoglio *m*.

porthole ('pɔːthoul) *n* bocca porto *m*.

portion ('pɔːʃən) *n* porzione, parte *f*.

portrait ('pɔːtrit) *n* ritratto *m*. **portrait painter** *n* ritrattista *m*.

portray (pɔː'trei) *vt* **1** fare il ritratto a, dipingere. **2** descrivere.

Portugal ('pɔːtjugəl) *n* Portogallo *m*. **Portuguese** *adj,n* portoghese. **Portuguese** (language) *n* portoghese *m*.

pose (pouz) *vt* proporre. *vi* atteggiarsi, posare. *n* posa *f*. atteggiamento *m*.

posh (pɔʃ) *adj* elegante.

position (pə'ziʃən) *n* **1** posizione, situazione *f*. **2** posto, impiego *m*. *vt* collocare.

positive ('pɔzitiv) *adj* positivo, sicuro, certo.

possess (pə'zes) *vt* possedere, avere. **possessed** *adj* possesso. **possession** *n* possesso, possedimento *m*. **possessive** *adj* possessivo. **possessor** *n* possessore *m*.

possible ('pɔsəbəl) *adj* possibile. **possibly** *adv* forse, può darsi.

post[1] (poust) *n* palo, pilastro *m*. *vt* affiggere. **poster** *n* affisso, avviso *m*.

post[2] (poust) *n* (job) posto, impiego *m*.

post[3] (poust) *n* (mail) posta *f*. *vt* imbucare. **postal** *adj* postale. **postal order** n vaglia m invar. **postage** n affrancatura, tariffa postale f. **post-box** n cassetta postale f. **postcard** n cartolina f. **postcode** n codice postale m. **postman** n postino m. **postmark** n timbro postale m. **post office** n ufficio postale m.

posterior (pɔsˈtiəriə) adj posteriore.

posterity (pɔsˈteriti) n posterità f.

postgraduate (poustˈgrædjuət) adj di perfezionamento. n perfezionando m.

posthumous (ˈpɔstjuməs) adj postumo. **posthumously** adv dopo la morte.

post-mortem (poustˈmɔːtəm) n autopsia f.

postpone (pəsˈpoun) vt posporre, rimandare, rinviare. **postponement** n rinvio m.

postscript (ˈpousskript) n poscritto m.

postulate (ˈpɔstjuleit) vt postulare, domandare.

posture (ˈpɔstʃə) n posizione f. atteggiamento m.

pot (pɔt) n 1 vaso m. 2 pentola f. vt piantare in vaso.

potassium (pəˈtæsiəm) n potassio m.

potato (pəˈteitou) n, pl **-toes** patata f.

potent (ˈpoutɪnt) adj potente, forte. **potency** n potenza, forza f.

potential (pəˈtenʃəl) adj,n potenziale m.

pothole (ˈpɔthoul) n 1 marmitta f. 2 (in a road) buca f.

potion (ˈpouʃən) n pozione, bevanda f.

potter (ˈpɔtə) vi gingillarsi.

pottery (ˈpɔtəri) n ceramica f. stoviglie f pl.

pouch (pautʃ) n borsa f. sacchetto m.

poultice (ˈpoultis) n cataplasma m.

poultry (ˈpoultri) n pollame m.

pounce (pauns) vi piombare. **pounce upon** gettarsi addosso a. ~n spolvero m.

pound[1] (paund) vt polverizzare, battere.

pound[2] (paund) n 1 (weight) libbra f. 2 (currency) sterlina f.

pour (pɔɪ) vt versare, spargere. vi riversarsi.

pout (paut) vi fare il broncio. n broncio m.

poverty (ˈpɔvəti) n miseria, povertà f. **poverty-stricken** adj miserabile, indigente.

powder (ˈpaudə) n 1 polvere f. 2 (face) cipria f. vt 1 spolverizzare. 2 incipriare. **powder room** n toilette f invar. **powdery** adj polveroso.

power (ˈpauə) n 1 potere m. potenza f. 2 energia f. 3 potestà f. 4 possibilità f. **powerful** adj potente. **powerless** adj senza potere, impotente.

practicable (ˈpræktikəbəl) adj praticabile.

practical (ˈpræktikəl) adj pratico. **practically** adv quasi.

practice (ˈpræktis) n 1 pratica f. esercizio m. 2 clientela f. 3 abitudine f. **out of practice** fuori esercizio.

practise vt esercitare, praticare. vi esercitarsi. **practised** adj pratico, esperto. **practising** adj praticante.

practitioner (prækˈtiʃənə) n 1 professionista m. 2 medico m.

pragmatic (prægˈmætik) adj prammatico.

prairie (ˈpreəri) n prateria f.

praise (preiz) n lode f. elogio m. vt lodare, elogiare, vantare. **praiseworthy** adj lodevole.

pram (præm) n carrozzina f.
prance (prɑːns) vi **1** saltellare. **2** (of a horse) impennarsi.
prank (præŋk) n scherzo, tiro m. burla f.
prattle ('præt) vi chiacchierare, cianciare. n chiacchierio m.
prawn (prɔːn) n gamberetto m.
pray (prei) vt,vi pregare. **prayer** n preghiera, supplica f. **prayerbook** n libro di preghiere m.
preach (priːtʃ) vt,vi predicare. **preacher** n predicatore m.
precarious (pri'kɛəriəs) adj precario, incerto.
precaution (pri'kɔːʃən) n precauzione f.
precede (pri'siːd) vt precedere. **precedence** n precedenza f. **precedent** n precedente m.
precinct ('priːsiŋkt) n **1** recinto m. **2** pl confini, limiti m pl.
precious ('preʃəs) adj **1** prezioso. **2** ricercato.
precipice ('presipis) n precipizio m.
precipitate (prə'sipiteit) vt precipitare. adj affrettato, precipitato.
precis ('preisi) n sunto m.
precise (pri'sais) adj preciso, esatto, scrupoloso. **precision** n precisione, esattezza f.
precocious (pri'kouʃəs) adj precoce.
preconceive (priːkən'siːv) vt formare un'opinione di in anticipo. **preconceived** adj preconcetto. **preconception** n preconcetto, pregiudizio m.
predatory ('predətəri) adj predatorio, rapace.
predecessor ('priːdisesə) n predecessore m.
predestine (priː'destin) vt predestinare. **predestination** n predestinazione f.
predicament (pri'dikəmənt) n

imbroglio m. situazione difficile f.
predicate (n 'predikit; v 'predikeit) n predicato m. vt predicare.
predict (pri'dikt) vt predire. **prediction** n predizione f.
predominate (pri'dəmineit) vi predominare, prevalere. **predominance** n predominio m. **predominant** adj predominante.
pre-eminent adj preminente. **pre-eminence** n preminenza f.
preen (priːn) vt pulire. **preen oneself** pavoneggiarsi.
prefabricate (priː'fæbrikeit) vt prefabbricare. **prefab** n casa prefabbricata f.
preface ('prefis) n prefazione f. vt premettere, scrivere la prefazione a.
prefect ('priːfekt) n **1** prefetto m. **2** educ capoclasse, prefetto m.
prefer (pri'fəː) vt preferire. **preferable** adj preferibile. **preference** n preferenza f. **preferential** adj preferenziale.
prefix ('priːfiks) n prefisso m. vt premettere.
pregnant ('pregnənt) adj **1** (of a woman) incinta. **2** (of an animal) gravida. **3** pregnante, fecondo. **pregnancy** n gravidanza f.
prehistoric (priːhis'tɔrik) adj preistorico.
prejudice ('predʒədis) n pregiudizio m. vt pregiudicare, compromettere. **prejudiced** adj prevenuto.
preliminary (pri'liminəri) adj,n preliminare m.
prelude ('preljuːd) n preludio m. vt,vi preludere, preannunziare.
premarital (priː'mæritl) adj prematrimoniale.
premature ('premətʃə) adj prematuro, precoce.

premeditate (pri:'mediteit) *vt* premeditare. **premeditation** *n* premeditazione *f*.

premier ('premiə) *adj* primo. *n* primo ministro *m*.

premiere ('premiεə) *n Th* prima *f*.

premise ('premis) *n* **1** premessa *f*. **2** *pl* locali *m pl*.

premium ('pri:miəm) *n* premio, aggio *m*. **premium bond** *n* titoli dello stato *m pl*.

preoccupied (pri:'ɔkjupaid) *adj* preoccupato.

prepare (pri'pεə) *vt* **1** preparare. **2** apparecchiare. *vi* prepararsi. **be prepared to** essere pronto a. **preparation** *n* preparazione *f*. **preparatory** *adj* preparatorio.

preposition (prepə'ziʃən) *n* preposizione *f*.

preposterous (pri'pɔstərəs) *adj* assurdo.

prerogative (pri'rɔgətiv) *n* prerogativa *f*. privilegio *m*.

Presbyterian (prezbi'tiəriən) *adj,n* presbiteriano.

prescribe (pri'skraib) *vt,vi* **1** prescrivere. **2** *med* ordinare. **prescription** *n* ricetta medica *f*.

presence ('prezəns) *n* **1** presenza *f*. **2** aspetto *m*.

present[1] ('prezənt) *adj* attuale, presente. *n* presente *m*. **at present** adesso. **for the present** per il momento. **present participle** *n* participio presente *m*. **presently** *adv* fra poco.

present[2] (*v* pri'zent; *n* 'prezənt) *vt* **1** presentare. **2** regalare a. **3** *Th* rappresentare. *n* regalo *m*. **presentation** *n* presentazione *f*.

preserve (pri'zə:v) *n* **1** conserva, marmellata *f*. **2** (for animals) riserva *f*. *vt* conservare, preservare, salvare. **preservation** *n* **1** preservazione *f*. **2** salvezza *f*.

preside (pri'zaid) *vi* presiedere.

president ('prezidənt) *n* presidente *m*. **presidential** *adj* presidenziale.

press (pres) *vt* **1** premere, comprimere, stringere. **2** stirare. *n* **1** stampa *f*. **2** *tech* torchio *m*. **3** calca *f*. **press conference** *n* conferenza stampa *f*. **press-stud** *n* automatico *m*. **press-up** *n* esercizio di ginnastica alzando il corpo con le braccia *m*. **pressing** *adj* urgente, incalzante.

pressure ('preʃə) *n* **1** pressione, costrizione *f*. **2** urgenza *f*. **pressure cooker** *n* pentola a pressione *f*. **pressurize** *vt* pressurizzare, costringere.

prestige (pres'ti:ʒ) *n* prestigio *m*.

presume (pri'zju:m) *vt* presumere, supporre. **presumption** *n* **1** presunzione, supposizione *f*. **2** arroganza *f*. **presumptuous** *adj* presuntuoso, arrogante.

pretend (pri'tend) *vt* fingere, far finta di. *vi* pretendere. **pretence** *n* pretesa, scusa *f*. pretesto *m*. **pretension** *n* pretesa *f*. **pretentious** *adj* pretenzioso, arrogante. **pretentiousness** *n* arroganza *f*.

pretext ('pri:tekst) *n* pretesto *m*. scusa *f*.

pretty ('priti) *adj* bellino, carino, grazioso. *adv* quasi, press'a poco, piuttosto.

prevail (pri'veil) *vi* prevalere, predominare. **prevalent** *adj* prevalente.

prevent (pri'vent) *vt* impedire. **prevention** *n* prevenzione *f*. **preventive** *adj* preventivo.

preview ('pri:vju:) *n* anteprima *f*.

previous ('pri:viəs) *adj* precedente, anteriore. **previously** *adv* prima.

prey (prei) *n* preda *f*. *v* **prey on 1** predare. **2** consumare.

price (prais) *n* prezzo, costo *m*. *vt* valutare, fissare il prezzo di. **price-list** *n* listino dei prezzi *m*.

prick (prik) *n* pungolo *m*. puntura *f*. *vt* pungere, punzecchiare. **prick one's ears** drizzare gli orecchi. **prickle** *n* spina *f*. **prickly** *adj* spinoso, pungente.

pride (praid) *n* orgoglio *m*. superbia *f*. *v* **pride oneself on** vantarsi di.

priest (priːst) *n* prete, sacerdote *m*. **priesthood** *n* sacerdozio *m*.

prim (prim) *adj* affettato, preciso.

primary ('praiməri) *adj* primario, elementare, fondamentale. **primary school** *n* scuola elementare *f*.

primate *n* **1** ('praimit) *rel* primate *m*. **2** ('praimeit) *pl* primati *m pl*.

prime (praim) *adj* primo, principale, fondamentale. *n* fiore, colmo *m*. *vt* **1** istruire. **2** caricare. **prime minister** *n* primo ministro *m*.

primitive ('primitiv) *adj* primitivo.

primrose ('primrouz) *n* primula *f*.

prince (prins) *n* principe *m*.

princess (prin'ses) *n* principessa *f*.

principal ('prinsəpəl) *adj* principale, primo. *n* capo, direttore, principale, padrone *m*.

principality (prinsi'pæliti) *n* principato *m*.

principle ('prinsəpəl) *n* principio *m*.

print (print) *n* **1** stampa, impressione *f*. **2** *phot* prova *f*. *vt* stampare, imprimere. **out of print** esaurito. **printer** *n* stampatore, tipografo *m*.

stampante *f*. **printing** *n* stampa, tiratura *f*. **printout** *n* stampato *m*.

prior ('praiə) *adj* antecedente, precedente. *adv* prima. **priority** *n* priorità *f*.

prise (praiz) *vt* far leva su. **prise open** forzare.

prism ('prizəm) *n* prisma *m*.

prison ('prizən) *n* prigione *f*. carcere *m*. **prisoner** *n* prigioniero, detenuto *m*.

private ('praivit) *adj* **1** privato, personale. **2** confidenziale. *n* soldato semplice *m*. **privacy** *n* solitudine, intimità *f*. **privatize** *vt* privatizzare.

privet ('privit) *n* ligustro *m*.

privilege ('privilidʒ) *n* privilegio *m*.

prize[1] (praiz) *n* premio *m*. **prizewinner** *n* premiato, vincitore *m*.

prize[2] (praiz) *vt* valutare, apprezzare.

probable ('prɔbəbəl) *adj* probabile. **probability** *n* probabilità *f*. **probably** *adv* probabilmente.

probation (prə'beiʃən) *n* probazione, prova *f*. **on probation** in prova. **probation officer** *n* ufficiale sorvegliante *m*. **probationary** *adj* probatorio.

probe (proub) *vt* **1** sondare. **2** esaminare a fondo. *n* sonda *f*.

problem ('prɔbləm) *n* problema *m*.

proceed (prə'siːd) *vi* **1** procedere, continuare. **2** derivare. **procedure** *n* procedura *f*. procedimento *m*. **proceeding** *n* **1** azione *f*. procedimento *m*. **2** *pl* atti *m pl*. **proceeds** *n pl* profitti *m pl*.

process ('prouses) *n* processo, corso *m*. *vt* processare, preparare.

procession (prə'seʃən) *n* processione *f*. corteo *m*.

proclaim (prə'kleim) *vt* proclamare, dichiarare. **proclamation** *n* proclamazione, dichiarazione *f*.

procreate ('proukrieit) *vt* procreare. **procreation** *n* procreazione *f*.

procure (prə'kjuə) *vt* procurare.

prod (prɔd) *vt* stimolare, pungere. *n* pungolo *m*.

prodigy ('prɔdidʒi) *n* prodigio, miracolo *m*.

produce (*v* prə'djuːs; *n* 'prɔdjuːs) *vt* 1 produrre, fabbricare. 2 *Th* mettere in scena. *n* prodotto *m*. **producer** *n* 1 produttore *m*. 2 *Th* direttore *m*. **product** *n* prodotto, frutto *m*. **production** *n* 1 produzione *f*. 2 *Th* messa in scena *f*. **productive** *adj* produttivo, fertile. **productivity** *n* produttività *f*.

profane (prə'fein) *adj* profano. *vt* profanare.

profess (prə'fes) *vt, vi* professare, dichiarare. **profession** *n* professione *f*. **professional** *adj* professionale. *n* professionista *m*. **professor** *n* professore universitario *m*. **professorship** *n* cattedra *f*.

proficient (prə'fiʃənt) *adj* esperto, bravo. **proficiency** *n* abilità *f*.

profile ('proufail) *n* profilo *m*.

profit ('prɔfit) *n* 1 profitto, guadagno *m*. 2 utile, vantaggio *m*. *vi* approfittare, trarre vantaggio. **profitable** *adj* utile, vantaggioso.

profound (prə'faund) *adj* profondo, intenso.

profuse (prə'fjuːs) *adj* profuso, prodigo. **profusion** *n* profusione, prodigalità *f*.

programme ('prougræm) *n* programma *m*. **program** (in computers) *n* programma *m*. *vt* programmare.

progress (*n* 'prougres; *v* prə'gres) *n* progresso, corso, avanzamento *m*. *vi* progredire, procedere, avanzare. **progression** *n* progresso *m*. **progressive** *adj* progressivo.

prohibit (prə'hibit) *vt* proibire, vietare, interdire. **prohibition** *n* proibizione *f*. **prohibitive** *adj* proibitivo.

project (*n* 'prɔdʒekt; *v* prə'dʒekt) *n* progetto, disegno, piano *m*. *vt* 1 progettare. 2 proiettare. *vi* sporgere. **projectile** *n* proiettile *m*. **projection** *n* prominenza, sporgenza *f*. **projector** *n* 1 progettista *m*. 2 *phot* proiettore *m*.

proletariat (prouli'tɛəriət) *n* proletariato *m*. **proletarian** *adj,n* proletario.

proliferate (prə'lifəreit) *vi* prolificare.

prolific (prə'lifik) *adj* prolifico, fecondo.

prologue ('proulɔg) *n* prologo *m*.

prolong (prə'lɔŋ) *vt* prolungare, tirare in lungo.

promenade (prɔmə'naːd) *n* 1 passeggiata *f*. 2 lungomare *m*.

prominent ('prɔminənt) *adj* 1 prominente. 2 eminente, importante. 3 notevole. **prominence** *n* prominenza, eminenza, importanza *f*.

promiscuous (prə'miskjuəs) *adj* promiscuo. **promiscuity** *n* promiscuità *f*.

promise ('prɔmis) *n* promessa *f*. *vt, vi* promettere.

promote (prə'mout) *vt* promuovere, favorire. **promotion** *n* 1 promozione *f*. 2 *comm* lancio *m*.

prompt (prɔmpt) *adj* pronto, rapido. *vt* 1 stimolare, ispirare. 2 *Th* suggerire. **prompter** *n* suggeritore *m*. **prompt-**

ing n stimolo m. suggestione f. **promptness** n prontezza f.

prone (proun) adj incline, disposto, prono.

prong (prɔŋ) n rebbio m. punta f.

pronoun ('prounaun) n pronome m.

pronounce (prə'nauns) vt pronunciare, dire, dichiarare. **pronunciation** n pronuncia f.

proof (pruːf) n 1 prova f. 2 (of drink) grado m. vt rendere impermeabile. **proofreader** n correttore di bozze m.

prop[1] (prɔp) n puntellare, sostenere. n appoggio, puntello, sostegno m.

prop[2] (prɔp) n Th oggetto teatrale m.

propaganda (prɔpə'gændə) n propaganda f.

propagate ('prɔpəgeit) vt propagare, spargere.

propel (prə'pel) vt spingere avanti, avviare. **propeller** n elica f.

proper ('prɔpə) adj 1 proprio. 2 particolare. 3 adatto. 4 esatto, giusto, corretto. **proper noun** n nome proprio m. **properly** adv bene, giustamente.

property ('prɔpəti) n proprietà f. possesso m. beni m pl.

prophecy ('prɔfisi) n profezia f. **prophesy** vt, vi profetizzare, predire.

prophet ('prɔfit) n profeta m. **prophetic** adj profetico.

proportion (prə'pɔːʃən) n porzione, parte f. **out of proportion** fuori di misura.

propose (prə'pouz) vt 1 proporre, suggerire. 2 (a toast, etc.) fare. vi fare una proposta di matrimonio. **proposal** n proposta, offerta f. **proposition** n proposizione, proposta f. progetto m.

proprietor (prə'praiətə) n proprietario m.

propriety (prə'praiəti) n proprietà, convenienza f.

propulsion (prə'pʌlʃən) n propulsione f.

prose (prouz) n prosa f.

prosecute ('prɔsikjuːt) vt processare. **prosecution** n processo m. **prosecutor** n accusatore m.

prospect ('prɔspekt) n 1 prospetto m. vista f. 2 prospettiva f. 3 speranza f. vi esplorare, fare ricerche. **prospective** adj prospettivo, aspettato, futuro. **prospectus** n prospetto, programma, manifesto m.

prosper ('prɔspə) vi prosperare, riuscire. **prosperity** n prosperità f. **prosperous** adj prospero, felice, fortunato.

prostitute ('prɔstitjuːt) n prostituta, puttana f. vt prostituire. **prostitution** n prostituzione f.

prostrate (v prɔs'treit; adj 'prɔstreit) vt 1 prostrare. 2 abbattere. adj prostrato, abbattuto.

protagonist (prə'tægənist) n protagonista m.

protect (prə'tekt) vt proteggere, difendere. **protection** n protezione f. **protective** adj protettivo. **protectorate** n protettorato m.

protégé ('prɔtiʒei) n protetto m.

protein ('proutiːn) n proteina f.

protest (n 'proutest; v prə'test) n protesta f. **under protest** protestando. ~vt, vi protestare.

Protestant ('prɔtistənt) adj, n protestante.

protocol ('proutəkɔl) n protocollo m.

proton ('proutɔn) n protone m.

prototype ('proutətaip) n prototipo m.

protrude (prə'truːd) *vt,vi* sporgere.

proud (praud) *adj* fiero, orgoglioso, superbo, arrogante.

prove (pruːv) *vt* provare, dimostrare. *vi* mostrarsi.

proverb ('prɔvɜːb) *n* proverbio *m*. **proverbial** *adj* proverbiale.

provide (prə'vaid) *vt* provvedere, procurare, fornire. **provided** *conj* purché. **provision** *n* 1 provvedimento *m*. 2 provviste *f pl*. **provisional** *adj* provvisorio.

province ('prɔvins) *n* 1 provincia *f*. 2 competenza *f*. **provincial** *adj,n* provinciale.

proviso (prə'vaizou) *n* stipulazione *f*.

provoke (prə'vouk) *vt* provocare, irritare. **provocation** *n* provocazione *f*. **provocative** *adj* provocativo, provocatore.

prow (prau) *n* prua *f*.

prowess ('prauis) *n* bravura, prodezza *f*. valore *m*.

prowl (praul) *vi* vagare, gironzolare, vagolare. **prowler** *n* girellone, predone *m*.

proximity (prɔk'simiti) *n* prossimità, vicinanza *f*.

prude (pruːd) *n* persona di modestia affettata *f*.

prudent ('pruːdnt) *adj* prudente, cauto, giudizioso. **prudence** *n* prudenza *f*.

prune[1] (pruːn) *n* prugna secca *f*.

prune[2] (pruːn) *vt* potare, troncare. **pruning** *n* potatura *f*.

pry (prai) *vi* rovistare, ficcare il naso.

psalm (sɑːm) *n* salmo *m*.

pseudonym ('sjuːdənim) *n* pseudonimo *m*.

psychedelic (saiki'delik) *adj* psichedelico.

psychiatry (sai'kaiətri) *n* psichiatria *f*. **psychiatric** *adj*

psichiatrico. **psychiatrist** *n* psichiatra *m*.

psychic ('saikik) *adj* psichico.

psychoanalysis (saikouə'nælisis) *n* psicoanalisi *f*. **psychoanalyst** *n* psicoanalista *m*.

psychology (sai'kɔlədʒi) *n* psicologia *f*. **psychological** *adj* psicologico. **psychologist** *n* psicologo *m*.

psychopath ('saikəpæθ) *n* psicopatico *m* **psychopathic** *adj* psicopatico.

psychosomatic (saikousə'mætik) *adj* psicosomatico.

pub (pʌb) *n* bar *m invar*. osteria, birreria *f*.

puberty ('pjuːbəti) *n* pubertà *f*.

public ('pʌblik) *adj,n* pubblico *m*. **publican** *n* proprietario del bar *m*. **public holiday** *n* giorno di festa *m*. **public house** *n* bar *m invar*. osteria, birreria *f*. **public relations** *n* servizio di stampa e propaganda *m*. **public school** *n* scuola pubblica *f*.

publication (pʌbli'keiʃən) *n* pubblicazione *f*.

publicity (pʌb'lisiti) *n* pubblicità *f*.

publicize ('pʌblisaiz) *vt* pubblicare.

publish ('pʌbliʃ) *vt* pubblicare, promulgare. **publisher** *n* 1 editore *m*. 2 casa editrice *f*. **publishing** *n* pubblicazione *f*.

pucker ('pʌkə) *vt* raggrinzare, increspare, corrugare. *vi* raggrinzarsi, incresparsi. *n* grinza, crespa, riga *f*.

pudding ('pudiŋ) *n* budino, dolce *m*.

puddle ('pʌdl) *n* pozzanghera *f*.

puff (pʌf) *n* 1 sbuffo, soffio *m*. 2 piumino *m*. *vt,vi* soffiare, sbuffare. **puff pastry** *n* pasta sfoglia *f*.

pull (pul) *n* 1 tirata *f*. strappo, sforzo *m*. 2 *sl* influenza *f*. *vt,vi*

1 tirare, trascinare. **2** trarre, strappare. **pull down** demolire. **pull up** fermarsi. **pullover** n pullover m invar. maglione m.

pulley (ˈpuli) n puleggia f.

pulp (pʌlp) n polpa f. vt ridurre in polpa.

pulpit (ˈpʌlpit) n pulpito m.

pulsate (pʌlˈseit) vi pulsare, battere, palpitare.

pulse (pʌls) n polso m.

pulverize (ˈpʌlvəraiz) vt polverizzare.

pump (pʌmp) n pompa f. vt **1** pompare. **2** ottenere informazioni da. **pump up** gonfiare.

pumpkin (ˈpʌmpkin) n zucca f.

pun (pʌn) n gioco di parole m.

punch[1] (pʌntʃ) n pugno m. vt dare pugni a.

punch[2] (pʌntʃ) n (tool) strumento per perforare. vt perforare.

punch[3] (pʌntʃ) n cul ponce m.

punctual (ˈpʌŋktʃuəl) adj puntuale. **punctuality** n puntualità f.

punctuate (ˈpʌŋktʃueit) vt punteggiare. **punctuation** n punteggiatura, interpunzione f.

puncture (ˈpʌŋktʃə) n **1** mot bucatura f. **2** med puntura f. vt forare, bucare.

pungent (ˈpʌndʒənt) adj acre, pungente, aspro.

punish (ˈpʌniʃ) vt punire, castigare. **punishment** n punizione, pena f. castigo m.

punt[1] (pʌnt) n naut chiatta f. vt spingere.

punt[2] (pʌnt) vi game scommettere.

pupil[1] (ˈpjuːpəl) n scolaro, alunno m.

pupil[2] (ˈpjuːpəl) n anat pupilla f.

puppet (ˈpʌpit) n marionetta f. burattino m.

puppy (ˈpʌpi) n cagnolino m.

purchase (ˈpəːtʃis) vt comprare, acquistare. n compera f. acquisto m. **purchaser** n compratore m.

pure (pjuə) adj puro, chiaro. **purity** n purità, purezza f.

purgatory (ˈpəːgətri) n purgatorio m.

purge (pəːdʒ) n **1** purga f. purgante m. **2** pol epurazione f. vt **1** purgare, purificare. **2** pol epurare.

purify (ˈpjuərifai) vt purificare. **purification** n purificazione f.

Puritan (ˈpjuəritən) n puritano m. **puritanical** adj puritano.

purl (pəːl) vt, vi smerlare.

purple (ˈpəːpəl) n porpora f. adj purpureo, violaceo.

purpose (ˈpəːpəs) n proposito, scopo, fine m. intenzione f. **on purpose** apposta.

purr (pəː) vi fare le fusa. n fusa f.

purse (pəːs) n borsellino m.

pursue (pəˈsjuː) vt **1** perseguire, incalzare. **2** cercare. **pursuer** n inseguitore m. **pursuit** n **1** inseguimento m. **2** ricerca f.

pus (pʌs) n pus m. marcia f.

push (puʃ) vt spingere, urtare, premere. **push on** avanzarsi. **push through** spingere. ~n spinta f. urto, impulso m. **pushchair** n carrozzino m.

pussy (ˈpusi) n inf micio m.

put* (put) vt **1** mettere, porre. **2** collocare, presentare. **put off 1** rinviare. **2** dissuadere. **put on** indossare. **put up** aumentare. **put up with** sopportare.

putrid (ˈpjuːtrid) adj putrido, marcio, putrefatto.

putty (ˈpʌti) n stucco m.

puzzle (ˈpʌzəl) n enigma, indovinello m. vt confondere, sba-

lordire. **puzzled** adj perplesso.
PVC n PVC m.
Pygmy ('pigmi) adj,n pigmeo.
pyjamas (pə'dʒɑɪməz) n pl pigiama m.
pylon ('pailən) n pilone m.
pyramid ('pirəmid) n piramide f.
Pyrex ('paireks) n Tdmk pirofila f.
python ('paiθən) n pitone m.

Q

quack[1] (kwæk) n gracidio m. vi gracidare.
quack[2] (kwæk) n ciarlatano m.
quadrangle ('kwɔdræŋgəl) n quadrangolo m.
quadrant ('kwɔdrənt) n quadrante m.
quadrilateral (kwɔdri'lætərəl) adj,n quadrilatero m.
quadruped ('kwɔdruped) adj,n quadrupede m.
quadruple ('kwɔdrupəl) adj,n quadruplo m. vt quadruplicare. **quadruplet** n uno di quattro nati in un solo parto m.
quail[1] (kweil) n quaglia f.
quail[2] (kweil) vi tremare, avere paura.
quaint (kweint) adj 1 strano. 2 pittoresco.
quake (kweik) vi tremolare.
Quaker ('kweikə) n quacchero m.
qualify ('kwɔlifai) vt 1 qualificare, abilitare. 2 moderare, mitigare. vi abilitarsi. **qualification** n 1 titolo m. qualifica f. 2 condizione, riserva f. **qualified** adj qualificato, competente.
quality ('kwɔliti) n qualità f.
qualm (kwɑːm) n 1 scrupolo m. 2 nausea f. malessere m.
quandary ('kwɔndəri) n impaccio m. situazione difficile f.

quantify ('kwɔntifai) vt quantificare.
quantity ('kwɔntiti) n quantità f.
quarantine ('kwɔrəntiːn) n quarantena f.
quarrel ('kwɔrəl) n disputa, lite, contesa f. vi litigare, disputare. **quarrelsome** adj litigioso.
quarry[1] ('kwɔri) n cava, pietraia f. vt scavare.
quarry[2] ('kwɔri) n (prey) preda f.
quart (kwɔːt) n quarto di un gallone m.
quarter ('kwɔːtə) n 1 quarto m. 2 trimestre m. 3 quartiere m. località f. 4 pl mil quartieri m pl. **at close quarters** da vicino. ~ vt dividere in quarti. **quarterly** adj trimestrale. **quarterdeck** n cassero m. **quartermaster** n commissario m.
quartet (kwɔr'tet) n quartetto m.
quartz (kwɔːts) n quarzo m.
quash[1] (kwɔʃ) vt schiacciare.
quash[2] (kwɔʃ) vt law annullare, invalidare.
quaver ('kweivə) n mus croma f. vi tremolare, vibrare.
quay (kiː) n banchina f. molo m.
queasy ('kwiːzi) adj 1 nauseante. 2 delicato. **feel queasy** sentire la nausea.
queen (kwiːn) n 1 regina f. 2 game donna f. **beauty queen** reginetta f.
queer (kwiə) adj strano, bizzarro, curioso. n sl finocchio m.
quell (kwel) vt reprimere, domare, soffocare.
quench (kwentʃ) vt spegnere, estinguere. **quench one's thirst** dissetarsi.
query ('kwiəri) n domanda, questione f. vt 1 domandare. 2 mettere in dubbio.

quest (kwest) *n* ricerca *f*. **in quest of** in cerca di.

question ('kwestʃən) *n* **1** domanda, questione *f*. **2** dubbio *m*. **3** soggetto *m*. **ask a question** fare una domanda. **out of the question** impossibile. ~ *vt* **1** interrogare. **2** mettere in dubbio. **question mark** *n* punto interrogativo *m*. **questionable** *adj* discutibile. **questionnaire** *n* questionario *m*.

queue (kjuː) *n* coda, fila *f*. *vi* far coda.

quibble ('kwibəl) *vi* cavillare, equivocare. *n* cavillo *m*. scappatoia *f*.

quick (kwik) *adj* **1** presto, rapido. **2** svelto, vivace. **3** intelligente. *adv* presto, subito. *n* vivo *m*. **quicken** *vt* affrettare. **quickness** *n* prontezza, rapidità *f*. **quicksand** *n* sabbia mobile *f*. **quicksilver** *n* mercurio, argento vivo *m*. **quickstep** *n* quickstep *m*. **quick-tempered** *adj* irascibile. **quick-witted** *adj* acuto.

quid (kwid) *n sl* sterlina *f*.

quiet[1] ('kwaiət) *n* quiete, tranquillità *f*. silenzio *m*.

quiet[2] ('kwaiət) *adj* **1** quieto, tranquillo, placido. **2** modesto. **be quiet!** sta' zitto! **on the quiet** quatto quatto. ~ *vt* acquietare. *vi* acquietarsi. **quieten** *vt* calmare, quietare, pacificare. *vi* calmarsi.

quill (kwil) *n* **1** penna *f*. **2** (of a porcupine) spina *f*.

quilt (kwilt) *n* piumino *m*. *vt* trapuntare.

quinine (kwi'niːn) *n* chinino *m*.

quintessence (kwin'tesəns) *n* quintessenza *f*.

quintet (kwin'tet) *n* quintetto *m*.

quirk (kwəːk) *n* vezzo, frizzo *m*.

quit* (kwit) *vt* lasciare, abbandonare. *vi* partire. **be quits**

essere pari. **notice to quit** *n* disdetta *f*.

quite (kwait) *adv* tutto, affatto, proprio, completamente.

quiver[1] ('kwivə) *vi* tremare, vacillare. *n* brivido, tremito *m*.

quiver[2] ('kwivə) *n sport* faretra *f*.

quiz (kwiz) *n, pl* **quizzes** questionario *m*. **quiz** *m invar*. *vt* fare delle domande a.

quizzical ('kwizikəl) *adj* curioso.

quoit (kɔit) *n* anello (di ferro, etc.) *m*.

quota ('kwoutə) *n* quota, rata *f*.

quote (kwout) *vt* **1** citare. **2** *comm* quotare. **quotation** *n* **1** citazione *f*. brano *m*. **2** *comm* quotazione *f*. **quotation marks** *n pl* virgolette *f pl*.

R

rabbi ('ræbai) *n* rabbino *m*.

rabbit ('ræbit) *n* coniglio *m*.

rabble ('ræbəl) *n* plebaglia *f*.

rabies ('reibiːz) *n* idrofobia, rabbia *f*. **rabid** *adj* **1** fanatico. **2** furioso. **3** *med* rabbioso, idrofobo.

race[1] (reis) *n* (competition) corsa, gara *f*. *vt* far correre in una corsa. *vi* correre. **racecourse** *n* ippodromo *m*. pista *f*. **racehorse** *n* cavallo da corsa *m*.

race[2] (reis) *n* (people) razza, stirpe *f*. **race relations** *n pl* relazioni fra popoli *f pl*. **racial** *adj* razziale, di razza. **racist** *adj* razzista.

rack (ræk) *n* **1** rastrelliera *f*. **2** (for plates) scolapiatti *m*. **3** (for luggage, etc.) rete *f*. *vt* tormentare. **rack one's brains** stillarsi il cervello.

racket[1] ('rækit) *n* chiasso, rumore, fracasso *m*.

racket[2] ('rækit) *n sport* racchetta *f*.

radar ('reidɑː) *n* radar *m invar*.

radial ('reidiəl) *adj* radiale.

radiant ('reidiənt) *adj* raggiante, irradiato, brillante. **radiance** *n* splendore *m*.

radiate ('reidieit) *vt* raggiare, diffondere, irradiare. **radiation** *n* irradiazione *f*. **radiator** *n* 1 termosifone *m*. 2 *mot* radiatore *m*.

radical ('rædikəl) *adj,n* radicale *m*.

radio ('reidiou) *n* radio *f invar*.

radioactive (reidiou'æktiv) *adj* radioattivo. **radioactivity** *n* radioattività *f*.

radish ('rædiʃ) *n* ravanello *m*.

radium ('reidiəm) *n* radio *m*.

radius ('reidiəs) *n, pl* **-dii** or **-diuses** raggio *m*.

raffia ('ræfiə) *n* rafia *f*.

raffle ('ræfəl) *n* lotteria privata *f. vt* vendere per mezzo di una lotteria.

raft (raːft) *n* zattera, chiatta *f*.

rafter ('raːftə) *n* trave *f*.

rag[1] (ræg) *n* straccio, cencio *m*. **ragged** *adj* 1 cencioso, stracciato. 2 aspro, ruvido.

rag[2] (ræg) *vt* prendere in giro.

rage (reidʒ) *n* 1 collera, furia *f*. 2 mania, passione *f*. **all the rage** di moda. ~ *vi* infuriare.

raid (reid) *n* scorreria, incursione *f. vt* invadere, fare un'incursione in.

rail (reil) *n* 1 sbarra *f*. 2 (of banisters, etc.) ringhiera *f*. 3 (railway) rotaia *f*. **railing** *n* cancellata *f*. **railway** *n* ferrovia *f*. **railway line** *n* binario *m*.

rain (rein) *n* pioggia *f. v imp* piovere. **rainbow** *n* arcobaleno *m*. **raindrop** *n* goccia di pioggia *f*. **rainfall** *n* caduta di pioggia *f*.

raise (reiz) *vt* 1 alzare. 2 sollevare. 3 allevare. 4 innalzare, aumentare.

raisin ('reizən) *n* uva secca *f*.

rajah ('raːdʒə) *n* ragià *m*.

rake (reik) *n* rastrello *m. vt* rastrellare, raccogliere.

rally ('ræli) *n* 1 ripresa *f*. 2 riunione *f*. 3 *mot* rally *m. vt* raccogliere, riunire. *vi* rimettersi.

ram (ræm) *n* montone *m. vt* 1 ficcare. 2 *naut* speronare.

ramble ('ræmbəl) *n* passeggiata *f*. giro *m. vi* 1 vagare. 2 divagare.

ramp (ræmp) *n* rampa, salita *f*.

rampage ('ræmpeidʒ) *n* furia, condotta violenta *f. vi* smaniare, scalmanarsi.

rampant ('ræmpənt) *adj* 1 predominante. 2 violento.

rampart ('ræmpaːt) *n* bastione *m*. difesa *f*.

ramshackle ('ræmʃækəl) *adj* sgangherato, rovinato.

ran (ræn) *v see* **run**.

ranch (raːntʃ) *n* podere *m*. fattoria *f*.

rancid ('rænsid) *adj* rancido.

rancour ('ræŋkə) *n* rancore, risentimento *m*. acrimonia *f*.

random ('rændəm) *adj* casuale, a caso. **at random** a casaccio.

rang (ræŋ) *v see* **ring**.

range (reindʒ) *n* 1 serie, portata *f*. 2 *sport* campo di tiro *m*. 3 *geog* catena *f. vt* ordinare, collocare. *vi* stendersi.

rank[1] (ræŋk) *n* 1 fila *f*. 2 classe, condizione *f*. 3 rango, grado *m*. **rank and file** *n* gregari *m pl*. ~ *vt* 1 classificare. 2 ordinare. *vi* prendere posto.

rank[2] (ræŋk) *adj* rancido, schifoso, turpe.

rankle ('ræŋkəl) *vi* bruciare.

ransack ('rænsæk) *vt* frugare, saccheggiare.

ransom ('rænsəm) *n* riscatto *m. vt* riscattare.

rap (ræp) *n* colpo, colpetto *m*. picchiata *f. vt* battere, colpire, picchiare.

rape (reip) n violenza carnale f. vt violare.

rapid ('ræpid) adj rapido, veloce. n rapida f. **rapidity** n velocità, rapidità f.

rapier ('reipiə) n spada f.

rapture ('ræptʃə) n entusiasmo m. estasi f.

rare[1] (reə) adj **1** raro, scarso. **2** insolito. **3** prezioso. **rarity** n rarità f.

rare[2] (reə) adj cul poco cotto.

rascal ('rɑːskəl) n furfante, briccone m.

rash[1] (ræʃ) adj precipitoso, inconsiderato, avventato. **rashness** n imprudenza f.

rash[2] (ræʃ) n med eruzione f.

rasher ('ræʃə) n fetta di prosciutto f.

raspberry ('rɑːzbri) n lampone m. **raspberry cane** n lampone m.

rat (ræt) n ratto m.

rate (reit) n **1** prezzo m. tariffa f. **2** imposta f. **3** velocità f. **4** comm tasso m. **at any rate** comunque. ~ vt **1** valutare. **2** stimare, considerare. **rate payer** n contribuente m.

rather ('rɑːðə) adv piuttosto, alquanto, abbastanza. interj certo!

ratio ('reiʃiou) n ragione, proporzione f.

ration ('ræʃən) n **1** razione f. **2** pl viveri m pl. vt razionare. **rationing** n razionamento m.

rational ('ræʃənəl) adj ragionevole, razionale. **rationalism** n razionalismo m. **rationalization** n razionalizzazione f. **rationalize** vt razionalizzare.

rattle ('rætl) n **1** (toy) sonaglio m. **2** rumore, fracasso, tintinnio m. vt risuonare. vi far rumore.

raucous ('rɔːkəs) adj rauco, aspro.

ravage ('rævidʒ) vt devastare, rovinare. **ravages** n pl danni m pl. devastazione f.

rave (reiv) vi delirare. **rave about** andare pazzo per.

raven ('reivən) n corvo m. adj corvino. **ravenous** adj affamato, vorace.

ravine (rə'viːn) n burrone m. gola f.

ravioli (rævi'ouli) n pl ravioli m pl.

ravish ('ræviʃ) vt **1** violare, stuprare. **2** estasiare. **ravishing** adj incantevole.

raw (rɔː) adj **1** crudo. **2** greggio. **3** inesperto. **raw materials** n pl materie prime f pl.

ray (rei) n raggio m.

rayon ('reiɔn) n raion m.

razor ('reizə) n rasoio m. **razor blade** n lametta f.

reach (riːtʃ) vt arrivare a, giungere, raggiungere. vi stendersi. n portata, capacità f. **out of/within reach** fuori/alla mano.

react (ri'ækt) vi reagire. **reaction** n reazione f. **reactionary** adj,n reazionario. **reactor** n reattore m.

read* (riːd) vt **1** leggere. **2** studiare. **reading** n lettura f. **readjust** (riːə'dʒʌst) vt raggiustare. **readjustment** n raggiustamento m.

ready ('redi) adj **1** pronto, preparato. **2** disposto. **get ready** prepararsi. **ready-made** adj confezionato. **ready money** n contanti m pl. **readiness** n prontezza f.

real (riəl) adj **1** reale. **2** vero, genuino. **real estate** n beni immobili m pl. **realism** n realismo m. **realist** n realista m. **realistic** adj realistico. **reality** n realtà f. **really** adv proprio. interj davvero!

realize ('riəlaiz) vt **1** accorgersi di, rendersi conto di. **2** realizzare. **realization** n realizzazione f.

realm (relm) *n* regno, dominio *m*.

reap (riːp) *vt* mietere, raccogliere.

reappear (riːə'piə) *vi* riapparire. **reappearance** *n* ricomparsa *f*.

rear[1] (riə) *n* parte posteriore *f*. dietro *m*. **in the rear** al di dietro. ~ *adj* posteriore. **rear admiral** *n* contrammiraglio *m*. **rearguard** *n* retroguardia *f*.

rear[2] (riə) *vt* allevare, coltivare. *vi* impennarsi. **rearing** *n* allevamento *m*.

rearrange (riə'reindʒ) *vt* riordinare, riarrangiare. **rearrangement** *n* riordinamento *m*.

reason ('riːzən) *n* ragione, causa *f*. motivo *m*. *vi* ragionare, discorrere. **reasonable** *adj* ragionevole, giusto. **reasoning** *n* ragionamento *m*.

reassure (riːə'ʃuə) *vt* rassicurare.

rebate ('riːbeit) *n* sconto *m*. riduzione, restituzione *f*.

rebel ('rebəl, 'rebəl; *v* ri'bel) *adj,n* ribelle. *vi* ribellarsi. **rebellion** *n* ribellione, rivolta *f*. **rebellious** *adj* ribelle, disubbidiente.

rebound (*v* ri'baund; *n* 'riːbaund) *vi* rimbalzare. *n* 1 rimbalzo *m*. 2 reazione *f*.

rebuff (ri'bʌf) *n* rifiuto *m*. *vt* respingere, rifiutare.

rebuild (riː'bild) *vt* ricostruire. **rebuilding** *n* ricostruzione *f*.

rebuke (ri'bjuːk) *n* rimprovero, biasimo *m*. sgridata *f*. *vt* rimproverare, sgridare.

recall (ri'kɔːl) *vt* richiamare, ricordare, rievocare.

recede (ri'siːd) *vi* recedere, ritirarsi.

receipt (ri'siːt) *n* ricevuta, quietanza *f*.

receive (ri'siːv) *vt* ricevere, accogliere. **receiver** *n* 1 (telephone) ricevitore *m* 2 destinatario *m*.

recent ('riːsənt) *adj* recente, nuovo. **recently** *adv* di recente, in questi giorni.

receptacle (ri'septəkəl) *n* recipiente, ricettacolo *m*.

reception (ri'sepʃən) *n* 1 ricevimento *m*. accoglienza *f*. 2 *tech* ricezione *f*. **receptionist** *n* segretaria *f*. **receptive** *adj* recettivo.

recess (ri'ses) *n* 1 nicchia, alcova *f*. recesso *m*. 2 vacanze *f pl*.

recession (ri'seʃən) *n* recessione *f*.

recipe ('resipi) *n* ricetta *f*.

recipient (ri'sipiənt) *n* destinatario *m*. *adj* ricevente, ricettivo.

reciprocate (ri'siprəkeit) *vt* contraccambiare, reciprocare. **reciprocity** *n* reciprocità *f*. **reciprocal** *adj* reciproco.

recite (ri'sait) *vt* recitare, narrare, raccontare. **recital** *n* 1 racconto *m*. narrazione *f*. 2 *mus* concerto *m*.

reckless ('rekləs) *adj* temerario, imprudente. **recklessness** *n* temerarietà, imprudenza *f*.

reckon ('rekən) *vt* 1 contare, computare. 2 giudicare. **reckoning** *n* conto, calcolo *m*.

reclaim (ri'kleim) *vt* 1 redimere. 2 (land) bonificare. **reclamation** *n* 1 redenzione *f*. 2 bonifica *f*.

recline (ri'klain) *vt* appoggiare, reclinare. *vi* appoggiarsi, sdraiarsi.

recluse (ri'kluːs) *n* recluso, eremita *m*.

recognize ('rekəgnaiz) *vt* riconoscere. **recognition** *n* riconoscimento *m*.

recoil (ri'kɔil) *vi* rinculare, indietreggiare. *n* rinculo, indietreggiamento *m*.

recollect (rekə'lekt) *vt* ricordarsi di. **recollection** *n* ricordo *m*. memoria *f*.

recommence (riːkə'mens) *vt, vi* ricominciare.

recommend (rekə'mend) *vt* raccomandare. **recommendation** *n* raccomandazione *f*.

recompense ('rekəmpens) *n* compensa, rimunerazione *f*. *vt* ricompensare, rimunerare.

reconcile ('rekənsail) *vt* riconciliare, comporre. **reconciliation** *n* riconciliazione *f*. **reconciliatory** *adj* riconciliatorio.

reconstruct (riːkən'strʌkt) *vt* ricostruire. **reconstruction** *n* ricostruzione *f*.

record (*v* ri'kɔːd; *n* 'rekɔːd) *vt* registrare, notare. *n* **1** ricordo, registro *m*. **2** *sport* record, primato *m*. **3** *mus* disco *m*. **record player** *n* giradischi *m*.

recount (ri'kaunt) *vt* raccontare, narrare.

recover (ri'kʌvə) *vt* ricuperare, riprendere. *vi* rimettersi, guarire. **recovery** *n* **1** ricupero *m*. **2** *med* guarigione *f*.

recreation (rekri'eiʃən) *n* divertimento, passatempo *m*. ricreazione *f*.

recruit (ri'kruːt) *n* recluta *f*. *vt* reclutare. **recruitment** *n* reclutamento *m*.

rectangle ('rektæŋɡəl) *n* rettangolo *m*. **rectangular** *adj* rettangolare.

rectify ('rektifai) *vt* correggere, rettificare.

recuperate (ri'kjuːpəreit) *vt* ricuperare. *vi* rimettersi. **recuperation** *n* ricupero *m*.

recur (ri'kəː) *vi* ricorrere, ritornare. **recurrence** *n* **1** ricorrenza *f*. **2** *med* ripresa *f*. **recurrent** *adj* ricorrente, periodico.

recycle (riː'saikəl) *vt* riciclare.

red (red) *adj,n* rosso *m*. **turn red** arrossire. **redcurrant** *n* ribes *m*. **red-handed** *adj* in flagrante. **reddish** *adj* rossastro.

redeem (ri'diːm) *vt* redimere, riscattare, salvare. **redeeming** *adj* compensatore. **redemption** *n* redenzione *f*.

redevelop (riːdi'veləp) *vt* ricostruire. **redevelopment** *n* ricostruzione *f*.

Red Indian *n* pellerossa *m,f*.

redress (ri'dres) *n* riparazione *f*. rimedio *m*. *vt* riparare, correggere.

reduce (ri'djuːs) *vt* ridurre, diminuire. **reduction** *n* riduzione, diminuzione *f*.

redundant (ri'dʌndənt) *adj* ridondante. **redundancy** *n* ridondanza *f*.

reed (riːd) *n* canna *f*.

reef (riːf) *n* scoglio *m*. scogliera *f*.

reek (riːk) *n* fumo, vapore, puzzo *m*. *vi* puzzare.

reel[1] (riːl) *n* **1** aspo, rocchetto *m*. **2** *phot* rotolo *m*. *vt* aggomitolare.

reel[2] (riːl) *vi* vacillare, girare.

re-establish (riːi'stæbliʃ) *vt* ristabilire. **re-establishment** *n* ristabilimento *m*.

refectory (ri'fektəri) *n* refettorio *m*. mensa *f*.

refer (ri'fəː) *vt* **1** riferire, rimandare. **2** attribuire, ascrivere. *vi* **1** rivolgersi. **2** alludere. **referee** *n* arbitro *m*. *vt* arbitrare. **reference** *n* **1** riferimento *m*. allusione *f*. **2** referenza, raccomandazione *f*. **referendum** *n, pl* **-da** referendum *m*.

refill (*v* riː'fil; *n* 'riːfil) *vt* riempire, rifornire. *n* rifornimento *m*. refill *m invar*.

refine (ri'fain) *vt* raffinare, purificare. **refined** *adj* colto, elegante. **refinement** n raffinatezza, eleganza, sottigliezza f. **refinery** n raffineria f.

reflation (ri'fleiʃən) n inflazione controllata f.

reflect (ri'flekt) vt riflettere. vi riflettere, pensare, meditare. **reflection** n 1 riflessione f. 2 biasimo m. **reflective** adj riflessivo, pensieroso. **reflector** n riflettore m.

reflex ('riːfleks) adj,n riflesso m. **reflexive** adj riflessivo.

reform (ri'fɔːm) vt riformare, correggere. vi riformarsi, correggersi. **reformation** n riforma f. **reformer** n riformatore m.

refract (ri'frækt) vt rifrangere.

refrain[1] (ri'frein) vi frenarsi, trattenersi.

refrain[2] (ri'frein) n ripresa f.

refresh (ri'freʃ) vt rinfrescare, ristorare. **refreshments** n pl rinfreschi m pl.

refrigerate (ri'fridʒəreit) vt refrigerare. **refrigeration** n refrigerazione f. **refrigerator** n frigorifero m.

refuel (riː'fjuːəl) vt rifornire di carburante. vi rifornirsi di carburante.

refuge ('refjuːdʒ) n rifugio, asilo m. **take refuge** rifugiarsi. **refugee** n rifugiato, esule, profugo m.

refund (v riˈfʌnd; n 'riːfʌnd) vt rimborsare, restituire. n rimborso m.

refuse[1] (ri'fjuːz) vt rifiutare, vietare. vi rifiutarsi. **refusal** n rifiuto m.

refuse[2] (refjuːs) n immondizie f pl. rifiuti m pl.

refute (ri'fjuːt) vt confutare, ribattere.

regain (ri'gein) vt riprendere, riacquistare, ricuperare.

regal ('riːgəl) adj regale, reale.

regard (ri'gɑːd) n 1 rispetto m. 2 sguardo m. 3 considerazione, stima f. 4 pl saluti m pl. **with regard to** quanto a. ~ vt considerare, stimare. **regardless** adj senza riguardo. **regardless of** indifferente a.

regatta (ri'gɑːtə) n regata f.

regent ('riːdʒənt) n reggente m. **regency** n reggenza f.

regime (rei'ʒiːm) n regime m.

regiment ('redʒimənt) n reggimento m. vt irreggimentare. **regimental** adj reggimentale. **regimentation** n reggimentazione f.

region ('riːdʒən) n regione f. **regional** adj regionale.

register ('redʒistə) n 1 registro m. 2 pol lista elettorale f. vt 1 registrare, indicare. 2 (post) raccomandare. vi iscriversi. **registrar** n segretario m. **registration** n registrazione f. **registry office** n ufficio dello stato civile m. anagrafe f.

regress (ri'gres) vi regredire. **regression** n regressione f. **regressive** adj regressivo.

regret (ri'gret) vt deplorare, rammaricarsi di. n dispiacere, rammarico, rincrescimento m. **regrettable** adj spiacevole.

regular ('regjulə) adj regolare, normale, ordinato. **regular soldier** n soldato di professione m. **regularity** n regolarità f.

regulate ('regjuleit) vt regolare, moderare. **regulation** n 1 regola, ordinanza f. 2 regolamento m. adj regolamentare. **regulator** n regolatore m.

rehabilitate (riːə'biliteit) vt riabilitare. **rehabilitation** n riabilitazione f.

rehearse (ri'həːs) vt 1 ripetere, narrare. 2 Th provare. **rehearsal** n 1 ripetizione f. 2 Th prova f.

reheat (riː'hiːt) vt riscaldare di nuovo.

reign (rein) n regno m. vi regnare.

reimburse (riːim'bəːs) vt rimborsare, rifondere. **reimbursement** n rimborso m.

rein (rein) n 1 redine f. 2 freno m.

reincarnation (riːinkɑːˈneiʃən) n rincarnazione f.

reindeer ('reindiə) n invar renna f.

reinforce (riːinˈfɔːs) vt rinforzare, rafforzare. **reinforcement** n rinforzo m.

reinstate (riːinˈsteit) vt ristabilire, reintegrare. **reinstatement** n ristabilimento m. reintegrazione f.

reinvest (riːinˈvest) vt rinvestire. **reinvestment** n rinvestimento m.

reissue (riːˈiʃuː) n 1 ristampa f. 2 comm nuova emissione f. vt 1 ristampare, ripubblicare. 2 comm emettere di nuovo.

reject (v riˈdʒekt; n ˈriːdʒekt) vt rifiutare, respingere. n rifiuto m. **rejection** n rifiuto m. ripulsa f.

rejoice (riˈdʒɔis) vi rallegrarsi, gioire, godere. **rejoicing** n allegrezza, gioia f.

rejuvenate (riˈdʒuːvəneit) vt ringiovanire. **rejuvenation** n ringiovanimento m.

relapse (riˈlæps) n ricaduta f. vi ricadere.

relate (riˈleit) vt 1 raccontare, narrare. 2 riferire. vi riferirsi, aver rapporto. **related** adj connesso, congiunto. **be related to** essere parente di. **relation** n 1 parente m,f. 2 narrazione f. 3 rapporto m. **relationship** n 1 parentela f. 2 rapporto m.

relative n parente m,f. adj relativo, rispettivo. **relativity** n relatività f.

relax (riˈlæks) vt rilassare, allentare, riposare. vi riposarsi, distrarsi. **relaxation** n 1 ricreazione f. riposo m. 2 rilassamento m. 3 svago m.

relay (n 'riːlei; v riˈlei) n 1 muta f. 2 trasmissione f. vt 1 cambiare. 2 ritrasmettere. **relay race** n corsa a staffetta f.

release (riˈliːs) vt liberare, lasciar andare. n liberazione f.

relent (riˈlent) vi pentirsi, cedere. **relentless** adj inflessibile, severo.

relevant ('reləvənt) adj relativo, pertinente. **relevancy** n rapporto m.

reliable (riˈlaiəbəl) adj fidato, sicuro. **reliability** n fidatezza, sicurezza f.

relic ('relik) n 1 reliquia f. 2 pl resti, avanzi m pl.

relief (riˈliːf) n 1 sollievo, soccorso m. 2 aiuto m. 3 rilievo m. 4 mil cambio m.

relieve (riˈliːv) vt 1 sollevare, mitigare. 2 soccorrere, aiutare.

religion (riˈlidʒən) n religione f. **religious** adj religioso, pio, devoto.

relinquish (riˈliŋkwiʃ) vt abbandonare, rinunziare a. **relinquishment** n abbandono m.

relish ('reliʃ) n 1 gusto m. 2 condimento m. vt gustare, godere.

relive (riːˈliv) vi,vt rivivere.

reluctant (riˈlʌktənt) adj riluttante, poco disposto a. **reluctance** n riluttanza, avversione f. **reluctantly** adv con riluttanza.

rely (riˈlai) vi contare, fidarsi. **reliance** n confidenza, fiducia f.

remain (riˈmein) vi rimanere, restare. **remainder** n 1 resto, rimanente m. 2 math avanzo m. **remains** n pl resti, avanzi m pl.

remand (ri'mɑːnd) vt rimandare in carcere sotto processo.

remark (ri'mɑːk) n osservazione f. commento m. vt osservare, notare. vi fare commenti. **remarkable** adj notevole, straordinario.

remarry (riː'mæri) vt riposare. vi riposarsi.

remedy ('remədi) n rimedio m. vt rimediare a.

remember (ri'membə) vt ricordarsi di, rimembrare. vi ricordarsi. **remembrance** n ricordo m. memoria, rimembranza f.

remind (ri'maind) vt ricordare, richiamare alla mente. **reminder** n ricordo m.

reminiscence (remi'nisəns) n reminiscenza f. **reminiscent** adj che fa ricordare.

remiss (ri'mis) adj negligente, trascurato. **remission** n remissione f. perdono m.

remit (ri'mit) vt 1 rimandare. 2 rimettere. 3 ridurre. vi mitigarsi. **remittance** n rimessa f.

remnant ('remnənt) n 1 resto, avanzo m. 2 (of material) scampolo m.

remorse (ri'mɔːs) n rimorso m.

remote (ri'mout) adj lontano, remoto.

remove (ri'muːv) vt 1 spostare, trasferire, rimuovere. 2 eliminare. vi sgombrare, trasferirsi. **removal** n spostamento, trasferimento m.

remunerate (ri'mjuːnəreit) vt rimunerare. **remuneration** n rimunerazione f. **remunerative** adj rimunerativo.

renaissance (ri'neisəns) n rinascimento m.

rename (riː'neim) vt rinominare.

render ('rendə) vt rendere, fare.

rendez-vous ('rɔndivuː) n appuntamento m.

renew (ri'njuː) vt 1 rinnovare. 2 sostituire. **renewal** n 1 rinnovamento m. 2 ripresa f.

renounce (ri'nauns) vt rinunciare a, ripudiare. **renouncement** n rinuncia f. **renunciation** n rinunzia f.

renovate ('renəveit) vt rinnovare. **renovation** n rinnovamento m.

renown (ri'naun) n fama, rinomanza f. **renowned** adj famoso, celebre.

rent (rent) vt affittare, prendere in affitto, noleggiare. n affitto m. **rental** n affitto m.

reopen (riː'oupən) vt riaprire. vi riaprirsi. **reopening** n riapertura f.

reorganize (riː'ɔːgənaiz) vt riorganizzare. **reorganization** n riorganizzazione f.

repair (ri'pɛə) vt riparare, rifare, aggiustare. vi rifugiarsi, recarsi. n 1 riparazione f. 2 stato m.

repartee (repɑː'tiː) n risposta pronta f. rimbecco m.

repatriate (riː'pætrieit) vt rimpatriare. **repatriation** n rimpatrio m.

repay (ri'pei) vt 1 rimborsare, restituire. 2 ricompensare. **repayment** n 1 rimborso m. restituzione f. 2 ricompensa f.

repeal (ri'piːl) vt abrogare, revocare, annullare. n abrogazione f. annullamento m.

repeat (ri'piːt) vt ripetere, rifare. vi ripetersi. n ripetizione f. **repeatedly** adv ripetutamente.

repel (ri'pel) vt respingere. **repellent** adj repellente.

repent (ri'pent) vi pentirsi. **repentance** n penitenza f. **repentant** adj penitente, contrito.

repercussion (riːpə'kʌʃən) n ripercussione f.

repertoire ('repətwɑː) n repertorio m.

repertory ('repətri) n repertorio m.

repetition (repə'tiʃən) n ripetizione, copia f.

replace (ri'pleis) vt 1 rimettere a posto, restituire. 2 sostituire. **replacement** n restituzione, sostituzione f.

replay (v riː'plei; n 'riːplei) vt giocare di nuovo. n 1 partita ripetuta f. 2 ripetizione f.

replenish (ri'peniʃ) vt riempire, rifornire.

replica ('replikə) n replica f. facsimile m.

reply (ri'plai) n risposta f. vi rispondere.

report (re'pɔːt) n 1 rapporto, resoconto m. 2 diceria f. 3 educ pagella f. vt 1 rapportare, raccontare. 2 fare la cronaca di. vi fare il cronista. **reporter** n giornalista, corrispondente m,f.

repose (ri'pouz) n riposo m. vi 1 riposarsi. 2 fondarsi.

represent (repri'zent) vt rappresentare. **representation** n rappresentazione f. **representative** n 1 rappresentante m,f. 2 deputato m. adj rappresentativo.

repress (ri'pres) vt reprimere, frenare. **repression** n repressione f. **repressive** adj repressivo.

reprieve (ri'priːv) n proroga, sospensione, grazia f. vt sospendere la sentenza di, graziare.

reprimand ('reprimɑːnd) n rimprovero m. sgridata f. vt rimproverare, sgridare.

reprint (v riː'print; n 'riːprint) vt ristampare. n ristampa f.

reprisal (ri'praizəl) n rappresaglia f.

reproach (ri'proutʃ) vt rimproverare, biasimare. n rimprovero, biasimo m.

reproduce (riːprə'djuːs) vt riprodurre. vi riprodursi. **reproduction** n riproduzione f.

reptile ('reptail) n rettile m.

republic (ri'pʌblik) n repubblica f. **republican** adj,n repubblicano.

repudiate (ri'pjuːdieit) vt ripudiare, sconfessare. **repudiation** n ripudio m. sconfessione f.

repugnant (ri'pʌgnənt) adj ripugnante, spiacevole, contrario. **repugnance** n ripugnanza, avversione f.

repulsion (ri'pʌlʃən) n ripulsione, ripulsa f. rifiuto m. **repulsive** adj ripulsivo, schifoso, ripugnante.

repute (ri'pjuːt) n fama f. nome m. vt reputare, stimare, credere. **reputable** adj stimabile, reputato, onorevole. **reputation** n riputazione, fama f. onore m. **reputedly** adv secondo l'opinione generale.

request (ri'kwest) n richiesta, domanda f. vt chiedere, domandare, pregare.

requiem ('rekwiəm) n requiem m.

require (ri'kwaiə) vt 1 richiedere, esigere. 2 domandare. 3 aver bisogno di. **requirement** n 1 bisogno m. 2 esigenza f.

requisition (rekwi'ziʃən) n 1 richiesta, domanda f. 2 requisizione f. vt requisire.

re-read (riː'riːd) vt rileggere.

re-route (riː'ruːt) vt deviare.

re-run (riː'rʌn) vt ripetere. n ripetizione f.

resale ('riːseil) n rivendita f.

rescue ('reskjuː) n 1 soccorso, aiuto m. 2 liberazione f. vt 1 soccorrere, aiutare. 2 liberare.

research (ri'səːtʃ) n 1 ricerca f. 2 studio m. vi far ricerche, ricercare. **researcher** n ricercatore, investigatore m.

resell (riː'sel) vt rivendere.

resemble (ri'zembəl) vt somigliare a, assomigliare a. **resemblance** n somiglianza, rassomiglianza f.

resent (ri'zent) vt offendersi di, arrabbiarsi per. **resentful** adj acrimonioso, risentito. **resentment** n risentimento m.

reserve (ri'zəːv) vt riservare. n 1 riserva f. 2 riserbo m. riservatezza f. **reservation** n 1 riserva f. 2 prenotazione f. **reserved** adj riservato.

reservoir ('rezəvwaː) n serbatoio m. cisterna f.

reside (ri'zaid) vi abitare, dimorare, stare. **residence** n abitazione, residenza, dimora f. **resident** n residente, abitante m,f. adj residente. **residential** adj residenziale. **residue** ('rezidjuː) n residuo, resto, avanzo m.

resign (ri'zain) vt rinunciare a. vi dimettersi. **resignation** n 1 dimissione f. 2 rassegnazione f. **resigned** adj rassegnato.

resilient (ri'ziliənt) adj 1 rimbalzante, elastico. 2 capace di ricupero. **resilience** n 1 elasticità f. 2 capacità di ricupero f.

resin ('rezin) n resina f. **resinous** adj resinoso.

resist (ri'zist) vt resistere a, opporsi a. vi resistere. **resistance** n resistenza f. **resistant** adj resistente.

resit (riː'sit) vt rifare.

resolute ('rezəluːt) adj risoluto, deciso, determinato. **resolution** n 1 risoluzione f. 2 decisione f. 3 determinazione f.

resolve (ri'zɔlv) vt risolvere, decidere. vi risolversi, decidersi. n risoluzione, decisione f.

resonant ('rezənənt) adj risonante. **resonance** n risonanza f.

resort (ri'zɔːt) vi ricorrere, recarsi. n 1 ricorso, ritrovo m. 2 stazione di villeggiatura f.

resound (ri'zaund) vi risuonare, echeggiare.

resource (ri'zɔːs) n 1 risorsa f. 2 espediente, mezzo m. **resourceful** adj intraprendente.

respect (ri'spekt) n riguardo, rispetto m. stima f. vt stimare, rispettare. **respectable** adj rispettabile. **respectful** adj rispettoso. **respective** adj rispettivo.

respite ('respait) n 1 tregua f. 2 respiro, riposo m.

respond (ri'spɔnd) vi rispondere, reagire. **response** n risposta f. **responsibility** n responsabilità f. **responsible** adj responsabile. **responsive** adj che reagisce con prontezza.

rest[1] (rest) n riposo m. sosta f. vi 1 riposarsi. 2 appoggiarsi. 3 fermarsi, stare. vt far riposare. **restless** adj agitato, turbato, inquieto. **restlessness** n agitazione f.

rest[2] (rest) n 1 resto, rimanente m. 2 altri m pl.

restaurant ('restərɔnt) n ristorante m. trattoria f.

restore (ri'stɔː) vt 1 restaurare. 2 ristabilire. 3 restituire. **restoration** n 1 restaurazione, restituzione f. 2 arch restauro m.

restrain (ri'strein) vt trattenere, frenare, reprimere. **restraint** n freno, ritegno m. restrizione f.

restrict (ri'strikt) vt restringere, limitare. **restriction** n restrizione f. **restrictive** adj restrittivo.

result (ri'zʌlt) n risultato, esito m. conseguenza f. vi risultare.

resume (ri'zjuːm) vt 1 riprendere. 2 riassumere. **resumption** n ripresa f.

résumé ('rezumei) n sunto m.

resurrect (rezə'rekt) vt risuscitare. **resurrection** n risurrezione f.

retail ('riːteil) n vendita al minuto or al dettaglio f. adj al minuto, al dettaglio. vt vendere al minuto or al dettaglio. **retailer** n venditore al minuto m.

retain (ri'tein) vt ritenere, mantenere, conservare.

retaliate (ri'tælieit) vt ricambiare insulto. vi rendere la pariglia, reagire. **retaliation** n rappresaglia, vendetta f.

retard (ri'tɑːd) vt, vi ritardare.

reticent ('retisənt) adj reticente. **reticence** n reticenza f.

retina ('retinə) n retina f.

retire (ri'taiə) vi ritirarsi, andare in pensione. **retirement** n ritiro, riposo m.

retort[1] (ri'tɔːt) n ritorsione, risposta aspra f. vt ribattere, rispondere aspramente. vi rimbeccare.

retort[2] (ri'tɔːt) n sci storta f.

retrace (ri'treis) vt rintracciare. **retrace one's steps** rifare la strada.

retract (ri'trækt) vt ritirare, ritrarre, disdire. vi ritrattarsi.

retreat (ri'triːt) n 1 ritiro, asilo m. 2 mil ritirata f. vi ritirarsi, andarsene.

retrieve (ri'triːv) vt ricuperare, riprendere, riacquistare.

retrograde ('retrəgreid) adj retrogrado.

retrogressive (retrə'gresiv) adj regressivo.

retrospect ('retrəspekt) n sguardo retrospettivo m. **in retrospect** in retrospettivo.

return (ri'təːn) vi tornare, ritornare. vt 1 rendere, restituire. 2 contraccambiare. n 1 ritorno m. 2 rinvio m. restituzione f. 3 comm rendiconto m. **return ticket** n biglietto di andata e ritorno m.

reunite (riːjuː'nait) vt riunire. vi riunirsi. **reunion** n riunione f.

reveal (ri'viːl) vt rivelare, manifestare. **revelation** n rivelazione f.

revel ('revəl) vi **revel in** divertirsi di.

revenge (ri'vendʒ) n vendetta f.

revenue ('revənjuː) n 1 entrata f. reddito m. 2 fisco m.

reverberate (ri'vəːbəreit) vi verberare, risuonare. **reverberation** n riverberazione f. riverbero m.

reverence ('revərəns) n riverenza, venerazione f.

reverse (ri'vəːs) n 1 contrario, opposto m. 2 rovescio m. 3 mot retromarcia f. adj 1 contrario. 2 rovescio. vt 1 rivoltare, capovolgere. 2 revocare. vi mot far retromarcia.

revert (ri'vəːt) vi ritornare.

review (ri'vjuː) n 1 rivista f. 2 recensione f. 3 revisione f. vt 1 rivedere, ripassare. 2 criticare, recensire.

revise (ri'vaiz) vt rivedere, correggere. **revision** n revisione, correzione f.

revive (ri'vaiv) vt ravvivare, rinnovare. vi rianimarsi, rinascere. **revival** n rinascimento, risorgimento m.

revoke (ri'vouk) vt revocare, ritirare.

revolt (ri'voult) n rivolta, ribellione f. vi ribellarsi, rivoltarsi. vt disgustare. **revolting** adj ripugnante, disgustoso, nauseante. **revolution** n rivoluzione f. **revolutionary** adj, n rivoluzionario.

revolve (ri'vɔlv) vi girare. **revolving** adj girevole, rotan-

te. **revolver** n revolver m
invar.

revue (ri'vjuː) n rivista f.

revulsion (ri'vʌlʃən) n ripugnanza, repulsione f.

reward (ri'wɔːd) n ricompensa
f. compenso m. vt ricompensare, retribuire, premiare.

rhetoric ('retərik) n retorica
f. **rhetorical** adj retorico.
rhetorical question n domanda retorica f.

rheumatism ('ruːmətizəm) n
reumatismo m. **rheumatic**
adj reumatico.

rhinoceros (rai'nɔsərəs) n rinoceronte m.

Rhodesia (rou'diːʃə) n Rhodesia f. **Rhodesian** adj,n rho-
desiano.

rhododendron (roudə'den-
drən) n rododendro m.

rhubarb ('ruːbɑːb) n rabarbaro
m.

rhyme (raim) n rima, poesia f.
vt mettere in rima. vi rimare.

rhythm ('riðəm) n ritmo m.
rhythmic adj ritmico.

rib (rib) n 1 anat costola f. 2
stecca f.

ribbon ('ribən) n nastro m.

rice (rais) n riso m.

rich (ritʃ) adj ricco. **riches** n
pl ricchezze f pl. **richness** n
ricchezza, opulenza f.

rickety ('rikiti) adj zoppicante,
sgangherato.

rid* (rid) vt liberare, sbarazzare. **get rid of** liberarsi di,
sbarazzarsi di. **riddance** n liberazione f.

riddle¹ ('ridl) n indovinello,
enigma m.

riddle² ('ridl) vt crivellare, vagliare.

ride* (raid) vt cavalcare. vi andare a cavallo. n 1 cavalcata
f. 2 corsa f. giro m. **rider** n
cavaliere m. **riding** n equitazione f.

ridge (ridʒ) n 1 geog cresta, ci-

ma f. 2 arch colmo, comi-
gnolo m. 3 solco m.

ridicule ('ridikjuːl) n ridicolo
m. vt mettere in ridicolo, canzonare. **ridiculous** adj ridicolo.

rife (raif) adj dominante, diffuso. **be rife** imperversare.

rifle¹ ('raifəl) n fucile m. carabi-
na f.

rifle² ('raifəl) vt svaligiare, saccheggiare, rubare.

rift (rift) n (of a friendship)
spaccatura, rottura f.

rig (rig) n 1 arnese m. 2 naut
impianto m. vt truccare. **rig-
ging** n attrezzatura f.

right (rait) adj 1 destro. 2 giusto. 3 opportuno. adv 1 be-
ne. 2 diritto. a destra. n 1
diritto m 2 destra f. **on the
right** a destra. ~ vt 1 correggere. 2 raddrizzare. **right
angle** n angolo retto m. **right
hand** n mano destra f. **right-
handed** adj destro. **right of
way** n diritto di passaggio
m. **right-wing** adj della destra.

righteous ('raitʃəs) adj giusto,
retto, virtuoso. **righteous-
ness** n giustizia f.

rigid ('ridʒid) adj rigido, inflessibile.

rigour ('rigə) n rigore m. severità f. **rigorous** adj rigoroso,
rigido.

rim (rim) n orlo, bordo, margine m.

rind (raind) n 1 bot buccia f. 2
(of cheese) crosta f. 3 (of bacon) cotenna f.

ring¹ (riŋ) n 1 anello m. 2 cerchio m. 3 sport recinto m.
4 comm sindacato m. vt circondare. **ringleader** n capo-
rione m. **ring-road** n raccordo anulare m. **ringside** adj
settore di prima fila.

ring*² (riŋ) n 1 suono, squillo,
tintinnio m. 2 risonanza f. vi

suonare, squillare. *vt* 1 suonare. 2 chiamare. **ring up** telefonare.

rink (riŋk) *n* recinto di pattinaggio *m*. pista di pattinaggio *f*.

rinse (rins) *vt* risciacquare. *n* risciacquatura *f*.

riot ('raiət) *n* tumulto *m*. rivolta *f*. *vi* tumultuare, sollevarsi. **riotous** *adj* tumultuante, sedizioso.

rip (rip) *n* lacerazione *f*. squarcio, strappo *m*. *vt* squarciare, strappare.

ripe (raip) *adj* maturo. **ripen** *vt,vi* maturare. **ripeness** *n* maturità *f*.

ripple ('ripəl) *n* increspamento *m*. *vi* incresparsi.

rise* (raiz) *vi* 1 alzarsi, levarsi. 2 (of sun) sorgere. 3 salire, aumentare. *n* 1 *geog* salita, elevazione *f*. 2 *comm* aumento *m*.

risk (risk) *n* rischio, pericolo *m*. *vt* rischiare, azzardare.

rissole ('risoul) *n* crocchetta *f*.

rite (rait) *n* rito *m*.

ritual ('ritjuəl) *adj,n* rituale *m*.

rival ('raivəl) *adj,n* rivale. *vt,vi* rivaleggiare. **rivalry** *n* rivalità *f*.

river ('rivə) *n* fiume *m*. **down river** a valle. **up river** a monte. **river bank** *n* argine *m*. **riverbed** *n* letto del fiume *m*. **riverside** *n* riva del fiume *f*.

rivet ('rivit) *n* chiodo ribadito *m*. *vt* ribadire, fissare.

road (roud) *n* strada, via *f*. **roadblock** *n* blocco stradale *m*. **roadside** *n* ciglio della strada *m*. **roadworthy** *adj* atto a prendere la strada.

roam (roum) *vi* girovagare, vagare, errare. *vt* percorrere.

roar (rɔː) *n* 1 urlo, ruggito *m*. 2 muggito *m*. 3 (of laughter) scroscio *m*. *vi* 1 urlare, ruggire. 2 muggire. 3 scrosciare. 4 scoppiare.

roast (roust) *n* arrosto *m*. *vt* 1 arrostire. 2 (coffee) tostare. **roast beef** *n* arrosto di manzo *m*.

rob (rɔb) *vt* rubare, spogliare, svaligiare. **robber** *n* ladro *m*. **robbery** *n* furto *m*.

robe (roub) *n* vestito lungo. *m* toga *f*.

robin ('rɔbin) *n* pettirosso *m*.

robot ('roubɔt) *n* automa *m*.

robust (rou'bʌst) *adj* robusto, forte, vigoroso.

rock[1] (rɔk) *n* 1 roccia, rupe *f*. 2 sasso, scoglio *m*. **rock-bottom** *adj* bassissimo. **rock garden** *n* giardino alpino *m*. **rocky** *adj* roccioso, sassoso.

rock[2] (rɔk) *vt* cullare, dondolare. *vi* vacillare, oscillare, dondolarsi. **rocker** *n* asse ricurvo *m*. **rocking-chair** *n* sedia a dondolo *f*. **rocking-horse** *n* cavallo a dondolo *m*.

rocket ('rɔkit) *n* razzo *m*. *vi* rimbalzare.

rod (rɔd) *n* 1 bacchetta, verga *f*. 2 (fishing) canna per pescare *f*.

rode (roud) *v* see **ride**.

rodent ('roudint) *n* roditore *m*.

roe (rou) *n* uova di pesce *f pl*.

rogue (roug) *n* 1 briccone, furfante *m*. 2 (child) birichino *m*. **roguish** *adj* 1 furfante, furbo. 2 birichino.

role (roul) *n* ruolo *m*.

roll (roul) *n* 1 rotolo *m*. 2 (bread) panino *m*. 3 elenco *m*. 4 rullo *m*. *vt* 1 arrotolare. 2 rullare. *vi* 1 rotolarsi. 2 rullare. **rollcall** *n* appello *m*. **roller** *n* cilindro, rullo *m*. **roller-skate** *n* pattino a rotelle *m*. **rolling pin** *n* matterello *m*.

Roman Catholic *adj,n* cattolico.

romance *n* ('roumæns) 1 romanzo *m*. favola *f*. 2 avventura amorosa *f. vi* (rə'mæns) favoleggiare. **romantic** *adj* **1** romantico. **2** romanzesco. **romanticism** *n* romanticismo *m.* **romanticize** *vt* rendere romantico.

Rome (roum) *n* Roma *f.* **Roman** *adj,n* romano.

romp (rɔmp) *vi* giocare con chiasso. *n* gioco chiassoso *m.* **rompers** *n pl* pagliaccetto da bambino *m.*

roof (ruɪf) *n* tetto *m. vt* coprire con tetto.

rook[1] (ruk) *n* cornacchia *f.* **rookery** *n* cornacchiaia *f.*

rook[2] (ruk) *n game* torre *f.*

room (ruɪm) *n* **1** stanza, sala, camera *f.* **2** posto, spazio *m.* **roomy** *adj* spazioso, ampio.

roost (ruɪst) *n* posatoio *m.* pertica *f. vi* appollaiarsi.

root[1] (ruɪt) *n* radice *f. vi* attecchire, radicarsi. *vt* **1** piantare. **2** fissare.

root[2] (ruɪt) *vi* frugacchiare, sradicare.

rope (roup) *n* corda, fune *f.* filo *m. vt* legare, cingere.

rosary ('rouzəri) *n* rosario *m.*

rose (rouz) *n* rosa *f.* **rose bush** *n* rosaio *m.* **rosette** *n* rosetta *f.* nastrino *m.* **rosy** *adj* roseo, colore di rosa.

rosemary ('rouzməri) *n* rosmarino *m.*

rot (rɔt) *vt* putrefare, corrompere. *vi* marcire, guastarsi, imputridire. *n* **1** putrefazione, decadenza *f.* **2** *sl* sciocchezze *f pl.*

rota ('routə) *n* lista *f.* **rotary** *adj* rotatorio, rotante. **rotate** *vt,vi* rotare. **rotation** *n* rotazione, successione *f.*

rotor ('routə) *n* rotore *m.*

rotten ('rɔtɪn) *adj* marcio, putrido, guasto.

rouble ('ruɪbl) *n* rublo *m.*

rouge (ruɪʒ) *n* rossetto *m.*

rough (rʌf) *adj* **1** ruvido, rozzo. **2** grossolano, crudo. **3**

agitato. **4** tempestoso. **5** approssimativo. **rough and ready** improvvisato. **roughness** *n* ruvidezza *f.*

roulette (ruɪ'let) *n* roulette *f.*

round (raund) *n* **1** tondo *m.* **2** cerchio *m.* **3** giro *m.* **4** sfera *f.* **5** *sport* ripresa *f. adj* **1** rotondo, circolare, sferico. **2** intero. **3** franco. *adv* in giro, all'intorno. *prep* intorno a. **roundabout** *n* rotatoria *f. adj* indiretto.

rouse (rauz) *vt* **1** svegliare. **2** provocare, incitare. **rousing** *adj* eccitante, travolgente.

route (ruɪt) *n* via, strada *f.* itinerario *m. vt* avviare.

routine (ruɪ'tiɪn) *n* **1** abitudine, usanza *f.* **2** uso *m. adj* abitudinario.

rove (rouv) *vi* errare, vagare.

row[1] (rou) *n* (line) fila, riga *f.* rango *m.*

row[2] (rou) *vi,vt sport* remare. **rower** *n* rematore, canottiere *m.* **rowing** *n* canottaggio *m.* **rowing boat** barca a remi *f.*

row[3] (rau) *n* **1** chiasso, rumore *m.* **2** lite *f. vi* litigare.

rowdy ('raudi) *adj* rumoroso, tumultuoso, litigioso.

royal ('rɔiəl) *adj* reale, regale. **royalist** *n* realista *m.* **royalty** *n* **1** regalità *f.* reali *m pl.* **2** *comm* diritti d'autore *m pl.*

rub (rʌb) *n* **1** fregamento, strofinamento *m.* **2** *med* frizione *f. vt* **1** fregare, strofinare. **2** lucidare. *vi* fregarsi. **rub out** cancellare.

rubber ('rʌbə) *n* gomma *f.* **rubber band** *n* elastico *m.*

rubbish ('rʌbiʃ) *n* **1** immondizia *f.* rifiuti *m pl.* **2** sciocchezze *f pl.*

rubble ('rʌbəl) *n* macerie *f pl.*

ruby ('ruɪbi) *n* rubino *m. adj* di rubino, vermiglio.

rucksack ('rʌksæk) *n* sacco da montagna *m.*

rudder (ˈrʌdə) n timone m.
rude (ruːd) adj grossolano, offensivo, sgarbato. **rudeness** n grossolanità, inciviltà f.
rudiment (ˈruːdimənt) n 1 rudimento m. 2 pl elementi m pl. **rudimentary** adj rudimentale.
rueful (ˈruːfəl) adj triste, malinconico.
ruff (rʌf) n gorgiera f.
ruffian (ˈrʌfiən) n 1 furfante, scellerato m.
ruffle (ˈrʌfəl) vt 1 increspare. 2 arruffare. 3 agitare. 4 irritare.
rug (rʌg) n 1 tappeto, tappetino m. 2 coperta da viaggio f.
rugby (ˈrʌgbi) n rugby m.
rugged (ˈrʌgid) adj ruvido, rozzo, aspro. **ruggedness** n ruvidezza f.
ruin (ˈruːin) n 1 rovina f. 2 disgrazia f. disastro m. vt rovinare. **ruinous** adj rovinoso, dannoso.
rule (ruːl) n 1 regola, legge f. 2 governo, dominio m. **as a rule** di solito. ~ vt regolare, governare, dirigere. **ruler** n 1 sovrano, governatore m. 2 math regolo m. **ruling** adj dirigente. n decisione f.
rum (rʌm) n rum m.
rumble (ˈrʌmbəl) vi rimbombare, rumoreggiare. n rumorio m.
rummage (ˈrʌmidʒ) vt,vi rovistare. n ricerca f. rovistio m.
rumour (ˈruːmə) n diceria, voce f. vt far correre voce.
rump (rʌmp) n 1 cul culatta f. 2 natiche f pl. **rump steak** n bistecca f.
run* (rʌn) vi,vt correre. vi 1 fluire. 2 (of colour) spandere. vt condurre. **run away** fuggire. **run out of** esaurire. **run over** (of a car, etc.) investire. ~ n 1 corsa f. 2 serie f invar. 3 corso, recinto

m. 4 gita f. 5 smagliatura f. **in the long run** a lungo andare. **runway** n pista di decollo f. **runner** n 1 fattorino, messaggero m. 2 sport corridore m. **runner bean** n fagiolo rampicante m. **runner-up** n secondo in una gara m. **running** n 1 corsa f. 2 marcia f. funzionamento m. 3 direzione f. adj 1 corrente. 2 consecutivo.
rung[1] (rʌŋ) v see **ring**[2].
rung[2] (rʌŋ) n piolo m.
rupee (ruːˈpiː) n rupia f.
rupture (ˈrʌptʃə) n 1 rottura f. 2 med ernia f. vt rompere.
rural (ˈruərəl) adj rurale, campestre.
rush[1] (rʌʃ) vi precipitarsi, affrettarsi. vt prendere d'assalto. n 1 impeto m. 2 attacco m. 3 fretta, furia f. **rush hour** n ora di punta f.
rush[2] (rʌʃ) n bot giunco m.
Russia (ˈrʌʃə) n Russia f. **Russian** adj,n russo. **Russian** (language) n russo m.
rust (rʌst) n ruggine f. vt corrodere. vi arrugginirsi. **rusty** adj rugginoso.
rustic (ˈrʌstik) adj rustico, campagnolo, rurale.
rustle (ˈrʌsəl) n fruscio, mormorio m. vi frusciare, stormire.
rut (rʌt) n 1 rotaia f. solco m. 2 abitudine fissa f.
ruthless (ˈruːθləs) adj spietato, crudele, inesorabile.
rye (rai) n segale f.

S

Sabbath (ˈsæbəθ) n domenica f.
sable (ˈseibəl) n zibellino m. adj di zibellino.
sabotage (ˈsæbətɑːʒ) n sabotaggio m. vt sabotare.
sabre (ˈseibə) n sciabola f.

saccharin (ˈsækərin) n saccarina f.

sachet (ˈsæʃei) n sacchetto m.

sack (sæk) n sacco m. **get the sack** essere licenziato. ~ vt inf congedare.

sacrament (ˈsækrəmənt) n sacramento m.

sacred (ˈseikrid) adj **1** sacro, consacrato. **2** santo.

sacrifice (ˈsækrifais) n sacrificio m. vt,vi sacrificare.

sacrilege (ˈsækrilidʒ) n sacrilegio m. **sacrilegious** adj sacrilego.

sad (sæd) adj triste, addolorato, doloroso. **sadden** vt attristare, rattristare. **sadness** n tristezza f.

saddle (ˈsædl) n sella f. vt sellare. **saddle with** gravare di. **saddler** n sellaio m.

sadism (ˈseidizəm) n sadismo m. **sadist** n sadista m.

safari (səˈfaːri) n safari m invar.

safe (seif) adj salvo, sicuro, sano, intatto. **safe and sound** sano e salvo. ~ n **1** cassaforte f. **2** cul armadietto m invar. **safeguard** n salvaguardia f. vt salvaguardare. **safely** adv in salvo. **safety** n sicurezza, salvezza f. **safety belt** n cintura di sicurezza f. **safety pin** n spillo di sicurezza m. **safety valve** n valvola di sicurezza f.

saffron (ˈsæfrən) n zafferano m.

sag (sæg) vi ripiegarsi, curvarsi. n depressione f.

saga (ˈsaːgə) n saga f.

sage[1] (seidʒ) n savio m. adj saggio, prudente.

sage[2] (seidʒ) n bot salvia f.

Sagittarius (sædʒiˈtɛəriəs) n Sagittario m.

sago (ˈseigou) n sago m.

said (sed) v see **say.**

sail (seil) n **1** vela f. **2** viaggio

sul mare m. **3** (of a windmill, etc.) ala f. vi navigare, veleggiare. vt navigare, percorrere. **sailing** n navigazione f. **sailor** n marinaio m.

saint (seint) n santo m. **saintly** adj santo, pio.

sake (seik) n ragione, causa f.

salad (ˈsæləd) n insalata f. **salad dressing** n condimento d'insalata m.

salamander (ˈsæləmændə) n salamandra f.

salami (səˈlaːmi) n salame m.

salary (ˈsæləri) n stipendio, salario m. paga f.

sale (seil) n **1** vendita f. **2** liquidazione f. **3** spaccio m. **for sale** da vendere. **on sale** in vendita. **salesman** n commesso, venditore m. **salesmanship** n arte commerciale f.

saliva (səˈlaivə) n saliva f. **salivate** vi salivare.

sallow (ˈsælou) adj olivastro, pallido.

salmon (ˈsæmən) n salmone m.

salon (ˈsælɔn) n salone, negozio m.

saloon (səˈluːn) n **1** sala f. salone m. **2** mot vettura salone f.

salt (sɔːlt) n sale m. adj salato, salso. vt salare. **salt cellar** n saliera f.

salute (səˈluːt) vt salutare. n **1** saluto m. **2** mil salva f.

salvage (ˈsælvidʒ) n salvataggio, ricupero m. vt salvare, ricuperare.

salvation (sælˈveiʃən) n salvazione, salvezza f.

same (seim) adj **1** stesso, medesimo. **2** monotono. pron stesso m. **all the same** nondimeno. **the same to you!** altrettanto!

sample (ˈsaːmpəl) n campione, modello, esemplare m. vt assaggiare.

sanatorium (sænəˈtɔːriəm) n sanatorio m. casa di salute f.

sanction ('sæŋkʃən) n **1** sanzione f. **2** autorizzazione f. permesso m. vt **1** sanzionare. **2** permettere, autorizzare.

sanctuary ('sæŋktʃuəri) n santuario, asilo m.

sand (sænd) n sabbia, rena f. vt coprire di sabbia. **sandpaper** n carta vetrata f. **sandpit** n cava di rena f. **sandy** adj sabbioso.

sandal ('sændl) n sandalo m.

sandwich ('sænwidʒ) n sandwich, panino imbottito m. tartina f. vt serrare in mezzo.

sane (sein) adj sano di mente, equilibrato. **sanity** n sanità di mente f.

sang (sæŋ) v see **sing**.

sanitary ('sænitri) adj sanitario, igienico. **sanitary towel** n assorbente igienico m. **sanitation** n igiene f.

sank (sæŋk) v see **sink**.

sap (sæp) n bot succhio m. vt indebolire.

sapphire ('sæfaiə) n zaffiro m.

sarcasm ('sɑːkæzəm) n sarcasmo m. **sarcastic** adj sarcastico.

sardine (sɑː'diːn) n sardina f.

Sardinia (sɑː'diniə) n Sardegna f. **Sardinian** adj,n sardo.

sardonic (sɑː'dɔnik) adj sardonico.

sari ('sɑːri) n sari m invar.

sash[1] (sæʃ) n cintura, sciarpa f.

sash[2] (sæʃ) n arch telaio m. **sash-window** n finestra all'inglese f.

sat (sæt) v see **sit**.

Satan ('seitn) n Satana m.

satchel ('sætʃəl) n cartella, borsa f.

satellite ('sætəlait) n satellite m.

satin ('sætin) n raso m.

satire ('sætaiə) n satira f. **satirical** adj satirico.

satisfy ('sætisfai) vt soddisfare, contentare. vi soddisfare, dare soddisfazione. **satisfaction** n soddisfazione, contentezza f. **satisfactory** adj soddisfacente.

saturate ('sætʃəreit) vt saturare. **saturation** n saturazione f.

Saturday ('sætədi) n sabato m.

Saturn ('sætən) n Saturno m.

sauce (sɔːs) n salsa f. condimento m. **saucepan** n pentola, casseruola f. tegame m. **saucer** n sottocoppa, piattino m. **saucy** adj insolente, impertinente.

Saudi Arabia ('saudi) n Arabia Saudita f.

sauna ('sɔːnə) n sauna f.

saunter ('sɔːntə) vi gironzolare, girovagare.

sausage ('sɔsidʒ) n **1** (fresh) salsiccia f. **2** (smoked) salame m.

savage ('sævidʒ) adj selvaggio, selvatico, feroce. n selvaggio, barbaro m. vt mordere.

save[1] (seiv) vt **1** salvare, preservare. **2** conservare. **3** risparmiare. vi economizzare. **savings** n pl risparmi m pl.

save[2] (seiv) prep eccetto, tranne, salvo.

saviour ('seiviə) n **1** salvatore m. **2** cap Redentore m.

savoury ('seivəri) adj saporoso, saporito, gustoso. n piatto saporito m.

saw[*1] (sɔː) n sega f. vt segare. **sawdust** n segatura f.

saw[2] (sɔː) v see **see**[1].

saxophone ('sæksəfoun) n sassofono m.

say[*] (sei) vt,vi dire, affermare. **have one's say** dire la propria. **saying** n adagio, proverbio m.

scab (skæb) n tigna, rogna f.

scaffold ('skæfəld) n palco, patibolo m. **scaffolding** n impalcatura f.

scald (skɔːld) *vt* scottare. *n* scottatura, scottata *f*.

scale[1] (skeil) *n* zool scaglia, squama *f*.

scale[2] (skeil) *n* **1** piatto della bilancia *m*. **2** *pl* bilancia *f*.

scale[3] (skeil) *n* **1** gradazione, scala *f*. **2** *mus* gamma *f*. *vt* **1** scalare, graduare. **2** scavalcare.

scallop ('skɔləp) *n* **1** zool pettine *m*. **2** smerlo *m*. dentellatura *f*. *vt* smerlare.

scalp (skælp) *n* cuoio capelluto *m*. *vt* scotennare.

scalpel ('skælpəl) *n* scalpello *m*.

scampi ('skæmpi) *n pl* scampi *m pl*.

scan (skæn) *vt* **1** scrutare, esaminare. **2** *lit* scandire.

scandal ('skændl) *n* **1** scandalo *m*. maldicenza *f*. **2** vergogna *f*. **scandalous** *adj* scandaloso.

Scandinavia (skændi'neiviə) *n* Scandinavia *f*. **Scandinavian** *adj,n* scandinavo.

scant (skænt) *adj* scarso, insufficiente. **scanty** *adj* **1** poco, scarso. **2** sommario *m*.

scapegoat ('skeipgout) *n* capro espiatorio *m*.

scar (skɑː) *n* cicatrice *f*. sfregio, segno *m*. *vt* cicatrizzare, sfregiare. *vi* cicatrizzarsi.

scarce (skɛəs) *adj* raro, scarso. **scarcely** *adv* appena, quasi. **scarcity** *n* scarsezza *f*.

scare (skɛə) *vt* spaventare, impaurire. **be scared** aver paura. ~ *n* spavento, panico *m*. paura *f*. **scarecrow** *n* spauracchio *m*.

scarf (skɑːf) *n* sciarpa, cravatta *f*.

scarlet ('skɑːlit) *adj,n* scarlatto *m*. **scarlet fever** *n* scarlattina *f*.

scathing ('skeiðiŋ) *adj* mordace, feroce.

scatter ('skætə) *vt* spargere, diffondere, disperdere. *vi* spargersi, disperdersi.

scavenge ('skævindʒ) *vt* spazzare. **scavenger** *n* spazzino *m*.

scene (siːn) *n* **1** scena, scenata *f*. **2** spettacolo *m*. **scenery** *n* **1** paesaggio, panorama *m*. **2** *Th* scenario *m*.

scent (sent) *n* **1** odore, profumo *m*. **2** (of an animal) fiuto *m*. *vt* profumare.

sceptic ('skeptik) *n* scettico *m*. **sceptical** *adj* scettico. **scepticism** *n* scetticismo *m*.

sceptre ('septə) *n* scettro *m*.

schedule ('ʃedjuːl) *n* orario, prospetto *m*. scheda *f*. *vt* schedare.

scheme (skiːm) *n* schema, progetto, piano *m*. *vt* progettare. *vi* far progetti, macchinare.

schizophrenia (skitsou'friːniə) *n* schizofrenia *f*. **schizophrenic** *adj* schizofrenico.

scholar ('skɔlə) *n* **1** erudito, letterato *m*. **2** (pupil) scolaro, alunno *m*. **3** borsista *m*. **scholarship** *n* **1** borsa di studio *f*. **2** erudizione *f*.

scholastic (skə'læstik) *adj* scolastico.

school[1] (skuːl) *n* educ scuola *f*. liceo, ginnasio, collegio *m*. *vt* istruire. **schoolboy** *n* scolaro *m*. **schoolgirl** *n* scolara *f*. **schoolmaster** *n* maestro, professore *m*. **schoolmistress** *n* maestra, professoressa *f*. **schoolteacher** *n* insegnante *m,f*.

school[2] (skuːl) *n* frotta *f*.

schooner ('skuːnə) *n* goletta *f*.

science ('saiəns) *n* scienza *f*. **science fiction** *n* fantascienza *f*. **scientific** *adj* scientifico. **scientist** *n* scienziato *m*.

scissors ('sizəz) *n pl* forbici *f pl*.

scoff¹ (skɔf) n derisione f. scherno m. vi, schernire. **scoff at** beffarsi di, deridere.

scoff² (skɔf) vt, vi sl mangiare in fretta.

scold (skould) vt sgridare, rimproverare. vi brontolare.

scone (skoun) n focaccina f.

scoop (skuːp) n 1 paletta f. 2 ramaiolo m. 3 inf colpo m. vt scavare, vuotare. **scoop up** raccogliere.

scooter ('skuːtə) n motoretta f.

scope (skoup) n 1 portata f. 2 prospettiva f. campo m.

scorch (skɔːtʃ) vt bruciare, scottare. n scottatura f.

score (skɔː) n 1 sport punti m pl. 2 sconto m. 3 tacca f. 4 ventina f. 5 mus partitura f. vt 1 sport segnare. 2 intagliare. vi far punti. **scoreboard** n tabellone m.

scorn (skɔːn) n sdegno, disprezzo, spregio m. vt sdegnare, sprezzare. **scornful** adj sdegnoso, sprezzante.

Scorpio ('skɔːpiou) n Scorpione m.

scorpion ('skɔːpiən) n scorpione m.

Scot (skɔt) n scozzese m,f.

Scotch (skɔtʃ) adj scozzese. n whisky m invar.

Scotland ('skɔtlənd) n Scozia f.

Scots (skɔts) adj scozzese.

Scottish ('skɔtiʃ) adj scozzese.

scoundrel ('skaundrəl) n mascalzone, scellerato m.

scour¹ ('skauə) vt (clean) pulire, nettare, fregare.

scour² ('skauə) vt percorrere.

scout (skaut) n esploratore m. vi esplorare, perlustrare. vt respingere.

scowl (skaul) n sguardo torvo m. vi aggrottare le sopracciglia.

scramble ('skræmbəl) n parapiglia, confusione f. vi affrettarsi, sgambare, arrampicarsi. **scrambled eggs** n pl uova strapazzate f pl.

scrap (skræp) n pezzetto, frammento m. briciola f. vt rigettare, scartare. **scrapbook** n album m invar. **scrap iron** n ferraccio m.

scrape (skreip) vt raschiare, grattare, scrostare. n 1 raschiatura f. 2 imbroglio, impaccio m.

scratch (skrætʃ) n graffio m. graffiatura f. vt 1 graffiare, grattare. 2 sport ritirare.

scrawl (skrɔːl) n scarabocchio m. vt, vi scarabocchiare.

scream (skriːm) vi gridare, strillare, urlare. n grido, strillo m.

screech (skriːtʃ) n strillo m. vt, vi strillare.

screen (skriːn) n 1 riparo m. 2 parafuoco, paravento m. 3 (cinema, etc.) schermo m. vt nascondere, proteggere.

screw (skruː) n vite f. vt avvitare, torcere. **screwdriver** n cacciavite m.

scribble ('skribəl) n scarabocchio m. vt, vi scarabocchiare.

script (skript) n scritto m. scrittura f.

Scripture ('skriptʃə) n Sacra Scrittura f.

scroll (skroul) n rotolo m.

scrounge (skraundʒ) vt, vi mendicare, scroccare.

scrub¹ (skrʌb) vt strofinare, fregare. n strofinata f. **scrubbing brush** n spazzola dura f.

scrub² (skrʌb) n (bush) macchia, boscaglia f.

scruffy ('skrʌfi) adj scadente, trascurato, disordinato.

scruple ('skruːpəl) n scrupolo m. **scrupulous** adj scrupoloso.

scrutiny ('skruːtini) n esame, scrutinio m. **scrutinize** vt scrutinare, investigare.

scuffle ('skʌfəl) n baruffa, rissa, zuffa f.

scullery ('skʌləri) n retrocucina m.

sculpt (skʌlpt) vt scolpire. **sculptor** n scultore m. **sculpture** n scultura f.

scum (skʌm) n 1 spuma, schiuma f. 2 feccia f. vt schiumare.

scurf (skəːf) n forfora f.

scythe (saið) n falce f.

sea (siː) n mare m.

seabed ('siːbed) n letto del mare m.

seafaring ('siːfeəriŋ) adj marinario.

seafront ('siːfrʌnt) n marina f.

seagull ('siːgʌl) n gabbiano m.

seahorse ('siːhɔːs) n cavalluccio marino, ippocampo m.

seal[1] (siːl) n 1 sigillo, timbro, suggello m. 2 segno m. vt sigillare, bollare.

seal[2] (siːl) n zool foca f. **sealskin** n pelle di foca f.

sea-level n livello del mare m.

sea-lion n otaria f.

seam (siːm) n 1 cucitura, costura f. 2 geog vena f. giacimento m.

seaman ('siːmən) n marinaio m. **seamanship** n arte marinaresca f.

search (səːtʃ) n ricerca, perquisizione, visita f. vt perquisire. vi cercare, ricercare. **searching** adj penetrante, scrutatore. **searchlight** n proiettore m.

seashore ('siːʃɔː) n spiaggia f.

seasick ('siːsik) adj che soffre il mal di mare. **seasickness** n mal di mare m.

seaside ('siːsaid) n marina, spiaggia f.

season ('siːzən) n 1 stagione f. 2 tempo m. vt condire. **season ticket** n tessera f. **seasoning** n cul condimento m.

seat (siːt) n 1 sedia f. posto m. 2 fondo m. 3 anat sedere m. 4 pol seggio m. 5 castello m. vt 1 far sedere. 2 installare. **seat belt** n cintura di sicurezza f.

seaweed ('siːwiːd) n alga f.

secluded (si'kluːdid) adj ritirato, solitario. **seclusion** n solitudine f.

second[1] ('sekənd) adj secondo. vt secondare. **second-best** adj di seconda qualità, di riserva. **second-class** adj di seconda classe, inferiore. **second-hand** adj d'occasione. **second nature** n seconda natura f. **second-rate** adj inferiore, di secondo grado. **secondary** adj secondario. **secondary school** n scuola media f.

second[2] ('sekənd) n (of time) secondo m.

secret ('siːkrət) adj segreto, nascosto, ritirato. n segreto m. **secretive** adj segreto, riservato.

secretary ('sekrətri) n 1 segretaria f. 2 pol ministro m.

secrete (si'kriːt) vt secernere.

sect (sekt) n setta f.

sectarian (sek'teəriən) adj,n settario. **sectarianism** n spirito settario m.

section ('sekʃən) n sezione, parte, divisione f.

sector ('sektə) n settore m.

secular ('sekjulə) adj 1 laico. 2 mondano. 3 secolare.

secure (si'kjuə) adj sicuro, certo, salvo. vt 1 ottenere. 2 assicurare. 3 chiudere. **security** n 1 sicurezza f. 2 law garanzia f. 3 pl titoli m pl.

sedate (si'deit) adj calmo, composto. vt rendere tranquillo. **sedation** n sedazione f. **sedative** adj,n sedativo, calmante m.

sediment ('sedimənt) n sedimento, deposito m.

seduce (si'djuːs) vt sedur-

re. **seduction** n seduzione f.
seductive adj seducente.
see*¹ (siɪ) vt,vi **1** vedere. **2**
capire. **see to** occuparsi di.
see² (siɪ) n rel sede f. diocesi f
invar.
seed (siɪd) n seme m. semenza
f. **seedling** n pianticella f.
seedy adj **1** trascurato, malconcio. **2** inf indisposto.
seek* (siɪk) vt cercare.
seem (siɪm) vi sembrare, parere. **seeming** adj apparente.
seep (siɪp) vi gocciolare.
seesaw ('siɪsɔɪ) n altalena f.
seethe (siɪð) vi bollire, agitarsi.
segment ('segmənt) n **1** segmento m. **2** pezzo m. **3** spicchio m. porzione f.
segregate ('segrigeit) vt segregare. **segregation** n segregazione f.
seize (siɪz) vt **1** afferrare,
prendere. **2** confiscare, sequestrare. **seizure** n **1** presa
f. confisca f. **2** med attacco
m.
seldom ('seldəm) adv di rado,
raramente.
select (si'lekt) vt **1** scegliere, **2**
sport selezionare. adj scelto,
eletto. **selection** n scelta, selezione f. **selective** adj selet-
tivo.
self (self) n, pl **selves** persona
f. io m. adj,pron stesso.
self-assured adj confidente.
self-aware adj conscio di sé.
self-catering adj con cucina.
self-centred adj egocentrico.
self-confident adj sicuro di
sé. **self-confidence** n sicurezza di sé f.
self-conscious adj imbarazzato.
self-contained adj **1** indipendente. **2** riservato.
self-defence n difesa personale
f.
self-discipline n autodisciplina
f.

self-employed adj che lavora
in proprio.
self-expression n espressione
personale f.
self-government n autonomia
f.
self-indulgent adj indulgente
con se stesso.
self-interest n interesse personale m.
selfish ('selfiʃ) adj egoista, e-
goistico.
self-made adj fatto da sé.
self-pity n autocommiserazione
f.
self-portrait n autoritratto m.
self-respect n dignità f. amor
proprio m.
self-righteous adj compiaciu-
to.
self-sacrifice n abnegazione f.
sacrificio di sé m.
selfsame ('selfseim) adj proprio lo stesso.
self-satisfied adj soddisfatto
di sé.
self-service adj,n self-service
invar.
self-sufficient adj autosuffi-
ciente.
self-will n ostinazione f.
sell* (sel) vt vendere, smercia-
re, spacciare. vi vendersi.
Sellotape ('seləteip) n Tdmk
Scotch Tdmk m.
semantic (si'mæntik) adj semantico. **semantics** n semantica f.
semaphore ('seməfɔɪ) n semaforo m.
semibreve ('semibriɪv) n semibreve f.
semicircle ('semisəɪkəl) n semi-
circolo m. **semicircular** adj
semicircolare.
semicolon (semi'koulən) n
punto e virgola m.
semidetached (semidi'tætʃt)
adj gemello, accoppiato.
semifinal (semi'fainɪl) n semifinale f.

seminar ('seminɑɪ) n seminario m.

semiprecious (semi'preʃəs) adj semiprezioso.

semiquaver (semi'kweivə) n semicroma f.

semivowel ('semivauəl) n semivocale f.

semolina (seməliːnə) n semolino m.

senate ('senət) n senato m. **senator** n senatore m.

send* (send) vt mandare, inviare, spedire. **send for** far venire.

Senegal (seni'gɔːl) n Senegal f. **senegalese** adj,n senegalese.

senile ('siːnail) adj senile.

senior ('siːniə) adj **1** maggiore, più anziano. **2** principale. n seniore, maggiore m.

sensation (sen'seiʃən) n sensazione, impressione f. **sensational** adj sensazionale.

sense (sens) n **1** senso m. **2** facoltà f. **sense of humour** senso dell'umorismo. ~ vt indovinare. **senseless** adj **1** assurdo, stupido. **2** senza conoscenza.

sensible ('sensəbəl) adj **1** ragionevole, saggio. **2** sensibile. **sensibility** n sensibilità f.

sensitive ('sensitiv) adj **1** sensibile, sensitivo. **2** impressionabile. **sensitivity** n sensitività f.

sensual ('senʃuəl) adj sensuale, carnale. **sensuality** n sensualità, voluttà f.

sensuous ('senʃuəs) adj sensoriale, sensuale.

sentence ('sentəns) n **1** gram frase f. **2** law sentenza, condanna f. vt condannare.

sentiment ('sentimənt) n **1** sentimento m. **2** idea, opinione f. **sentimental** adj sentimentale.

sentry ('sentri) n sentinella, guardia f.

separate (v 'sepəreit; adj 'seprit) vt separare, dividere. vi separarsi, dividersi. adj separato, diviso, distinto. **separation** n separazione, divisione f.

September (sep'tembə) n settembre m.

septet (sep'tet) n settimino m.

septic ('septik) adj settico.

sequel ('siːkwəl) n seguito m. conseguenza f.

sequence ('siːkwəns) n successione f. serie f invar.

sequin ('siːkwin) n lustrino m.

serenade (serə'neid) n serenata f.

serene (si'riːn) adj calmo, sereno, tranquillo. **serenity** n serenità, tranquillità f.

serf (səːf) n servo della gleba, schiavo m.

sergeant ('saːdʒənt) n sergente m. **sergeant major** n sergente maggiore m.

serial ('siəriəl) n romanzo or film a puntate m. **serialize** vt pubblicare a puntate.

series ('siəriːz) n **1** successione f. seguito m. **2** serie f invar.

serious ('siəriəs) adj grave, serio. **seriousness** n gravità f.

sermon ('səːmən) n predica f. sermone m.

serpent ('səːpənt) n serpente m.

serrated (sə'raitid) adj dentellato.

serve (səːv) vt,vi **1** servire. **2** sport mandare. **3** portare. **servant** n domestico, servo m.

service ('səːvis) n **1** servizio m. **2** impiego m. **3** utilità f. **4** servigio m. **5** rel ufficio divino. vt mettere in ordine, aggiustare. **service station** n stazione di servizio f.

serviette (səːvi'et) n tovagliolo m.

servile ('səːvail) adj servile.

session ('seʃən) n sessione, seduta f.

set* (set) *vt* **1** mettere, porre. **2** dare. **3** regolare. **4** ridurre. **5** stabilire. **6** montare. **7** assegnare. *vi* **1** rapprendersi. **2** (of the sun) tramontare. **set about** mettersi a. **set out** partire. ~ *n* **1** collezione *f.* serie *f invar.* **2** (television, etc.) apparecchio *m.* **3** (of hair) messa in piega *f. adj* **1** fisso. **2** posto. **3** regolare. **setback** *n* **1** regresso *m.* **2** *med* ricaduta *f.* **setting** *n* **1** ambiente *m.* **2** (of the sun) tramonto *m.*

settee (se'tiː) *n* divano *m.*

settle ('setl) *vt* **1** accomodare, fissare. **2** stabilire. **3** decidere. **4** pagare. *vi* stabilirsi, fissarsi. **settlement** *n* **1** decisione *f.* **2** colonia *f.*

seven ('sevən) *adj,n* sette *m* or *f.* **seventh** *adj* settimo.

seventeen (sevən'tiːn) *adj,n* diciassette *m* or *f.* **seventeenth** *adj* diciassettesimo.

seventy ('sevənti) *adj,n* settanta *m.* **seventieth** *adj* settantesimo.

several ('sevrəl) *adj* **1** parecchi. **2** diversi. *pron* parecchi.

severe (si'viə) *adj* **1** severo, austero. **2** duro, rigido. **severity** *n* severità *f.*

sew* (sou) *vt,vi* cucire. **sewing** *n* cucito *m.* **sewing machine** *n* macchina da cucire *f.*

sewage ('suːidʒ) *n* fognatura, scolatura *f.*

sewer ('suːə) *n* fogna, cloaca *f.*

sex (seks) *n* sesso *m.* **sexual** *adj* sessuale. **sexuality** *n* sessualità *f.* **sexy** *adj* sexy *invar.*

sextet (seks'tet) *n* sestetto *m.*

shabby ('ʃæbi) *adj* **1** trasandato, mal vestito. **2** malconcio. **3** meschino, gretto.

shack (ʃæk) *n* capanna *f.*

shade (ʃeid) *n* **1** ombra, oscurità *f.* **2** gradazione *f. vt* **1** ombreggiare, oscurare. **2** proteggere, parare. **shading** *n* sfumatura *f.*

shadow ('ʃædou) *n* ombra, riflessione *f. vt* **1** ombreggiare, oscurare. **2** sorvegliare, spiare. **shadow cabinet** *n* gruppo di ministri dell'opposizione *m.*

shaft (ʃɑːft) *n* **1** asta *f.* **2** raggio *m.* **3** *tech* asse *m.*

shaggy ('ʃægi) *adj* peloso, irsuto, ispido.

shake* (ʃeik) *vt* **1** scuotere, agitare. **2** scrollare. **3** stringere. *vi* tremolare, vacillare, agitarsi. *n* scossa *f.* urto, tremito *m.*

shall* (ʃəl; *stressed* ʃæl) *v mod aux* **1** dovere. **2** expressed by the future tense.

shallot (ʃə'lɔt) *n* scalogno *m.*

shallow ('ʃælou) *adj* **1** basso. **2** superficiale, leggero. *n* bassofondo *m.*

sham (ʃæm) *n* finzione, simulazione *f.* inganno *m. adj* finto, falso. *vt* fingere, simulare.

shame (ʃeim) *n* vergogna, ignominia, onta *f.* **what a shame!** che peccato! ~ *vt* svergognare. **shamefaced** *adj* vergognoso, timido.

shampoo (ʃæm'puː) *n* shampoo *m invar.*

shamrock ('ʃæmrɔk) *n* trifoglio d'Irlanda *m.*

shandy ('ʃændi) *n* bibita fatta di birra e di limonata *f.*

shanty[1] ('ʃænti) *n* capanna *f.*

shanty[2] ('ʃænti) *n* (song) canzone marinaresca *f.*

shape (ʃeip) *n* **1** forma, figura *f. vt* **1** formare. **2** modellare. **3** dirigere, concepire. **shapeless** *adj* informe.

share (ʃεə) *n* **1** parte, porzione, quota *f.* **2** *comm* azione *f. vt* **1** dividere. **3** condividere. *vi* partecipare. **shareholder** n azionista m.

shark (ʃɑːk) n zool pescecane m.

sharp (ʃɑːp) adj **1** acuto, affilato. **2** penetrante, furbo. **3** piccante. **4** aspro, severo. adv pronto. n mus diesis m. **sharp-sighted** adj di vista acuta. **sharpen** vt **1** appuntare, affilare. **2** eccitare.

shatter ('ʃætə) vt **1** fracassare, spezzare. **2** distruggere.

shave (ʃeiv) vt fare la barba a. vi farsi la barba. n rasatura f.

shawl (ʃɔːl) n scialle m.

she (ʃiː) pron 3rd pers s lei, ella f.

sheaf (ʃiːf) n, pl **sheaves** covone, fascio m.

shear* (ʃiə) vt tosare. **shears** n pl cesoie f pl.

sheath (ʃiːθ) n guaina f. fodero, astuccio m. **sheathe** vt ringuainare, foderare.

shed[1] (ʃed) n rimessa, tettoia f. capannone m.

shed*[2] (ʃed) vt versare, spargere, perdere.

sheen (ʃiːn) n lustro, splendore m.

sheep (ʃiːp) n invar pecora f. **sheepdog** n cane pastore m. **sheepish** adj timido, goffo. **sheepskin** n pelle di pecora f.

sheer[1] (ʃiə) adj **1** puro, semplice. **2** a piombo invar. perpendicolare. **3** diafano. adv perpendicolarmente.

sheer[1] (ʃiə) vi cambiare rotta.

sheet (ʃiːt) n **1** lenzuolo m. **2** (of paper) foglio m. **3** (of metal, etc.) lastra f.

sheikh (ʃeik) n sceicco m.

shelf (ʃelf) n, pl **shelves** scaffale m. mensola f. **shelf-life** n durata di conservazione f.

shell (ʃel) n **1** conchiglia f. guscio m. **2** involucro m. **3** mil proiettile, bossolo m. vt **1** sgusciare. **2** mil bombardare. **shellfish** n mollusco, crostaceo, frutto di mare m.

shelter ('ʃeltə) n riparo, ricovero m. vt riparare.

shelve (ʃelv) vt **1** mettere su scaffali, archiviare. **2** mettere da parte, differire.

shepherd ('ʃepəd) n pastore m. **shepherdess** n pastorella f.

sherbet ('ʃəːbət) n sorbetto m.

sheriff ('ʃerif) n sceriffo m.

sherry ('ʃeri) n sherry, vino di Xeres m.

shield (ʃiːld) n **1** scudo m. **2** riparo m. vt riparare.

shift (ʃift) n **1** spostamento m. sostituzione f. **2** turno m. vt spostare. vi sostituirsi. **shifty** adj furtivo, equivoco.

shilling ('ʃiliŋ) n scellino m.

shimmer ('ʃimə) n luccichio m. vi luccicare.

shin (ʃin) n stinco m. tibia f.

shine* (ʃain) vt lucidare. vi brillare, risplendere. n brillantezza, luce f.

ship (ʃip) n nave, imbarcazione f. vt inviare, spedire. **2** imbarcare. **shipment** n **1** carico m. **2** consegna f. **shipshape** adj,adv a posto, in ordine. **shipwreck** n naufragio m. **shipyard** n cantiere navale m.

shirk (ʃəːk) vt evitare.

shirt (ʃəːt) n camicia f.

shit (ʃit) n tab merda f.

shiver ('ʃivə) n tremolio, brivido m. vi tremare, rabbrividire.

shock[1] (ʃɔk) n **1** urto, impatto m. **2** spavento m. impressione f. vt spaventare, impressionare. **shock absorber** n ammortizzatore m. **shocking** adj terribile.

shock[2] (ʃɔk) n (of hair) zazzera f.

shoddy ('ʃɔdi) adj scadente.

shoe* (ʃuː) n scarpa, calzatura

f. vt ferrare. **shoelace** *n* stringa *f*. **shoemaker** *n* calzolaio *m*. **shoeshop** *n* calzoleria *f*.

shone (ʃɒn) *v see* **shine**.

shook (ʃuk) *v see* **shake**.

shoot* (ʃuːt) *vt* 1 lanciare, tirare. 2 fucilare. 3 (film) girare. *vi* 1 tirare. 2 cacciare. 3 crescere, germinare. *n* 1 *bot* rampollo *m*. 2 caccia *f*. **shooting** *n* 1 tiro *m*. 2 caccia *f*.

shop (ʃɒp) *n* negozio *m*. bottega *f*. *vi* fare gli acquisti. **shop-assistant** *n* commesso *m*. **shop floor** *n* 1 fabbrica, officina *f*. 2 gli operai che lavorano nella fabbrica *m pl*. **shopkeeper** *n* negoziante *m*. **shoplifter** *n* taccheggiatore *m*. **shopping** *n* spesa *f*. **shop steward** *n* membro della commissione interna *m*. **shopwindow** *n* vetrina *f*.

shore[1] (ʃɔː) *n* riva, spiaggia, costa *f*.

shore[2] (ʃɔː) *vt* puntellare.

shorn (ʃɔːn) *v see* **shear**.

short (ʃɔːt) *adj* 1 breve, corto. 2 (in stature) basso. 3 privo. 4 brusco. *adv* corto. *vt,vi* mettere in corto circuito. **shortage** *n* mancanza, carenza *f*. **shorten** *vt* accorciare, ridurre. *vi* raccorciarsi. **shortly** *adv* fra poco. **shorts** *n pl* calzoncini *m pl*. **shortcoming** (ˈʃɔːtkʌmiŋ) *n* difetto, ostacolo *m*. **short cut** *n* scorciatoia *f*. **shorthand** (ˈʃɔːthænd) *n* stenografia *f*. **shorthand typist** *n* stenodattilografo *m*. **short-handed** *adj* a corto di manodopera. **shortlived** (ˈʃɔːtlivd) *adj* di breve durata. **short-sighted** *adj* miope. **short-tempered** *adj* irritabile, brusco.

short-term *adj* a breve scadenza.

short wave *n* onda corta *f*.

shot[1] (ʃɒt) *n* 1 colpo, sparo *m*. 2 *phot* fotografia *f*. **shotgun** *n* fucile *m*.

shot[2] (ʃɒt) *v see* **shoot**.

should (ʃəd; *stressed* ʃud) *v see* **shall**.

shoulder (ˈʃouldə) *n* spalla *f*. **shoulder-blade** *n* scapola *f*.

shout (ʃaut) *vt,vi* gridare. **shout at** rimproverare. ~*n* grido *m*.

shove (ʃʌv) *vt,vi* spingere. *n* spinta *f*.

shovel (ˈʃʌvəl) *n* pala *f*. badile *m*. *vt* spalare.

show* (ʃou) *vt* 1 mostrare. 2 manifestare. 3 dimostrare. *vi* mostrarsi. **show off** pavoneggiarsi, esibire. ~*n* 1 mostra *f*. 2 spettacolo *m*. 3 sembianza *f*. 4 pompa *f*. **show business** *n* mondo dello spettacolo *m*. **showcase** *n* campionario *m*. vetrina *f*. **showdown** *n* resa dei conti *f*. **show-jumping** *n* concorso ippico *m*. **showmanship** *n* capacità propagandistica *f*. **showroom** *n* sala d'esposizione *f*.

shower (ˈʃauə) *n* 1 doccia *f*. 2 (of rain) acquazzone, rovescio *m*. *vt* inondare. **showerproof** *adj* impermeabile.

shrank (ʃræŋk) *v see* **shrink**.

shred (ʃred) *n* strappo, brandello, frammento *m*. briciola *f*. *vt* fare a brandelli, stracciare.

shrewd (ʃruːd) *adj* accorto, scaltro. **shrewdness** *n* accortezza, sagacia *f*.

shriek (ʃriːk) *n* grido, strillo *m*. *vi* gridare, strillare.

shrill (ʃril) *adj* acuto, stridulo.

shrimp (ʃrimp) *n* gamberetto *m*.

shrine (ʃrain) *n* 1 tempio, altare *m*. 2 sacrario *m*.

shrink* (ʃriŋk) vi restringersi. vt diminuire, raccorciare. **shrink from** rifuggire da, tirarsi indietro.

shrivel ('ʃrivəl) vi avvizzire, aggrinzarsi.

shroud (ʃraud) n sudario m. vt 1 avvolgere. 2 celare, nascondere.

Shrove Tuesday (ʃrouv) n Martedì Grasso m.

shrub (ʃrʌb) n arbusto m. **shrubbery** n boschetto m. macchia f.

shrug (ʃrʌg) vt scrollare. vi scrollare le spalle. n alzata di spalle f.

shrunk (ʃrʌŋk) v see **shrink**.

shudder ('ʃʌdə) n brivido, fremito m. vi rabbrividire, fremere.

shuffle ('ʃʌfəl) vt mischiare, mescolare. vi trascinarsi.

shun (ʃʌn) vt evitare, schivare.

shunt (ʃʌnt) vt deviare, smistare. n scambio m.

shut* (ʃʌt) vt chiudere, serrare. **shut down** chiudere. **shut in** rinchiudere. **shut out** escludere. ~ adj chiuso.

shutter ('ʃʌtə) n imposta f.

shuttle ('ʃʌtəl) n navetta f.

shuttlecock ('ʃʌtəlkɔk) n volano m.

shy (ʃai) adj timido. vi esitare. **shyness** n timidezza f.

Sicily ('sisəli) n Sicilia f. **Sicilian** adj, n siciliano.

sick (sik) adj 1 ammalato, indisposto. 2 inf disgustato, stufo. **be sick** vomitare. **sicken** vt nauseare. vi ammalarsi. **sickening** adj disgustoso, nauseante. **sickness** n malattia f. malessere m.

side (said) n 1 lato, fianco m. 2 parte f. 3 bordo m. adj 1 di lato, laterale. 2 indiretto. **sideboard** n credenza f. **side effect** n effetto secondario m. **sidelight** n fa-

nalino m. **sideline** n 1 attività secondaria f. 2 game fuoricampo m. **sideshow** n spettacolo secondario m. **sidestep** vt evitare. **sidetrack** vt distrarre. **sideways** adv lateralmente. **siding** n raccordo m.

sidle ('saidl) vi procedere con timore or furtivamente.

siege (siːdʒ) n assedio m.

siesta (si'estə) n siesta f.

sieve (siv) n setaccio m. vt setacciare.

sift (sift) vt stacciare, separare, distinguere.

sigh (sai) n sospiro m. vi sospirare.

sight (sait) n 1 vista f. 2 spettacolo m. vt avvistare, intravedere. **sightread** vt suonare a prima vista. **sightseeing** n giro turistico m.

sign (sain) n 1 segno, cenno m. 2 indizio m. traccia f. 3 segnale m. vt 1 firmare, sottoscrivere. **signpost** n indicatore stradale m.

signal ('signl) n segnale m. vi segnalare, fare segnalazioni.

signature ('signətʃə) n firma f.

signify ('signifai) vt significare. **significance** n significato m. **significant** adj significativo, importante.

silence ('sailəns) n silenzio m. quiete f. vt ridurre al silenzio. **silencer** n silenziatore m. **silent** adj silenzioso, taciturno.

silhouette (silu'et) n profilo m. sagoma f. vt profilare.

silicon ('silikən) n silicio m. **silicon chip** n chip di silicio m.

silk (silk) n seta f. adj di seta. **silkworm** n baco da seta m.

sill (sil) n 1 soglia f. 2 (of a window) davanzale m.

silly ('sili) adj sciocco, stupido.

silt (silt) n limo m. sedimenti m pl.

silver ('silvə) n argento m. adj argenteo, d'argento.

similar ('similə) adj 1 simile. 2 pari. **similarity** n somiglianza f.

simile ('simili) n similitudine f.

simmer ('simə) vt bollire lentamente. vi ribollire. **simmer down** calmarsi.

simple ('simpəl) adj semplice. **simple-minded** adj ingenuo. **simplicity** n semplicità f. **simplify** vt semplificare. **simply** adv semplicemente, assolutamente.

simultaneous (siməl'teiniəs) adj simultaneo.

sin (sin) n peccato m. colpa f. vi peccare.

since (sins) adv da allora, dopo. prep da quando. conj 1 dacché, poiché. 2 da quando.

sincere (sin'siə) adj sincero, genuino.

sinew ('sinjuɪ) n 1 anat tendine m. 2 struttura, fibra f. tendine m.

sing* (siŋ) vt,vi cantare. **singer** n cantante m,f.

singe (sindʒ) vt scottare, strinare.

single ('siŋgəl) adj 1 singolo, solo. 2 celibe, nubile. v **single out** scegliere, isolare. **single-handed** adj da solo, senza aiuto. **single-minded** adj schietto, semplice. **singly** adv individualmente, ad uno ad uno.

singular ('siŋgjulə) adj,n singolare m. **singularly** adv insolitamente, particolarmente.

sinister ('sinistə) adj sinistro.

sink* (siŋk) vi 1 affondare. vt affondare. 2 abbassarsi. vt affondare. n lavandino, acquaio m.

sinner ('sinə) n peccatore m.

sinus ('sainəs) n cavità f. seno m.

sip (sip) vt sorseggiare. n sorso m.

siphon ('saifən) n sifone m. vt sifonare.

sir (səɪ) n 1 signore m. 2 cap Sir m.

siren ('sairən) n sirena f.

sirloin ('səɪlɔin) n lombo m.

sister ('sistə) n 1 sorella f. 2 rel suora f. 3 med infermiera f. **sisterhood** n sorellanza f. **sister-in-law** n cognata f.

sit* (sit) vi 1 sedere, sedersi. 2 posare. vt far sedere. **sit down** accomodarsi. **sit-in** n sit-in m. **sitting** n 1 seduta, adunanza f. 2 phot seduta di posa f. **sitting room** n salotto m.

site (sait) n sito, luogo m. vt situare.

situation (sitju'eifən) n 1 situazione f. 2 posto, lavoro m.

six (siks) adj,n sei m or f. **sixth** adj sesto.

sixteen (siks'tiɪn) adj,n sedici m or f. **sixteenth** adj sedicesimo.

sixty ('siksti) adj,n sessanta m. **sixtieth** adj sessantesimo.

size (saiz) n 1 misura f. 2 grandezza f. v **size up** misurare la capacità da.

sizzle ('sizəl) vi sfrigolare. n sfrigolio m.

skate[1] (skeit) n pattino m. vi pattinare. **skating** n pattinaggio m.

skate[2] (skeit) n zool razza f.

skeleton ('skelətn) n 1 scheletro m. 2 telaio m. 3 schema m.

sketch (sketʃ) n 1 bozzetto m. 2 Th scenetta f. vt abbozzare.

skewer ('skjuə) n spiedo m.

ski (skiɪ) n sci m invar. vi sciare. **skiing** n sci m. **ski-lift** n sciovia f.

skid (skid) n slittamento m. vi slittare.

skill (skil) *n* abilità *f*. **skilful** *adj* pratico, abile.

skim (skim) *vt* **1** schiumare, scremare. **2** sfiorare. **skim through** scorrere rapidamente.

skimp (skimp) *vi* fare economie. **skimpy** *adj* scarso.

skin (skin) *n* **1** pelle *f*. **2** (rind) buccia *f*. *vt* scorticare. **skin-diving** *n* immersione senza scafandro *f*. **skin-tight** *adj* aderente. **skinny** *adj* magro, ossuto.

skip (skip) *n* balzo, saltello *m*. *vi* saltellare. *vt* omettere.

skipper ('skipə) *n* capitano *m*.

skirmish ('skəːmiʃ) *n* schermaglia *f*.

skirt (skəːt) *n* sottana, gonna *f*. *vt* rasentare.

skittle ('skitl) *n* birillo *m*.

skull (skʌl) *n* cranio, teschio *m*.

skunk (skʌŋk) *n* moffetta *f*.

sky (skai) *n* cielo *m*. **sky-high** *adv* alle stelle. **skylark** *n* allodola *f*. **skyline** *n* orizzonte *m*. **skyscraper** *n* grattacielo *m*.

slab (slæb) *n* lastra, piastra *f*.

slack (slæk) *adj* **1** fiacco, inerte. **2** lento. **3** negligente. *n*. **slacken** *vt* rallentare, ridurre. *vi* rallentarsi.

slacks (slæks) *n pl* pantaloni *m pl*.

slalom ('slɑːləm) *n* slalom *m*.

slam (slæm) *vt, vi* sbattere. *n* sbattuta *f*.

slander ('slɑːndə) *n* calunnia, diffamazione *f*. *vt* diffamare.

slang (slæŋ) *n* gergo *m*.

slant (slɑːnt) *vi* inclinarsi. *vt* inclinare. *n* inclinazione *f*.

slap (slæp) *n* schiaffo *m*. *vt* schiaffeggiare, dare pacche a. **slapdash** *adj* noncurante. *adv* senza riguardi. **slapstick** *n* commedia grossolana *f*.

slash (slæʃ) *vt* **1** tagliare, sfregiare. **2** ridurre. *n* taglio, spacco *m*.

slat (slæt) *n* assicella, stecca *f*.

slate (sleit) *n* **1** ardesia *f*. **2** lavagna *f*. **3** tegola *f*.

slaughter ('slɔːtə) *n* macello, massacro *m*. *vt* macellare. **slaughterhouse** *n* mattatoio *m*.

slave (sleiv) *n* schiavo *m*.

sledge (sledʒ) *n* slitta *f*.

sledgehammer ('sledʒhæmə) *n* mazza *f*. maglio *m*.

sleek (sliːk) *adj* liscio, lustro.

sleep* (sliːp) *vi* dormire. *n* sonno, riposo *m*. **sleeper** *n* (railway) traversina *f*. **sleeping-bag** *n* sacco a pelo *m*. **sleeping-car** *n* vagone letto *m*. **sleeping-pill** *n* sonnifero *m*. **sleepwalking** *n* sonnambulismo *m*. **sleepy** *adj* assonnato. **feel sleepy** avere sonno.

sleet (sliːt) *n* nevischio *m*. *v imp* nevischiare.

sleeve (sliːv) *n* **1** manica *f*. **2** (of a record) copertina *f*.

sleigh (slei) *n* slitta *f*.

slender ('slendə) *adj* esile, snello.

slept (slept) *v* see **sleep**.

slice (slais) *n* fetta, porzione *f*. *vt* affettare.

slick (slik) *adj* liscio, disinvolto.

slide* (slaid) *vi* scivolare, scorrere. *vt* far scorrere. *n* **1** scivolata *f*. **2** scivolo *m*. **3** *phot* diapositiva *f*. **slide rule** *n* regolo calcolatore *m*.

slight (slait) *adj* esile. *vt* disdegnare. *n* affronto *m*. **slightly** *adv* leggermente, un po'.

slim (slim) *adj* smilzo, snello. *vi* dimagrire.

slime (slaim) *n* fanghiglia *f*.

sling* (sliŋ) *vt* scagliare. *n* **1** fionda *f*. **2** *med* fascia *f*.

slink* (sliŋk) *vi* strisciare, camminare furtivamente.

slip¹ (slip) *vt, vi* scivolare. *n* **1** scivolata *f*. **2** passo falso *m*. **3** federa *f*. **4** sottoveste *f*.

slippery adj scivoloso, viscido.

slip² (slip) n (cutting) ritaglio m.

slipper ('slipə) n pantofola f.

slit* (slit) n taglio m. fessura f. vt tagliare, fendere.

slobber ('slobə) n bava f. vi sbavare.

slog (slog) vi sgobbare.

slogan ('slougən) n motto m.

slop (slop) vt schizzare. **slops** n cibi liquidi m pl.

slope (sloup) n pendio m. china f. vi pendere, inclinarsi.

sloppy ('slopi) adj 1 trascurato. 2 sl sdolcinato.

slot (slot) n fessura, scanalatura f.

slouch (slautʃ) vi ciondolare.

slovenly ('slʌvənli) adj sciatto.

slow (slou) adj 1 lento. 2 tardo. 3 (of a clock) indietro. adv piano, adagio. v **slow down** rallentare.

slug (slʌg) n zool lumaca f.

sluggish adj indolente, tardo.

sluice (sluːs) n chiusa f.

slum (slʌm) n 1 catapecchia f. 2 pl quartieri poveri m pl.

slumber ('slʌmbə) vi dormire pacificamente. n dormita f.

slump (slʌmp) n comm caduta dei prezzi f. ribasso m. vi 1 subire un tracollo. 2 lasciarsi andare.

slung (slʌŋ) v see sling.

slur (sləː) vt biascicare. n 1 macchia f. 2 mus legatura f.

slush (slʌʃ) n fanghiglia f.

sly (slai) adj astuto, malizioso, sornione.

smack¹ (smæk) n gusto, sapore m. v **smack of** sapere di.

smack² (smæk) vt schiaffeggiare, schioccare. n schiaffo, schiocco m. adv inf in pieno.

small (smɔːl) adj piccolo, basso. **smallholding** n piccola fattoria f. **small-minded** adj meschino. **smallpox** n vaiolo m.

smart (smɑːt) adj 1 furbo. 2 elegante. 3 svelto. vi dolere. **smarten** vt abbellire, ravvivare. **smarten up** ravvivarsi.

smash (smæʃ) vt fracassare, rovinare. n 1 fracasso m. 2 disastro m. 3 scontro m.

smear (smiə) vt 1 macchiare. 2 spalmare. n macchia f.

smell* (smel) n 1 odore m. 2 (sense of) odorato m. vt sentire l'odore di, fiutare. vi sentire.

smile (smail) vi sorridere. n sorriso m.

smirk (sməːk) vi sorridere con affettazione. n sorriso affettato m.

smock (smok) n grembiule m.

smog (smog) n smog m.

smoke (smouk) n fumo m. vt, vi fumare.

smooth (smuːð) adj 1 liscio. 2 facile. vt lisciare, appianare.

smother ('smʌðə) vt, vi soffocare.

smoulder ('smouldə) vi bruciare lentamente.

smudge (smʌdʒ) n macchia f. scarabocchio m. vt macchiare.

smug (smʌg) adj soddisfatto.

smuggle ('smʌgəl) vt contrabbandare. **smuggler** n contrabbandiere m. **smuggling** n contrabbando m.

snack (snæk) n spuntino m. **snack-bar** n tavola calda f.

snag (snæg) n ostacolo, intoppo m.

snail (sneil) n chiocciola f.

snake (sneik) n serpe f. serpente m.

snap (snæp) vt, vi schioccare. n schiocco m. adj improvviso. **snapshot** n istantanea f.

snarl (snɑːl) vt aggrovigliare. n intrico, imbroglio m.

snatch (snætʃ) n 1 rapimento m. 2 tentativo di prendere m. 3 brandello, pezzo m. vt afferrare, carpire.

sneak (sniːk) *n* spione *m*.
sneer (sniə) *vi* ghignare. *n* ghigno *m*.
sneeze (sniːz) *vi* starnutire. *n* starnuto *m*.
sniff (snif) *vt,vi* fiutare, annusare. *n* annusata *f*.
snip (snip) *n* forbiciata *f*. ritaglio *m*. *vi* fare tagli.
snipe (snaip) *n* beccaccino *m*.
snivel ('snivəl) *vi* frignare.
snob (snɔb) *n* snob *m invar*.
snooker ('snuːkə) *n* gioco di biliardo *m*.
snoop (snuːp) *vi* curiosare.
snooty ('snuːti) *adj* altezzoso.
snooze (snuːz) *vi* sonnecchiare. *n* pisolino *m*.
snore (snɔː) *vi* russare. *n* russare *m*.
snort (snɔːt) *n* sbuffata *f*. *vi* sbuffare.
snout (snaut) *n* muso, grugno *m*.
snow (snou) *n* neve *f*. *v imp* nevicare. **snowball** *n* palla di neve *f*. **snowdrift** *n* cumulo di neve *m*. **snowdrop** *n* bucaneve *m invar*. **snowflake** *n* fiocco di neve *m*. **snowman** *n* fantoccio di neve *m*. **snowplough** *n* spazzaneve *m*. **snowstorm** *n* tormenta di neve *f*.
snub (snʌb) *vt* fare un affronto a. *n* affronto *m*. *adj* camuso.
snuff (snʌf) *n* tabacco da fiuto *m*.
snug (snʌg) *adj* comodo, intimo.
snuggle ('snʌgəl) *vi* rannicchiarsi, accoccolarsi.
so (sou) *adv* **1** così, talmente. **2** anche. **and so on** e così via. **so many** tanti. **so what?** e allora? *~ conj* quindi, perciò. **so-and-so** *pron* un tale. **so-called** *adj* cosiddetto. **so-so** *adv* così così.
soak (souk) *vt* bagnare, inzuppare. *n* bagno *m*.

soap (soup) *n* sapone *m*.
soap powder *n* detersivo *m*.
soar (sɔː) *vi* librarsi, veleggiare.
sob (sɔb) *n* singhiozzo, singulto *m*. *vi* singhiozzare.
sober ('soubə) *adj* sobrio, lucido. *v* **sober up** smaltire una sbornia.
social ('souʃəl) *adj* sociale, socievole. **sociable** *adj* socievole, affabile. **socialism** *n* socialismo *m*. **socialist** *n* socialista *m*. **society** *n* **1** società *f*. **2** comunità, compagnia *f*. **sociology** *n* sociologia *f*.
sock[1] (sɔk) *n* calza *f*. calzino *m*.
sock[2] (sɔk) *sl vt* percuotere, colpire. *n* pugno *m*. percossa *f*.
socket ('sɔkit) *n* **1** incavo *m*. **2** (electric) presa *f*. **3** anat orbita *f*.
soda ('soudə) *n* soda *f*. **soda-water** *n* acqua di selz *f*. selz *m invar*.
sofa ('soufə) *n* sofà, divano *m*.
soft (sɔft) *adj* soffice, tenero, tenue. **soften** *vt* ammorbidire. *vi* placarsi, intenerirsi. **soft-hearted** *adj* compassionevole. **softly** *adv* dolcemente.
soggy ('sɔgi) *adj* fradicio, inzuppato.
soil[1] (sɔil) *n* terreno *m*. terra *f*.
soil[2] (sɔil) *vt* insudiciare, sporcare.
solar ('soulə) *adj* solare. **solar plexus** *n* plesso solare *m*.
sold (sould) *v* see **sell**.
solder ('sɔldə) *n* lega per saldatura *f*. *vt* saldare.
soldier ('souldʒə) *n* soldato, militare *m*.
sole[1] (soul) *adj* solo, unico.
sole[2] (soul) *n* **1** *anat* pianta del piede *f*. **2** suola *f*. *vt* risuolare.
sole[3] (soul) *n* zool sogliola *f*.
solemn ('sɔləm) *adj* solenne, grave.
solicitor (sə'lisitə) *n* avvocato, procuratore legale *m*.

solid ('sɔlid) *adj* 1 solido, massiccio. 2 posato. **solidarity** *n* solidarietà *f*. **solidify** *vt* solidificare. *vi* solidificarsi.

solitary ('sɔlitri) *adj* 1 solitario, isolato. 2 unico, solo.

solitude ('sɔlitjuːd) *n* solitudine *f*. isolamento *m*.

solo ('soulou) *n* assolo *m*. **soloist** *n* solista *m*.

solstice ('sɔlstis) *n* solstizio *m*.

soluble ('sɔljubəl) *adj* 1 solubile. 2 risolvibile.

solution (sə'luːʃən) *n* 1 risoluzione *f*. 2 *sci* soluzione *f*.

solve (sɔlv) *vt* risolvere, chiarire, sciogliere, spiegare. **solvent** *adj,n* solvente *m*.

sombre ('sɔmbə) *adj* tetro, triste, fosco.

some (sʌm) *adj* 1 qualche, alcuni, dei. 2 un po' di, del. *pron* 1 alcuni. 2 ne, un po'. *adv* circa. **somebody** *pron* qualcuno. **somehow** *adv* in qualche modo, in un modo o nell'altro. **someone** *pron* qualcuno. **something** *pron* qualche cosa. **sometime** *adv* un tempo, un giorno o l'altro, presto o tardi. **sometimes** *adv* qualche volta, talvolta, a volte, di quando in quando. **somewhat** *adv* piuttosto, un po'. **somewhere** *adv* qualche posto *or* luogo.

somersault ('sʌməsɔːlt) *n* capriola *f*. salto mortale *m*. *vi* fare salti mortali.

son (sʌn) *n* figlio, figliolo *m*. **son-in-law** *n* genero *m*.

sonata (sə'nɑːtə) *n* sonata *f*.

song (sɔŋ) *n* canzone *f*. canto *m*.

sonic ('sɔnik) *adj* sonico.

sonnet ('sɔnit) *n* sonetto *m*.

soon (suːn) *adv* presto, tosto, tra poco. **as soon as** non appena. **the sooner the better** prima è meglio è.

soot (sut) *n* fuliggine *f*.

soothe (suːð) *vt* calmare, placare, lenire. **soothing** *adj* calmante, riposante.

sophisticated (sə'fistikeitid) *adj* sofisticato, raffinato.

soprano (sə'prɑːnou) *n* soprano *m,f*.

sorbet ('sɔːbit) *n* sorbetto *m*.

sordid ('sɔːdid) *adj* sordido, gretto.

sore (sɔː) *adj* 1 addolorato. 2 irritato, offeso. *n* piaga, ulcera *f*. **soreness** *n* dolore *m*.

sorrow ('sɔrou) *n* 1 dispiacere, dolore *m*. 2 rincrescimento *m*. **sorrowful** *adj* addolorato.

sorry ('sɔri) *adj* 1 spiacente, dolente. 2 meschino. **be sorry** dispiacersi. **~** *interj* scusate!

sort (sɔːt) *n* 1 sorta *f*. genere *m*. 2 modo *m*. maniera *f*. **out of sorts** giù di giri. **~** *vt* classificare, scegliere.

soufflé ('suːflei) *n* soufflé, sformato *m*.

sought (sɔːt) *v* see **seek**.

soul (soul) *n* 1 anima *f*. 2 creatura *f*. **not a soul** nessuno. **soul-destroying** *adj* struggente. **soulful** *adj* sentimentale, pieno di sentimento.

sound[1] (saund) *n* rumore, suono *m*. *vt,vi* suonare. **soundproof** *adj* 1 isolato acusticamente. 2 fonoassorbente.

sound[2] (saund) *adj* 1 giusto, logico. 2 solido, in buona condizione.

sound[3] (saund) *vt* sondare, scandagliare.

soup (suːp) *n* zuppa, minestra *f*. brodo *m*.

sour (sauə) *adj* 1 acido, acerbo, stizzoso. 2 aspro.

source (sɔːs) *n* fonte, sorgente, origine *f*.

south (sauθ) *n* sud, mezzogiorno *m*. *adj* del sud, meridionale. **southerly** *adj* del sud, meridionale. **southern** *adj* del sud, del meridione. **south-east** n sud-est m. **south-west** n sud-ovest m.

South Africa n Africa del Sud f. **South African** adj, n sud-africano.

South America n America del Sud f. **South American** adj, n sud-americano.

South Pole n polo sud m.

souvenir (suːvə'niə) n ricordo m.

sovereign ('sɔvrin) n 1 sovrano m. re m invar. 2 comm sterlina, moneta d'oro f. adj sovrano. **sovereignty** n sovranità f.

Soviet Union ('souviət) n Unione Sovietica f.

sow[1] (sou) vt seminare, spargere, piantare.

sow[2] (sau) n scrofa f.

soya bean ('sɔiə) n soia f.

spa (spɑː) n sorgente minerale, stazione termale f.

space (speis) n spazio m. vt spaziare, disporre ad intervalli. **spaceman** n astronauta m. **spaceship** n astronave f. **spacious** adj spazioso, ampio. **spaciousness** n spazio m.

spade[1] (speid) n vanga f. badile m.

spade[2] (speid) n game picche f pl.

Spain (spein) n Spagna f. **Spaniard** nm spagnolo m. **Spanish** adj spagnolo. **Spanish** (language) n spagnolo m.

span[1] (spæn) n 1 spanna f. palmo m. 2 periodo di tempo m. vt stendersi attraverso.

span[2] (spæn) v see **spin**.

spaniel ('spæniəl) n spaniel m.

spank (spæŋk) vt sculacciare.

spanner ('spænə) n chiave inglese f.

spare (speə) adj 1 d'avanzo, in più, extra. 2 parco, fruga-

le. 3 disponibile. vt 1 risparmiare. 2 fare a meno di.

spark (spɑːk) n scintilla, favilla f. lampo m. vi scintillare, emettere scintille. **spark off** lanciare. **spark plug** n candela f.

sparkle ('spɑːkəl) n bagliore m. scintilla f. vi emettere scintille, risplendere.

sparrow ('spærou) n passero m.

sparse (spɑːs) adj rado, sparso.

spasm ('spæzəm) n spasmo, spasimo m. contrazione f. **spastic** adj spastico.

spat (spæt) v see **spit**.

spatial ('speiʃəl) adj spaziale.

spatula ('spætjulə) n spatula f.

spawn (spɔːn) n uova f pl. vt, vi deporre.

speak* (spiːk) vi parlare. vt esprimere, pronunciare. **speak out** parlare francamente. **speak up** alzare la voce.

spear (spiə) n lancia, asta, fiocina f. vt fiocinare, trafiggere.

special ('speʃəl) adj 1 speciale, particolare. 2 straordinario. **specialist** n specialista m. **speciality** n specialità f. **specialize** vi specializzarsi.

species ('spiːʃiːz) n specie f invar. genere, tipo m.

specify ('spesifai) vt specificare, precisare. **specific** adj specifico, particolare.

specimen ('spesimən) n campione, modello, esemplare m.

speck (spek) n granello, punto m. macchiolina f. vt macchiare, chiazzare.

spectacle ('spektəkəl) n 1 spettacolo m. vista f. 2 pl occhiali m pl. **spectacular** adj spettacolare, spettacoloso.

spectator (spek'teitə) n spettatore m.

spectrum ('spektrəm) n spettro m.

speculate ('spekjuleit) *vi* **1** meditare, considerare. **2** *comm* speculare. **speculation** *n* speculazione *f.* **speculator** *n* speculatore *m.*

speech (spiːtʃ) *n* **1** discorso *m.* orazione *f.* **2** favella *f.*

speed* (spiːd) *n* velocità, rapidità, sveltezza *f.* *vi* affrettarsi. **speedboat** *n* motoscafo veloce *m.*

spell*¹ (spel) *vt,vi* sillabare, compitare.

spell² (spel) *n* fascino, incantesimo *m.* magia *f.* **spellbound** *adj* incantato, affascinato.

spell³ (spel) *n* periodo, intervallo *m.*

spend* (spend) *vt* **1** spendere, sborsare. **2** passare, trascorrere. **3** impiegare. *vi* spendere. **spendthrift** *adj,n* prodigo *m.*

sperm (spəːm) *n* sperma *m.*

sphere (sfiə) *n* **1** sfera *f.* globo *m.* **2** ambiente *m.* **spherical** *adj* sferico.

spice (spais) *n* **1** aroma *f.* **2** *pl* spezie *f pl.* *vt* **1** aromatizzare. **2** rendere piccante. **spicy** *adj* **1** piccante. **2** arguto, mordace.

spider ('spaidə) *n* ragno *m.*

spike (spaik) *n* **1** punta *f.* aculeo *m.* **2** chiodo *m.* *vt* inchiodare.

spill* (spil) *vt* versare, spargere. *n* caduta *f.*

spin* (spin) *vt* **1** filare. **2** far girare. *vi* girare. *n* **1** giro *m.* rotazione *f.* **2** gita *f.* **spin drier** *n* macchina asciugatrice *f.* **spin-dry** *vt* asciugare colla centrifuga. **spinning wheel** *n* filatoio *m.*

spinach ('spinidʒ) *n* spinaci *m pl.*

spine (spain) *n* **1** spina dorsale *f.* **2** spina, lisca *f.* **3** (of a book) dorso *m.* **spineless** *adj* debole.

spinster ('spinstə) *n* zitella, nubile *f.*

spire¹ (spaiə) *n arch* guglia, cuspide *f.*

spire² (spaiə) *n* spira, spirale *f.*

spiral *adj,n* spirale *f.* **spiral staircase** *n* scala a chiocciola *f.*

spirit ('spirit) *n* **1** spirito *m.* anima *f.* **2** fantasma *m.* **3** coraggio *m.* **4** *pl* liquori *m pl.* **spiritual** *adj* spirituale.

spit*¹ (spit) *vt* sputare. *vi* (of rain) piovigginare. *n* sputo *m.* saliva *f.*

spit² (spit) *n cul* spiedo *m.*

spite (spait) *n* dispetto, rancore, ripicco *m.* **in spite of** malgrado. **out of spite** per dispetto. ~ *vt* contrariare, far dispetto a. **spiteful** *adj* malevolo, dispettoso.

splash (splæʃ) *vt* schizzare, spruzzare. *vi* cadere con un tonfo. *n* spruzzo, schizzo *m.*

splendid ('splendid) *adj* splendido, magnifico. **splendour** *n* splendore, lustro *m.*

splint (splint) *n* **1** scheggia *f.* **2** *med* stecca *f.* **splinter** *n* scheggia *f.* frantume *m.* *vt,vi* frantumare.

split* (split) *vt* fendere, spaccare. *vi* fendersi. *n* spaccatura, fessura *f.*

splutter ('splʌtə) *vt,vi* barbugliare.

spoil* (spɔil) *vt* **1** guastare, rovinare, sciupare. **2** viziare. **spoil-sport** *n* guastafeste *m invar.*

spoke¹ (spouk) *n* (of a wheel) raggio *m.*

spoke² (spouk) *v see* **speak.**

spoken ('spoukən) *v see* **speak.**

spokesman ('spouksmən) *n* portavoce *m.*

sponge (spʌndʒ) *n* spugna *f.* *vt* **1** lavare con la spugna. **2** scroccare.

bidone - drum - bin

ammorbidire -
          soften

ammorbidente

sintetici - synthetic

lana - seta - wool-silk

sintetici A freddo -
          synthetic - cold

Risciacqui delicati
          rinse
Ammorbidente
centrifuga.

dente
tooth

dentro
inside
in
with
in

Centro
Center

fuga
flight
escape

#3

Tinti Color

Resistenti — resistant

#4 delicate Color

#5 LAvaggio freddo

cold wash

#6 Rinse — risciacqui

#7 Candeggio — bleach

Ammorbidente

Risciacqui

Ammorbidire — soften

#8. soften

#9. Centrifuga — spin dry

sponsor ('sponsə) n 1 garante m. 2 padrino m. madrina f. vt essere garante di. **sponsorship** n garanzia f.

spontaneous (spon'teiniəs) adj spontaneo, naturale.

spool (spuːl) n rocchetto m. bobina f.

spoon (spuːn) n cucchiaio m. **spoonful** n cucchiaiata f.

sport (spɔːt) n 1 gioco, divertimento m. 2 sport m invar. **sportsman** n sportivo m.

spot (spot) n 1 luogo, posto m. località f. 2 macchia f. vt 1 macchiare. 2 scoprire, individuare. **spotlight** n riflettore m. luce della ribalta f.

spouse (spaus) n coniuge m,f.

spout (spaut) n tubo di scarico, becco, getto m. vi 1 scaturire, zampillare. 2 declamare.

sprain (sprein) n strappo muscolare m. storta f. vt slogare, storcere.

sprang (spræŋ) v see **spring**.

sprawl (sprɔːl) vi sdraiarsi in modo scomposto.

spray[1] (sprei) n spruzzo, getto m. vt spruzzare, polverizzare.

spray[2] (sprei) n (of flowers, etc.) ramoscello, rametto m.

spread* (spred) vt 1 distendere. 2 diffondere, propagare. 3 spiegare. 4 spalmare. vi 1 stendersi. 2 diffondersi. n 1 distesa, estensione f. 2 diffusione f.

spree (spriː) n 1 baldoria f. 2 divertimento m.

sprig (sprig) n ramoscello, rametto m.

sprightly ('spraitli) adj vivace, spiritoso.

spring* (spriŋ) vi 1 nascere, sorgere, provenire. 2 balzare, scaturire. n 1 fonte, sorgente f. 2 primavera f. 3 molla f. 4 salto m. **springboard** n trampolino m. **springclean** vt pulire accuratamente. **spring onion** n cipollina f. **springtime** n primavera f.

sprinkle ('spriŋkəl) vt spruzzare, spargere. n spruzzatina f. **sprinkling** n infarinatura f.

sprint (sprint) vi correre velocemente. n corsa breve f. scatto m.

sprout (spraut) vi germogliare. n germoglio m.

sprung (sprʌŋ) v see **spring**.

spun (spʌn) v see **spin**.

spur (spəː) n sperone, sprone m. vt incitare, stimolare, spronare.

spurt (spəːt) n 1 getto m. 2 breve sforzo m. vt,vi spruzzare.

spy (spai) n spia f. vi spiare, fare la spia.

squabble ('skwɔbəl) n bisticcio m. lite f. vi bisticciarsi, accapigliarsi.

squad (skwɔd) n squadra f. plotone m.

squadron ('skwɔdrən) n 1 mil squadrone m. 2 naut,aviat squadriglia f.

squalid ('skwɔlid) adj misero, squallido.

squander ('skwɔndə) vt sprecare, scialacquare, sperperare.

square (skwɛə) adj 1 quadrato. 2 giusto, preciso. 3 inf all'antica. n 1 quadrato. 2 piazza f. vt quadrare. adv chiaro e tondo. **square root** n radice quadrata f.

squash (skwɔʃ) n 1 spremuta f. 2 sport squash m. vt 1 schiacciare, spremere. 2 umiliare.

squat (skwɔt) adj tarchiato, tozzo. vi 1 rannicchiarsi, accovacciarsi. 2 occupare abusivamente.

squawk (skwɔːk) vi emettere un grido rauco. n grido rauco m.

squeak (skwiːk) n grido acuto m. vi strillare acutamente, guaire.

squeal (skwiːl) *n* strillo *m.* *vi* strillare.

squeamish (ˈskwiːmiʃ) *adj* schizzinoso.

squeeze (skwiːz) *vt* spremere, stringere, comprimere, strizzare. *n* stretta, spremitura, compressione *f.*

squid (skwid) *n* seppia *f.* calamaro *m.*

squiggle (ˈskwigəl) *n* scarabocchio *m.*

squint (skwint) *vi* **1** essere strabico. **2** guardare obliquamente. *n* strabismo *m.* *adj* strabico.

squire (ˈskwaiə) *n* gentiluomo, proprietario di terre *m.*

squirm (skwəːm) *vi* **1** imbarazzarsi. **2** contorcersi.

squirrel (ˈskwirəl) *n* scoiattolo *m.*

squirt (skwəːt) *vt* spruzzare, schizzare. *n* schizzetto *m.*

stab (stæb) *n* pugnalata, coltellata *f.* *vt* pugnalare, accoltellare.

stabilize (ˈsteibəlaiz) *vt* stabilizzare. *vi* stabilizzarsi.

stable[1] (ˈsteibəl) *n* stalla, scuderia *f.*

stable[2] (ˈsteibəl) *adj* stabile, permanente.

stack (stæk) *n* catasta *f.* mucchio, cumulo *m.* *vt* ammucchiare, accatastare.

stadium (ˈsteidiəm) *n* stadio *m.*

staff (stɑːf) *n* **1** bastone *m.* **2** personale *m.* **3** *mil* stato maggiore *m.*

stag (stæg) *n* cervo *m.*

stage (steidʒ) *n* **1** palcoscenico, teatro *m.* **2** stadio *m.* **3** momento *m.* *vt* mettere in scena. **stage manager** *n* direttore di scena *m.*

stagger (ˈstægə) *vi* vacillare, esitare, barcollare.

stagnate (stægˈneit) *vi* ristagnare. **stagnant** *adj* stagnante, fermo, inattivo.

stain (stein) *n* macchia *f.* *vt* macchiare, colorire. **stained glass** *n* vetro colorato *m.* vetrata a colori *f.*

stair (stɛə) *n* **1** scalino, gradino *m.* **2** *pl* scale *f pl.* **staircase** *n* scala, tromba delle scale *f.*

stake[1] (steik) *n* palo *m.* incudine *f.* *vt* cintare, chiudere.

stake[2] (steik) *n* *game* **1** scommessa *f.* **2** *pl* premio *m.* *vt* scommettere, mettere in gioco.

stale (steil) *adj* stantio, vecchio, raffermo.

stalemate (ˈsteilmeit) *n* stallo, punto morto *m.*

stalk[1] (stɔːk) *n* stelo, gambo *m.*

stalk[2] (stɔːk) *vi* camminare maestosamente. *vt* inseguire.

stall[1] (stɔːl) *n* **1** chiosco *m.* edicola, bancherella *f.* **2** *pl* *Th* poltrona *f.*

stall[2] (stɔːl) *vi* **1** agire evasivamente. **2** *mot* fermarsi.

stallion (ˈstæliən) *n* stallone *m.*

stamina (ˈstæminə) *n* capacità di resistenza *f.* vigore *m.*

stammer (ˈstæmə) *n* balbuzie *f.* balbettamento *m.* *vt, vi* balbettare.

stamp (stæmp) *n* **1** impronta *f.* **2** (on a letter, etc.) francobollo, bollo *m.* *vt* **1** incidere, imprimere. **2** timbrare.

stampede (stæmˈpiːd) *n* fuga precipitosa *f.*

stand* (stænd) *vi* **1** stare in piedi. **2** stare. **3** essere valido. *vt* sopportare. **stand out** spiccare. ~ *n* **1** posizione *f.* **2** pausa *f.* **3** bancarella *f.* chiosco *m.* **4** *sport* tribuna *f.* **stand-by** *n* scorta, riserva *f.* **standing** *n* posizione, reputazione *f.* *adj* **1** eretto. **2** fermo. **standstill** *n* **1** arresto *m.* **2** fermata *f.* **at a standstill** fermo.

standard (ˈstændəd) *n* **1** modello, campione *m.* **2** bandiera *f.* stendardo *m.* **3** livello *m.*

qualità f. **4** base f. supporto m. adj standard invar. normale. **standard lamp** n lampada a stelo f.

stank (stæŋk) v see **stink**.

staple¹ ('steipəl) n chiodo ad U m. graffetta f.

staple² ('steipəl) adj principale. n prodotto principale m.

star (staɪ) n **1** stella f. astro m. **2** Th diva f. vi Th avere il ruolo di protagonista. **starfish** n stella di mare f.

starboard ('staɪbəd) adj di dritta. n dritta f. tribordo m.

starch (staɪtʃ) n amido m. vt inamidare.

stare (stɛə) n sguardo fisso m. vi spalancare gli occhi. **stare at** fissare, guardare fisso.

stark (staɪk) adj **1** rigido. **2** completo. **3** desolato. adv interamente, completamente.

starling ('staɪliŋ) n storno m.

start (staɪt) vi **1** cominciare. **2** partire. **3** trasalire. vt **1** dare inizio a. **2** mot mettere in moto. n **1** inizio m. **2** partenza f. **3** soprassalto m. **make an early start** partire di buon'ora.

startle ('staɪtl) vt spaventare, allarmare.

starve (staɪv) vt far soffrire la fame. vi morire di fame.

state (steit) n **1** stato m. condizione, situazione f. **2** pol stato m. **3** rango m. adj di stato. vt **1** dichiarare. **2** stabilire. **3** esporre. **stately** adj signorile, maestoso. **statement** n **1** dichiarazione f. **2** rapporto, esposto m. **3** comm bilancio m. **statesman** n uomo di stato, statista m. **statesmanship** n abilità politica f.

static ('stætik) adj statico.

station ('steiʃən) n **1** stazione f. **2** posto, luogo m. **3** base f. vt assegnare un posto a, collocare. **stationmaster** n capostazione m.

stationary ('steiʃənri) adj stazionario, fermo, fisso.

stationer ('steiʃənə) n cartolaio m. **stationer's shop** n cartoleria f. **stationery** n articoli di cancelleria m pl.

statistics (stə'tistiks) n **1** statistica f. **2** pl statistiche f pl. **vital statistics** misure vitali f pl.

statue ('stætjuɪ) n statua f.

stature ('stætʃə) n statura f.

status ('steitəs) n stato m. condizione sociale f. **status symbol** n oggetto il cui possesso denota un alto stato sociale m.

statute ('stætjuɪt) n statuto, regolamento m. **statutory** adj statutario.

stay¹ (stei) vi fermarsi, restare, soggiornare.

stay² (stei) n sostegno, supporto m.

steadfast ('stedfaɪst) adj costante, fermo, risoluto.

steady ('stedi) adj **1** fermo, saldo. **2** regolare. **3** serio, equilibrato. vt rafforzare, stabilizzare. vi stabilizzarsi.

steak (steik) n bistecca, fetta di carne f.

steal* (stiɪl) vt, vi rubare, sottrarre.

steam (stiɪm) n vapore m. vt cucinare a vapore. vi emettere vapore, fumare. **steam-engine** n macchina a vapore f. **steam-roller** n compressore rullo m. **steamship** n piroscafo, vapore m.

steel (stiɪl) n acciaio m. vt indurire. **steel oneself** corazzarsi. **stainless steel** n acciaio inossidabile m.

steep¹ (stiɪp) adj **1** ripido, erto. **2** inf esorbitante, irragionevole.

steep² (stiɪp) vt immergere, inzuppare.

steeple ('stiːpəl) n guglia f. campanile m. **steeplechase** n corsa ad ostacoli f.

steer (stiə) vt **1** mot sterzare, manovrare. **2** dirigere. vi sterzare. **steering wheel** n volante m.

stem[1] (stem) n stelo, gambo m.

stem[2] (stem) vt arrestare, arginare.

stencil ('stensəl) n stampino m. vt stampinare.

step (step) n **1** passo m. **2** orma, impronta f. **3** gradino m. **4** grado, avanzamento m. vi camminare, andare, recarsi. **stepladder** n scala a libretto f. **stepping stone** n **1** pietra per guadare f. **2** trampolino m.

stepbrother ('stepbrʌðə) n fratellastro m.

stepdaughter ('stepdɔːtə) n figliastra f.

stepfather ('stepfɑːðə) n patrigno m.

stepmother ('stepmʌðə) n matrigna f.

stepsister ('stepsistə) n sorellastra f.

stepson ('stepsʌn) n figliastro m.

stereo ('steriou) n stereo m. adj stereoscopico.

stereophonic (steriə'fɔnik) adj stereofonico.

stereotype ('steriətaip) n stereotipo m.

sterile ('sterail) adj sterile. **sterilize** vt sterilizzare.

sterling ('stəːliŋ) adj genuino, puro. n sterlina f.

stern[1] (stəːn) adj severo, rigido, rigoroso.

stern[2] (stəːn) n **1** naut poppa f. **2** parte posteriore, coda f.

stethoscope ('steθəskoup) n stetoscopio m.

stew (stjuː) n stufato, umido m.

steward ('stjuːəd) n naut cameriere di bordo m. **2** dispensiere m. **3** intendente, amministratore m.

stick[1] (stik) n bastone m. bacchetta, stecca f.

stick[2] (stik) vt **1** ficcare. **2** incollare. vi **1** ficcarsi. **2** attaccarsi. **stick out** tirare fuori. **stick up for** prendere le difese di. **sticky** adj appiccicoso, viscoso.

stiff (stif) adj rigido, duro. **stiffen** vt irrigidire, indurire, rassodare. vi irrigidirsi.

stifle ('staifəl) vt reprimere, trattenere.

stigma ('stigmə) n,pl **stigmata** marchio, segno, stigma m.

stile (stail) n barriera f.

still[1] (stil) adj **1** immobile, fermo. **2** silenzioso. adv ancora. **stillborn** adj nato morto. **still life** n natura morta f.

still[2] (stil) n alambicco m.

stilt (stilt) n trampolo m.

stilted ('stiltid) adj artificioso.

stimulate ('stimjuleit) vt stimolare, incitare. **stimulus** n, pl **stimuli** stimolo, incentivo m.

sting* (stiŋ) vt,vi pungere, colpire. n pungiglione m. puntura d'insetto f.

stink* (stiŋk) vi puzzare. n puzzo, fetore m. **stinking** adj puzzolente.

stint (stint) vt limitare, lesinare. n limite m. restrizione f.

stipulate ('stipjuleit) vt stipulare. **stipulation** n stipulazione f.

stir (stəː) vt mescolare, agitare. **stir up** agitare. ~n **1** mescolio m. **2** animazione f.

stirrup ('stirəp) n staffa f.

stitch (stitʃ) n **1** punto m. **2** maglia f. **3** med fitta, trafitta f. vt **1** cucire. **2** med suturare.

stoat (stout) n ermellino m.

stock (stɔk) n **1** provvista f. rifornimento m. **2** razza, stirpe *f.* **3** *pl comm* titoli *m pl.* azioni *f pl.* *vt* approvvigionare, fornire. **stockbreeding** *n* allevamento di bestiame *m.* **stockbroker** *n* agente di cambio *m.* **stock exchange** *n* borsa valori *f.* **stockpile** *n* riserva, scorta *f.* *vt* accumulare. **stocktaking** *n* inventario *m.*

stocking ('stɔkiŋ) *n* calza *f.*

stocky ('stɔki) *adj* tozzo, tarchiato.

stodge (stɔdʒ) *n* cibo pesante *m.* **stodgy** *adj* pesante, indigesto.

stoical ('stouikɪl) *adj* stoico.

stoke (stouk) *vt* **1** accudire alle caldaie. **2** alimentare, caricare. **stoker** *n* fochista *m.*

stole[1] (stoul) *v* see **steal.**

stole[2] (stoul) *n* stola *f.*

stolen ('stoulən) *v* see **steal.**

stomach ('stʌmək) *n* stomaco, ventre *m.* *vt* sopportare, digerire, tollerare. **stomach-ache** *n* mal di stomaco *m.*

stone (stoun) *n* **1** pietra, roccia *f.* sasso *m.* **2** *bot* nocciolo di frutta *m.* *vt* **1** lapidare, colpire a sassate. **2** togliere il nocciolo a.

stood (stud) *v* see **stand.**

stool (stuːl) *n* sgabello, seggiolino *m.*

stoop (stuːp) *vi* abbassarsi, chinarsi, curvarsi. *n* curvatura *f.*

stop (stɔp) *vt* **1** fermare, arrestare, cessare, sospendere, smettere. **2** otturare, tamponare. *vi* fermarsi. *n* **1** sosta *f.* arresto *m.* **2** (bus) fermata *f.* **stopgap** *n* palliativo *m.* **stoppage** *n* **1** blocco *m.* ostruzione *f.* **2** pausa, interruzione *f.* **stopper** *n* turacciolo, tappo *m.* **stopwatch** *n* cronometro *m.*

store (stɔː) *n* **1** negozio, magazzino *m.* **2** provvista, scorta *f.* *vt* **1** fornire. **2** immagazzina-

re, conservare. **storage** *n* **1** deposito, immagazzinamento *m.* **2** magazzino *m.*

storey ('stɔːri) *n* piano di edificio *m.*

stork (stɔːk) *n* cicogna *f.*

storm (stɔːm) *n* **1** temporale *m.* tempesta *f.* **2** tumulto *m.* *vt* assalire, attaccare.

story ('stɔːri) *n* storia, favola *f.* racconto, aneddoto *m.*

stout (staut) *adj* grosso, robusto, corpulento. *n* birra scura *f.*

stove (stouv) *n* cucina, stufa *f.* fornello *m.*

stow (stou) *vt* riporre, stipare. **stow away** conservare. **stowaway** *n* passeggero clandestino *m.*

straddle ('strædl̩) *vt* stare a cavalcioni.

straggle ('strægəl) *vi* sparpagliarsi, dispersarsi.

straight (streit) *adj* **1** diritto. **2** onesto. **3** (of drinks, etc.) liscio. *adv* **1** in linea retta. **2** direttamente. **straight away** subito. **straighten** *vt* **1** raddrizzare. **2** rassettare. **3** regolare. **straightforward** *adj* franco, leale, schietto.

strain[1] (strein) *vt* **1** tendere. **2** sforzare, mettere a dura prova. **3** filtrare. *vi* sforzarsi. *n* **1** tensione *f.* **2** sforzo *m.* **3** *med* strappo *m.*

strain[2] (strein) *n* razza, tendenza *f.*

strand[1] (strænd) *vt* arenare.

strand[2] (strænd) *n* filo *m.*

strange (streindʒ) *adj* **1** strano, curioso. **2** estraneo, sconosciuto. **stranger** *n* sconosciuto, forestiero *m.*

strangle ('stræŋgəl) *vt* strangolare, strozzare, soffocare.

strap (stræp) *n* cinghia, correggia *f.* *vt* legare con cinghia.

strategy ('strætidʒi) *n* strategia *f.* **strategic** *adj* strategico.

straw (strɔɪ) n **1** paglia f. **2** (for drinking) cannuccia f. **the last straw** il colmo. ~ adj di paglia.

strawberry ('strɔːbri) n fragola f. **strawberry plant** n fragola f.

stray (strei) adj **1** randagio, smarrito. **2** isolato, occasionale. n trovatello m. vi **1** vagare. **2** deviare.

streak (striːk) n striscia, stria f. vt strisciare.

stream (striːm) n corrente f. corso d'acqua m. vi scorrere, sgorgare. **streamline** vt snellire, organizzare.

street (striːt) n strada, via f.

strength (streŋθ) n **1** forza f. vigore m. **2** solidità, tenacia f. **strengthen** vt rafforzare, irrobustire, sviluppare.

strenuous ('strenjuəs) adj strenuo, stancante.

stress (stres) n **1** tensione f. sforzo m. **2** accento m. enfasi f invar. vt accentuare, sottolineare.

stretch (stretʃ) vt stendere, tirare, allungare. **stretch one's legs** sgranchirsi le gambe. ~ n **1** stiramento m. tensione f. **2** estensione, distesa f. **stretcher** n barella, lettiga f.

strict (strikt) adj **1** severo, rigoroso, rigido. **2** preciso.

stride* (straid) vi **1** camminare a passi lunghi. **2** stare a cavalcioni. n passo lungo m. andatura f. **take in one's stride** superare facilmente.

strike* (straik) vt **1** battere, colpire. **2** impressionare. **3** accendere. vi **1** scioperare. **2** suonare le ore. n sciopero m.

string* (striŋ) n spago m. corda f. vt **1** legare. **2** (pearls) infilare.

stringent ('strindʒənt) adj severo, rigoroso.

strip[1] (strip) vt spogliare, denudare. vi svestirsi. **striptease** n spogliarello m.

strip[2] (strip) n striscia f. nastro m.

stripe (straip) n **1** riga, striscia f. **2** mil gallone m. vt striare, rigare.

strive* (straiv) vi sforzarsi.

strode (stroud) v see **stride.**

stroke[1] (strouk) n **1** colpo m. percossa f. **2** sport bracciata, remata f. **3** med colpo apoplettico m.

stroke[2] (strouk) vt accarezzare, lisciare. n carezza f.

stroll (stroul) n passeggiata f. **go for a stroll** andar a fare quattro passi. ~ vi passeggiare, andare a spasso.

strong (strɔŋ) adj forte, robusto, efficace. **stronghold** n fortezza f. **strong-minded** adj volitivo.

strove (strouv) v see **strive.**

struck (strʌk) v see **strike.**

structure ('strʌktʃə) n **1** struttura f. **2** costruzione f.

struggle ('strʌgəl) n lotta f. sforzo m. vi lottare, dibattersi, sforzarsi.

strum (strʌm) vt, vi strimpellare.

strung (strʌŋ) v see **string.**

strut[1] (strʌt) vi camminare impettito.

strut[2] (strʌt) n puntone, contropalo m.

stub (stʌb) n **1** mozzicone m. rimanenza f. **2** comm matrice f. **3** ceppo m. vt inciampare. **stub out** spegnere.

stubborn ('stʌbən) adj ostinato, testardo, cocciuto.

stud[1] (stʌd) n **1** chiodo a capocchia larga m. **2** bottoncino m. vt guarnire, ornare.

stud[2] (stʌd) n (of horses) scuderia f. allevamento m.

student ('stjuːdɪnt) n studente m. studentessa f.

studio ('stjuːdiou) n **1** studio m. **2** teatro di posa m.

study ('stʌdi) n 1 studio m. 2 esame attento m. investigazione f. vt studiare, esaminare attentamente. **studious** adj 1 studioso. 2 attento.

stuff (stʌf) n 1 inf sostanza, cosa, roba f. 2 stoffa f. tessuto m. vt 1 imbottire. 2 cul farcire. 3 rimpinzare. **stuffing** n 1 imbottitura f. 2 cul ripieno m. **stuffy** adj afoso, mal ventilato.

stumble ('stʌmbəl) vi inciampare. n inciampata f.

stump (stʌmp) n 1 tronco, ceppo m. 2 moncone di membra m. 3 mozzicone m.

stun (stʌn) vt stordire, tramortire.

stung (stʌŋ) v see **sting**.

stunk (stʌŋk) v see **stink**.

stunt[1] (stʌnt) vt impedire la crescita a.

stunt[2] (stʌnt) n 1 trovata pubblicitaria f. 2 bravata f.

stupid ('stjuːpid) adj stupido, sciocco.

sturdy ('stəːdi) adj forte, robusto, vigoroso.

sturgeon ('stəːdʒən) n storione m.

stutter ('stʌtə) n balbuzie f invar. vi balbettare, tartagliare.

sty (stai) n porcile m.

style (stail) n 1 stile, modello m. 2 moda f. vt chiamare, designare.

stylus ('stailəs) n 1 stilo m. 2 puntina per grammofono f.

subconscious (sʌb'kɔnʃəs) adj,n subcosciente m.

subcontract (n sʌb'kɔntrækt; v sʌbkən'trækt) n subappalto m. vt subappaltare.

subdue (səb'djuː) vt 1 domare, soggiogare. 2 attenuare.

subject (n,adj 'sʌbdʒikt; v səb'dʒekt) n 1 soggetto, argomento m. 2 suddito m. 3 educ materia f. adj soggetto,

assoggettato. vt assoggettare, sottomettere, soggiogare.

subjective adj soggettivo, individuale.

subjunctive (səb'dʒʌŋktiv) adj, n congiuntivo m.

sublime (sə'blaim) adj sublime.

submachine-gun (sʌbmə-'fiːŋgʌn) n mitra f. fucile, mitragliatore m.

submarine (sʌbmə'riːn) n sommergibile m.

submerge (səb'məːdʒ) vt sommergere, immergere.

submit (səb'mit) vi sottomettersi, rassegnarsi. vt presentare. **submission** n sottomissione f.

subnormal (sʌb'nɔːməl) adj subnormale, al di sotto della normalità.

subordinate (adj,n sə'bɔːdinət; v sə'bɔːdineit) adj subordinato, secondario. n subalterno, inferiore m. vt subordinare.

subscribe (səb'skraib) vt 1 sottoscrivere. 2 abbonarsi a. vi 1 approvare. 2 sottoscrivere. 3 abbonarsi. **subscriber** n abbonato m. **subscription** n 1 abbonamento m. 2 sottoscrizione f.

subsequent ('sʌbsikwint) adj successivo, ulteriore.

subservient (səb'səːviənt) adj servile, subordinato.

subside (səb'said) vi 1 decrescere, sprofondare, calare. 2 quietarsi.

subsidiary (səb'sidiəri) adj supplementare, secondario, sussidiario.

subsidize ('sʌbsidaiz) vt sussidiare, sovvenzionare. **subsidy** n sussidio m.

subsist (səb'sist) vi sussistere.

substance ('sʌbstəns) n 1 sostanza, essenza f. 2 solidità f. **substantial** adj 1 sostanzioso, resistente. 2 notevole. **substantive** adj,n sostantivo m.

substitute ('sʌbstitjuːt) n sostituto, delegato, supplente m. vt sostituire.

subtitle ('sʌbtaitl) n sottotitolo m.

subtle ('sʌtl) adj 1 sottile, indefinibile. 2 astuto, scaltro.

subtract (səb'trækt) vt sottrarre, detrarre. **subtraction** n sottrazione f.

suburb ('sʌbəːb) n sobborgo m. periferia f. **suburban** adj suburbano, periferico. **suburbia** n quartieri fuori città m pl.

subvert (sʌb'vəːt) vt sovvertire.

subway ('sʌbwei) n 1 sottopassaggio m. 2 metropolitana f.

succeed (sək'siːd) vi 1 riuscire. 2 raggiungere la fama. **success** n successo m. **succession** n successione f. serie f invar. **successive** adj successivo, consecutivo.

succulent ('sʌkjulənt) adj succulento.

succumb (sə'kʌm) vi soccombere.

such (sʌtʃ) adj tale, simile. **in such cases** in casi del genere. **such as it is** così com'è. ~pron tale, questo. **suchlike** adj simile.

suck (sʌk) vt succhiare, poppare. n succhiata, poppata f.

sucker ('sʌkə) n 1 sl credulone m. 2 tech pistone m. 3 ventosa f.

suction ('sʌkʃən) n risucchio, assorbimento m.

sudden ('sʌdɪn) adj subitaneo, improvviso, repentino.

suds (sʌdz) n pl schiuma, saponata f.

sue (suː) vt far causa a. vi citare, far causa.

suede (sweid) n camoscio m. pelle scamosciata f. adj di camoscio.

suet ('suːit) n lardo m.

suffer ('sʌfə) vt,vi soffrire, patire. vt tollerare, subire.

sufficient (sə'fiʃənt) adj sufficiente, bastevole.

suffix ('sʌfiks) n suffisso m.

suffocate ('sʌfəkeit) vt,vi soffocare.

sugar ('ʃugə) n zucchero m. vt inzuccherare, addolcire. **sugar beet** n barbabietola da zucchero f. **sugar cane** n canna da zucchero f.

suggest (sə'dʒest) vt 1 suggerire, proporre. 2 alludere a. **suggestion** n 1 suggerimento m. proposta f. 2 allusione f. 3 lieve traccia f.

suicide ('suːisaid) n 1 suicidio m. 2 (person) suicida m. **commit suicide** suicidarsi. **suicidal** adj che tende al suicidio.

suit (sjuːt) n 1 abito da uomo m. 2 law causa f. 3 game seme m. vt 1 soddisfare. 2 star bene a. 3 adattare. **suit yourself** fa' come vuoi. **suitable** adj adatto, adeguato. **suitability** n convenienza f.

suitcase ('sjuːtkeis) n valigia f.

suite (swiːt) n 1 seguito, corteo m. 2 (of rooms) appartamento m. 3 (of furniture) completo m.

sulk (sʌlk) vi tenere il broncio. n broncio m. **sulky** adj imbronciato.

sullen ('sʌlən) adj accigliato.

sulphur ('sʌlfə) n zolfo m.

sultan ('sʌltən) n sultano m.

sultana (sʌl'tɑːnə) n uva sultanina f.

sultry ('sʌltri) adj 1 afoso, soffocante. 2 provocante.

sum (sʌm) n 1 somma f. 2 addizione f. v **sum up** ricapitolare.

summarize ('sʌməraiz) vt riassumere. **summary** n sommario, sunto m.

summer ('sʌmə) n estate f. adj d'estate, estivo. **summer-**

house n chiosco m. **summertime** n **1** stagione estiva f. **2** ora legale estiva f.
summit ('sʌmit) n **1** cima f. **2** culmine, apice m.
summon ('sʌmən) vt convocare, fare appello a. **summon up courage** prendere coraggio. **summons** n **1** chiamata f. **2** law citazione f. vt citare in giudizio.
sun (sʌn) n sole m.
sunbathe ('sʌnbeið) vi fare bagni di sole.
sunburn ('sʌnbəɪn) n scottatura f.
Sunday ('sʌndi) n domenica f.
sundial ('sʌndaiəl) n meridiana f.
sundry ('sʌndri) adj parecchi, vari.
sunflower ('sʌnflauə) n girasole m.
sung (sʌŋ) v see **sing**.
sunglasses ('sʌnglaɪsiz) n pl occhiali da sole m pl.
sunk (sʌŋk) v see **sink**.
sunken ('sʌŋkən) adj sprofondato, incavato.
sunlight ('sʌnlait) n luce del sole f.
sunny ('sʌni) adj luminoso, soleggiato.
sunrise ('sʌnraiz) n alba f. sorgere del sole m.
sunset ('sʌnset) n tramonto m.
sunshine ('sʌnʃain) n **1** luce del sole f. **2** bel tempo m.
sunstroke ('sʌnstrouk) n colpo di sole m.
suntan ('sʌntæn) n abbronzatura f.
super ('suːpə) adj eccellente, sopraffino.
superannuation (suːpərænju'eiʃən) n pensione di vecchiaia f.
superb (suː'pəɪb) adj eccellente, superbo.
superficial (suːpə'fiʃəl) adj superficiale, poco profondo.

superfluous (suː'pəɪfluəs) adj superfluo.
superhuman (suːpə'hjuɪmən) adj sovrumano.
superimpose (suːpərim'pouz) vt sovrapporre.
superintendent (suːpərin'tendənt) n sovrintendente m.
superior (su'piəriə) adj,n superiore m.
superlative (su'pəɪlətiv) adj,n superlativo m.
supermarket ('suːpəmaːkit) n supermercato m.
supernatural (suːpə'nætʃrəl) adj soprannaturale.
supersede (suːpə'siːd) vt rimpiazzare, sostituire.
supersonic (suːpə'sɔnik) adj ultrasonico, supersonico.
superstition (suːpə'stiʃən) n superstizione f. **superstitious** adj superstizioso.
supervise ('suːpəvaiz) vt sorvegliare, sovrintendere. **supervision** n sorveglianza f. **supervisor** n sorvegliante, sovrintendente m.
supper ('sʌpə) n cena f. **have supper** cenare.
supple ('sʌpəl) adj pieghevole, flessibile.
supplement (n 'sʌplimənt; v 'sʌpliment) n supplemento m. vt completare, integrare. **supplementary** adj supplementare.
supply (sə'plai) vt fornire, provvedere. n provvista f. rifornimento m.
support (sə'pɔɪt) n sostegno, appoggio m. vt **1** sostenere, reggere. **2** mantenere.
suppose (sə'pouz) vt supporre, presumere, credere. **supposing** conj nel caso che.
suppress (sə'pres) vt **1** sopprimere, reprimere. **2** tener nascosto.
supreme (sə'priːm) adj supremo, massimo.

surcharge (ˈsɜːtʃɑːdʒ) n soprattassa f.

sure (ʃuə) adj sicuro, certo. adv,interj certamente, davvero. **surely** adv certamente.

surety n 1 certezza f. 2 garanzia f. pegno m.

surf (sɜːf) n risacca f.

surface (ˈsɜːfis) n superficie f. vi affiorare.

surfeit (ˈsɜːfit) n eccesso m.

surge (sɜːdʒ) n impeto m. vi gonfiarsi.

surgeon (ˈsɜːdʒən) n chirurgo m. **surgery** n 1 chirurgia f. 2 (place) ambulatorio, studio medico m.

surly (ˈsɜːli) adj scontroso, sgarbato.

surmount (səˈmaunt) vt sormontare, superare.

surname (ˈsɜːneim) n cognome m.

surpass (səˈpɑːs) vt superare.

surplus (ˈsɜːplis) n sovrappiù m invar. avanzo m.

surprise (səˈpraiz) n sorpresa f. stupore m. adj inaspettato. vt sorprendere, stupire.

surrealism (səˈriəlizəm) n surrealismo m.

surrender (səˈrendə) vt cedere. vi arrendersi. n 1 resa f. 2 abbandono m.

surreptitious (sʌrəpˈtiʃəs) adj furtivo, clandestino.

surround (səˈraund) vt circondare, cingere. n bordura f. **surrounding** adj circostante. **surroundings** n pl ambiente m. dintorni m pl.

survey (n ˈsɜːvei; v səˈvei) n 1 perizia f. 2 esame m. indagine f. vt esaminare, ispezionare.

surveyor (səˈveiə) n topografo, ispettore m.

survive (səˈvaiv) vi sopravvivere. vt sopravvivere a. **survival** n sopravvivenza f.

susceptible (səˈseptəbəl) adj 1 suscettibile, impressionabile, permaloso. 2 disposto.

suspect (v səˈspekt; n,adj ˈsʌspekt) vt 1 sospettare. 2 credere. n persona sospetta f. adj sospetto.

suspend (səˈspend) vt 1 sospendere. 2 appendere, tenere sospeso. **suspense** n ansia, incertezza f. **suspension** n sospensione f.

suspicion (səˈspiʃən) n sospetto, dubbio m. **suspicious** adj 1 sospettoso, diffidente. 2 losco.

sustain (səˈstein) vt 1 sostenere, sopportare. 2 subire. 3 reggere.

swab (swɒb) n tampone m.

swagger (ˈswægə) vi pavoneggiarsi, muoversi con boria. n andatura spavalda f.

swallow[1] (ˈswɒlou) vt inghiottire, ingoiare. n sorso m.

swallow[2] (ˈswɒlou) n zool rondine f.

swam (swæm) v see **swim**.

swamp (swɒmp) n palude f. vt inondare, sommergere.

swan (swɒn) n cigno m.

swank (swæŋk) vi darsi arie. n inf vanagloria f.

swap (swɒp) n scambio m. vt barattare, scambiare.

swarm (swɔːm) n sciame m. folla f. vi 1 sciamare. 2 pullulare, brulicare.

swastika (ˈswɒstikə) n svastica, croce uncinata f.

swat (swɒt) vt inf colpire. n acchiappamosche m.

sway (swei) vi oscillare, ondeggiare. vt influenzare, dominare. n 1 preponderanza f. 2 oscillazione f.

swear* (swɛə) vt giurare. vi bestemmiare. **swearword** n bestemmia, imprecazione f.

sweat (swet) vi sudare, traspirare. n sudore m. traspirazione f. **sweater** n maglione m.

swede (swiːd) n rapa svedese f.

Sweden (ˈswiːdn̩) n Svezia f.

Swede n svedese m,f. **Swedish** adj svedese. **Swedish** (language) n svedese m.

sweep* (swiːp) vt 1 spazzare, scopare. 2 sfiorare. vi 1 muoversi velocemente. 2 scopare. n 1 scopata, spazzata f. 2 curva f. 3 movimento rapido m. **sweeping** adj 1 generale. 2 vasto. 3 rapido.

sweet (swiːt) adj 1 dolce. 2 amabile. n dolce m. caramella f. **sweetbread** n animella f. **sweet corn** n granoturco m. **sweetheart** n innamorato m. **sweet pea** n pisello odoroso m. **sweeten** vt 1 zuccherare. 2 addolcire. **sweetener** n dolcificante m.

swell* (swel) vt 1 aumentare. 2 gonfiare. vi gonfiarsi. n naut mare lungo m. risacca f. **swelling** n infiammazione f.

swept (swept) v see **sweep**.

swerve (swɜːlv) vi deviare. n deviazione f.

swift (swift) adj 1 svelto. 2 rapido, agile. n zool rondone m.

swig (swig) n inf bevuta, sorsata f. vt,vi tracannare.

swill (swil) n risciacquatura f. vt 1 risciacquare. 2 tracannare.

swim* (swim) vi nuotare. n nuotata f. **swimmer** n nuotatore m. **swimming** n nuoto m. **swimming costume** n costume da bagno m. **swimming pool** n piscina f.

swindle ('swindl) vt frodare, truffare. n frode f.

swine (swain) n maiale, porco m.

swing* (swiŋ) vi 1 dondolare, oscillare. 2 girare. vt agitare. n 1 oscillazione f. dondolio m. 2 altalena f. 3 ritmo m.

swipe (swaip) inf n colpo violento m. vt colpire con forza.

swirl (swɜːl) n vortice, turbine m. vi turbinare.

swish (swiʃ) n sibilo m. sferzata f. vi sibilare, fischiare.

switch (switʃ) n 1 (electric) interruttore m. 2 frustino m. vt mutare, spostare. **switch on/off** accendere/spegnere. **switchboard** n centralino m.

Switzerland ('switsələnd) n Svizzera f. **Swiss** adj,n svizzero.

swivel ('swivəl) n perno, snodo m. vi girare. **swivel chair** sedia girevole.

swollen('swoulən) v see **swell**.

swoop (swuːp) n attacco, assalto m. vi assalire, abbattersi.

swop (swɔp) n scambio m. vt barattare, scambiare.

sword (sɔːd) n spada f. **sword fish** n pesce spada m. **swordsman** n spadaccino m. **swordsmanship** n maestria nel maneggiare la spada f.

swore (swɔː) v see **swear**.

sworn (swɔːn) v see **swear**.

swot (swɔt) sl vi sgobbare. n sgobbone m.

swum (swʌm) v see **swim**.

swung (swʌŋ) v see **swing**.

sycamore ('sikəmɔː) n sicomoro m.

syllable ('siləbəl) n sillaba f.

syllabus ('siləbəs) n programma, prospetto m.

symbol ('simbəl) n simbolo m. **symbolic** adj simbolico. **symbolism** n simbolismo m. **symbolize** vt simboleggiare.

symmetry ('simitri) n simmetria f. **symmetrical** adj simmetrico.

sympathy ('simpəθi) n 1 simpatia, comprensione f. 2 compassione, solidarietà f. **sympathetic** adj 1 simpatizzante, cordiale. 2 simpatico. **sympathize** vi capire, condividere i sentimenti.

symphony ('simfəni) n sinfonia f.

symposium (sim'pouziəm) n simposio m.

symptom ('simptəm) *n* sintomo, indizio *m*.

synagogue ('sinəgɔg) *n* sinagoga *f*.

synchronize ('siŋkrənaiz) *vt* sincronizzare.

syndicate ('sindikət) *n* sindacato *m*.

syndrome ('sindroum) *n* sindrome *f*.

synonym ('sinənim) *n* sinonimo *m*.

synopsis (si'nɔpsis) *n*, *pl* **synopses** sinossi *f invar*.

syntax ('sintæks) *n* sintassi *f*.

synthesis ('sinθəsis) *n*, *pl* **syntheses** sintesi *f*. **synthetic** *adj* sintetico.

syphilis ('sifəlis) *n* sifilide *f*.

Syria ('siriə) *n* Siria *f*. **Syrian** *adj,n* siriano.

syringe (si'rindʒ) *n* siringa *f*.

syrup ('sirəp) *n* sciroppo *m*.

system ('sistəm) *n* sistema, metodo *m*. **systematic** *adj* sistematico.

T

tab (tæb) *n* **1** linguetta *f*. **2** etichetta *f*.

tabby ('tæbi) *adj* tigrato. *n* gatto soriano *m*.

table ('teibəl) *n* **1** tavola *f*. **2** tabella, classifica *f*. **lay/clear the table** apparecchiare/sparecchiare la tavola. **table-cloth** *n* tovaglia *f*. **tablemat** *n* tovaglietta *f*. sottopiatto *m*. **tablespoon** *n* cucchiaio *m*. **table tennis** *n* ping-pong *Tdmk m*.

tablet ('tæblət) *n* **1** *med* pastiglia, compressa *f*. **2** lapide, tavoletta *f*.

taboo (tə'buː) *adj,n* tabù *m invar*.

tachograph ('tækou'graːf) *n* tachigrafo *m*.

tack (tæk) *n* **1** puntina *f*. **2** (sewing) imbastitura *f*. *vt* **1** attaccare. **2** imbastire. *vi naut* virare.

tackle ('tækəl) *vt* **1** affrontare. **2** *sport* caricare, placcare. *n* attrezzi *m pl*.

tact (tækt) *n* tatto *m*. **tactful** *adj* pieno di tatto.

tactics ('tæktiks) *n pl* tattica *f*.

tadpole ('tædpoul) *n* girino *m*.

taffeta ('tæfitə) *n* taffettà *m*.

tag (tæg) *n* **1** cartellino *m*. etichetta *f*. **2** linguetta *f*.

Tahiti (taː'hiːti) *n* Tahiti *m*. **Tahitian** *adj,n* tahitiano.

tail (teil) *n* **1** coda *f*. **2** *pl* (of a coin) rovescio *m*. **3** *pl* marsina *f*. frac *m*.

tailor ('teilə) *n* sarto *m*.

taint (teint) *vt* contaminare, corrompere, inquinare. *n* **1** infezione *f*. **2** marchio *m*.

take* (teik) *vt* **1** prendere. **2** portare. **3** accompagnare. **4** occorrere. **take after** assomigliare a. **take down 1** abbassare. **2** smontare. **3** *inf* umiliare. **take in 1** comprendere. **2** (clothes) stringere. **3** ingannare. **take off 1** togliere. **2** *aviat* decollare. **take-off** *n* decollo *m*. **take over** rilevare. **take-over** *n* rilevamento *or* assorbimento di una ditta *m*. **takings** *n pl* incassi *m pl*.

talcum powder ('tælkəm) *n* borotalco, talco *m*.

tale (teil) *n* **1** storia *f*. racconto *m*. **2** chiacchiera, diceria *f*.

talent ('tælənt) *n* talento, ingegno *m*.

talk (tɔːk) *vi* parlare, conversare, chiacchierare. **talk over** discutere su. ~ *n* discorso *m*. conversazione, chiacchierata *f*. **talkative** *adj* loquace, chiacchierone.

tall (tɔːl) *adj* **1** alto. **2** incredibile.

tally ('tæli) *n* talloncino *m*. etichetta *f*. *vt* calcolare, registrare. *vi* corrispondere.

talon ('tælən) n artiglio m.

tambourine (tæmbə'riːn) n tamburello m.

tame (teim) adj **1** domestico, docile, mansueto. **2** banale. vt addomesticare, domare.

tamper ('tæmpə) vi alterare, corrompere.

tampon ('tæmpɔn) n tampone m.

tan (tæn) vt **1** abbronzare. **2** (leather) conciare. vi abbronzarsi. n abbronzatura f. adj marrone rossiccio.

tangent ('tændʒənt) n tangente m.

tangerine (tændʒə'riːn) n mandarino m.

tangible ('tændʒəbəl) adj **1** tangibile. **2** chiaro, manifesto.

tangle ('tæŋgəl) n groviglio, imbroglio m. vt aggrovigliare, ingarbugliare. vi aggrovigliarsi.

tango ('tæŋgou) n tango m.

tank (tæŋk) n **1** vasca, cisterna f. **2** mil carro armato m. **tanker** n nave cisterna f. **oil tanker** n petroliera f.

tankard ('tæŋkəd) n boccale m.

tantalize ('tæntəlaiz) vt tentare, tormentare.

tantrum ('tæntrəm) n **1** accesso d'ira m. **2** pl capricci m pl.

tap¹ (tæp) vt (hit) colpire lievemente. vi colpetto.

tap² (tæp) n rubinetto m. vt attingere, utilizzare.

tape (teip) n **1** nastro m. **2** (ribbon) fettuccia f. vt **1** legare con un nastro. **2** incidere su un nastro magnetico. **tape-measure** n metro m. **tape-recorder** n registratore m.

taper ('teipə) n candela sottile f. vt assottigliare.

tapestry ('tæpistri) n arazzo m. tappezzeria f.

tapioca (tæpi'oukə) n tapioca f.

tar (tɑː) n catrame m. vt incatramare, impeciare.

tarantula (tə'ræntjulə) n tarantola f.

target ('tɑːgit) n bersaglio, obiettivo, traguardo m.

tariff ('tærif) n tariffa f.

Tarmac ('tɑːmæk) n Tdmk macadam al catrame m.

tarnish ('tɑːniʃ) vt **1** annerire, ossidare. **2** macchiare. n annerimento m. ossidazione f.

tarragon ('tærəgən) n dragoncello m.

tart¹ (tɑːt) adj **1** agro, aspro. **2** sarcastico.

tart² (tɑːt) n **1** cul crostata f. **2** sl meretrice f.

tartan ('tɑːtn) n tessuto scozzese m.

tartar sauce ('tɑːtə) n salsa tartara f.

task (tɑːsk) n compito, dovere m.

tassel ('tæsəl) n nappa f. fiocco m.

taste (teist) vt gustare, assaggiare. **taste of** sapere di. ~n **1** gusto, sapore m. **2** assaggio m. **3** inclinazione f. **4** buon gusto m.

tattoo¹ (tə'tuː) n ritirata militare f.

tattoo² (tə'tuː) n tatuaggio m. vt tatuare.

taught (tɔːt) v see **teach.**

taunt (tɔːnt) n sarcasmo, insulto m. vt schernire.

Taurus ('tɔːrəs) n Toro m.

taut (tɔːt) adj teso, tirato.

tautology (tɔː'tɔlədʒi) n tautologia f.

tavern ('tævən) n taverna f.

tax (tæks) n tassa, imposta f. vt **1** tassare. **2** mettere alla prova.

taxi ('tæksi) n tassì m.

tea (tiː) n tè m. **high tea** n pasto serale con tè m. **tea bag** n bustina di tè f. **tea-break** n intervallo per merenda m. **tea cloth** n strofinaccio da cucina. **teacup** n tazza di tè

f. **tea-leaf** n foglia del tè
f. **teapot** n teiera f. **tea-spoon** n cucchiaino m. **tea-tray** n vassoio da tè m.

teach* (tiːtʃ) vt insegnare.
teacher n insegnante, professore m. professoressa f.

teak (tiːk) n tek m.

team (tiːm) n 1 squadra f. 2
(of horses) tiro m.

tear[1] (tiə) n lacrima f. **tear-drop** n lacrima f. **tear gas** n
gas-lacrimogeno m.

tear*[2] (tɛə) vt 1 strappare. 2
dividere, lacerare. vi strapparsi. **tear along** correre. **tear up** fare a pezzi. ~ n strappo m.
lacerazione f.

tease (tiːz) vt stuzzicare, prendere in giro.

teat (tiːt) n 1 tettarella f. 2
zool capezzolo m.

technical ('teknikəl) adj tecnico. **technician** n tecnico m.
technique n tecnica f.
technology n tecnologia f.

teddy bear ('tedi) n orsacchiotto m.

tedious ('tiːdiəs) adj tedioso.

tee (tiː) n sport tee m. **to a tee** a puntino. ~ vt mettere sul tee.

teenage ('tiːneidʒ) adj adolescente. **teenager** n adolescente m,f.

teetotal (tiː'toutl) adj astemio. **teetotaller** n astemio m.

telecommunications (telikəmjuːni'keifənz) n pl telecomunicazioni fpl. telematica f.

telegram ('teligræm) n telegramma m.

telegraph ('teligrɑːf) n telegrafo m. vt,vi telegrafare. **telegraph pole** n palo telegrafico m.

telepathy (ti'lepəθi) n telepatia f.

telephone ('telifoun) n telefono m. vt telefonare a. vi telefonare.

telescope ('teliskoup) n telescopio, cannocchiale m. vi incastrarsi l'uno nell'altro.

televise ('telivaiz) vt teletrasmettere. **television** n televisione f. **television set** n televisore m.

telex ('teleks) n telex m. vt trasmettere per telex.

tell* (tel) vt 1 dire, raccontare. 2 distinguere. **telltale** n
chiacchierone, pettegolo m.
adj rivelatore.

temper ('tempə) n 1 collera f. 2 umore m. 3 indole f. vt
moderare, temperare. **temperament** n temperamento
m. indole f. **temperamental**
adj capriccioso. **temperate**
adj temperato, moderato.
temperature n temperatura
f. **have a temperature** avere la febbre.

tempestuous (tem'pestjuəs)
adj 1 tempestoso, burrascoso.
2 agitato.

temple[1] ('templ) n rel tempio m.

temple[2] ('templ) n anat tempia f.

tempo ('tempou) n tempo, ritmo m.

temporal ('tempərəl) adj temporale. **temporary** adj temporaneo.

tempt (tempt) vt tentare, indurre al male.

ten (ten) adj,n dieci m or f. **tenth** adj decimo.

tenacious (tə'neifəs) adj tenace, ostinato.

tenant ('tenənt) n inquilino m. **tenancy** n affitto m. locazione f.

tend[1] (tend) vi tendere. **tendency** n tendenza, inclinazione f.

tend[2] (tend) vt curare.

tender[1] ('tendə) adj 1 affettuoso, tenero. 2 delicato, sensibile.

tender² ('tendə) vt offrire, presentare. vi fare offerte per un appalto. n offerta f.

tendon ('tendən) n tendine m.

tendril ('tendril) n viticcio m.

tenement ('tenəmənt) n abitazione f.

tennis ('tenis) n tennis m. **tennis court** n campo da tennis m.

tenor ('tenə) n 1 tenore m. 2 mus tenore m.

tense¹ (tens) adj teso. vt tendere. vi innervosirsi. **tension** n tensione f.

tense² (tens) n gram tempo m.

tent (tent) n tenda f.

tentacle ('tentəkəl) n tentacolo m.

tentative ('tentətiv) adj sperimentale, di prova.

tenuous ('tenjuəs) adj 1 tenue, sottile. 2 rarefatto.

tepid ('tepid) adj tiepido.

term (təːm) n 1 termine m. 2 educ trimestre m. 3 termine m. parola f. 4 pl rapporti m pl. vt chiamare, definire.

terminal ('təːminl) n 1 stazione terminale, capolinea f. 2 tech morsetto m. 3 comp terminale m. adj estremo, finale.

terminate ('təːmineit) vt,vi terminare. **termination** n terminazione.

terminology (təːmi'nɔlədʒi) n terminologia f.

terminus ('təːminəs) n, pl **termini** 1 capolinea f. 2 termine m.

terrace ('terəs) n 1 terrazza f. 2 fila di case f.

terrestrial (tə'restriəl) adj terrestre.

terrible ('teribəl) adj terribile.

terrier ('teriə) n terrier m.

terrify ('terifai) vt atterrire. **terrific** adj 1 terrificante. 2 straordinario, magnifico.

territory ('teritri) n 1 territorio m. 2 zona f.

terror ('terə) n terrore m. **terrorist** n terrorista m. **terrorize** vt terrorizzare.

Terylene ('terilin) n Tdmk terital m.

test (test) n 1 prova f. esame m. 2 collaudo m. 3 med analisi f invar. vt 1 esaminare, mettere alla prova. 2 collaudare. 3 med analizzare. **test-tube** n provetta f.

testament ('testəmənt) n testamento m.

testicle ('testikəl) n testicolo m.

testify ('testifai) vt 1 attestare, dimostrare. 2 testimoniare.

testimony ('testiməni) n attestato m. deposizione, testimonianza f. **testimonial** n testimonianza f. benservito m.

tether ('teðə) vt impastoiare. n pastoia f.

text (tekst) n testo m. **textbook** n libro di testo m. **textual** adj testuale.

textile ('tekstail) adj,n tessile m.

texture ('tekstʃə) n 1 tech grana f. 2 tessuto m.

Thames (temz) n Tamigi m.

than (ðən; stressed ðæn) conj che, di, di quanto, di quello che, che non.

thank (θæŋk) vt ringraziare. **thanks** n pl grazie f pl. **thank you!** grazie! **thankful** adj riconoscente.

that (ðæt) adj quel, quello ms. quella fs. quei, quegli m pl. quelle f pl. pron 1 quello ms. quella fs. quei, quegli m pl. quelle f pl. 2 ciò. 3 che, il quale ms, la quale fs, i quali m pl, le quali f pl. 4 in cui. conj che.

thatch (θætʃ) n paglia f. vt coprire di paglia.

thaw (θɔː) vt sgelare. vi sgelarsi. n disgelo m.

the (ðə; stressed ðiː) def art il, lo l' ms. la, l' fs. i, gli m pl. le f pl.

theatre ('θɪətə) n 1 teatro m. scena f. 2 med sala operatoria f. **theatrical** adj teatrale, drammatico.

theft (θeft) n furto m.

their (ðeə) poss adj 3rd pers pl (il) loro, (la) loro, (i) loro, (le) loro. **theirs** pron 3rd pers pl il loro, la loro, i loro, le loro, di loro.

them (ðəm; stressed ðem) pron 3rd pers pl 1 li m pl. le f pl. loro m,f pl. 2 essi m pl. esse f pl. loro m,f pl. **themselves** pron 3rd pers pl 1 se or se stessi. 2 si, sé.

theme (θiːm) n tema, soggetto m. **thematic** adj tematico.

then (ðen; stressed ðen) adv 1 allora, a quel tempo. 2 poi, dopo. conj in questo caso, quindi, dunque. **by then** ormai. **up to then** fino allora, fino a quel momento.

theology (θi'ɔlədʒi) n teologia f. **theologian** n teologo m. **theological** adj teologico.

theorem ('θiərəm) n teorema m.

theory ('θiəri) n 1 teoria f. 2 opinione f. **theoretical** adj teorico, astratto. **theoretically** adv in teoria. **theorize** vi formulare teorie, teorizzare.

therapy ('θerəpi) n terapia, cura f. **therapeutic** adj terapeutico, curativo.

there (ðeə) adv 1 lì, là. 2 ci, vi. 3 in ciò. interj ecco! **thereabouts** adv 1 là vicino, nei pressi. 2 circa, pressappoco. **thereafter** adv da allora in poi, in seguito. **thereby** adv così, in tal modo. **therefore** adv quindi, dunque, perciò. **thereupon** adv al che, quindi. **therewith** adv con ciò.

thermal ('θəːməl) adj also **thermic**1 termale. 2 termico.

thermodynamics (θəːmou-dai'næmiks) n termodinamica f. **thermodynamic** adj termodinamico.

thermometer (θə'mɔmitə) n termometro m.

thermonuclear (θəːmou'njuːkliə) adj termonucleare.

Thermos ('θəːmɔs) n Tdmk termos m invar.

thermostat ('θəːməstæt) n termostato m.

these (ðiːz) adj,pron questi.

thesis ('θiːsis) n, pl **theses** tesi f invar. teoria f.

they (ðei) pron 3rd pers pl essi m pl. esse f pl. loro m,f pl.

thick (θik) adj 1 grosso, spesso. 2 denso. 3 fitto. 4 stupido. **thick as thieves** amici per la pelle. **thick-skinned** adj insensibile. **thicken** vt addensare, rendere più denso. vi 1 infittirsi. 2 complicarsi. 3 offuscarsi. **thickness** n spessore m.

thief (θiːf) n, pl **thieves** ladro m.

thigh (θai) n coscia f.

thimble ('θimbəl) n ditale m.

thin (θin) adj 1 sottile, fine. 2 magro, snello. 3 rado, scarso. **thin-skinned** adj sensibile. **thinness** n magrezza f.

thing (θiŋ) n 1 cosa, roba f. oggetto m. 2 pl effetti m pl. **for one thing...for another** in primo luogo...d'altra parte.

think* (θiŋk) vt,vi 1 pensare, riflettere. 2 credere, immaginare. **think about/of** pensare di/a. **think over** ripensare, ripensarci.

third (θəːd) adj terzo. n terzo m. terza parte f. **third party** n comm terzi m pl. **third person** n terza persona f. **third-rate** adj scadente.

thirst (θəːst) n sete f. v **thirst for** bramare, desiderare. **thirsty** adj assetato. **be thirsty** avere sete.

thirteen (θər'tiːn) *adj,n* tredici *m* or *f*. **thirteenth** *adj* tredicesimo.

thirty ('θəɪti) *adj,n* trenta *m*. **thirtieth** *adj* trentesimo.

this (ðis) *adj,pron* questo.

thistle ('θisəl) *n* cardo *m*.

thorn (θɔːn) *n* spino *m*. spina *f*.

thorough ('θʌrə) *adj* esauriente, accurato. **thoroughbred** *adj* di razza. **thoroughfare** *n* strada, via di transito *f*. **thoroughly** *adv* a fondo, in dettaglio.

those (ðouz) *adj,pron* quei, quegli, quelli *m pl.* quelle *f pl.* **those who** chi.

though (ðou) *conj* 1 sebbene, benché. 2 anche se. **as though** come se. ~ *adv* tuttavia.

thought[1] (θɔːt) *n* pensiero *m*. idea, opinione *f*. **on second thoughts** ripensandoci. **thoughtful** *adj* 1 pensieroso. 2 premuroso. **thoughtless** *adj* 1 avventato, sbadato. 2 irriguardoso.

thought[2] (θɔːt) *v see* **think**.

thousand ('θauzənd) *adj* mille. *n* mille *m*. migliaio *m, pl* migliaia *f*. **thousandth** *adj* millesimo.

thrash (θræʃ) *vt* battere, colpire, frustare. **thrashing** *n* 1 percosse *f pl.* 2 sconfitta *f*.

thread (θred) *n* filo *m. vt* infilare. **threadbare** *adj* logoro.

threat (θret) *n* minaccia *f*. **threaten** *vt* minacciare. **threatening** *adj* minaccioso.

three (θriː) *adj,n* tre *m* or *f*. **three-cornered** *adj* triangolare. **three-dimensional** *adj* tridimensionale. **threequarters** *adv* a tre quarti. **threesome** *n* trio *m*.

thresh (θreʃ) *vt* trebbiare.

threshold ('θreʃhould) *n* soglia *f*.

threw (θruː) *v see* **throw**.

thrift (θrift) *n* economia, parsimonia *f*. **thrifty** *adj* frugale, parco.

thrill (θril) *n* brivido *m. vt* eccitare. *vi* fremere. **thriller** *n* romanzo poliziesco, giallo *m*. **thrilling** *adj* eccitante.

thrive* (θraiv) *vi* prosperare. **thriving** *adj* prosperoso, florido.

throat (θrout) *n* gola *f*. **have a sore throat** avere mal di gola.

throb (θrɔb) *n* battito, palpito *m. vi* battere, palpitare, pulsare.

throne (θroun) *n* trono *m*.

throng (θrɔŋ) *n* folla, ressa *f. vt* affollare. *vi* affollarsi.

throttle ('θrɔtl) *n* valvola *f. vt* strozzare.

through (θruː) *prep* 1 per, attraverso. 2 durante. 3 mediante. *adj* diretto. *adv* completamente. **throughout** *adv* completamente. *prep* in tutto.

throw* (θrou) *n* lancio, tiro *m. vt* gettare, lanciare, tirare. **throw away** gettar via. **throw out** cacciar fuori, espellere.

thrush (θrʌʃ) *n* tordo *m*.

thrust* (θrʌst) *n* spinta *f*. colpo *m. vt* conficcare.

thud (θʌd) *n* tonfo *m. vi* cadere con un tonfo.

thumb (θʌm) *n* pollice *m. vt* voltare le pagine di.

thump (θʌmp) *n* 1 botta *f*. colpo *m*. 2 tonfo *m. vt* battere, colpire.

thunder ('θʌndə) *n* tuono *m. vi* tuonare. **thunderstorm** *n* temporale *m*.

Thursday ('θəɪzdi) *n* giovedì *m*.

thus (ðʌs) *adv* così, quindi.

thwart (θwɔːt) *vt* frustrare, contrastare.

thyme (taim) *n* timo *m*.

thyroid ('θairɔid) *n* tiroide *f*.

tiara (ti'ɑːrə) *n* tiara *f*.

tick¹ (tik) n 1 tic tac, ticchettio, scatto m. 2 segno m. 3 inf attimo m. vi ticchettare. vt segnare. **tick off** spuntare.

tick² (tik) n zool zecca f. acaro m.

ticket ('tikit) n biglietto, scontrino m. **ticket collector** n bigliettaio m. **ticket office** n biglietteria f.

tickle ('tikəl) vt fare il solletico a, stuzzicare. vi prudere. **ticklish** adj 1 sensibile al solletico. 2 difficile.

tide (taid) n marea f. flusso m.

tidy ('taidi) adj ordinato. vt mettere in ordine. **tidiness** n ordine m. accuratezza f.

tie (tai) n 1 legame, vincolo m. 2 (clothing) cravatta f. vt legare, annodare.

tier (tiə) n fila f. ordine m.

tiger ('taigə) n tigre f.

tight (tait) adj 1 stretto, aderente, fermo. 2 inf brillo. adv saldamente. **tight-fisted** adj tirchio. **tightrope** n corda dell'acrobata f. **tightrope walker** n funambolo m. **tighten** vt serrare. vi tendersi. **tights** n pl calzamaglia f. collant m.

tile (tail) n tegola, mattonella, piastrella f. vt lastricare.

till¹ (til) prep fino a. conj finché.

till² (til) vt coltivare.

till³ (til) n cassa f. cassetto m.

tiller ('tilə) n naut barra f.

tilt (tilt) n inclinazione, pendenza f. vt inclinare. vi pendere.

timber ('timbə) n legname m.

time (taim) n 1 tempo m. 2 ora f. 3 volta f. vt, vi cronometrare, scegliere il momento. **from time to time** a volte, di quando in quando. **time bomb** n bomba a orologeria f. **timekeeper** n cronometrista, segnatempo m. **timetable** n orario m. **timely** adj opportuno.

timid ('timid) adj timido.

timpani ('timpəni) n pl timpani m pl.

tin (tin) n 1 min stagno m. 2 barattolo m. lattina f. vt 1 stagnare. 2 inscatolare. **tinopener** n apriscatole m invar.

tinge (tindʒ) n 1 tinta f. 2 sfumatura f. vt 1 tingere. 2 sfumare.

tingle ('tiŋgəl) n formicolio m. vi formicolare.

tinker ('tiŋkə) n calderaio m. v **tinker with** armeggiare con.

tinkle ('tiŋkəl) n tintinnio, trillo m. vt far tintinnare. vi trillare.

tinsel ('tinsəl) n lustrino m.

tint (tint) n 1 tinta f. 2 sfumatura f. vt 1 tingere. 2 sfumare.

tiny ('taini) adj piccolo, minuscolo.

tip¹ (tip) n (point) punta f. **tiptoe** n punta di piedi f. vi camminare in punta di piedi.

tip² (tip) n 1 inclinazione, pendenza f. 2 deposito m. vt 1 inclinare. 2 buttare. **tip over** rovesciare.

tip³ (tip) n 1 (gratuity) mancia f. 2 informazione riservata f. vt dare la mancia a. **tip off** avvertire. **tip-off** n avvertimento m.

tipsy ('tipsi) adj brillo, alticcio.

tire (taiə) vt stancare. vi stancarsi. **tired** adj 1 stanco. 2 stufo.

tissue ('tifuː) n 1 tessuto m. 2 fazzoletto di carta m.

tit (tit) n 1 capezzolo m. 2 zool cincia f. **tit for tat** botta e risposta.

title ('taitl) n titolo m. '

to (tə; stressed tuː) prep 1 a, da. 2 con, verso, per. 3 fino a. 4 in confronto a. **to and fro** su e giù.

toad (toud) n rospo m. **toadstool** n fungo velenoso m.

toast[1] (toust) *n cul* pane tostato, toast *m*. *vt* tostare, abbrustolire. **toaster** *n* tostapane *m*.

toast[2] (toust) *n* brindisi *m invar*. *vi* brindare.

tobacco (tə'bækou) *n* tabacco *m*. **tobacconist** *n* tabaccaio *m*.

toboggan (tə'bɔgən) *n* toboga *m invar*. slitta *f*. scivolo *m*.

today (tə'dei) *adv,n* oggi *m*.

toddler ('tɔdlə) *n* infante *m*.

toe (tou) *n* 1 *anat* dito del piede *m*. 2 punta *f*. **toenail** *n* unghia del piede *f*.

toffee ('tɔfi) *n* caramella *f*.

toga ('tougə) *n* toga *f*.

together (tə'geðə) *adv* 1 insieme. 2 contemporaneamente.

toil (tɔil) *n* lavoro *m*. fatica *f*. *vi* faticare.

toilet ('tɔilət) *n* gabinetto *m*. toletta *f*. **toilet paper** *n* carta igienica *f*. **toilet roll** *n* rotolo di carta igienica *m*. **toilet water** *n* acqua da toletta *f*.

token ('toukən) *n* segno, pegno *m*.

told (tould) *v see* **tell.**

tolerate ('tɔləreit) *vt* tollerare, sopportare. **tolerance** *n* tolleranza, indulgenza *f*. **tolerant** *adj* tollerante.

toll[1] (toul) *vt* suonare. *n* rintocco *m*.

toll[2] (toul) *n* pedaggio *m*. imposta *f*. **tollgate** *n* barriera di pedaggio *f*.

tomato (tə'mɑːtou) *n, pl* **-toes** pomodoro *m*.

tomb (tuːm) *n* tomba *f*. **tombstone** *n* lapide *f*.

tomorrow (tə'mɔrou) *adv,n* domani *m*.

ton (tʌn) *n* tonnellata *f*.

tone (toun) *n* 1 tono *m*. 2 tonalità *f*. *v* **tone down** attenuare, smorzare. **tone with** armonizzarsi con. **tonality** *n* tonalità *f*.

tongs (tɔnz) *n pl* pinze, molle *f pl*.

tongue (tʌn) *n* lingua *f*. **tongue-tied** *adj* ammutolito, reticente. **tongue-twister** *n* scioglilingua *m*.

tonic ('tɔnik) *adj,n* tonico *m*. **tonic water** *n* acqua tonica *f*.

tonight (tə'nait) *adv* questa sera, stasera, questa notte, stanotte.

tonsil ('tɔnsəl) *n* tonsilla *f*. **tonsillitis** *n* tonsillite *f*.

too (tuː) *adv* 1 anche, inoltre, pure. 2 troppo. **too many** troppi. **too much** troppo.

took (tuk) *v see* **take.**

tool (tuːl) *n* attrezzo, strumento *m*.

tooth (tuːθ) *n, pl* **teeth** dente *m*. **toothache** *n* mal di denti *m*. **toothbrush** *n* spazzolino da denti *m*. **toothpaste** *n* dentifricio *m*. **toothpick** *n* stuzzicadenti *m invar*.

top[1] (tɔp) *n* 1 cima *f*. vertice *m*. 2 coperchio, tappo *m*. *adj* superiore, principale. *vt* 1 superare. 2 coprire. **top hat** *n* tuba *f*. **top-heavy** *adj* sbilanciato.

top[2] (tɔp) *n* (toy) trottola *f*.

topaz ('toupæz) *n* topazio *m*.

topic ('tɔpik) *n* argomento, soggetto *m*. **topical** *adj* d'attualità.

topography (tə'pɔgrəfi) *n* topografia *f*.

topple ('tɔpəl) *vt* rovesciare. *vi* vacillare, cadere. **topple over** rovesciarsi.

topsoil ('tɔpsɔil) *n* terriccio *m*.

topsy-turvy (tɔpsi'təːvi) *adj, adv* sottosopra.

torch (tɔːtʃ) *n* torcia, fiaccola *f*.

tore (tɔː) *v see* **tear.**

torment ('tɔːmənt) *n* tormento *m*. pena *f*. *vt* tormentare, molestare.

torn (tɔːn) *v see* **tear.**

tornado (tɔr'neidou) *n, pl* **-does** *or* **-dos** tornado, uragano, ciclone *m*.

torpedo (tɔr'pirdou) *n, pl* **-does** torpedine *f.* siluro *m. vt* silurare.

torrent ('tɔrənt) *n* torrente *m*. **torrential** *adj* torrenziale.

torso ('tɔisou) *n* tronco, torso *m*.

tortoise ('tɔitəs) *n* testuggine, tartaruga *f*.

tortuous ('tɔitʃuəs) *adj* tortuoso.

torture ('tɔitʃə) *n* tortura *f.* supplizio *m. vt* torturare, tormentare.

Tory ('tɔiri) *adj,n* conservatore *m*.

toss (tɔs) *n* **1** lancio *m*. **2** scrollata *f. vt* **1** lanciare. **2** scrollare. *vi* agitarsi.

tot[1] (tɔt) *n* **1** (child) bambino *m*. **2** sorso *m*.

tot[2] (tɔt) *vt* **tot up** sommare.

total ('toutl) *n* totale *m. adj* totale, completo. *vt* sommare. *vi* ammontare. **totalitarian** *adj* totalitario.

totem ('toutəm) *n* totem *m invar.* **totem pole** *n* palo del totem *m*.

totter ('tɔtə) *vi* barcollare, vacillare.

touch (tʌtʃ) *n* **1** tocco, colpetto *m*. **2** tatto *m*. **3** contatto *m*. **4** po', poco di *m*. **get in touch with** mettersi in contatto con. ~*vt* **1** toccare. **2** sfiorare. *vi* toccarsi. **touching** *adj* commovente. **touchy** *adj* permaloso, suscettibile.

tough (tʌf) *adj* **1** duro, tenace, violento. **2** forte. **3** difficile. **toughen** *vt* indurire, rafforzare.

toupee ('tuipei) *n* toupet, parrucchino *m*.

tour (tuə) *n* viaggio, giro *m. vt* visitare. *vi* viaggiare. **tourism** *n* turismo *m*. **tourist** *n* turista *m. adj* turistico.

tournament ('tuənəmənt) *n* torneo *m*.

tow (tou) *vt* rimorchiare, trainare. *n* rimorchio *m*. **towrope** *n* cavo da rimorchio *m*.

towards (twɔidz) *prep also* **toward** verso.

towel ('tauəl) *n* asciugamano *m.* salvietta *f*.

tower ('tauə) *n* torre *f. vi* torreggiare. **towering** *adj* dominante, imponente.

town (taun) *n* città *f*. **town clerk** *n* segretario comunale *m*. **town hall** *n* municipio *m*. **town-planning** *n* urbanistica *f*.

toxic ('tɔksik) *adj* tossico, velenoso.

toy (tɔi) *n* giocattolo *m*.

trace (treis) *n* traccia *f.* segno *m. vt* **1** tracciare, rintracciare. **2** ricalcare.

track (træk) *n* **1** traccia, impronta *f*. **2** percorso *m*. **3** (railway) binario *m. vt* seguire le tracce di, inseguire. **track down** scovare. **tracksuit** *n* tuta ginnica *f*.

tract (trækt) *n* **1** periodo *m*. **2** zona *f*.

tractor ('træktə) *n* trattore *m*.

trade (treid) *n* **1** mestiere *m*. **2** commercio *m. vt* scambiare. *vi* commerciare. **trademark** *n* marchio di fabbrica *m*. **tradesman** *n* negoziante, commerciante *m*. **trade union** *n* sindacato *m*.

tradition (trə'diʃən) *n* tradizione *f*. **traditional** *adj* tradizionale.

traffic* ('træfik) *n* traffico *m. vi* trafficare, commerciare. **traffic jam** *n* ingorgo *m*. **traffic lights** *n pl* semaforo *m*. **traffic warden** *n* addetto al traffico *m*.

tragedy ('trædʒədi) *n* tragedia *f*. **tragic** *adj* tragico.

trail (treil) *n* **1** traccia *f*. **2** scia *f*.

vt **1** trascinare. **2** seguire le tracce di. *vi* strisciare. **trailer** *n* rimorchio *m*.

train (trein) *n* **1** treno *m*. **2** seguito *m*. **3** serie *f invar*. **4** strascico *m*. *vt* addestrare. *vi* allenarsi. **trainee** *n* apprendista *m*. **trainer** *n* allenatore *m*. **training** *n* allenamento *m*.

traitor ('treitə) *n* traditore *m*.

tram (træm) *n* tram *m invar*.

tramp (træmp) *n* vagabondo *m*. *vi* camminare con passo pesante.

trample ('træmpəl) *n* scalpitio *m*. *vt* calpestare. *vi* camminare pesantemente.

trampoline ('træmpəlin) *n* trampolino *m*.

trance (trɑːns) *n* trance *f*. sonno ipnotico *m*.

tranquil ('træŋkwil) *adj* calmo, tranquillo. **tranquillity** *n* calma, tranquillità *f*. **tranquillizer** *n* tranquillante *m*.

transact (træn'zækt) *vt* trattare. **transaction** *n* trattativa *f*.

transatlantic (trænzət'læntik) *adj* transatlantico.

transcend (træn'send) *vt* trascendere.

transcribe (træn'skraib) *vt* trascrivere. **transcription** *n* trascrizione *f*.

transfer (*v* træns'fəː; *n* 'trænsfəː) *vt* trasferire. *n* trasferimento, trasporto *m*.

transform (træns'fɔːm) *vt* trasformare. **transformation** *n* trasformazione *f*.

transfuse (træns'fjuːz) *vt* travasare. **transfusion** *n* trasfusione *f*.

transistor (træn'zistə) *n* transistor *m invar*.

transit ('trænsit) *n* transito, passaggio *m*.

transition (træn'ziʃən) *n* transizione *f*. cambiamento *m*.

transitive ('trænsitiv) *adj* transitivo.

translate (trænz'leit) *vt* tradurre. **translation** *n* traduzione *f*. **translator** *n* traduttore *m*.

translucent (trænz'luːsənt) *adj* traslucido.

transmit (trænz'mit) *vt* trasmettere. **transmitter** *n* trasmettitore *m*.

transparent (træns'pærənt) *adj* trasparente.

transplant (*v* træns'plɑːnt; *n* 'trænsplɑːnt) *vt* **1** trapiantare. **2** *med* innestare. *n* trapianto *m*.

transport (*v* træns'pɔːt; *n* 'trænspɔːt) *vt* **1** trasportare. **2** deportare. *n* **1** trasporto *m*. **2** slancio *m*.

transpose (træns'pouz) *vt* trasporre, trasportare.

trap (træp) *n* **1** trappola *f*. **2** calesse *m*. *vt* intrappolare, prendere in trappola.

trapdoor (træp'dɔː) *n* botola *f*.

trapeze (trə'piːz) *n* trapezio *m*.

trash (træʃ) *n* **1** rifiuti *m pl*. **2** sciocchezze *f pl*.

trauma ('trɔːmə) *n* trauma *m*. **traumatic** *adj* traumatico.

travel ('trævəl) *vi* viaggiare. *n* viaggi *m pl*. **travel agency** *n* agenzia di viaggio *f*. **traveller** *n* viaggiatore *m*. viaggiatrice *f*. **traveller's cheque** *n* assegno turistico *m*.

trawl (trɔːl) *n* strascico *m*. *vt* pescare con rete. **trawler** *n* barca da pesca a motore *f*.

tray (trei) *n* vassoio *m*.

treachery ('tretʃəri) *n* tradimento *m*. slealtà *f*.

treacle ('triːkəl) *n* melassa *f*.

tread* (tred) *vt* calpestare, schiacciare. *vi* camminare. *n* **1** passo *m*. **2** battistrada *m*.

treason ('triːzən) *n* tradimento *m*.

treasure ('treʒə) *n* tesoro *m*. *vt* custodire gelosamente, aver caro. **treasurer** *n* tesoriere *m*. **treasury** *n* tesoreria *f*. fisco *m*.

treat (triːt) *vt* 1 trattare. 2 *med* curare. 3 offrire a, pagare a. *n* 1 festa *f.* 2 premio *m.* **treatment** *n* 1 trattamento *m.* 2 *med* cura *f.*

treatise ('triːtiz) *n* trattato *m.*

treaty ('triːti) *n* trattato *m.* convenzione *f.*

treble ('trebəl) *adj* 1 triplo. 2 *mus* di soprano. *n* 1 triplo *m.* 2 *mus* soprano *m. vt* triplicare. 2 triplicarsi.

tree (triː) *n* albero *m.*

trek (trek) *n* 1 migrazione *f.* 2 viaggio scomodo *m. vi* viaggiare senza comodità.

trellis ('trelis) *n* graticcio *m.*

tremble ('trembəl) *vi* tremare. *n* tremito, fremito *m.*

tremendous (tri'mendəs) *adj* 1 tremendo, terribile. 2 *inf* straordinario.

tremor ('tremə) *n* tremore *m.*

trench (trentʃ) *n* 1 *mil* trincea *f.* 2 fosso *m.*

trend (trend) *n* direzione, tendenza *f.*

trespass ('trespəs) *n* 1 (of property) trasgressione, violazione *f.* 2 *rel* peccato *m.* offesa *f. vi* violare, oltrepassare i confini. **trespasser** *n* trasgressore *m.*

trestle ('tresəl) *n* 1 cavalletto *m.* 2 intelaiatura *f.*

trial ('traiəl) *n* 1 *law* processo *m.* 2 prova *f.* esperimento *m.*

triangle 'traiæŋgəl) *n* triangolo *m.* **triangular** *adj* triangolare.

tribe (traib) *n* tribù *f.* **tribesman** *n* membro di tribù *m.*

tribunal (trai'bjuːnl) *n* tribunale *m.*

tributary ('tribjutəri) *adj* tributario. *n* tributario, affluente *m.*

tribute ('tribjuːt) *n* 1 tributo *m.* 2 omaggio *m.*

trick (trik) *n* 1 trucco, espediente *m.* 2 inganno *m.* 3 gioco

di prestigio *m. vt* ingannare.

tricky *adj* 1 complicato. 2 scaltro.

trickle ('trikəl) *n* gocciolio *m. vi* gocciolare.

tricycle ('traisikəl) *n* triciclo *m.*

trifle ('traifəl) *n* 1 sciocchezza *f.* 2 *cul* zuppa inglese *f. vi* balloccarsi, scherzare.

trigger ('trigə) *n* grilletto *m.*

trill (tril) *n* trillo *m. vi* trillare.

trim (trim) *adj* ordinato, accurato. *n* ordine *m. vt* 1 assettare. 2 guarnire, ornare. 3 tagliare.

trio ('triou) *n* trio *m.*

trip (trip) *n* 1 gita *f.* viaggio *m.* 2 passo falso, sgambetto *m. vi* 1 inciampare. 2 camminare con passo svelto.

tripe (traip) *n* 1 *cul* trippa *f.* 2 *sl* robaccia *f.*

triple ('tripəl) *adj* triplo. *vt* triplicare. *vi* triplicarsi. **triplet** *n* bimbo nato da parto trigemino *m.*

tripod ('traipɔd) *n* treppiede, tripode *m.*

trite (trait) *adj* comune, banale.

triumph ('traiʌmf) *n* trionfo *m. vi* trionfare. **triumphant** *adj* trionfante.

trivial ('triviəl) *adj* insignificante, banale, frivolo.

trod (trɔd) *v* see **tread.**

trodden ('trɔdin) *v* see **tread.**

trolley ('trɔli) *n* carrello *m.*

trombone (trɔm'boun) *n* trombone *m.*

troop (truːp) *n* 1 gruppo *m.* 2 *pl mil* truppe *f pl.*

trophy ('troufi) *n* trofeo *m.*

tropic ('trɔpik) *n* tropico *m.* **tropical** *adj* tropicale.

trot (trɔt) *n* trotto *m.* trottata *f. vi* trottare. **trotter** *n* 1 trottatore *m.* 2 *cul* piedino *m.*

trouble ('trʌbəl) *n* 1 guaio *m.* preoccupazione *f.* 2 fastidio, disturbo *m. vt* 1 turbare, preoccupare. 2 disturbare.

troublemaker n sobillatore, attaccabrighe m.

trough (trɔf) n tinozza f.

troupe (truːp) n troupe, compagnia f.

trousers ('trauzəz) n pl pantaloni, calzoni m pl.

trout (traut) n invar trota f.

trowel ('trauəl) n paletta, cazzuola f.

truant ('truənt) n pigrone m. **play truant** marinare la scuola.

truce (truːs) n tregua f.

truck (trʌk) n carro, autocarro m.

trudge (trʌdʒ) vi camminare faticosamente.

true (truː) adj 1 vero, reale. 2 fedele, leale. **truly** adv sinceramente, veramente.

truffle ('trʌfəl) n tartufo m.

trump (trʌmp) n briscola f. vt, vi giocare.

trumpet ('trʌmpit) n tromba f. vi suonare la tromba.

truncheon ('trʌntʃən) n 1 manganello m. 2 mazza f.

trunk (trʌŋk) n 1 (luggage) baule m. cassa f. 2 tronco m. 3 proboscide f. 4 pl calzoni corti m pl. **trunk call** n telefonata interurbana f.

trust (trʌst) n 1 fiducia, fede f. 2 law patrimonio amministrato m. 3 sindacato m. società finanziaria f. vt 1 aver fiducia in, fidarsi di. 2 sperare. vi fidarsi. **trustee** n fiduciario, amministratore m. **trustworthy** adj fidato, degno di fiducia.

truth (truːθ) n verità f. vero m. **truthful** adj veritiero, sincero.

try (trai) n prova f. tentativo m. vt 1 provare, tentare. 2 mettere alla prova. 3 assaggiare. 4 law processare. **try on** provare. **trying** adj 1 difficile. 2 fastidioso.

tsar (tsɑː) n zar m invar.

T-shirt n maglietta f.

tub (tʌb) n vasca, tinozza f.

tuba ('tjuːbə) n tuba f.

tube (tjuːb) n 1 tubo m. 2 ferrovia sotterranea f.

tuber ('tjuːbə) n tubero m.

tuberculosis (tjuːbəːkjuˈlousis) n tubercolosi f.

tuck (tʌk) n piega f. vt riporre, stipare. **tuck up** rimboccare.

Tuesday ('tjuːzdi) n martedì m.

tuft (tʌft) n ciuffo m.

tug (tʌg) n 1 naut rimorchiatore m. 2 strappo m. vi dare strattoni.

tuition (tjuːˈiʃən) n insegnamento m. istruzione f.

tulip ('tuːlip) n tulipano m.

tumble ('tʌmbəl) n caduta f. capitombolo m. vi cadere, ruzzolare. **tumble drier** n essiccatoio a tamburo m. **tumbler** n bicchiere senza stelo m.

tummy ('tʌmi) n inf stomaco m. pancia f.

tumour ('tjuːmə) n tumore m.

tumult ('tumʌlt) n tumulto m.

tuna ('tjuːnə) n tonno m.

tune (tjuːn) n 1 motivo m. aria f. 2 tono m. **in/out of tune** intonato/stonato. ~vt accordare. **tuneful** adj armonioso, melodioso.

tunic ('tjuːnik) n tunica f.

tunnel ('tʌnl) n galleria f. traforo, tunnel m.

tunny ('tʌni) n tonno m.

turban ('təːbən) n turbante m.

turbine ('təːbain) n turbina f.

turbot ('təːbət) n rombo m.

turbulent ('təːbjulənt) adj turbolento.

turf (təːf) n 1 tappeto erboso m. 2 torba f. 3 campo da corse m pl. **turf accountant** n allibratore m.

turkey ('təːki) n tacchino m.

Turkey ('təːki) n Turchia f. **Turk** n turco m. **Turkish** adj turco. **Turkish** (language) *n* turco *m.*

turmeric ('tɜːmərik) *n* curcuma *f.*

turmoil ('tɜːmɔil) *n* tumulto, scompiglio *m.*

turn (tɜːn) *vt* 1 girare, voltare. 2 cambiare. 3 rendere, alterare. **turn on/off** accendere/spegnere. **turn out** 1 mandar via. 2 spegnere. 3 risultare. **turn over** rovesciare. **turnover** *n* 1 *comm* giro d'affari *m.* 2 *cul* pasticcio *m. n* 1 giro *m.* svolta *f.* 2 volta *f.* turno *m.* **a good turn** un favore *m.* **turning** *n* svolta, curva *f.* **turntable** *n* 1 piattaforma girevole *f.* 2 piatto del grammofono *m.*

turnip ('tɜːnip) *n* rapa *f.*

turpentine ('tɜːpəntain) *n* trementina *f.*

turquoise ('tɜːkwɔiz) *adj,n* turchese *m.*

turret ('tʌrət) *n* torretta *f.*

turtle ('tɜːtl) *n* tartaruga *f.*

Tuscany ('tʌskəni) *n* Toscana *f.* **Tuscan** *adj,n* toscano. **Tuscan** (dialect) *n* toscano *m.*

tusk (tʌsk) *n* zanna *f.*

tussle ('tʌsəl) *n* zuffa, rissa *f.* *vi* azzuffarsi.

tutor ('tjuːtə) *n* 1 tutore *m.* 2 insegnante privato *m.* 3 professore universitario *m.* *vt* istruire. *vi* fare il tutore.

tweed (twiːd) *n* tessuto tweed *m.*

tweezers ('twiːzəz) *n pl* pinzetta *f.*

twelve (twelv) *adj,n* dodici *m* or *f.* **twelfth** *adj* dodicesimo.

twenty ('twenti) *adj,n* venti *m* or *f.* **twentieth** *adj* ventesimo.

twice (twais) *adv* due volte.

twiddle ('twidl) *vt,vi* girare, giocherellare.

twig (twig) *n* ramoscello *m.*

twilight ('twailait) *n* crepuscolo *m.*

twin (twin) *n* gemello *m.*

twine (twain) *n* spago *m.* corda *f.* *vt* attorcigliare, intrecciare.

twinge (twindʒ) *n* fitta *f.*

twinkle ('twiŋkəl) *vi* scintillare, luccicare. *n* scintillio, luccichio *m.*

twirl (twɜːl) *n* giro *m.* piroetta *f.* *vt* girare, roteare. *vi* girare.

twist (twist) *vt* 1 torcere. 2 intrecciare, attorcigliare. 3 alterare. *n* 1 curva *f.* 2 filo ritorto *m.*

twitch (twitʃ) *n* 1 tic nervoso *m.* 2 strattone *m.* *vt* dare uno strattone a. *vi* contrarsi, contorcersi.

twitter ('twitə) *vi* cinguettare, pigolare.

two (tuː) *adj,n* due *m.* **two-faced** *adj* falso. **twosome** *n* coppia *f.* **two-way** *adj* reciproco. **two-way traffic** *n* traffico a senso doppio *m.*

tycoon (tai'kuːn) *n* capitalista, magnate *m.*

type (taip) *n* 1 tipo, genere *m.* 2 carattere *m.* *vt,vi* dattilografare. **typewriter** *n* macchina da scrivere *f.* **typist** *n* dattilografo *m.*

typhoid ('taifɔid) *n* tifoide *m.*

typhoon (tai'fuːn) *n* tifone *m.*

typical ('tipikəl) *adj* tipico, caratteristico.

tyrant ('tairənt) *n* tiranno *m.* **tyranny** *n* tirannia *f.* **tyrannical** *adj* tirannico.

tyre ('taiə) *n* gomma *f.* pneumatico *m.*

Tyrol (ti'roul) *n* Tirolo *m.* **Tirolese** *adj,n* tirolese.

U

ubiquitous (juː'bikwitəs) *adj* onnipresente.

udder ('ʌdə) *n* mammella *f.*

ugly ('ʌgli) *adj* brutto, sgradevole. **ugliness** *n* bruttezza *f.*

ukulele (juːkə'leili) *n* chitarra hawaiana *f.*

ulcer ('ʌlsə) *n* ulcera, piaga *f*.

ulterior (ʌl'tiəriə) *adj* **1** ulteriore. **2** segreto.

ultimate ('ʌltimət) *adj* ultimo, finale. **ultimatum** *n* ultimatum *m*.

ultraviolet (ʌltrə'vaiələt) *adj* ultravioletto.

umbrella (ʌm'brelə) *n* ombrello *m*.

umpire ('ʌmpaiə) *n* arbitro *m*. *vt,vi* arbitrare.

umpteen (ʌmp'tiːn) *adj* innumerevole.

unable (ʌn'eibəl) *adj* incapace, inabile.

unacceptable (ʌnək'septəbəl) *adj* inaccettabile.

unaccompanied (ʌnə'kʌmpnid) *adj* **1** solo. **2** *mus* senza accompagnamento.

unanimous (juː'næniməs) *adj* unanime.

unarmed (ʌn'ɑːmd) *adj* disarmato.

unattractive (ʌnə'træktiv) *adj* poco attraente.

unavoidable (ʌnə'vɔidəbəl) *adj* inevitabile.

unaware (ʌnə'weə) *adj* ignaro, inconsapevole. **unawares** *adv* inconsapevolmente, inavvertitamente.

unbalanced (ʌn'bælənst) *adj* instabile, squilibrato.

unbearable (ʌn'beərəbəl) *adj* insopportabile, intollerabile.

unbelievable (ʌnbi'liːvəbəl) *adj* incredibile.

unbend* (ʌn'bend) *vt* **1** raddrizzare. **2** slegare, allentare. *vi* rilassarsi, distendersi.

unbreakable (ʌn'breikəbəl) *adj* infrangibile.

unbutton (ʌn'bʌtn) *vt* sbottonare.

uncalled-for (ʌn'kɔːldfɔɪ) *adj* superfluo, non meritato.

uncanny (ʌn'kæni) *adj* misterioso, prodigioso.

uncertain (ʌn'səɪtn) *adj* incerto, dubbio.

uncle ('ʌŋkəl) *n* zio *m*.

unclear (ʌn'kliə) *adj* poco chiaro.

uncomfortable (ʌn'kʌmftəbəl) *adj* scomodo, a disagio.

unconscious (ʌn'kɔnʃəs) *adj* **1** inconscio, involontario, inconsapevole. **2** privo di sensi.

unconventional (ʌnkən'venʃənəl) *adj* anticonformista, non convenzionale.

uncooked (ʌn'kukt) *adj* crudo.

uncouth (ʌn'kuːθ) *adj* rozzo.

uncover (ʌn'kʌvə) *vt* **1** scoprire. **2** rivelare, esporre.

uncut (ʌn'kʌt) *adj* non tagliato.

undecided (ʌndi'saidid) *adj* incerto, indeciso.

undeniable (ʌndi'naiəbəl) *adj* innegabile.

under ('ʌndə) *prep* sotto. *adv* al di sotto.

undercharge (ʌndə'tʃɑːdʒ) *vt* far pagare troppo poco.

underclothes ('ʌndəklouðz) *n pl* biancheria personale *f*.

undercoat ('ʌndəkout) *n* prima mano *f*.

undercover ('ʌndəkʌvə) *adj* segreto.

undercut* (ʌndə'kʌt) *vt* **1** colpire da sotto. **2** vendere a minor prezzo di.

underdeveloped (ʌndədi'veləpt) *adj* sottosviluppato.

underdone (ʌndə'dʌn) *adj* poco cotto, al dente.

underestimate (ʌndər'estimeit) *vt* sottovalutare.

underfoot (ʌndə'fut) *adv* sotto i piedi.

undergo* (ʌndə'gou) *vt* subire, sopportare, essere sottoposto a.

undergraduate (ʌndə'grædjuət) *n* studente universitario *m*.

underground (*adv* ʌndə'graund; *adj,n* 'ʌndəgraund) *adv* **1** sotto terra. **2** clandestinamente. *adj* **1** sotterraneo. **2** segreto, clandestino. *n* metropolitana *f*.

undergrowth ('ʌndəgrouθ) *n* sottobosco *m*.

underhand (ʌndə'hænd) *adj* clandestino, segreto.

underline (ʌndə'lain) *vt* sottolineare.

undermine (ʌndə'main) *vt* 1 minare. 2 indebolire, insidiare.

underneath (ʌndə'niːθ) *adv* al di sotto. *prep* sotto, al di sotto di.

underpants ('ʌndəpænts) *n pl* mutande *f pl*.

underpass ('ʌndəpɑːs) *n* sottopassaggio *m*.

underrate (ʌndə'reit) *vt* sottovalutare.

understand* (ʌndə'stænd) *vt* 1 comprendere, capire. 2 sentir dire. 3 dedurre. **understanding** *n* 1 comprensione, conoscenza *f*. 2 accordo *m*.

understate (ʌndə'steit) *vt* minimizzare.

understudy ('ʌndəstʌdi) *n* sostituto *m*. *vt* sostituire.

undertake* (ʌndə'teik) *vt* 1 intraprendere, impegnarsi a. 2 assumere. **undertaker** *n* imprenditore di pompe funebri *m*.

undertone ('ʌndətoun) *n* tono sommesso *m*.

underwater (ʌndə'wɔːtə) *adj* subacqueo.

underwear ('ʌndəwɛə) *n* biancheria personale *f*.

underworld ('ʌndəwɔːld) *n* 1 malavita *f*. 2 bassifondi *m pl*.

underwrite* ('ʌndərait) *vt* 1 sottoscrivere. 2 *comm* assicurare.

undesirable (ʌndi'zaiərəbəl) *adj* indesiderabile.

undo* (ʌn'duː) *vt* 1 disfare, slacciare. 2 annullare.

undoubted (ʌn'dautid) *adj* indubitato, incontestato.

undress (ʌn'dres) *vt* svestire, spogliare. *vi* svestirsi.

undue (ʌn'djuː) *adj* 1 non dovuto, ingiusto. 2 indebito.

undulate ('ʌndʒəleit) *vi* ondeggiare.

unearth (ʌn'əːθ) *vt* scoprire, dissotterrare. **unearthly** *adv* 1 soprannaturale. 2 lugubre, sinistro. 3 assurdo.

uneasy (ʌn'iːzi) *adj* 1 a disagio, impacciato. 2 ansioso.

unemployed (ʌnim'plɔid) *adj* disoccupato. **unemployment** *n* disoccupazione *f*.

unequal (ʌn'iːkwəl) *adj* 1 disuguale. 2 inadeguato, incapace.

uneven (ʌn'iːvən) *adj* 1 ineguale, irregolare. 2 *math* dispari *invar*.

unfair (ʌn'fɛə) *adj* ingiusto.

unfaithful (ʌn'feiθfəl) *adj* infedele, sleale.

unfamiliar (ʌnfə'miliə) *adj* poco conosciuto.

unfit (ʌn'fit) *adj* 1 inadatto, incapace. 2 inabile.

unfold (ʌn'fould) *vt* 1 spiegare, schiudere. 2 rivelare.

unfortunate (ʌn'fɔːtʃunət) *adj* sfortunato.

unfurnished (ʌn'fəːniʃt) *adj* non ammobiliato.

ungrateful (ʌn'greitfəl) *adj* ingrato.

unhappy (ʌn'hæpi) *adj* 1 infelice. 2 poco opportuno.

unhealthy (ʌn'helθi) *adj* 1 malsano, insalubre. 2 malaticcio.

unicorn ('juːnikɔːn) *n* unicorno *m*.

uniform ('juːnifɔːm) *n* uniforme, divisa *f*. *adj* uniforme, costante.

unify ('juːnifai) *vt* unificare.

uninterested (ʌn'intrəstid) *adj* non interessato.

union ('juːniən) *n* 1 unione *f*. 2 (trade) sindacato *m*.

Union Jack n bandiera britannica f.

unique (juːˈniːk) adj unico.

unison (ˈjuːnizən) n unisono m.

unit (ˈjuːnit) n **1** unità f. **2** gruppo, insieme m. **3** mil reparto m.

unite (juːˈnait) vt unire, congiungere. vi unirsi. **unity** n **1** unità f. **2** armonia f. accordo m.

United Kingdom n Regno Unito m.

United States of America n pl Stati Uniti m pl.

universe (ˈjuːnivəːs) n universo m. **universal** adj universale.

university (juːniˈvəːsiti) n università f.

unjust (ʌnˈdʒʌst) adj ingiusto.

unkempt (ʌnˈkempt) adj trascurato, sciatto.

unkind (ʌnˈkaind) adj scortese, sgarbato.

unknown (ʌnˈnoun) adj sconosciuto, ignoto.

unlawful (ʌnˈlɔːfəl) adj illegale, illecito.

unless (ənˈles) conj a meno che (non), se non.

unlike (ʌnˈlaik) adj dissimile, diverso. prep all'inverso di. **unlikely** adj improbabile, inverosimile.

unload (ʌnˈloud) vt scaricare.

unlucky (ʌnˈlʌki) adj **1** sfortunato. **2** di cattivo augurio.

unmanned (ʌnˈmænd) adj senza equipaggio.

unnatural (ʌnˈnætʃərəl) adj innaturale.

unnecessary (ʌnˈnesəsri) adj superfluo.

unofficial (ʌnəˈfiʃəl) adj ufficioso.

unorthodox (ʌnˈɔːθədɔks) adj non ortodosso.

unpack (ʌnˈpæk) vt disfare. vi disfare le valigie.

unpleasant (ʌnˈplezənt) adj spiacevole, sgradevole.

unpopular (ʌnˈpɔpjulə) adj impopolare.

unravel (ʌnˈrævəl) vt **1** districare, sbrogliare. **2** chiarire.

unreasonable (ʌnˈriːzənəbəl) adj irragionevole.

unreliable (ʌnriˈlaiəbəl) adj infido.

unrest (ʌnˈrest) n agitazione f. fermento m.

unruly (ʌnˈruːli) adj indisciplinato.

unscrew (ʌnˈskruː) vt svitare.

unsettle (ʌnˈsetl) vt sconvolgere.

unsightly (ʌnˈsaitli) adj brutto, spiacevole a vedersi.

unsound (ʌnˈsaund) adj **1** in cattivo stato. **2** non solido. **3** difettoso.

unsteady (ʌnˈstedi) adj **1** instabile, vacillante. **2** variabile.

unsuccessful (ʌnsəkˈsesfəl) adj sfortunato, fallito.

untangle (ʌnˈtæŋgəl) vt districare.

untidy (ʌnˈtaidi) adj disordinato, trasandato.

untie (ʌnˈtai) vt sciogliere, slegare.

until (ʌnˈtil) prep fino a. conj finché (non), fintanto che.

untrue (ʌnˈtruː) adj **1** falso, erroneo. **2** infedele.

unusual (ʌnˈjuːʒuəl) adj insolito, fuori del comune.

unwanted (ʌnˈwɔntid) adj indesiderato.

unwell (ʌnˈwel) adj indisposto, ammalato.

unwind (ʌnˈwaind) vt svolgere, srotolare, dipanare.

unwrap (ʌnˈræp) vt disfare, svolgere.

up (ʌp) adv **1** su, in su. **2** in piedi. prep su, su per. adj ascendente. **it's up to you** sta a te.

upbringing (ˈʌpbriŋiŋ) n educazione f.

update (ʌpˈdeit) vt aggiornare.

upheaval (ʌp'hiːvəl) *n* sconvolgimento *m*. sommossa *f*.

uphill (ʌp'hil) *adv* in salita. *adj* **1** in salita. **2** difficile.

uphold* (ʌp'hould) *vt* **1** sostenere. **2** approvare.

upholstery (ʌp'houlstəri) *n* tappezzeria *f*.

upkeep ('ʌpkiːp) *n* manutenzione *f*.

uplift (ʌp'lift) *vt* sollevare, alzare. *n* sollevamento *m*.

upon (ə'pɔn) *prep* su, sopra.

upper ('ʌpə) *adj* superiore. **upper-class** *adj* signorile. **upper hand** *n* sopravvento *m*. **uppermost** *adj* il più alto, dominante. *adv* più in alto di tutto.

upright ('ʌprait) *adj* **1** eretto, verticale, diritto. **2** onesto. *adv* in piedi.

uprising ('ʌpraiziŋ) *n* rivolta, insurrezione *f*.

uproar ('ʌprɔː) *n* tumulto, clamore *m*.

uproot (ʌp'ruːt) *vt* sradicare.

upset* (*v,adj* ʌp'set; *n* 'ʌpset) *vt* **1** rovesciare, capovolgere. **2** scombussolare. *adj* sconvolto, turbato. *n* **1** scompiglio *m*. **2** rovesciamento *m*.

upshot ('ʌpʃɔt) *n* risultato *m*. conclusione *f*.

upside down (ʌpsaid 'daun) *adv* sottosopra. **turn upside down** capovolgere.

upstairs (ʌp'steəz) *adv* al piano di sopra. *n* piano superiore *m*.

upstream (ʌp'striːm) *adv* controcorrente.

uptight (ʌp'tait) *adj* teso.

upward ('ʌpwəd) *adv* also **upwards** in su, in alto. *adj* in rialzo, in aumento.

uranium (jur'reiniəm) *n* uranio *m*.

Uranus (ju'reinəs) *n* Urano *m*.

urban ('ɔːbən) *adj* urbano.

urge (ɔːdʒ) *vt* **1** spronare, esortare. **2** insistere su. *n* impulso, sprone *m*.

urgent ('ɔːdʒənt) *adj* **1** urgente. **2** insistente. **urgency** *n* urgenza *f*.

urine ('juərin) *n* orina, urina *f*. **urinate** *vi* orinare, urinare.

urn (əːn) *n* **1** urna *f*. **2** samovar *m*.

us (ʌs) *pron 1st pers pl* **1** noi *m,f*. **2** ci *m,f*. **3** ce *m,f*.

use (*v* juːz; *n* juːs) *vt* usare, adoperare. **use up** esaurire. ~ *n* **1** uso *m*. **2** utilità *f*. **usage** *n* uso *m*. usanza *f*. **used** *adj* usato. **used to** abituato a. **useful** *adj* utile, vantaggioso. **useless** *adj* inutile, vano.

usher ('ʌʃə) *n* usciere, cerimoniere *m*. *vt* **1** introdurre. **2** annunciare.

usual ('juːʒuəl) *adj* usuale, consueto. **as usual** come al solito. **usually** *adv* usualmente, di solito.

usurp (ju'zəːp) *vt* usurpare.

utensil (juː'tensəl) *n* utensile, arnese *m*.

uterus ('juːtərəs) *n, pl* **uteri** utero *m*.

utility (juː'tiliti) *n* utilità *f*. profitto *m*. *adj* utilitario, funzionale.

utmost ('ʌtmoust) *adj also* **uttermost** estremo, ultimo, massimo. **do one's utmost** fare del proprio meglio.

utter[1] ('ʌtə) *vt* **1** emettere. **2** esprimere.

utter[2] ('ʌtə) *adj* totale, assoluto, completo.

V

vacant ('veikənt) *adj* **1** vuoto, non occupato. **2** distratto. **vacancy** *n* posto vacante *m*.

vacate (və'keit) *vt* lasciare libero.

vacation (vəˈkeiʃən) *n* **1** rinuncia *f*. **2** vacanza *f*.

vaccine (ˈvæksiːn) *n* vaccino *m*. **vaccinate** *vt* vaccinare. **vaccination** *n* vaccinazione *f*.

vacillate (ˈvæsəleit) *vi* **1** vacillare. **2** esitare.

vacuum (ˈvækjuəm) *n* **1** vuoto, vuoto pneumatico *m*. **2** lacuna *f*. **vacuum cleaner** *n* aspirapolvere *m*. **vacuum flask** *n* termos *m*.

vagina (vəˈdʒainə) *n* vagina *f*.

vagrant (ˈveigrənt) *adj,n* vagabondo, nomade *m*.

vague (veig) *adj* **1** vago, indeterminato. **2** distratto.

vain (vein) *adj* **1** vano, inutile. **2** vanitoso.

valiant (ˈvæliənt) *adj* valoroso, prode.

valid (ˈvælid) *adj* valido.

valley (ˈvæli) *n* valle, vallata *f*.

value (ˈvæljuː) *n* **1** valore *m*. **2** utilità *f*. *vt* **1** valutare, stimare, apprezzare. **2** *comm* valutare. **valuable** *adj* **1** prezioso, di gran valore. **2** utile. **valuables** *n pl* oggetti di valore *m pl*.

valve (ˈvælv) *n* valvola *f*.

vampire (ˈvæmpaiə) *n* vampiro *m*.

van (væn) *n* camioncino, furgone *m*.

vandal (ˈvændl̩) *n* vandalo *m*. **vandalism** *n* vandalismo *m*.

vanilla (vəˈnilə) *n* vaniglia *f*.

vanish (ˈvæniʃ) *vi* svanire, sparire.

vanity (ˈvæniti) *n* vanità *f*.

vapour (ˈveipə) *n* vapore *m*. esalazione *f*.

variety (vəˈraiəti) *n* varietà *f*. assortimento *m*. **variety show** *n* spettacolo di varietà *m*.

various (ˈvɛəriəs) *adj* **1** vario, diverso. **2** parecchi.

varnish (ˈvɑːniʃ) *n* vernice, lacca *f*. *vt* verniciare, laccare.

vary (ˈvɛəri) *vi* differire. *vt* variare, cambiare. **variable** *adj* variabile, mutevole. **variant** *adj,n* variante *m*. **variation** *n* variazione *f*.

vase (vɑːz) *n* vaso *m*.

vasectomy (væˈsektəmi) *n* vasectomia *f*.

vast (vɑːst) *adj* vasto, ampio.

vat (væt) *n* tino *m*. tinozza *f*.

Vatican (ˈvætikən) *n* Vaticano *m*.

vault¹ (vɔːlt) *n* **1** volta *f*. **2** cantina *f*. **3** sepolcro *m*.

vault² (vɔːlt) *vi* volteggiare, saltare. *vt* saltare. *n* salto *m*.

veal (viːl) *n* vitello *m*.

veer (viə) *vi* cambiare direzione, virare.

vegetable (ˈvedʒtəbəl) *n* **1** vegetale, ortaggio *m*. **2** *pl* verdura *f*. *adj* vegetale. **vegetarian** *adj,n* vegetariano *f*. **vegetation** *n* vegetazione *f*.

vehement (ˈviəmənt) *adj* veemente, impetuoso.

vehicle (ˈviːikəl) *n* veicolo *m*.

veil (veil) *n* velo *m*. *vt* velare, nascondere.

vein (vein) *n* **1** vena *f*. **2** umore *m*. vena *f*.

velocity (vəˈlɔsiti) *n* velocità *f*.

velvet (ˈvelvit) *n* velluto *m*. *adj* di velluto, vellutato.

vendetta (venˈdetə) *n* vendetta *f*.

veneer (viˈniə) *n* **1** impiallacciatura *f*. **2** vernice, maschera *f*.

venerate (ˈvenəreit) *vt* venerare, riverire.

venereal disease (viˈniəriəl) *n* malattia venerea *f*.

vengeance (ˈvendʒəns) *n* vendetta *f*.

Venice (ˈvenis) *n* Venezia *f*. **Venetian** *adj,n* veneziano.

venison (ˈvenisən) *n* carne di daino *f*.

venom (ˈvenəm) *n* **1** veleno *m*. **2** cattiveria, malignità *f*.

vent¹ (vent) *n* **1** apertura *f*. foro *m*. **2** (in a jacket) spacco *m*.

vent² (vent) *n* sfogo *m*. **give vent to** sfogare. ~ *vt* sfogare.

ventilate ('ventileit) *vt* ventilare. **ventilation** *n* ventilazione *f*. **ventilator** *n* ventilatore *m*.

venture ('ventʃə) *n* **1** avventura *f*. **2** *comm* speculazione *f*. *vt* avventurare. *vi* avventurarsi.

Venus ('viːnəs) *n* Venere *f*.

veranda (və'rændə) *n* veranda *f*.

verb (vəːb) *n* verbo *m*.

verdict ('vəːdikt) *n* **1** *law* verdetto *m*. **2** parere, giudizio *m*.

verge (vəːdʒ) *n* orlo, limite *m*. **on the verge of** sul punto di. ~ *v* **verge on** rasentare, essere vicino a.

verify ('verifai) *vt* verificare, confermare.

vermicelli (vəːmi'tʃeli) *n* vermicelli *m pl*.

vermin ('vəːmin) *n* insetti parassiti *m pl*.

vermouth ('vəːməθ) *n* vermut *m*.

vernacular (və'nækjulə) *adj,n* vernacolo *m*.

versatile ('vəːsətail) *adj* versatile.

verse (vəːs) *n* **1** verso *m*. **2** versi *m pl*. **3** poesia *f*.

version ('vəːʃən) *n* versione *f*.

vertebrate ('vəːtibreit) *adj,n* vertebrato *m*.

vertical ('vəːtikəl) *adj,n* verticale *m*.

verve (vəːv) *n* verve, brio *m*.

very ('veri) *adv* molto, assai. *adj* **1** vero e proprio. **2** esatto. **3** stesso. **4** proprio.

vessel ('vesəl) *n* **1** *naut* vascello *m*. nave *f*. **2** recipiente, vaso *m*.

vest (vest) *n* maglia *f*.

vestment ('vestmənt) *n* veste sacerdotale *f*.

vestry ('vestri) *n* sagrestia *f*.

vet (vet) *n inf* veterinario *m*. *vt* esaminare.

veteran ('vetərən) *adj,n* veterano *m*.

veterinary surgeon ('vetərənəri) *n* veterinario *m*.

veto ('viːtou) *n, pl* **-toes** veto *m*. *vt* vietare.

vex (veks) *vt* **1** affliggere. **2** irritare.

via ('vaiə) *prep* via, attraverso.

viable ('vaiəbəl) *adj* **1** vitale. **2** praticabile.

viaduct ('vaiədʌkt) *n* viadotto *m*.

vibrate (vai'breit) *vi* vibrare, oscillare. *vt* far vibrare. **vibration** *n* vibrazione *f*.

vicar ('vikə) *n* parroco, curato *m*.

vicarious (vi'keəriəs) *adj* **1** delegato. **2** sostituto

vice¹ (vais) *n* **1** vizio *m*. depravazione *f*. **2** difetto *m*. imperfezione *f*.

vice² (vais) *n tech* morsa *f*.

vice-chancellor *n* vice-cancelliere *m*.

vice-president *n* vice-presidente *m*.

vice versa ('vəːsə) *adv* viceversa.

vicinity (vi'sinəti) *n* vicinanza, prossimità *f*.

vicious ('viʃəs) *adj* **1** crudele, dispettoso. **2** vizioso.

victim ('viktim) *n* vittima *f*. **victimize** *vt* tormentare.

Victorian (vik'təːriən) *adj* vittoriano.

victory ('viktri) *n* vittoria *f*. **victorious** *adj* vittorioso.

video-tape ('vidiouteip) *n* nastro televisivo *m*.

Vietnam (viet'næm) *n* Vietnam *m*. **Vietnamese** *adj,n* vietnamita.

view (vjuː) *n* **1** vista *f*. **2** veduta *f*. panorama *m*. **3** opinione *f*. **4** intento, scopo *m*. **in view of** visto che. ~ *vt* **1** vedere, osservare. **2** ispezionare. **viewfinder** *n* mirino *m*.

vigil ('vidʒil) n veglia f. **vigilant** adj vigile, vigilante.

vigour ('vigə) n vigore m. energia f. **vigorous** adj vigoroso.

vile (vail) adj 1 abietto, sordido, vile. 2 pessimo.

villa ('vilə) n villa f.

village ('vilidʒ) n villaggio, paese m.

villain ('vilən) n furfante, farabutto m.

vindictive (vin'diktiv) adj vendicativo.

vine (vain) n vite f. **vineyard** n vigneto m. vigna f.

vinegar ('vinigə) n aceto m.

vintage ('vintidʒ) n vendemmia, annata f.

vinyl ('vainil) n vinile m.

viola (vi'oulə) n viola f.

violate ('vaiəleit) vt violare, violentare. **violation** n violazione f.

violence ('vaiələns) n violenza f. **violent** adj violento.

violet ('vaiələt) n 1 bot viola m. 2 (colour) viola m invar. adj violetto.

violin (vaiə'lin) n violino m.

viper ('vaipə) n vipera f.

virgin ('vəːdʒin) adj,n vergine f.

Virgo ('vəːgou) n Vergine f.

virile ('virail) adj virile, maschio.

virtue ('vəːtjuː) n virtù f. **virtual** adj virtuale, effettivo.

virus ('vairəs) n virus m. adj virale.

visa ('viːzə) n visto consolare m.

viscount ('vaikaunt) n visconte m.

vision ('viʒən) n 1 visione f. 2 capacità visiva f. 3 intuito m. **visible** adj visibile, evidente.

visit ('vizit) vt 1 visitare, fare una visita a. 2 ispezionare. n visita f.

visual ('vizjuəl) adj 1 visuale, visivo. 2 visibile. **visualize** vt,vi immaginarsi, raffigurarsi.

vital ('vait) adj vitale, essenziale. **vitality** n vitalità, forza f.

vitamin ('vitəmin) n vitamina f.

vivacious (vi'veiʃəs) adj vivace, vispo.

vivid ('vivid) adj vivido, vivo.

vixen ('viksən) n volpe femmina f.

vocabulary (və'kæbjuləri) n vocabolario m.

vocal ('voukəl) adj vocale. **vocal chords** n pl corde vocali f pl.

vocation (vou'keiʃən) n 1 rel vocazione f. 2 inclinazione, attitudine f.

vodka ('vɔdkə) n vodka f.

voice (vɔis) n 1 voce f. 2 opinione f. vt esprimere, dire.

void (vɔid) adj 1 vuoto. 2 non valido, nullo. n vuoto m.

volatile ('vɔlətail) adj 1 volatile. 2 volubile.

volcano (vɔl'keinou) n,pl **-noes** or **-nos** vulcano m.

vole (voul) n topo d'acqua m.

volley ('vɔli) n scarica, raffica f. **volleyball** n palla a volo f.

volt (voult) n volt m.

volume ('vɔljuːm) n 1 volume m. 2 massa f.

volunteer (vɔlən'tiə) n volontario m. vi 1 offrirsi volontariamente. 2 arruolarsi volontario. **voluntary** adj 1 volontario, spontaneo. 2 voluto.

voluptuous (və'lʌptjuəs) adj voluttuoso, sensuale.

vomit ('vɔmit) vt,vi vomitare. n vomito m.

voodoo ('vuːduː) n vuduismo m.

vote (vout) n voto m. votazione f. vt,vi votare.

vouch (vautʃ) vi **vouch for** rispondere di.

voucher ('vautʃə) n 1 documento giustificativo m. 2 tagliando m. 3 garante m.

vow (vau) *n* voto *m*. *vt* **1** fare voto di. **2** promettere.

vowel ('vauǝl) *n* vocale *f*.

voyage ('vɔiidʒ) *n* viaggio *m*.

vulgar ('vʌlgǝ) *adj* volgare.

vulnerable ('vʌlnrǝbl) *adj* vulnerabile.

vulture ('vʌltʃǝ) *n* avvoltoio *m*.

W

wad (wɔd) *n* **1** pacchetto, rotolo *m*. **2** tampone *m*. **wadding** *n* **1** imbottitura *f*. **2** ovatta *f*.

waddle ('wɔdl) *vi* camminare ondeggiando. *n* andatura ondeggiante *f*.

wade (weid) *vi* avanzare faticosamente. *vt* guadare.

wafer ('weifǝ) *n* cialda *f*.

waft (wɔft) *vt* sospingere. *vi* **1** fluttuare. **2** (of a breeze) soffiare blandamente. *n* soffio *m*.

wag (wæg) *vt* scuotere, agitare. *n* scodinzolio *m*.

wage (weidʒ) *n* salario *m*. paga *f*. *vt* (war) intraprendere.

waggle ('wægǝl) *vt* scuotere, dondolare.

wagon ('wægǝn) *n* **1** carro *m*. **2** vagone merci *m*.

waif (weif) *n* trovatello *m*.

wail (weil) *vi* gemere, lamentarsi. *n* gemito, lamento *m*.

waist (weist) *n* vita, cintola *f*. **waistband** *n* cintura, fascia *f*. **waistcoat** *n* panciotto, gilè *m*. **waistline** *n* vita *f*. giro di vita *m*.

wait (weit) *vi,vt* aspettare, attendere. **wait on** servire. ~ *n* attesa *f*. **waiter** *n* cameriere *m*. **waiting list** *n* lista d'attesa *f*. **waiting room** *n* sala d'aspetto *f*. **waitress** *n* cameriera *f*.

waive (weiv) *vt* rinunciare a, desistere da.

wake*¹ (weik) *vt* svegliare. *vi* svegliarsi. **waken** *vt* svegliare, risvegliare. *vi* svegliarsi.

wake² (weik) *n* *naut* scia *f*.

Wales (weilz) *n* Galles *m*.

walk (wɔːk) *vi* camminare, andare a piedi. *n* **1** passeggiata, camminata *f*. percorso *m*. **2** andatura *f*. **walking stick** *n* bastone *m*. **walkout** *n* sciopero non autorizzato *m*. **walkover** *n* *inf* vittoria facile *f*.

wall (wɔːl) *n* muro *m*. parete *f*. **wallflower** *n* **1** violacciocca *f*. **2** *inf* ragazza che fa da tappezzeria *f*. **wallpaper** *n* carta da parati *f*.

wallet ('wɔlit) *n* portafoglio *m*.

wallop ('wɔlǝp) *inf vt* percuotere. *n* percossa *f*. colpo *m*.

wallow ('wɔlou) *vi* rotolarsi, sguazzare.

walnut ('wɔːlnʌt) *n* noce *f*. **walnut tree** *n* noce *f*.

walrus ('wɔːlrǝs) *n* tricheco *m*.

waltz (wɔːls) *n* valzer *m*. *vi* ballare il valzer.

wand (wɔnd) *n* bacchetta *f*.

wander ('wɔndǝ) *vi* **1** vagare, vagabondare. **2** deviare, smarrirsi. **3** vaneggiare, delirare.

wane (wein) *vi* **1** (of the moon) calare. **2** diminuire. *n* declino *m*. **on the wane** in declino.

wangle ('wæŋgǝl) *vt* brigare, ottenere con intrighi.

want (wɔnt) *vt* **1** volere, desiderare. **2** aver bisogno di. *vi* mancare. *n* **1** mancanza *f*. **2** necessità *f*. bisogno *m*.

wanton ('wɔntŋ) *adj* **1** licenzioso, impudico. **2** arbitrario. **3** capriccioso.

war (wɔː) *n* guerra *f*. *vi* guerreggiare. **warfare** *n* guerra *f*. stato di guerra *m*.

warble ('wɔːbǝl) *vt,vi* trillare, gorgheggiare. *n* trillo, gorgheggio *m*.

ward (wɔːd) *n* **1** (of a hospital) reparto *m*. corsia *f*. **2** circoscrizione comunale *f*. **3** *law* pupillo *m*. *v* **ward off** parare. **warden** n guardiano, custode m. **warder** n carceriere m. **wardrobe** n guardaroba f. armadio m.

warehouse ('wɛəhaus) n magazzino, deposito m.

warm (wɔːm) adj 1 caldo. 2 ardente. vt riscaldare. **warmblooded** adj 1 appassionato. 2 a sangue caldo. **warm-hearted** adj gentile, compassionevole. **warmth** n 1 calore m. 2 zelo m. **warmup** n esercizio fisico m.

warn (wɔːn) vt mettere in guardia, avvertire. **warning** n allarme, avvertimento m.

warp (wɔːp) vt 1 storcere. 2 pervertire. vi deformarsi. n ordito m.

warrant ('wɔrənt) n autorizzazione f. ordine m. vt assicurare, garantire.

warren ('wɔrən) n garenna f.

warrior ('wɔriə) n guerriero, soldato m.

wart (wɔːt) n verruca f. porro m.

wary ('wɛəri) adj diffidente, prudente.

was (wəz; stressed wɔz) v see **be**.

wash (wɔʃ) vt lavare. vi lavarsi. **wash up** lavare i piatti. ~n lavata f. **washbasin** n lavandino m. **washer** n tech anello m. **washing** n bucato m. **washing machine** n lavatrice f. **washing powder** n detersivo m. **wash-out** n inf disastro m. **washroom** n bagno m.

wasp (wɔsp) n vespa f.

waste (weist) vt rovinare, sprecare. n spreco, sciupio m. **wasteful** adj prodigo. **wastepaper basket** n cestino per carta straccia m.

watch (wɔtʃ) n 1 (wrist) orologio m. 2 sorveglianza f. vt guardare. vi fare la guar-

dia. **watchdog** n cane da guardia m. **watchful** adj attento.

water ('wɔːtə) n acqua f. vt 1 innaffiare. 2 diluire. 3 abbeverare. vi (of eyes) piangere.

water-closet n gabinetto m. **watercolour** ('wɔːtəkʌlə) n acquerello m. **watercress** ('wɔːtəkres) n crescione m. **waterfall** ('wɔːtəfɔːl) n cascata f. **watering-can** n annaffiatoio m. **waterlily** ('wɔːtəlili) n ninfea f. **waterlogged** ('wɔːtəlɔgd) adj inzuppato. **watermark** ('wɔːtəmɑːk) n 1 livello di marea m. 2 filigrana f. **watermelon** ('wɔːtəmelən) n cocomero m. **watermill** ('wɔːtəmil) n mulino m. **waterproof** ('wɔːtəpruːf) adj impermeabile. **water-ski** vi fare lo sci nautico. **water-skiing** n sci nautico m. **watertight** ('wɔːtətait) adj a tenuta d'acqua, stagno. **waterway** ('wɔːtəwei) n canale m. **waterworks** ('wɔːtəwɔːks) n pl impianto idrico m. **watery** ('wɔːtəri) adj acquoso.

watt (wɔt) n watt m invar.

wave (weiv) n 1 onda f. 2 (of the hand) cenno m. vi 1 ondeggiare. 2 far segno di saluto. vt agitare. **waveband** n gamma di lunghezza d'onda f. **wavelength** n lunghezza d'onda f. **wavy** adj ondulato.

waver ('weivə) vi vacillare, fluttuare.

wax¹ (wæks) n cera f.

wax² (wæks) vi (of the moon) crescere, aumentare.

way (wei) n **1** via, direzione f. **2** modo m. **3** mezzo m. **by the way** a proposito. **in the way** ingombrante. **wayside** n bordo della strada m. adj sul bordo della strada.

waylay (wei'lei) vt tendere un agguato a.

wayward ('weiwəd) adj capriccioso, ostinato.

we (wiː) pron 1st pers pl **1** noi m,f. **2** si m,f.

weak (wiːk) adj debole. **weaken** vt indebolire. vi indebolirsi. **weak-kneed** adj smidollato. **weakling** n creatura gracile f. **weakness** n debolezza f. **weak-willed** adj indeciso.

wealth (welθ) n ricchezza f. **wealthy** adj ricco.

weapon ('wepən) n arma f, pl armi.

wear* (wɛə) n portare, indossare. vi logorarsi. **wear out** esaurire. **2** consumare. ~n uso m. **wear and tear** logoramento m.

weary ('wiəri) adj affaticato. vt **1** annoiare. **2** stancare.

weasel ('wiːzəl) n donnola f.

weather ('wɛðə) n tempo m. vt resistere a.

weave* (wiːv) vt,vi tessere. n tessuto m.

web (web) n **1** (of a spider) ragnatela f. **2** tela f. tessuto m.

wedding ('wediŋ) n matrimonio m. **wedding ring** n fede f.

wedge (wedʒ) n cuneo m. vt incuneare.

Wednesday ('wenzdi) n mercoledì m.

weed (wiːd) n erbaccia f. vt sarchiare.

week (wiːk) n settimana f. **weekday** n giorno feriale m. **weekend** n fine settimana m. **weekly** adj settimanale. **weekly magazine** n settimanale m.

weep* (wiːp) vi piangere.

weigh (wei) vt pesare. **weighbridge** n ponte a basculla m. **weight** n **1** peso m. **2** importanza f. **weight-lifting** n sollevamento di pesi m.

weird ('wiəd) adj strano.

welcome ('welkəm) adj benvenuto, gradito. n benvenuto m. vt dare il benvenuto a.

weld (weld) vt saldare.

welfare ('welfɛə) n benessere m.

well¹ (wel) adv bene. adj in buona salute. **be well** star bene.

well² (wel) n pozzo m.

well-bred adj beneducato.

well-built adj robusto.

well-known adj ben noto.

well-off adj benestante, danaroso.

well-paid adj ben retribuito.

well-spoken adj forbito nel parlare.

well-worn adj usato.

Welsh (welʃ) adj gallese. **Welsh** (language) n gallese m. **Welshman** n gallese m.

went (went) v see **go**.

wept (wept) v see **weep**.

were (wəː) v see **be**.

west (west) n ovest, ponente m. adj occidentale, dell'ovest. **westerly** adj dell'ovest. **western** adj occidentale.

West Indies ('indiz) n Indie Occidentali f pl. **West Indian** adj delle Indie Occidentali.

wet (wet) adj **1** bagnato, umido. **2** fradicio. **3** fresco. n umidità f. vt bagnare, inzuppare. **wet blanket** n guastafeste m. **wet suit** n muta f.

whack (wæk) inf vi bastonare. n percossa f.

whale (weil) n balena f.

wharf (wɔːf) n banchina f.

what (wɔt) pron **1** che? che

cosa? **2** ciò? che. **what for?** perché? **what's the matter?** che cosa hai? ~ *adj* **1** quale? che? **2** che. **what a** che. **whatever** *pron* qualsiasi cosa. *adj* qualunque.

wheat (wiːt) *n* frumento, grano *m*.

wheedle ('wiːdl) *vt* adulare, persuadere con lusinghe.

wheel (wiːl) *n* **1** ruota *f*. **2** volante *m*. *vt* far ruotare. **wheelbarrow** *n* carriola *f*. **wheelchair** *n* sedia a rotelle *f*.

wheeze (wiːz) *vi* ansimare. *n* respiro affannoso *m*.

whelk (welk) *n* buccina *f*.

when (wen) *adv,conj* quando. **whenever** *adv* ogni volta che.

where (wɛə) *pron,adv,conj* dove. **where to.** dove. **whereabouts** *adv* da che parte. *n* luogo *m*. posizione *f*. **whereas** *conj* mentre. **whereby** *adv* con cui, come. **whereupon** *adv* dopo di che. **wherever** *adv* dovunque, in qualunque luogo.

whether ('weðə) *conj* se.

which (witʃ) *pron* **1** chi? quale? **2** che, la qual cosa, il quale. *adj* **1** quale? **2** il quale. **whichever** *pron* qualsiasi. *adj* qualunque.

whiff (wif) *n* soffio, sbuffo *m*.

while (wail) *conj also* **whilst** mentre. *n* momento *m*.

whim (wim) *n* capriccio *m*.

whimper ('wimpə) *vi* piagnucolare. *n* piagnucolio *m*.

whimsical ('wimzikəl) *adj* capriccioso, bizzarro.

whine (wain) *vi* uggiolare. *n* **1** (of a dog) uggiolio *m*. **2** piagnucolio *m*.

whip (wip) *n* frusta *f*. *vt* frustare.

whir (wəːr) *vi* ronzare, rombare. *n* ronzio, rombo *m*.

whirl (wəːl) *n* vortice, giro rapi-

do *m*. *vi* roteare. *vt* far girare. **whirlwind** *n* turbine, vortice *m*. tromba d'aria *f*.

whisk[1] (wisk) *vi* muoversi rapidamente. *vt* spazzare. *n* movimento rapido *m*.

whisk[2] (wisk) *vt cul* frullare. *n* frullino *m*.

whisker ('wiskə) *n* baffo *m*.

whisky ('wiski) *n* whisky *m invar*.

whisper ('wispə) *vt,vi* sussurrare. *n* bisbiglio, mormorio *m*.

whist (wist) *n* whist *m*.

whistle ('wisəl) *vt,vi* fischiare. *n* fischio, sibilo *m*.

white (wait) *adj* **1** bianco, candido. **2** pallido. *n* **1** bianco *m*. **2** (of an egg) chiaro *m*. **3** *cap* Bianco *m*. **whiten** *vt* imbiancare. **whitewash** *n* calce *f*. intonaco *m*. *vt* imbiancare. **whiting** *n* merlano *m*.

Whitsun ('witsən) *n* Pentecoste *f*.

whiz (wiz) *vi* fischiare. *n* fischio *m*.

who (huː) *pron* **1** chi? **2** che, il quale. **whoever** *pron* chiunque.

whole (houl) *adj* intero, tutto. *n* tutto *m*. **wholemeal** *adj* integrale. **wholehearted** *adj* generoso, sincero. **wholesale** *n* vendita all'ingrosso *f*. *adv* all'ingrosso. **wholesome** *adj* sano, salubre. **wholly** *adv* completamente, totalmente.

whom (huːm) *pron* **1** chi? **2** che, il quale.

whooping cough ('huːpiŋ) *n* pertosse *f*.

whore (hɔː) *n* puttana *f*.

whose (huːz) *pron* **1** di chi? **2** di cui, del quale, il cui.

why (wai) *adv* **1** perché? **2** per cui. *conj* perché.

wick (wik) *n* lucignolo *m*.

wicked ('wikid) *adj* cattivo, malvagio.

wicket ('wikit) *n* **1** sportello,

cancelletto *m*. **2** *sport* porta *f*.

wide (waid) *adj* largo, ampio, esteso. *adv* **1** lontano, lungi. **2** bene. **widely** *adv* largamente, molto, diffusamente. **widen** *vt* estendere, allargare. *vi* allargarsi. **widespread** *adj* esteso, generale. **width** *n* larghezza, ampiezza *f*.

widow ('widou) *n* vedova *f*.

wield (wi:ld) *vt* **1** tenere, maneggiare. **2** (power) esercitare.

wife (waif) *n*, *pl* **wives** moglie, sposa *f*.

wig (wig) *n* parrucca *f*.

wiggle ('wigəl) *vt* dimenare. *vi* contorcersi.

wigwam ('wigwæm) *n* tenda dei pellirosse *f*.

wild (waild) *adj* **1** selvaggio, feroce. **2** incolto.

wilderness ('wildənəs) *n* **1** deserto *m*. **2** solitudine *m*.

wilful ('wilfəl) *adj* intenzionale, fatto apposta.

will[1] (wil) *v mod aux* **1** volere. **2** expressed by the future tense.

will[2] (wil) *n* **1** volontà *f*. volere *m*. **2** *law* testamento *m*. **willing** *adj* pronto, disposto. **willpower** *n* volontà *f*.

willow ('wilou) *n* sàlice *m*.

wilt (wilt) *vi* appassire.

win[*] (win) *vt*,*vi* vincere, guadagnare. *n* vincita, vittoria *f*.

wince (wins) *vi* trasalire. *n* smorfia *f*.

winch (wintʃ) *n* argano *m*. manovella *f*.

wind[1] (waind) *n* **1** vento *m*. **2** *med* flatulenza *f*. **windfall** *n* fortuna inaspettata *f*. **windmill** *n* mulino a vento *m*. **windpipe** *n* trachea *f*. **windscreen** *n* parabrezza *m*. **windscreen wiper** *n* tergicristallo *m*. **windswept**

adj battuto dai venti. **windy** *adj* ventoso.

wind[*2] (waind) *vt* avvolgere, girare. *vi* serpeggiare. **wind up** caricare.

windlass ('windləs) *n* verricello *m*.

window ('windou) *n* finestra, vetrata *f*. **window box** *n* cassetta per fiori *f*. **windowdressing** *n* allestimento di vetrine *m*. **window-shop** *vi* guardare le vetrine.

wine (wain) *n* vino *m*. **wineglass** *n* bicchiere da vino *m*.

wing (wiŋ) *n* **1** ala *f*. **2** volo *m*. **3** *pl Th* quinta *f*. **wingspan** *n* apertura d'ali *f*.

wink (wiŋk) *vi* ammiccare, strizzare l'occhio. *n* batter d'occhio, cenno *m*.

winkle ('wiŋkəl) *n* chiocciola marina *f*.

winter ('wintə) *n* inverno *m*.

wipe (waip) *vt* pulire, strofinare. *n* strofinata *f*.

wire ('waiə) *n* **1** filo *m*. **2** *inf* telegramma *m*. *vt* telegrafare. **wireless** *n* radio *f invar*.

wisdom ('wizdəm) *n* saggezza *f*.

wise (waiz) *adj* saggio.

wish (wiʃ) *vt*,*vi* **1** desiderare. **2** augurare. *n* desiderio *m*. voglia *f*.

wisp (wisp) *n* ciuffo *m*. ciocca *f*.

wisteria (wis'tiəriə) *n* glicine *m*.

wistful ('wistfəl) *adj* pensoso.

wit (wit) *n* arguzia *f*. spirito *m*.

witch (witʃ) *n* strega *f*. **witchcraft** *n* stregoneria *f*.

with (wið) *prep* con, in compagnia di, presso.

withdraw[*] (wið'drɔ:) *vt* ritirare. *vi* ritirarsi. **withdrawal** *n* ritiro *m*.

wither ('wiðə) *vi* appassire, deperire, avvizzire.

withhold[*] (wið'hould) *vt* **1** trattenere. **2** nascondere.

wreck

within (wið'in) *prep* entro, in
meno di. *adv* dentro.
without (wið'aut) *prep* senza
(di).
withstand* (wið'stænd) *vt* resistere a.
witness ('witnəs) *n* **1** testimone
m. **2** testimonianza *f. vt* testimoniare, essere testimone di.
witty ('witi) *adj* arguto, spiritoso.
wizard ('wizəd) *n* mago, stregone *m.*
wobble ('wɔbəl) *vi* vacillare.
woke (wouk) *v* see **wake**[1].
woken ('woukən) *v* see **wake**[1].
wolf (wulf) *n, pl* **wolves** lupo
m.
woman ('wumən) *n, pl* **women**
donna *f.* **womanhood** *n*
femminilità *f.* le donne *f pl.*
womb (wuːm) *n* utero *m.*
won (wʌn) *v* see **win**.
wonder ('wʌndə) *n* meraviglia
f. vi **1** meravigliarsi. **2** domandarsi. **wonderful** *adj*
meraviglioso.
wonky ('wɔŋki) *adj sl* **1** trabal-
lante. **2** incostante.
wood (wud) *n* **1** (material) legno *m.* **2** bosco *m.* **woodcock** *n* beccaccia *f.* **wooden**
adj di legno. **woodland** *n*
terreno boscoso *m.* **woodpecker** *n* picchio *m.* **wood-
pigeon** *n* colombo selvatico
m. **woodwind** *n* strumenti a
fiato *m pl.* **woodwork** *n* lavoro in legno *m.* **woodworm**
n tarlo *m.*
wool (wul) *n* lana *f.* **woollen**
adj di lana *f.* **woolly** *adj* **1** la-
noso. **2** confuso.
word (wəːd) *n* **1** parola *f.* vocabolo *m.* **2** promessa *f.*
wore (wɔː) *v* see **wear**.
work (wəːk) *n* **1** lavoro *m.* **2**
daffare *m. vi* lavorare. *vt* far
funzionare. **working** *adj* **1**
che lavora. **2** che funzio-
na. **working class** *n* classe

operaia *f.* **workman** *n* operaio *m.* **workmanship** *n* abilità, esecuzione *f.* **workshop**
n officina *f.*
world (wəːld) *n* mondo *m.*
worldly *adj* mondano.
worldwide *adj* in tutto il
mondo.
worm (wəːm) *n* verme *m.*
wormwood ('wəːmwud) *n* assenzio *m.*
worn (wɔːn) *v* see **wear**.
worry ('wʌri) *n* preoccupazione
f. tormento *m. vt* **1** preoccupare. **2** tormentare. *vi* preoccuparsi.
worse ('wəːs) *adj* peggiore,
peggio. *adv,n* peggio *m.*
worse and worse sempre
peggio. **worsen** *vt* peggiorare, aggravare. *vi* peggiorare,
aggravarsi.
worship ('wəːʃip) *n* adorazione
f. **His** or **Your Worship** Sua
or Vostra Eccellenza. ~ *vt* adorare.
worst (wəːst) *adj* peggiore. *adv*
peggio.
worth (wəːθ) *n* valore, merito
m. adj **1** degno di. **2** del valore
di. **3** che merita. **be worth**
valere. **worthwhile** *adj* che
vale la pena. **worthy** *adj* degno.
would (wəd; *stressed* wud) *v* see
will[1].
wound[1] (wuːnd) *n* ferita *f. vt*
ferire, offendere.
wound[2] (waund) *v* see **wind**[2].
wove (wouv) *v* see **weave**.
woven ('wouvn) *v* see **weave**.
wrangle ('ræŋgəl) *vi* discutere.
n rissa *f.* alterco *m.*
wrap (ræp) *vt* **1** avvolgere. **2**
incartare.
wreath (riːθ) *n* ghirlanda, corona di fiori *f.*
wreathe (riːð) *vt* inghirlandare.
wreck (rek) *n* **1** naufragio
m. **2** rovina *f.* **3** nave che
ha fatto naufragio *f. vt* di-

struggere. **wreckage** n relitti rottami m pl.

wren (ren) n scricciolo m.

wrench (rentʃ) vt storcere. n storta f. strappo m. vt storcere.

wrestle ('resəl) vi lottare. **wrestling** n lotta f.

wretch (retʃ) n disgraziato m. **wretched** adj sfortunato, miserabile.

wriggle ('rigəl) vi contorcersi, dimenarsi.

wring* (riŋ) vt torcere, stringere, strizzare.

wrinkle ('riŋkəl) n ruga, crespa f. vt raggrinzire, corrugare. vi corrugarsi.

wrist (rist) n polso m.

writ (rit) n decreto, ordine m.

write* (rait) vt,vi scrivere. **writer** n scrivente m,f. **writing paper** n carta da lettere f.

writhe (raið) vi contorcersi.

wrong (rɔŋ) adj 1 sbagliato. 2 ingiusto. **be wrong** avere torto. ~ n 1 torto m. 2 ingiustizia f. adv 1 erroneamente. 2 male.

wrote (rout) v see **write**.

wrought iron (rɔːt) n ferro battuto m.

wrung (rʌŋ) v see **wring**.

wry (rai) adj ironico.

X

xenophobia (zenə'foubiə) n xenofobia f.

X-ray n radiografia f. vt radiografare.

xylophone ('zailəfoun) n silofono m.

Y

yacht (jɔt) n panfilo, yacht m. **yachtsman** n 1 proprietario di panfilo m. 2 chi pratica la navigazione su yacht, velista m.

yank (jæŋk) vt tirare con violenza. n strattone, strappo m.

yap (jæp) vi guaire, abbaiare.

yard¹ (jɑːd) n (measurement) iarda f. **yardstick** n pietra di paragone f.

yard² (jɑːd) n cortile, recinto m.

yarn (jɑːn) n 1 filato m. 2 inf filastrocca, storia f.

yawn (jɔːn) vi sbadigliare. n sbadiglio m.

year (jiə) n anno m. annata f. **yearly** adj annuale. adv annualmente.

yearn (jəːn) vi desiderare intensamente.

yeast (jiːst) n lievito m.

yell (jel) n urlo, strillo m. vi urlare.

yellow ('jelou) adj,n giallo m.

yelp (jelp) vi guaire. n guaito m.

yes (jes) adv sì.

yesterday ('jestədi) adv ieri.

yet (jet) adv 1 ancora. 2 ma. conj ma, tuttavia.

yew (juː) n tasso m.

Yiddish ('jidiʃ) adj,n yiddish m.

yield (jiːld) vt produrre. vi cedere. n raccolto m.

yodel ('joudl) vi cantare alla tirolese.

yoga ('jougə) n yoga m.

yoghurt ('jɔgət) n yogurt m.

yoke (jouk) n giogo m.

yolk (jouk) n torlo d'uovo m.

yonder ('jɔndə) adj quello. adv laggiù.

you (juː) pron 2nd pers s 1 fam tu, ti, te m,f. 2 fml lei m. ella f. 3 pl fam voi, vi, ve m,f. 4 fml pl loro m,f.

young (jʌŋ) adj giovane. **youngster** n ragazzo m.

your (juə; juə) poss adj 2nd pers s 1 fam (il) tuo, (la) tua, (i) tuoi, (le) tue. 2 fml (il) suo, (la) sua, (i) suoi, (le) sue. 3 pl fam (il) vostro, (la) vostra, (i) vostri, (le) vostre. **4** *pl fml* (il, la, i, *or* le) loro *invar*. **yourself** *pron 2nd pers s* **1** *fam* tu stesso. **2** *fam* ti, te. **3** *fml* lei stesso. **4** *pl fam* voi stessi. **5** *pl fam* vi. **6** *pl fml* loro stessi.

yours (jɔɪz; juəz) *poss pron 2nd pers s* **1** *fam* il tuo, la tua, i tuoi, le tue. **2** *fml* il suo, la sua, i suoi, le sue. **3** *pl fam* il vostro, la vostra, i vostri, le vostre. **4** *pl fml* il, la, i, *or* le loro.

youth (juɪθ) *n* **1** giovinezza, gioventù *f*. **2** giovane *m*. **youth hostel** *n* albergo della gioventù *m*.

Yugoslavia (juːɡou'slɑːviə) *n* Iugoslavia *f*. **Yugoslav** *adj,n* Iugoslavo.

Z

zeal (ziːl) *n* zelo *m*. **zealous** *adj* premuroso.

zebra ('zebrə) *n* zebra *f*. **zebra crossing** *n* passaggio pedonale *m*.

zero ('ziərou) *n,pl* **-ros** *or* **-roes** zero *m*.

zest (zest) *n* **1** gusto *m*. **2** sapore *m*.

zigzag ('zigzæg) *n* zigzag *m invar*. *vi* andare a zig-zag, zigzagare.

zinc (ziŋk) *n* zinco *m*.

Zionism ('zaiənizəm) *n* sionismo *m*. **Zionist** *adj,n* sionista.

zip (zip) *n* chiusura lampo *f*, cerniera *f*.

zither ('ziðə) *n* cetra *f*.

zodiac ('zoudiæk) *n* zodiaco *m*, segno zodiacale *m*.

zone (zoun) *n* zona *f*.

zoo (zuː) *n* zoo *m*.

zoology (zou'ɔlədʒi) *n* zoologia *f*. **zoological** *adj* zoologico. **zoologist** *n* zoologo *m*.

zoom (zuːm) *vi* **1** ronzare, rombare. **2** zumare.

ITALIANO - INGLESE

A

a, ad (a, ad) *prep* **1** to. **2** at. **3** in. **4** with. **5** by. **a dieci chilometri** ten kilometres away.

abate (a'bate) *nm* abbot.

abbagliare (abbaʎ'ʎare) *vt* dazzle. **abbagliante** *adj* dazzling.

abbaiare (abba'jare) *vi* bark. **can che abbaia non morde** his bark is worse than his bite.

abbaino (abba'ino) *nm* skylight.

abbaio (ab'bajo) *nm* bark.

abbandonare (abbando'nare) *vt* abandon, leave, desert. **abbandonarsi a** *vr* **1** indulge in. **2** give free rein to. **abbandonato** *adj* abandoned, deserted. **abbandono** *nm* neglect.

abbassare (abbas'sare) *vt* lower. **abbassarsi** *vr* **1** subside. **2** (of temperature) fall. **abbassamento** *nm* **1** lowering. **2** fall.

abbastanza (abbas'tantsa) *adv* **1** enough. **2** rather, quite.

abbattere (ab'battere) *vt* **1** knock down. **2** defeat, overthrow. **3** dishearten. **abbattimento** *nm* dejection.

abbazia (abbat'tsia) *nf* abbey.

abbellire (abbel'lire) *vt* adorn, embellish. **abbellimento** *nm* embellishment.

abbeveratoio (abbevera'tojo) *nm* drinking trough.

abbi ('abbi) *v* see **avere**.

abbia ('abbja) *v* see **avere**.

abbiamo (ab'bjamo) *v* see **avere**.

abbiente (ab'bjente) *adj* well-to-do, wealthy.

abbigliare (abbiʎ'ʎare) *vt* dress up, adorn. **abbigliamento** *nm* clothing.

abboccare (abbok'kare) *vt* **1** bite. **2** grip. **abboccarsi** *vr* confer. **abboccamento** *nm* interview, talk.

abbonare (abbo'nare) *vt* **1** deduct. **2** subscribe. **abbonarsi** *vr* **1** subscribe. **2** take out a season ticket. **abbonamento** *nm* **1** subscription. **2** season ticket. **abbonato** *nm* subscriber.

abbondare (abbon'dare) *vi* abound, be plentiful. **abbondante** *adj* abundant. **abbondanza** (abbon'dantsa) *nf* abundance.

abbordare (abbor'dare) *vt* **1** approach. **2** broach.

abborracciare (abborrat'tʃare) *vt* bungle, do carelessly.

abbottonare (abbotto'nare) *vt* button (up).

abbozzare (abbot'tsare) *vt* sketch, outline. **abbozzo** (ab-'bottso) *nm* sketch, rough draft.

abbracciare (abbrat'tʃare) *vt* **1** embrace, hug. **2** comprise. **abbraccio** *nm* embrace, hug.

abbreviare (abbre'vjare) *vt* abbreviate, shorten. **abbreviazione** *nf* abbreviation.

abbronzare (abbron'dzare) *vt* tan. **abbronzarsi** *vr* become sun-tanned. **abbronzato** *adj* sunburnt, tanned **abbronzatura** *nf* suntan.

abbrustolire (abbrusto'lire) *vt* **1** toast. **2** burn.

abbuono (ab'bwɔno) *nm* **1** discount. **2** handicap.

abdicare (abdi'kare) *vi* **abdicare a** abdicate, renounce.

abdicazione *nf* abdication.

aberrazione (aberrat'tsjone) *nf* aberration.

abete (a'bete) *nm* fir tree.

abietto (a'bjetto) *adj* abject, vile.

abiezione (abjet'tsjone) *nf* abjection, degradation.

abile ('abile) *adj* **1** capable, skilful. **2** suitable. **abilità** *nf* ability, skill.

abilitare (abili'tare) *vt* **1** train,

equip. 2 qualify. **abilitazione** *nf* qualification, diploma.

Abissinia (abis'sinia) *nf* Abyssinia. **abissino** *adj,n* Abyssinian.

abisso (a'bisso) *nm* abyss, chasm.

abitare (abi'tare) *vt* inhabit, occupy. *vi* dwell, live. **abitante** *nm* inhabitant. **abitato** *adj* inhabited. *nm* built-up area. **abitazione** *nf* dwelling.

abito[1] ('abito) *nm* 1 clothes. 2 suit. **abito da sera** evening dress.

abito[2] ('abito) *nm* habit.

abituare (abitu'are) *vt* accustom. **abituarsi a** *vr* get used to. **abituale** *adj* habitual.

abitudine (abi'tudine) *nf* habit, custom.

abolire (abo'lire) *vt* 1 abolish. 2 annul. **abolizione** *nf* abolition.

abominevole (abomi'nevole) *adj* abominable.

aborigeno (abo'ridʒeno) *adj* native, aboriginal. *nm* Aborigine.

aborrire (abor'rire) *vt* abhor, loathe.

abortire (abor'tire) *vi* 1 abort, miscarry. 2 fail. **aborto** (a'bɔrto) *nm* abortion.

abrasione (abra'zjone) *nf* abrasion.

abrasivo (abra'zivo) *adj,nm* abrasive.

abside ('abside) *nf* apse.

abusare (abu'zare) *vt* abuse, misuse, take advantage of. **abusivo** *adj* unauthorized. **abuso** *nm* abuse, misuse.

accademia (akka'dɛmja) *nf* academy, institute. **accademico** *adj* academic.

accadere* (akka'dere) *vi* happen, occur, take place. **accaduto** *nm* event, occurrence.

accampare (akkam'pare) *vt* 1

camp. 2 allege. 3 set forth. **accamparsi** *vr* camp. **accampamento** *nm* encampment, camp.

accanirsi (akka'nirsi) *vr* 1 rage. 2 persist. **accanimento** *nm* 1 fury. 2 tenacity. **accanito** *adj* 1 fierce. 2 obstinate.

accanto (ak'kanto) *adv,prep* near, nearby. **accanto a** beside.

accantonare (akkanto'nare) *vt* set aside.

accappatoio (akkappa'tojo) *nm* beach or bath robe.

accarezzare (akkaret'tsare) *vt* caress, stroke.

accavallare (akkaval'lare) *vt* overlap. **accavallare le gambe** cross one's legs.

accecare (attʃe'kare) *vt* blind.

accelerare (attʃele'rare) *vi* accelerate. *vt* quicken. **accelerato** *nm* slow train. **acceleratore** *nm* accelerator.

accendere* (at'tʃendere) *vt* 1 light. 2 switch on. **accendersi** *vr* catch fire. **accendino** (attʃen'dino) *nm* also **accendisigaro** (attʃendi'sigaro) cigarette lighter.

accennare (attʃen'nare) *vi* 1 nod, beckon. 2 mention, refer. *vt* point out, indicate. **accenno** *nm* 1 sign, nod. 2 mention.

accensione (attʃen'sjone) *nf* ignition.

accento (at'tʃento) *nm* 1 accent. 2 tone. 3 stress.

accentrare (attʃen'trare) *vt* centralize, concentrate.

accentuare (attʃentu'are) *vt* accentuate, stress.

accertare (attʃer'tare) *vt* assure, verify.

accesi (at'tʃesi) *v* see **accendere.**

acceso (at'tʃeso) *v* see **accendere.** *adj* 1 alight, bright. 2 flushed.

accesso (at'tʃesso) *nm* **1** access. **2** fit. **accessibile** (attʃes'sibile) *adj* accessible.

accessorio (attʃes'sɔrjo) *adj, nm* accessory.

accetta (at'tʃetta) *nf* hatchet.

accettare (attʃet'tare) *vt* accept, agree. **accettazione** *nf* acceptance.

acchiappare (akkjap'pare) *vt* catch, grab hold of, seize.

acciaio (at'tʃajo) *nm* steel. **acciaio inossidabile** stainless steel. **acciaieria** *nf* steelworks.

accidente (attʃi'dɛnte) *nm* **1** accident, misfortune. **2** *med* fit. **non capire un accidente** not to understand a thing. **accidentale** *adj* accidental. **accidenti!** *interj* damn!

acciagliarsi (attʃiʎ'ʎarsi) *vr* frown, knit one's brow. **accigliato** *adj* **1** frowning. **2** preoccupied.

acciocché (attʃok'ke) *conj* so that, in order that.

acciuga (at'tʃuga) *nf* anchovy. **pigiati come acciughe** packed like sardines.

acclamare (akkla'mare) *vt* acclaim, cheer. **acclamazione** *nf* acclamation.

acclimatare (akklima'tare) *vt* acclimatize.

accludere* (ak'kludere) *vt* enclose.

accoccolarsi (akkokko'larsi) *vr* crouch, squat.

accogliere* (ak'kɔʎʎere) *vt* **1** greet, welcome, receive. **2** accept. **accogliente** (akkoʎ'ʎente) *adj* hospitable, cosy.

accomodare (akkomo'dare) *vt* **1** repair. **2** adjust. **3** tidy. *vi* suit. **accomodarsi** *vr* take a seat. **accomodamento** *nm* compromise. **accomodante** *adj* easy-going.

accompagnare (akkompaɲ-'ɲare) *vt* accompany, escort. **accompagnamento** *nm* **1** accompaniment. **2** procession.

acconciare (akkon'tʃare) *vt* **1** prepare. **2** adorn.

acconciatura (akkontʃa'tura) *nf* hairstyle.

accondiscendere (akkondiʃ-'ʃendere) *vi* concede, condescend.

acconsentire (akkonsen'tire) *vi* consent, approve.

accorciare (akkor'tʃare) *vt* shorten. *vi* become shorter.

accordare (akkor'dare) *vt* **1** grant. **2** tune. **3** match. **accordarsi** *vr* agree.

accordo (ak'kordo) *nm* agreement. **andare d'accordo** get on well. **d'accordo** okay, very well. **essere d'accordo** agree.

accorgersi* (ak'kɔrdʒersi) *vr* notice, realize.

accorrere* (ak'korrere) *vi* run up, come running.

accorsi (ak'kɔrsi) *v* see **accorgersi**.

accorto (ak'kɔrto) *v* see **accorgersi**. *adj* shrewd. **accortezza** (akkor'tettsa) *nf* shrewdness.

accostare (akkos'tare) *vt* bring near. **accosto** *adv* near by.

accovacciarsi (akkovat'tʃarsi) *vr* crouch, huddle.

accreditare (akkredi'tare) *vt* credit.

accrescere* (ak'kreʃʃere) *vt* increase.

accumulare (akkumu'lare) *vt* amass, store, accumulate.

accurato (akku'rato) *adj* thorough, careful. **accuratezza** (akkura'tettsa) *nf* care.

accusare (akku'zare) *vt* accuse, charge. **accusa** *nf* accusation, charge.

acerbo (a'tʃerbo) *adj* bitter, unripe, sour.

acero ('atʃero) *nm* maple tree.

aceto (a'tʃeto) *nm* vinegar. **sott'aceto** in vinegar.

acido ('atʃido) *adj,nm* acid. **acidità** *nf* acidity.

acne ('akne) *nm* acne.

acqua ('akkwa) *nf* water. **acqua potabile** drinking water.

acquaforte (akkwa'fɔrte) *nf* 1 nitric acid. 2 etching.

acquaio (ak'kwajo) *nm* kitchen sink.

acquaragia (akkwa'radʒa) *nf* turpentine.

acquario (ak'kwarjo) *nm* 1 aquarium. 2 *cap* Aquarius.

acquatico (ak'kwatiko) *adj* aquatic.

acquavite (akkwa'vite) *nf* eau-de-vie.

acquazzone (akkwat'tsone) *nm* heavy shower, downpour.

acquedotto (akwe'dotto) *nm* aqueduct.

acquerello (akkwe'rello) *nm* watercolour.

acquistare (akkwis'tare) *vt* 1 buy, acquire. 2 obtain. 3 gain. **acquisto** *nm* purchase.

acre ('akre) *adj* 1 bitter. 2 pungent. 3 acrid. **acredine** (a'kredine) *nf* bitterness.

acrilico (a'kriliko) *adj* acrylic.

acro ('akro) *nm* acre.

acrobata (a'krɔbata) *nm* acrobat. **acrobatico** (akro'batiko) *adj* acrobatic. **acrobazia** *nf* acrobatics.

acustica (a'kustika) *nf* acoustics. **acustico** (a'kustiko) *adj* acoustic.

acuto (a'kuto) *adj* 1 sharp, acute. 2 intense.

ad (ad) *prep* see **a**.

adagiarsi (ada'dʒarsi) *vr* settle oneself.

adagio (a'dadʒo) *adv* slowly, carefully.

adattabile (adat'tabile) *adj* adaptable.

adattare (adat'tare) *vt* adapt, convert. **adatto** *adj* suitable.

addensare (adden'sare) *vt* thicken. **addensarsi** *vr* thicken.

addetto (ad'detto) *adj* 1 assigned. 2 attached. *nm* attaché.

addietro (ad'djetro) *adv* 1 behind. 2 ago, before.

addio (ad'dio) *interj* goodbye! farewell!

addirittura (addiri'tura) *adv* even, quite.

additare (addi'tare) *vt* indicate, point out.

addizionare (additsjo'nare) *vt* add (up). **addizionatrice** *nf* adding machine. **addizione** *nf* addition.

addolcire (addol'tʃire) *vt* 1 sweeten. 2 soothe.

addome (ad'dɔme) *nm* abdomen.

addomesticare (addomesti'kare) *vt* tame, train.

addormentare (addormen'tare) *vt* put to sleep. **addormentarsi** *vr* fall asleep.

addossare (addos'sare) *vt* 1 lean. 2 saddle, burden. **addossarsi** *vr* undertake.

addosso (ad'dosso) *prep,adv* 1 on, upon. 2 close, against. **levarsi d'addosso** get rid of. **mettere le mani addosso** hit, manhandle. **mettersi addosso** put on.

addotto (ad'dotto) *v* see **addurre**.

adduco (ad'duko) *v* see **addurre**.

addurre* (ad'durre) *vt* 1 allege. 2 quote.

addussi (ad'dussi) *v* see **addurre**.

adeguare (ade'gware) *vt* make equal. **adeguarsi** *vr* adapt. **adeguato** *adj* 1 fitting. 2 fair.

adempiere (a'dempjere) *vt* carry out, fulfil. **adempimento** *nm* fulfilment.

adenoidi (ade'nɔidi) *nf pl* adenoids.

aderire (ade'rire) *vt* **1** adhere, stick. **2** support. **aderente** (ade'rente) *nm* adherent. *adj* close fitting.

adescare (ades'kare) *vt* bait, lure.

adesione (ade'zjone) *nf* **1** adhesion. **2** assent. **adesivo** *adj* adhesive.

adesso (a'dɛsso) *adv* now. **per adesso** for the moment.

adiacente (adja'tʃɛnte) *adj* adjacent.

adibire (adi'bire) *vt* **1** use as. **2** convert, adapt.

adirarsi (adi'rarsi) *vr* get angry. **adirato** *adj* angry.

adito ('adito) *nm* access, entrance.

adocchiare (adok'kjare) *vt* eye up, ogle.

adolescente (adoleʃ'ʃɛnte) *adj, n* adolescent. **adolescenza** (adoleʃ'ʃɛntsa) *nf* adolescence, teens.

adombrare (adom'brare) *vt* **1** shade, conceal. **2** outline. **adombrarsi** *vr* take offence.

adoperare (adope'rare) *vt* use.

adorare (ado'rare) *vt* adore, worship. **adorabile** (ado'rabile) *adj* adorable, charming. **adorazione** (adorat'tsjone) *nf* adoration.

adornare (ador'nare) *vt* adorn.

adottare (adot'tare) *vt* adopt. **adozione** *nf* adoption.

adrenalina (adrena'lina) *nf* adrenaline.

adriatico (adri'atiko) *adj* Adriatic. **(Mare) Adriatico** *nm* Adriatic (Sea).

adulazione (adulat'tsjone) *nf* adulation.

adulterare (adulte'rare) *vt* **1** adulterate. **2** tamper with. **adulterio** (adul'terjo) *nm* adultery.

adulto (a'dulto) *adj,n* adult.

adunare (adu'nare) *vt* assemble, gather together. **adunanza** (adu'nantsa) *nf* meeting.

adunque (a'dunkwe) *conj,adv* then.

aerare (ae'rare) *vt* air, ventilate.

aereo (a'ɛreo) *adj* aerial. *nm* aeroplane.

aerodinamica (aerodi'namika) *nf* aerodynamics.

aerodromo (ae'rɔdromo) *nm* aerodrome, airfield.

aeronautica (aero'nautika) *nf* **1** aeronautics. **2** airforce.

aeroplano (aero'plano) *nm* aeroplane.

aeroporto (aero'porto) *nm* airport.

aerosol (aero'sɔl) *nm invar* aerosol.

afa ('afa) *nf* sultry heat.

affabile (af'fabile) *adj* affable, friendly.

affaccendarsi (affattʃen'darsi) *vr* busy oneself.

affacciarsi (affat'tʃarsi) *vr* appear.

affamato (affa'mato) *adj* **1** starving, hungry. **2** eager.

affannare (affan'nare) *vt* trouble, worry. **affanno** *nm* worry, anxiety.

affare (af'fare) *nm* **1** affair, thing. **2** *pl* business. **uomo d'affari** *nm* business man. **affarista** *nm* speculator.

affascinare (affaʃʃi'nare) *vt* fascinate, bewitch. **affascinante** *adj* fascinating.

affastellare (affastel'lare) *vt* bundle, pile up.

affaticare (affati'kare) *vt* **1** tire. **2** strain.

affatto (af'fatto) *adv* completely. **non...affatto** not at all.

affermare (affer'mare) *vt* assert, affirm. **affermazione** *nf* affirmation.

afferrare (affer'rare) *vt* grasp, hold on to.

affettare¹ (affet'tare) *vt* affect. **affettato** *adj* affected, studied. **affettazione** *nf* affectation.

affettare² (affet'tare) *vt* slice, cut. **affettato** *nm* sliced cold ham or salami.

affetto¹ (af'fetto) *adj* afflicted, suffering.

affetto² (af'fetto) *nm* affection, love. **affettuoso** (affettu'oso) *adj* affectionate, loving.

affezionarsi (affettsjo'narsi) *vr* **affezionarsi a** become fond of or attached to. **affezionato** *adj* affectionate. **affezione** *nf* 1 affection. 2 illness, ailment.

affidare (affi'dare) *vt* entrust.

affiggere* (af'fiddʒere) *vt* 1 affix. 2 display.

affilare (affi'lare) *vt* sharpen. **affilato** *adj* sharp.

affiliare (affi'ljare) *vt* affiliate, associate. **affiliarsi** *vr* become a member. **affiliazione** *nf* affiliation.

affinché (affin'ke) *conj* so that, in order that.

affinità (affini'ta) *nf* affinity, resemblance.

affissi (af'fissi) *v* see **affiggere**.

affissione (affis'sjone) *nf* billposting. **è vietata l'affissione** no bills.

affisso (af'fisso) *v* see **affiggere.** *nm* bill, poster.

affittare (affit'tare) *vt* 1 let. 2 rent. 3 hire. **affittasi** to let. **affitto** *nm* 1 rent. 2 lease. **dare in affitto** let.

affliggere* (af'fliddʒere) *vt* 1 afflict. 2 torment.

afflissi (af'flissi) *v* see **affliggere.**

afflitto (af'flitto) *v* see **affliggere.** *adj* afflicted.

afflizione (afflit'tsjone) *nf* affliction.

affluire (afflu'ire) *vi* 1 flow. 2 pour in. **affluenza** (afflu'entsa) *nf* affluence, abundance.

affogare (affo'gare) *vt,vi* 1 drown. 2 suffocate.

affollare (affol'lare) *vt* crowd, throng. **affollarsi** *vr* gather round. **affollato** *adj* crowded.

affondare (affon'dare) *vt,vi* sink.

affresco (af'fresko) *nm* fresco.

affrettare (affret'tare) *vt* hurry, quicken. **affrettarsi** (affret-'tarsi) *vr* hurry.

affrontare (affron'tare) *vt* confront, face. **affronto** *nm* insult.

affumicare (affumi'kare) *vt* 1 smoke. 2 *cul* cure.

Afganistan (afganis'tan) *nm* Afghanistan. **afgano** *adj,n* Afghan.

afoso (a'foso) *adj* sultry, close.

Africa ('afrika) *nf* Africa. **Africa del Sud** South Africa. **africano** *adj,n* African.

agenda (a'dʒenda) *nf* 1 diary. 2 notebook.

agente (a'dʒente) *nm* agent, representative. **agente di cambio** stockbroker.

agenzia (adʒen'tsia) *nf* agency, office. **agenzia di viaggi** travel agency.

agevole (a'dʒevole) *adj* 1 comfortable. 2 reasonable.

aggettivo (addʒet'tivo) *nm* adjective.

agghiacciare (aggjat'tʃare) *vt* freeze.

aggiornare (addʒor'nare) *vt* 1 bring up to date. 2 adjourn. **aggiornamento** *nm* 1 revision, bringing up to date. 2 adjournment.

aggiudicare (addʒudi'kare) *vt* award.

aggiungere* (ad'dʒundʒere) *vt* add. **aggiunta** *nf* addition.

aggiustare (addʒus'tare) *vt* 1 repair. 2 adjust. 3 settle.

aggrappare (aggrap'pare) *vt* seize. **aggrapparsi** *vr* cling.

aggravare (aggra'vare) vt aggravate. **aggravarsi** vr become worse, deteriorate.

aggregare (aggre'gare) vt enrol. **aggregarsi** vr join.

aggressione (aggres'sjone) nf assault, attack. **aggressivo** adj aggressive.

aggrottare (aggrot'tare) vt **aggrottare le ciglia** frown.

aggruppare (aggrup'pare) vt group together.

agguato (ag'gwato) nm ambush. **tendere un agguato** lay an ambush.

agile ('adʒile) adj **1** agile. **2** alert. **agilità** nf agility.

agio ('adʒo) nm ease, comfort.

agire (a'dʒire) vi **1** act, behave. **2** work.

agitare (adʒi'tare) vt **1** shake. **2** trouble. **agitarsi** vr **1** toss. **2** worry. **agitato** adj restless. **agitatore** nm agitator. **agitazione** nf agitation.

agli ('aʎʎi) contraction of **a gli.**

aglio ('aʎʎo) nm garlic.

agnello (aɲ'ɲɛllo) nm lamb.

agnostico (aɲ'ɲostiko) adj,nm agnostic.

ago ('ago) nm needle.

agonia (ago'nia) nf agony. **agonizzare** (agonid'dzare) vi be on the point of death.

agopuntura (agopun'tura) nf acupuncture.

agosto (a'gosto) nm August.

agraria (a'grarja) nf agriculture. **agrario** adj agrarian.

agricoltore (agrikol'tore) nm farmer. **agricolo** (a'grikolo) adj agricultural. **agricoltura** nf agriculture.

agrifoglio (agri'fɔʎʎo) nm holly.

agro ('agro) adj **1** bitter. **2** harsh.

agrumi (a'grumi) nm pl citrus fruits.

aguzzare (agut'tsare) vt **1** sharpen. **2** stimulate. **aguzzo** adj sharp, pointed.

ahimè (ai'mɛ) interj alas!

ai ('ai) contraction of **a i.**

aia ('aja) nf threshing floor. **menare il can per l'aia** beat about the bush.

Aia, L' ('aja) nf The Hague.

airone (ai'rone) nm heron.

aiuola (a'jwɔla) nf flowerbed.

aiutare (aju'tare) vt help, aid. **aiutante** nm **1** helper. **2** adjutant. **aiuto** nm help.

aizzare (ait'tsare) vt provoke, incite.

al (al) contraction of **a il.**

ala ('ala) nf, pl **ali** wing.

alabastro (ala'bastro) nm alabaster.

alano (a'lano) nm Great Dane.

alba ('alba) nf dawn, daybreak.

Albania (alba'nia) nf Albania. **albanese** adj,n Albanian.

albatro ('albatro) nm albatross.

albergare (alber'gare) vt **1** house. **2** cherish. vi lodge.

albergo (al'bergo) nm hotel. **albergo diurno** toilet facilities. **albergo per la gioventù** youth hostel.

albero ('albero) nm **1** tree. **2** mast. **3** shaft.

albicocca (albi'kɔkka) nf apricot. **albicocco** nm apricot tree.

album ('album) nm album.

alcali ('alkali) nm invar alkali.

alchimia (alki'mia) nf alchemy. **alchimista** nm alchemist.

alcool ('alkool) nm invar alcohol. **alcoolico** (alko'ɔliko) adj alcoholic.

alcoolismo (alkoo'lizmo) nm alcoholism. **alcoolizzato** (alkoolid'dzato) adj,n alcoholic.

alcunché (alkun'ke) pron **1** anything. **2** something.

alcuno (al'kuno) adj **1** any. **2** some. pron **1** somebody. **2** anybody.

alfabeto (alfa'beto) nm alphabet. **alfabetico** (alfa'bɛtiko) *adj* alphabetical.

alfiere (al'fjɛre) *nm* game bishop.

alfine (al'fine) *adv* at last.

alga ('alga) *nf* seaweed.

algebra ('aldʒebra) *nf* algebra.

Algeria (aldʒe'ria) *nf* Algeria. **algerino** *adj,n* Algerian.

aliante (ali'ante) *nm* glider.

alibi ('alibi) *nm invar* alibi.

alice (a'litʃe) *nf* anchovy.

alienare (alje'nare) *vt* alienate. **alienato** *nm* lunatic. **alienazione** *nf* **1** alienation. **2** insanity.

alieno (a'ljɛno) *adj* **alieno da** averse to.

alimentare (alimen'tare) *vt* nourish, feed. **alimentari** *nm pl* foodstuffs. **negozio di alimentari** *nm* grocer's shop. **alimento** *nm* **1** food. **2** *pl* alimony.

aliscafo (alis'kafo) *nm* hydrofoil.

alito ('alito) *nm* breath.

all' (al) contraction of **a l'**.

alla ('alla) contraction of **a la**.

allacciare (allat'tʃare) *vt* lace up, fasten.

allagare (alla'gare) *vt* flood. **allagamento** *nm* flood.

allargare (allar'gare) *vt* widen, broaden.

allarmare (allar'mare) *vt* alarm. **allarmarsi** *vr* take fright. **allarmante** *adj* alarming. **allarme** *nm* alarm.

alle ('alle) contraction of **a le**.

alleanza (alle'antsa) *nf* alliance.

alleato (alle'ato) *adj* allied. *nm* ally.

allegare (alle'gare) *vt* **1** allege. **2** enclose. **allegazione** *nf* allegation.

allegoria (allego'ria) *nf* allegory. **allegorico** (alle'gɔriko) *adj* allegorical.

allegro (al'legro) *adj* happy, gay. **allegria** *nf* gaiety, joy.

allenare (alle'nare) *vt* train. **allenamento** *nm* training. **allenatore** *nm* coach, trainer.

allentare (allen'tare) *vt* loosen, relax.

allergia (aller'dʒia) *nf* allergy. **allergico** *adj* allergic.

allestire (alles'tire) *vt* **1** prepare. **2** stage. **allestimento** *nm* preparation.

allettare (allet'tare) *vt* lure, entice.

allevare (alle'vare) *vt* **1** bring up. **2** breed.

alleviare (alle'vjare) *vt* alleviate.

allibratore (allibra'tore) *nm* bookmaker, turf accountant.

allievo (al'ljɛvo) *nm* pupil, student.

alligatore (alliga'tore) *nm* alligator.

allineare (alline'are) *vt* put in line, line up.

allitterazione (allitterat'tsjone) *nf* alliteration.

allo ('allo) contraction of **a lo**.

allodola (al'lɔdola) *nf* lark.

alloggiare (allod'dʒare) *vt,vi* lodge. **alloggio** (al'lɔddʒo) *nm* lodgings.

allontanare (allonta'nare) *vt* remove, take away, avert. **allontanarsi** *vr* go away. **allontanamento** *nm* removal.

allora (al'lora) *adv* **1** then. **2** at that time. **3** in that case. **d'allora in poi** from then on.

allorché (allor'ke) *conj* when.

alloro (al'lɔro) *nm* laurel.

allucinazione (allutʃinat'tsjone) *nf* hallucination.

alludere* (al'ludere) *vi* allude, hint.

alluminio (allu'minjo) *nm* aluminium.

allungare (allun'gare) *vt* **1** lengthen, let down (a hem). **2** dilute. **3** hand, pass. **4**

quicken. **allungarsi** *vr* lengthen, stretch.

allusi (al'luzi) *v* see **alludere**.

allusione (allu'zjone) *nf* allusion.

alluso (al'luzo) *v* see **alludere**.

almeno (al'meno) *adv* at least.

Alpi ('alpi) *nf pl* Alps. **alpino** *adj* alpine.

alpinismo (alpi'nizmo) *nm* mountaineering, (mountain) climbing. **alpinista** *nm* mountaineer, (mountain) climber.

alquanto (al'kwanto) *adj* quite a lot (of). *adv* somewhat, rather.

alt (alt) *interj* halt! stop!

altalena (alta'lena) *nf* **1** swing. **2** seesaw.

altare (al'tare) *nm* altar.

alterare (alte'rare) *vt* alter, forge, falsify, adulterate. **alterarsi** *vr* **1** go bad, perish. **2** become angry. **alterazione** *nf* alteration, forgery.

alternare (alter'nare) *vt* alternate. **alternarsi** *vr* alternate. **alternativa** *nf* alternative. **alternativo** *adj* alternative. **alterno** (al'terno) *adj* alternate.

altero (al'tero) *adj* haughty, arrogant.

altezza (al'tettsa) *nf* **1** height. **2** depth. **3** width. **4** *cap* Highness. **essere all'altezza** be capable.

altipiano (alti'pjano) *nm* plateau.

altitudine (alti'tudine) *nf* altitude.

alto ('alto) *adj* **1** high, tall. **2** loud. **ad alta voce** aloud. ~*adv* high. **in alto** upwards. **mani in alto** hands up. **altoparlante** *nm* loudspeaker.

altresì (altre'si) *adv* also, as well.

altrettanto (altret'tanto) *adj, pron* as much as, many. *interj* the same to you! *adv* equally.

altro ('altro) *adj* **1** other. **2** different. **3** previous. **4** next. **altro ieri** day before yesterday. ~*pron* another. **altro che!** yes indeed! **non volere altro** want nothing more. **tutt'altro** on the contrary.

altronde (al'tronde) **d'altronde** *adv* **1** besides. **2** on the other hand.

altrove (al'trove) *adv* elsewhere.

altrui (al'trui) *adj invar* of others.

alunno (a'lunno) *nm educ* pupil.

alveare (alve'are) *nm* beehive.

alzare (al'tsare) *vt* **1** raise, lift up. **2** erect. **alzarsi** *vr* get up, rise. **alzarsi in piedi** stand up.

amaca (a'maka) *nf* hammock.

amare (a'mare) *vt* love. **amabile** (a'mabile) *adj* **1** lovable. **2** amiable. **3** (of wine) sweet. **amante** *nm* lover. **amato** *adj* loved, *nm* loved-one. **amatore** *nm* **1** lover. **2** connoisseur.

amarena (ama'rena) *nf* black cherry.

amaro (a'maro) *adj* bitter. *nm* aperitive. **amarezza** *nf* bitterness.

amatriciano (amatri'tʃano) **spaghetti all'amatriciana** *nm pl* spaghetti with a sauce made of pork, onion, tomato, and cheese.

ambasciata (ambaʃ'ʃata) *nf* embassy. **ambasciatore** (ambaʃʃa'tore) *nm* ambassador.

ambedue (ambe'due) *adj invar, pron invar* both.

ambidestro (ambi'destro) *adj* ambidextrous.

ambientarsi (ambjen'tarsi) *vr* get used to one's surroundings, find one's feet. **ambiente** (am'bjɛnte) *nm* surroundings, environment, habitat. *adj* surrounding. **temperatura ambiente** nf room temperature.

ambiguo (am'biguo) adj 1 ambiguous. 2 dubious. **ambiguità** nf ambiguity.

ambito (am'bito) nm range, scope.

ambivalente (ambiva'lente) adj ambivalent.

ambizione (ambit'tsjone) nf ambition. **ambizioso** (ambit'tsjoso) adj ambitious.

ambo ('ambo) adj,pron invar both.

ambra ('ambra) nf amber.

ambulante (ambu'lante) adj wandering, itinerant.

ambulanza (ambu'lantsa) nf ambulance.

ambulatorio (ambula'torjo) nm 1 surgery. 2 outpatients' department.

ameba (a'mɛba) nf amoeba.

ameno (a'mɛno) adj pleasant, enjoyable.

America (a'merika) nf America. **America del Nord/Sud** North/South America. **americano** adj,n American.

ametista (ame'tista) nf amethyst.

amianto (a'mjanto) asbestos.

amichevole (ami'kevole) adj friendly.

amico (a'miko) nm, pl **amici** friend. **amicizia** (ami'tʃittsja) nf friendship.

amido ('amido) nm starch.

ammaccare (ammak'kare) vt bruise. **ammaccatura** nf bruise.

ammaestrare (ammaes'trare) vt train, teach. **ammaestrato** adj tame. **ammaestratore** nm trainer.

ammalarsi (amma'larsi) vr fall ill. **ammalato** adj sick. nm sick person, patient.

ammansire (amman'sire) vt 1 tame. 2 calm down.

ammassare (ammas'sare) vt amass, accumulate. **ammasso** nm heap, pile.

ammazzare (ammat'tsare) vt kill, murder. **ammazzarsi** vr 1 kill oneself. 2 wear oneself out. **ammazzatoio** nm slaughterhouse.

ammenda (am'mɛnda) nf 1 amends. 2 fine.

ammettere* (am'mettere) vt 1 admit. 2 allow, grant. 3 suppose.

ammiccare (ammik'kare) vi wink. **ammicco** nm wink.

amministrare (amminis'trare) vt 1 administer. 2 manage. **amministrativo** adj administrative. **amministratore** nm director, manager. **amministrazione** nf administration.

ammiraglio (ammi'raʎʎo) nm admiral. **ammiragliato** nm admiralty.

ammirare (ammi'rare) vt admire, praise. **ammiratore** nm admirer. **ammirazione** nf admiration.

ammissibile (ammis'sibile) adj permissible, acceptable.

ammissione (ammis'sjone) nf admission. **esame di ammissione** nm entrance exam.

ammobiliare (ammobi'ljare) vt furnish. **ammobiliato** adj furnished.

ammollare (ammol'lare) vt soak.

ammollire (ammol'lire) vt soften.

ammoniaca (ammo'niaka) nf ammonia.

ammonire (ammo'nire) vt warn, reprimand. **ammonimento** nm reprimand, reproof.

ammontare (ammon'tare) vi amount.

ammorbidire (ammorbi'dire) vt soften.

ammortire (ammor'tire) vt 1 deaden. 2 dull, tone down.

ammortizzatore (ammortiddza'tore) *nm* shock absorber.

ammucchiare (ammuk'kjare) *vt* pile up, amass.

ammuffire (ammuf'fire) *vi* grow mouldy.

ammutinamento (ammutina'mento) *nm* mutiny.

amnistia (amnis'tia) *nf* amnesty.

amo ('amo) *nm* fishhook.

amorale (amo'rale) *adj* amoral.

amore (a'more) *nm* love. **amore proprio** self-esteem. **fare all'amore** or **l'amore** make love. **amoroso** (amo'roso) *adj* loving. *nm* lover.

ampère (ă'per) *nm* ampere.

ampio ('ampjo) *adj* ample, vast, spacious. **ampiezza** (am'pjettsa) *nf* breadth, abundance.

amplificare (amplifi'kare) *vt* amplify. **amplificatore** *nm* amplifier.

amputare (ampu'tare) *vt* amputate. **amputazione** *nf* amputation.

anacronismo (anakro'nizmo) *nm* anachronism.

anagramma (ana'gramma) *nm* anagram.

analcolico (anal'koliko) *adj* non-alcoholic.

anale (a'nale) *adj* anal.

analfabeta (analfa'beta) *adj* illiterate. *nm* illiterate person. **analfabetismo** *nm* illiteracy.

analizzare (analid'dzare) *vt* analyse. **analisi** (a'nalizi) *nf invar* analysis. **analitico** (ana'litiko) *adj* analytical.

analogo (a'nalogo) *adj* analogous. **analogia** *nf* analogy.

ananas ('ananas) *nm* pineapple.

anarchia (anar'kia) *nf* anarchy. **anarchico** (a'narkiko) *nm* anarchist.

anatomia (anato'mia) *nf* anatomy. **anatomico** (ana'tomiko) *adj* anatomical.

anatra ('anatra) *nf* duck. **anatroccolo** (ana'trokkolo) *nm* duckling.

anca ('anka) *nf* hip, thigh, haunch.

anche ('anke) *conj* **1** also, too. **2** moreover. **3** even. **quand'anche** even if.

ancora[1] ('ankora) *nf* anchor.

ancora[2] (an'kora) *adv* **1** still. **2** yet. **3** more. **4** again.

andare* (an'dare) *vi* **1** go. **2** work, function. **3** suit. **4** be popular. **5** please, be to one's taste. **a lungo andare** in the long run. **andare a finire** end up. **va'fan culo!** *tab* fuck off! **va'via!** *tab* piss off! **andarsene** *vr* go away, leave. **andante** *adj* current, ordinary. **andata** *nf* outward journey. **biglietto d'andata e ritorno** *nm* return ticket. **andatura** *nf* gait.

andirivieni (andir'vjeni) *nm invar* coming and going.

andito ('andito) *nm* passageway.

andrò (an'dro) *v* see **andare**.

aneddoto (a'neddoto) *nm* anecdote.

anelare (ane'lare) *vi* pant, gasp.

anello (a'nello) *nm* ring. **anello di fidanzamento/matrimonio** engagement/wedding ring.

anemia (ane'mia) *nf* anaemia. **anemico** (a'nemiko) *adj* anaemic.

anemone (a'nemone) *nm* anemone.

anestesista (aneste'zista) *nm* anaesthetist. **anestetico** (anes'tetiko) *adj, nm* anaesthetic. **anestetizzare** (anestetid'dzare) *vt* anaesthetize.

anfetamina (anfeta'mina) *nf* amphetamine.

anfibio (an'fibjo) *adj* amphibious. *nm* amphibian.

angariare (anga'rjare) vt harass.

angelica (an'dʒelika) nf angelica.

angelo ('andʒelo) nm angel. **angelico** (angli'kano) adj angelic.

anglicano (angli'kano) adj,n Anglican.

angolo ('angolo) nm 1 corner. 2 angle. **angolare** adj angular.

angoscia (an'goʃʃa) nf anguish, desolation. **angoscioso** (angoʃ'ʃoso) adj painful, harrowing.

anguilla (an'gwilla) nf eel.

anguria (an'gurja) nf watermelon.

anice ('anitʃe) nm aniseed.

anima ('anima) nf 1 spirit. 2 mind. 3 soul.

animale (ani'male) nm 1 animal. 2 brute. adj animal. **animalesco** adj bestial.

animare (ani'mare) vt 1 enliven. 2 encourage. **animato** adj animated, vivacious.

animo ('animo) nm 1 mind. 2 courage.

animosità (animosi'ta) nf animosity.

annacquare (annak'kware) vt dilute, water down.

annaffiare (annaf'fjare) vt water (plants, etc.). **annaffiatoio** nm watering-can.

annali (an'nali) nm pl annals.

annata (an'nata) nf 1 year. 2 crop.

annebbiare (anneb'bjare) vt cloud, obscure. **annebbiarsi** vr 1 become foggy. 2 grow dim.

annegare (anne'gare) vt,vi drown.

annettere* (an'nettere) vt annex. **annettere importanza** attach importance. **annesso** nm annexe.

annichilare (anniki'lare) vt annihilate, destroy.

annientare (annjen'tare) vt reduce to nothing, destroy.

anniversario (anniver'sarjo) nm anniversary.

anno ('anno) nm year. **anno scorso** last year. **capo d'anno** nm New Year's Day. **quanti anni hai?** how old are you?

annodare (anno'dare) vt 1 knot, tie. 2 conclude.

annoiare (anno'jare) vt 1 bore. 2 annoy. **annoiarsi** vr be bored.

annotare (anno'tare) vt annotate, note, jot down. **annotazione** nf entry, note.

annuario (annu'arjo) nm yearbook, directory.

annuire (annu'ire) vi nod in assent.

annullare (annul'lare) vt annul, cancel. **annullamento** nm annulment.

annunciare (annun'tʃare) vt 1 announce. 2 foretell. **annunciatore** nm announcer. **annuncio** nm announcement, notice.

Annunciazione (annuntʃat'tsjone) nf Annunciation.

annusare (annu'sare) vt sniff, smell. **annusare tabacco** take snuff.

annuvolare (annuvo'lare) vt darken. **annuvolarsi** vr cloud over, darken.

ano ('ano) nm anus.

anodo ('anodo) nm anode.

anomalia (anoma'lia) nf anomaly.

anonimo (a'nonimo) adj anonymous. **società anonima** nf limited company.

anormale (anor'male) adj abnormal. **anormalità** nf abnormality.

ansare (an'sare) vi puff, pant.

ansia ('ansja) nf anxiety. **ansioso** (an'sjoso) adj anxious.

antagonismo (antago'nizmo)

nm antagonism. **antagonista** *nm* antagonist.

antartico (an'tartiko) *adj,nm* Antarctic.

antenato (ante'nato) *nm* ancestor.

antenna (an'tenna) *nf* 1 antenna, feeler. 2 aerial.

anteprima (ante'prima) *nf* preview.

anteriore (ante'rjore) *adj* 1 front. 2 previous.

antiabbagliante (antiabbaʎ-'ʎante) *adj* antiglare. **faro antiabbagliante** *nm* dipped headlight.

antiaereo (antia'ɛreo) *adj* antiaircraft.

antibiotico (antibi'ɔtiko) *adj, nm* antibiotic.

anticamera (anti'kamera) *nf* antechamber, waiting room.

antichità (antiki'ta) *nf* antiquity.

anticiclone (antitʃi'klone) *nm* anticyclone.

anticipare (antitʃi'pare) *vt* 1 anticipate. 2 *comm* advance. *vi* be early.

anticipo (an'titʃipo) *nm* 1 anticipation. 2 deposit. **in anticipo** ahead of time.

antico (an'tiko) *adj* 1 ancient. 2 old-fashioned. 3 former.

anticonformista (antikonfor-'miesta) *nm* non-conformist.

anticorpo (anti'kɔrpo) *nm* antibody.

antidoto (an'tidoto) *nm* antidote.

antifecondativo (antifekonda-'tivo) *adj,nm* contraceptive.

antifurto (anti'furto) *adj* antitheft.

antigelo (anti'dʒelo) *nm* antifreeze.

antilope (an'tilope) *nm* antelope.

antincendio (antin'tʃendjo) *adj invar* fireproof.

antipasto (anti'pasto) *nm* hors d'oeuvre.

antipatia (antipa'tia) *nf* dislike, antipathy. **antipatico** (anti-'patiko) *adj* disagreeable, unpleasant.

antiquario (anti'kwarjo) *nm* antique dealer.

antiquato (anti'kwato) *adj* antiquated.

antisemita (antise'mita) *adj* anti-Semitic. **antisemitismo** *nm* anti-Semitism.

antisettico (anti'settiko) *adj, nm* antiseptic.

antisociale (antiso'tʃale) *adj* antisocial.

antitesi (an'titezi) *nf invar* antithesis.

antologia (antolo'dʒia) *nf* anthology.

antro ('antro) *nm* 1 cave. 2 den.

antropologia (antropolo'dʒia) *nf* anthropology. **antropologo** (antri'pɔlogo) *nm* anthropologist.

anulare (anu'lare) *nm* ring finger.

anzi ('antsi) *conj* 1 rather. 2 on the contrary.

anziano (an'tsjano) *adj* 1 old, aged. 2 senior. **anzianità** *nf* seniority.

anziché (antsi'ke) *conj* rather than.

anzitutto (antsi'tutto) *adv* first of all.

apatia (apa'tia) *nf* apathy. **apatico** *adj* apathetic.

ape ('ape) *nf* bee.

aperitivo (aperi'tivo) *nm* aperitive.

aperto (a'pɛrto) *v* see **aprire**. *adj* 1 open. 2 frank. **all'aperto** in the open air. **apertura** *nf* opening, gap.

apice ('apitʃe) *nm* summit, height.

apostolo (a'pɔstolo) *nm* apostle, disciple.

apostrofo (a'pɔstrofo) *nm* apostrophe.

appagare (appa'gare) *vt* **1** satisfy. **2** quench.

appaio (ap'pajo) *v* see **apparire**.

appalto (ap'palto) *nm* contract.

appannare (appan'nare) *vt* veil, blur.

apparato (appa'rato) *nm* **1** decoration, pomp. **2** apparatus. **3** equipment. **apparato scenico** props.

apparecchiare (apparek'kjare) *vt* set (the table). **apparecchio** *nm* **1** machine, device, set. **2** aeroplane.

apparenza (appa'rentsa) *nf* aspect, appearance. **salvare le apparenze** keep up appearances.

apparire* (appa'rire) *vi* appear, seem. **apparizione** *nf* apparition.

apparsi (ap'parsi) *v* see **apparire**.

apparso (ap'parso) *v* see **apparire**.

appartamento (apparta'mento) *nm* flat.

appartare (appar'tare) *vt* set aside, separate. **appartato** *adj* secluded.

appartenere* (apparte'nere) *vi* belong.

apparvi (ap'parvi) *v* see **apparire**.

appassionare (appassjo'nare) *vt* enthrall, captivate. **appassionarsi** *vr* grow very fond of.

appena (ap'pena) *adv* **1** hardly, scarcely. **2** as soon as. **appena un po'** just a little.

appendere* (ap'pendere) *vt* hang. **appendice** *nf* appendix.

appendicite (appendi'tʃite) *nf* appendicitis.

appesi (ap'pesi) *v* see **appendere**.

appeso (ap'peso) *v* see **appendere**.

appestare (appes'tare) *vt* infect.

appetito (appe'tito) *nm* appetite. **appetitoso** (appeti'toso) *adj* appetizing.

appianare (appja'nare) *vt* **1** flatten, level. **2** settle.

appiccare (appik'kare) *vt* **1** hang. **2** attach.

appiccicare (appittʃi'kare) *vt* stick, glue. **appiccicoso** (appittʃi'koso) *adj* sticky.

appiè (ap'pjɛ) *prep* at the foot.

appigionare (appidʒo'nare) *vt* let.

appisolarsi (appizo'larsi) *vr* doze.

applaudire (applau'dire) *vt* applaud, clap. **applauso** (ap'plauzo) *nm* applause.

applicare (appli'kare) *vt* **1** put on, affix. **2** apply. **applicazione** *nf* application.

appoggiare (appod'dʒare) *vt* lean, rest. **appoggio** (ap'pɔddʒo) *nm* support.

apporre* (ap'porre) *vt* add, affix.

apportare (appor'tare) *vt* bring.

apposito (ap'pɔzito) *adj* suitable, proper.

apposta (ap'pɔsta) *adv* on purpose, deliberately.

apprendere* (ap'prendere) *vt* learn. **apprendista** *nm* apprentice.

apprensione (appren'sjone) *nf* apprehension.

apprestare (appres'tare) *vt* prepare.

apprezzare (appret'tsare) *vt* appreciate.

approfittare (approfit'tare) *vi* gain, profit. **approfittarsi di** *vr* take advantage of.

approfondire (approfon'dire) *vt* go into thoroughly.

approssimativo (approssima'tivo) *adj* approximate, rough.

approvare (appro'vare) *vt* approve. **approvazione** *nf* approval.

appuntamento (appunta'mento) *nm* appointment.

appuntare (appun'tare) *vt* **1** sharpen. **2** point. **3** fix. **appuntare gli orecchi** prick up one's ears. **appuntalapis** (appunta'lapis) *nm invar* pencil-sharpener.

appunto[1] (ap'punto) *nm* **1** note. **2** mark.

appunto[2] (ap'punto) *adv* exactly, precisely.

appurare (appu'rare) *vt* verify.

aprile (a'prile) *nm* April.

aprire* (a'prire) *vt* **1** open. **2** inaugurate. **3** unlock. **4** switch on. **apribottiglie** *nm invar* bottle opener. **apriscatole** (apris'katole) *nm invar* tin-opener.

aquila ('akwila) *nf* eagle. **aquilone** (akwi'lone) *nm* kite.

Arabia (a'rabia) *nf* Arabia. **Arabia Saudita** (sau'dita) Saudi Arabia. **arabico** (a'rabiko) *adj* Arabic, Arabian. **arabo** *adj* Arab. *nm* **1** Arab. **2** Arabic.

arachide (a'rakide) *nf* peanut.

aragosta (ara'gosta) *nf* lobster.

araldo (a'raldo) *nm* herald. **araldico** *adj* heraldic.

arancia (a'rantʃa) *nf* **1** *bot* orange. **2** orange (colour). **aranciata** *nf* orangeade. **arancio** *nm* orange tree. **arancione** *adj* orange-coloured.

arare (a'rare) *vt* plough. **arabile** *adj* arable. **aratro** *nm* plough.

arazzo (a'rattso) *nm* tapestry.

arbitrare (arbi'trare) *vt* **1** judge. **2** umpire, referee. **arbitrario** *adj* arbitrary.

arbitrio (ar'bitrjo) *nm* will. **libero arbitrio** free will. **arbitro** *nm* **1** judge, arbitrator. **2** umpire, referee.

arbusto (ar'busto) *nm* shrub.

arca ('arka) *nf* ark.

arcaico (ar'kaiko) *adj* archaic.

arcata (ar'kata) *nf* **1** arch. **2** arcade.

archeologia (arkeolo'dʒia) *nf* archaeology. **archeologico** (arkeo'lɔdʒiko) *adj* archaeological. **archeologo** (arke'ɔlogo) *nm* archaeologist.

archetipo (ar'kɛtipo) *nm* archetype.

architetto (arki'tetto) *nm* architect. **architettura** *nf* architecture.

archivio (ar'kivjo) *nm* archive.

arciduca (artʃi'duka) *nm* archduke.

arciere (ar'tʃɛre) *nm* archer.

arcigno (ar'tʃiɲɲo) *adj* sullen.

arcipelago (artʃi'pelago) *nm* archipelago.

arcivescovo (artʃi'veskovo) *nm* archbishop.

arco ('arko) *nm* **1** bow. **2** arch. **3** *pl* string instruments.

arcobaleno (arkoba'leno) *nm* rainbow.

ardere* ('ardere) *vt,vi* burn. **ardente** *adj* burning.

ardesia (ar'dezja) *nf* slate.

ardire (ar'dire) *vi* dare. **ardito** *adj* daring, bold.

arduo ('arduo) *adj* **1** arduous. **2** steep.

area ('area) *nf* area, zone.

arena *nf* **1** (a'rena) sand. **2** (a'rɛna) arena. **2 arena.**

arenare (are'nare) *vi* run aground.

argento (ar'dʒento) *nm* silver. **argenteo** (ar'dʒenteo) *adj* silvery. **argenteria** *nf* silverware. **argentiere** (ardʒen'tijere) *nm* silversmith.

argilla (ar'dʒilla) *nf* clay.

argine (ar'dʒine) *nm* dyke.

argomento (argo'mento) *nm* **1** topic, subject, theme. **2** summary.

arguto (ar'guto) *adj* shrewd, quick-witted.

aria ('arja) *nf* **1** air. **2** appearance. **3** melody.

arido ('arido) *adj* arid, dry.

arieggiare (arjed'dʒare) *vt* air.

ariete (a'rjete) *nm* **1** ram. **2** *cap* Aries.

aringa (a'ringa) *nf* herring.

aristocrazia (aristokrat'tsia) *nf* aristocracy. **aristocratico** (aristo'kratiko) *adj* aristocratic.

aritmetica (arit'metika) *nf* arithmetic.

armadio (ar'madjo) *nm* **1** wardrobe. **2** cupboard.

armare (ar'mare) *vt* arm. **arma** *nf, pl* **armi** arm, weapon.

armata (ar'mata) *nf* **1** army. **2** fleet.

armonia (armo'nia) *nf* harmony. **armonioso** (armo'njoso) *adj* harmonious. **armonizzare** *vt* harmonize, match.

armonica (ar'mɔnika) *nf* harmonica.

arnese (ar'nese) *nm* tool.

arnia ('arnja) *nf* beehive.

aroma (a'rɔma) *nm* smell, aroma.

arpa ('arpa) *nf* harp.

arrabbiarsi (arrab'bjarsi) *vr* lose one's temper, get angry. **arrabbiato** *adj* angry.

arrampicarsi (arrampi'karsi) *vr* climb.

arrangiare (arran'dʒare) *vt* adjust, arrange. **arrangiarsi** *vr* do the best one can.

arrecare (arre'kare) *vt* **1** cause. **2** bring.

arredare (arre'dare) *vt* furnish, equip. **arredamento** *nm* furnishings. **arredi** (ar'redi) *nm pl* furnishings, fittings.

arrendersi* (arren'dersi) *vr* surrender.

arrestare (arres'tare) *vt* **1** stop. **2** arrest. **arresto** (ar'rɛsto) *nm* arrest.

arretrare (arre'trare) *vi* recoil, withdraw. **arretrato** *adj* **1** underdeveloped. **2** in arrears, behind. *nm* arrears.

arricchire (arrik'kire) *vi* become rich. *vt* enrich, adorn. **arricchirsi** *vr* become rich.

arricciare (arrit'tʃare) *vt* **1** curl. **2** wrinkle.

arrischiare (arris'kjare) *vt* risk, endanger.

arrivare (arri'are) *vi* **1** arrive, reach. **2** manage. **3** happen. **arrivo** *nm* arrival. **ben arrivato!** welcome!

arrivederci (arrive'dertʃi) *interj* *also* **arrivederla** goodbye!

arrogante (arro'gante) *adj* haughty, arrogant. **arroganza** (arro'gantsa) *nf* arrogance.

arrossire (arros'sire) *vi* blush.

arrostire (arros'tire) *vt* roast. **arrosto** (ar'rɔsto) *nm* roast meat. *adj invar* roast.

arrotolare (arroto'lare) *vt* roll up.

arrotondare (arroton'dare) *vt* make round.

arrovesciare (arroveʃ'ʃare) *vt* **1** overturn. **2** turn inside out.

arruffare (arruf'fare) *vt* ruffle. **arruffarsi** *vr* bristle.

arrugginire (arruddʒi'nire) *vt, vi* rust. **arrugginito** *adj* rusty.

arruolare (arrwo'lare) *vt* enlist. **arruolarsi** *vr* join up, enlist.

arsenale (arse'nale) *nm* **1** shipyard. **2** arsenal.

arsenico (ar'sɛniko) *nm* arsenic.

arsi ('arsi) *v see* **ardere.**

arso ('arso) *v see* **ardere.**

arte ('arte) *nf* **1** art. **2** skill. **artefice** (ar'tefitʃe) *nm* craftsman.

arteria (ar'tɛrja) *nf* **1** artery. **2** main road or line.

artico ('artiko) *adj, nm* Arctic.

articolare (artiko'lare) *vt* pronounce clearly, articulate.

articolo (ar'tikolo) *nm* article. **articolo di fondo** newspaper leader.

artificiale (artifi'tʃale) *adj* artificial, false.

artificio (arti'fitʃo) *nm* **1** skill, cunning. **2** affectation.

artigiano (arti'dʒano) *nm* artisan, craftsman. **artigianato** *nm* **1** small industry. **2** handicraft.

artiglieria (artiʎʎe'ria) *nf* artillery.

artiglio (ar'tiʎʎo) *nm* claw, talon.

artista (ar'tista) *nm* **1** artist. **2** entertainer. **artistico** (ar'tistiko) *adj* artistic.

artrite (ar'trite) *nf* arthritis.

asbesto (az'besto) *nm* asbestos.

ascella (aʃ'ʃella) *nf* armpit.

ascensore (aʃʃen'sore) *nm* lift.

ascesa (aʃ'ʃesa) *nf* rise, ascent.

ascesso (aʃ'ʃesso) *nm* abscess.

asceta (aʃ'ʃeta) *nm* ascetic.

ascia ('aʃʃa) *nf* axe, hatchet.

asciugare (aʃʃu'gare) *vt,vi* dry, wipe. **asciugacapelli** (aʃʃugaka'pelli) *nm invar* hair drier. **asciugamano** (aʃʃuga'mano) *nm* towel. **asciugatrice** (aʃʃuga'tritʃe) *nf* tumble drier.

asciutto (aʃ'ʃutto) *adj* dry.

ascoltare (askol'tare) *vt* **1** listen to. **2** understand. *vi* listen. **ascoltatore** *nm* listener.

asfalto (as'falto) *nm* asphalt.

Asia ('azia) *nf* Asia. **asiatico** (a'ziatiko) *adj,n* Asian.

asilo (a'zilo) *nm* **1** refuge, shelter. **2** nursery school. **asilo politico** political asylum.

asino ('asino) *nm* **1** donkey, ass. **2** fool.

asma ('azma) *nf* asthma.

asparago (as'parago) *nm, pl* **asparagi** asparagus.

aspettare (aspet'tare) *vt* **1** await, wait for. **2** expect. **aspettarsi** *vr* suspect, expect. **sala d'aspetto** *nf* waiting room.

aspetto (as'petto) *nm* look, aspect.

aspirare (aspi'rare) *vt* inhale. *vi* aspire. **aspirapolvere** (aspira'polvere) *nm invar* vacuum cleaner.

aspirina (aspi'rina) *nf* aspirin.

aspro ('aspro) *adj* **1** bitter. **2** harsh, rough. **asprezza** (a-s'prettsa) *nf* harshness, severity.

assaggiare (assad'dʒare) *vt* taste, try.

assai (as'sai) *adv* **1** enough. **2** very, much.

assalire* (assa'lire) *vt* attack. **assalitore** *nm* assailant. **assalto** *nm* attack, assault.

assassinare (assassi'nare) *vt* **1** murder, kill. **2** ruin. **assassinio** (assas'sinio) *nm* assassination, murder. **assassino** *nm* assassin, murderer. *adj* murderous.

asse[1] ('asse) *nm* axle, axes.

asse[2] ('asse) *nf* plank. **asse da stiro** ironing-board.

assediare (asse'djare) *vt* **1** beseige. **2** beset. **assedio** (as'sedjo) *nm* seige.

assegnare (assen'nare) *vt* assign, attach, allot.

assegno (as'senno) *nm* **1** allowance. **2** cheque. **assegno per viaggiatore** traveller's cheque.

assemblea (assem'blea) *nf* meeting, assembly.

assembramento (assembra'mento) *nm* meeting, demonstration.

assenso (as'senso) *nm* agreement, assent.

assente (as'sente) *adj* absent. **assenza** *nf* absence.

assentire (assen'tire) *vi* assent, approve.

asserire (asse'rire) *vt* affirm, assert.

assestare (asses'tare) *vt* **1** put in order, arrange, settle. **2** deliver (blow).

assetato (asse'tato) *adj* thirsty, parched.

assettare (asset'tare) *vt* **1** tidy.

2 adjust. **assetto** (as'setto) *nm* order.

assicurare (assiku'rare) *vt* 1 attach, secure. 2 assure. 3 insure. **assicurazione** *nf* 1 assurance. 2 insurance.

assiduo (as'siduo) *adj* 1 diligent. 2 constant.

assieme (as'sjeme) *adv* together.

assieparsi (assje'parsi) *vr* crowd round.

assimilare (assimi'lare) *vt* assimilate.

assise (as'size) *nf pl* assizes.

assistere* (as'sistere) *vt* aid, assist. *vi* be present, attend. **assistente** (assis'tente) *adj,nm* assistant. **assistenza** (assis'tentsa) *nf* aid, assistance. **assistenza sociale** welfare services.

asso ('asso) *nm* ace. **piantare in asso** leave in the lurch.

associare (asso'tʃare) *vt* 1 associate. 2 admit. 3 unite. **associarsi** *vr* join. **associato** *nm* associate. **associazione** *nf* association.

assoggettare (assoddʒet'tare) *vt* subject, control.

assolsi (as'sɔlsi) *v* see **assolvere**.

assolto (as'sɔlto) *v* see **assolvere**.

assoluto (asso'luto) *adj* absolute, complete.

assolvere* (as'sɔlvere) *vt* acquit. **assoluzione** *nf* acquittal.

assomigliare (assomiʎ'ʎare) *vt* compare. *vi* resemble. **assomigliarsi** *vr* resemble one another, look alike.

assonnato (asson'nato) *adj* sleepy.

assopirsi (asso'pirsi) *vr* doze.

assorbire (assor'bire) *vt* absorb. **assorbente** (assor'bente) *adj* absorbent. **assorbente igienico** *nm* sanitary towel.

carta assorbente *nf* blotting paper.

assordare (assor'dare) *vt* deafen.

assortire (assor'tire) *vt* 1 arrange. 2 stock. **assortimento** *nm* assortment. **assortito** *adj* assorted.

assuefare (assue'fare) *vt* accustom. **assuefarsi** *vr* get used to.

assumere* (as'sumere) *vt* 1 undertake, assume. 2 employ. 3 raise.

assunsi (as'sunsi) *v* see **assumere**.

assunto (as'sunto) *v* see **assumere**.

Assunzione (assun'tsjone) *nf* Assumption.

assurdo (as'surdo) *adj* absurd.

asta ('asta) *nf* 1 lance. 2 mast, pole. 3 auction. **vendere all'asta** auction.

astante (as'tante) *nm* bystander. **astanteria** *nf* casualty ward.

astenersi* (aste'nersi) *vr* abstain. **astensione** *nf* abstention.

asterisco (aste'risko) *nm* asterisk.

asteroide (aste'rɔjde) *nm* asteroid.

astinenza (asti'nentsa) *nf* abstinence.

astio ('astjo) *nm* rancour, resentment. **astioso** (as'tjoso) *adj* spiteful.

astratto (as'tratto) *adj,nm* abstract.

astro ('astro) *nm* star.

astrologia (astrolo'dʒia) *nf* astrology. **astrologo** (as'trɔlogo) *nm, pl* **astrologi** astrologer.

astronauta (astro'nauta) *nm* astronaut.

astronomia (astrono'mia) *nf* astronomy. **astronomico** (astro'nɔmiko) *adj* astronomical. **astronomo** (as'trɔnomo) *nm* astronomer.

astuccio (as'tuttʃo) *nm* box, case.

astuto (as'tuto) *adj* cunning, astute. **astuzia** (as'tuttsja) *nf* cunning, guile.

Atene (a'tene) *nf* Athens.

ateo ('ateo) *nm* atheist. **ateismo** *nm* atheism.

atlante (a'tlante) *nm* atlas.

atlantico (a'tlantiko) *adj* Atlantic. **(Oceano) Atlantico** *nm* Atlantic (Ocean).

atleta (a'tleta) *nm* athlete. **atletica** (at'lɛtika) *nf* athletics. **atletico** (a'tlɛtiko) *adj* athletic.

atmosfera (atmos'fera) *nf* atmosphere. **atmosferico** (atmo'sferiko) *adj* atmospheric.

atomo ('atomo) *nm* atom. **atomico** (a'tɔmiko) *adj* atomic.

atrio ('atrjo) *nm* hall, entrance.

atroce (a'trotʃe) *adj* terrible, atrocious. **atrocità** *nf* atrocity.

attaccare (attak'kare) *vt* 1 attach, hang. 2 attack. 3 begin. *vi* stick. **attaccabrighe** *nm invar* quarrelsome person. **attaccapanni** *nm invar* hanger, peg. **attacco** *nm* attack.

attecchire (attek'kire) *vi* take root.

atteggiare (atted'dʒare) *vt* pose, arrange. **atteggiamento** *nm* 1 pose. 2 attitude.

attempato (attem'pato) *adj* elderly.

attendere* (at'tendere) *vt* await, wait for. *vi* apply oneself, attend to. **attendibile** (atten'dibile) *adj* reliable.

attentato (atten'tato) *nm* 1 assassination attempt. 2 outrage.

attento (at'tento) *adj* careful, attentive, close.

attenzione (atten'tsjone) *nf* attention.

attergare (atter'gare) *vt* endorse.

atterrare (atter'rare) *vi* land. **atterraggio** *nm* landing, touchdown.

attesa (at'tesa) *nf* wait, delay.

attestare (attes'tare) *vt* testify, declare. **attestato** *nm* certificate.

attiguo (at'tiguo) *adj* adjacent, next.

attimo ('attimo) *nm* moment.

attirare (atti'rare) *vt* attract.

attitudine[1] (atti'tudine) *nf* aptitude.

attitudine[2] (atti'tudine) *nf* attitude.

attivare (atti'vare) *vt* activate, start.

attivo (at'tivo) *adj* active. *nm* assets. **attività** *nf* activity.

attizzare (attit'tsare) *vt* 1 poke (fire). 2 incite.

atto[1] ('atto) *nm* act, action. **mettere in atto** put into effect.

atto[2] ('atto) *adj* suitable, apt.

attonito (at'tɔnito) *adj* surprised, amazed.

attorcigliare (attortʃiʎ'ʎare) *vt* twist, coil.

attore (at'tore) *nm* actor.

attorniare (attor'njare) *vt* surround, encircle.

attorno (at'torno) *adv* around. **attorno a** *prep* around.

attrarre (at'trarre) *vt* attract. **attraente** (attra'ente) *adj* attractive. **attrazione** *nf* attraction.

attraversare (attraver'sare) *vt* cross. **attraverso** (attra'verso) *prep* 1 across. 2 through.

attrezzo (at'trettso) *nm* tool, piece of equipment.

attribuire (attribu'ire) *vt* assign, attribute. **attributo** *nm* attribute.

attrice (at'tritʃe) *nf* actress.

attrito (at'trito) *nm* friction.

attuale (attu'ale) *adj* present,

current. **attualmente** adv at this moment.

attualità (attuali'ta) nf 1 tropical subject. 2 pl news.

attuare (attu'are) vt 1 bring into being. 2 carry out.

attuario (attu'arjo) nm actuary.

audace (au'datʃe) adj bold, fearless. **audacia** nf boldness, daring.

audiovisuale (audjovizu'ale) adj audiovisual.

auditorio (audi'tɔrjo) nm hall, auditorium.

audizione (audit'tsjone) nf 1 hearing. 2 audition.

augurare (augu'rare) vt wish. **augurio** (au'gurjo) nm 1 wish. 2 pl best wishes.

aula ('aula) nf hall. **aula scolastica** classroom.

aumentare (aumen'tare) vt,vi increase, augment. **aumento** nm increase.

aureola (au'reola) nf halo.

aurora (au'rɔra) nf daybreak.

ausiliare (auzi'ljare) adj,n auxiliary. **ausiliario** (auzi'ljarjo) adj auxiliary.

austero (aus'tero) adj austere, severe.

Australia (aus'tralja) nf Australia. **australiano** adj,n Australian.

Austria ('austria) nf Austria. **austriaco** adj,n Austrian.

autentico (au'tentiko) adj real, genuine, authentic.

autista (au'tista) nm chauffeur.

autistico (au'tistiko) adj autistic.

auto ('auto) nf invar car. **auto a portellone posteriore** nf hatchback.

autobiografia (autobiogra'fia) nf autobiography.

autoblinda (auto'blinda) nf armoured car.

autobus ('autobus) nm bus.

autocarro (auto'karro) nm lorry.

automa (au'tɔma) nm automaton.

automatico (auto'matiko) adj automatic.

automezzo (auto'mɛddzo) nm vehicle.

automobile (auto'mɔbile) nf car.

autonomo (au'tɔnomo) adj autonomous. **autonomia** (autono'mia) nf autonomy.

autopsia (autop'sia) nf postmortem.

autore (au'tore) nm author, composer.

autorevole (auto'revole) adj authoritative.

autorimessa (autori'messa) nf garage.

autorità (autori'ta) nf authority.

autoritratto (autori'tratto) nf self-portrait.

autorizzare (autorid'dzare) vt authorize.

autostop (autos'tɔp) nm invar hitch-hiking. **fare l'autostop** hitch.

autostrada (autos'trada) nf motorway.

autotrasporto (autotras'pɔrto) nm road transport.

autoveicolo (autove'ikolo) nm vehicle.

autunno (au'tunno) nm autumn.

avambraccio (avam'brattʃo) nm forearm.

avanguardia (avan'gwardja) nf 1 vanguard. 2 forefront.

avanti (a'vanti) adv before, ahead. prep before. **avantieri** (avan'tjeri) adv the day before yesterday.

avanzare (avan'tsare) vt 1 advance. 2 promote. 3 precede. 4 lend. 5 put aside. vi 1 proceed. 2 be left over. **avanzarsi** vr approach, near.

avanzo (a'vantso) nm 1 remainder. 2 pl leftovers.

avaro (a'varo) *adj* mean. **avarizia** (ava'rittsja) *nf* meanness.

avemmo (a'vemmo) *v* see **avere**.

avena ('a'vena) *nf* oats.

avere* (a'vere) *vt* **1** have. **2** possess. **3** get. **4** wear. **5** be. *v aux* have. **avercela con uno** have something against someone. **avere da** have to. ~ *nm* **1** property. **2** *pl* possessions.

aveste (a'veste) *v* see **avere**.

avesti (a'veste) *v* see **avere**.

avete (a'vete) *v* see **avere**.

avevo (a'vevo) *v* see **avere**.

aviazione (avjat'tsjone) *nf* **1** aviation. **2** Air Force. **aviatore** *nm* airman, pilot.

avido ('avido) *adj* **1** greedy. **2** eager. **avidità** *nf* greed.

avo ('avo) *nm* ancestor.

avocado (avo'kado) *nm invar* avocado.

avorio (a'vɔrjo) *nm* ivory.

avrei (a'vrei) *v* see **avere**.

avrò (a'vro) *v* see **avere**.

avuto (a'vuto) *v* see **avere**.

avvampare (avvam'pare) *vi* flare up, burn.

avvantaggiare (avvantad'dʒare) *vt* favour. **avvantaggiarsi** *vr* profit, make use.

avvedersi* (avve'dersi) *vr* become aware, realize.

avvelenare (avvele'nare) *vt* poison.

avvenire* (avve'nire) *vi* happen, occur. *nm* future. **avvenimento** *nm* event, happening.

avventato (avven'tato) *adj* rash, imprudent.

avventurare (avventu'rare) *vt* risk. **avventurarsi** *vr* venture. **avventura** *nf* adventure.

avverbio (av'verbjo) *nm* adverb.

avversario (avver'sarjo) *nm* opponent, adversary.

avversione (avver'sjone) *nf* dislike, repugnance, aversion. **avverso** (av'verso) *adj* adverse, hostile.

avvertire (avver'tire) *vt* **1** inform. **2** warn. **avvertenza** (avver'tentsa) *nf* **1** attention. **2** foreword. **3** *pl* instructions. **avvertimento** (avverti'mento) *nm* warning.

avvezzare (avvet'tsare) *vt* accustom. **avvezzarsi** *vr* become accustomed. **avvezzo** (av'vettso) *adj* accustomed.

avviare (avvi'are) *vt* **1** start, begin. **2** direct. **avviarsi** *vr* set out. **avviamento** *nm* start.

avvicinare (avvitʃi'nare) *vt* approach, bring near. **avvicinarsi** *vr* **1** approach. **2** resemble.

avvilire (avvi'lire) *vt* humiliate. **avvilirsi** *vr* **1** humble oneself. **2** lose heart. **avvilimento** *nm* **1** despondency. **2** degradation.

avviluppare (avvilup'pare) *vt* wrap up.

avvincere (av'vintʃere) *vt* **1** bind. **2** attract.

avvisare (avvi'zare) *vt* **1** announce, inform. **2** warn, advise. **avviso** *nm* **1** announcement. **2** opinion. **3** warning.

avvizzire (avvit'tsire) *vi* wither, fade.

avvocato (avvo'kato) *nm* lawyer.

avvolgere (av'vɔldʒere) *vt* **1** roll up. **2** cover.

avvoltoio (avvol'tojo) *nm* vulture.

azalea (addza'lea) *nf* azalea.

azienda (ad'dzjenda) *nf* business, firm.

azione (at'tsjone) *nf* **1** action. **2** *comm* share. **azionista** *nm* shareholder.

azoto (ad'dzɔto) *nm* nitrogen.

azzardare (addzar'dare) *vt,vi*

risk, attempt. **azzardarsi** vr
dare. **azzardo** nm 1 risk. 2
chance.

azzuffarsi (attsuf'farsi) vr fight,
come to blows.

azzurro (ad'dzurro) adj blue.

B

babbo ('babbo) nm inf dad,
daddy.

babbuino (babbu'ino) nm baboon.

babordo (ba'bordo) nm naut
port.

bacca ('bakka) nf berry.

baccalà (bakka'la) nm invar
dried cod.

baccano (bak'kano) nm din,
uproar.

baccarà (bakka'ra) nm baccarat.

baccelliere (battʃel'ljere) nm
educ bachelor.

baccello (bat'tʃello) nm pod.

bacchetta (bak'ketta) nf 1
stick, baton. 2 wand.

baciare (ba'tʃare) vt kiss. **bacio** nm kiss.

bacino (ba'tʃino) nm 1 basin.
2 dock.

baco ('bako) nm 1 worm. 2
maggot.

badare (ba'dare) vi take care,
pay attention. **badare ai fatti suoi** mind one's own business.

badessa (ba'dessa) nf abbess.

badia (ba'dia) nf abbey.

baffi ('baffi) nm pl 1 moustache. 2 whiskers. **leccarsi
i baffi** lick one's lips.

bagaglio (ba'gaʎʎo) nm baggage, luggage. **fare i bagagli**
pack.

bagattella (bagat'tella) nf trin-
ket, trifle.

bagliore (baʎ'ʎore) nm 1 dazzling light. 2 flash, ray.

bagnare (baɲ'ɲare) vt 1 wet.
2 bathe. **bagnarsi** vr 1 bathe.

2 get soaked. **bagnato** adj
soaked.

bagnino (baɲ'ɲino) nm bathing
attendant.

bagno ('baɲɲo) nm 1 bath. 2
bathroom. **fare il bagno** 1
take a bath. 2 go for a bathe.
mettere a bagno soak.

baia ('baja) nf geog bay.

baio ('bajo) adj bay. nm bay
horse.

baionetta (bajo'netta) nf bayonet.

balbettare (balbet'tare) vi stutter, stammer. vt mutter, mumble. **balbuzie** (bal'buttsje) nf
invar stammer.

balcone (bal'kone) nm balcony.

baldacchino (baldak'kino) nm
canopy.

baldanza (bal'dantsa) nf 1 au-
dacity. 2 self-confidence.
baldanzoso (baldan'tsoso) adj
daring, bold.

baldoria (bal'dɔrja) nf merry-
making. **fare baldoria** make
merry.

balena (ba'lena) nf whale.

balenare (bale'nare) vi 1 flash
lightning. 2 flash. **baleno**
nm flash of lightning. **in un
baleno** in a moment.

balia[1] ('balja) nf nurse.

balìa[2] (ba'lia) nf power, authority.

balistica (ba'listika) nf ballistics. **balistico** (ba'listiko) adj
ballistic.

balla ('balla) nf bale.

ballare (bal'lare) vt dance. vi 1
dance. 2 sway. **via la gatta
i topi ballano** when the cat's
away the mice will play.

ballata (bal'lata) nf ballad.

ballerina (balle'rina) nf ballerina. **ballerino** nm dancer.

balletto (bal'letto) nm ballet.

ballo ('ballo) nm dance, ball.

balneare (balne'are) adj seaside.

balocco (ba'lɔkko) *nm* toy, plaything.

balordo (ba'lordo) *adj* foolish, stupid.

baltico ('baltiko) *adj* Baltic. **(Mare) Baltico** *nm* Baltic (Sea).

balzare (bal'tsare) *vi* 1 jump. 2 bounce. **balzo** *nm* 1 bounce. 2 crag.

bambagia (bam'badʒa) *nf also* **bambagio** *nm* cottonwool.

bambinaia (bambi'naja) *nf* children's nurse.

bambino (bam'bino) *nm* 1 baby. 2 child, little boy.

bambola ('bambola) *nf* doll.

bambù (bam'bu) *nm invar* bamboo plant.

banale (ba'nale) *adj* trivial, banal.

banana (ba'nana) *nf* banana. **banano** *nm* banana tree.

banca ('banka) *nf comm* bank. **banca d'affari** *nf* merchant bank. **biglietto di banca** *nm* banknote. **banchiere** (ban-'kjere) *nm* banker.

bancarella (banka'rella) *nf* stall, barrow.

bancarotta (banka'rotta) *nf* bankruptcy.

banchetto (ban'ketto) *nm* banquet.

banchina (ban'kina) *nf* 1 quay. 2 platform.

banco ('banko) *nm* 1 bench. 2 counter. 3 (in gambling) bank. 4 *geog* bank, reef. **banconota** (banko'nɔta) *nf* banknote.

banda¹ ('banda) *nf* side. **lasciare da banda** leave aside.

banda² ('banda) *nf* band, stripe.

banda³ ('banda) *nf* band, group.

bandiera (ban'djera) *nf* flag.

bandire (ban'dire) *vt* 1 announce, proclaim. 2 banish, exile. **bando** *nm* 1 announcement. 2 ban. 3 banishment. **bandito** *nm* bandit, outlaw.

bangio ('bandʒo) *nm* banjo.

bar (bar) *nm invar* 1 bar, cafe. 2 cocktail cabinet. **barista** *nm* barman. *nf* barmaid.

bara ('bara) *nf* coffin.

baracca (ba'rakka) *nf* hut. **stentare a mandare avanti la baracca** have difficulty in making ends meet.

barattare (barat'tare) *vt* 1 exchange. 2 barter.

barattolo (ba'rattolo) *nm* 1 jar, pot. 2 tin, can.

barba ('barba) *nf* beard. **farsi la barba** shave. **barbuto** *adj* bearded.

barbabietola (barba'bjetola) *nf* beetroot.

barbaro ('barbaro) *adj,nm* barbarian.

barbiere (bar'bjere) *nm* barber.

barbiturato (barbitu'rato) *nm* barbiturate.

barca ('barka) *nf* boat. **barca a remi/vela** rowing/sailing boat.

barcollare (barkol'lare) *vi* stagger, totter.

bardare (bar'dare) *vt* harness. **bardatura** *nf* harness.

barella (ba'rella) *nf* stretcher.

barile (ba'rile) *nm* barrel, cask.

baritono (ba'ritono) *adj,nm* baritone.

barlume (bar'lume) *nm* glimmer, gleam.

barometro (ba'rɔmetro) *nm* barometer.

barone (ba'rone) *nm* baron. **baronessa** *nf* baroness.

barricare (barri'kare) *vt* barricade. **barricata** *nf* barricade.

barriera (bar'rjera) *nf* 1 barrier. 2 gate. 3 fence.

baruffa (ba'ruffa) *nf* scuffle, brawl.

barzelletta (bardzel'letta) *nf* joke.

basare (ba'zare) *vt* base, found.

bascula ('baskula) *nf* weighing machine.

base ('baze) nf 1 base. 2 bases, foundation. **in base a** on the basis of.

basetta (ba'zetta) nf sideburn, whisker.

basilica (ba'zilika) nf basilica.

basilico (ba'ziliko) nm basil.

basso ('basso) adj 1 low. 2 short in stature. 3 shallow. 4 vulgar, shameful. nm 1 bottom. 2 mus bass.

bassofondo (basso'fondo) nm shallow, sandbank. **bassifondi** nm pl underworld, slums.

bastardo (bas'tardo) adj,nm 1 bastard. 2 zool mongrel.

bastare (bas'tare) vi 1 be enough or sufficient. 2 last. **basta!** interj enough!

bastonare (basto'nare) vt beat, cane.

bastone (bas'tone) nm 1 stick, cane. 2 pl game clubs. **bastone da passeggio** walking stick. **mettere un bastone tra le ruote** put a spoke in the wheel. **bastoncino** (baston-'tʃino) nm little stick.

battaglia (bat'taʎʎa) nf battle.

battaglione (battaʎ'ʎone) nm battalion.

battello (bat'tello) nm boat, steamer.

battere ('battere) vt 1 beat, strike. 2 defeat, beat. vi beat, knock. **battere a macchina** type. **battere le mani** clap one's hands. **in un batter d'occhio** in a flash.

batteri (bat'teri) nm pl bacteria.

batteria (batte'ria) nf 1 mil battery. 2 set.

battesimo (bat'tezimo) nm baptism, christening. **battezzare** (batted'dzare) vt baptize, christen.

battibaleno (battiba'leno) in un battibaleno adv in an instant.

battistero (battis'tero) nm baptistry.

battitore (batti'tore) nm 1 sport server. 2 batsman.

battuta (bat'tuta) nf 1 blow. 2 witty remark. 3 sport service.

batuffolo (ba'tuffolo) nm wad.

baule (ba'ule) nm (luggage) trunk.

bava ('bava) nf 1 dribble. 2 foam.

bavaglino (bavaʎ'ʎino) nm bib.

bavaglio (ba'vaʎʎo) nm gag.

bavero ('bavero) nm coat collar.

bazzicare (battsi'kare) vt frequent.

beatitudine (beati'tudine) nf beatitude. **Sua Beatitudine** His Holiness.

beato (be'ato) adj 1 happy. 2 blessed. **beato te!** lucky you!

beccaccia (bek'kattʃa) nf woodcock. **beccaccino** (bek-kat'tʃino) nm snipe.

beccare (bek'kare) vt 1 peck (food). 2 peck, nip. 3 get, catch. **beccarsi** vr obtain. **beccamorti** (bekka'morti) nm invar gravedigger. **becco** nm 1 beak. 2 point. 3 nib.

becchime (bek'kime) nm bird food.

becchino (bek'kino) nm gravedigger.

befana (be'fana) nf 1 old woman supposed to bring gifts to children on the feast of the Epiphany. 2 ugly old woman. 3 Epiphany.

beffare (bef'fare) vt mock, ridicule. **beffarsi di** vr make fun of. **beffa** ('beffa) nf 1 mockery. 2 practical joke.

begli ('beʎʎi) adj see **bello**.

bei ('bei) adj see **bello**.

bel (bel) adj see **bello**.

belare (be'lare) vi bleat.

Belgio ('beldʒo) nm Belgium. **belga** ('belga) adj,n Belgian.

belletto (bel'letto) nm make-up.

bello ('bello) adj **bello, bel**

ms. **bella** *fs.* **belli, bei, begli** *m pl.* **belle** *f pl.* beautiful, handsome, lovely, fine. **bell'e fatto** well and truly done. **bellezza** (bel'lettsa) *nf* beauty. **bellino** *adj* pretty.

benché (ben'ke) *conj* although.

bendare (ben'dare) *vt* **1** bind, bandage. **2** blindfold. **benda** ('benda) *nf* **1** bandage. **2** blindfold.

bene ('bɛne) *nm* **1** good. **2** *pl* goods, possessions. *adv* well. **voler bene** love, be fond of.

benedire* (bene'dire) *vt* bless. **benedetto** (bene'detto) *adj* holy, blessed.

beneducato (benedu'kato) *adj* well-mannered.

beneficenza (benefi'tʃentsa) *nf* charity.

beneficio (bene'fitʃo) *nm* **1** benefit. **2** profit.

benessere (be'nessere) *nm* well-being, welfare.

benestante (benes'tante) *adj* well-to-do.

benevolo (be'nevolo) *adj* well-disposed, kindly. **benevolenza** (benevo'lentsa) *nf* goodwill, benevolence.

beninteso (benin'teso) *adv* of course.

benvenuto (benve'nuto) *nm* welcome. **dare il benvenuto** welcome.

benzina (ben'dzina) *nf* petrol.

bere* ('bere) *vt* drink.

bernoccolo (ber'nɔkkolo) *nm* bump, lump.

berretto (ber'retto) *nm* cap, beret.

berrò (ber'rɔ) *v see* **bere**.

bersaglio (ber'saʎʎo) *nm* target.

bestemmia (bes'temmja) *nf* curse, oath. **bestemmiare** *vi* curse, swear.

bestia ('bɛstja) *nf* **1** beast, animal. **2** ignoramus. **bestiale** *adj* bestial, brutal.

bestiame (bes'tjame) *nm* livestock.

betoniera (beto'njera) *nf* cement-mixer.

bettola ('bettola) *nf* pub.

betulla (be'tulla) *nf* birch tree.

bevanda (be'vanda) *nf* drink, beverage.

bevo ('bevo) *v see* **bere**.

bevuto (be'vuto) *v see* **bere**.

bevvi ('bevvi) *v see* **bere**.

biada ('bjada) *nf* **1** fodder. **2** *pl* crops.

biancheria (bjanke'ria) *nf* household linen.

bianco ('bjanko) *adj,nm* white. **lasciare in bianco** leave blank. **pesce in bianco** *nm* boiled fish. **riso in bianco** *nm* boiled rice, usually with butter. **biancospino** (bjanko-'spino) *nm* hawthorn.

biascicare (bjaʃʃi'kare) *vt* **1** chew. **2** mumble.

biasimare (bjazi'mare) *vt* blame. **biasimo** ('bjazimo) *nm* blame.

Bibbia ('bibbja) *nf* Bible.

bibita ('bibita) *nf* drink, beverage.

biblico ('bibliko) *adj* biblical.

bibliografia (bibljogra'fia) *nf* bibliography.

biblioteca (bibljo'tɛka) *nf* library. **bibliotecario** *nm* librarian.

bicchiere (bik'kjere) *nm* glass.

bicicletta (bitʃi'kletta) *nf* bicycle.

bicipite (bi'tʃipite) *nm* biceps.

bidè (bi'de) *nm* bidet.

bidone (bi'done) *nm* drum, bin.

bieco ('bjeko) *adj* (of a glance or expression) threatening.

biennale (bien'nale) *adj* two yearly. *nf* two yearly event.

bietta ('bjetta) *nf* wedge.

bifocale (bifo'kale) *adj* bifocal. **lenti bifocali** *nfpl* bifocals.

biforcarsi (bifor'karsi) *vr* branch off, fork.

bigamia (biga'mia) *nf* bigamy. **bigamo** *nm* bigamist. *adj* bigamous.

bighellonare (bigello'nare) *vi* saunter, idle.

bigio ('bidʒo) *adj,nm* grey. **pane bigio** *nm* brown bread.

bigliardo (biʎ'ʎardo) *nm* 1 billiard table. 2 game of billiards. **bigliardino** *nm* pinball machine.

biglietto (biʎ'ʎetto) *nm* 1 note, card. 2 ticket. 3 banknote. **biglietto d'ingresso** platform ticket. **bigliettaio** *nm* ticket collector. **biglietteria** *nf* ticket office.

bigodino (bigo'dino) *nm* (hair) roller.

bigotto (bi'gɔtto) *adj* bigoted. *nm* bigot.

bilancia (bi'lantʃa) *nf* 1 scales. 2 *cap* Libra. **bilanciare** *vt* 1 balance. 2 weigh.

bilancio (bi'lantʃo) *nm* 1 budget. 2 balance sheet.

bilingue (bi'lingwe) *adj* bilingual.

bimbo ('bimbo) *nm* child.

binario (bi'narjo) *nm* 1 railway track or line. 2 platform.

binocolo (bi'nɔkolo) *nm* binoculars.

biodegradabile (biodegra'dabile) *adj* biodegradable.

biografia (biogra'fia) *nf* biography. **biografico** (bio'grafiko) *adj* biographical.

biologia (biolo'dʒia) *nf* biology. **biologico** (bio'lɔdʒiko) *adj* biological. **biologo** (bi'ɔlogo) *nm* biologist.

biondo ('bjondo) *adj,nm* blond.

birbante (bir'bante) *nm* rascal.

birbone (bir'bone) *nm* rogue.

birichino (biri'kino) *adj* naughty. *nm* mischievous child.

birillo (bi'rillo) *nm* skittle.

Biro ('biro) *nf invar Tdmk* Biro.

birra ('birra) *nf* beer.

bis (bis) *adv, interj* encore.

bisaccia (bi'zattʃa) *nf* knapsack.

bisbigliare (bisbiʎ'ʎare) *vt,vi* whisper. **bisbiglio** *nm* whisper.

biscia ('biʃʃa) *nf* snake.

biscotto (bis'kɔtto) *nm* biscuit.

bisestile (bizes'tile) **anno bisestile** *nm* leap year.

bisognare (bizoɲ'ɲare) *v imp* 1 be necessary, must. 2 need. **bisogno** *nm* need, want. **avere bisogno di** need.

bistecca (bis'tekka) *nf* steak.

bisticciare (bistit'tʃare) *vi* quarrel, argue. **bisticcio** *nm* 1 quarrel. 2 pun.

bistrattare (bistrat'tare) *vt* illtreat.

bivio ('bivjo) *nm* junction, fork.

bizzarro (bid'dzarro) *adj* odd, strange.

blandire (blan'dire) *vt* entice.

blando ('blando) *adj* 1 mild. 2 gentle.

blatta ('blatta) *nf* cockroach.

blindare (blin'dare) *vt* armour.

bloccare *nm* (blok'kare) *vt* block. **blocco** *nm* 1 block, lump. 2 blockade. 3 notepad.

blu (blu) *adj,nm* blue.

blusa ('bluza) *nf* blouse.

boa ('bɔa) *nf* buoy.

bobina (bo'bina) *nf* bobbin, spool.

bocca ('bokka) *nf* 1 mouth. 2 opening. **a bocca aperta** open-mouthed. **in bocca al lupo!** good luck! **boccata** *nf* mouthful. **boccone** *nm* mouthful, bite.

boccale (bok'kale) *nm* jug.

boccia ('bɔttʃa) *nf* 1 bud. 2 decanter. 3 *sport* bowl.

bocciare (bot'tʃare) *vt* fail. **essere bocciato** fail.

boccio ('bɔttʃo) *nm* bud.

bocconi (bok'koni) *adv* face downwards, flat on one's face.

boia ('bɔja) *nm invar* executioner.

boicottare (boikot'tare) *vt* boycott.

bolla ('bolla) *nf* **1** bubble. **2** blister.

bollare (bol'lare) *vt* stamp, seal.

bolletta (bol'letta) *nf* receipt, note. **bollettino** (bollet'tino) *nm* **1** bulletin. **2** receipt.

bollire (bol'lire) *vt,vi* boil. **bollito** *nm* boiled beef. **bollitore** *nm* kettle.

bollo ('bollo) *nm* seal, stamp.

bolognese (bolon'nese) *adj* Bolognese. **alla bolognese** with meat sauce.

bomba ('bomba) *nf* bomb.

bombardare (bombar'dare) *vt* bombard, bomb.

bombetta (bom'betta) *nf* bowler hat.

bombola ('bombola) *nf* cylinder.

bonario (bo'narjo) *adj* goodnatured. **bonarietà** *nf* kindliness.

bontà (bon'ta) *nf* goodness, kindness.

borbottare (borbot'tare) *vt* mutter. *vi* rumble.

bordello (bor'dello) *nm* **1** brothel. **2** uproar.

bordo ('bordo) *nm* **1** side (of a ship). **2** edge, border. **a bordo** on board. **giornale di bordo** ship's log.

borghese (bor'gese) *adj* bourgeois. **borghesia** *nf* middle class.

borgo ('borgo) *nm* **1** village. **2** suburb.

boria ('borja) *nf* arrogance, pride. **borioso** (bo'rjoso) *adj* haughty.

borotalco (boro'talko) *nm* talcum powder.

borsa[1] ('borsa) *nf* bag, purse. **borsa di studio** *educ* grant.

borsa[2] ('borsa) *nf* stock exchange. **borsanera** (borsa'nera) *nf* black market.

bosco ('bosko) *nm* wood, forest.

botanica (bo'tanika) *nf* botany. **botanico** *adj* botanical. *nm* botanist.

botta ('botta) *nf* blow, knock. **dare le botte a** spank.

botte ('botte) *nf* cask, barrel.

bottega (bot'tega) *nf* **1** shop. **2** workshop. **bottegaio** (botte'gajo) *nm* shopkeeper.

bottiglia (bot'tiʎʎa) *nf* bottle.

bottone (bot'tone) *nm* **1** button. **2** knob, button. **3** bud.

boxe (bɔks) *nf* boxing.

bozza ('bɔttsa) *nf* draft, rough sketch. **bozzetto** (bot'tsetto) *nm* outline, sketch.

bozzolo ('bɔttsolo) *nm* cocoon.

braccetto (brat'tʃetto) **a braccetto** *adv* arm in arm.

braccialetto (brattʃa'letto) *nm* bracelet.

bracciante (brat'tʃante) *nm* workman, labourer.

braccio ('brattʃo) *nm* **1** *pl* **braccia** *f anat* arm. **2** *pl* **bracci** *m* arm, wing. **bracciuolo** (brat'tʃolo) *nm* arm rest.

braciola (bra'tʃola) *nf cul* chop.

bramare (bra'mare) *vt* desire.

branchia ('brankja) *nf zool* gill.

branco ('branko) *nm* flock, herd.

brancolare (branko'lare) *vi* grope.

branda ('branda) *nf* camp bed.

brandello (bran'dello) *nm* tatter, rag. **a brandelli** in shreds.

brano ('brano) *nm* **1** scrap, shred. **2** extract, passage.

branzino (bran'dzino) *nm zool* bass.

Brasile (bra'zile) *nm* Brazil. **brasiliano** *adj,n* Brazilian.

bravo ('bravo) *adj* **1** good, competent. **2** skilful. **3** honest. *interj* well done! **su o da bravo!** there's a good boy!

breccia ('brettʃa) *nf* breach.

Bretagna (bre'tanna) *nf* Brittany. **bretone** *adj,n* Breton.

bretelle (bre'tɛlle) *nf pl* braces.

breve ('brɛve) *adj* short, brief. **brevità** *nf* brevity.

brevetto (bre'vetto) *nm* 1 patent. 2 licence.

brezza ('breddza) *nf* breeze.

bricco ('brikko) *nm* jug.

briccone (brik'kone) *nm* rascal, scamp.

briciola ('britʃola) *nf* crumb.

bridge (bridʒ) *nm game* bridge.

briga ('briga) *nf* quarrel, trouble.

brigadiere (briga'djɛre) *nm* 1 brigadier. 2 sergeant.

brigante (bri'gante) *nm* bandit, robber.

brigata (bri'gata) *nf* 1 company, group. 2 brigade.

briglia ('briʎʎa) *nf* bridle.

brillare (bril'lare) *vi* shine, glitter, sparkle. **brillante** *adj* brilliant. *nm* diamond.

brindare (brin'dare) *vi* toast, drink someone's health.

brindello (brin'dɛllo) *nm* rag, tatter.

brindisi ('brindizi) *nm invar* toast. **fare un brindisi** drink a toast.

brio ('brio) *nm* gaiety, vivacity.

brivido ('brivido) *nm* shiver. **fare venire i brividi a qualcuno** give someone the creeps.

brocca ('brɔkka) *nf* jug.

broccolo ('brɔkkolo) *nm* broccoli.

brodo ('brɔdo) *nm* soup, broth.

broglio ('brɔʎʎo) *nm* malpractice.

bronchite (bron'kite) *nf* bronchitis.

broncio ('brontʃo) *nm* pout, sulk.

brontolare (bronto'lare) *vi* grumble, mutter.

bronzo ('brondzo) *nm* bronze.

bruciapelo (brutʃa'pelo) **a bruciapelo** *adv* pointblank.

bruciare (bru'tʃare) *vt* burn, set fire to. *vi* burn, blaze. **bruciato** *adj* burnt.

bruco ('bruko) *nm* caterpillar.

brughiera (bru'gjɛra) *nf* moor.

brulicare (bruli'kare) *vi* swarm, teem.

bruno ('bruno) *adj* brown, dark-haired. *nm* brown. **bruna** *nf* brunette.

brusco ('brusko) *adj* 1 sharp. 2 rough. 3 brusque.

brusio (bru'zio) *nm* buzz, bustle.

bruto ('bruto) *adj,nm* brute. **brutale** *adj* brutal. **brutalità** *nf* brutality.

brutto ('brutto) *adj* 1 ugly. 2 bad, unpleasant. **fare brutta figura** disgrace oneself.

buca ('buka) *nf* hole, cavity, pit. **buca delle lettere** letter-box.

bucaneve (buk'aneve) *nf* snowdrop.

bucare (bu'kare) *vt* 1 pierce. 2 punch (ticket). *vi* get a puncture. **avere le mani bucate** be a spendthrift.

bucato (bu'kato) *nm* washing, laundry.

buccia ('buttʃa) *nf* peel, skin, rind.

buco ('buko) *nm* hole.

buddismo (bud'dizmo) *nm* Buddhism. **buddista** *nm* Buddhist.

budello (bu'dɛllo) *nm,pl* **budella** *f* intestine, bowel.

budino (bu'dino) *nm* pudding.

bue ('bue) *nm,pl* **buoi** oxen.

bufalo ('bufalo) *nm* buffalo.

bufera (bu'fera) *nf* blizzard, hurricane.

buffè (buf'fe) *nm invar* 1 sideboard. 2 buffet.

buffo ('buffo) *adj* funny, amusing.

bugia[1] (bu'dʒia) *nf* candlestick.

bugia[2] (bu'dʒia) *nf* lie. **bugiardo** *nm* liar.

buio ('bujo) *nm* darkness, dark. *adj* dark, gloomy.

bulbo ('bulbo) *nm* 1 bulb. 2 eyeball.

Bulgaria (bulga'ria) *nf* Bulgaria. **bulgaro** *adj,n* Bulgarian.

buono ('bwɔno) *adj* 1 good. 2 kind. **buon mercato** cheap. **buono a nulla** good for nothing. **di buon'ora** early. ~*nm* 1 good. 2 bill, bond. **con le buone** gently. **buongustaio** (bwongus'tajo) *nm* gourmet.

burattino (burat'tino) *nm* puppet.

burbanza (bur'bantsa) *nf* arrogance. **burbanzoso** (burban'tsoso) *adj* haughty.

burlare (bur'lare) *vt* play a trick on. *vi* joke. **burlarsi di** *vr* make fun of. **burla** *nf* joke.

burocrate (bu'rɔkrate) *nm* bureaucrat. **burocratico** (buro'kratiko) *adj* bureaucratic. **burocrazia** (burokrat'tsia) *nf* bureaucracy.

burrasca (bur'raska) *nf* tempest, storm.

burro ('burro) *nm* butter.

burrone (bur'rone) *nm* ravine, gorge.

bussare (bus'sare) *vi* knock.

bussola ('bussola) *nf* compass.

busta ('busta) *nf* 1 envelope. 2 case. **bustarella** (busta'rella) *nf* bribe.

busto ('busto) *nm* 1 bust. 2 corset.

buttare (but'tare) *vt* throw. **buttare via** throw away. **buttarsi** *vr* throw oneself, jump.

C

cabina (ka'bina) *nf* 1 cabin. 2 cockpit. **cabina telefonica** telephone box.

cablogramma (kablo'gramma) *nm* cablegram.

cacao (ka'kao) *nm* cocoa.

caccia ('kattʃa) *nf* hunting. **dare la caccia a** hunt. **cacciatore** *nm* hunter.

cacciagione (kattʃa'dʒone) *nf* (hunting) game.

cacciare (kat'tʃare) *vt* 1 hunt, shoot. 2 chase. 3 thrust, put. **cacciare un urlo** let out a yell. **cacciavite** *nm invar* screwdriver.

cachi ('kaki) *adj,nm* khaki.

cacio ('katʃo) *nm* cheese.

cacto ('kakto) *nm* cactus.

cadavere (ka'davere) *nm* corpse.

caddi ('kaddi) *v* see **cadere**.

cadere* (ka'dere) *vi* fall. **caduta** *nf* 1 fall. 2 ruin.

cadetto (ka'detto) *nm* cadet.

cadrò (ka'drɔ) *v* see **cadere**.

caffè (kaf'fe) *nm invar* 1 coffee. 2 bar, cafe. **caffè corretto** coffee with liqueur. **caffè macchiato** coffee with a little milk. **caffellatte** *nm* white coffee. **caffettiera** (kaffet'tjere) *nf* coffee pot.

caffeina (kaffe'ina) *nf* caffeine.

cagionare (kadʒo'nare) *vt* cause. **cagione** *nf* cause, reason.

cagna ('kaɲɲa) *nf* bitch. **guardare in cagnesco** scowl. **cagnolino** *nm* puppy.

calabrone (kala'brone) *nm* hornet.

calamaio (kala'majo) *nm* inkstand.

calamaro (kala'maro) *nm* squid.

calamita (kala'mita) *nf* magnet.

calare (ka'lare) *vt* lower, drop. *vi* 1 descend. 2 grow shorter. 3 (of the sun) set. 4 lose weight.

calcagno (kal'kaɲɲo) *nm* heel.

calcare (kal'kare) *vt* 1 tread, press down. 2 stress.

calce ('kaltʃe) *nf* lime.

calcestruzzo (kaltʃes'truttso) *nm* concrete.

calcio¹ ('kaltʃo) *nm* 1 kick. 2 football. **calciatore** *nm* footballer.

calcio² ('kaltʃo) nm calcium.
calcolare (kalko'lare) vt, vi calculate. **calcolatore** nf computer. **calcolatrice** nf calculator, calculating machine.
calcolo ('kalkolo) nm 1 calculation. 2 plan. 3 med stone.
caldaia (kal'daja) nf boiler.
caldo ('kaldo) adj hot, warm. **avere caldo** (of a person) be hot. **fare caldo** (of weather) be hot. ~nm heat.
caleidoscopio (kaleidos'kɔpjo) nm kaleidoscope.
calendario (kalen'darjo) nm calendar.
calice (ka'litʃe) nm chalice.
calligrafia (kalligra'fia) nf handwriting.
callo (ka'llo) nm med corn.
calmare (kal'mare) vt soothe, calm (down). **calmante** nm sedative, tranquillizer. **calmo** adj calm.
calore (ka'lore) nm heat, warmth. **caloroso** adj warm, cordial.
caloria (kalo'ria) nf calorie.
calorifero (kalo'rifero) nm radiator.
caloscia (ka'lɔʃʃa) nf wellington, galosh.
calpestare (kalpes'tare) vt trample. **calpestio** nm tramping (of feet).
calunnia (ka'lunnja) nf slander.
calvo ('kalvo) adj bald. **calvizie** (kal'vittsje) nf pl baldness.
calza ('kaltsa) nf sock, stocking. **calzatura** (kaltsa'tura) nf footwear. **calzino** nm sock.
calzolaio (kaltso'lajo) nm cobbler, shoemaker. **calzoleria** (kaltsole'ria) nf shoemaker's shop.
calzoni (kal'tsoni) nm pl trousers. **calzoncini** nm pl shorts.
camaleonte (kamale'onte) nm chameleon.

cambiale (kam'bjale) nf bill of exchange.
cambiare (kam'bjare) vt, vi change, alter. **cambiamento** nm change, alteration. **cambio** nm 1 change. 2 comm exchange. 3 mot gears.
camera¹ ('kamera) nf 1 bedroom, room. 2 chamber. **Camera dei Comuni/Lords** House of Commons/Lords.
camera² ('kamera) nf camera.
camerata¹ (kame'rata) nf dormitory.
camerata² (kame'rata) nm comrade.
cameriera (kame'rjera) nf 1 waitress. 2 maid. **cameriere** (kame'rjere) nm waiter.
camicia (ka'mitʃa) nf shirt. **camicetta** (kami'tʃetta) nf blouse.
camino (ka'mino) nm 1 fireplace. 2 chimney. **caminetto** nm 1 fireplace. 2 mantelpiece.
camion ('kamjon) nm lorry.
cammello (kam'mello) nm camel.
camminare (kammi'nare) vi 1 walk. 2 go.
cammino (kam'mino) nm way, path.
camoscio (ka'mɔʃʃo) nm chamois (leather).
campagna (kam'paɲɲa) nf 1 countryside. 2 campaign.
campana (kam'pana) nf bell. **sordo come una campana** deaf as a post. **campanello** (kampa'nello) nm doorbell. **campanile** nm belltower.
campeggiare (kamped'dʒare) vi camp. **campeggio** nm 1 camping. 2 camp, camp site. **campeggiatore** nm camper.
campione (kam'pjone) nm 1 champion. 2 sample, specimen. **campionato** nm championship.
campo ('kampo) nm 1 field. 2

field, sphere. **3** *sport* ground.
campo di tennis tennis court.
camposanto (kampo'santo)
nm,pl **campisanti** cemetery.
camuffamento (kamuffa'mento) *nm* camouflage.
Canada (kana'da) *nm* Canada. **canadese** (kana'dese)
adj,n Canadian.
canaglia (ka'naʎʎa) *nf* rabble,
mob.
canale (ka'nale) *nm* **1** canal.
2 (television) channel.
canapa ('kanapa) *nf* hemp.
canapè (kana'pɛ) *nm invar*
sofa.
Canarie (ka'narje) **Isole Canarie** *nf pl* Canary Islands.
canarino (kana'rino) *nm* canary.
cancellare (kantʃel'lare) *vt* **1**
score out, cancel. **2** annul.
cancelliere (kantʃel'ljere) *nm*
chancellor. **Cancelliere dello Scacchiere** Chancellor of
the Exchequer.
cancello (kan'tʃello) *nm* gate.
cancro ('kankro) *nm* **1** cancer.
2 *cap* Cancer.
candeggiare (kanded'dʒare) *vt*
bleach.
candela (kan'dela) *nf* **1** candle.
2 spark plug. **3** watt.
candidato (kandi'dato) *nm*
candidate.
candito (kan'dito) *adj* candied.
nm candy, sweet.
cane ('kane) *nm* dog. **fatica da cani** *nf* great effort. **tempo da cani** *nm* bad weather.
canguro (kan'guro) *nm* kangaroo.
canile (ka'nile) *nm* kennel.
canna ('kanna) *nf* **1** reed, cane.
2 rod. **3** pipe, tube.
cannella (kan'nella) *nf*
cinnamon.
cannelloni (kannel'loni) *nm pl*
tubes of pasta stuffed with a
meat sauce and baked.
cannibale (kan'nibale) *nm* cannibal. **cannibalismo** *nm* cannibalism.
cannocchiale (kannok'kjale)
nm **1** binoculars. **2** telescope.
cannone (kan'none) *nm* cannon.
cannuccia (kan'nuttʃa) *nf*
(drinking) straw.
canoa (ka'nɔa) *nf* canoe.
canone ('kanone) *nm* canon,
law.
canonico (ka'nɔniko) *nm rel*
canon.
canonizzare (kanonid'dzare)
vt canonize.
canottaggio (kanot'taddʒo) *nm*
boating, rowing.
canottiera (kanot'tjera) *nf* vest,
T-shirt.
canotto (ka'nɔtto) **1** canoe. **2**
small boat.
cantare (kan'tare) *vt,vi* sing. *vi*
(of a cock) crow. **cantante**
nm singer.
cantiere (kan'tjere) *nm* **1** shipyard. **2** site, yard.
cantina (kan'tina) *nf* cellar.
canto[1] ('kanto) *nm* **1** song. **2**
singing. **3** crow (of a cock).
canto[2] ('kanto) *nm* side, corner. **dall'altro canto** on the
other hand.
cantone (kan'tone) *nm* **1** corner. **2** canton.
cantoniere (kanto'njere) *nm*
signalman.
canuto (ka'nuto) *adj* whitehaired.
canzonare (kantso'nare) *vt*
make fun of. *vi* joke.
canzone (kan'tsone) *nf* song.
caos ('kaos) *nm invar* chaos.
capace (ka'patʃe) *adj* capable,
able. **capacità** *nf* **1** capacity.
2 ability.
capanna (ka'panna) *nf* hut.
capannone (kapan'none) *nm invar* hangar, shed.
caparbio (ka'parbjo) *adj* obstinate, stubborn.
capello (ka'pello) *nm* **1** hair.

2 *pl* hair (of head). **da fare rizzare i capelli** make one's hair stand on end. **spaccare un capello in quattro** split hairs.

capezzale (kapet'tsale) *nm* bolster.

capezzolo (ka'pettsolo) *nm* nipple, teat.

capire (ka'pire) *vt,vi* understand.

capitale (kapi'tale) *adj,nf* capital. *nm comm* capital. **capitalismo** *nm* capitalism. **capitalista** *nm* capitalist.

capitano (kapi'tano) *nm* captain.

capitare (kapi'tare) *vi* **1** happen. **2** turn up.

capitolo (ka'pitolo) *nm* chapter.

capo ('kapo) *nm* **1** head, mind. **2** top, end. **3** cape. **4** item. **5** chief, leader. **da capo** over again.

capodanno (kapo'danno) *nm* New Year's Day.

capofitto (kapo'fitto) **a capofitto** *adv* headfirst.

capogiro (kapo'dʒiro) *nm, pl* **capogiri** fit of dizziness.

capolavoro (kapola'voro) *nm, pl* **capolavori** masterpiece.

capolinea (kapo'linea) *nm, pl* **capilinea** terminus.

caporale (kapo'rale) *nm* corporal.

capostazione (kapostat'tsjone) *nm, pl* **capistazione** station master.

capotreno (kapo'treno) *nm, pl* **capitreno** guard.

capovolgere (kapo'vɔldʒere) *vt* overturn.

cappa ('kappa) *nf* cloak, cape.

cappella (kap'pella) *nf* chapel.

cappello (kap'pello) *nm* hat.

cappero (kap'pero) *nm bot* caper. **capperi!** *interj* gosh!

cappotta (kap'pɔtta) *nf mot* hood.

cappotto (kap'pɔtto) *nm* overcoat.

cappuccino (kapput'tʃino) *nm* coffee with milk.

cappuccio (kap'puttʃo) *nm* hood.

capriccio (ca'prittʃo) *nm* whim, caprice. **capriccioso** (kaprit'tʃoso) *adj* capricious, wilful.

Capricorno (kapri'kɔrno) *nm* Capricorn.

caprifoglio (kapri'fɔʎʎo) *nm* honeysuckle.

capriola (kapri'ɔla) *nm* somersault.

capro (kapro) *nm* billy-goat. **capro espiatorio** scapegoat. **capretto** (ka'pretto) *nm* kid.

capsico ('kapsiko) *nm* capsicum.

capsula ('kapsula) *nf* capsule.

carabiniere (karabi'njɛre) *nm* military policeman.

caraffa (ka'raffa) *nf* carafe.

caraibo (kara'ibo) *adj* Caribbean. **(Mar dei) Caraibi** *nm* Caribbean (Sea).

caramella (kara'mɛlla) *nf* sweet.

carato (ka'rato) *nm* carat.

carattere (ka'rattere) *nm* **1** character, nature. **2** letter, character. **caratteristico** (karatte'ristiko) *adj* typical, characteristic.

carboidrato (karboi'drato) *nm* carbohydrate.

carbone (kar'bone) *nm* coal.

carbonio (kar'bɔnjo) *nm* carbon. **carbonico** (kar'bɔniko) *adj* carbonic.

carburante (karbu'rante) *nm mot* fuel.

carburatore (karbura'tore) *nm* carburettor.

carcassa (kar'kassa) *nf* skeleton, carcass.

carcere ('kartʃere) *nm, pl* **carceri** *f* prison.

carciofo (kar'tʃɔfo) *nm* artichoke.

cardiaco (kar'diako) *adj* cardiac. **attacco cardiaco** *nm* heart attack.

cardinale (kardi'nale) *nm rel* cardinal. *adj* cardinal, principal.

cardine ('kardine) *nm* hinge.

cardo ('kardo) *nm* thistle.

carena (ka'rɛna) *nf* keel.

carestia (kares'tia) *nf* scarcity, shortage.

carezzare (karet'tsare) *vt* caress, stroke. **carezza** *nf* caress.

cariarsi (ka'rjarsi) *vr* decay.

carica ('karika) *nf* appointment, office. **in carica** 1 in office. 2 in charge.

caricare (kari'kare) *vt* 1 load, fill. 2 overload. 3 wind up.

caricatura (karika'tura) *nf* caricature.

carico ('kariko) *nm* 1 load. 2 weight, responsibility. 3 *naut* cargo. *adj* laden, loaded.

carie ('karje) *nf invar* decay.

carità (kari'ta) *nf* charity, love. **per carità!** for heaven's sake! please!

carlinga (kar'linga) *nf* cockpit.

carnagione (karna'dʒone) *nf* complexion.

carne ('karne) *nf* 1 flesh. 2 meat. **carnale** *adj* carnal.

carneficina (karnefi'tʃina) *nf* slaughter, massacre.

carnevale (karne'vale) *nm* carnival.

caro ('karo) *adj* 1 dear, beloved. 2 expensive, dear. *adv* at a high price.

carosello (karo'zɛllo) *nm* merry-go-round.

carota (ka'rɔta) *nf* carrot.

carponi (kar'poni) *adv* on all fours.

carrello (kar'rɛllo) *nm* trolley, truck.

carriera (kar'rjɛra) *nf* career, profession.

carro ('karro) *nm* 1 cart. 2 lorry, truck.

carrozza (kar'rɔttsa) *nf* coach, carriage. **carrozzeria** *nf mot* bodywork. **carrozzina** *nf* pram.

carrucola (kar'rukola) *nf* pulley.

carta ('karta) *nf* 1 paper. 2 document. 3 map, chart. 4 card. **carta da lettere** notepaper. **carta d'identità** identity card. **cartacarbone** *nf* carbon paper. **cartapecora** (karta'pekora) *nf* parchment. **cartapesta** (karta'pesta) *nf* papiermâché. **cartella** (kar'tɛlla) *nf* 1 folder, file. 2 satchel. **cartellino** *nm* 1 tag. 2 nameplate. **cartello** (kar'tɛllo) *nm* poster, notice. **cartolina** *nf* postcard. **cartone** *nm* cardboard.

cartilagine (karti'ladʒine) *nf* cartilage.

cartolaio (karto'lajo) *nm* stationer. **cartoleria** *nf* stationery shop.

cartuccia (kar'tuttʃa) *nf* cartridge.

casa ('kasa) *nf* 1 house, home. 2 company, firm. 3 family, house.

casalinga (kasa'linga) *nf* housewife. **casalingo** *adj* 1 domestic. 2 home-made. 3 plain.

cascare (kas'kare) *vi* fall, tumble. **cascata** *nf* waterfall.

casco ('kasko) *nm* helmet, crash helmet.

casella (ka'sella) *nf* pigeonhole. **casella postale** post office box.

caserma (ka'zɛrma) *nf* barracks.

casino (ka'sino) *nm* 1 casino. 2 *inf* brothel.

caso ('kazo) *nm* 1 chance. 2 event, occurrence. 3 case. 4 way, possibility. **caso mai** if by chance. **far caso di** take into account. **in ogni caso**

in any case. **per caso** by chance.

cassa ('kassa) nf **1** box, case, chest. **2** cash desk. **3** bank, fund. **4** cash. **cassa da morto** coffin. **cassaforte** (kas-sa'fɔrte) nf, pl **casseforti** strongbox.

cassetta (kas'setta) nf box. **cassetta delle lettere** letter-box. **cassetto** (kas'setto) nm drawer. **cassettone** (kasset-'tone) nm chest of drawers.

cassata (kas'sata) nf Neapolitan ice-cream.

casseruola (kasse'rwɔla) nf saucepan.

cassiere (kas'sjere) **1** cashier. **2** treasurer.

casta ('kasta) nf caste.

castagna (kas'taɲɲa) nf chestnut. **castagno** nm chestnut tree. adj chestnut, brown.

castello (kas'tɛllo) nm castle.

castigare (kasti'gare) vt punish. **castigo** nm punishment.

casto ('kasto) adj chaste. **castità** nf invar chastity.

castoro (kas'tɔro) nm beaver.

castrare (kas'trare) vt castrate.

casuale (kazu'ale) adj chance.

catacomba (kata'komba) nf catacomb.

catalogo (ka'talogo) nm catalogue.

catapulta (kata'pulta) nf catapult.

catarro (ka'tarro) nm catarrh.

catastrofe (ka'tastrofe) nf disaster, catastrophe.

catechismo (kate'kizmo) nm catechism.

categoria (katego'ria) nf category, class. **categorico** (kate'gɔriko) adj categorical, explicit.

catena (ka'tena) nf chain. **catena di negozi** chain store.

catino (ka'tino) nm basin. **catinella** nf small basin. **piovere a catinelle** rain cats and dogs.

catodo ('katodo) nm cathode.

catrame (ka'trame) nm tar.

cattedrale (katte'drale) nf cathedral.

cattivo (kat'tivo) adj **1** bad, naughty. **2** evil.

cattolico (kat'tɔliko) adj,n Catholic. **cattolicesimo** (kattoli'tʃezimo) nm Catholicism.

catturare (kattu'rare) vt **1** capture. **2** arrest. **cattura** nf **1** capture. **2** arrest.

caucciù (kaut'tʃu) nm invar rubber.

causa ('kauza) nf **1** cause, reason. **2** law case, action. **a causa di** owing to, because of.

causare (kau'zare) vt cause, produce.

caustico ('kaustiko) adj caustic.

cauto ('kauto) adj cautious, careful. **cautela** (kau'tela) nf **1** caution. **2** precaution.

cauzione (kaut'tsjone) nf **1** caution money, deposit. **2** bail.

cava ('kava) nf quarry, pit.

cavalcare (kaval'kare) vt,vi ride. **cavalcioni** adv astride.

cavaliere (kava'ljere) nm knight.

cavalleria (kavalle'ria) nf **1** cavalry. **2** chivalry. **cavalleresco** adj chivalrous.

cavallo (ka'vallo) nm **1** horse. **2** game knight. **a cavallo** on horseback. **cavallo a dondolo** rocking horse. **cavallo di corsa** racehorse. **cavalletto** (kaval'letto) nm easel.

cavare (ka'vare) vt **1** extract, remove. **2** obtain. **cavarsela** vr get out of a difficult situation. **cavatappi** nm invar corkscrew.

caverna (ka'verna) nf cavern, cave.

caviale (ka'vjale) nm caviar.

caviglia (ka'viʎʎa) nf ankle.

cavo[1] ('kavo) adj,nm hollow. **cavità** nf hollow, cavity.

cavo[2] ('kavo) *nm* cable, rope.

cavolo ('kavolo) *nm* cabbage. **cavolfiore** *nm* cauliflower.

ce (tʃe) *pron 1st pers m,f pl* us, to us. *adv* there.

cecità (tʃetʃi'ta) *nf* blindness.

Cecoslovacchia (tʃekoslo'vak-kja) *nf* Czechoslovakia. **ce-co** *adj,n* Czech. **cecoslovacco** *adj,n* Czechoslovakian.

cedere ('tʃɛdere) *vi* **1** collapse. **2** yield, give up. *vt* **1** hand over. **2** renounce.

cedola ('tʃɛdola) *nf* **1** coupon. **2** counterfoil.

cedro[1] ('tʃɛdro) *nm* **1** lime tree. **2** lime (fruit).

cedro[2] ('tʃɛdro) *nm* cedar.

celare (tʃe'lare) *vt* hide, conceal.

celebrare (tʃele'brare) *vt* celebrate.

celebre ('tʃɛlebre) *adj* famous, well-known. **celebrità** *nf* celebrity.

celeste (tʃe'lɛste) *adj* **1** heavenly, celestial. **2** azure.

celibe ('tʃɛlibe) *nm* bachelor.

cella ('tʃɛlla) *nf* cell.

cellula ('tʃɛllula) *nf sci* cell.

celluloide (tʃellu'lɔide) *nf* celluloid.

cemento (tʃe'mento) *nm* **1** cement. **2** concrete. **cemento armato** reinforced concrete.

cenacolo (tʃe'nakolo) *nm* painting of the Last Supper.

cenare ('tʃenare) *vi* dine, have dinner. **cena** *nf* dinner, supper.

cencio ('tʃentʃo) *nm* **1** rag. **2** duster, cloth.

cenere ('tʃenere) *nf* ash. **Ceneri** (tʃe'neri) *nf pl* Ash Wednesday.

cenno ('tʃenno) *nm* **1** nod. **2** sign. **3** hint. **fare cenno di** mention.

censimento (tʃensi'mento) *nm* census.

censurare (tʃensu'rare) *vt* censure, reprove. **censura** *nf* censorship. **censore** (tʃen-'sore) *nm* censor.

centenario (tʃente'narjo) *nm* **1** centenary. **2** centenarian.

centigrado (tʃen'tigrado) *adj* centigrade.

centimetro (tʃen'timetro) *nm* centimetre.

cento ('tʃento) *adj,nm* one hundred. **per cento** per cent. **centesimo** (tʃen'tezimo) *adj* hundredth. **centinaio** (tʃenti'najo) *nm, pl* **centinaia** *f* about a hundred.

centrale (tʃen'trale) *adj* **1** central. **2** principal. **sede centrale** *nf* head office. ~ *nf* centre of production, plant, station. **centrale elettrica** power station. **centralinista** *nm* operator. **centralino** *nm* telephone exchange. **centralizzare** (tʃentralid'dzare) *vt* centralize.

centro ('tʃentro) *nm* **1** centre, middle. **2** *sport* centre. **centro avanti** or **attacco** centreforward. **centro mediano** or **sostegno** half-back.

ceppo ('tʃeppo) *nm* **1** stump. **2** log. **3** block.

cera[1] ('tʃera) *nf* wax.

cera[2] ('tʃera) *nf* appearance.

ceramica (tʃe'ramika) *nf* ceramics.

cercare (tʃer'kare) *vt* **1** search. **2** look for, seek. *vi* try, attempt. **cercasi** (in newspaper advertisements) wanted. **cerca** *nf* search.

cerchio ('tʃerkjo) *nm* circle.

cereale (tʃere'ale) *adj,nm* cereal.

cerimonia (tʃeri'mɔnja) *nf* ceremony.

cerino (tʃe'rino) *nm* **1** wax match. **2** taper.

cerniera (tʃer'njera) *nf* hinge. **cerniera lampo** zip (fastener).

cerotto (tʃe'rɔtto) *nm med* plaster.

certificare (tʃertifi'kare) *vt* **1** certify. **2** confirm. **certificato** *nm* certificate.

certo ('tʃɛrto) *adj* **1** sure, certain. **2** certain, particular. *adv* certainly, of course.

cervello (tʃer'vello) *nm*, *pl* **cervella** *f* or **cervelli** *m* brain.

cervo ('tʃervo) *nm* deer.

cesello (tʃe'zɛllo) *nm* chisel.

cesoie (tʃe'zoje) *nf pl* shears.

cespo ('tʃɛspo) *nm* tuft.

cespuglio (tʃes'puʎʎo) *nm* bush.

cessare (tʃes'sare) *vi* stop, cease.

cesta ('tʃesta) *nf* basket, hamper. **cestino** *nm* wastepaper basket. **cestino da viaggio** lunch pack.

ceto ('tʃeto) *nm* class, rank.

cetriolo (tʃetri'ɔlo) *nm* cucumber.

che (ke) *pron invar* **1** who, whom. **2** which. **3** that. **un gran che** something important. **un non so che di** a hint of. ~ *adj* **1** what? which? **2** what, what a. **3** how. *conj* **1** that. **2** than. **3** as **non...che** only. **ma che!** *interj also* **macché!** rubbish!

cheto ('keto) *adj* quiet. **chetichella** (keti'kella) **alla chetichella** *adv* furtively, inconspicuously.

chi (ki) *pron* **1** who? whom? **2** those who, he who, whoever. **chi...chi** some...some. **di chi è?** whose is it?

chiacchierare (kjakkje'rare) *vi* chat, chatter, gossip. **chiacchiera** ('kjakkjera) *nf* chat, piece of gossip. **fare due chiacchiere** have a chat. **chiacchierata** *nf* chat.

chiamare (kja'mare) *vt* **1** call. **2** send for, summon. **chiamarsi** *vr* be called. **chiamata** *nf* call.

chiarire (klja'rire) *vt* clarify, clear up. **chiaro** *adj* clear, bright. **chiarore** *nm* glimmer. **chiaroscuro** *nm Art* light and shade. **chiaroveggente** (kjaroved'dʒente) *adj* clear-sighted.

chiasso ('kjasso) *nm* hubbub, din. **chiassoso** (kjas'soso) *adj* noisy.

chiavare (kja'vare) *vt* have sexual intercourse with.

chiave ('kjave) *nf* key. **chiudere a chiave** lock. **tenere sotto chiave** keep under lock and key.

chiavistello (kjavis'tello) *nm* bolt.

chiazzare (kjat'tsare) *vt* stain. **chiazza** *nf* stain.

chicchirichì (kikkiri'ki) *nm* cock-a-doodle-do.

chicco ('kikko) *nm* **1** grain. **2** (coffee) bean. **3** grape.

chiedere* ('kjedere) *vt* **1** ask. **2** ask for, request, beg.

chiesa ('kjeza) *nf* church.

chiesi ('kjesi) *v see* **chiedere**.

chiesto ('kjesto) *v see* **chiedere**.

chiglia ('kiʎʎa) *nf* keel.

chilo ('kilo) *nm* kilo. **chilogrammo** (kilo'grammo) *nm* kilogram. **chilometro** (ki'lɔmetro) *nm* kilometre. **chilowatt** ('kilovat) *nm invar* kilowatt.

chimera (ki'mera) *nf* illusion.

chimica ('kimika) *nf* chemistry. **chimico** ('kimiko) *adj* chemical. *nm* chemist.

china ('kina) *nf* slope, descent.

chinare (ki'nare) *vt* lower, bend. **chinarsi** *vr* stoop, bend.

chincaglieria (kinkaʎʎe'ria) *nf* bric-a-brac, trinkets.

chiocciare (kjot'tʃare) *vi* cluck.

chiocciola ('kjɔttʃola) *nf* snail. **scala a chiocciola** *nf* spiral staircase.

chiodo ('kjɔdo) *nm* **1** nail. **2** debt.

chiosco ('kjɔsko) *nm* kiosk.

chiostro ('kjɔstro) *nm* cloister.

chirurgia (kirur'dʒia) *nf* surgery. **chirurgico** *adj* surgical. **chirurgo** *nm, pl* **chirurghi** or **chirurgi** surgeon.

chitarra (ki'tarra) *nf* guitar.

chiudere* ('kjudere) *vt* **1** close, shut. **2** end. **3** switch or turn off.

chiunque (ki'unkwe) *pron invar* whoever, anyone who.

chiusi ('kjusi) *v* see **chiudere**.

chiuso ('kjuso) *v* see **chiudere**. *adj* shut, closed.

chiusura (kju'sura) *nf* **1** closure. **2** fastening. **chiusura lampo** zip fastener.

ci (tʃi) *pron 1st pers m,f pl* **1** us, to us. **2** ourselves. *adv* here, there.

cialda ('tʃalda) *nf* waffle.

ciambella (tʃam'bella) *nf* **1** ring-shaped bun. **2** rubber ring.

ciambellano (tʃambel'lano) *nm* chamberlain.

cianuro (tʃa'nuro) *nm* cyanide.

ciao ('tʃao) *interj* **1** hello! **2** bye-bye! cheerio!

ciarlare (tʃar'lare) *vi* chatter, gabble.

ciarlatano (tʃarla'tano) *nm* charlatan.

ciascuno (tʃas'kuno) *also* **ciascheduno** *adj* each, every. *pron* each one, every one.

cibare (tʃi'bare) *vt* feed, nourish. **cibo** *nm* food.

cicala (tʃi'kala) *nf* cicada.

cicatrice (tʃika'tritʃe) *nf* scar.

cicca ('tʃikka) *nf* butt, cigarette end.

cicerone (tʃitʃe'rone) *nm* guide.

ciclamino (tʃikla'mino) *nm* cyclamen.

ciclo ('tʃiklo) *nm* **1** cycle. **2** bicycle, cycle. **ciclismo** *nm* cycling. **ciclista** *nm* cyclist.

ciclone (tʃi'klone) *nm* cyclone.

cicogna (tʃi'koɲɲa) *nf* stork.

cicoria (tʃi'kɔrja) *nf* chicory.

cieco ('tʃɛko) *adj* blind. *nm* blind man.

cielo ('tʃɛlo) *nm* **1** sky. **2** heaven.

cifra ('tʃifra) *nf* **1** figure, number. **2** sum, amount.

ciglio ('tʃiʎʎo) *nm* **1** *pl* **ciglia** *f* eyelash. **2** *pl* **cigli** *m* edge, bring.

cigno ('tʃiɲɲo) *nm* swan.

cigolare (tʃigo'lare) *vi* squeak, creak.

ciliegia (tʃi'ljedʒa) *nf* cherry. **ciliegio** *nm* cherry tree.

cilindro (tʃi'lindro) *nm* cylinder.

cima ('tʃima) *nf* summit, top.

cimice ('tʃimitʃe) *nf* bug.

ciminiera (tʃimi'njera) *nf* **1** factory chimney. **2** *naut* funnel.

cimitero (tʃimi'tero) *nm* cemetery, graveyard.

Cina ('tʃina) *nf* China. **cinese** (tʃi'nese) *adj,n* Chinese. *nm* Chinese (language).

cinema ('tʃinema) *nm invar* cinema. **cineasta** *nm* person connected with the cinema.

cinetico (tʃi'netiko) *adj* kinetic.

cingere* ('tʃindʒere) *vt* surround, encircle.

cinghia ('tʃingja) *nf* strap, belt.

cinghiale (tʃin'gjale) *nm* **1** wild boar. **2** pigskin.

cinguettare (tʃingwet'tare) *vi* twitter, chirp.

cinico ('tʃiniko) *adj* cynical, sceptical.

cinquanta (tʃin'kwanta) *adj, nm* fifty. **cinquantesimo** *adj* fiftieth.

cinque ('tʃinkwe) *adj,nm* five. **cinquecento** (tʃinkwe'tʃento) *adj* five hundred. *nm* **1** five hundred. **2** sixteenth century.

cintura (tʃin'tura) *nm* belt. **cintura di sicurezza** seat belt. **cinturino** *nm* strap.

ciò (tʃo) *pron invar* that, this. **ciò che** that which.

cioccolata (tʃokko'lata) *nf also* **cioccolato** *nm* chocolate. **cioccolatino** *nm* chocolate sweet.

cioè (tʃo'ɛ) *adv* that is to say, that is.

ciondolo ('tʃondolo) *nm* pendant.

ciottolo ('tʃottolo) *nm* 1 stone, pebble. 2 cobble.

cipiglio (tʃi'piʎʎo) *nm* scowl, frown.

cipolla (tʃi'polla) *nf* onion. **cipollina** *nf* spring onion.

cipresso (tʃi'presso) *nm* cypress.

cipria ('tʃiprja) *nf* face powder.

Cipro ('tʃipro) *nm* Cyprus. **cipriota** *adj,n* Cypriot.

circa ('tʃirka) *prep* about, concerning. *adv* roughly, approximately, about.

circo ('tʃirko) *nm* circus.

circolare[1] (tʃirko'lare) *vi* 1 circulate, spread, flow. 2 move about, circulate. **circolante** *adj* mobile. *nm* currency. **circolazione** *nf* 1 circulation. 2 traffic.

circolare[2] (tʃirko'lare) *adj* circular. *nf* circular (letter).

circolo ('tʃirkolo) *nm* 1 circle. 2 group, club.

circoncidere (tʃirkon'tʃidere) *vt* circumcize.

circondare (tʃirkon'dare) *vt* surround.

circonferenza (tʃirkonfe'rentsa) *nf* circumference.

circonvallazione (tʃirkonvallat'tsjone) *nf* ring-road.

circoscrivere (tʃirkos'krivere) *vt* limit, restrict.

circostante (tʃirkos'tante) *adj* surrounding. *nm* bystander.

circostanza (tʃirkos'tanza) *nf* circumstance.

circuito (tʃir'kuito) *nm* circuit.

cisterna (tʃis'tɛrna) *nf* tank,

cistern. **nave cisterna** *nf naut* tanker.

citare (tʃi'tare) *vt* 1 quote, cite. 2 summon. **citazione** *nf* 1 quotation. 2 summons.

città (tʃit'ta) *nf invar* town, city. **cittadino** *nm* citizen.

ciuffo ('tʃuffo) *nm* tuft.

civetta (tʃi'vetta) *nf* 1 owl. 2 flirt.

civico ('tʃiviko) *adj* civic.

civile (tʃi'vile) *adj* civil, civilian. *nm* civilian.

civiltà (tʃivil'ta) *nf* civilization. **civilizzare** (tʃivilid'dzare) *vt* civilize. **civilizzazione** *nf* civilization.

clacson ('klakson) *nm* motor horn.

clamore (kla'more) *nm* 1 din, uproar. 2 outcry. **clamoroso** (klamo'roso) *adj* noisy, sensational.

clandestino (klandes'tino) *adj* clandestine.

clarinetto (klari'netto) *nm* clarinet.

classe ('klasse) *nf* 1 class. 2 classroom. **di classe** of high quality. **fuori classe** in a class of its own.

classico ('klassiko) *adj* classic, classical.

classificare (klassifi'kare) *vt* classify, class. **classificazione** *nf* classification.

clausola ('klauzola) *nf* clause.

claustrofobia (klaustrofo'bia) *nf* claustrophobia.

clavicembalo (klavi'tʃembalo) *nm* harpsichord.

clavicola (kla'vikola) *nf* collarbone.

clemenza (kle'mentsa) *nf* mercy, clemency.

cleptomane (klep'tɔmane) *nm* kleptomaniac. **cleptomania** *nf* kleptomania.

clero ('klɛro) *nm* clergy.

cliente (kli'ente) *nm* client, customer. **clientela** (klien'tela) *nf* clientele.

clima ('klima) *nm* climate.

clinica ('clinika) *nf* **1** clinical medicine. **2** clinic, nursing home.

cloro ('klɔro) *nm* chlorine.

clorofilla (kloro'filla) *nf* chlorophyll.

cloroformio (kloro'fɔrmjo) *nm* chloroform.

cloruro (klo'ruro) *nm* chloride.

coabitare (koabi'tare) *vi* cohabit, live together.

coagulare (koagu'lare) *vt* coagulate. **coagularsi** *vr* coagulate. **coagulo** (ko'agulo) *nm* **1** clot. **2** curd.

coalizione (koalit'tsjone) *nf* coalition.

cobra ('kɔbra) *nm invar* cobra.

cocaina (koka'ina) *nf* cocaine.

cocchio ('kɔkkjo) *nm* coach, carriage.

coccinella (kottʃi'nɛlla) *nf* ladybird.

cocco ('kɔkko) *nm* **1** coconut. **2** coconut palm.

coccodrillo (kokko'drillo) *nm* crocodile. **lagrime di coccodrillo** *nf pl* crocodile tears.

cocente (ko'tʃɛnte) *adj* **1** hot, burning. **2** acute.

cociamo (ko'tʃamo) *v* see **cuocere.**

cocomero (ko'komero) *nm* watermelon.

coda ('koda) *nf* **1** tail. **2** queue. **guardare con la coda dell'occhio** look out of the corner of one's eye.

codardo (ko'dardo) *adj* cowardly.

codeina (kode'ina) *nf* codeine.

codesto (ko'desto) *adj* this, that. *pron* that one.

codice ('kɔditʃe) *nm* code.

coerente (koe'rɛnte) *adj* coherent. **coerenza** (koe'rɛntsa) *nf* **1** coherence. **2** consistency.

coesistere (koe'zistere) *vi* coexist.

coetaneo (koe'taneo) *adj,nm* contemporary.

cofano ('kɔfano) *nm* **1** chest, casket. **2** *mot* bonnet.

cogliere* ('kɔʎʎere) *vt* **1** pick. **2** gather, collect. **3** catch. **4** hit, strike. **cogliere l'occasione** seize the opportunity.

cognato (koɲ'ɲato) *nm* brother-in-law. **cognata** *nf* sister-in-law.

cognome (koɲ'ɲome) *nm* surname.

coincidere (koin'tʃidere) *vi* coincide. **coincidenza** (kointʃi'dɛntsa) *nf* **1** coincidence. **2** (railway) connection.

coinvolgere (koin'vɔldʒere) *vt* involve.

coito ('kɔito) *nm* coitus, sexual intercourse.

colare (ko'lare) *vt* **1** strain. **2** pour. *vi* drip, trickle. **colare a picco** sink. **colapasta** *nm invar* pasta strainer. **colino** *nm* strainer.

colatoio (kola'tojo) *nm* colander.

colazione (kolat'tsjone) *nf* lunch. **prima colazione** breakfast.

colei (ko'lei) *pron fs* she, that woman.

colera (ko'lɛra) *nm* cholera.

colgo ('kɔlgo) *v* see **cogliere.**

colla ('kɔlla) *nf* glue.

collaborare (kollabo'rare) *vi* **1** collaborate. **2** contribute. **collaborazione** *nf* collaboration.

collana (kol'lana) *nf* **1** necklace. **2** series. **3** collection.

collare (kol'lare) *nm* collar.

collasso (kol'lasso) *nm* collapse.

collaudare (kollau'dare) *vt* test, try. **collaudo** *nm* **1** test. **2** approval.

colle ('kɔlle) *nm* hill.

collega (kol'lega) *nm* colleague.

collegare (kolle'gare) vt join, connect, link. **collegamento** nm link, connection.

collegio (kol'lɛdʒo) nm **1** college. **2** boarding school.

collera ('kɔllera) nf anger. **montare in collera** get angry.

colletta (kol'letta) nf collection.

collettivo (kollet'tivo) adj collective, joint.

colletto (kol'letto) nm collar.

collezionare (kollettsjo'nare) vt collect. **collezione** nf collection. **fare collezione di** collect.

collina (kol'lina) nf hill.

collo[1] ('kɔllo) nm neck.

collo[2] ('kɔllo) nm parcel, package.

collocare (kollo'kare) vt place, put.

colloquio (kol'lɔkwjo) nm **1** talk, discussion. **2** interview.

colmare (kol'mare) vt fill. **colmo** adj full, overflowing. nm **1** top. **2** height.

colomba (ko'lomba) nf dove. **colombo** nm pigeon.

colonia (ko'lɔnja) nf **1** colony. **2** summer camp. **coloniale** adj colonial. **colonizzare** (kolonid'dzare) vt colonize.

colonna (ko'lonna) nf column, pillar.

colonnello (kolon'nɛllo) nm colonel.

colorire (kolo'rire) vt colour. **colore** nm **1** colour. **2** colouring. **di colore** coloured.

colossale (kolos'sale) adj gigantic.

colpa ('kolpa) nf **1** offence. **2** blame. **3** fault.

colpevole (kol'pevole) adj guilty. nm culprit.

colpire (kol'pire) vt strike, hit. **rimanere colpito** be amazed.

colpo ('kolpo) nm **1** blow, stroke, knock. **2** shot. **colpo d'aria** draught. **colpo di sole** sunstroke. **colpo di Stato** coup d'état. **colpo di telefono** telephone call. **colpo d'occhio** glance.

colsi (kɔlsi) v see **cogliere**.

coltello (kol'tɛllo) nm knife. **coltello a serramanico** penknife.

coltivare (kolti'vare) vt cultivate.

colto[1] ('kɔlto) v see **cogliere**.

colto[2] ('kolto) adj cultured, learned.

coltura (kol'tura) nf **1** cultivation, breeding. **2** culture.

colui (ko'lui) pron ms he, that man. **coloro** pron m,f pl those, those people.

coma ('kɔma) nm coma.

comandare (koman'dare) vt **1** command, order. **2** control. **comandante** nm commander. **comando** nm command, order.

combattere (kom'battere) vi,vt fight, combat. **combattente** (kombat'tente) nm soldier. **combattimento** nm combat, fight.

combinare (kombi'nare) vt **1** combine. **2** arrange. vi **1** agree. **2** match. **cosa sta combinando?** what is he up to? **combinazione** nf **1** combination. **2** chance.

combustione (kombus'tjone) nf combustion.

come ('kome) adv **1** like, as. **2** as well as. **3** how. prep as soon as. **come se** as if. ~ interj what! **come?** what did you say?

cometa (ko'meta) nf comet.

comico ('kɔmiko) adj **1** comic. **2** funny, comical. nm comedian, comic.

cominciare (komin'tʃare) vt,vi begin, start.

comitato (komi'tato) nm committee, board.

comitiva (komi'tiva) *nf* party, group.

comizio (ko'mittsjo) *nm* meeting.

commedia (kom'mɛdja) *nf* 1 comedy. 2 play. **commediante** *nm* 1 actor. 2 comedian. *nf* 1 actress. 2 comedienne.

commemorare (kommemo'rare) *vt* commemorate. **commemorativo** *adj* commemorative. **commemorazione** *nf* commemoration.

commentare (kommen'tare) *vt* 1 annotate. 2 comment upon. **commentatore** *nm* commentator. **commento** *nm* comment.

commercio (kom'mɛrtʃo) *nm* commerce, business, trade. **commerciale** *adj* commercial. **commerciante** *nm* 1 businessman. 2 merchant.

commesso (kom'messo) *nm* 1 shop assistant. 2 clerk. **commesso viaggiatore** travelling salesman.

commestibile (kommes'tibile) *adj* edible.

commettere* (kom'mettere) *vt* commit.

commissariato (kommissa'rjato) *nm* commissariat. **commissariato di polizia** police station. **commissario** (kommis'sarjo) *nm* commissioner.

commissione (kommis'sjone) *nf* 1 errand. 2 order. 3 commission, committee.

commosso (kom'mɔsso) *adj* touched, moved.

commozione (kommot'tsjone) *nf* agitation. **commozione cerebrale** concussion.

commuovere* (kom'mwɔvere) *vt* move, touch, affect.

commutare (kommu'tare) *vt* change.

commutatore (kommuta'tore) *nm* switch.

comodino (komo'dino) *nm* bedside table.

comodo ('kɔmodo) *adj* 1 comfortable. 2 handy. 3 convenient. 4 useful. **stia comodo!** please don't get up! ~*nm* 1 comfort. 2 convenience. **con comodo** at one's leisure. **comodità** *nf* 1 convenience. 2 comfort.

compagno (kompaɲ'ɲo) *nm* 1 companion, comrade. 2 partner. **compagnia** *nf* company.

comparativo (kompara'tivo) *adj* comparative.

comparire* (kompa'rire) *vi* 1 appear. 2 seem.

compartimento (kompartimento) *nm* compartment.

compassione (kompas'sjone) *nf* pity, compassion.

compasso (kom'passo) *nm* 1 compass. 2 pair of compasses.

compatire (kompa'tire) *vt* 1 pity. 2 sympathize with. **compatimento** *nm* pity.

compatriota (kompatri'ɔta) *nm* fellow countryman.

compatto (kom'patto) *adj* compact.

compendio (kom'pendjo) *nm* 1 compendium. 2 summary.

compensare (kompen'sare) *vt* compensate, make up for. **compenso** (kom'penso) *nm* compensation.

competente (kompe'tɛnte) *adj* 1 apt, suitable. 2 competent. **competere** (kom'petere) *vi* compete. **competitore** (kompeti'tore) *nm* competitor. **competizione** *nf* competition.

compiacere* (kompja'tʃere) *vt* 1 please. 2 humour. **compiacersi** *vr* 1 delight in. 2 deign. **compiacente** *adj* obliging. **compiacimento** *nm* pleasure.

compiangere* (kom'pjandʒere) *vt* pity.

compiere ('kompjere) *vt* **1** complete, finish. **2** fulfil, accomplish. **compiere gli anni** have a birthday.

compilare (kompi'lare) *vt* compile.

compito (kom'pito) *nm* **1** task. **2** homework.

compleanno (komple'anno) *nm* birthday. **buon compleanno!** happy birthday!

complesso (kom'plesso) *adj* complex, complicated. *nm* **1** whole, mass. **2** complex. **3** group, band. **nel complesso** on the whole. **complessivo** *adj* total, comprehensive.

completare (komple'tare) *vt* complete. **completo** (kom'pleto) *adj* **1** complete. **2** full. *nm* suit.

complicare (compli'kare) *vt* complicate. **complicato** *adj* complicated. **complicazione** *nf* complication.

complice ('komplitʃe) *nm* accomplice.

complimentare (komplimen'tare) *vt* compliment. **complimento** *nm* **1** compliment. **2** *pl* congratulations. **fare complimenti** stand on ceremony. **senza complimenti** without ceremony.

complotto (kom'plotto) *nm* plot.

componente (kompo'nente) *adj* component. *nm,f* **1** component. **2** member.

comporre* (kom'porre) *vt* compose.

comportare (kompor'tare) *vt* **1** tolerate, permit. **2** involve. **comportarsi** *vr* behave. **comportamento** *nm* behaviour.

compositore (kompozi'tore) *nm* composer.

composizione (kompozit'tsjone) *nf* composition.

composto (kom'posto) *adj* **1** compound. **2** calm, sedate, composed. *nm* compound.

comprare (kom'prare) *vt* buy.

comprendere* (kom'prendere) *vt* **1** include, comprise. **2** understand, comprehend. **comprensibile** (kompren'sibile) *adj* comprehensible, understandable. **comprensione** *nf* comprehension, understanding. **comprensivo** *adj* comprehensive.

compressa (kom'pressa) *nf* **1** compress. **2** tablet. **compressore** *nm* compressor.

comprimere* (kom'primere) *vt* compress.

compromettere (kompro'mettere) *vt* **1** compromise. **2** endanger. **compromesso** *nm* compromise.

compunto (kom'punto) *adj* **1** contrite. **2** solemn.

computerizzare (komputerit'tzare) *vt* computerize.

comune (ko'mune) *adj* common, ordinary, everyday. *nm* **1** town council. **2** municipal buildings. **comunale** *adj* **1** communal. **2** municipal. **comunità** *nf* community.

comunicare (komuni'kare) *vt* communicate, pass on. *vi* communicate, keep in contact. **comunicazione** *nf* communication.

comunione (komu'njone) *nf* communion.

comunismo (komu'nizmo) *nm* communism. **comunista** *nm* communist.

comunque (ko'munkwe) *adv* however, anyhow.

con (kon) *prep* **1** with. **2** by. **3** to.

conca ('konka) *nf* **1** container. **2** basin. **3** shell.

concavo ('konkavo) *adj* concave.

concedere* (kon'tʃedere) *vt* **1** grant, allow. **2** admit.

concentrare (kontʃen'trare) *vt* concentrate. **concentramen-**

to *nm* concentration. **campo di concentramento** *nm* concentration camp. **concentrazione** *nf* concentration.

concentrico (kon't ʃentriko) *adj* concentric.

concepire (kontʃe'pire) *vt* 1 conceive. 2 imagine, devise. 3 understand.

concernere (kon'tʃɛrnere) *vt* concern.

concerto (kon'tʃɛrto) *nm* concert.

concessi (kon'tʃɛssi) *v* see **concedere**.

concessione (kontʃes'sjone) *nf* concession.

concesso (kon'tʃɛsso) *v* see **concedere**.

concetto (kon'tʃɛtto) *nm* 1 concept, idea. 2 opinion.

concezione (kontʃet'tsjone) *nf* conception.

conchiglia (kon'kiʎʎa) *nf* shell.

conciliare (kontʃi'ljare) *vt* 1 reconcile. 2 induce. **conciliarsi** *vr* 1 be reconciled. 2 gain.

concilio (kon'tʃiljo) *nm* council.

concime (kon'tʃime) *nm* dung, manure.

conciso (kon'tʃizo) *adj* concise.

concittadino (kontʃitta'dino) *nm* fellow citizen.

concludere* (kon'kludere) *vt* conclude, finish. **concludersi** *vr* end, finish. **conclusione** *nf* conclusion. **conclusivo** (konklu'zivo) *adj* conclusive.

concorrere* (kon'korrere) *vi* 1 assemble. 2 contribute. 3 compete. 4 concur. **concorrente** (konkor'rɛnte) *nm* competitor. **concorrenza** (konkor'rɛntsa) *nf* rivalry, competition.

concorso (kon'korso) *nm* competition.

concreto (kon'krɛto) *adj* concrete, actual.

condannare (kondan'nare) *vt* 1 condemn. 2 sentence, convict. 3 blame. **condanna** *nf law* sentence. **condannato** *nm* convict.

condensazione (kondensat'tsjone) *nf* condensation.

condire (kon'dire) *vt cul* season. **condimento** *nm* seasoning, dressing.

condiscendere (kondiʃ'ʃendere) *vi* 1 yield. 2 condescend.

condiscendente (kondiʃʃen'dente) *adj* 1 indulgent. 2 condescending.

condividere* (kondi'videre) *vt* share.

condizione (kondit'tsjone) *nf* condition. **condizionale** *adj* conditional. **condizionare** *vt* condition. **condizionato** *adj* 1 conditioned. 2 packed. **aria condizionata** *nf* air conditioning.

condoglianza (kondoʎ'ʎantsa) *nf* condolence, sympathy.

condolersi* (kondo'lersi) *vr* 1 grieve. 2 sympathize.

condotta (kon'dotta) *nf* 1 conduct, behaviour. 2 leadership. 3 medical practice controlled by local authority.

condotto (kon'dotto) *v* see **condurre**. *nm* tube, pipe.

conducente (kondu'tʃɛnte) *nm* driver.

conduco (kon'duko) *v* see **condurre**.

condurre* (kon'durre) *vt* 1 lead, accompany, take. 2 manage, run. 3 drive. **condursi** *vr* behave.

condussi (kon'dussi) *v* see **condurre**.

conduttore (kondut'tore) *nm* 1 driver. 2 *sci* conductor.

confarsi (kon'farsi) *vr* suit.

confederazione (konfederat'tsjone) *nf* federation.

conferire (konfe'rire) *vt* bestow, give. *vi* confer. **conferenza** (konfe'rentsa) *nf* **1** conference. **2** lecture. **conferenziere** (konferen'tsjere) *nm* **1** speaker. **2** lecturer.

confermare (konfer'mare) *vt* confirm. **conferma** *nf* confirmation.

confessare (konfes'sare) *vt* confess. **confessionale** *nm* confessional box. **confessione** *nf* confession.

confetto (kon'fetto) *nm* **1** sweet. **2** sugared almond.

confettura (konfet'tura) *nf* jam.

confezionare (konfettsjo'nare) *vt* make, manufacture. **confezione** *nf* **1** manufacture. **2** *pl* clothes. **3** packaging. **confezioni su misura** made-to-measure clothes.

confidare (konfi'dare) *vt* confide. *vi* trust. **confidenza** (konfi'dentsa) *nf* **1** confidence, trust. **2** familiarity. **confidenziale** *adj* confidential.

confinare (konfi'nare) *vt* confine, banish. **confinare con** be adjacent to, border on. **confine** *nm* **1** border. **2** boundary.

confiscare (konfis'kare) *vt* confiscate.

conflitto (kon'flitto) *nm* conflict, struggle.

confondere* (kon'fondere) *vt* **1** confuse, mix up, mistake. **2** perplex, blur. **confondersi** *vr* become confused.

conformare (konfor'mare) *vt* conform. **conformarsi a** *vr* conform to, comply with. **conforme** *adj* similar. **conformista** *nm* conformist.

confortare (konfor'tare) *vt* comfort, console. **conforto** (kon'fɔrto) *nm* comfort.

confrontare (konfron'tare) *vt* compare. **confronto** *nm*

comparison. **in** or **a confronto di** compared with.

confusione (konfu'zjone) *nf* **1** disorder, confusion. **2** embarrassment. **confuso** *adj* **1** confused. **2** embarrassed.

congedare (kondʒe'dare) *vt* dismiss. **congedo** (kon'dʒedo) *nm* leave, leave of absence.

congelare (kondʒe'lare) *vt* freeze. **congelarsi** *vr* freeze.

congestionare (kondʒestjo'nare) *vt* overcrowd, congest. **congestione** *nf* congestion.

congiungere* (kon'dʒundʒere) *vt* join, link.

congiurare (kondʒu'rare) *vi* conspire, plot. **congiura** *nf* conspiracy, plot. **congiurato** *nm* conspirator.

congratularsi (kongratu'larsi) *vr* congratulate. **congratulazione** *nf* congratulation.

congregare (kongre'gare) *vt* assemble. **congregarsi** *vr* congregate.

congresso (kon'gresso) *nm* **1** congress. **2** conference.

coniare (ko'njare) *vt* coin.

conico (kɔniko) *adj* conical.

conifero (ko'nifero) *adj* coniferous.

coniglio (ko'niʎʎo) *nm* rabbit. **conigliera** (koniʎ'ʎera) *nf* rabbit-hutch.

coniugare (konju'gare) *vt* conjugate. **coniugazione** *nf* conjugation.

coniuge ('kɔnjudʒe) *nm,f* spouse. **coniugale** *adj* conjugal.

connettere* (kon'nettere) *vt* connect.

cono ('kɔno) *nm* cone.

conobbi (ko'nobbi) *v* see conoscere.

conoscere* (ko'noʃʃere) *vt* know, be acquainted with. **conoscente** (konoʃ'ʃente) *nm* acquaintance. **conoscenza** (konoʃ'ʃentsa) *nf* **1** knowledge. **2** acquaintance. **3** consciousness. **fare conoscenza di** get to know. **conoscitore** *nm* connoisseur, expert.

conquistare (konkwis'tare) *vt* conquer. **conquista** *nf* conquest.

consacrare (konsa'krare) *vt* **1** consecrate, ordain. **2** devote.

consapevole (konsa'pevole) *adj* aware, informed.

consecutivo (konseku'tivo) *adj* consecutive.

consegnare (konseɲ'ɲare) *vt* **1** hand over, deliver, entrust. **2** confine. **consegna** *nf* delivery. **pagamento alla consegna** cash on delivery.

conseguire (konse'gwire) *vt,vi* follow, result. **conseguente** (konse'gwɛnte) *adj* consequent. **conseguenza** (konse'gwɛntsa) *nf* consequence.

consenso (kon'sɛnso) *nm* **1** consent, approval. **2** consensus.

consentire (konsen'tire) *vi* consent, agree.

conservare (konser'vare) *vt* keep, preserve. **conserva** (kon'sɛrva) *nf* preserve. **frutta in conserva** *nf* preserved fruit. **conservazione** *nf* preservation.

considerare (konside'rare) *vt* **1** examine. **2** consider, regard. **considerabile** (konside'rabile) *adj* considerable. **considerazione** *nf* consideration.

consigliare (consiʎ'ʎare) *vt* advise. **consigliarsi** *vr* take advice. **consigliere** (konsiʎ'ʎere) *nm* councillor.

consiglio (kon'siʎʎo) *nm* **1** piece of advice, advice. **2** council.

consistere (kon'sistere) *vi* consist.

consolare (konso'lare) *vt* con

sole. **consolazione** *nf* consolation.

console ('kɔnsole) *nm* consul. **consolato** *nm* consulate.

consolidare (konsoli'dare) *vt* consolidate.

consonante (konso'nante) *nf* consonant.

consorzio (kon'sɔrtsjo) *nm* consortium.

consueto (konsu'eto) *adj* usual. *nm* habit, custom. **consuetudine** (konsue'tudine) *nf* habit, custom.

consultare (konsul'tare) *vt* consult. **consultazione** *nf* consultation. **consulto** *nm* consultation.

consumare (konsu'mare) *vt* **1** consume, use up. **2** commit. **consumatore** *nm* consumer. **consumo** *nm* consumption.

contabile (kon'tabile) *nm* bookkeeper. **contabilità** *nf* bookkeeping.

contadino (konta'dino) *nm* peasant.

contado (kon'tado) *nm* countryside (around a town).

contagioso (konta'dʒoso) *adj* contagious, infectious.

contaminare (kontami'nare) *vt* contaminate, infect. **contaminazione** *nf* contamination.

contante (kon'tanti) *adj* (of money) ready. *nm* cash.

contare (kon'tare) *vt* **1** count. **2** consider. **3** intend. *vi* **1** count, have importance. **2** rely. **contatore** *nm* meter.

contatto (kon'tatto) *nm* contact.

conte ('konte) *nm* (title) count. **contea** *nf* county. **contessa** *nf* countess.

conteggio (kon'teddʒo) *nm* calculation. **conteggio alla rovescia** countdown.

contegno (kon'teɲɲo) *nm* appearance, bearing.

contemplare (kontem'plare) *vt* contemplate.

contemporaneo (kontempo-'raneo) *adj,nm* contemporary.

contendere* (kon'tendere) *vt* dispute, contest.

contenere* (konte'nere) *vt* 1 contain, hold. 2 repress. **contenersi** *vr* restrain oneself. **contenuto** *nm* contents.

contentare (konten'tare) *vt* satisfy. **contentarsi** *vr* be satisfied. **contento** (kon'tento) *adj* happy, glad, pleased.

contestare (kontes'tare) *vt* challenge.

contiguo (kon'tiguo) *adj* adjoining.

continente (konti'nente) *nm* continent. **continentale** *adj* continental.

continuare (kontinu'are) *vt,vi* continue. **continuazione** *nf* continuation.

continuo (kon'tinuo) *adj* continual, continuous, unbroken. **di continuo** incessantly.

conto ('konto) *nm* 1 calculation. 2 bill, account. 3 esteem, regard. 4 notice. 5 report. **conto alla rovescia** countdown. **conto corrente** current account. **fare conto** imagine, suppose. **per conto mio** 1 on my behalf. 2 for my part.

contorcere* (kon'tɔrtʃere) *vt* twist. **contorcersi** *vr* writhe.

contorno (kon'torno) *nm* 1 contour. 2 border. 3 vegetables served with meat course.

contrabbandare (kontrabban-'dare) *vt* smuggle. **contrabbandiere** (kontrabban'djere) *nm* smuggler. **contrabbando** *nm* smuggling.

contrabbasso (kontrab'basso) *nm* double bass.

contraccolpo (kontrak'kolpo) *nm* repercussion.

contraddire* (kontrad'dire) *vt* contradict. **contraddittorio**

adj contradictory. **contraddizione** *nf* contradiction.

contraereo (kontra'ereo) *adj* anti-aircraft.

contraffare* (kontraf'fare) *vt* 1 imitate. 2 forge, copy. **contraffatto** *adj* counterfeit.

contrapporre* (kontrap'porre) *vt* oppose.

contrariare (kontra'rjare) *vt* 1 contradict. 2 annoy.

contrario (kon'trarjo) *adj* 1 opposite, contrary. 2 unfavourable, adverse. *nm* contrary, opposite. **al contrario** on the contrary.

contrarre* (kon'trarre) *vt* contract.

contrastare (kontras'tare) *vt* 1 oppose, resist. 2 dispute. *vi* 1 struggle. 2 clash. **contrasto** *nm* 1 conflict, opposition, clash. 2 contrast.

contrattare (kontrat'tare) *vt,vi* negotiate.

contratto (kon'tratto) *nm* contract.

contravvenire* (kontravve'nire) *vi* infringe, violate. **contravvenzione** *nf* 1 infringement. 2 fine.

contribuire (kontribu'ire) *vi* 1 contribute. 2 help. **contributo** *nm* contribution.

contristare (kontris'tare) *vt* sadden, grieve.

contro ('kontro) *prep,adv* against. **controffensiva** *nf* counterattack.

controllare (kontrol'lare) *vt* inspect, examine. **controllo** (kon'trollo) *nm* control. **controllo delle nascite** birth control. **controllore** (kontrol'lore) *nm* ticket inspector.

controversia (kontro'versja) *nf* controversy. **controverso** (kontro'verso) *adj* controversial.

conturbare (kontur'bare) *vt* disturb, upset.

contusione (kontu'zjone) nf bruise.

convalescenza (konvaleʃ'ʃentsa) nf convalescence.

convegno (kon'veɲɲo) nm meeting.

convenire* (konve'nire) vi 1 meet, converge. 2 agree. v imp 1 suit. 2 be in one's interest. **conveniente** (konve-'njente) adj 1 advantageous. 2 suitable. **convenienza** (konve'njentsa) nf 1 suitability. 2 propriety.

convento (kon'vento) nm 1 convent. 2 monastery.

convenzione (konven'tsjone) nf convention.

convergere (kon'verdʒere) vi converge.

conversare (konver'sare) vi talk, chat, converse. **conversazione** nf conversation.

conversione (konver'sjone) nf conversion.

convertire (konver'tire) vt convert. **convertito** nm convert.

convesso (kon'vesso) adj convex.

convincere* (kon'vintʃere) vt persuade, convince.

convitato (konvi'tato) nm guest.

convito (kon'vito) nm banquet.

convitto (kon'vitto) nm boarding school.

convocare (konvo'kare) vt summon, convene.

convoglio (kon'vɔʎʎo) nm convoy, escort.

convulsione (konvul'sjone) nf convulsion.

cooperare (koope'rare) vi cooperate. **cooperativa** nf cooperative. **cooperazione** nf cooperation.

coordinare (koordi'nare) vt coordinate.

coperchio (ko'perkjo) nm lid, cover.

coperta (ko'perta) nf 1 blanket. 2 cover. 3 pl bed clothes. **copertina** nf cover, jacket (of a book). **copertura** nf covering.

coperto (ko'perto) v see **coprire.**

copia ('kɔpja) nf copy. **copiare** (ko'pjare) vt copy.

copioso (ko'pjoso) adj abundant, copious.

coppa ('kɔppa) nf 1 goblet. 2 sport cup. 3 tub of ice cream.

coppia ('kɔppja) nf pair, couple.

coprire* (ko'prire) vt 1 cover. 2 hide. **coprifuoco** (kopri-'fwoko) nm curfew. **copriletto** (kopri'letto) nm bedspread.

coraggio (ko'raddʒo) nm courage, bravery. interj come on! **coraggioso** (korad'dʒoso) adj brave.

corallo (ko'rallo) nm coral.

corazzare (korat'tsare) vt armour-plate.

corbello (kor'bello) nm basket.

corda ('kɔrda) nf 1 cord, rope. 2 mus string, bow. 3 mus chord. **cordone** (kor'done) nm 1 cord. 2 cordon.

cordiale (kor'djale) adj cordial.

coreografo (kore'ɔgrafo) nm choreographer. **coreografia** nf choreography.

coricare (kori'kare) vt lay down. **coricarsi** vr go to bed.

cornacchia (kor'nakkja) nf crow.

cornamusa (korna'muza) nf bagpipes.

cornice (kor'nitʃe) nf 1 frame. 2 cornice. **mettere in cornice** frame.

corno ('kɔrno) nm 1 pl **corna** f horn (of an animal). 2 pl **corni** m horn. **fare le corna** a be unfaithful to.

coro ('kɔro) nm 1 choir. 2 chorus. **coronare** (koro'nare) vt crown. **corona** *nf* crown. **corona funebre** wreath.

corpo ('kɔrpo) *nm* 1 body. 2 corpse. 3 corps.

corporazione (korporat'tsjone) *nf* company, corporation.

corpulento (korpu'lento) *adj* stout.

corredo (kor'redo) *nm* trousseau.

correggere* (kor'reddʒere) *vt* correct.

corrente (kor'rente) *adj* 1 running. 2 current. *nf* current. **corrente d'aria** draught. **mettere al corrente** bring up-to-date. **tenere al corrente** keep informed.

correre* ('korrere) *vi* 1 run, flow. 2 pass. 3 circulate. *vt* run, race.

corretto (kor'retto) *adj* correct.

correzione (korret'tsjone) *nf* correction. **correzione di bozze** proofreading.

corrida (kor'rida) *nf* bullfight.

corridoio (korri'dojo) *nm* corridor.

corridore (korri'dore) *nm* 1 runner. 2 rider.

corriera (kor'rjera) *nf* bus, coach. **corriere** (kor'rjera) *nm* 1 courier. 2 mail, post.

corrispondere* (korris'pondere) *vi* 1 correspond. 2 return. **corrispondente** (korrispon-'dente) *nm* correspondent. *adj* corresponding. **corrispondenza** (korrispon'dentsa) *nf* correspondence, mail.

corroborare (korrobo'rare) *vt* corroborate, reinforce.

corrompere* (kor'rompere) *vt* corrupt, contaminate. **corrotto** *adj* corrupt, contaminated.

corrucciarsi (korrut'tʃare) *vr* get angry.

corrugare (korru'gare) *vt* wrinkle. **corrugare la fronte** frown.

corruzione (korrut'tsjone) *nf* corruption.

corsa ('korsa) *nf* 1 run. 2 race. 3 journey. **di corsa** 1 running. 2 in a hurry. **fare una corsa** run.

corsi ('korsi) *v* see **correre**.

corsia (kor'sia) *nf* 1 passage. 2 *med* ward. 3 dormitory. 4 lane.

corso[1] ('korso) *v* see **correre**.

corso[2] ('korso) *nm* 1 course, progress. 2 main street. 3 *educ* course. **corso del cambio** exchange rate. **in corso** current, valid. **lavori in corso** *nm pl* roadworks.

corte ('korte) *nf* court. **fare la corte a** court.

corteccia (kor'tettʃa) *nf* bark.

corteggiare (korted'dʒare) *vt* court.

corteo (kor'teo) *nm* procession, cortege.

cortese (kor'teze) *adj* 1 kind. 2 courteous. **cortesia** *nf* courtesy. **fare una cortesia** do a favour. **per cortesia** please.

cortile (kor'tile) *nm* 1 courtyard. 2 farmyard.

cortina (kor'tina) *nf* curtain.

corto ('korto) *adj* short, brief. **per farla corta** cut a long story short.

corvo ('korvo) *nm* crow, raven.

cosa ('kɔsa) *nf* 1 thing, matter, affair. 2 act, deed. **che cosa?** what? **(che) cosa hai?** what is the matter? **per prima cosa** first of all.

coscia ('kɔʃʃa) *nf* thigh, leg (of an animal).

cosciente (koʃ'ʃente) *adj* conscious.

coscienza (koʃ'ʃentsa) *nf* conscience.

coscritto (kos'kritto) *nm* conscript.

coscrizione (koskrit'tsjone) *nf* conscription.

così (ko'si) *adv* **1** thus, in this way. **2** so, therefore. **così così** so-so. **e così via** and so on. ~ *adj* such, similar. **cosicché** (kosik'ke) *conj* so that. **cosiddetto** *adj* so-called.

cosmetico (koz'metiko) *adj,nm* cosmetic.

cosmo ('kɔzmo) *nm* cosmos. **cosmico** ('kɔzmiko) *adj* cosmic. **cosmonauta** (kozmo-'nauta) *nm* cosmonaut.

cosmopolita (kozmopo'lita) *adj* cosmopolitan.

coso ('kɔso) *nm inf* what's-its-name, what's-his-name.

cospicuo (kos'pikuo) *adj* notable, eminent.

cospirare (kospi'rare) *vi* conspire, plot. **conspiratore** *nm* conspirator. **conspirazione** *nf* conspiracy.

cossi ('kɔssi) *v see* **cuocere**.

costa ('kɔsta) *nf* **1** rib (of a ship). **2** slope, hillside. **3** coast.

costà (kos'ta) *adv* there.

costante (kos'tante) *adj* firm, constant.

costare (kos'tare) *vi* **1** cost. **2** require. **costo** ('kɔsto) *nm* cost, price. **a tutti i costi** at all costs. **costo della vita** cost of living. **costoso** (ko-s'toso) *adj* dear, expensive.

costeggiare (kosted'dʒare) *vt* skirt, run alongside.

costei (kos'tei) *see* **costui**.

costellazione (kostellat'tsjone) *nf* constellation.

costituire (kostitu'ire) *vt* **1** form, constitute, make up. **2** found. **3** elect. **costituzione** *nf* constitution.

costola ('kɔstola) *nf* rib.

costoro (kos'toro) *see* **costui**.

costringere * (kos'trindʒere) *vt* force, oblige.

costruire * (kostru'ire) *vt* build, construct.

costrussi (kos'trussi) *v see* **costruire**.

costui (kos'tui) *pron ms* that man. **costei** *pron fs* that woman. **costoro** *pron m,f pl* those people.

costumato (kostu'mato) *adj* well-bred.

costume (kos'tume) *nm* **1** custom, habit. **2** costume. **costume da bagno** swimsuit.

costura (kos'tura) *nf* seam.

cotesto (ko'testo) *adj* that. *pron* that one.

cotoletta (koto'letta) *nf* cutlet.

cotone (ko'tone) *nm* **1** cotton. **2** cotton thread.

cottimo ('kɔttimo) *nm* piecework.

cotto ('kɔtto) *v see* **cuocere**. *adj* **1** cooked. **2** *sl* in love.

cottura (kot'tura) *nf* cooking.

covare (ko'vare) *vt,vi* hatch. **covata** *nf* brood.

covile (ko'vile) *nm also* **covo** lair, den.

cozza ('kɔttsa) *nf* mussel.

cozzare (kot'tsare) *vt,vi* butt, collide.

crampo ('krampo) *nm* cramp.

cranio ('kranjo) *nm* skull.

cratere (kra'tere) *nm* crater.

cravatta (kra'vatta) *nf* tie.

creanza (kre'antsa) *nf* breeding, education.

creare (kre'are) *vt* **1** create. **2** establish. **3** appoint. **creativo** *adj* creative. **creatore** *nm* creator. **creatura** *nf* creature. **creazione** *nf* creation.

crebbi ('krebbi) *v see* **crescere**.

credenza[1] (kre'dentsa) *nf* belief, faith.

credenza[2] (kre'dentsa) *nf* sideboard.

credere ('kredere) *vt,vi* **1** believe. **2** think.

credito ('kredito) *nm* **1** credit. **2** esteem. **3** trust.

credulo ('kredulo) *adj* credulous.

crema ('krɛma) nf cream. **cremoso** adj creamy.

cremare (kre'mare) vt cremate.

cremisi ('krɛmizi) adj,nm crimson.

crepare (kre'pare) vi 1 crack, split. 2 sl die. **crepa** ('krɛpa) nf crack.

crepitare (krepi'tare) vi crackle.

crepuscolo (kre'puskolo) nm dusk.

crescere* ('kreʃʃere) vi 1 grow. 2 increase. 3 rise. **crescita** ('kreʃʃita) nf growth.

crescione (kreʃ'ʃone) nm watercress.

cresima ('krɛzima) nf confirmation.

crespo ('krɛspo) adj 1 curly. 2 pleated.

cresta ('kresta) nf 1 crest. 2 comb (of a cock).

cretino (kre'tino) nm idiot, fool.

cricco ('krikko) nm tech jack.

criminale (krimi'nale) adj,nm criminal.

criniera (kri'njera) nf mane.

cripta ('kripta) nf crypt.

crisalide (kri'zalide) nf chrysalis.

crisantemo (krizan'tɛmo) nm chrysanthemum.

crisi ('krizi) nf invar crisis.

cristallizzare (kristallid'dzare) vt crystallize.

cristallo (kris'tallo) nm crystal.

cristiano (kris'tjano) adj,n Christian. **cristianesimo** nm Christianity.

critica ('kritika) nf 1 criticism. 2 lit review. **criticare** vt criticize. **critico** ('kritiko) adj critical. nm critic.

crivellare (krivel'lare) vt riddle (with holes). **crivello** (kri-'vɛllo) nm sieve.

croccante (krok'kante) nm nutty sweet.

crocchia ('krɔkkja) nf bun, chignon.

crocchio ('krɔkkjo) nm group.

croce (kro'tʃe) nf cross. **crocevia** (krotʃe'via) nm crossroads.

crociata (kro'tʃata) nf crusade.

crocicchio (kro'tʃikkjo) nm crossroads.

crociera (kro'tʃera) nf cruise.

crocifiggere (krotʃi'fiddʒere) vt crucify.

crocifisso (krotʃi'fisso) nm crucifix. **crocifissione** nf crucifixion.

croco ('krɔko) nm crocus.

crollare (krol'lare) vt shake. vi collapse, crumble. **crollo** ('k-rɔllo) nm collapse, crash.

cromo ('krɔmo) nm chrome. **cromato** adj chromium-plated.

cromosoma (kromo'sɔma) nm chromosome.

cronaca ('krɔnaka) nf 1 chronicle. 2 news item, report. **cronico** ('krɔniko) adj chronic. **cronista** (kro'nista) nm reporter, columnist.

cronologico (krono'lɔdʒiko) adj chronological.

cronometro (kro'nɔmetro) nm chronometer.

crosta ('krɔsta) nf crust. **crostata** nf pie, tart. **crostacei** (kros'tatʃei) nm pl shellfish.

crucciare (krut'tʃare) vt annoy. **crucciarsi** vr 1 get angry. 2 worry.

cruciale (kru'tʃale) adj crucial.

crudele (kru'dele) adj cruel, heartless. **crudeltà** nf cruelty.

crudo ('krudo) adj 1 raw. 2 harsh, severe.

crumiro (kru'miro) nm blackleg.

cruscotto (krus'kɔtto) nm dashboard.

cubo ('kubo) nm cube. adj cubic.

cuccetta (kut'tʃetta) nf couchette, berth.

cucchiaio (kuk'kjajo) *nm* **1** spoon. **2** spoonful. **cucchiaio da frutta/tavola** dessertspoon/tablespoon. **cucchiaino** *nm* teaspoon.

cucciolo ('kuttʃolo) *nm* puppy.

cucinare (kutʃi'nare) *vt* cook. **cucina** *nf* **1** kitchen. **2** cooking. **con cucina** *adj* self-catering.

cucire (ku'tʃire) *vt* sew. **cucitura** *nf* seam.

cuculo (ku'kulo) *nm* cuckoo.

cuffia ('kuffja) *nf* **1** bonnet. **2** bath cap. **3** headphones.

cugino (ku'dʒino) *nm* cousin.

cui ('kui) *pron invar* **1** whom, which. **2** whose, of whom.

culla ('kulla) *nf* cradle.

culto ('kulto) *nm* cult.

cultura (kul'tura) *nf* culture, learning. **culturale** *adj* cultural.

cumulo ('kumulo) *nm* pile, heap.

cuneo ('kuneo) *nm* wedge.

cunetta (ku'netta) *nf* gutter.

cuocere* ('kwɔtʃere) *vt* cook. **cuoco** *nm* cook, chef.

cuoio ('kwɔjo) *nm* leather. **cuoio capelluto** *nm* scalp.

cuore ('kwɔre) *nm* **1** heart. **2** courage. **3** *game* hearts. **a-mico del cuore** *nm* best friend.

cupido ('kupido) *adj* greedy. **cupidigia** *nf* greed.

cupo ('kupo) *adj* gloomy, sombre, dark.

cupola ('kupola) *nf* dome.

cura ('kura) *nf* **1** care, charge. **2** attention. **3** treatment. **a cura di** edited by. **aver cura di** look after. **curare** *vt* **1** look after, attend to. **2** edit. **3** treat, cure. **curabile** (ku'rabile) *adj* curable.

curioso (ku'rjoso) *adj* **1** curious, inquisitive. **2** strange, odd, curious. **curiosità** *nf* curiosity.

curvare (kur'vare) *vt* bend, curve. **curvarsi** *vr* bend. **curva** *nf* curve, bend. **curvo** *adj* bent, curved.

cuscino (kuʃ'ʃino) *nm* **1** pillow. **2** cushion.

custode (kus'tɔde) *nm* **1** guardian. **2** caretaker. **3** warder.

custodia (kus'tɔdja) *nf* **1** custody, care. **2** case. **custodire** *vt* **1** take care of. **2** guard.

cuticola (ku'tikola) *nf* cuticle.

D

da (da) *prep* **1** from. **2** by. **3** to, at. **4** since, for. **5** as, like. **6** with. **7** for the purpose of.

dà (da) *v* see **dare**.

dabbasso (dab'basso) *adv* **1** below. **2** downstairs.

dabbene (dab'bene) *adj invar* decent, respectable.

daccapo (dak'kapo) *adv* over again.

dacché (dak'ke) *conj* since.

dado ('dado) *nm* **1** dice. **2** stock cube. **3** *tech* nut.

daffare (daf'fare) *nm invar* work. **avere molto daffare** be very busy.

daga ('daga) *nf* dagger.

dagli (da'ʎʎi) contraction of **da gli**.

dai[1] ('dai) contraction of **da i**.

dai[2] ('dai) *v* see **dare**.

daino ('daino) *nm* deer.

dal (dal) contraction of **da il**.

dalia ('dalja) *nf* dahlia.

dall' ('dall) contraction of **da l'**.

dalla ('dalla) contraction of **da la**.

dalle ('dalle) contraction of **da le**.

dallo ('dallo) contraction of **da lo**.

daltonismo (dalto'nizmo) *nm* colour-blindness. **daltonico** (dal'tɔniko) *adj* colour-blind.

d'altronde (dal'tronde) *adv* on the other hand, besides.

dama ('dama) *nf* **1** lady. **2** draughts.

damasco (da'masko) *nm* damask.

dancing ('dansiŋ) *nm* dance hall.

Danimarca (dani'marka) *nf* Denmark. **danese** (da'nese) *adj* Danish. *nm* **1** Dane. **2** Danish (language).

dannare (dan'nare) *vt* damn. **dannazione** *nf* damnation.

danneggiare (danned'dʒare) *vt* damage, harm. **danno** *nm* **1** damage, harm. **2** loss.

danzare (dan'tsare) *vi, vt* dance. **danza** *nf* dance.

dappertutto (dapper'tutto) *adv* everywhere.

dappoco (dap'pɔko) *adj invar* worthless.

dappresso (dap'presso) *adv* close by.

dapprima (dap'prima) *adv* at first.

dardeggiare (darded'dʒare) *vt* shoot forth.

dardo ('dardo) *nm* dart.

dare* ('dare) *vt* **1** give. **2** yield, produce. **3** assign, attach. **4** show. **dare alla testa** go to one's head. **dare in prestito** lend. **dare nell'occhio** catch the eye. **dare su** overlook. **darsi** *vr* dedicate oneself. **darsi da fare** keep oneself busy. **può darsi** it is possible.

darsena ('darsena) *nf* dock, basin.

data ('data) *nf* date. **datare** *vt, vi* date.

dattero ('dattero) *nm bot* date.

dattilografa (datti'lɔgrafa) *nf* typist. **dattilografia** *nf* typing.

dattorno (dat'torno) *prep, adv* around, about. **levarsi dattorno** get rid of.

davanti (da'vanti) *prep* before, in front of. *adv* before, in front. *nm* front.

davanzale (davan'tsale) *nm* windowsill.

davvero (dav'vero) *adv* really, indeed.

dazio ('dattsjo) *nm* duty, toll. **daziare** *vt* tax, put duty on.

dea ('dea) *nf* goddess.

debito ('debito) *nm* debt. *adj* due, proper. **debitore** *nm* debtor.

debole ('debole) *adj* weak, feeble. *nm* weak point, weakness. **debolezza** (debo'lettsa) *nf* weakness.

debuttare (debut'tare) *vi* make one's debut.

decadere (deka'dere) *vi* decay, decline. **decadente** (deka'dente) *adj* in decline, decadent. **decadenza** (deka'dentsa) *nf* decline.

decaffeinato (dekaffei'nato) *adj* decaffeinated.

decano (de'kano) *nm rel* dean.

decapitare (dekapi'tare) *vt* behead.

decennio (de'tʃennjo) *nm* decade.

decente (de'tʃente) *adj* decent, respectable. **decenza** (de'tʃensa) *nf* decency.

decentrare (detʃen'trare) *vt* decentralize.

decesso (de'tʃesso) *nm* death, decease.

decibel (detʃi'bɛl) *nm* decibel.

decidere* (de'tʃidere) *vt, vi* decide, settle. **decidersi** *vr* make up one's mind.

deciduo (de'tʃiduo) *adj* deciduous.

decifrare (detʃi'frare) *vt* decipher.

decimale (detʃi'male) *adj, nm* decimal.

decimo ('detʃimo) *adj* tenth.

decisi (de'tʃizi) *v* see **decidere**.

decisione (detʃi'zjone) *nf* decision. **decisivo** *adj* decisive.

deciso (de'tʃizo) *v* see **decidere.**

declamare (dekla'mare) *vt* declaim.

declinare (dekli'nare) *vt* decline. *vi* decline, decay, sink. **declino** *nm* decline.

declivio (de'klivjo) *nm* slope.

decollare (dekol'lare) *vi aviat* take off. **decollo** (de'kɔllo) *nm* take-off.

decomporsi (dekom'pɔrsi) *vr* decompose. **decomposizione** *nf* decomposition.

decorare (deko'rare) *vt* decorate. **decorativo** *adj* decorative. **decorazione** *nf* decoration.

decoro (de'kɔro) *nm* dignity, decorum.

decorrere (de'korrere) *vi* run, have effect. **a decorrere da** starting from.

decrepito (de'krɛpito) *adj* decrepit.

decrescere* (de'kreʃʃere) *vi* decrease, diminish.

decreto (de'kreto) *nm* decree.

dedalo ('dedalo) *nm* labyrinth.

dedicare (dedi'kare) *vt* dedicate. **dedica** ('dedika) *nf* dedication.

dedito ('dedito) *adj* devoted.

dedurre* (de'durre) *vt* 1 deduce. 2 deduct, subtract.

deferente (defe'rɛnte) *adj* respectful, deferential. **deferenza** (defe'rɛntsa) *nf* deference.

deficiente (defi'tʃɛnte) *adj,n* idiot.

deficit ('dɛfitʃit) *nm* deficit.

definire (defi'nire) *vt* 1 define. 2 settle. **definitivo** *adj* definitive. **definizione** *nf* definition.

deflazione (deflat'tsjone) *nf* deflation.

deflettere (de'flɛttere) *vi* 1 deflect, swerve. 2 deviate.

deformare (defor'mare) *vt* deform. **deforme** *adj* deformed, disfigured. **deformità** *nf* deformity.

defunto (de'funto) *adj* dead, deceased. *nm* dead person.

degenerare (dedʒene'rare) *vi* degenerate, deteriorate. **degenerazione** *nf* degeneration, deterioration.

degente (de'dʒɛnte) *adj* bedridden.

degenza (de'dʒɛntsa) *nf* stay in hospital or bed.

degli ('deʎʎi) contraction of **di gli.**

degnare (deɲ'nare) *vi* deign. **degnarsi** *vr* condescend. **degno** *adj* worthy, deserving.

degradare (degra'dare) *vt* degrade. **degradazione** *nf* degradation.

degustare (degus'tare) *vt* try, taste.

dei[1] ('dei) contraction of **di i.**

dei[2] ('dei) *nm pl* gods.

deificare (deifi'kare) *vt* deify.

del (del) contraction of **di il.**

delegare (dele'gare) *vt* delegate. **delegato** *nm* delegate. **delegazione** *nf* delegation.

delfino (del'fino) *nm* dolphin.

deliberare (delibe'rare) *vt* decide. *vi* deliberate. **deliberazione** *nf* 1 deliberation. 2 decision.

delicato (deli'kato) *adj* 1 delicate. 2 gentle. 3 refined. **delicatezza** (delika'tettsa) *nf* delicacy.

delimitare (delimi'tare) *vt* define, delimit.

delineare (deline'are) *vt* outline, trace.

delinquente (delin'kwente) *adj,n* delinquent, criminal. **delinquenza** (delin'kwentsa) *nf* delinquency. **delinquenza minorile** juvenile delinquency.

deliquio (de'likwjo) *nm* fainting fit.

delirare (deli'rare) *vi* be delirious. **delirante** *adj* delirious. **delirio** *nm* delirium, frenzy.

delitto (de'litto) *nm* crime.

delizia (de'littsja) *nf* delight. **delizioso** (delit'tsjoso) *adj* delicious, delightful.

dell' (del) contraction of **di l'**.

della ('della) contraction of **di la**.

delle ('delle) contraction of **di le**.

dello ('dello) contraction of **di lo**.

delta ('delta) *nm* delta.

deludere* (de'ludere) *vt* 1 disappoint. 2 deceive.

delusione (delu'zjone) *nf* 1 disappointment. 2 deception.

demanio (de'manjo) *nm* state property.

demente (de'mɛnte) *adj* insane, mad. **demenza** (de-'mentsa) *nf* madness.

democrazia (demokrat'tsia) *nf* democracy. **democratico** (mo'kratiko) *adj* democratic.

democristiano (demokris'tjano) *nm* Christian Democrat.

demolire (demo'lire) *vt* demolish. **demolizione** *nf* demolition.

demone ('dɛmone) *nm* demon.

demonio (de'mɔnjo) *nm* 1 devil. 2 demon.

demoralizzare (demoralid'dzare) *vt* demoralize.

denaro (de'naro) *nm* money.

denigrare (deni'grare) *vt* denigrate, run down.

denominatore (denomina'tore) *nm* denominator.

denotare (deno'tare) *vt* denote, indicate.

denso ('denso) *adj* dense, thick. **densità** *nf* density.

dente ('dente) *nm* tooth. **dente del giudizio** wisdom tooth. **dentiera** (den'tjera) *nf* set of false teeth. **dentifricio** *nm* toothpaste.

dentista (den'tista) *nm* dentist.

dentro ('dentro) *adv,prep* inside, within, in.

denunciare (denun'tʃare) *vt* declare, denounce. **denuncia** *nf* declaration, denunciation.

deodorante (deodo'rante) *nm* deodorant.

deperire (depe'rire) *vi* fade or waste away. **deperimento** *nm* decline.

depilare (depi'lare) *vt* remove hair. **depilatorio** (depila'tɔrjo) *adj,nm* depilatory.

deplorare (deplo'rare) *vt* deplore. **deplorevole** (deplo're-vole) *adj* deplorable.

deporre* (de'porre) *vt* 1 place, put down. 2 deposit. 3 remove. 4 depose. 5 testify.

deportare (depor'tare) *vt* deport. **deportazione** *nf* deportation.

deposito (de'pɔzito) *nm* 1 deposit. 2 store, warehouse. 3 left-luggage office. 4 sediment. **depositare** *vt* deposit.

depredare (depre'dare) *vt* plunder, loot.

depresso (de'presso) *adj* depressed. **depressione** *nf* depression.

deprezzare (depret'tsare) *vt* depreciate.

deprimere* (de'primere) *vt* depress.

depurare (depu'rare) *vt* purify.

deputare (depu'tare) *vt* appoint. **deputato** *nm* deputy.

deragliare (deraʎ'ʎare) *vi* be derailed.

derelitto (dere'litto) *adj* abandoned, derelict.

deretano (dere'tano) *nm sl* bottom, backside.

deridere* (de'ridere) *vt* deride, mock. **derisione** *nf* scorn, derision.

derisorio (deri'zɔrjo) *adj* derisory.

deriva (de'riva) *nf* drift. **andare alla deriva** drift.

derivare (deri'vare) *vt,vi* derive. *vt* divert.

derogare (dero'gare) *vi* 1 revoke. 2 contravene.

derubare (deru'bare) *vt* rob.

descrivere* (des'krivere) *vt* describe. **descrittivo** *adj* descriptive. **descrizione** *nf* description.

deserto (de'zɛrto) *nm* desert. *adj* deserted.

desiderare (deside'rare) *vt* 1 want, desire. 2 require. **desiderio** (desi'dɛrjo) *nm* wish, desire.

designare (deziɲ'ɲare) *vt* designate.

desinare (dezi'nare) *vi* dine. *nm* dinner.

desistere (de'sistere) *vi* cease, abandon.

desolare (dezo'lare) *vt* devastate. **desolato** *adj* 1 desolate. 2 upset. **desolazione** *nf* desolation.

destare (des'tare) *vt* 1 waken. 2 arouse.

desti ('dɛste) *v* see **dare**.

destinare (desti'nare) *vt* 1 destine. 2 appoint. 3 address (a letter). **destinazione** *nf* destination. **destino** *nm* destiny.

destituire (destitu'ire) *vt* dismiss.

destro ('dɛstro) *adj* 1 right. 2 agile. **destra** *nf* 1 right side. 2 right hand.

detenere (dete'nere) *vt* hold, detain. **detenuto** *adj* imprisoned. *nm* prisoner.

detergente (deter'dʒente) *adj, nm* detergent.

deteriorare (deterjo'rare) *vi* deteriorate. **deterioramento** *nf* deterioration.

determinare (determi'nare) *vt* determine, fix.

deterrente (deter'rente) *nm* deterrent.

detersivo (deter'sivo) *nm* detergent.

detestare (detes'tare) *vt* hate, abhor. **detestabile** (detes'tabile) *adj* detestable.

detonatore (detona'tore) *nm* detonator.

detrarre* (de'trarre) *vt* subtract.

detrito (de'trito) *nm* debris.

dettagliare (dettaʎ'ʎare) *vt* 1 give in detail. 2 sell retail. **dettaglio** *nm* 1 detail. 2 retail.

dettare (det'tare) *vt* dictate. **dettato** *nm* dictation.

detti ('dɛtti) *v* see **dare**.

detto ('dɛtto) *v* see **dare**. *adj* 1 so-called. 2 aforesaid. *nm* 1 saying. 2 word. **detto fatto** no sooner said than done.

deturpare (detur'pare) *vt* deform, disfigure.

devastare (devas'tare) *vt* devastate. **devastazione** *nf* devastation.

deviare (devi'are) *vi* 1 swerve. 2 deviate. *vt* divert. **deviazione** *nf* deviation.

devo ('dɛvo) *v* see **dovere**.

devoto (de'vɔto) *adj* 1 devout. 2 devoted. **devozione** *nf* devotion.

di (di) *prep* 1 of. 2 from, out of. 3 with. 4 about. 5 by. 6 than. 7 at. 8 in.

diabete (dia'bete) *nm* diabetes. **diabetico** (dia'betiko) *adj, nm* diabetic.

diacono (di'akono) *nm* deacon.

diaframma (dia'framma) *nm* diaphragm.

diagnosi (di'aɲɲozi) *nf* diagnosis. **diagnosticare** *vt* diagnose.

diagonale (diago'nale) *adj, nm* diagonal.

diagramma (dia'gramma) *nm* diagram.

dialetto (dia'letto) *nm* dialect. **dialettale** *adj* dialectal.

dialogo (di'alogo) *nm* dialogue.

diamante (dia'mante) *nm* diamond.

diametro (di'ametro) *nm* diameter.

diapositiva (diapozi'tiva) *nf phot* slide.

diario (di'arjo) *nm* diary.

diarrea (diar'rea) *nf* diarrhoea.

diavolo ('djavolo) *nm* devil.

dibattere (di'battere) *vt* debate, discuss. **dibattersi** *vr* struggle.

dibattito (di'battito) *nm* debate.

dicastero (dikas'tero) *nm* ministry.

dicembre (di'tʃembre) *nm* December.

dichiarare (dikja'rare) *vt* declare. **dichiarazione** *nf* declaration.

diciannove (ditʃan'nove) *adj* nineteen. *nm* or *f* nineteen. **diciannovesimo** (ditʃanno-'vezimo) *adj* nineteenth.

diciassette (ditʃas'sette) *adj* seventeen. *nm* or *f* seventeen. **diciassettesimo** (ditʃasset'te-zimo) *adj* seventeenth.

diciotto (di'tʃɔtto) *adj* eighteen. *nm* or *f* eighteen. **diciottesimo** (ditʃot'tezimo) *adj* eighteenth.

dico ('diko) *v see* **dire**.

didattico (di'dattiko) *adj* didactic.

dieci ('djetʃi) *adj* ten. *nm* or *f* ten.

diedi ('djedi) *v see* **dare**.

dieta ('djeta) *nf* diet.

dietro ('djetro) *adv* 1 behind. 2 back. *prep* 1 behind, after. 2 following, upon.

difatti (di'fatti) *adv* in fact.

difendere* (di'fendere) *vt* defend, protect.

difensiva (difen'siva) *nf* defensive. **difensivo** *adj* defensive.

difesa (di'fesa) *nf* defence.

difesi (di'fesi) *v see* **difendere**.

difeso (di'feso) *v see* **difendere**.

difetto (di'fetto) *nm* defect, fault. **difettoso** (difet'toso) *adj* defective.

diffamare (diffa'mare) *vt* slander.

differente (diffe'rente) *adj* different.

differenza (diffe'rentsa) *nf* difference. **differenziare** *vt* differentiate.

differire (diffe'rire) *vi* differ, be different. *vt* put off, postpone.

difficile (dif'fitʃile) *adj* 1 difficult, hard. 2 hard to please. 3 improbable. **difficilmente** *adv* with difficulty.

difficoltà (diffikol'ta) *nf* difficulty.

diffidare (diffi'dare) *vi* distrust.

diffondere* (dif'fondere) *vt* 1 spread. 2 divulge.

diffusione (diffu'zjone) *nf* 1 circulation (of a newspaper). 2 diffusion.

diga ('diga) *nf* dyke.

digerire (didʒe'rire) *vt* digest. **digestione** (didʒes'tjone) *nf* digestion.

digitale (didʒi'tale) *adj* digital. *nf* foxglove. **impronta digitale** *nf* fingerprint.

digiunare (didʒu'nare) *vi* fast. **digiuno** *nm* fast.

dignità (diɲɲi'ta) *nf* dignity. **dignitoso** (diɲɲi'toso) *adj* dignified.

digressione (digres'sjone) *nf* digression.

digrignare (digriɲ'ɲare) *vt* gnash (one's teeth).

dilapidare (dilapi'dare) *vt* squander, waste.

dilatare (dila'tare) *vt* expand, spread.

dileguare (dile'gware) *vt* 1 melt. 2 remove. **dileguarsi** *vr* fade away.

dilemma (di'lemma) *nm* dilemma.

dilettare (dilet'tare) *vt, vi* please. **dilettarsi a** *vr* take pleasure in. **dilettante** *nm* amateur. **diletto** (di'letto) *nm* delight, pleasure.

diligente (dili'dʒente) *adj* **1** diligent. **2** careful.

diligenza[1] (dili'dʒentsa) *nf* diligence.

diligenza[2] (dili'dʒentsa) *nf* stagecoach.

diluire (dilu'ire) *vt* dilute.

dilungare (dilun'gare) *vt* prolong. **dilungarsi** *vr* digress.

diluvio (di'luvjo) *nm* flood.

dimagrire (dima'grire) *vi* grow thin, lose weight.

dimenare (dime'nare) *vt* shake. **dimenare la coda** wag the tail. **dimenarsi** *vr* wriggle, writhe.

dimensione (dimen'sjone) *nf* dimension.

dimenticare (dimenti'kare) *vt* forget. **dimenticarsi** *vr* forget. **dimentico** (di'mentiko) *adj* forgetful.

dimettere (di'mettere) *vt* dismiss, discharge. **dimettersi** *vr* resign.

dimezzare (dimed'dzare) *vt* halve.

diminuire (diminu'ire) *vt* reduce, diminish. *vi* decrease.

dimissione (dimis'sjone) *nf* resignation. **dare le dimissioni** resign.

dimorare (dimo'rare) *vi* live, stay. **dimora** (di'mɔra) *nf* residence, home.

dimostrare (dimos'trare) *vt* show, prove. **dimostrazione** *nf* demonstration.

dinamica (di'namika) *nf* dynamics. **dinamico** (di'namiko) *adj* dynamic.

dinamite (dina'mite) *nf* dynamite.

dinamo ('dinamo) *nf invar* dynamo.

dinanzi (di'nantsi) *adv* in front. **dinanzi a** *prep* in front of, before.

dinastia (dinas'tia) *nf* dynasty.

dinoccolato (dinokko'lato) *adj* lanky.

dinosauro (dino'sauro) *nm* dinosaur.

dintorno (din'torno) *prep, adv* **1** around. **2** about. *nm pl* outskirts.

Dio ('dio) *nm* God.

diocesi (di'ɔtʃezi) *nf* diocese.

dipartimento (diparti'mento) *nm* department.

dipendere* (di'pendere) *vi* **1** depend. **2** be subject. **dipendere da** depend on. **dipendente** (dipen'dente) *adj* dependent. *nm* dependant. **dipendenza** (dipen'dentsa) *nf* dependence.

dipingere* (di'pindʒere) *vt* **1** paint. **2** portray.

diploma (diplɔ'ma) *nm* diploma. **diplomatico** (diplo'matiko) *adj* diplomatic. **diplomazia** (diploma'tsia) *nf* diplomacy.

diradare (dira'dare) *vt* reduce. *vi* become sparse. **diradarsi** *vr* become sparse, clear.

diramare (dira'mare) *vt* **1** circulate. **2** broadcast. **diramarsi** *vr* branch off.

dire* ('dire) *vt* **1** say. **2** tell. **per così dire** so to speak.

diressi (di'ressi) *v* see **dirigere**.

diretto (di'retto) *v* see **dirigere**. *adj* direct, straight. *nm* fast train. **direttissimo** *nm* express train.

direttore (diret'tore) *nm* **1** director, manager. **2** editor. **3** headmaster. **4** *mus* conductor. **direttrice** *nf* **1** manageress. **2** headmistress.

direzione (diret'tsjone) *nf* **1** management. **2** direction.

dirigere* (di'ridʒere) *vt* **1** run, manage. **2** address, direct.

dirigente (diri'dʒɛnte) *nm* director. *adj* ruling.

dirimpetto (dirim'pɛtto) *prep, adv* opposite.

diritto[1] (di'ritto) *adj* **1** direct, straight. **2** right-hand. *adv* straight on. *nm* right side (of material).

diritto[2] (di'ritto) *nm* **1** right, claim. **2** law. **diritti d'autore** *nm pl* royalties.

diroccare (dirok'kare) *vt* demolish.

dirottare (dirot'tare) *vt* **1** divert. **2** hijack.

dirotto (di'rotto) *adj* unrestrained. **pioggia dirotta** *nf* pouring rain.

dirupato (diru'pato) *adj* rugged, precipitous.

dirupo (di'rupo) *nm* ravine.

disabitato (dizabi'tato) *adj* uninhabited.

disaccordo (dizak'kɔrdo) *nm* disagreement.

disadatto (diza'datto) *adj* unsuited.

disagevole (diza'dʒevole) *adj* **1** difficult. **2** uncomfortable.

disagio (di'zadʒo) *nm* discomfort. **a disagio** ill at ease.

disapprovare (dizappro'vare) *vt* disapprove. **disapprovazione** *nf* disapproval.

disappunto (dizap'punto) *nm* disappointment, displeasure.

disarmare (dizar'mare) *vt* disarm. **disarmo** *nm* disarmament.

disastro (di'zastro) *nm* disaster. **disastroso** (dizas'troso) *adj* disastrous.

disattento (dizat'tento) *adj* inattentive. **disattenzione** (dizatten'tsjone) *nf* carelessness.

discendere* (diʃ'ʃendere) *vi* **1** come down, descend. **2** descend, be descended. *vt* go or come down. **discendente** (diʃʃen'dɛente) *nm* descendant. **discendenza** (diʃʃen'dɛntsa) *nf* origin, descent.

discepolo (diʃ'ʃepolo) *nm* disciple.

discernere (diʃ'ʃernere) *vt* distinguish, discern. **discernimento** *nm* judgment, discernment.

discesa (diʃ'ʃesa) *nf* descent.

disciplinare (diʃʃipli'nare) *vt* control, discipline. **disciplina** *nf* discipline.

disco ('disko) *nm* **1** disc. **2** record, gramophone. **3** discus. **disco flessibile** floppy disc. **disco orario** parking disc.

discolpare (diskol'pare) *vt* prove innocent, clear of blame.

discorrere* (dis'korrere) *vi* discuss, talk.

discorso (dis'korso) *nm* talk, speech. **cambiare il discorso** change the subject.

discoteca (disko'tɛka) *nf* discotheque.

discreto (dis'kreto) *adj* **1** reasonable, moderate, passable. **2** cautious, discreet. **discrezione** *nf* discretion.

discriminazione (diskrimina-t'tsjone) *nf* discrimination.

discussi (dis'kussi) *v* see **discutere**.

discussione (diskus'sjone) *nf* **1** discussion. **2** argument.

discusso (dis'kusso) *v* see **discutere**.

discutere* (dis'kutere) *vt* discuss, debate.

disdire (diz'dire) *vt* **1** retract, take back. **2** cancel.

disegnare (disen'ɲare) *vt* **1** draw. **2** design. **disegno** *nm* **1** drawing. **2** design.

diseredare (dizere'dare) *vt* disinherit.

disertare (dizer'tare) *vi* desert. **disertore** *nm* deserter.

disfare* (dis'fare) *vt* **1** undo. **2** unpack. **3** destroy. **disfarsi** *vr* melt. **disfarsi di** get rid of.

disgelare (duzdʒe'lare) *vi* thaw. **disgelo** (diz'dʒelo) *nm* thaw.

disgrazia (diz'grattsja) *nf* **1** misfortune. **2** mishap, accident. **disgraziato** *adj* unfortunate. *nm* wretch.

disgregare (dizgre'gare) *vt* break up, disintegrate.

disgustare (dizgus'tare) *vt* disgust. **disgusto** *nm* disgust. **disgustoso** (dizgus'toso) *adj* disgusting.

disidratare (dizidra'tare) *vt* dehydrate.

disimpegnare (dizimpeɲ'ɲare) *vt* **1** discharge. **2** relieve. **3** redeem. **disimpegnarsi** *vr* manage.

disinfettare (dizinfet'tare) *vt* disinfect. **disinfettante** *adj, nm* disinfectant.

disintegrare (dizinte'grare) *vt* split. **disintegrarsi** *vr* disintegrate.

disinteressarsi (dizinteres'sarsi) *vr* ignore, not to be aware of.

disinvolto (dizin'volto) *adj* nonchalant, free and easy. **disinvoltura** *nf* ease.

disistima (dizis'tima) *nf* discredit.

dismisura (dizmi'sura) *nf* excess.

disoccupato (dizokku'pato) *adj* unemployed. *nm* unemployed person. **disoccupazione** *nf* unemployment.

disonesto (dizo'nesto) *adj* dishonest.

disonorare (dizono'rare) *vt* dishonour. **disonore** *nm* dishonour, shame.

disopra (di'sopra) *adv* **1** above. **2** upstairs.

disordinare (dizordi'nare) *vt* upset, disarrange. **disordinato** *adj* untidy. **disordine** (di'zordine) *nm* disorder, confusion.

disorientare (dizorjen'tare) *vt* disorientate, confuse.

disossare (dizos'sare) *vt* bone, fillet.

disotto (di'sotto) *adv* **1** below, beneath. **2** downstairs. **al disotto di** *prep* below, beneath.

dispaccio (dis'pattʃo) *nm* dispatch.

disparato (dispa'rato) *adj* dissimilar, heterogeneous.

dispari ('dispari) *adj invar* uneven, odd. **disparità** *nf invar* disparity.

disparte (dis'parte) *adv* aside. **in disparte da** apart from, on one side.

dispensa (dis'pensa) **1** larder. **2** number, volume. **3** *pl* duplicated university lectures. **4** exemption. **5** dispensation. **dispensare** *vi* **1** dispense. **2** exempt. exempt.

disperare (dispe'rare) *vi* despair. **disperato** *adj* **1** desperate, in despair. **2** hopeless. **disperazione** *nf* desperation.

disperdere* (dis'perdere) *vt* **1** scatter. **2** waste.

dispetto (dis'petto) *nm* **1** spite. **2** annoyance. **dispettoso** (dispet'toso) *adj* spiteful.

dispiacere* (dispja'tʃere) *v imp* **1** mind. **2** be sorry. *nm* displeasure. **2** regret.

disponibile (dispo'nibile) *adj* available.

disporre* (dis'porre) *vt* **1** arrange. **2** prepare. **disporre di** **1** dispose of. **2** have at one's disposal.

dispositivo (dispozi'tivo) *nm* gadget, device.

disposizione (dispozit'tsjone) *nf* **1** disposition, inclination. **2** order, command.

disprezzare (dispret'tsare) *vt* scorn, despise. **disprezzo** (dis'prettso) *nm* scorn, contempt.

disputare (dispu'tare) *vi* discuss, debate. *vt* contest. **disputa** ('disputa) *nf* **1** discussion. **2** quarrel.

dissecare (disse'kare) vt dissect.

disseccare (dissek'kare) vt dry up.

dissenteria (dissente'ria) nf dysentery.

dissentire (dissen'tire) vi dissent, disagree.

dissertazione (dissertat'tsjone) nf dissertation, thesis.

dissestare (disses'tare) vt ruin. **dissesto** (dis'sesto) nm financial disaster.

dissetare (disse'tare) vt quench the thirst of.

dissi ('dissi) v see **dire**.

dissidente (dissi'dɛnte) nm dissident.

dissidio (dis'sidjo) nm quarrel.

dissimile (dis'simile) adj unlike.

dissimulare (dissimu'lare) vt conceal, hide.

dissipare (dissi'pare) vt 1 disperse. 2 waste.

dissociare (disso'tʃare) vt separate, dissociate.

dissoluto (disso'luto) adj dissolute.

dissoluzione (dissolut'tsjone) nf dissolution.

dissolvere (dis'sɔlvere) vt dissolve, break up.

dissuadere* (dissua'dere) vt dissuade.

distaccare (distak'kare) vt separate, detach. **distaccarsi** vr stand out. **distacco** nm 1 aloofness. 2 separation.

distante (dis'tante) adj distant, far away. **distanza** nf distance.

distendere* (dis'tɛndere) vt spread, open out. **distendersi** vr stretch oneself.

disteso (dis'teso) adj 1 open, spread out. 2 spacious. **distesa** nf expanse.

distillare (distil'lare) vt distil. **distilleria** nf distillery.

distinguere* (dis'tingwere) vt distinguish.

distinsi (dis'tinsi) v see **distinguere**.

distintivo (distin'tivo) nm badge.

distinto (dis'tinto) v see **distinguere**. adj 1 distinct, clear. 2 refined.

distinzione (distin'tsjone) nf distinction.

distogliere* (dis'tɔʎʎere) vt dissuade.

distrarre* (dis'trarre) vt divert, distract. **distrarsi** vr 1 relax. 2 let one's mind wander. **distratto** adj absent-minded, inattentive. **distrazione** nf distraction.

distretto (dis'tretto) nm district.

distribuire (distribu'ire) vt distribute. **distributore** nm distributor. **distributore automatico** slot-machine. **distributore di benzina** petrol pump. **distribuzione** nf distribution.

districare (distri'kare) vt unravel.

distruggere* (dis'truddʒere) vt destroy. **distruttivo** adj destructive. **distruzione** nf destruction.

disturbare (distur'bare) vt disturb, interrupt. **disturbarsi** vr put oneself out. **disturbo** nm trouble.

disubbidire (dizubbi'dire) vi,vt disobey. **disubbidiente** (dizubbi'djɛnte) adj disobedient. **disubbidienza** (dizubbi'djentsa) nf disobedience.

disuguale (dizu'gwale) adj 1 unequal. 2 eneven.

disunire (dizu'nire) vt divide, disunite.

disuso (di'zuzo) nm disuse. **disusato** adj 1 disused. 2 out-of-date.

dito ('dito) nm 1 pl **dita** f finger. 2 pl **diti** finger, finger's breadth. **dito del piede** nm toe. **sulla punta delle dita** at one's fingertips. **ditale** nm thimble.

ditta ('ditta) nf company, firm.

dittatore (ditta'tore) nm dictator. **dittatura** nf dictatorship.

dittico ('dittiko) nm diptych.

dittongo (dit'tongo) nm diphthong.

diurno (di'urno) adj diurnal, daily.

diva ('diva) nf film star.

divagare (diva'gare) vi wander, ramble.

divampare (divam'pare) vi burst into flames, burn.

divano (di'vano) nm 1 divan. 2 settee.

divenire* (dive'nire) vi become.

diventare (diven'tare) vi become.

divergere (di'verdʒere) vi diverge.

diverso (di'verso) adj 1 different. 2 pl several. **diversione** (diver'sjone) nf diversion. **diversità** nf variety.

divertirsi (diver'tirsi) vr 1 amuse oneself. 2 enjoy oneself. **divertente** (diver'tente) adj funny, amusing. **divertimento** nm 1 pastime. 2 amusement.

dividendo (divi'dendo) nm dividend.

dividere* (di'videre) vt divide, share. **dividersi** vr separate, split.

divieto (di'vjeto) nm restriction, ban. **divieto di sosta/transito** no parking/thoroughfare.

divincolare (divinko'lare) vt wriggle. **divincolarsi** vr writhe.

divino (di'vino) adj 1 divine. 2 wonderful.

divisa (di'viza) nf 1 uniform. 2 currency.

divisi (di'vizi) v see **dividere**.

divisione (divi'zjone) nf 1 division. 2 separation.

diviso (di'vizo) v see **dividere**.

divorare (divo'rare) vt devour.

divorzio (di'vɔrtsjo) nm divorce. **divorziare** vt,vi divorce.

divulgare (divul'gare) vt reveal, divulge. **divulgarsi** vr spread.

dizionario (dittsjo'narjo) nm dictionary.

dizione (dit'tsjone) nf 1 diction. 2 wording.

do (dɔ) v see **dare**.

dobbiamo (dob'bjamo) v see **dovere**.

doccia ('dottʃa) nf shower. **fare la doccia** take a shower.

docente (do'tʃente) nm teacher.

docile ('dɔtʃile) adj docile. **docilità** nf docility.

documento (doku'mento) nm document, brief. **documentare** vt document. **documentario** nm documentary.

dodici ('doditʃi) adj twelve. nm or f twelve. **dodicesimo** (dodi'tʃezimo) adj twelfth.

dogana (do'gana) nf 1 customs. 2 duty. **doganiere** (doga'njere) nm customs officer.

doge ('dɔdʒe) nm doge, chief Venetian magistrate.

doglia ('dɔʎʎa) nf pain.

dogma ('dɔgma) nm dogma. **dogmatico** (dog'matiko) adj dogmatic.

dolce ('doltʃe) adj 1 sweet. 2 gentle. 3 mild. 4 (of water) fresh. nm sweet. **dolcezza** (dol'tʃettsa) nf sweetness. **dolcificante** (doltʃifi'kante) nm sweetener. **dolciumi** nm pl sweet things, sweets.

dolere* (do'lere) v imp 1 hurt, ache. 2 be sorry. **dolersi** vr lament, regret. **dolore** nm 1 pain, ache. **2** sorrow. **dolo-roso** (dolo'roso) *adj* painful.

dollaro ('dɔllaro) *nm* dollar.

dolse ('dɔlse) *v* see **dolere**.

domandare (doman'dare) *vt* ask, request. **domandarsi** *vr* wonder. **domanda** *nf* **1** question. **2** request, application. **fare una domanda** ask a question.

domani (do'mani) *adv,nm* tomorrow. **domani a otto** tomorrow week. **domani l'altro** day after tomorrow.

domare (do'mare) *vt* tame. **domatore** *nm* trainer.

domattina (domat'tina) *adv* tomorrow morning.

domenica (do'menika) *nf* Sunday.

domestico (do'mestiko) *adj* **1** domestic, household. **2** tame. *nm* servant. **domestica** (do-'mestika) *nf* maid, servant.

domiciliarsi (domitʃi'ljarsi) *vr* settle, take up residence.

domicilio (domi'tʃiljo) *nm* residence, dwelling.

dominare (domi'nare) *vt* **1** dominate, control. **2** overlook. *vi* dominate, rule. **dominarsi** *vr* restrain oneself. **dominante** *adj* dominant. **dominazione** *nf* domination, rule.

dominio (do'minjo) *nm* **1** control. **2** possession, property. **3** field, domain.

domino ('dɔmino) *nm* game dominoes.

donare (do'nare) *vt* give, present. **donatore** *nm* donor.

dono *nm* gift.

dondolare (dondo'lare) *vi* swing, rock, sway. *vt* shake. **dondolo** ('dondolo) *nm* swing.

donna ('dɔnna) *nm* **1** woman, lady **2** *cap* Lady. **donna di servizio** *nf* charwoman.

donnola ('dɔnnola) *nf* weasel.

dopo ('dopo) *prep* after. *adv*

1 behind. **2** afterwards. **3** then. **dopo tutto** after all. **subito dopo** immediately afterwards. **dopodomani** (dopodo'mani) *adv,nm* day after tomorrow. **dopopranzo** (dopo'prandzo) *nm* afternoon.

doppiare (dop'pjare) *vt* dub. **doppiaggio** *nm* dubbing.

doppio ('doppjo) *adj,adv* double. **doppiogiochista** (doppjodʒo'kista) *nm* double-dealer. **doppiogioco** (doppjo-'dʒɔko) *nm* double-dealing.

dorare (do'rare) *vt* gild. **dorato** *adj* gilt.

dormire (dor'mire) *vi* sleep. **dormire come un ghiro** sleep like a log. **dormirci sopra** sleep on it. **dormitorio** (dormi'tɔrjo) *nm* dormitory.

dorso ('dɔrso) *nm* **1** back. **2** spine (of a book). **dorsale** *adj* dorsal. **spina dorsale** *nf* spine.

dose ('dɔze) *nf* dose.

dosso ('dɔsso) *nm* back. **togliere di dosso** remove, get rid of.

dote ('dɔte) *nf* dowry.

dotto ('dotto) *adj* learned, scholarly.

dottore (dot'tore) *nm med* doctor. **dottorato** *nm* doctorate. **dottoressa** *nf med* female doctor.

dottrina (dot'trina) *nf* **1** doctrine. **2** catechism classes.

dove ('dove) *adv* **1** where. **2** wherever. **3** in which.

dovere* (do'vere) *vi* **1** have to, be obliged to, need. **2** owe. *nm* duty.

dovrò (do'vrɔ) *v* see **dovere**.

dovunque (do'vunkwe) *adv* wherever.

dozzina (dod'dzina) *nf* dozen.

dragare (dra'gare) *vt* dredge. **draga** *nf* dredger.

dragone (dra'gone) *nm* also **drago** *nm* dragon.

dramma¹ ('dramma) *nm* drama, theatre. **drammatico** (dram'matiko) *adj* dramatic.

dramma² ('dramma) *nm* drachma.

drammatizzare (drammatid'dzare) *vt* dramatize.

drammaturgo (dramma'turgo) *nm* dramatist, playwright.

drenare (dre'nare) *vt* drain. **drenaggio** *nm* drainage.

dritto ('dritto) *adj* 1 right. 2 upright. 3 straight. *nm* right side, upper side.

drizzare (drit'tsare) *vt* 1 erect. 2 straighten. **drizzare le orecchie** prick up one's ears.

drogare (dro'gare) *vt* 1 drug. 2 spice. **droga** ('drɔga) *nf* 1 drug. 2 drug-taking. **drogato** *nm* drug addict.

droghiere (dro'gjɛre) *nm* grocer. **drogheria** *nf* grocer's shop.

dromedario (drome'darjo) *nm* dromedary.

duale (du'ale) *adj* dual.

dubbio ('dubbjo) *nm* doubt, suspicion. *adj* doubtful, uncertain. **dubbioso** (dub'bjoso) *adj* doubtful.

dubitare (dubi'tare) *vi* 1 doubt, hesitate. 2 suspect.

duca ('duka) *nm* duke. **ducale** *adj* ducal. **ducato** *nm* 1 duchy. 2 ducat.

duce ('dutʃe) *nm* guide, leader.

duchessa (du'kessa) *nf* duchess.

due ('due) *adj,nm* two. **duecento** (due'tʃɛnto) *adj* two hundred. *nm* 1 two hundred. 2 thirteenth century. **due pezzi** *nm invar* 1 bikini. 2 suit.

duello (du'ɛllo) *nm* duel.

duetto (du'etto) *nm* duet.

duna ('duna) *nf* dune.

dunque ('dunkwe) *conj* 1 therefore, so. 2 then.

duole ('dwɔle) *v see* **dolere**.

duomo ('dwɔmo) *nm* cathedral.

duplicare (dupli'kare) *vt* duplicate. **duplicato** *nm* duplicate. **duplicatore** *nm* duplicator, duplicating machine.

durata *nf* duration. **durabile** (du'rabile) *adj* durable. **durante** (du'rante) *prep* during.

durare (du'rare) *vi* 1 last. 2 resist. **durabile** *adj* durable. **durante** *prep* during. **durata** *nf* duration. **durata di conservazione** *nf* shelf-life.

duro ('duro) *adj* 1 hard. 2 tough, stale. 3 severe. 4 difficult. 5 stupid, dull. **tener duro** hold firm. **durevole** *adj* lasting. **durezza** (du'rettsa) *nf* 1 hardness. 2 severity.

E

e, ed (e, ed) *conj* and, also. **e...e** both...and.

è (e) *v see* **essere**.

ebano ('ɛbano) *nm* ebony.

ebbe ('ɛbbe) *v see* **avere**.

ebbene (eb'bɛne) *conj* well then, well.

ebbero ('ɛbbero) *v see* **avere**.

ebbi ('ɛbbi) *v see* **avere**.

ebbro ('ɛbbro) *adj* 1 drunk. 2 elated. **ebbrezza** (eb'brettsa) *nf* intoxication.

ebdomadario (ebdoma'darjo) *adj* weekly. *nm* weekly publication.

ebete ('ɛbete) *adj* stupid.

ebollizione (ebollit'tsjone) *nf* boiling. **punto di ebollizione** *nm* boiling point.

ebraico (e'braiko) *adj* Jewish, Hebrew. *nm* Hebrew (language).

ebreo (e'brɛo) *adj* Jewish. *nm* Jew.

eccedere (et'tʃɛdere) *vt* surpass, exceed. **eccedenza** (ettʃe'dentsa) *nf* surplus.

eccellere* (et'tʃɛllere) *vi* excel, stand out. **eccellente** (ettʃɛl-

'lente) *adj* excellent. **eccellenza** (ettʃel'lentsa) *nf* 1 excellence. 2 *cap* Excellency.

eccentrico (et'tʃentriko) *adj* eccentric. **eccentricità** *nf* eccentricity.

eccesso (et'tʃesso) *nm* excess. **all'eccesso** in the extreme. **eccessivo** *adj* excessive.

eccetera (et'tʃetera) *nm invar* et cetera, and so on.

eccetto (et'tʃetto) *prep* except. **eccetto che 1** apart from. **2** unless.

eccettuare (ettʃettu'are) *vt* exclude, leave out.

eccezione (ettʃet'tsjone) *nf* exception. **eccezionale** *adj* exceptional.

eccitare (ettʃi'tare) *vt* excite, arouse, stimulate. **eccitabile** (ettʃi'tabile) *adj* excitable. **eccitato** *adj* excited.

ecclesiastico (ekkle'zjastiko) *adj* ecclesiastical. *nm* clergyman.

ecco ('ɛkko) *adv* here is or are, there is or are. **ecco fatto** that's it, done.

echeggiare (eked'dʒare) *vi* echo, resound.

eclissare (eklis'sare) *vt* eclipse. **eclissi** *nm,f* eclipse.

eco ('ɛko) *nm or f, pl* **echi** *m* echo.

ecologia (ekolo'dʒia) *nf* ecology.

economia (ekono'mia) *nf* 1 saving, economy. 2 economics. **economico** (eko'nɔmiko) *adj* 1 economic. 2 economical.

economizzare (ekonomid'dzare) *vi* economize.

economo (e'kɔnomo) *nm* bursar, treasurer.

edera ('edera) *nf* ivy.

edicola (e'dikola) *nf* newspaper kiosk.

edificare (edifi'kare) *vt* build, construct. **edificio** *nm* building.

edilizio (edi'littsjo) *adj* building. **speculazione edilizia** *nf* property speculation. **edile** *adj* building. **edilizia** (edi-'littsja) *nf* building trade.

Edimburgo (edim'burgo) *nf* Edinburgh.

editore (edi'tore) *nm* publisher. *adj* publishing. **edito** ('edito) *adj* published. **editoriale** *adj* editorial. *nm* newspaper editorial. **casa editrice** *nf* publishing house.

edizione (edit'tsjone) *nf* edition.

educare (edu'kare) *vt* 1 bring up. 2 educate, instruct. **educato** *adj* well-bred. **educazione** *nf* 1 education. 2 manners.

effeminato (effemi'nato) *adj* effeminate.

effetto (ef'fetto) *nm* 1 effect. 2 result. **in effetti** in fact. **effettuare** (effettu'are) *vt* accomplish. **effettuarsi** *vr* take place.

efficace (effi'katʃe) *adj* sure, effectual.

efficiente (effi'tʃente) *adj* efficient. **efficienza** (effi'tʃentsa) *nf* 1 efficiency. 2 working order.

effige (ef'fidʒe) *nf also* **effigie** *nf invar* effigy.

effimero (ef'fimero) *adj* fleeting, ephemeral.

egeo (e'dʒɛo) *adj* Aegean. **(Mare) Egeo** *nm* Aegean (Sea).

Egitto (e'dʒitto) *nm* Egypt. **egiziano** (edʒit'tsjano) *adj,n* Egyptian.

egli ('eʎʎi) *pron 3rd pers ms* he.

egoista (ego'ista) *nm* egoist, selfish person. **egoismo** (e-go'izmo) *nm* egoism, selfishness.

egregio (e'grɛdʒo) *adj* distinguished.

elaborare (elabo'rare) *vt* elaborate. **elaborato** *adj* elaborate.

elastico (e'lastiko) *pl* **elastici**

adj elastic. *nm* **1** elastic. **2** elastic band.

elefante (ele'fante) *nm* elephant. **fare d'una mosca un elefante** make a mountain out of a molehill.

elegante (ele'gante) *adj* elegant. **eleganza** *nf* elegance.

eleggere* (e'lɛddʒere) *vt* **1** elect. **2** choose.

elegia (ele'dʒia) *nf* elegy.

elemento (ele'mento) *nm* **1** element. **2** unit. **3** *pl* rudiments, principles. **elementare** *adj* elementary. **scuola elementare** *nf* primary school.

elemosina (ele'mɔzina) *nf* charity.

elenco (e'lɛnko) *nm* list. **elenco telefonico** telephone directory. **elencare** *vt* list.

elettore (elet'tore) *nm* constituent, voter. **elettorato** *nm* electorate.

elettrico (e'lɛttriko) *adj* electric. **elettricista** *nm* electrician. **elettricità** *nf* electricity. **elettrodomestico** (elet'trɔdo'mestiko) *nm* electrical household appliance.

elettrificare (elettrifi'kare) *vt* electrify.

elettrizzare (elettrid'dzare) *vt* excite, electrify.

elettrodo (e'lɛttrodo) *nm* electrode.

elettromagnete (elettromaɲ'ɲete) *nm* electromagnet. **elettromagnetico** *adj* electromagnetic.

elettrone (elet'trone) *nm* electron. **elettronico** (elet'trɔniko) *adj* electronic.

elevare (ele'vare) *vt* raise.

elezione (elet'tsjone) *nf* election.

elica ('ɛlika) *nf* propeller. **elicottero** (eli'kɔttero) *nm* helicopter.

eliminare (elimi'nare) *vt* eliminate. **eliminazione** *nf* elimination.

ella ('ella) *pron* **1** *3rd pers fs* she. **2** *cap 2nd pers fs fml* you.

elmo ('elmo) *nm* helmet.

eloquente (elo'kwɛnte) *adj* eloquent. **eloquenza** (elo'kwɛntsa) *nf* eloquence.

eludere* (e'ludere) *vt* evade, elude.

emaciato (ema'tʃato) *adj* emaciated.

emancipare (emantʃi'pare) *vt* free, emancipate. **emancipazione** *nf* emancipation.

embargo (em'bargo) *nm* embargo.

emblema (em'blɛma) *nm* emblem.

embrione (embri'one) *nm* embryo.

emendare (emen'dare) *vt* amend. **emendamento** *nm* amendment.

emergenza (emer'dʒɛntsa) *nf* emergency.

emergere* (e'mɛrdʒere) *vi* emerge.

emettere* (e'mettere) *vt* emit, issue.

emicrania (emi'kranja) *nf* migraine.

emigrare (emi'grare) *vi* emigrate. **emigrante** *nm* emigrant. **emigrato** *nm* **1** emigrant. **2** political exile. **emigrazione** *nf* emigration.

eminente (emi'nɛnte) *adj* eminent.

emisfero (emis'fɛro) *nm* hemisphere.

emissione (emis'sjone) *nf* **1** issue. **2** programme, broadcast.

emorragia (emorra'dʒia) *nf* haemorrhage.

emozionare (emottsjo'nare) *vt* move, affect. **emozionante** *adj* moving, thrilling. **emozione** *nf* emotion.

empio ('ɛmpjo) *adj* **1** impious. **2** evil. **3** pitiless.

empire (em'pire) *vt* fill.
empirico (em'piriko) *adj* empirical.
emporio (em'pɔrjo) *nm* market, emporium.
emù (e'mu) *nm invar* emu.
enciclopedia (entʃiklope'dia) *nf* encyclopedia.
endemico (en'dɛmiko) *adj* endemic.
energia (ener'dʒia) *nf* energy. **energico** (e'nɛrdʒiko) *adj* energetic.
enfasi ('ɛnfazi) *nf invar* emphasis. **enfatico** (en'fatiko) *adj* emphatic.
enfiare (en'fjare) *vi* swell. **enfiarsi** *vr* swell up.
enigma (e'nigma) *nm* 1 enigma. 2 puzzle. **enigmatico** (enig'matiko) *adj* enigmatic.
ennesimo (en'nezimo) *adj* umpteenth.
enorme (e'nɔrme) *adj* huge, enormous.
ente ('ɛnte) *nm* corporation, society.
entità (enti'ta) *nf invar* entity.
entrambi (en'trambi) *pron pl* both.
entrare (en'trare) *vi* 1 enter, go or come in. 2 have relevance. **io non c'entro** it has nothing to do with me. **entrata** *nf* entrance.
entro ('entro) *prep* within.
entusiasmo (entu'zjazmo) *nm* enthusiasm. **entusiasta** *nm* enthusiast. *adj* enthusiastic. **entusiastico** (entu'zjastiko) *adj* enthusiastic.
enumerare (enume'rare) *vt* enumerate.
enzima (en'dzima) *nm* enzyme.
epico ('ɛpiko) *adj,nm* epic.
epidemia (epide'mia) *nf* epidemic.
Epifania (epifa'nia) *nf* Epiphany.
epigramma (epi'gramma) *nm* epigram.

epilessia (epiles'sia) *nf* epilepsy.
epilogo (e'pilogo) *nm* epilogue.
episodio (epi'zɔdjo) *nm* episode.
epistola (e'pistola) *nf* epistle.
epitaffio (epi'taffjo) *nm* epitaph.
epiteto (e'piteto) *nm* epithet.
epoca ('ɛpoka) *nf* epoch, period.
eppure (ep'pure) *conj* nevertheless, and yet.
epurare (epu'rare) *vt* purge.
equatore (ekwa'tore) *nm* equator.
equazione (ekwat'tsjone) *nf* equation.
equestre (e'kwɛstre) *adj* equestrian.
equilibrare (ekwili'brare) *vt* balance.
equilibrio (ekwi'librjo) *nm* balance. **equilibrista** *nm* tightrope walker.
equinozio (ekwi'nɔttsjo) *nm* equinox.
equipaggiare (ekwipad'dʒare) *vt* equip. **equipaggio** *nm* crew. **senza equipaggio** *adj* unmanned.
equitazione (ekwitat'tsjone) *nf* 1 riding. 2 horsemanship.
equivalere (ekwiva'lere) *vi* be equivalent. **equivalente** (ekwiva'lente) *adj,nm* equivalent.
equivoco (e'kwivoko) *adj* ambiguous, doubtful.
era[1] ('ɛra) *v* see **essere**.
era[2] ('ɛra) *nf* era.
erba ('ɛrba) *nf* 1 grass. 2 herb.
erbaccia (er'battʃa) *nf* weed.
erbivendolo (erbi'vendolo) *nm* greengrocer.
ereditare (eredi'tare) *vt* inherit. **erede** (e'rede) *nm,f* heir. **eredità** *nf* inheritance. **ereditario** *adj* hereditary.
eremita (ere'mita) *nm* hermit.
eresia (ere'zia) *nf* heresy. **eretico** (e'rɛtiko) *adj* heretical.

eretto (e'rɛtto) *adj* erect, upright.

erezione (eret'tsjone) *nf* erection.

eri ('ɛri) *v see* **essere**.

erica ('ɛrika) *nf* heather.

erigere* (e'ridʒere) *vt* erect.

ermellino (ermel'lino) *nm* ermine.

ermetico (er'mɛtiko) *adj* hermetic.

ernia ('ɛrnja) *nf* hernia.

ero ('ɛro) *v see* **essere**.

eroe (e'rɔe) *nm* hero. **eroico** (e'rɔiko) *adj* heroic.

eroina[1] (ero'ina) *nf* heroine.

eroina[2] (ero'ina) *nm* heroin.

erosione (ero'zjone) *nf* erosion.

erotico (e'rɔtiko) *adj* erotic.

errare (er'rare) *vi* 1 wander, roam. 2 err.

erroneo (er'rɔneo) *adj* false, mistaken.

errore (er'rore) *nm* mistake, error.

erudito (eru'dito) *adj* erudite. **erudizione** *nf* erudition.

eruttare (erut'tare) *vi* erupt. **eruzione** (erut'tsjone) *nf* eruption.

esagerare (ezadʒe'rare) *vt* exaggerate, overdo, go too far. **esagerazione** *nf* exaggeration.

esagonale (ezago'nale) *adj* hexagonal.

esalare (eza'lare) *vt* exhale.

esaltare (ezal'tare) *vt* exalt.

esame (e'zame) *nm* 1 examination, inspection. 2 exam. **dare un esame** sit an exam.

esaminare (ezami'nare) *vt* examine, inspect.

esasperare (ezaspe'rare) *vt* irritate, exasperate. **esasperazione** *nf* exasperation.

esatto (e'zatto) *adj* exact, precise. **esattezza** (ezat'tettsa) *nf* precision.

esattore (ezat'tore) *nm* tax man, tax collector.

esaurire (ezau'rire) *vt* exhaust, wear out. **esaurimento** *nm* exhaustion. **esaurimento nervoso** nervous breakdown. **esaurito** *adj* 1 exhausted. 2 finished, sold out.

esca ('eska) *nf* bait.

esclamare (eskla'mare) *vi* exclaim. **esclamazione** *nf* exclamation.

escludere* (es'kludere) *vt* exclude. **esclusione** *nf* exclusion.

esclusivo (esklu'zivo) *adj* exclusive. **esclusiva** *nf* monopoly, sole rights.

esco ('esko) *v see* **uscire**.

escursione (eskur'sjone) *nf* excursion.

esecutivo (ezeku'tivo) *adj,nm* executive.

esecutore (ezeku'tore) *nm* executor.

esecuzione (ezekut'tsjone) *nf* execution.

eseguire (eze'gwire) *vt* carry out, perform.

esempio (e'zempjo) *nm* example, illustration. **per esempio** for example.

esemplare (ezem'plare) *adj* exemplary. *nm* 1 copy. 2 example.

esentare (ezen'tare) *vt* exempt. **esente** (e'zɛnte) *adj* exempt.

esequie (e'zɛkwje) *nf pl* funeral.

esercitare (ezertʃi'tare) *vt* 1 exercise. 2 practise. **esercito** (e'zɛrtʃito) *nm* army. **esercizio** (ezer'tʃittsjo) *nm* 1 exercise. 2 practice.

esibire (ezi'bire) *vt* show, exhibit. **esibizione** *nf* exhibition. **esibizionista** *nm* exhibitionist.

esigere* (e'zidʒere) *vt* demand, claim.

esilarare (ezila'rare) *vt* exhilarate.

esile ('ezile) *adj* slim, slender.

esiliare (ezi'ljare) vt exile. **esiliato** nm exile.

esilio (e'ziljo) nm exile.

esimere (e'zimere) vt exempt.

esistenzialismo (ezistentsja'lizmo) nm existentialism.

esistere* (e'zistere) vi exist. **esistenza** (ezis'tɛntsa) nf existence, life.

esitare (ezi'tare) vi hesitate. **esitazione** nf hesitation.

esito ('ezito) nm outcome, result.

esonerare (ezone'rare) vt release, dismiss. **esonero** (e'zɔnero) nm exemption.

esorbitante (ezorbi'tante) adj exorbitant.

esorcizzare (ezortʃid'dzare) vt exorcize. **esorcismo** (ezor'tʃizmo) nm exorcism. **esorcista** (ezor'tʃista) nm exorcist.

esortare (ezor'tare) vt encourage, urge.

esoso (e'zozo) adj 1 hateful. 2 mean.

esoterico (ezo'teriko) adj esoteric.

esotico (e'zɔtiko) adj exotic.

espandere (es'pandere) vt expand. **espansione** nf expansion. **espansivo** adj expansive.

espatriare (espa'trjare) vi emigrate.

espediente (espe'djɛnte) nm expedient.

espellere* (es'pellere) vt expel.

esperienza (espe'rjɛntsa) nf 1 experience. 2 experiment.

esperimento (esperi'mento) nm experiment.

esperto (es'pɛrto) adj skilled, expert. nm expert.

espiare (espi'are) vt expiate.

esplicito (es'plitʃito) adj explicit.

esplodere* (es'plɔdere) vi explode.

esplorare (esplo'rare) vt explore, investigate. **esplora-**

tore nm explorer. **esplorazione** nf exploration.

esplosi (es'plɔzi) v see **esplodere.**

esplosione (esplo'zjone) nf explosion.

esplosivo (esplo'zivo) adj,nm explosive.

esploso (es'plɔzo) v see **esplodere.**

esporre* (es'porre) vt exhibit, expose.

esportare (espor'tare) vt export. **esportazione** nf export, exportation.

esposizione (espozit'tsjone) nf 1 exposition, explanation. 2 exhibition.

espressione (espres'sjone) nf expression. **espressivo** (espres'sivo) adj expressive.

espresso (es'presso) adj express. nm 1 express train. 2 express letter.

esprimere* (es'primere) vt express.

espulsi (es'pulsi) v see **espellere.**

espulsione (espul'sjone) nf expulsion.

espulso (es'pulso) v see **espellere.**

esquimese (eskwi'mese) adj,n Eskimo.

essa ('essa) pron 3rd pers fs 1 she. 2 her, it.

esse ('esse) 3rd pers f pl them.

essenza (es'sɛntsa) nf essence. **essenziale** adj,nm essential.

essere* ('essere) vi exist, be. v aux be. **che ore sono?** what time is it? **cosa c'è?** what is the matter? **essere di** 1 belong to. 2 be from.

essi ('essi) 3rd pers m pl them.

esso ('esso) pron 3rd pers ms 1 he. 2 him, it.

est (est) nm east. adj invar east, eastern. **dell'est** 1 eastern. 2 easterly. **verso est** eastwards.

estasi ('ɛstazi) *nf* ecstasy. **estatico** (es'tatiko) *adj* ecstatic.

estate (es'tate) *nf* summer.

estendere* (es'tɛndere) *vt* extend, enlarge.

estensione (esten'sjone) *nf* extension.

esteriore (este'rjore) *adj,nm* outside, exterior.

esterno (es'tɛrno) *adj* external.

estero ('ɛstero) *adj* foreign. **all'estero** abroad.

estetico (es'tɛtiko) *adj* aesthetic. **estetica** *nf* aesthetics.

estetista (este'tista) *nf* beautician.

estinguere* (es'tingwere) *vt* 1 put out, extinguish. 2 quench. 3 pay off. **estintore** *nm* fire-extinguisher. **estinzione** *nf* extinction.

estivo (es'tivo) *adj* summer, summery.

estradare (estra'dare) *vt* extradite. **estradizione** *nf* extradition.

estraneo (es'traneo) *adj* alien, foreign. *nm* stranger.

estrarre* (es'trarre) *vt* 1 extract. 2 pick out. **estratto** *nm* 1 extract. 2 excerpt.

estremo (es'trɛmo) *adj,nm* extreme. **estremista** *nm* extremist.

estro ('ɛstro) *nm* 1 inspiration. 2 whim.

estrogeno (es'trɔdʒeno) *nm* oestrogen.

estroverso (estro'vɛrso) *adj,n* extrovert.

estuario (estu'arjo) *nm* estuary.

esuberante (ezube'rante) *adj* exuberant. **esuberanza** (ezube'rantsa) *nf* exuberance.

esule ('ɛzule) *nm* exile. *adj* exiled.

età (e'ta) *nf* age.

etere ('ɛtere) *nm* ether.

eterno (e'tɛrno) *adj* eternal, never-ending. **eternità** *nf* eternity.

etica ('ɛtika) *nf* ethics. **etico** ('ɛtiko) *adj* ethical.

etichetta (eti'ketta) *nf* 1 etiquette. 2 label, ticket.

etimologia (etimolo'dʒia) *nf* etymology.

etnico ('ɛtniko) *adj* ethnic.

ettaro ('ɛttaro) *nm* hectare.

etto ('ɛtto) *nm also* **ettogrammo** hundred grams, hectogram.

eucalipto (euka'lipto) *nm* eucalyptus tree.

eufemismo (eufe'mizmo) *nm* euphemism.

eunuco (eu'nuko) *nm* eunuch.

Europa (eu'rɔpa) *nf* Europe. **europeo** (euro'pɛo) *adj,nm* European.

eutanasia (eutana'zia) *nf* euthanasia.

evacuare (evaku'are) *vt* evacuate. **evacuazione** *nf* evacuation.

evadere* (e'vadere) *vi* escape, flee.

evangelista (evandʒe'lista) *nm* Evangelist.

evaporare (evapo'rare) *vi* evaporate. **evaporazione** *nf* evaporation.

evasi (e'vazi) *v see* **evadere**.

evasione (eva'zjone) *nf* escape.

evasivo (eva'zivo) *adj* evasive.

evaso (e'vazo) *v see* **evadere**. *nm* 1 fugitive. 2 escaped convict.

evento (e'vento) *nm* 1 outcome. 2 event. **eventuale** *adj* possible.

evidente (evi'dɛnte) *adj* evident, obvious. **evidenza** (evi'dɛntsa) *nf* clarity. **mettersi in evidenza** show oneself.

evitare (evi'tare) *vt* avoid.

evizione (evit'tsjone) *nf* eviction.

evocare (evo'kare) *vt* evoke.

evoluzione (evolut'tsjone) *nf* evolution.

evviva (ev'viva) *interj* 1 hurrah! 2 long live.

F

fa¹ (fa) *adv* ago.

fa² (fa) *v* see **fare**.

fabbrica ('fabbrika) *nf* 1 building. 2 factory. **fabbricare** *vt* 1 build. 2 make, manufacture. 3 invent.

fabbro ('fabbro) *nm* smith. **fabbro ferraio** *nm* blacksmith.

faccenda (fat'tʃɛnda) *nf* 1 task, chore. 2 matter, affair.

facchino (fak'kino) *nm* porter.

faccia ('fattʃa) *nf* 1 face. 2 side (of a record). **facciata** *nf* facade.

facciano (fat'tʃamo) *v* see **fare**.

faccio (fat'tʃo) *v* see **fare**.

facezia (fa'tʃɛttsja) *nf* joke.

facile ('fatʃile) *adj* 1 easy, simple. 2 probable, likely. 3 easy-going. **facilità** *nf* 1 ease 2 aptitude.

facilitare (fatʃili'tare) *vt* facilitate, make easier.

facoltà (fakol'ta) *nf* 1 faculty. 2 right, authority. 3 university faculty. **facoltativo** *adj* optional.

faggio ('faddʒo) *nm* beech tree.

fagiano (fa'dʒano) *nm* pheasant.

fagiolo (fa'dʒɔlo) *nm* bean. **fagiolino** *nm* french bean.

fagotto (fa'gɔtto) *nm* 1 bundle. 2 bassoon. **far fagotto** leave.

fai ('fai) *v* see **fare**.

falce ('faltʃe) *nf* scythe, sickle.

falciare (fal'tʃare) *vt* 1 mow. 2 mow down. **falciatrice** *nf* mower.

falco ('falko) *nm* hawk. **falcone** *nm* falcon.

falda ('falda) *nf* 1 layer. 2 fold, pleat. 3 coat-tail. 4 brim. 5 slope. 6 foot (of a mountain). 7 flake.

falegname (faleɲ'ɲame) *nm* carpenter, joiner.

falena (fa'lena) *nf* moth.

falla ('falla) *nf* leak, leakage.

fallace (fal'latʃe) *adj* false, deceptive.

fallire (fal'lire) *vi* fail. *vt* miss. **fallimento** *nm* 1 failure. 2 bankruptcy.

fallo¹ ('fallo) *nm* 1 error. 2 *sport* foul.

fallo² ('fallo) *nm* phallus.

falò (fa'lo) *nm* bonfire.

falsare (fal'sare) *vt* distort, falsify. **falsario** (fal'sarjo) *nm* counterfeiter, forger.

falsariga (falsa'riga) *nf* sheet of ruled paper.

falsificare (falsifi'kare) *vt* 1 forge, fake. 2 tamper with.

falso ('falso) *adj* 1 false, artificial. 2 wrong. 3 untrue. **falso allarme** *nm* false alarm.

fama ('fama) *nf* fame, renown.

fame ('fame) *nf* hunger. **avere fame** to be hungry.

famelico (fa'meliko) *adj* ravenous, starving.

famiglia (fa'miʎʎa) *nf* family.

familiare (fami'ljare) *adj* 1 domestic, family. 2 intimate, familiar.

famoso (fa'moso) *adj* famous, well-known.

fanale (fa'nale) *nm* 1 lamp, lantern. 2 headlight.

fanatico (fa'natiko) *adj* fanatical. *nm* fanatic.

fanciullo (fan'tʃullo) *nm* child, boy. **fanciulla** *nf* child, girl. **fanciullezza** (fantʃul'lettsa) *nf* childhood.

fandonia (fan'dɔnja) *nf* lie.

fanfara (fan'fara) *nf* brass band.

fango ('fango) *nm* mud. **fangoso** (fan'goso) *adj* muddy.

fanno ('fanno) *v* see **fare**.

fannullone (fannul'lone) *nm* lazybones.

fantascienza (fantaʃ'ʃɛntsa) *nf* science fiction.

fantasia (fanta'zia) *nf* imagination, fantasy.

fantasma (fan'tazma) *nm* ghost.

fante ('fante) *nm* 1 infantryman. 2 *game* knave, jack. **fanteria** *nf* infantry. **fantino** *nm* jockey.

fantoccio (fan'tɔttʃo) *nm* puppet.

farabutto (fara'butto) *nm* rogue, scoundrel.

faraone (fara'one) *nm* pharaoh.

farcire (far'tʃire) *vt* stuff.

fardello (far'dello) *nm* bundle, load.

fare* ('fare) *vt* 1 make. 2 do. 3 say. 4 be. **fare acqua** leak. **fare benzina** fill up with petrol. **fare da** act as. **fare per** suit. **non fa niente** it doesn't matter.

farfalla (far'falla) *nf* butterfly.

farina (fa'rina) *nf* flour.

faringe (fa'rindʒe) *nf* pharynx.

farmacia (farma'tʃia) *nf* 1 pharmacy. 2 chemist's shop. **farmacista** *nm* chemist. **farmaco** ('farmako) *nm* medicine, drug.

faro ('faro) *nm* 1 lighthouse. 2 headlight, headlamp.

farragine (far'radʒine) *nf* jumble, medley.

farsa ('farsa) *nf* farce.

fascia ('faʃʃa) *nf* 1 band, strip. 2 bandage.

fasciare (faʃ'ʃare) *vt* bind, bandage.

fascicolo (faʃ'ʃikolo) *nm* 1 dossier, file. 2 number, issue (of a journal).

fascino ('faʃʃino) *nm* fascination, charm.

fascio ('faʃʃo) *nm* bundle.

fascismo (faʃ'ʃizmo) *nm* fascism. **fascista** *adj,nm* fascist.

fase ('faze) *nf* phase.

fastidio (fas'tidjo) *nm* 1 annoy-

ance, trouble. 2 disgust. **dare fastidio a** annoy. **fastidioso** (fasti'djoso) *adj* annoying.

fasto ('fasto) *nm* pomp. **fastoso** (fas'toso) *adj* ostentatious.

fata ('fata) *nf* fairy.

fatale (fa'tale) *adj* fatal.

faticare (fati'kare) *vi* struggle, toil. **fatica** *nf* 1 toil, labour. 2 exhaustion, weariness. 3 trouble. **faticoso** (fati'koso) *adj* 1 tiring. 2 difficult.

fato ('fato) *nm* fate.

fatta ('fatta) *nf* kind, sort.

fattezze (fat'tettse) *nf pl* features.

fatto ('fatto) *v see* **fare**. *nm* 1 fact. 2 action, deed. 3 event. 4 subject. **badare ai fatti propri** mind one's own business. **dire il fatto suo** speak one's mind. **in fatto di** with respect to. **venire al fatto** come to the point.

fattore (fat'tore) *nm* 1 creator. 2 factor.

fattoria (fatto'ria) *nf* farm, farmhouse.

fattorino (fatto'rino) *nm* 1 office boy. 2 telegraph boy.

fattucchiera (fattuk'kjera) *nf* witch. **fattucchiere** (fattuk-'kjere) *nm* sorcerer, wizard.

fattura (fat'tura) *nf* 1 manufacture, workmanship. 2 bill, invoice.

fatturare (fattu'rare) *vt* 1 adulterate, tamper with. 2 charge, invoice.

fatuo ('fatuo) *adj* silly, fatuous.

fauna ('fauna) *nf* fauna.

fausto ('fausto) *adj* lucky, happy.

fautore (fau'tore) *nm* supporter, follower.

fava ('fava) *nf* bean.

favilla (fa'villa) *nf* spark.

favo ('favo) *nm* honeycomb.

favola ('favola) *nf* 1 fable, story. **2** laughing-stock. **favoloso** (favoˈloso) *adj* fabulous, fantastic, incredible.

favore (faˈvore) *nm* **1** goodwill. **2** favour. **a favore di 1** in the interest of. **2** on behalf of. **entrata di favore** *nf* complimentary seat. **per favore** please.

favoreggiare (favoredˈdʒare) *vt* **1** favour. **2** aid and abet.

favorevole (favoˈrevole) *adj* favourable, suitable.

favorire (favoˈrire) *vt* **1** favour. **2** back, assist. **3** oblige. **favorito** *adj,nm* favourite.

fazione (fatˈtsjone) *nf* faction.

fazzoletto (fattsoˈletto) *nm* **1** handkerchief. **2** headscarf.

febbraio (febˈbrajo) *nm* February.

febbre (ˈfebbre) *nf* fever. **avere la febbre** have a temperature.

feccia (ˈfettʃa) *nf* **1** dregs, sediment. **2** scum, riffraff.

feci (ˈfetʃi) *v* see **fare**.

fecondare (fekonˈdare) *vt* fertilize. **fecondo** *adj* fertile.

fede (ˈfede) *nf* **1** belief, trust. **2** faith, religion. **3** word of honour. **4** honesty. **5** certificate, document. **6** wedding ring. **fedele** *adj* **1** faithful, loyal. **2** exact. **fedeltà** *nf* fidelity, loyalty.

federa (ˈfedera) *nf* pillowcase.

federale (fedeˈrale) *adj* federal.

federazione (federatˈtsjone) *nf* federation.

fedina (feˈdina) *nf* **1** criminal record. **2** side-whisker.

fegato (ˈfegato) *nm* liver.

felce (ˈfeltʃe) *nf* fern.

felice (feˈlitʃe) *adj* **1** happy, contented. **2** lucky. **felicità** *nf* happiness.

felicitare (felitʃiˈtare) *vt* make happy. **felicitarsi** *vr* congratulate. **felicitazioni** *nf pl* congratulations.

felino (feˈlino) *adj,nm* feline.

feltro (ˈfeltro) *nm* felt.

femmina (ˈfemmina) *nf* **1** female. **2** woman. **femminile** *adj* feminine.

fendere* (ˈfendere) *vt* split, crack, break. **fenditura** *nf* crack, fissure.

fenice (feˈnitʃe) *nf* phoenix.

fenicottero (feniˈkɔttero) *nm* flamingo.

fenomeno (feˈnɔmeno) *nm* phenomenon. **fenomenale** *adj* phenomenal.

feria (ˈferja) *nf* holiday. **feriale** *adj* working. **giorno feriale** *nm* weekday.

ferire (feˈrire) *vt* **1** wound, injure. **2** strike. **ferita** *nf* wound, injury.

fermare (ferˈmare) *vt* **1** stop, halt. **2** fix, fasten. **3** arrest. **fermarsi** *vr* stop. **fermata** *nf* **1** stop. **2** pause. **fermacarte** *nm invar* paperweight. **fermacravatta** *nm invar* tiepin. **fermaglio** *nm* **1** fastener, clasp. **2** brooch.

fermentare (fermenˈtare) *vi* ferment. **fermentazione** *nf* fermentation.

fermo (ˈfermo) *adj* **1** motionless, still. **2** firm, steady. **fermo in posta** poste restante. **tener per fermo** be convinced. **fermezza** (ferˈmettsa) *nf* firmness.

feroce (feˈrotʃe) *adj* fierce, wild. **ferocia** (feˈrotʃja) *nf* ferocity.

ferragosto (ferraˈgosto) *nm* feast of Assumption, 15th August.

ferraio (ferˈrajo) *nm* blacksmith.

ferrare (ferˈrare) *vt* shoe (a horse).

ferreo (ˈferreo) *adj* **1** strong. **2** iron.

ferro (ˈferro) *nm* iron. **ferro da calza** knitting needle. **fer-**

ro da cavallo horse-shoe.
ferro da stiro *dom* iron. **fer-**
ramento *nm pl* **ferramenta** *f*
1 iron tool. **2** hardware. **ne-**
gozio di ferramenta *nm* ironmonger's shop.

ferrovia (ferro'via) *nf* railway.
ferroviario *adj* rail, railway.
ferroviere (ferro'vjere) *nm*
railwayman.

fertile ('fertile) *adj* fertile. **fer-**
tilità *nf* fertility.

fertilizzare (fertilid'dzare) *vt*
fertilize. **fertilizzante** *nm*
fertilizer.

fervore (fer'vore) *nm* fervour.

festa ('festa) *nf* **1** feast, holiday. **2** birthday, name day.
3 party. **fare festa** take a
holiday. **fare festa a** welcome. **festivo** *adj* festive.
giorni festivi *nm pl* holidays.

festeggiare (fested'dʒare) *vt*
celebrate.

festevole (fes'tevole) *adj* festive, merry.

fetido ('fetido) *adj* fetid.

feto ('feto) *nm* foetus.

fetore (fe'tore) *nm* stench.

fetta ('fetta) *nf* slice. **fettuc-**
cine *nf pl* strips of pasta.

feudale (feu'dale) *adj* feudal.

fiaba ('fjaba) *nf* fairy tale.

fiaccare (fjak'kare) *vt* **1** weak-
en. **2** break. **fiacco** *adj* listless, weak.

fiaccola ('fjakkola) *nf* torch.

fiala ('fjala) *nf* phial.

fiamma ('fjamma) *nf* **1** flame.
2 pennant.

fiammeggiare (fjammed'dʒa-
re) *vi* **1** blaze, flame. **2** flash.

fiancheggiare (fjanked'dʒare)
vt flank.

fianco ('fjanko) *nm* side, flank.
a fianco di at the side of. **di**
fianco sideways.

fiasco ('fjasko) *nm* **1** flask. **2**
failure, fiasco.

fiatare (fja'tare) *vi* breathe.

fiato *nm* breath. **strumenti**
a fiato *nm pl* wind instruments.

fibbia ('fibbja) *nf* buckle.

fibra ('fibra) *nf* fibre.

ficcare (fik'kare) *vt* thrust,
drive in, fix. **ficcarsi** *vr* intrude. **ficcarsi in capo** get
into one's head.

fico ('fiko) *nm* **1** fig. **2** fig tree.

fidanzarsi (fidan'tsarsi) *vr* get
engaged. **fidanzamento** engagement. **fidanzata** *nf* fiancée. **fidanzato** *nm* fiancé.

fidarsi (fi'darsi) *vr* trust.

fiducia (fi'dutʃa) *nf* trust, faith.
voto di fiducia *nm* vote of
confidence.

fiele ('fjele) *nm* **1** bile. **2** bitterness.

fieno ('fjeno) *nm* hay. **fienile**
nm hay loft.

fiera¹ ('fjera) *nf* fair, exhibition.

fiera² ('fjera) *nf* wild beast.

fiero ('fjero) *adj* **1** fearsome,
bold. **2** proud.

fifa ('fifa) *nf inf* fear, funk.

figgere* ('fiddʒere) *vt* fix,
attach.

figlia ('fiʎʎa) *nf* daughter. **fi-**
gliastra *nf* stepdaughter.

figlio ('fiʎʎo) *nm* son. **figlia-**
stro *nm* stepson.

figura (fi'gura) *nf* **1** form,
shape. **2** figure. **3** appearance. **4** illustration. **fare la**
figura di play the part of.

figurare (figu'rare) *vt* **1** figure.
2 represent, symbolize. *vi* **1**
look well. **2** pretend. **figu-**
rarsi *vr* think, imagine. **figu-**
rati! *interj* **1** just imagine! **2**
not at all!

fila ('fila) *nf* **1** row, line. **2**
queue. **di fila** without interruption. **fare la fila** queue.

filantropo (fi'lantropo) *nm*
philanthropist. **filantropico**
(filan'trɔpiko) *adj* philanthro-
pic.

filare¹ (fi'lare) *vt* **1** spin. **2** let
out (rope). *vi* **1** trickle. **2**
run. **3** be off. **filanda** *nf*
spinning mill.

filare¹ (fi'lare) *nm* row, line.

filastrocca (filas'trɔkka) *nf* 1 yarn. 2 nonsense rhyme.

filatelia (filate'lia) *nf* philately, stamp-collecting. **filatelista** *nm* philatelist, stamp-collector.

filetto (fi'letto) *nm* fillet.

filiale (fi'ljale) *nf* branch office. *adj* filial.

filigrana (fili'grana) *nf* 1 filigree. 2 watermark.

film (film) *nm invar* film.

filmare (fil'mare) *vt* film.

filo ('filo) *nm* 1 thread. 2 yarn. 3 string. 4 wire. 5 edge. **filo di voce** weak voice. **filo d'erba** blade of grass. **per filo e per segno** minutely.

filobus ('filobus) *nm* trolleybus.

filologo (fi'lɔlogo) *nm* philologist.

filosofia (filozo'fia) *nf* philosophy. **filosofico** (filo'zɔfiko) *adj* philosophical. **filosofo** (fi'lɔzofo) *nm* philosopher.

filtrare (fil'trare) *vt,vi* filter. **filtro** *nm* filter.

filza ('filtsa) *nf* series.

finale (fi'nale) *adj* final, last. *nm* finale. *nf* finals. **finalista** *nm* finalist. **finalmente** *adv* finally, at last.

finanza (fi'nantsa) *nf* finance. **finanziare** (finan'tsjare) *vt* finance. **finanziario** *adj* financial. **finanziere** (finan'tsjɛre) *nm* financier.

finché (fin'ke) *conj* 1 until. 2 as long as.

fine¹ ('fine) *nf* end, conclusion. *nm* 1 purpose, aim. 2 outcome.

fine² ('fine) *adj* 1 fine, thin. 2 delicate, refined.

fine-settimana *nm or f invar* weekend.

finestra (fi'nɛstra) *nf* window. **finestrino** *nm* window (of train, etc.).

fingere* ('findʒere) *vt* 1 feign, fake, pretend. 2 imagine, suppose.

finire (fi'nire) *vt* finish, complete, end. *vi* end, be over. **andare a finire** end up.

Finlandia (fin'landja) *nf* Finland. **finlandese** *adj* Finnish. *nm* 1 Finn. 2 Finnish (language). **finnico** *adj* Finnish.

fino¹ ('fino) *adj* 1 fine, slender. 2 pure. 3 shrewd.

fino² ('fino) *prep* 1 until, as far as. 2 from.

finocchio (fi'nɔkkjo) *nm* fennel.

finora (fi'nora) *adv* until now.

finsi ('finsi) *v* see **fingere**.

finta ('finta) *nf* pretence. **far finta di** pretend to.

finto ('finto) *v* see **fingere**. *adj* fake, false, artificial. *nm* hypocrite.

finzione (fin'tsjone) *nf* deceit, sham.

fio ('fio) *nm* penalty.

fioccare (fjok'kare) *vi* 1 snow. 2 pour or flock in.

fiocco ('fjɔkko) *nm* 1 bow, knot. 2 flake, tuft.

fioco ('fjɔko) *adj* weak, feeble.

fionda ('fjonda) *nf* catapult.

fiordo ('fjɔrdo) *nm* fiord.

fiore ('fjore) *nm* 1 flower. 2 *pl game* clubs. **fiorario** *nm* florist. **fiorame** *nm* floral pattern. **a fiorami** floral patterned.

fiorire (fjo'rire) *vi* 1 flower. 2 flourish.

Firenze (fi'rɛntse) *nf* Florence. **fiorentino** *adj,n* Florentine.

firmare (fir'mare) *vt* sign. **firma** *nf* signature.

fisarmonica (fizar'mɔnika) *nf* accordion.

fischiare (fis'kjare) *vi,vt* 1 whistle. 2 hiss, boo. **fischietto** *nm* (child's) whistle. **fischio** *nm* whistle.

fisica ('fizika) *nf* physics.

fisico ('fiziko) *adj* physical. *nm* 1 physique. 2 physicist.

fisiologia (fizjolo'dʒia) *nf* physiology. **fisiologico** *adj* physiological.

fisionomia (fizjono'mia) *nf* countenance, aspect.

fisioterapia (fizjotera'pia) *nf* physiotherapy. **fisioterapista** *nm* physiotherapist.

fissare (fis'sare) *vt* 1 fix, direct. 2 arrange. 3 book. **fisso** *adj* fixed. **guardare fisso** stare.

fissione (fis'sjone) *nf* fission.

fittizio (fit'tittsjo) *adj* 1 fictitious. 2 artificial, false.

fitto[1] ('fitto) *adj* thick, dense. **a capo fitto** *adv* headlong.

fitto[2] ('fitto) *nm* rent.

fiume ('fjume) *nm* river.

fiutare (fju'tare) *vt* 1 sniff, smell, scent. 2 detect. **fiuto** *nm* smell, sense of smell.

flaccido ('flattʃido) *adj* flabby.

flacone (fla'kone) *nm* phial.

flagellare (fladʒel'lare) *vt* lash, whip. **flagello** *nm* 1 whip. 2 scourge.

flagrante (fla'grante) *adj* flagrant. **in flagrante** in the act.

flanella (fla'nɛlla) *nf* flannel.

flauto ('flauto) *nm* flute. **flautista** *nm* flautist.

flebile ('flebile) *adj* weak, plaintive.

flessibile (fles'sibile) *adj* flexible. **flessibilità** *nf* flexibility.

flessuoso (flessu'oso) *adj* pliable.

flipper ('flipper) *nm* pinball.

flirt (flirt) *nm* flirtation.

flora ('flɔra) *nf* flora.

florido ('flɔrido) *adj* 1 florid. 2 prosperous.

floscio ('flɔʃʃo) *adj* 1 limp. 2 languid. **cappello floscio** *nm* soft hat.

flotta ('flɔtta) *nf* fleet.

fluido ('fluido) *adj,nm* fluid.

fluire (flu'ire) *vi* flow.

fluorescente (fluoreʃ'ʃente) *adj* fluorescent.

fluoro (flu'ɔro) *nm* fluoride.

flusso ('flusso) *nm* 1 flux. 2 discharge.

fluttuare (fluttu'are) *vi* fluctuate.

fobia (fo'bia) *nf* phobia.

foca ('fɔka) *nf zool* seal.

focaccia (fo'kattʃa) *nf* tart, bun.

foce ('fotʃe) *nf* 1 outlet. 2 river mouth.

focena (fo'tʃena) *nf* porpoise.

focolare (foko'lare) *nm* 1 hearth. 2 fireside.

fodera ('fɔdera) *nf* 1 lining. 2 cover. **foderare** (fode'rare) *vt* 1 line. 2 cover. **fodero** ('fɔdero) *nm* sheath.

foga ('foga) *nf* ardour.

foggia ('fɔddʒa) *nf* manner, style. **foggiare** *vt* form, mould.

foglia ('fɔʎʎa) *nf* leaf. **fogliame** *nm* foliage.

foglio ('fɔʎʎo) *nm* 1 sheet of paper, leaf. 2 pamphlet. 3 document. 4 note.

fogna ('foɲɲa) *nf* 1 drain. 2 sewer.

föhn (fœn) *nm invar* hair drier.

folata (fo'lata) *nf* gust.

folclore (fol'klore) *nm* folklore. **folcloristico** (folklo'ristiko) *adj* folk. **canto folcloristico** *nm* folk song.

folgorare (folgo'rare) *vi* 1 (of lightning) flash. 2 shine brightly. **folgore** ('folgore) *nf* flash of lightning.

folla ('folla) *nf* crowd, throng.

folle ('folle) *adj* mad, insane. **follia** *nf* madness.

follicolo (fol'likolo) *nm* follicle.

folto ('folto) *adj* thick, dense.

fomentare (fomen'tare) *vt* 1 foment. 2 incite.

fondamento (fonda'mento) *nm*
1 *pl* **fondamenti** *m* foundation, basis. **2** *pl* **fondamenta** *f* arch foundation.
fondamentale *adj* fundamental.

fondare (fon'dare) *vt* **1** found.
2 base, found. **fondarsi** *vr*
rely upon.

fondere* ('fondere) *vt* **1** melt.
2 fuse. **fondersi** *vr* dissolve.

fonderia (fonde'ria) *nf* foundry.

fondina (fon'dina) *nf* holster.

fondo[1] ('fondo) *nm* **1** bottom,
base. **2** background. **3** estate. **4** *pl* capital, funds.
5 *pl* dregs. **a fondo** in
depth. **andare a fondo** sink.
in fondo basically. **in fondo
a** at the bottom of.

fondo[2] ('fondo) *adj* deep.

fonetica (fo'netika) *nf* phonetics. **fonetico** (fo'netiko) *adj*
phonetic.

fonografo (fo'nɔgrafo) *nm*
gramophone.

fontana (fon'tana) *nf* fountain.
fontaniere (fonta'njere) *nm*
plumber.

fonte ('fonte) *nf* **1** fountain. **2**
source. **3** font.

fontina (fon'tina) *nf* soft
cheese.

foraggiare (forad'dʒare) *vt*
supply.

forare (fo'rare) *vt* **1** pierce. **2**
perforate. **3** bore. *vi* have a
puncture.

forbici ('fɔrbitʃi) *nf pl* scissors.

forca ('forka) *nf* **1** pitchfork.
2 gallows.

forchetta (for'ketta) *nf* fork.

forcipe ('fɔrtʃipe) *nm* forceps.

foresta (fo'resta) *nf* forest.

forestiere (fores'tjere) *adj* foreign. *nm* **1** foreigner. **2**
stranger.

forfecchia (for'fekkja) *nf*
earwig.

forfora ('fɔrfora) *nf* dandruff.

formaggio (for'maddʒo) *nm*
cheese.

formale (for'male) *adj* formal. **formalità** *nf* formality.

formare (for'mare) *vt* form,
shape. **formare un numero**
dial a number. **forma** *nf* **1**
form, shape. **2** mould. **3**
formality. **formato** *nm* for-
mat.

formica (for'mika) *nf* ant.

formicolare (formiko'lare) *vi* **1**
swarm, abound. **2** have pins
and needles. **formicolio** *nm*
pins and needles.

formidabile (formi'dabile) *adj*
formidable, tremendous.

formula ('formula) *nf* formula.

formulare (formu'lare) *vt* formulate, express.

fornace (for'natʃe) *nf* furnace.

fornaio (for'najo) *nm* baker.

fornire (for'nire) *vt* provide,
furnish. **fornitore** *nm* sup-
plier.

forno ('forno) *nm* **1** oven. **2**
furnace. **3** bakery. **fornello** (for'nello) *nm* **1** ring. **2**
bowl (of a pipe). **fornello a
gas** gas cooker.

foro[1] ('foro) *nm* hole.

foro[2] ('fɔro) *nm* forum.

forse ('forse) *adv* perhaps,
maybe. **essere in forse** be
in doubt.

forsennato (forsen'nato) *adj*
mad, insane. *nm* madman.

forte ('forte) *adj* **1** strong,
powerful. **2** loud. **3** expert. **4** well-built. *nm* **1**
strong point. **2** fort. *adv* **1**
strongly. **2** loudly.

fortezza (for'tettsa) *nf* **1** forti-
tude. **2** fortress.

fortificare (fortifi'kare) *vt* fortify. **fortificazione** *nf* forti-
fication.

fortuito (for'tuito) *adj* chance,
accidental.

fortuna (for'tuna) *nf* **1** fortune,
chance, luck. **2** riches. **per**

fortuna luckily. **atterraggio di fortuna** *nm* emergency landing. **fortunato** *adj* lucky.

foruncolo (fo'runkolo) *nm* boil.

forza ('fɔrtsa) *nf* 1 strength. 2 power. 3 force. **a forza di** by dint of. *interj* come on! **forzare** (for'tsare) *vt* force.

foschia (fos'kia) *nf* mist, haze.

fosco ('fosko) *adj* dark, gloomy.

fosfato (fos'fato) *nm* phosphate.

fosforescente (fosforeʃ'ʃɛnte) *adj* phosphorescent.

fossa ('fɔssa) *nf* 1 ditch, trench. 2 pit. 3 grave. **fossetta** *nf* dimple.

fossile ('fɔssile) *nm* fossil.

fosso ('fɔsso) *nm* ditch.

foste ('foste) *v* see **essere.**

fosti ('fosti) *v* see **essere.**

foto ('fɔto) *nf* photo. **fotocopia** (foto'kɔpja) *nf* photocopy. **fotomodella** (fotomo'dɛlla) *nf phot* model.

fotogenico (foto'dʒɛniko) *adj* photogenic.

fotografare (fotogra'fare) *vt* photograph. **fotografia** *nf* photograph. **fotografico** (foto'grafiko) *adj* photographic. **fotografo** (fo'tɔgrafo) *nm* photographer.

fra (fra) *prep* 1 between, among. 2 in, within. **fra poco** soon.

frac (frak) *nm invar* evening dress.

fracassare (frakas'sare) *vt* smash, break. **fracasso** *nm* 1 crash, din. 2 commotion. 3 crowd.

fradicio ('fraditʃo) *adj* 1 soaked, drenched. 2 rotten. **ubriaco fradicio** blind drunk.

fragile ('fradʒile) *adj* fragile. **fragilità** *nf* fragility.

fragola ('fragola) *nf* 1 strawberry. 2 strawberry plant.

fragore (fra'gore) *nm* crash, roar.

fragrante (fra'grante) *adj* fragrant. **fragranza** (fra'grantsa) *nf* fragrance, scent.

fraintendere* (frain'tendere) *vi* misunderstand.

frammassone (frammas'sone) *nm* freemason. **frammassoneria** *nf* freemasonry.

frammento (fram'mento) *nm* fragment.

frammettere* (fram'mettere) *vt* insert. **frammettersi** *vr* interfere.

frana ('frana) *nf* landslide.

Francia ('frantʃa) *nf* France. **francese** (fran'tʃeze) *adj* French. *nm* 1 Frenchman. 2 French (language).

franchezza (fran'kettsa) *nf* 1 frankness. 2 boldness.

franco[1] ('franko) *adj* 1 free. 2 frank, sincere.

franco[2] ('franko) *nm* franc. **francobollo** (franko'bollo) *nm* postage stamp.

frangere* ('frandʒere) *vt* 1 break. 2 crush.

frangia ('frandʒa) *nf* fringe.

frantumare (frantu'mare) *vt* smash, shatter. **frantume** *nm* fragment.

frapporre* (frap'porre) *vt* insert. **frapporsi** *vr* intervene.

frase ('fraze) *nf* 1 phrase. 2 sentence.

frassino ('frassino) *nm* ash tree.

frastuono (fras'twɔno) *nm* hubbub, din.

frate ('frate) *nm* friar, brother.

fratello (fra'tello) *nm* brother.

fraterno (fra'terno) *adj* fraternal.

frattaglie (frat'taʎʎe) *nf pl* giblets.

frattanto (frat'tanto) *adv* meanwhile.

frattempo (frat'tempo) **nel frattempo** *adv* in the meantime.

fratturare (frattu'rare) vt fracture. **frattura** nf fracture.

frazione (frat'tsjone) nf fraction.

freccia ('frettʃa) nf arrow.

freddo ('freddo) adj 1 cold, cool. 2 indifferent. nm cold. **freddezza** (fre'dettsa) nf 1 coldness, coolness. 2 indifference.

fregare (fre'gare) vt 1 rub, polish. 2 inf cheat, swindle. **(io) me ne frego** I don't give a damn.

fregio ('fredʒo) nm 1 frieze. 2 decoration.

fremere ('fremere) vi 1 tremble, shake. 2 rage.

fremito ('fremito) nm 1 roar. 2 tremor.

frenare (fre'nare) vt restrain. vi brake.

freno ('freno) nm 1 horse's bit. 2 brake.

frequentare (frekwen'tare) vt 1 frequent. 2 attend. **frequente** adj frequent. **frequenza** (fre'kwentsa) nf frequency.

fresco ('fresko) adj 1 fresh. 2 cool. **freschezza** (fres'kettsa) nf freshness.

fretta ('fretta) nf hurry. **avere fretta** be in a hurry. **in fretta** hurriedly.

friggere* ('friddʒere) vt, vi fry.

frigido ('fridʒido) adj frigid.

frigo ('frigo) nm fridge.

frigorifero (frigo'rifero) nm refrigerator.

fringuello (frin'gwello) nm chaffinch.

frissi ('frissi) v see **friggere**.

frittata (frit'tata) nf omelette.

fritto ('fritto) v see **friggere**. adj fried.

frivolo ('frivolo) adj frivolous.

frizione (frit'tsjone) nf friction.

frizzare (frid'dzare) vi 1 sting. 2 fizz, sparkle. **frizzante** adj sparkling.

frodare (fro'dare) vt defraud, cheat. **frode** ('frɔde) nf fraud.

fronda ('fronda) nf branch.

fronte ('fronte) nf 1 forehead. 2 front. **di fronte a** opposite.

fronteggiare (fronted'dʒare) vt confront.

frontiera (fron'tjera) nf border, frontier.

frottola ('frottola) nf 1 fib. 2 pl nonsense.

frugale (fru'gale) adj meagre, frugal.

frugare (fru'gare) vt search. vi rummage.

frullare (frul'lare) vi spin. vt whip, beat. **frullatore** nm whisk. **frullino** nm egg-whisk.

frumento (fru'mento) nm wheat.

frusciare (fruʃ'ʃare) vi rustle. **fruscio** nm rustle.

frustare (frus'tare) vt whip. **frusta** nf whip.

frustrazione (frustra'tsjone) nf frustration.

frutto ('frutto) nm, pl **frutti** 1 fruit (on the tree). 2 gain, reward. **frutta** nf fruit (on the table). **frutteto** nm orchard. **frutti di mare** nm pl seafood. **fruttivendolo** (frutti'vendolo) nm fruiterer.

fu (fu) v see **essere**. adj deceased, late.

fucilare (futʃi'lare) vt shoot. **fucile** nm rifle.

fucina (fu'tʃina) nf forge.

fucsia ('fuksja) nf fuchsia.

fuga ('fuga) nf 1 flight, escape. 2 leak. **fugace** adj fleeting.

fuggire (fud'dʒire) vi flee, run away. vt avoid. **fuggiasco** nm fugitive.

fui ('fui) v see **essere**.

fuliggine (fu'liddʒine) nf soot.

fulminare (fulmi'nare) vt 1 strike down. 2 electrocute. vi flash (lightning), lighten. **ful-mine** ('fulmine) *nm* flash of lightning, thunderbolt.

fumare (fu'mare) *vt, vi* smoke. **fumaiolo** (fuma'jɔlo) *nm* 1 chimneypot. 2 funnel. **fumatore** *nm* smoker. **fumet-to** *nm* strip cartoon. **fumo** *nm* 1 smoke. 2 vapour.

fummo ('fummo) *v* see **essere.**

funambolo (fu'nambolo) *nm* tightrope walker.

fune ('fune) *nf* rope. **funico-lare** *nf* funicular railway. **fu-nivia** *nf* cable car.

funebre ('funebre) *adj* fune-real, gloomy. **pompe fune-bri** *nf pl* funeral service.

funerale (fune'rale) *nm* funer-al. **funereo** (fu'nereo) *adj* funereal, gloomy.

funesto (fu'nesto) *adj* grie-vous, distressing.

fungo ('fungo) *nm* 1 fungus. 2 mushroom.

funzionare (funtsjo'nare) *vi* work, function. **funzione** *nf* function.

funzionario (funtsjo'narjo) *nm* civil servant.

fuoco ('fwɔko) *nm* 1 fire. 2 focus. **dare fuoco a** set fire to. **fuoco d'artificio** fire-work.

fuorché (fwor'ke) *conj, prep* except.

fuori ('fwɔri) *prep* beyond, out of. *adv* away, outside, out. **fuoribordo** *nm* outboard mo-tor (boat). **fuorilegge** *nm* outlaw. **fuoruscito** *nm* exile.

furbo ('furbo) *adj* shrewd, cun-ning. **furberia** *nf* cunning.

furetto (fu'retto) *nm* ferret.

furfante (fur'fante) *nm* rogue, rascal.

furgone (fur'gone) *nm* van.

furia ('furja) *nf* anger, fury. **a furia di** by dint of. **furibondo** (furi'bondo) *adj* fu-rious, livid.

furioso (fu'rjoso) *adj* furious, angry.

furono ('furono) *v* see **essere.**

furore (fu'rore) *nm* 1 fury, ve-hemence. 2 craze.

furtivo (fur'tivo) *adj* furtive.

furto ('furto) *nm* theft.

fuscello (fuʃ'ʃello) *nm* twig.

fusi ('fuzi) *v* see **fondere.**

fusibile (fu'zibile) *nm* fuse.

fusione (fu'zjone) *nf* fusion.

fuso[1] ('fuzo) *v* see **fondere.**

fuso[2] ('fuzo) *nm* 1 *pl* **fusi** *m* spindle. 2 *pl* **fusa** *f*. **fare le fusa** purr.

fusoliera (fuzo'ljera) *nf* fu-selage.

fustagno (fus'taɲɲo) *nm* corduroy.

fusto ('fusto) *nm* 1 stem, stalk. 2 trunk (of tree or body). 3 cask, container.

futile ('futile) *adj* vain, futile. **futilità** *nf* futility.

futuro (fu'turo) *adj, nm* future.

G

gabbare (gab'bare) *vt* 1 trick, swindle. 2 mock.

gabbia ('gabbja) *nf* cage.

gabbiano (gab'bjano) *nm* sea-gull.

gabella (ga'bella) *nf* tax, duty.

gabinetto (gabi'netto) *nm* 1 study, consulting room. 2 lavatory. 3 *pol* cabinet.

gaffe (gaf) *nf* blunder.

gagliardo (gaʎ'ʎardo) *adj* ro-bust, vigorous.

gaio ('gajo) *adj* 1 gay, merry. 2 bright. **gaiezza** (ga'jettsa) *nf* gaiety.

gala ('gala) *nf* gala.

galantuomo (galan'twɔmo) *nm* gentleman.

galassia (ga'lassja) *nf* galaxy.

galea (ga'lea) *nf* galley.

galeone (gale'one) *nm* galleon.

galera (ga'lera) *nf* 1 *naut* gal-ley. 2 prison.

galla ('galla) nf bot gall. **a galla** afloat. **stare a galla** float.

galleggiare (galled'dʒare) vi float.

galleria (galle'ria) nf 1 gallery. 2 tunnel.

Galles ('galles) nm Wales. **gallese** (gal'lese) adj Welsh. nm 1 Welshman. 2 Welsh (language).

gallo ('gallo) nm cock. **gallina** nf hen.

gallone[1] (gal'lone) nm 1 braid. 2 mil stripe.

gallone[2] (gal'lone) nm gallon.

galoppare (galop'pare) vi gallop. **galoppo** (ga'loppo) nm gallop.

galoscia (ga'lɔʃʃa) nf galosh, wellington.

galvanizzare (galvanid'dzare) vt galvanize.

gamba ('gamba) nf leg. **darsela a gambe** take to one's heels. **persona in gamba** nf competent person.

gambero (gambero) nm crayfish. **gambero di mare** lobster. **gamberetto** nm shrimp.

gambo ('gambo) nm stalk, stem.

gamma ('gamma) nf range, gamut.

ganascia (ga'naʃʃa) nf jaw.

gancio ('gantʃo) nm hook.

ganghero ('gangero) nm hinge. **andare fuori dai gangheri** lose one's self-control.

gara ('gara) nf competition, race, match.

garage (ga'raʒ) nm garage.

garanzia (garan'tsia) nf guarantee. **garantire** vt guarantee.

garbare (gar'bare) vi please. **garbato** adj polite. **garbo** nm 1 taste, style. 2 courtesy.

garbuglio (garbuʎʎo) nm muddle.

gareggiare (gared'dʒare) vi

compete. **gareggiatore** nm competitor.

gargarismo (garga'rizmo) nm gargle. **gargarizzare** (gargarid'dzare) vt gargle.

garitta (ga'ritta) nf sentry-box.

garofano (ga'rɔfano) nm carnation. **chiodo di garofano** nm clove.

garrire (gar'rire) vi 1 twitter, chirp. 2 (of a flag, etc.) flutter.

garrulo ('garrulo) adj talkative.

garza ('gardza) nf gauze.

garzone (gar'dzone) nm errand boy, helper.

gas (gas) nm invar gas.

gasolina (gazo'lina) nf gasoline.

gasolio (ga'zɔljo) nm diesel fuel.

gassosa (gas'sosa) nf fizzy drink.

gastrico ('gastriko) adj gastric.

gastronomia (gastrono'mia) nf gastronomy.

gatto ('gatto) nm cat. **gattino** nm kitten. **gattoni** adv 1 on all fours. 2 stealthily. **gattopardo** nm leopard, tiger-cat.

gavitello (gavi'tello) nm buoy.

gazza ('gaddza) nf magpie.

gazzella (gad'dzella) nf gazelle.

gazzetta (gad'dzetta) nf gazette.

gelare (dʒe'lare) vi,vt freeze. **gelateria** nf ice-cream shop. **gelatina** nf jelly. **gelato** nm ice-cream. **gelo** ('dʒelo) nm frost. **gelone** nm chilblain.

gelido ('dʒelido) adj icy, cold.

gelosia[1] (dʒelo'sia) nf jealousy, envy.

gelosia[2] (dʒelo'sia) nf shutter. **geloso** (dʒe'loso) adj jealous, envious.

gelsomino (dʒelso'mino) nm jasmine.

gemello (dʒe'mɛllo) adj twin. nm 1 twin. 2 pl cuff links. 3 pl cap Gemini.

gemere ('dʒemere) *vi* moan, groan. **gemito** ('dʒemito) *nm* groan, moan.

gemma ('dʒemma) *nf* 1 gem, precious stone. 2 bud.

gene ('dʒene) *nm* gene.

genealogia (dʒenealo'dʒia) *nf* genealogy. **genealogico** (dʒenea'lɔdʒiko) *adj* genealogical. **albero genealogico** *nm* family tree.

generale (dʒene'rale) *adj* general, common. *nm* general. **star sulle generali** speak in general terms.

generalizzare (dʒeneralid'dzare) *vt* spread. *vi* generalize.

generare (dʒene'rare) *vt* produce, generate. **generatore** *nm* generator. **generazione** *nf* generation.

genere ('dʒenere) *nm* 1 type, sort, kind. 2 genre. 3 product. 4 gender. **genere umano** human race. **in genere** generally.

generico (dʒe'neriko) *adj* generic.

genero ('dʒenero) *nm* son-in-law.

generoso (dʒene'roso) *adj* generous. **generosità** *nf* generosity.

genetica (dʒe'netika) *nf* genetics. **genetico** (dʒe'netiko) *adj* genetic.

gengiva (dʒen'dʒiva) *nf anat* gum.

genio ('dʒenjo) *nm* 1 genius. 2 talent. **andare a genio** suit. **geniale** *adj* 1 clever. 2 pleasing.

genitali (dʒeni'tali) *nm pl* genitals.

genitore (dʒeni'tore) *nm* parent.

gennaio (dʒen'najo) *nm* January.

Genova ('dʒenova) *nf* Genoa.

gente ('dʒente) *nf* people.

gentile (dʒen'tile) *adj* kind, courteous. **Gentile signore** Dear sir. **gentilezza** (dʒenti-'lettsa) *nf* 1 kindness. 2 favour. **gentiluomo** (dʒenti'l-wɔmo) *nm* gentleman.

genuino (dʒenu'ino) *adj* genuine.

genziana (dʒen'tsjana) *nf* gentian.

geografia (dʒeogra'fia) *nf* geography. **geografico** *adj* geographic. **geografo** (dʒe-'ɔgrafo) *nm* geographer.

geologia (dʒeolo'dʒia) *nf* geology. **geologico** *adj* geological. **geologo** (dʒe'ɔlogo) *nm* geologist.

geometra (dʒe'ɔmetra) *nm* surveyor.

geometria (dʒeome'tria) *nf* geometry. **geometrico** (dʒe-o'metriko) *adj* geometric.

geranio (dʒe'ranjo) *nm* geranium.

gerarchia (dʒerar'kia) *nf* hierarchy.

gerente (dʒe'rente) *nm* director, manager. **gerenza** (dʒe-'rentsa) *nf* management.

gergo ('dʒergo) *nm* slang, jargon.

geriatria (dʒerja'tria) *nf* geriatrics.

Germania (dʒer'manja) *nf* Germany.

germe ('dʒerme) *nm* seed.

germogliare (dʒermoʎ'ʎare) *vi* sprout, bud.

germoglio *nm* shoot, bud.

gesso ('dʒesso) *nm* chalk.

gesticolare (dʒestiko'lare) *vi* gesticulate.

gestire (dʒes'tire) *vt* run, manage. **gestione** *nf* administration.

gesto ('dʒesto) *nm* gesture.

Gesù (dʒe'zu) *nm* Jesus.

gesuita (dʒezu'ita) *nm* Jesuit.

gettare (dʒet'tare) *vt* throw, hurl.

getto ('dʒetto) *nm* 1 jet. 2

shoot. **di getto** at a stroke. **primo getto** draft.

gettone (dʒet'tone) *nm* token, counter.

ghermire (ger'mire) *vt* clutch, seize.

ghetto ('getto) *nm* ghetto.

ghiacciaia (gjat'tʃaja) *nf* icebox. **ghiacciaio** *nm* glacier.

ghiacciare (gjat'tʃare) *vt,vi* freeze.

ghiaccio ('gjattʃo) *nm* ice. **ghiacciolo** (gjat'tʃɔlo) *nm* 1 icicle. 2 ice lolly.

ghiaia ('gjaja) *nf* gravel.

ghianda ('gjanda) *nf* acorn.

ghigliottina (giʎʎot'tina) *nf* guillotine.

ghignare (gin'nare) *vi* grimace, sneer. **ghigno** *nm* sneer.

ghiotto ('gjotto) *adj* greedy. **ghiottone** *nm* glutton.

ghiribizzo (giri'biddzo) *nm* whim.

ghirlanda (gir'landa) *nf* garland, wreath.

ghiro ('giro) *nm* dormouse.

già (dʒa) *adv* 1 once, formerly. 2 already. 3 yes, indeed.

giacca ('dʒakka) *nf* jacket.

giacché (dʒak'ke) *conj* since.

giacchetta (dʒak'ketta) *nf* jacket.

giaccio ('dʒattʃo) *v* see **giacere**.

giacere* (dʒa'tʃere) *vi* lie.

giacinto (dʒa'tʃinto) *nm* hyacinth.

giacqui ('dʒakkwi) *v* see **giacere**.

giada ('dʒada) *nf* jade.

giaggiolo (dʒad'dʒɔlo) *nm bot* iris.

giaguaro (dʒa'gwaro) *nm* jaguar.

giallo ('dʒallo) *adj* 1 yellow. 2 detective. **romanzo giallo** *nm* thriller. ~ *nm* 1 yellow. 2 yolk (of an egg).

giammai (dʒam'mai) *adv* never.

Giappone (dʒap'pone) *nm* Japan. **giapponese** (dʒappo'nese) *adj,n* Japanese. *nm* Japanese (language).

giardino (dʒar'dino) *nm* garden. **giardino d'infanzia** kindergarten. **giardino pubblico** park. **giardino zoologico** zoo. **giardinaggio** (dʒardi'naddʒo) *nm* gardening. **giardinetta** *nf* estate car. **giardiniere** (dʒardi'njere) *nm* gardener.

giarrettiera (dʒarret'tjera) *nf* 1 garter. 2 suspender.

giavellotto (dʒavel'lɔtto) *nm* javelin.

gibboso (dʒib'boso) *adj* humped.

gigante (dʒi'gante) *nm* giant. *adj* huge. **gigantesco** *adj* gigantic.

giglio ('dʒiʎʎo) *nm* lily.

gilè (dʒi'lɛ) *nm* waistcoat.

gin (dʒin) *nm* gin.

ginecologo (dʒine'kɔlogo) *nm* gynaecologist. **ginecologia** *nf* gynaecology.

ginepro (dʒi'nepro) *nm* juniper.

ginestra (dʒi'nestra) *nf bot* broom.

Ginevra (dʒi'nevra) *nf* Geneva.

gingillarsi (dʒindʒil'larsi) *vr* loiter, dawdle. **gingillo** *nm* plaything.

ginnasio (dʒin'nazjo) *nm* 1 secondary school. 2 gymnasium. **ginnasta** *nm* gymnast. **ginnastica** (dʒin'nastika) *nf* gymnastics. **ginnastico** *adj* gymnastic.

ginocchio (dʒi'nɔkkjo) *nm* knee.

giocare (dʒo'kare) *vi,vt* play. *vi* gamble. **giocatore** *nm* player. **giocattolo** (dʒo'kattolo) *nm* toy. **gioco** ('dʒɔko) *nm* game. **giocoso** *adj* playful.

giogo ('dʒogo) *nm* yoke.

gioia[1] ('dʒɔja) *nf* joy. **gioioso** (dʒo'joso) *adj* joyful.

gioia[2] ('dʒɔja) *nf* precious stone. **gioielliere** (dʒojel'ljɛre) *nm* jeweller. **gioiello** (dʒo'jɛllo) *nm* jewel.

gioire (dʒo'ire) *vi* rejoice.

giornalaio (dʒorna'lajo) *nm* newsagent.

giornale (dʒor'nale) *nm* 1 newspaper. 2 journal. **giornalismo** *nm* journalism. **giornalista** *nm* journalist, reporter.

giorno ('dʒorno) *nm* day, daytime. **a giorni** sometimes. **al giorno d'oggi** nowadays. **di giorno** by day. **due volte al giorno** twice daily. **giornata** *nf* 1 day. 2 day's pay.

giostra ('dʒɔstra) *nf* merry-go-round.

giovane ('dʒovane) *adj* 1 young. 2 new. *nm* young man, youth. *nf* young girl. **giovanile** *adj* youthful. **giovanotto** (dʒova'nɔtto) *nm* youth.

giovare* (dʒo'vare) *vi* be of use. *vt* aid. **giovarsi di** *vr* make use of.

Giove ('dʒɔve) *nm* Jupiter (planet).

giovedì (dʒove'di) *nm* Thursday.

gioventù (dʒoven'tu) *nf* youth. **gioviale** (dʒo'vjale) *adj* jovial. **giraffa** (dʒi'raffa) *nf* giraffe. **girandolare** (dʒirando'lare) *vi* wander.

girare (dʒi'rare) *vt* 1 turn, spin. 2 go round. 3 travel round. 4 shoot (film). *vi* 1 spin, revolve. 2 wander. 3 turn, veer. **mi gira la testa** my head is spinning. **giradischi** *nm invar* record-player. **giramondo** *nm* globetrotter. **girarrosto** (dʒirar'rɔsto) *nm cul* spit. **girasole** *nm* sunflower. **girata** *nf* 1 turn, twist. 2 stroll. **giro** *nm* 1 turn. 2 stroll. 3 circle, ring.

4 circulation. 5 circuit. **in giro** around. **prendere in giro** make fun of.

girino (dʒi'rino) *nm* tadpole. **gironzolare** (dʒirondzo'lare) *vi* roam.

girovagare (dʒirova'gare) *vi* wander.

gita ('dʒita) *nf* excursion.

giù (dʒu) *adv* down. **in giù** downwards. **su per giù** thereabouts.

giubba ('dʒubba) *nf* jacket. **giubbotto** (dʒub'bɔtto) *nm* jerkin.

giubilare (dʒubi'lare) *vi* rejoice. *vt* pension off.

giudicare (dʒudi'kare) *vt* judge. **giudice** ('dʒuditʃe) *nm* judge. **giudice popolare** juror.

giudizio (dʒu'dittsjo) *nm* 1 judgment. 2 opinion. 3 common sense.

giugno ('dʒuɲɲo) *nm* June.

giulivo (dʒu'livo) *adj* joyful.

giullare (dʒul'lare) *nm* jester.

giunco (dʒu'runko) *nm* rush, reed.

giungere* ('dʒundʒere) *vi* arrive. *vt* join. **giungere a** reach.

giungla ('dʒungla) *nf* jungle.

giunsi ('dʒunsi) *v* see **giungere**.

giunta ('dʒunta) *nf* 1 addition. 2 town council. 3 junta.

giunto ('dʒunto) *v* see **giungere**.

giurare (dʒu'rare) *vi,vt* swear. **giuramento** *nm* oath.

giuria (dʒu'ria) *nf* jury. **giurato** *nm* juror.

giurisdizione (dʒurizdit'tsjone) *nf* jurisdiction.

giustificare (dʒustifi'kare) *vt* justify. **giustificazione** *nf* justification.

giustizia (dʒus'tittsja) *nf* justice.

giusto ('dʒusto) *adj* 1 just, right, fair. 2 correct, right. *adv* exactly.

glaciale (gla'tʃale) *adj* glacial, icy.

glandola ('glandola) *nf* gland.

gli¹ (ʎi) *def art, m pl* the.

gli² (ʎi) *pron* **1** *3rd pers ms* to him or it. **2** *3rd pers m,f pl* them.

glicerina (glitʃe'rina) *nf* glycerine.

glicine ('glitʃine) *nm* wisteria.

globo ('globo) *nm* globe, sphere. **globale** *adj* global.

gloria ('glɔrja) *nf* glory. **glorioso** (glo'rjoso) *adj* glorious.

glorificare (glorifi'kare) *vt* glorify.

glucosio (glu'kɔzjo) *nm* glucose.

gnocco ('ɲɔkko) *nm* **1** small ball of pasta or flour. **2** lump.

gnomo ('ɲɔmo) *nm* gnome.

gobba ('gobba) *nf* hump. **gobbo** ('gɔbbo) *nm* hunchback. *adj* humped.

gocciolare (gottʃo'lare) *vt,vi* drip. **goccia** ('gɔttʃa) *nf* drop, drip. **gocciola** ('gottʃola) *nf* drop.

godere (go'dere) *vt* enjoy. *vi* **1** rejoice. **2** benefit. **godimento** *nm* enjoyment.

goffo ('gɔffo) *adj* clumsy, awkward.

gol (gɔl) *nm invar* goal.

gola ('gola) *nf* throat.

golf (gɔlf) *nm invar* **1** golf. **2** sweater.

golfo ('golfo) *nm* gulf.

goloso (go'loso) *adj* greedy, avaricious. **golosità** *nf* greed.

golpe ('golpe) *nf* right-wing coup.

gomito ('gomito) *nm* elbow. **gomitata** *nf* nudge.

gomitolo (go'mitolo) *nm* ball of thread.

gomma ('gomma) *nf* **1** gum. **2** rubber. **3** tyre.

gondola ('gondola) *nf* gondola. **gondoliere** (gondo'ljere) *nm* gondolier.

gonfalone (gonfa'lone) *nm* banner.

gonfiare (gon'fjare) *vt* blow up, inflate. *vi* swell. **gonfiarsi** *vr* swell. **gonfio** ('gonfjo) *adj* swollen. **gonfiore** *nm* swelling.

gong (gɔng) *nm invar* gong.

gonna ('gonna) *nf* skirt.

gonzo ('gondzo) *nm* simpleton.

gorgheggiare (gorged'dʒare) *vi,vt* warble, trill. **gorgheggio** *nm* trill.

gorgo ('gorgo) *nm* whirlpool.

gorgogliare (gorgoʎ'ʎare) *vi* gurgle.

gorilla (go'rilla) *nm invar* gorilla.

gotta ('gɔtta) *nf* gout.

governante (gover'nante) *nf* governess.

governare (gover'nare) *vt* govern. **governatore** *nm* governor. **governo** (go'verno) *nm* government.

gracchiare (grak'kjare) *vi* croak.

gracidare (gratʃi'dare) *vi* croak, cackle.

gracile ('gratʃile) *adj* frail, delicate.

gradasso (gra'dasso) *nm* boaster.

gradino (gra'dino) *nm* step, stair.

gradire (gra'dire) *vt* **1** accept. **2** wish, like. *v imp* please. **gradevole** (gra'devole) *adj* pleasing.

grado ('grado) *nm* **1** degree. **2** grade, rank, position. **essere in grado di** be in a position to. **graduale** *adj* gradual.

graffiare (graf'fjare) *vt* scratch. **graffiatura** *nf* scratch. **graffio** ('graffjo) *nm* scratch.

grafico ('grafiko) *adj* graphic. *nm* graph.

grammatica (gram'matika) *nf* grammar.

grammo ('grammo) *nm* gramme.

grammofono (gram'mɔfono) *nm* gramophone.

granaglie (gra'naʎʎe) *nf pl* grain.

granaio (gra'najo) *nm* granary.

granata (gra'nata) *nf* **1** brush, broom. **2** *mil* shell.

Gran Bretagna *nf* Great Britain.

granchio ('grankjo) *nm* **1** crab. **2** mistake.

grande ('grande) *adj* **1** big, tall. **2** great. *nm,f* adult. **grandezza** (gran'dettsa) *nf* **1** size. **2** greatness.

grandeggiare (granded'dʒare) *vi* stand out.

grandinare (grandi'nare) *vi* hail. **grandine** ('grandine) *nf* hail. **chicco di grandine** *nm* hailstone.

grandioso (gran'djoso) *adj* grandiose.

granduca (gran'duka) *nm* grand duke.

granito (gra'nito) *nm* granite.

grano ('grano) *nm* **1** wheat. **2** grain. **granello** (gra'nɛllo) *nm* grain, seed.

granturco (gran'turko) *nm* maize.

granulo ('granulo) *nm* granule.

grappolo ('grappolo) *nm* bunch.

grasso ('grasso) *adj* **1** fat. **2** greasy. **grassezza** (gras'settsa) *nf* fatness.

grata ('grata) *nf* grating. **gratella** (gra'tɛlla) *nf* grill.

graticola (gra'tikola) *nf* grill.

gratis ('gratis) *adv* free of charge, free.

gratitudine (grati'tudine) *nf* gratitude.

grato ('grato) *adj* **1** grateful. **2** pleasing.

grattare (grat'tare) *vt* **1** scratch. **2** grate. **grattacielo** (gratta'tʃɛlo) *nm* skyscraper.

grattugiare (grattu'dʒare) *vt* grate. **grattugia** *nf* grater.

gratuito (gra'tuito) *adj* free.

gravare (gra'vare) *vt* oppress, burden.

grave ('grave) *adj* **1** heavy. **2** serious, grave, solemn. **gravità** *nf* gravity.

gravido ('gravido) *adj* **1** pregnant. **2** laden. **gravidanza** (gravi'dantsa) *nf* pregnancy.

grazia ('grattsja) *nf* **1** grace, charm. **2** favour, goodwill. **3** mercy, pardon. **4** *pl* thanks. **grazioso** (grat'tsjoso) *adj* gracious, charming.

Grecia ('grɛtʃa) *nf* Greece. **greco** ('grɛko) *pl* **greci** *adj,n* Greek. *nm* Greek (language).

gregge ('greddʒe) *nm,pl* **greggi** *f* flock.

greggio ('greddʒo) *adj* raw, coarse.

grembiule (grem'bjule) *nm* apron.

grembo ('grembo) *nm* lap.

gremire (gre'mire) *vt* cram. **gremirsi** *vr* fill up. **gremito** *adj* crammed.

gretto ('gretto) *adj* **1** mean, stingy. **2** petty.

gridare (gri'dare) *vt,vi* shout, cry. **grida** *nf* proclamation. **grido** *nm* **1** *pl* **grida** *f* shout, cry. **2** *pl* **gridi** *m* cry (of an animal). **di grido** famous.

grigio ('gridʒo) *adj,nm* grey.

griglia ('griʎʎa) *nf* grill.

grilletto (gril'letto) *nm* trigger.

grillo ('grillo) *nm* **1** *zool* cricket. **2** whim.

grinza ('grintsa) *nf* **1** crease. **2** wrinkle.

grippe ('grippe) *nm* influenza.

grissino (gris'sino) *nm* breadstick.

grondare (gron'dare) *vi* **1** drip. **2** pour. **gronda** *nf* eaves. **grondaia** *nf* gutter.

groppa ('grɔppa) *nf* **1** back. **2** rump.

grossa ('grɔssa) *nf* gross.

grosso ('grɔsso) *adj* **1** big. **2** coarse, rough. **pezzo grosso** *nm* important person. **grossezza** (gros'settsa) *nf* **1**

size. **2** thickness. **grossolano** *adj* rough, coarse.
grotta ('grɔtta) *nf* cave.
grottesco (grot'tesko) *adj* grotesque.
groviglio (go'viʎʎo) *nm* tangle.
gru (gru) *nf invar* **1** *zool* crane.
2 mechanical crane.
gruccia ('gruttʃa) *nf* **1** crutch.
2 coathanger.
grugnire (gruɲ'ɲire) *vi* grunt.
grugnito *nm* grunt.
grugno ('gruɲɲo) *nm* snout.
grullo ('grullo) *adj* silly.
grumo ('grumo) *nm* clot (of
blood, etc.).
gruppo ('gruppo) *nm* group.
gruviera (gru'vjera) *nm*
Gruyère.
guadagnare (gwadaɲ'ɲare) *vt*
1 earn. **2** gain. **3** reach. **4**
win. **guadagno** *nm* **1** gain.
2 earnings.
guado ('gwado) *nm* ford.
guaina (gwa'ina) *nf* sheath.
guaio ('gwajo) *nm* mishap,
trouble.
guaire (gwa'ire) *vi* howl, whine.
guaito *nm* whine.
guancia ('gwantʃa) *nf* anat
cheek. **guanciale** *nm* pillow.
guanto ('gwanto) *nm* glove.
guardare (gwar'dare) *vt* **1** look
at. **2** look after, watch, protect. **3** examine. *vi* **1** look.
2 take care, pay attention.
guardarsi *vr* **1** look at oneself.
2 look at one another. **3** beware. **guardacaccia** *nm*
gamekeeper. **guardacoste**
(gwarda'kɔste) *nm* coastguard.
guardaroba (gwarda'rɔba)
nm invar **1** wardrobe. **2**
cloakroom. **guardata** *nf*
glance.
guardia ('gwardja) *nf* guard.
guardia del corpo bodyguard. **guardiano** *nm* guardian, keeper.
guardingo (gwar'dingo) *adj*
cautious.

guarire (gwa'rire) *vi* recover,
get well. *vt* cure, heal.
guarnigione (gwarni'dʒone) *nf*
garrison.
guarnire (gwar'nire) *vt* **1**
equip, furnish. **2** trim, decorate. **guarnizione** *nf* **1** decoration. **2** *cul* garnish.
guastare (gwas'tare) *vt* spoil,
destroy, ruin. **guastarsi** *vr*
go bad. **guastafeste** (gwa-
sta'feste) *nm* spoilsport.
guasto *adj* spoilt, damaged.
nm **1** damage. **2** fault.
guazza ('gwattsa) *nf* dew.
guazzabuglio (gwattsa'buʎʎo)
nm hotchpotch.
guazzare (gwat'tsare) *vi* splash.
guazzo *nm* **1** puddle. **2** pool.
3 gouache.
guercio ('gwertʃo) *adj* cross-
eyed.
guerra ('gwerra) *nf* war. **guerriero** (gwer'rjero) *nm* warrior.
guerreggiare (gwerred'dʒare)
vi wage war.
guerresco (gwer'resko) *adj*
warlike.
guerriglia (gwer'riʎʎa) *nf* guerrilla warfare. **guerrigliere**
(gwerriʎ'ʎere) *nm* guerrilla.
gufo ('gufo) *nm* owl.
guglia ('guʎʎa) *nf* spire.
guidare (gwi'dare) *vt* **1** guide.
2 drive, pilot. **guida** *nf* **1**
guidance. **2** guide. **3** guidebook, guide. **lezione di guida** *nf* driving lesson. **scuola
guida** *nf* school of motoring.
guinzaglio (gwin'tsaʎʎo) *nm*
leash.
guisa ('gwiza) *nf* manner, way.
a guisa di like.
guizzare (gwit'tsare) *vi* **1** flash.
2 dart. **3** wriggle. **4** flicker.
guscio ('guʃʃo) *nm* shell.
gustare (gus'tare) *vt* **1** taste.
2 enjoy. **3** try, sample. **gusto** *nm* **1** taste. **2** pleasure.
3 good taste. **gustoso** (gus-
'toso) *adj* agreeable.

gutturale (guttu'rale) *adj* guttural.

H

ha (a) *v* see **avere**.
hai ('ai) *v* see **avere**.
hamburger (am'burger) *nm* beefburger.
hanno ('anno) *v* see **avere**.
hascisc (af'fif) *nm invar* hashish.
ho (ɔ) *v* see **avere**.
hockey ('hɔki) *nm* hockey.

I

i (i) *def art, m pl* the.
iarda ('jarda) *nf* yard (measurement).
iattanza (jat'tantsa) *nf* arrogance.
ibernazione (ibernat'tsjone) *nf* hibernation.
ibrido ('ibrido) *adj,nm* hybrid.
icona (i'kɔna) *nf* icon.
Iddio (id'dio) *nm* God.
idea (i'dɛa) *nf* **1** idea. **2** opinion. **cambiare idea** change one's mind. **ideale** *adj,nm* ideal. **idealista** *nm* idealist. **idealizzare** (idealid'dzare) *vt* idealize.
idem ('idem) *adv* the same.
identico (i'dentiko) *adj* identical.
identificare (identifi'kare) *vt* identify. **identificazione** *nf* identification.
identità (identi'ta) *nf* identity.
ideologia (ideolo'dʒia) *nf* ideology.
idillio (i'dilljo) *nm* idyll. **idillico** (i'dilliko) *adj also* **idilliaco** (idil'liako) *adj* idyllic.
idioma (i'djɔma) *nm* **1** language. **2** dialect. **idiomatico** (idjo'matiko) *adj* idiomatic.
idiota (i'djɔta) *nm* idiot. *adj* idiotic.
idiotismo (idjo'tizmo) *nm* idiom.

idolo ('idolo) *nm* idol.
idoneo (i'dɔneo) *adj* suitable, fit.
idraulico (i'drauliko) *adj* hydraulic. *nm* plumber.
idroelettrico (idroe'lettriko) *adj* hydro-electric.
idrogeno (i'drɔdʒeno) *nm* hydrogen.
idroplano (idro'plano) *nm* hydroplane.
idrosci (idrof'fi) *nm* water-skiing.
idrovolante (idrovo'lante) *nm* seaplane.
iena ('jɛna) *nf* hyena.
ieri ('jeri) *adv* yesterday. **ieri l'altro** the day before yesterday.
igiene (i'dʒene) *nf* hygiene. **igienico** (i'dʒeniko) *adj* hygienic. **carta igienica** *nf* toilet-paper.
iglù (i'glu) *nm* igloo.
ignaro (iɲ'ɲaro) *adj* ignorant, unaware.
ignominia (iɲɲo'minja) *nf* **1** ignominy. **2** shameful deed.
ignorare (iɲɲo'rare) *vt* **1** not to know, be unaware of. **2** ignore. **ignorante** *adj* ignorant. *nm* ignoramus. **ignoranza** (iɲɲo'rantsa) *nf* ignorance.
ignoto (iɲ'ɲɔto) *adj* unknown.
ignudo (iɲ'ɲudo) *adj* naked.
il (il) *def art, ms* the.
ilare ('ilare) *adj* cheerful. **ilarità** *nf* hilarity.
illecito (il'letʃito) *adj* illicit.
illegale (ille'gale) *adj* illegal.
illeggibile (illed'dʒibile) *adj* illegible.
illegittimo (illed'dʒittimo) *adj* illegitimate.
illeso (il'lezo) *adj* unhurt.
illimitato (illimi'tato) *adj* unlimited.
illogico (il'lɔdʒiko) *adj* illogical.
illudere* (il'ludere) *vt* deceive, delude.

illuminare (illumi'nare) *vt* **1** illuminate, light up. **2** enlighten. **illuminare a giorno** floodlight. **illuminazione** *nf* lighting.

illusione (illu'zjone) *nf* illusion.

illusorio (illu'zɔrjo) *adj* deceptive.

illustrare (illus'trare) *vt* illustrate. **illustrazione** *nf* illustration.

illustre (il'lustre) *adj* famous, renowned.

imbacuccare (imbakuk'kare) *vt* muffle up. **imbacuccarsi** *vr* wrap oneself up.

imballaggio (imbal'laddʒo) *nm* packing. **carta d'imballaggio** *nf* brown paper, wrapping paper.

imballare (imbal'lare) *vt* pack.

imbalsamare (imbalsa'mare) *vt* embalm.

imbarazzare (imbarat'tsare) *vt* **1** impede. **2** embarrass. **imbarazzante** *adj* embarrassing. **imbarazzato** *adj* **1** embarrassed. **2** perplexed. **imbarazzo** *nm* **1** obstacle. **2** embarrassment.

imbarcare (imbar'kare) *vt* take on board. **imbarcarsi** *vr* embark. **imbarcadero** (imbarka'dero) *nm* landing stage.

imbastire (imbas'tire) *vt* **1** (sewing) tack. **2** rough out.

imbattersi (im'battersi) *vr* come across by chance, bump into.

imbattibile (imbat'tibile) *adj* unbeatable.

imbavagliare (imbavaʎ'ʎare) *vt* gag.

imbecille (imbe'tʃille) *adj,nm* imbecile.

imbellettare (imbellet'tare) *vt* **1** make up. **2** embellish. **imbellettarsi** *vr* put on make-up.

imbellire (imbel'lire) *vt* adorn. *vi* improve in looks.

imbiancare (imbjan'kare) *vt* **1** whiten. **2** whitewash. *vi* turn white.

imboccare (imbok'kare) *vt* **1** feed. **2** suggest. **3** enter. **imboccatura** *nf* opening, entrance.

imboscata (imbos'kata) *nf* ambush.

imbottigliare (imbottiʎ'ʎare) *vt* bottle.

imbottire (imbot'tire) *vt* **1** stuff. **2** pad. **imbottito** *adj* stuffed. **panino imbottito** *nm* sandwich.

imbrattare (imbrat'tare) *vt* dirty.

imbrigliare (imbriʎ'ʎare) *vt* bridle.

imbrogliare (imbroʎ'ʎare) *vt* **1** confuse, muddle. **2** cheat. **imbrogliarsi** *vr* become involved. **imbroglio** *nm* **1** tangle, muddle. **2** trick, swindle.

imbronciarsi (imbron'tʃarsi) *vr* sulk.

imbrunire (imbru'nire) *vi* darken, grow dark. **sull'imbrunire** towards dusk.

imbruttire (imbrut'tire) *vt* make ugly. *vi* become ugly. **imbruttirsi** *vr* become ugly.

imbucare (imbu'kare) *vt* post.

imburrare (imbur'rare) *vt* butter.

imbuto (im'buto) *nm* funnel.

imitare (imi'tare) *vt* imitate. **imitazione** *nf* imitation.

immagazzinare (immagaddzi'nare) *vt* store.

immaginare (immadʒi'nare) *vt* **1** imagine. **2** suppose. **immaginazione** *nf* imagination. **immagine** (im'madʒine) *nf* **1** image. **2** figure.

immangiabile (imman'dʒabile) *adj* uneatable.

immatricolarsi (immatriko'larsi) *vr* **1** enrol. **2** *educ* matriculate.

immaturo (imma'turo) *adj* immature. **immaturità** *nf* immaturity.

immedesimarsi (immedezi'-marsi) *vr* identify oneself.

immediato (imme'djato) *adj* immediate.

immemorabile (immemo'rabile) *adj* immemorial.

immenso (im'menso) *adj* huge, immense.

immergere* (im'merdʒere) *vt* 1 immerse. 2 plunge. 3 dip. **immersione** *nf* immersion.

immeritato (immeri'tato) *adj* undeserved.

immigrare (immi'grare) *vi* immigrate. **immigrante** *adj,n* immigrant. **immigrazione** *nf* immigration.

imminente (immi'nɛnte) *adj* imminent.

immischiare (immis'kjare) *vt* involve. **immischiarsi** *vr* interfere.

immobile (im'mɔbile) *adj* still, motionless. **beni immobili** *nm pl* real estate.

immobiliare (immobi'ljare) *adj* immovable. **società immobiliare** *nf* building society.

immobilizzare (immobilid-'dzare) *vt* immobilize.

immoderato (immode'rato) *adj* excessive.

immondo (im'mondo) *adj* 1 filthy, foul. 2 unclean. **immondizia** (immon'dittsja) *nf* 1 filth. 2 *pl* rubbish, refuse.

immorale (immo'rale) *adj* immoral.

immortale (immor'tale) *adj* immortal. **immortalità** *nf* immortality.

immune (im'mune) *adj* 1 immune. 2 free. **immunità** *nf* immunity. **immunizzare** *vt* immunize.

immutabile (immu'tabile) *adj* unchangeable.

impaccare (impak'kare) *vt* pack. **impacco** *nm* compress.

impacchettare (impakket'tare) *vt* parcel.

impacciare (impat'tʃare) *vt* 1 hinder, impede. 2 trouble. **impacciarsi** *vr* meddle. **impaccio** *nm* hindrance.

impadronirsi (impadro'nirsi) *vr* 1 seize. 2 take possession. 3 master.

impagliare (impaʎ'ʎare) *vt* stuff.

impalcatura (ipalka'tura) *nf* scaffolding, frame.

impallidire (impalli'dire) *vi* turn pale.

impanare (impa'nare) *vt* dip in breadcrumbs.

imparare (impa'rare) *vt* learn.

impareggiabile (impared'dʒabile) *adj* incomparable.

impari ('impari) *adj invar* 1 unequal. 2 uneven.

impartire (impar'tire) *vt* impart.

imparziale (impar'tsjale) *adj* impartial. **imparzialità** *nf* impartiality, fairness.

impassibile (impas'sibile) *adj* impassive.

impastare (impas'tare) *vt* 1 knead. 2 paste. **impasto** *nm* mixture.

impaurire (impau'rire) *vt* frighten. **impaurirsi** *vr* become frightened.

impazientirsi (impattsjen'tirsi) *vr* lose one's patience. **impaziente** *adj* impatient. **impazienza** (impat'tsjentsa) *nf* impatience.

impazzire (impat'tsire) *vi* go mad.

impeccabile (impek'kabile) *adj* impeccable.

impedire (impe'dire) *vt* 1 prevent. 2 hinder, obstruct. **impedimento** *nm* 1 obstacle. 2 hindrance.

impegnare (impeɲ'ɲare) *vt* 1 pawn. 2 pledge. 3 occupy. 4 oblige. 5 book, reserve. **impegnarsi** *vr* promise. **im-**

pegnativo *adj* **1** binding. **2** exacting. **impegno** *nm* **1** obligation. **2** engagement. **3** attention.

impenetrabile (impene'trabile) *adj* impenetrable.

impenitente (impeni'tente) *adj* impenitent.

impennarsi (impen'narsi) *vr* **1** (of a horse) rear. **2** become annoyed.

imperativo (impera'tivo) *adj* imperative.

imperatore (impera'tore) *nm* emperor. **imperatrice** *nf* empress.

impercettibile (impertʃet'tibile) *adj* imperceptible.

imperdonabile (imperdo'nabile) *adj* unpardonable.

imperfetto (imper'fetto) *adj* **1** imperfect. **2** incomplete. **imperfezione** (imperfet'tsjone) *nf* imperfection.

imperioso (impe'rjoso) *adj* **1** imperious. **2** compelling.

impermalirsi (imperma'lirsi) *vr* take offence.

impermeabile (imperme'abile) *adj* **1** waterproof. **2** airtight. *nm* raincoat.

imperniare (imper'njare) *vt* **1** pivot. **2** base.

impero (im'pero) *nm* empire. **imperiale** *adj* imperial.

imperscrutabile (imperskru-'tabile) *adj* inscrutable.

impersonale (imperso'nale) *adj* impersonal.

impersonare (imperso'nare) *vt* **1** personify. **2** play the role of.

imperterrito (imper'territo) *adj* intrepid, fearless.

impertinente (imperti'nente) *adj* impertinent. **impertinenza** (imperti'nentsa) *nf* impertinence.

imperturbabile (impertur'babile) *adj* imperturbable.

imperturbato (impertur'bato) *adj* unperturbed.

impeto ('impeto) *nm* impetus.

impetuoso (impetu'oso) *adj* impetuous. **impetuosità** *nf* impetuosity.

impiantare (impjan'tare) *vt* **1** install. **2** establish.

impiantito (impjan'tito) *nm* floor. **impianto** *nm* **1** installation, fitting. **2** *tech* plant. **impianto stereofonico** *nm* music centre.

impiastrare (impjas'trare) *vt* smear. **impiastro** *nm* **1** poultice. **2** nuisance.

impiccare (impik'kare) *vt* hang.

impicciare (impit'tʃare) *vt* impede, hinder. **impicciarsi** *vr* interfere, meddle. **impiccio** *nm* **1** hindrance. **2** mess.

impiegare (impje'gare) *vt* **1** use, employ. **2** spend. **3** invest. **impiegato** *nm* **1** employee. **2** clerk. **impiego** (im'pjego) *nm* job, employment.

impiombare (impjom'bare) *vt* fill (a tooth). **impiombatura** *nf* filling.

implacabile (impla'kabile) *adj* implacable.

implicare (impli'kare) *vt* implicate, involve. **implicazione** *nf* implication.

implicito (im'plitʃito) *adj* implicit.

implorare (implo'rare) *vt* beg, implore.

impolverare (impolve'rare) *vt* cover with dust. **impolverarsi** *vr* become dusty.

imponente (impo'nente) *adj* imposing.

imponibile (impo'nibile) *adj* taxable.

impopolare (impopo'lare) *adj* unpopular.

imporre* (im'porre) *vt* **1** impose, give. **2** command. **imporsi** *vr* dominate.

importante (impor'tante) *adj*

important. **importanza** (importantsa) *nf* importance.

importare (impor'tare) *vt* 1 import. 2 imply. *v imp* matter, be important. **importatore** *nm* importer. **importazione** *nf* 1 importation. 2 import.

importunare (importu'nare) pester, annoy. **importuno** *adj* annoying. *nm* nuisance.

imposizione (impozit'tsjone) *nf* imposition.

impossessarsi (imposses'sarsi) *vr* 1 take possession. 2 master.

impossibile (impos'sibile) *adj* impossible.

imposta[1] (im'pɔsta) *nf* shutter.
imposta[2] (im'pɔsta) *nf* tax.
impostare[1] (impos'tare) *vt* 1 begin. 2 plan, set out.
impostare[2] (impos'tare) *vt* post.

impostore (impos'tore) *nm* impostor.

impotente (impo'tɛnte) *adj* 1 weak, powerless. 2 impotent. **impotenza** (impo'tɛntsa) *nf* impotence.

impoverire (impove'rire) *vt* impoverish. **impoverirsi** *vr* become poor.

impreciso (impre'tʃizo) *adj* inexact, vague.

impregnare (impreɲ'ɲare) *vt* impregnate.

imprenditore (imprendi'tore) *nm* 1 entrepreneur. 2 contractor.

impreparato (imprepa'rato) *adj* unprepared.

impresa (im'presa) *nf* 1 undertaking, venture. 2 firm, concern.

impressionare (impressjo'nare) *vt* 1 make an impression upon, affect. 2 frighten. **impressionante** *adj* striking. 2 frightening. **impressione** *nf* impression. **impressionismo** (impressjo'nizmo) *nm* impressionism.

imprestare (impres'tare) *vt* lend.

imprevisto (impre'visto) *adj* unforeseen.

imprigionare (impridʒo'nare) *vt* imprison.

imprimere* (im'primere) *vt* 1 imprint, stamp. 2 print.

improbabile (impro'babile) *adj* improbable.

improduttivo (improdut'tivo) *adj* unproductive.

impronta (im'prɔnta) *nf* imprint, mark.

improprio (im'prɔprjo) *adj* improper.

improvvisare (improvvi'zare) *vt* improvise. **improvviso** *adj* sudden. **all'improvviso** unexpectedly.

imprudente (impru'dɛnte) *adj* unwise, rash.

impudente (impu'dɛnte) *adj* impudent. **impudenza** (impu'dɛntsa) *nf* impudence.

impudico (impu'diko) *adj* immodest.

impugnare (impuɲ'ɲare) *vt* 1 grip. 2 contest.

impulso (im'pulso) *nm* impulse. **impulsivo** *adj* impulsive.

impunito (impu'nito) *adj* unpunished. **impunità** *nf* impunity.

impuntarsi (impun'tarsi) *vr* be obstinate.

impuro (im'puro) *adj* impure.

imputare (impu'tare) *vt* ascribe.

imputridire (imputri'dire) *vi* rot.

in (in) *prep* 1 in, at. 2 to. 3 into. 4 by. 5 on. **in casa** at home. **in piedi** standing.

inabile (i'nabile) *adj* unable, unfit.

inabitabile (inabi'tabile) *adj* uninhabitable.

inaccessibile (inattʃes'sibile) *adj* inaccessible.

inaccettabile (inattʃet'tabile) *adj* unacceptable.

inadeguato (inade'gwato) *adj* inadequate.

inalare (ina'lare) *vt* inhale.

inalienabile (inalje'nabile) *adj* inalienable.

inalterabile (inalte'rabile) *adj* unalterable.

inamidare (inami'dare) *vt* starch.

inammissibile (inammis'sibile) *adj* unacceptable.

inapplicabile (inappli'kabile) *adj* inapplicable.

inarcare (inar'kare) *vt* **1** arch. **2** bend.

inaridire (inari'dire) *vi* dry up. **inaridirsi** *vr* become dried up.

inaspettato (inaspet'tato) *adj* unexpected.

inasprire (inas'prire) *vt* **1** embitter. **2** exacerbate.

inastare (inas'tare) *vt* hoist.

inattendibile (inatten'dibile) *adj* unreliable.

inatteso (inat'teso) *vt* unexpected.

inaudito (inau'dito) *adj* unheard of.

inaugurare (inaugu'rare) *vt* inaugurate. **inaugurale** *adj* inaugural. **inaugurazione** *nf* inauguration.

inavvertenza (inavver'tentsa) *nf* inadvertence.

incagliare (inkaʎ'ʎare) *vt* hamper, impede. **incagliarsi** *vr* run aground.

incalcolabile (inkalko'labile) *adj* incalculable.

incalzare (inkal'tsare) *vt* **1** follow closely. **2** press, be imminent. **incalzante** *adj* **1** urgent. **2** imminent.

incamminare (inkammi'nare) *vt* start. **incamminarsi** *vr* set off.

incantare (inkan'tare) *vt* enchant, charm. **incantesimo** (inkan'tezimo) *nm* spell. **incanto** *nm* enchantment.

incapace (inka'patʃe) *adj* incapable, unable.

incappare (inkap'pare) *vi* run into danger.

incarcerare (inkartʃe'rare) *vt* imprison.

incaricare (inkari'kare) *vt* entrust, charge. **incaricarsi** *vr* undertake. **incaricato** *nm* official.

incarico (in'kariko) *nm* task.

incartare (inkar'tare) *vt* wrap up.

incartocciare (inkartot'tʃare) *vt* put into a paper bag.

incassare (inkas'sare) *vt* **1** pack, encase. **2** collect. *vi* fit. **incasso** *nm* takings.

incastrare (inkas'trare) *vt* insert.

incatenare (inkate'nare) *vt* chain up.

incauto (in'kauto) *adj* imprudent.

incendiare (intʃen'djare) *vt* set fire to. **incendiarsi** *vr* catch fire. **incendio** (in'tʃendjo) *nm* fire.

incenso (in'tʃenso) *nm* incense.

incensurabile (intʃensu'rabile) *adj* irreproachable.

inceppare (intʃep'pare) *vt* obstruct. **incepparsi** *vr* jam.

incerto (in'tʃerto) *adj* uncertain, doubtful. **incertezza** (intʃer'tettsa) *nf* uncertainty.

incespicare (intʃespi'kare) *vi* stumble.

incessante (intʃes'sante) *adj* incessant.

incesto (in'tʃesto) *nm* incest.

inchiesta (in'kjesta) *nf* investigation, inquiry.

inchinare (inki'nare) *vt* bow. **inchinarsi** *vr* bow. **inchino** *nm* bow, curtsy.

inchiodare (inkjo'dare) *vt* nail, pin.

inchiostro (in'kjostro) *nm* ink.

inciampare (intʃam'pare) *vi* stumble, trip. **inciampo** *nm* obstacle.

incidente (intʃi'dente) *nm* accident.

incidere* (in'tʃidere) vt **1** engrave, cut. **2** record.

incinta (in'tʃinta) adj pregnant.

incipriare (intʃi'prjare) vt powder.

incisione (intʃi'zjone) nf **1** incision. **2** engraving.

incivilire (intʃivi'lire) vt civilize. **incivile** adj **1** uncivilized. **2** rude.

inclinare (inkli'nare) vt bend. vi incline.

includere* (in'kludere) vt include. **incluso** (in'kluzo) adj **1** included. **2** enclosed. **inclusione** nf inclusion.

incoerente (inkoe'rεnte) adj incoherent.

incognito (in'kɔɲito) adj incognito.

incollare (inkol'lare) vt glue, paste.

incolore (inko'lore) adj colourless.

incolpare (inkol'pare) vt accuse, charge.

incolto (in'kolto) adj **1** neglected. **2** uneducated.

incolume (in'kɔlume) adj safe, unhurt.

incombustibile (inkombus'tibile) adj fireproof.

incominciare (inkomin'tʃare) vt,vi begin, start.

incomodare (inkomo'dare) vt trouble. **incomodarsi** vr put oneself out. **incomodo** (in'kɔmodo) adj troublesome, inconvenient. nm trouble.

incomparabile (inkompa'rabile) adj incomparable.

incompatibile (inkompa'tibile) adj incompatible.

incompetente (inkompe'tεnte) adj incompetent. **incompetenza** (inkompe'tεntsa) nf incompetence.

incompiuto (inkom'pjuto) adj incomplete, unfinished.

incompleto (inkom'plεto) adj incomplete.

incomprensibile (inkompren-'sibile) adj incomprehensible.

inconcepibile (inkontʃe'pibile) adj incredible.

inconcludente (inkonklu'dεnte) adj inconclusive.

inconsapevole (inkonsa'pevole) adj ignorant, unaware.

inconsolabile (inkonso'labile) adj inconsolable.

inconsueto (inkonsu'εto) adj unusual.

incontrare (inkon'trare) vt meet.

incontro[1] (in'kontro) **1** meeting. **2** match. **andare incontro (a) 1** meet. **2** face.

incontro[2] (in'kontro) prep,adv **1** towards. **2** against.

inconveniente (inkonve'njεnte) nm snag, drawback.

incoraggiare (inkorad'dʒare) vt encourage. **incoraggiamento** nm encouragement.

incorniciare (inkorni'tʃare) vt frame.

incoronare (inkoro'nare) vt crown.

incorporare (inkorpo'rare) vt incorporate.

incorrere* (in'korrere) vi incur.

incorruttibile (inkorrut'tibile) adj incorruptible.

incosciente (inkoʃ'ʃεnte) adj irresponsible.

incredibile (inkre'dibile) adj unbelievable, incredible.

incredulo (in'kredulo) adj incredulous. **incredulità** nf incredulity.

increspare (inkres'pare) vt **1** ruffle. **2** wrinkle. **incresparsi** vr ripple.

incrinare (inkri'nare) vt crack. **incrinarsi** vr crack.

incrociare (inkro'tʃare) vt cross. vi cruise. **incrociarsi** vr cross, interlace. **incrociato** adj crossed. **parole incrociate** nf pl crossword.

incrocio *nm* crossing, cross-roads.

incubatrice (inkuba'tritʃe) *nf* incubator.

incubo ('inkubo) *nm* nightmare.

incudine (in'kudine) *nf* anvil.

incuneare (inkune'are) *vt* wedge.

incupire (inku'pire) *vt,vi* darken. **incupirsi** *vr* become gloomy.

incurabile (inku'rabile) *adj* incurable.

incurante (inku'rante)*adj* careless.

incursione (inkur'sjone) *nf* raid, attack.

indagare (inda'gare) *vt* investigate. **indagine** (in'dadʒine) *nf* investigation, inquiry.

indebolire (indebo'lire) *vt,vi* weaken. **indebolirsi** *vr* weaken.

indecente (inde'tʃente) *adj* indecent. **indecenza** (inde'tʃentsa) *nf* indecency.

indecisione (indetʃi'zjone) *nf* indecision.

indeciso (inde'tʃizo) *adj* undecided.

indefinito (indefi'nito) *adj* indefinite.

indegno (in'deɲɲo) *adj* unworthy.

indenne (in'dɛnne) *adj* unhurt.

indennità *nf* 1 compensation, damages. 2 indemnity. **indennizzare** (indenniđ'dzare) *vt* compensate.

indescrivibile (indeskri'vibile) *adj* indescribable.

indesiderabile (indeside'rabile) *adj* undesirable.

indeterminato (indetermi'nato) *adj* vague, indefinite.

India ('indja) *nf* India. **indiano** *adj,n* Indian.

indicare (indi'kare) *vt* 1 point to, indicate. 2 show. 3 recommend. **indicatore** *nm* indicator, gauge. **indicatore stradale** road sign. **indicazione** *nf* indication.

indice ('inditʃe) *nm* 1 index finger, forefinger. 2 index. 3 needle, pointer. 4 sign.

indietreggiare (indjetred'dʒare) *vi* retreat, withdraw.

indietro (in'djɛtro) *adv* 1 back. 2 behind. 3 backwards. **all'indietro** backwards. **andare indietro** (of a watch) be slow.

indifeso (indi'feso) *adj* undefended.

indifferente (indiffe'rɛnte) *adj* indifferent. **indifferenza** (indiffe'rɛntsa) *nf* indifference.

indigesto (indi'dʒɛsto) *adj* indigestible. **indigestione** *nf* indigestion.

indignare (indiɲ'ɲare) *vt* make indignant. **indignarsi** *vr* become angry. **indignato** *adj* indignant. **indignazione** *nf* indignation.

indimenticabile (indimenti'kabile) *adj* unforgettable.

indipendente (indipen'dɛnte) *adj* independent, free. **indipendenza** (indipen'dɛntsa) *nf* independence.

indiretto (indi'retto) *adj* indirect.

indirizzare (indirit'tsare) *vt* 1 direct. 2 address. **indirizzarsi** *vr* set out. **indirizzo** *nm* 1 direction. 2 address.

indiscreto (indis'kreto) *adj* indiscreet.

indispensabile (indispen'sabile) *adj* necessary, indispensable.

indistinto (indis'tinto) *adj* indistinct.

indivia (in'divja) *nf* endive.

individuale (individu'ale) *adj* individual. **individuo** (indi'viduo) *nm* individual.

indivisibile (indivi'zibile) *adj* inseparable, indivisible.

indizio (in'dittsjo) *nm* clue, sign.

indole ('indole) *nf* disposition, nature. **indolente** (indo'lente) *adj* indolent.

indolenzire (indolen'tsire) *vi* go numb.

indomani (indo'mani) *adv* next day, day after.

indossare (indos'sare) *vt* put on, wear. **indossatrice** *nf* model.

indovinare (indovi'nare) *vt* guess. **indovinello** (indovi-'nello) *nm* riddle.

indù (in'du) *adj,n* Hindu.

indubbio (in'dubbjo) *adj* certain.

indubitato (indubi'tato) *adj* undoubted.

indugiare (indu'dʒare) *vi* delay, linger. **indugiarsi** *vr* loiter. **indugio** *nm* delay.

indulgente (indul'dʒɛnte) *adj* indulgent. **indulgenza** (indul'dʒɛntsa) *nf* indulgence.

indumento (indu'mento) *nm* **1** garment. **2** *pl* clothes.

indurire (indu'rire) *vt* harden.

indurre* (in'durre) *vt* induce.

industria (in'dustrja) *nf* industry. **industriale** *adj* industrial. *nm* industrialist.

inebriare (inebri'are) *vt* intoxicate.

inedito (i'nedito) *adj* unpublished.

ineguale (ine'gwale) *adj* **1** unequal. **2** uneven. **ineguaglianza** (inegwaʎ'ʎantsa) *nf* inequality.

inerente (ine'rɛnte) *adj* inherent.

inerpicarsi (inerpi'karsi) *vr* climb.

inerte (i'nɛrte) *adj* inert. **inerzia** (i'nɛrtsja) *nf* inertia.

inesatto (ine'zatto) *adj* inexact.

inescusabile (inesku'zabile) *adj* inexcusable.

inesistente (inezis'tɛnte) *adj* non-existent.

inesorabile (inezo'rabile) *adj* inexorable.

inesperto (ines'pɛrto) *adj* inexperienced.

inesplicabile (inespli'kabile) *adj* inexplicable.

inetto (i'netto) *adj* **1** inept. **2** unsuited.

inevitabile (inevi'tabile) *adj* inevitable.

inezia (i'nɛttsja) *nf* trifle, thing of no importance.

infagottare (infagot'tare) *vt* bundle up.

infallibile (infal'libile) *adj* infallible.

infame (in'fame) *adj* infamous.

infangare (infan'gare) *vt* spatter with mud.

infante (in'fante) *nm* infant. **infanzia** (in'fantsja) *nf* **1** infancy. **2** childhood. **3** children.

infarcire (infar'tʃire) *vt* stuff, cram.

infarinare (infari'nare) *vt* coat with flour.

infastidire (infasti'dire) *vt* annoy.

infatti (in'fatti) *adv* in fact.

infatuarsi (infatu'arsi) *vr* become infatuated.

infedele (infe'dele) *adj* unfaithful. **infedeltà** *nf* infidelity.

infelice (infe'litʃe) *adj* unhappy, unfortunate. **infelicità** *nf* unhappiness.

inferiore (infe'rjore) *adj* **1** lower. **2** inferior. **inferiorità** *nf* inferiority. **complesso d'inferiorità** *nm* inferiority complex.

infermeria (inferme'ria) *nf* sick bay. **infermiera** (infer'mjera) *nf* nurse. **infermiere** (infer'mjere) *nm* male nurse.

inferno (in'fɛrno) *nm* hell. **infernale** *adj* infernal.

infestare (infes'tare) *vt* infest.

infettare (infet'tare) *vt* infect. **infezione** *nf* infection.

infiacchire (infjak'kire) vt weaken.

infiammare (infjam'mare) vt inflame. **infiammarsi** vr 1 flare up. 2 med be inflamed. **infiammazione** nf inflamation.

infido (in'fido) adj unreliable.

infilare (infi'lare) vt 1 thread. 2 insert. **infilarsi** vr put on.

infiltrarsi (infil'trarsi) vr infiltrate.

infimo ('infimo) adj lowest.

infine (in'fine) adv at last.

infinito (infi'nito) adj infinite.

infischiarsi (infis'kjarsi) vr not to care.

inflazione (inflat'tsjone) nf inflation.

inflessibile (infles'sibile) adj inflexible.

infliggere* (in'fliddʒere) vt inflict.

influenzare (influen'tsare) vt influence. **influenza** (influ'entsa) nf 1 influence. 2 influenza.

influire (influ'ire) vi have an influence.

infondato (infon'dato) adj unfounded.

informare (infor'mare) vt inform. **informarsi** vr make enquiries. **informazioni** nf pl information. **informe** (in'forme) adj shapeless.

informicolirsi (informiko'lirsi) vr have pins and needles.

infornare (infor'nare) vt put in oven. **infornata** nf 1 batch (of bread). 2 group.

infortunio (infor'tunjo) nm accident.

infossato (infos'sato) adj hollow, sunken.

inframmettersi* (inframmet-'tersi) vr interfere.

infrangere* (in'frandʒere) vt break. **infrangibile** (infran-'dʒibile) adj unbreakable.

infrastruttura (infrastrut'tura) nf infrastructure.

infrazione (infrat'tsjone) nf violation.

infreddarsi (infred'darsi) vr catch cold.

infuriare (infu'rjare) vi become angry. **infuriarsi** vr fly into a temper.

ingannare (ingan'nare) vt deceive, cheat. **inganno** nm deceit.

ingegnarsi (indʒeɲ'ɲarsi) vr strive. **ingegno** nm 1 intelligence. 2 talent. **ingegnoso** (indʒeɲ'ɲoso) adj ingenious.

ingegnere (indʒeɲ'ɲere) nm engineer. **ingegneria** nf engineering.

ingenuo (in'dʒenuo) adj naive, simple.

ingerirsi (indʒe'rirsi) vr meddle.

Inghilterra (ingil'terra) nf England.

inghiottire (ingjot'tire) vt swallow.

inginocchiarsi (indʒinok'kjarsi) vr kneel (down).

ingiù (in'dʒu) adv 1 downwards. 2 down.

ingiuriare (indʒu'rjare) vt insult. **ingiuria** (in'dʒurja) nf insult. **ingiurioso** (indʒu-'rjoso) adj insulting.

ingiusto (in'dʒusto) adj unjust, unfair. **ingiustizia** (indʒu-s'tittsja) nf injustice.

inglese (in'glese) adj English. nm 1 Englishman. 2 English (language).

ingoiare (ingo'jare) vt swallow, gulp.

ingombrare (ingom'brare) vt block, obstruct. **ingombro** nm obstacle.

ingommare (ingom'mare) vt gum.

ingordo (in'gordo) adj voracious.

ingorgarsi (ingor'garsi) vr be blocked or choked up. **in-**

gorgo *nm* blockage. **ingorgo stradale** traffic jam.

ingranare (ingra'nare) *vt mot* engage. **ingranare la marcia** put into gear.

ingrandire (ingran'dire) *vt* enlarge, increase, magnify. **ingrandimento** *nm* enlargement. **lente d'ingrandimento** *nf* magnifying glass.

ingrassare (ingras'sare) *vt* fatten. *vi* grow fat. **ingrassarsi** *vr* get fat.

ingrato (in'grato) *adj* 1 ungrateful. 2 disagreeable. **ingratitudine** (ingrati'tudine) *nf* ingratitude.

ingrediente (ingre'djɛnte) *nm* ingredient.

ingresso (in'gresso) *nm* entrance.

ingrossare (ingros'sare) *vt* enlarge. **all'ingrosso** *adv* 1 wholesale. 2 about.

inguine ('ingwine) *nm* groin.

inibire (ini'bire) *vt* inhibit. **inibizione** *nf* inhibition.

iniettare (injet'tare) *vt* inject. **iniezione** (injet'tsjone) *nf* injection.

inimicizia (inimi'tʃittsja) *nf* animosity.

inintelligibile (inintelli'dʒibile) *adj* unintelligible.

ininterrotto (initer'rotto) *adj* unbroken.

iniziare (init'tsjare) *vt* 1 begin. 2 initiate. **iniziale** *adj, nf* initial. **iniziativa** *nf* initiative. **inizio** *nm* beginning.

innaffiare (innaf'fjare) *vt* water.

innalzare (innal'tsare) *vt* raise.

innamorare (innamo'rare) *vt* charm. **innamorarsi** *vr* fall in love. **innamorato** *nm* lover.

innanzi (in'nantsi) *adv* 1 before. 2 in front, ahead. **da oggi innanzi** from today onwards. ~ *prep* before.

innato (in'nato) *adj* innate.

innegabile (inne'gabile) *adj* undeniable.

innestare (innes'tare) *vt* 1 graft. 2 vaccinate. 3 insert. **innestare la marcia** put into gear.

inno ('inno) *nm* 1 hymn. 2 anthem.

innocente (inno'tʃɛnte) *adj* innocent. **innocenza** (inno-'tʃɛntsa) *nf* innocence.

innocuo (in'nɔkuo) *adj* harmless.

innovare (inno'vare) *vt* innovate.

innumerabile (innume'rabile) *adj* innumerable.

inoculare (inoku'lare) *vt* inoculate.

inoffensivo (inoffen'sivo) *adj* inoffensive.

inoltrare (inol'trare) *vt* forward. **inoltrarsi** *vr* advance.

inoltre (i'noltre) *adv* besides, moreover.

inondare (inon'dare) *vt* flood.

inoperoso (inope'roso) *adj* inactive.

inorridire (inorri'dire) *vt* horrify. *vi* feel horror.

inosservato (inosser'vato) *adj* unobserved.

inossidabile (inossi'dabile) **acciaio inossidabile** *nm* stainless steel.

inquadrare (inkwa'drare) *vt* frame. **inquadratura** *nf* shot (in a film).

inquietare (inkwje'tare) *vt* worry. **inquietarsi** *vr* become anxious. **inquieto** *adj* 1 anxious. 2 restless. **inquietudine** (inkwje'tudine) *nf* anxiety.

inquilino (ihkwi'lino) *nm* tenant.

inquinare (inkwi'nare) *vt* pollute. **inquinamento** *nm* pollution.

insalata (insa'lata) *nf* salad. **insalatiera** (insala'tjɛra) *nf* salad bowl.

insalubre (insa'lubre) *adj* unhealthy.

insanabile (insa'nabile) *adj* incurable.

insanguinare (insangwi'nare) *vt* stain with blood.

insaputa (insa'puta) **all'insaputa di** *adv* unknown to.

insaziabile (insat'tsjabile) *adj* insatiable.

insegna (in'seɲɲa) *nf* 1 flag, banner. 2 decoration. 3 sign (board).

insegnare (inseɲ'ɲare) *vt* 1 teach. 2 point out. **insegnamento** *nm* teaching. **insegnante** *nm* teacher.

inseguire (inse'gwire) *vt* pursue, chase.

insensato (insen'sato) *adj* stupid.

insensibile (insen'sibile) *adj* 1 imperceptible. 2 insensitive.

inseparabile (insepa'rabile) *adj* inseparable.

inserire (inse'rire) *vt* insert. **inserzione** *nf* 1 insertion. 2 advertisement, notice.

insetto (in'setto) *nm* insect. **insetticida** *nm* insecticide.

insicuro (insi'kuro) *adj* unsure. **insicurezza** (insiku'rettsa) *nf* insecurity.

insidia (in'sidja) *nf* snare, trap.

insieme (in'sjeme) *adv,prep* together.

insignificante (insiɲɲifi'kante) *adj* insignificant.

insinuare (insinu'are) *vt* insinuate.

insipido (in'sipido) *adj* insipid.

insistere* (in'sistere) *vi* insist, persist. **insistente** (insi'stente) *adj* insistent.

insocievole (inso'tʃevole) *adj* unsociable.

insoddisfato (insoddis'fatto) *adj* dissatisfied.

insolente (inso'lente) *adj* insolent. **insolenza** (inso'lentsa) *nf* insolence.

insolito (in'sɔlito) *adj* unusual.

insolubile (inso'lubile) *adj* insoluble.

insomma (in'somma) *adv* in short. *interj* well! for heaven's sake!

insonnia (in'sɔnnja) *nf* insomnia.

insopportabile (insoppor'tabile) *adj* unbearable.

instabile (in'stabile) *adj* unstable. **instabilità** *nf* instability.

installare (instal'lare) *vt* install.

insù (in'su) *adv* 1 up. 2 upwards.

insubordinato (insubordi'nato) *adj* insubordinate.

insudiciare (insudi'tʃare) *vt* dirty.

insufficiente (insuffi'tʃɛnte) *adj* inadequate.

insulina (insu'lina) *nf* insulin.

insultare (insul'tare) *vt* insult. **insulto** *nm* insult.

insurrezione (insurret'tsjone) *nf* rising, revolt.

intaccare (intak'kare) *vt* 1 cut into. 2 corrode.

intagliare (intaʎ'ʎare) *vt* carve. **intaglio** *nm* carving.

intanto (in'tanto) *adv* meanwhile.

intascare (intas'kare) *vt* pocket.

intatto (in'tatto) *adj* intact.

integrale (inte'grale) *adj* complete. **pane integrale** *nm* wholemeal bread.

integrare (inte'grare) *vt* integrate. **integrazione** *nf* integration.

integro ('integro) *adj* 1 complete. 2 honest.

intelletto (intel'letto) *nm* intellect. **intellettuale** *adj,n* intellectual.

intelligente (intelli'dʒɛnte) *adj* intelligent, clever. **intelligenza** (intelli'dʒɛntsa) *nf* intelligence.

intemperie (intem'pɛrje) *nf pl* bad weather.

intendente (inten'dɛnte) *nm* superintendent.

intendere* (in'tɛndere) *vt* 1

understand. **2** hear. **3** mean.
4 intend. **intendersi** *vr* **1** get
on together, agree. **2** be an
expert. **s'intende** of course.
intensificare (intensifi'kare) *vt*
intensify.
intenso (in'tenso) *adj* intense.
intensità *nf* intensity.
intento (in'tento) *adj* intent,
fixed. *nm* intent.
intenzione (inten'tsjone) *nf* intention. **avere l'intenzione
di** intend. **intenzionale** *adj*
intentional.
intercettare (intertʃet'tare) *vt*
intercept.
interdire* (inter'dire) *vt* forbid,
prohibit.
interessare (interes'sare) *vt* **1**
interest. **2** concern. *vi* matter. **interessarsi** *vr* take an
interest. **interessante** *adj*
interesting. **interesse** (inte-
'resse) *nm* interest.
interfaccia (inter'fattʃa) *nf*
interface.
interferire (interfe'rire) *vi* interfere. **interferenza** (interfe'rentsa) *nf* interference.
interiore (inte'rjore) *adj* interi-
or, inner. *nm* interior, inside.
intermedio (inter'mɛdjo) *adj*
intermediate. **intermediario**
(interme'djarjo) *adj,nm* intermediary.
interminabile (intermi'nabile)
adj endless.
internare (inter'nare) *vt* intern.
internazionale (internattsjo-
'nale) *adj* international.
interno (in'terno) *adj* interior,
internal. *nm* interior.
intero (in'tero) *adj* whole, complete, entire.
interpretare (interpre'tare) *vt*
interpret. **interpretazione** *nf*
1 interpretation. **2** performance. **interprete** (in'ter-
prete) *nm,f* **1** interpreter. **2**
performer.
interrogare (interro'gare) *vt*

question, examine, interrogate. **interrogazione** *nf* **1**
question. **2** interrogation.
interrompere* (inter'rompere)
vt interrupt. **interruzione** *nf*
interruption.
interruttore (interrut'tore) *nm*
switch.
interurbano (interur'bano) *adj*
inter-city. **chiamata interurbana** *nf* long-distance telephone call.
intervallo (inter'vallo) *nm* **1**
space. **2** interval.
intervenire* (interve'nire) *vi* **1**
happen. **2** take part, inter-
vene. **3** *med* operate. **intervento** (inter'vento) *nm* **1**
intervention. **2** *med* operation.
intervistare (intervis'tare) *vt*
interview. **intervista** *nf* interview.
intesa (in'tesa) *nf* **1** agreement.
2 understanding.
intestino (intes'tino) *nm* intestine.
intimidire (intimi'dire) *vt* intimidate.
intimo ('intimo) *adj* intimate.
intimorire (intimo'rire) *vt*
frighten. *vi* be afraid. **inti-
morirsi** *vr* get frightened.
intingolo (in'tingolo) *nm* **1**
sauce. **2** stew.
intirizzire (intirid'dzire) *vt*
numb.
intitolare (intito'lare) *vt* **1** entitle. **2** dedicate. **intitolarsi**
vr be called.
intollerabile (intolle'rabile) *adj*
intolerable.
intollerante (intolle'rante) *adj*
intolerant. **intolleranza** (intolle'rantsa) *nf* intolerance.
intonaco (in'tɔnako) *nm* plaster.
intontire (inton'tire) *vt* daze.
intoppare (intop'pare) *vi* stumble.
intorno (in'torno) *prep* around,
round, about.

intorpidire (intorpiˈdire) vt numb.

intralciare (intralˈtʃare) vt hinder. **intralcio** nm obstacle.

intransitivo (intransiˈtivo) adj, nm intransitive.

intraprendere* (intraˈprendere) vt undertake. **intraprendente** (intraprenˈdente) adj go-ahead.

intrattenere* (intratteˈnere) vt entertain. **intrattenersi** vr linger.

intravedere* (intraveˈdere) vt catch a glimpse of.

intreccio (inˈtrettʃo) nm plot, story.

intrepido (inˈtrepido) adj bold, fearless.

intrigo (inˈtrigo) nm plot, intrigue.

introdurre* (introˈdurre) vt 1 insert. 2 introduce. 3 show in. **introduzione** nf introduction.

intromettersi* (introˈmettersi) vr 1 intervene. 2 interfere. **intromissione** (intromisˈsjone) nf 1 intervention. 2 interference.

intronare (introˈnare) vt deafen.

introspettivo (introspetˈtivo) adj introspective.

introverso (introˈverso) adj introverted. nm introvert.

intrusione (intruˈzjone) nf intrusion. **intruso** nm intruder.

intuitivo (intuiˈtivo) adj intuitive. **intuizione** nf intuition.

inumano (inuˈmano) adj inhuman, cruel.

inumidire (inumiˈdire) vt damp, dampen.

inusitato (inuziˈtato) adj unusual.

inutile (iˈnutile) adj useless.

invadere* (inˈvadere) vt invade. **invasione** (invaˈzjone) nf invasion. **invasore** nm invader.

invalido (inˈvalido) adj 1 invalid, not valid. 2 disabled. nm invalid.

invano (inˈvano) adv in vain.

invariabile (invaˈrjabile) adj invariable.

invecchiare (invekˈkjare) vt age. vi age, grow old.

invece (inˈvetʃe) adv 1 instead. 2 on the contrary. **invece di** instead of.

inventare (invenˈtare) vt invent. **inventore** nm inventor. **invenzione** nf invention.

inverno (inˈverno) nm winter.

inverosimile (inveroˈsimile) adj unlikely.

inverso (inˈverso) adj opposite, inverse.

invertebrato (inverteˈbrato) adj, nm invertebrate.

investigare (investiˈgare) vt investigate. **investigatore** nm investigator. **investigazione** nf investigation.

investire (invesˈtire) vt 1 invest. 2 assail. 3 knock down, run over. **investimento** nm 1 investment. 2 collision.

invetriare (inveˈtrjare) vt glaze.

inviare (inviˈare) vt send. **inviato** nm 1 envoy. 2 correspondent. **invio** nm sending.

invidiare (inviˈdjare) vt envy. **invidia** nf envy. **invidioso** (inviˈdjoso) adj envious.

invigorire (invigoˈrire) vt strengthen.

invisibile (inviˈzibile) adj invisible.

invitare (inviˈtare) vt invite. **invitato** nm guest. **invito** nm invitation.

involgere* (inˈvoldʒere) vt 1 wrap. 2 involve.

involontario (involonˈtarjo) adj unintentional.

involto (inˈvolto) nm package.

invulnerabile (invulneˈrabile) adj invulnerable.

inzaccherare (intsakke'rare) vt splash with mud.

inzuppare (intsup'pare) vt soak.

io ('io) pron 1st pers m,f s I. **io stesso** pron 1st pers s myself.

iodio ('jɔdjo) nm iodine.

ione ('jone) nm ion.

ipermercato (ipermer'kato) nm hypermarket.

ipnosi (ip'nɔzi) nf invar hypnosis.

ipnotizzare (ipnotid'dzare) vt hypnotize.

ipocondriaco (ipokon'driako) adj,nm hypochondriac.

ipocrisia (ipokri'zia) nf hypocrisy. **ipocrita** (i'pɔkrita) adj hypocritical. nm hypocrite.

ipoteca (ipo'tɛka) nf mortgage.

ipotesi (i'pɔtezi) nf invar hypothesis. **ipotetico** (ipo'tɛtiko) adj hypothetical.

ippica ('ippika) nf horseracing. **ippico** ('ippiko) adj of horses.

ippocampo (ippo'kampo) nm seahorse.

ippocastano (ippokas'tano) nm horse chestnut tree.

ippodromo (ip'pɔdromo) nm racecourse.

ippopotamo (ippo'pɔtamo) nm hippopotamus.

ira ('ira) nf anger.

iride ('iride) nf 1 rainbow. 2 bot iris. 3 anat iris.

Irlanda (ir'landa) nf Ireland. **irlandese** (irlan'dese) adj Irish. nm 1 Irishman. 2 Irish (language).

ironia (iro'nia) nf irony. **ironico** (i'rɔniko) adj ironic.

irraggiungibile (irraddʒun'dʒibile) adj unattainable.

irragionevole (irradʒo'nevole) adj unreasonable.

irrazionale (irratsjo'nale) adj irrational.

irregolare (irrego'lare) adj 1 irregular. 2 uneven.

irrequieto (irre'kwjɛto) adj troubled.

irresistibile (irresis'tibile) adj irresistible.

irresoluto (irreso'luto) adj irresolute.

irresponsabile (irrespon'sabile) adj irresponsable.

irrigare (irri'gare) vt irrigate. **irrigazione** nf irrigation.

irrigidire (irridʒi'dire) vi stiffen. **irrigidirsi** vr stiffen.

irritare (irri'tare) vt irritate. **irritabile** (irri'tabile) adj irritable. **irritazione** nf irritation.

irrompere* (ir'rompere) vi rush.

irto ('irto) adj 1 bristly. 2 bristling.

iscrivere* (is'krivere) vt enrol, register. **iscrizione** (iskrit'tsjone) nf 1 enrolment. 2 inscription.

Islanda (iz'landa) nf Iceland. **islandese** adj Icelandic. nm 1 Icelander. 2 Icelandic (language).

isola ('izola) nf island.

isolare (izo'lare) vt 1 isolate. 2 insulate. **isolamento** nm 1 isolation. 2 insulation.

ispettore (ispet'tore) nm inspector.

ispezionare (ispetsjo'nare) vt inspect. **ispezione** nf inspection.

ispirare (ispi'rare) vt inspire. **ispirazione** nf inspiration.

Israele (izra'ɛle) nm Israel. **israeliano** adj,n Israeli.

issare (is'sare) vt hoist.

istante (is'tante) nm instant. **istantaneo** (istan'taneo) adj instantaneous.

isterico (is'tɛriko) adj hysterical. **isterismo** nm hysteria.

istinto (is'tinto) nm instinct. **istintivo** adj instinctive.

istituire (istitu'ire) vt institute, found. **istituzione** nf institution.

istituto (isti'tuto) nm institute. **istitutore** nm tutor. **istitutrice** nf governess.

istrice ('istritʃe) *nm,f* porcupine.

istruire* (istru'ire) *vt* instruct, teach. **instruttore** *nm* instructor. **istruzione** *nf* 1 instruction. 2 teaching, education.

Italia (i'talja) *nf* Italy. **italiano** *adj,n* Italian. *nm* Italian (language).

itinerario (itine'rarjo) *nm* route, itinerary.

itterizia (itte'rittsja)*nf* jaundice.

Iugoslavia (jugo'slavja) *nf* Yugoslavia. **iugoslavo** *adj,n* Yugoslav.

iuta ('juta) *nf* jute.

L

la¹ (la) *def art, fs* the.

la² (la) *pron* 1 *3rd pers fs* her, it. 2 *2nd pers m,f s fml* you.

là (la) *adv* there. **di là di** beyond. **più in là** further on.

labbro ('labbro) *nm* 1 *pl* **labbra** *f anat* lip. 2 *pl* **labbri** *m* lip, rim.

labirinto (labi'rinto) *nm* labyrinth.

laboratorio (labora'torjo) *nm* 1 laboratory. 2 workshop.

laborioso (labo'rjoso) *adj* 1 laborious. 2 hard-working.

laburista (labu'rista) *nm* Labour Party member.

lacca ('lakka) *nf* lacquer.

laccio ('lattʃo) *nm* noose. **laccio delle scarpe** shoelace.

lacerare (latʃe'rare) *vt* tear.

lacrima ('lakrima) *nf* tear.

lacrimogeno (lakri'mɔdʒeno) **gas lacrimogeno** *nm* tear gas.

ladro ('ladro) *nm* thief, robber.

laggiù (lad'dʒu) *adv* down there.

lagnarsi (laɲ'narsi) *vr* complain, grumble.

lago ('lago) *nm* lake.

laguna (la'guna) *nf* lagoon.

laico ('laiko) *adj* lay, secular.

lama ('lama) *nf* blade. **lametta** *nf* razor blade.

lambiccarsi (lambik'karsi) *vr* **lambiccarsi il cervello** rack one's brains.

lambire (lam'bire) *vt* lick, lap.

lambrusco (lam'brusko) *nm* type of red wine.

lamentare (lamen'tare) *vt* lament. **lamentarsi** *vr* 1 complain, moan. 2 lament. **lamento** *nm* 1 lament. 2 complaint.

laminato (lami'nato) *adj* laminated. **laminato plastico** *nm* laminated plastics.

lampada ('lampada) *nf* lamp. **lampadina** *nf* light bulb.

lampeggiare (lamped'dʒare) *vi* (of lightning) flash.

lampione (lam'pjone) *nm* streetlamp.

lampo ('lampo) *nm* 1 flash of lightning. 2 flash. **in un lampo** in a flash.

lampone (lam'pone) *nm* raspberry. **pianta di lampone** *nf* raspberry cane.

lana ('lana) *nf* wool.

lancetta (lan'tʃetta) *nf* 1 hand (of a watch). 2 pointer.

lancia¹ (lan'tʃa) *nf* lance.

lancia² (lan'tʃa) *nf* launch.

lanciare (lan'tʃare) *vt* 1 throw, hurl. 2 launch. **lancio** *nm* 1 throw. 2 launching.

languire (lan'gwire) *vi* 1 languish. 2 flag. **languido** ('langwido) *adj* 1 weak. 2 languid.

lanterna (lan'terna) *nf* lantern.

lapide ('lapide) *nf* 1 tombstone. 2 plaque.

lapis ('lapis) *nm invar* pencil.

lardo ('lardo) *nm* lard.

largo ('largo) *adj* 1 wide, broad. 2 liberal. *nm* 1 breadth. 2 space. 3 open sea. **farsi largo** clear one's way. **larghezza** (lar'gettsa) *nf* **1** width, breadth. **2** generosity.

larice ('laritʃe) *nm* larch.

laringe (la'rindʒe) *nf* larynx. **laringite** *nf* laryngitis.

larva ('larva) *nf* larva.

lasagne (la'zaɲɲe) *nf pl* dish made of strips of pasta and covered with sauce.

lasciare (laʃ'ʃare) *vt* **1** leave. **2** let, allow. **3** abandon, give up. **4** keep. **5** leave. **lasciare cadere** drop. **lasciapassare** *nm invar* pass, permit.

lascivo (laʃ'ʃivo) *adj* lascivious.

lassativo (lassa'tivo) *adj,nm* laxative.

lassù (las'su) *adv* up there.

lastra ('lastra) *nf* **1** slab, sheet. **2** paving slab. **3** X-ray plate.

lastricare (lastri'kare) *vt* pave. **lastrico** ('lastriko) *nm* pavement.

latente (la'tɛnte) *adj* latent, hidden.

latino (la'tino) *adj,nm* Latin.

latitudine (lati'tudine) *nf* latitude.

lato[1] ('lato) *nm* side. **d'altro lato** on the other hand.

lato[2] ('lato) *adj* wide.

latrina (la'trina) *nf* public lavatory.

latta ('latta) *nf* **1** tin plate. **2** can, tin.

lattaio (lat'tajo) *nm* milkman.

latte ('latte) *nm* milk. **latteria** *nf* dairy. **lattiera** (lat'tjɛra) *nf* milk jug.

lattuga (lat'tuga) *nf* lettuce.

laurea ('laurea) *nf educ* degree. **laurearsi** (laure'arsi) *vr* graduate.

lauro ('lauro) *nm* laurel.

lava ('lava) *nf* lava.

lavagna (la'vaɲɲa) *nf* blackboard.

lavanda (la'vanda) *nf* lavender.

lavandaia (lavan'daja) *nf* washerwoman, laundress.

lavanderia (lavande'ria) *nf* laundry.

lavandino (lavan'dino) *nm* sink.

lavare (la'vare) *vt* **1** wash. **2** clean. **lavare a secco** dry-clean. **lavapiatti** (lava'pjatti) *nm also* **lavastoviglie** *nf* dishwasher. **lavatrice** *nf* washing machine.

lavorare (lavo'rare) *vi,vt* work. **lavorante** *nm also* **lavoratore** *nm* worker. **lavoro** *nm* **1** work. **2** job.

le[1] (le) *def art, f pl* the.

le[2] (le) *pron* **1** *3rd pers f pl* them. **2** *3rd pers fs* to her or it. **3** *2nd pers m,f s fml* to you.

leale (le'ale) *adj* loyal. **lealtà** *nf* loyalty.

lebbra ('lebbra) *nf* leprosy. **lebbroso** (leb'broso) *nm* leper.

leccare (lek'kare) *vt* lick. **leccarsi le labbra** lick one's lips.

leccalecca (lekka'lekka) *nm* lollipop.

lecito ('letʃito) *adj* permitted, allowed.

lega ('lega) *nf* **1** league. **2** alloy.

legale (le'gale) *adj* legal. *nm* lawyer. **legalizzare** (legalid'dzare) *vt* **1** legalize. **2** authenticate.

legare (le'gare) *vt* **1** tie (up), bind. **2** join. **legame** *nm* link, tie, bond. **legatura** *nf* binding.

legato (le'gato) *nm* legacy.

legge ('leddʒe) *nf* law, rule.

leggenda (led'dʒɛnda) *nf* legend.

leggere* ('lɛddʒere) *vt* read. **leggibile** (led'dʒibile) *adj* legible.

leggero (led'dʒɛro) *adj* **1** light. **2** slight. **3** agile. **leggerezza** (leddʒe'rettsa) *nf* **1** lightness. **2** agility.

leggiadro (led'dʒadro) *adj* **1** pretty. **2** lovely.

legione (le'dʒone) *nf* legion.
legislazione (ledʒizlat'tsjone) *nf* legislation. **legislativo** *adj* legislative.
legittimo (le'dʒittimo) *adj* legitimate.
legno ('leɲɲo) *nm* wood. **di legno** wooden. **legna** *nf* firewood. **legname** *nm* wood, timber.
lei ('lɛi) *pron* **1** *3rd pers fs* she, her, it. **2** *cap 2nd pers ms fml* you. **dare del lei** use the polite form of address. **lei stessa** *pron* **1** *3rd pers fs* herself, itself. **2** *cap 2nd pers fs fml* yourself. **Lei stesso** *pron 2nd pers ms fml* yourself.
lembo ('lembo) *nm* **1** edge. **2** hem.
lente ('lɛnte) *nf* lens. **lente a contatto** contact lens.
lenticchia (len'tikkja) *nf* lentil.
lentiggine (len'tiddʒine) *nf* freckle.
lento ('lɛnto) *adj* **1** slow. **2** slack. **lentezza** (len'tettsa) *nf* slowness.
lenzuolo (len'tswɔlo) *nm* **1** *pl* **lenzuoli** *m* sheet. **2** *pl* **lenzuola** *f* pair of sheets.
leone (le'one) *n* **1** lion. **2** *cap* Leo.
leopardo (leo'pardo) *nm* leopard.
lepre ('lɛpre) *nf* hare.
lesbico ('lɛzbiko) *adj* lesbian.
lessare (les'sare) *vt* boil. **lesso** *adj* boiled. *nm* boiled beef.
lessi ('lɛssi) *v see* **leggere**.
lessico ('lɛssiko) *nm* lexicon, dictionary.
lesto ('lɛsto) *adj* **1** swift. **2** agile.
letame (le'tame) *nm* manure, dung.
letizia (le'tittsja) *nf* happiness.
lettera ('lettera) *nf* letter. **letterale** *adj* literal.
letterario (lette'rarjo) *adj* literary. **proprietà letteraria** *nf* copyright.

letteratura (lettera'tura) *nf* literature.
lettiga (let'tiga) *nf* stretcher.
letto[1] ('letto) *v see* **leggere**.
letto[2] ('letto) *nm* bed. **letto matrimoniale** double bed.
lettore (let'tore) *nm* reader.
lettura (let'tura) *nf* reading.
leucemia (leutʃe'mia) *nf* leukaemia.
leva[1] ('lɛva) *nf* lever.
leva[2] ('lɛva) *nf* conscription.
levante (le'vante) *nm* east.
levare (le'vare) *vt* **1** raise, lift up. **2** remove. **levarsi** *vr* **1** rise, get up. **2** take off. **levarsi di mezzo** get out of the way. **levata** *nf* **1** rising. **2** postal collection.
levatoio (leva'tojo) **ponte levatoio** *nm* drawbridge.
levigare (levi'gare) *vt* smooth.
levriere (le'vrjere) *nm* greyhound.
lezione (let'tsjone) *nf* lesson.
lezioso (let'tsjoso) *adj* affected.
lezzo ('leddzo) *nm* stench.
li (li) *pron 3rd pers m,f pl* them.
lì (li) *adv* there. **essere lì lì per** be on the point of.
Libano ('libano) *nm* Lebanon. **libanese** *adj,n* Lebanese.
libbra ('libbra) *nf* pound (weight).
libellula (li'bɛllula) *nf* dragonfly.
liberale (libe'rale) *adj* liberal.
liberare (libe'rare) *vt* free, liberate. **liberazione** *nf* liberation.
libero ('libero) *adj* **1** free. **2** vacant. **3** open. **libertà** *nf* freedom, liberty.
Libia (li'bia) *nf* Libya. **libico** *adj,n* Libyan.
Libra ('libra) *nf* Libra.
libro ('libro) *nm* book. **libro mastro** ledger. **libreria** *nf* **1** bookshop. **2** bookcase. **libretto** *nm* **1** notebook, book-

let. **2** libretto. **libretto di assegni** chequebook.

licenza (li'tʃɛntsa) *nf* **1** licence. **2** permission. **3** leave. **4** notice. **5** diploma.

licenziare (litʃen'tsjare) *vt* dismiss.

liceo (li'tʃɛo) *nm* high school, grammar school.

lichene (li'kɛne) *nm* lichen.

lido ('lido) *nm* shore.

lieto ('ljɛto) *adj* happy, joyful.

lieve ('ljɛve) *adj* light.

lievito ('ljɛvito) *nm* yeast.

ligustro (li'gustro) *nm* privet.

lilla ('lilla) *adj invar* lilac (coloured). *nm* **1** lilac (colour). **2** *bot* lilac.

limare (li'mare) *vt* file. **lima** *nf* file.

limitare (limi'tare) *vt* limit, restrict.

limite ('limite) *nm* **1** limit. **2** boundary.

limone (li'mone) *nm* **1** *bot* lemon. **2** lemon (colour). **3** lemon tree. **limonata** *nf* lemonade. **limonato** *adj* lemon (coloured).

limpido ('limpido) *adj* clear, limpid.

lince ('lintʃe) *nf* lynx.

linciare (lin'tʃare) *vt* lynch.

lindo ('lindo) *adj* neat.

linea ('linea) *nf* line.

lineamenti (linea'menti) *nm pl* features.

lingua ('lingwa) *nf also* **linguaggio** *nm* **1** tongue. **2** language. **linguistica** (lin'gwistika) *nf* linguistics.

lino ('lino) *nm* **1** flax. **2** linen. **linoleum** (li'nɔleum) *nm* linoleum.

liocorno (lio'kɔrno) *nm* unicorn.

liquidare (likwi'dare) *vt* **1** settle, pay. **2** sell off. **3** eliminate. **liquidazione** *nf* **1** settlement, winding-up. **2** sale. **3** elimination.

liquido ('likwido) *adj,nm* liquid.

liquirizia (likwi'rittsja) *nf* liquorice.

liquore (li'kwore) *nm* liqueur.

lira[1] ('lira) *nf* lira. **lira sterlina** pound sterling.

lira[2] ('lira) *nf* lyre.

lirico ('liriko) *adj* lyric. *nm* lyric poet.

lisca ('liska) *nf* fishbone.

lisciare (liʃ'ʃare) *vt* **1** smooth. **2** caress. **liscio** *adj* **1** smooth. **2** (of a drink) neat.

liso ('lizo) *adj* worn out.

lista ('lista) *nf* **1** list. **2** strip. **listino** *nm* list.

litania (lita'nia) *nf* litany.

lite ('lite) *nf* **1** lawsuit. **2** quarrel, argument.

litigare (liti'gare) *vi* quarrel. **litigio** *nm* quarrel.

litorale (lito'rale) *nm* coast.

litro ('litro) *nm* litre.

liuto (li'uto) *nm* lute.

livellare (livel'lare) *vt* level. **livello** (li'vello) *nm* level. **passaggio a livello** *nm* level crossing.

livido ('livido) *adj* livid. *nm* bruise.

Livorno (li'vorno) *nf* Leghorn.

livrea (li'vrea) *nf* livery.

lo[1] (lo) *def art, ms* the.

lo[2] (lo) *pron 3rd pers ms* him, it.

lobo ('lɔbo) *nm* lobe.

locale[1] (lo'kale) *adj* local.

locale[2] (lo'kale) *nm* **1** room. **2** *pl* premises. **3** place.

localizzare (lokalid'dzare) *vt* localize.

locanda (lo'kanda) *nf* inn. **locandiere** (lokan'djere) *nm* innkeeper.

locomotiva (lokomo'tiva) *nf* locomotive.

lodare (lo'dare) *vt* praise. **lode** *nf* praise. **lodevole** (lo-'devole) *adj* praiseworthy.

logaritmo (loga'ritmo) *nm* logarithm.

loggia ('lɔddʒa) *nf* 1 balcony. 2 loggia. 3 masonic lodge.

logica ('lɔdʒika) *nf* logic. **logico** ('lɔdʒiko) *adj* logical.

logorare (logo'rare) *vt* wear out. **logoro** ('logoro) *adj* worn, worn out.

Londra ('londra) *nf* London.

longitudine (londʒi'tudine) *nf* longitude.

lontano (lon'tano) *adj* 1 distant, far away. 2 far. *adv* far away, far. **di lontano** from a distance. **lontano un chilometro** a kilometre away. **lontananza** (lonta'nantsa) *nf* distance.

lontra ('lontra) *nf* otter.

loquace (lo'kwatʃe) *adj* talkative.

lordo ('lordo) *adj* filthy.

loro ('loro) *pron* 1 *3rd pers m,f pl* they, them, to them. 2 *cap 2nd pers m,f fml* you, to you. *poss adj* 1 *3rd pers pl invar* their. 2 *2nd pers pl fml invar* your. *poss pron* 1 *3rd pers pl invar* theirs. 2 *2nd pers pl fml invar* yours. **loro stesse** *pron* 1 *3rd pers f pl* themselves. 2 *cap 2nd pers f pl* yourselves. **loro stessi** *pron* 1 *3rd pers m pl* themselves. 2 *cap 2nd pers m pl* yourselves.

losco ('losko) *adj* 1 squinteyed. 2 shady, suspicious.

loto ('lɔto) *nm* lotus.

lottare (lot'tare) *vi* 1 struggle. 2 wrestle. **lotta** *nf* struggle.

lottatore *nm* wrestler.

lotteria (lotte'ria) *nf* lottery.

lozione (lot'tsjone) *nf* lotion.

lubrificare (lubrifi'kare) *vt* lubricate. **lubrificante** *nm* lubricant.

lucchetto (luk'ketto) *nm* padlock.

luccicare (luttʃi'kare) *vi* shine, gleam.

lucciola ('luttʃola) *nf* firefly.

luce ('lutʃe) *nf* light. **fare lu-**

ce su throw light on. **lucente** (lu'tʃente) *adj* shining.

lucerna (lu'tʃerna) *nf* oil lamp.

lucernario (lutʃer'narjo) *nm* skylight.

lucertola (lu'tʃertola) *nf* lizard.

lucidare (lutʃi'dare) *vt* shine, polish.

lucido ('lutʃido) *adj* 1 shining. 2 lucid. **lucidità** *nf* lucidity.

luglio ('luʎʎo) *nm* July.

lugubre ('lugubre) *adj* gloomy.

lui ('lui) *pron 3rd pers ms* 1 he. 2 him, it. **lui stesso** *pron 3rd pers ms* himself, itself.

lumaca (lu'maka) *nf* 1 snail. 2 slug.

lume ('lume) *nm* light.

luminoso (lumi'noso) *adj* luminous.

luna ('luna) *nf* moon. **luna di miele** honeymoon. **lunare** *adj* lunar. **lunapark** ('lunapark) *nm invar* amusements park.

lunedì (lune'di) *nm* Monday.

lungo ('lungo) *adj* 1 long. 2 slow. 3 thin, diluted. *prep* along. **di gran lunga** by far. **per lungo e per largo** far and wide. **lunghezza** (lun'gettsa) *nf* length. **lungi** *adv* far.

luogo ('lwɔgo) *nm* 1 place. 2 position, site. 3 passage (in a book). **avere luogo** take place.

lupo ('lupo) *nm* wolf. **cane lupo** *nm* Alsatian. **lupo di mare** old salt, old sailor.

luppolo ('luppolo) *nm bot* hop.

lurido ('lurido) *adj* filthy.

lusingare (luzin'gare) *vt* flatter. **lusinga** *nf* flattery.

Lussemburgo (lussem'burgo) *nm* Luxembourg.

lusso ('lusso) *nm* luxury. **di lusso** de luxe, luxury. **lussuoso** (lussu'oso) *adj* luxurious.

lustrare (lus'trare) *vt* polish, shine. **lustrascarpe** *nm invar* shoeshine boy. **lustro** *adj* shiny.

lutto ('lutto) *nm* mourning.

M

ma (ma) *conj* **1** but. **2** yet.

macabro ('makabro) *adj* macabre.

maccheroni (makke'roni) *nm pl* macaroni.

macchia¹ ('makkja) *nf* stain, spot.

macchia² ('makkja) *nf* bush, scrub.

macchiare (mak'kjare) *vt* stain, spot. **macchiato** *adj* spotted. **caffè macchiato** *nm* coffee with a drop of milk.

macchina ('makkina) *nf* **1** engine, machine. **2** car. **macchina da cucire** sewing machine. **macchina da scrivere** typewriter. **macchina fotografica** camera. **macchinetta** *nf* **1** cigarette lighter. **2** coffee percolator. **macchinista** *nm* engine-driver.

macchinare (makki'nare) *vt* plot.

macedonia (matʃe'dɔnja) *nf* fruit salad.

macellare (matʃel'lare) *vt* butcher, slaughter. **macellaio** *nm* butcher. **macelleria** *nf* butcher's shop. **macello** (ma'tʃɛllo) *nm* abattoir, slaughterhouse.

macina ('matʃina) *nf* millstone. **macinare** *vt* grind, mill. **macinino** *nm* **1** coffee grinder. **2** pepper-mill.

macrobiotico (makrobi'ɔtiko) *adj* macrobiotic. **cibo macrobiotico** *nm* health food.

Madera (ma'dɛra) *nm* Madeira wine.

madido ('madido) *adj* damp, moist.

Madonna (ma'dɔnna) *nf* **1** Our Lady. **2** Madonna.

madre ('madre) *nf* mother. **madreperla** (madre'perla) *nf* mother-of-pearl. **madrina** *nf* godmother.

madrigale (madri'gale) *nm* madrigal.

maestà (maes'ta) *nf* **1** majesty, grandeur. **2** *cap* Majesty. **maestoso** (maes'toso) *adj* majestic.

maestro (ma'ɛstro) *nm* **1** master. **2** schoolteacher. *adj* **1** main. **2** skilful. **maestra** *nf* schoolmistress.

mafia ('mafja) *nf* Mafia. **mafioso** (ma'fjoso) *nm* member of the Mafia.

magari (ma'gari) *adv* **1** even. **2** perhaps. *conj* if only. *interj* if only it were so!

magazzino (magad'dzino) *nm* warehouse.

maggio ('maddʒo) *nm* May. **primo maggio** *nm* May Day.

maggiorana (maddʒo'rana) *nf* marjoram.

maggiore (mad'dʒore) *adj* **1** greater. **2** bigger. **3** older. **4** greatest. **5** biggest. **6** oldest. *nm mil* major. **maggiordomo** (maddʒor'domo) *nm* butler. **maggiorenne** (maddʒo'renne) *adj* law of age.

magia (ma'dʒia) *nf* magic. **magico** ('madʒiko) *adj* magic, magical.

magistero (madʒis'tero) *nm* **1** skill. **2** teaching profession. **magistrato** (madʒis'trato) *nm* magistrate.

maglia ('maʎʎa) *nf* **1** stitch, link. **2** pullover. **3** vest. **lavorare a maglia** knit.

magnete (maɲ'ɲete) *nm* magnet. **magnetico** (maɲ'ɲetiko) *adj* magnetic.

magnetofono (maɲɲe'tɔfono) *nm tech* taperecorder.

magnifico (maɲ'ɲifiko) *adj* splendid, magnificent.

magnolia (maɲˈɲɔlja) *nf* magnolia.

mago (ˈmago) *nm* magician, wizard. **maga** *nf* sorceress.

magro (ˈmagro) *adj* **1** thin. **2** scanty, meagre. **3** lean. **mangiare di magro** abstain from eating meat. **magrezza** (maˈgrettsa) *nf* thinness.

mai (ˈmai) *adv* **1** ever. **2** never. **come mai?** how is that? **mai più** never again.

maiale (maˈjale) *nm* **1** pig. **2** pork.

maionese (majoˈnese) *nf* mayonnaise.

mais (ˈmais) *nm* maize.

maiuscolo (maˈjuskolo) *adj* (of a letter) capital. **maiuscola** (maˈjuskola) *nf* capital letter.

malaccorto (malakˈkɔrto) *adj* imprudent.

malafede (malaˈfede) *nf* bad faith.

malanno (maˈlanno) *nm* misfortune.

malapena (malaˈpena) **a malapena** *adv* hardly.

malaria (maˈlarja) *nf* malaria.

malato (maˈlato) *adj* **1** sick, ill. **2** sore. *nm* sick person, patient. **malattia** *nf* illness.

malavoglia (malaˈvɔʎʎa) *nf* ill will.

malcontento (malkonˈtɛnto) *adj* discontented. *nm* discontent.

male (ˈmale) *nm* **1** evil, wrong. **2** ache, pain. **andare a male** go bad. **di male in peggio** from bad to worse. **mal di denti** toothache. **mal di gola** sore throat. **mal di mare** seasickness. **mal di testa** headache. *adv* **1** badly. **2** ill. **non c'è male** not too bad.

maledire* (maleˈdire) *vt* curse. **maledetto** *adj* cursed. **maledizione** *nf* curse.

maleducato (maleduˈkato) *adj* rude, ill-bred.

malefico (maˈlɛfiko) *adj* malign.

malerba (maˈlɛrba) *nf* weed.

malessere (maˈlessere) *nm* **1** uneasiness. **2** indisposition.

malevolo (maˈlevolo) *adj* malevolent. **malevolenza** (malevoˈlentsa) *nf* malevolence.

malfamato (malfaˈmato) *adj* notorious.

malfatto (malˈfatto) *adj* misshapen.

malfattore (malfatˈtore) *nm* evildoer, criminal.

malfermo (malˈfermo) *adj* unstable.

malfido (malˈfido) *adj* unreliable.

malgrado (malˈgrado) *prep* despite, in spite of. *conj* although.

malia (maˈlia) *nf* enchantment.

maligno (maˈliɲɲo) *adj* malignant.

malinconia (malinkoˈnia) *nf* melancholy. **malinconico** (malinˈkɔniko) *adj* melancholy.

malinteso (malinˈteso) *adj* misunderstood. *nm* misunderstanding.

malizia (maˈlittsja) *nf* malice. **malizioso** (malitˈtsjoso) *adj* malicious.

malmenare (malmeˈnare) *vt* illtreat.

malnutrizione (malnutritˈtsjone) *nf* malnutrition.

malo (ˈmalo) *adj* bad. **di mala voglia** *adv* unwillingly.

malsano (malˈsano) *adj* unhealthy.

malta (ˈmalta) *nf* mortar.

malto (ˈmalto) *nm* malt.

maltrattare (maltratˈtare) *vt* illtreat.

malumore (maluˈmore) *nm* bad mood. **di malumore** in a bad mood.

malvagio (malˈvadʒo) *adj* evil.

malversare (malver'sare) *vt* embezzle. **malversazione** *nf* embezzlement.

malvolentieri (malvolen'tjeri) *adv* unwillingly.

mamma ('mamma) *nf inf* mummy, mum. **mamma mia!** my goodness!

mammella (mam'mɛlla) *nf* breast.

mammifero (mam'mifero) *nm* mammal.

mancare (man'kare) *vi* 1 lack, want. 2 miss, be missing. 3 fail. **non ci mancherebbe altro!** that's all we need! **mancante** *adj* 1 missing. 2 lacking. **mancanza** (man-'kantsa) *nf* lack.

mancia ('mantʃa) *nf* tip, gratuity.

mancino (man'tʃino) *adj* 1 left. 2 left-handed. 3 disloyal.

mandare (man'dare) *vt* send. **mandare giù** swallow. **mandato** *nm* 1 mandate. 2 warrant.

mandarino[1] (manda'rino) *nm* mandarin.

mandarino[2] (manda'rino) *nm* mandarin, tangerine.

mandolino (mando'lino) *nm* mandolin.

mandorla ('mandorla) *nf* 1 almond. 2 kernel. **mandorlo** ('mandorlo) *nm* almond tree.

mandria ('mandrja) *nf* herd.

maneggiare (maned'dʒare) *vt* handle. **maneggio** *nm* 1 handling. 2 management.

manette (ma'nette) *nf pl* handcuffs.

mangano ('mangano) *nm* mangle.

mangianastri (mandʒa'nastri) *nm Tdmk* portable cassette recorder.

mangiare (man'dʒare) *vt* 1 eat. 2 corrode. 3 waste. 4 (in draughts, etc.) take. **mangiabile** (man'dʒabile) *adj* edible. **mangime** *nm* fodder.

mangiatoia (mandʒa'toja) *nf* manger.

mango ('mango) *nm* 1 mango. 2 mango tree.

mania (ma'nia) *nf* 1 mania. 2 obsession, craze. **maniaco** (ma'niako) *adj* 1 maniacal. 2 crazy. *nm* maniac.

manica ('manika) *nf* 1 sleeve. 2 *cap* English Channel. **essere un altro paio di maniche** be another kettle of fish.

manichino (mani'kino) *nm* tailor's dummy.

manico ('maniko) *nm* handle.

manicomio (mani'kɔmjo) *nm* lunatic asylum.

maniera (ma'njera) *nf* 1 way, manner, style. 2 *pl* manners. **in maniera che** so that. **manierato** *adj* affected.

manifattura (manifat'tura) *nf* 1 manufacture. 2 factory.

manifestare (manifes'tare) *vt* display, show. *vi pol* demonstrate. **manifestazione** *nf pol* demonstration. **manifesto** (mani'festo) *nm* 1 poster. 2 manifesto.

maniglia (ma'niʎʎa) *nf* handle, knob.

manipolare (manipo'lare) *vt* handle, manipulate.

mannaggia (man'naddʒa) *interj* damn!

mano ('mano) *nf,pl* **mani** 1 hand. 2 power. 3 skill. 4 help. 5 coat (of paint). **alla mano** affable. **a mano** by hand. **battere le mani** clap. **di seconda mano** secondhand. **man mano** gradually. **sotto mano** *or* **a portata di mano** at hand. **stringere la mano a** shake hands with. **manata** *nf* handful. **manicotto** (mani'kɔtto) *nm* muff. **manodopera** (mano'dopera) *nf* labour. **manopola** (ma-'nɔpola) *nf* knob. **manoscritto** (manos'kritto) *nm* manuscript. **manovella** (ma-no'vella) *nf* handle.

manomettere (mano'mettere) *vt* ill-treat.

manovrare (mano'vrare) *vt* manoeuvre. **manovra** (ma-'nɔvra) *nf* manoeuvre.

mansueto (mansu'eto) *adj* 1 tame. 2 meek.

mantello (man'tello) *nm* cloak.

mantenere* (mante'nere) *vt* 1 keep, maintain. 2 support. **mantenimento** *nm* maintenance.

mantice(man'titʃe)*nm* bellows.

mantiglia (man'tiʎʎa) *nf* mantilla.

manuale (manu'ale) *adj* manual. *nm* manual, handbook.

manubrio (ma'nubrjo) *nm* 1 handle. 2 handlebar.

manutenzione (manuten'tsjone) *nf* maintenance.

manzo ('mandzo) *nm* beef.

mappa ('mappa) *nf* map. **mappamondo** *nm* globe.

marca ('marka) *nf* mark. **marca di fabbrica** trademark.

marcare (mar'kare) *vt* 1 mark, note. 2 *sport* score.

marchese (mar'keze) *nm* marquis. **marchesa** *nf* marchioness.

marchio ('markjo) *nm* brand.

marcia[1] ('martʃa) *nf* 1 march. 2 *mot* gear. **marciapiede** (martʃa'pjede) *nm* 1 pavement. 2 platform.

marcia[2] ('martʃa) *nf* pus.

marciare (mar'tʃare) *vi* march.

marcire (mar'tʃire) *vi* go bad. **marcio** *adj* rotten, bad.

marco[1] ('marko) *nm* mark (coin).

marco[2] ('marko) *nm* mark, sign.

mare ('mare) *nm* sea, ocean. **mare grosso** heavy sea. **marea** (ma'rɛa) *nf* tide.

maremma (ma'remma) *nf* swamp.

maresciallo (mareʃ'ʃallo) *nm* marshal.

margarina (marga'rina) *nf* margarine.

margherita (marge'rita) *nf* daisy.

margine ('mardʒine) *nm* 1 edge, border. 2 margin.

marina (ma'rina) *nf* 1 sea. 2 coast. 3 navy. 4 *Art* seascape. **marinaio** *nm* sailor.

marino *nm* marine.

marinare (mari'nare) *vt* marinade. **marinare la scuola** play truant.

marionetta (marjo'netta) *nf* puppet.

maritare (mari'tare) *vt* marry. **maritarsi** *vr* marry, get married. **maritale** *adj* marital.

marito (ma'rito) *nm* husband.

marittimo (ma'rittimo) *adj* maritime.

marmellata (marmel'lata) *nf* jam, marmalade.

marmo ('marmo) *nm* marble.

marra ('marra) *nf* hoe.

marrone (mar'rone) *nm* chestnut. *adj* brown.

marsupiale (marsu'pjale) *nm* marsupial.

martedì (marte'di) *nm* Tuesday. **martedì grasso** Shrove Tuesday.

martellare (martel'lare) *vt,vi* hammer. *vi* throb. **martello** (mar'tello) *nm* hammer.

martire (mar'tire) *nm,f* martyr. **martirio** *nm* 1 martyrdom. 2 torment.

marxismo (mark'sizmo) *nm* Marxism. **marxista** *adj,n* Marxist.

marzapane (martsa'pane) *nm* marzipan.

marziale (mar'tsjale) *adj* martial.

marzo ('martso) *nm* March.

mascalzone (maskal'tsone) *nm* villain.

mascara (mas'kare) *nm* mascara.

mascella (maʃˈʃella) *nf* jaw.
mascherare (maskeˈrare) *vt* mask, conceal. **maschera** (ˈmaskera) *nf* mask. **ballo in maschera** *nm* masked ball.
maschile (masˈkile) *adj* masculine, male, manly.
maschio (ˈmaskjo) *adj* male, manly. *nm* **1** male. **2** boy.
masochismo (mazoˈkizmo) *nm* masochism.
massa (ˈmassa) *nf* pile, heap, mass.
massacrare (massaˈkrare) *vt* massacre. **massacro** *nm* massacre.
massaggiare (massadˈdʒare) *vt* massage. **massaggio** *nm* massage.
massaia (masˈsaja) *nf* housewife.
massiccio (masˈsittʃo) *adj* **1** solid. **2** huge. **oro massiccio** *nm* solid gold.
massima (ˈmassima) *nf* maxim, rule.
massimo (ˈmassimo) *adj* greatest. *nm* maximum. **al massimo** at the most.
massone (masˈsone) *nm* freemason. **massoneria** *nf* freemasonry.
masticare (mastiˈkare) *vt* chew.
mastro (ˈmastro) *nm* ledger.
matematica (mateˈmatika) *nf* mathematics. **matematico** (mateˈmatiko) *nm* mathematician. *adj* mathematical.
materasso (mateˈrasso) *nm* mattress.
materia (maˈtɛrja) *nf* **1** matter, material. **2** subject. **materiale** *adj,nm* material.
materno (maˈtɛrno) *adj* maternal. **maternità** *nf* maternity, motherhood.
matita (maˈtita) *nf* pencil.
matriarcale (matriarˈkale) *adj* matriarchal.
matrice (maˈtritʃe) *nf* **1** womb. **2** counterfoil.

matricolare (matrikoˈlare) *vt* enroll. **matricolarsi** *vr* matriculate. **matricola** (maˈtrikola) *nf* **1** register. **2** first year student.
matrigna (maˈtriɲɲa) *nf* stepmother.
matrimonio (matriˈmɔnjo) *nm* marriage, matrimony. **matrimoniale** *adj* matrimonial.
matterello (matteˈrello) *nm* rolling pin.
mattina (matˈtina) *nf also* **mattino** *nm* morning. **mattinata** *nf* **1** morning. **2** matinée.
matto (ˈmatto) *adj* mad, crazy. *nm* madman.
mattone (matˈtone) *nm* brick. **mattonella** (mattoˈnella) *nf* tile.
maturare (matuˈrare) *vi* **1** ripen. **2** mature. **maturità** *nf* maturity. **maturo** *adj* **1** ripe. **2** mature.
mausoleo (mauzoˈlɛo) *nm* mausoleum.
mazza (ˈmattsa) *nf* club.
mazzo (ˈmattso) *nm* bunch.
me (me) *pron 1st pers m,f s* **1** me. **2** myself.
meccanica (mekˈkanika) *nf* mechanics. **meccanico** (mekˈkaniko) *adj* mechanical. *nm* mechanic. **meccanismo** *nm* mechanism. **meccanizzare** (mekkanidˈdzare) *vt* mechanize.
mèche (mɛʃ) *nf* streak (in the hair).
medaglia (meˈdaʎʎa) *nf* medal.
medesimo (meˈdezimo) *adj* same.
media (ˈmɛdja) *nf* average. **in media** on average.
mediante (meˈdjante) *prep* by means of.
medicare (mediˈkare) *vt med* treat, dress. **medicamento** *nm* treatment, remedy. **medicina** *nf* medicine. **medico**

('mɛdiko) *nm* doctor. **medico condotto** panel doctor.

medio ('mɛdjo) *adj* **1** middle. **2** average. *nm* middle finger. **scuola media** *nf* secondary school.

mediocre (me'djɔkre) *adj* **1** average. **2** mediocre. **mediocrità** *nf* mediocrity.

medioevo (medjo'ɛvo) *nm* Middle Ages. **medioevale** *adj* medieval.

meditare (medi'tare) *vt* **1** meditate upon. **2** ponder. *vi* meditate. **meditazione** *nf* meditation.

mediterraneo (mediter'raneo) *adj* Mediterranean. **(Mare) Mediterraneo** *nm* Mediterranean (Sea).

medusa (me'duza) *nf* jellyfish.

megafono (me'gafono) *nm* loudspeaker.

meglio ('mɛʎʎo) *adv,adj invar* **1** better. **2** best. **tanto meglio** so much the better. ~ *nm* best. **fare del proprio meglio** do one's best.

mela ('mela) *nf* apple. **melo** *nm* apple tree.

melagrana (mela'grana) *nf* pomegranate.

melanzana (melan'dzana) *nf* aubergine.

melassa (me'lassa) *nf* molasses.

melodia (melo'dia) *nf* melody.

melodramma (melo'dramma) *nm* melodrama. **melodrammatico** (melodram'matiko) *adj* melodramatic.

melone (me'lone) *nm* melon.

membrana (mem'brana) *nf* membrane.

membro ('mɛmbro) *nm* **1** *pl* **membra** *f* limb. **2** *pl* **membri** *m* member.

memoria (me'mɔrja) *nf* **1** memory. **2** *pl* memoirs. **a memoria** by rote; by heart. **memorabile** (memo'rabile) *adj* memorable.

menare (me'nare) *vt* **1** lead, take. **2** deliver (a blow). **sapere a menadito** have at one's fingertips.

mendicare (mendi'kare) *vt,vi* beg. **mendicante** *nm* beggar.

meno ('meno) *adv* **1** less. **2** minus. **3** least. **a meno che** unless. **meno male** so much the better. **per lo meno** at least. **venire meno 1** fail. **2** faint. ~ *conj* except. *adj invar* **1** less, fewer. **2** least. *nm* least.

menopausa (meno'pauza) *nf* menopause.

mensa ('mɛnsa) *nf* canteen, refectory.

mensile (men'sile) *adj* monthly.

menta ('menta) *nf* mint.

mente ('mente) *nf* mind. **sapere a mente** know by heart. **mentale** *adj* mental. **mentalità** *nf* mentality.

mentire (men'tire) *vi* lie.

mento ('mento) *nm* chin.

mentre ('mentre) *conj* **1** while. **2** whereas.

menu (mə'ny) *nm also* **menù** menu.

menzionare (mentsjo'nare) *vt* mention. **menzione** *nf* mention.

menzogna (men'tsoɲɲa) *nf* lie.

meraviglia (mera'viʎʎa) *nf* amazement, wonder. **a meraviglia** wonderfully. **meraviglioso** (meraviʎ'ʎoso) *adj* wonderful. **meravigliarsi** *vr* be amazed.

mercante (mer'kante) *nm* merchant.

mercanzia (merkan'tsia) *nf* merchandise.

mercato (mer'kato) *nm* market. **a buon mercato** cheaply.

merce ('mertʃe) *nf* goods.

mercenario (mertʃe'narjo) *adj, nm* mercenary.

merciaio (mer'tʃajo) *nm* haberdasher. **merceria** *nf* haberdashery (shop).

mercoledì (merkole'di) *nm* Wednesday.

mercurio (mer'kurjo) *nm* mercury.

merda ('merda) *n tab* excrement *f*.

merenda (me'renda) *nf* mid-afternoon snack.

meridiana (meri'djana) *nf* sundial.

meridionale (meridjo'nale) *adj* southern.

meringa (me'ringa) *nf* meringue.

meritare (meri'tare) *vt* deserve, merit, earn. **meritevole** (meri'tevole) *adj* deserving. **merito** ('merito) *nm* merit.

merletto (mer'letto) *nm* lace.

merlo[1] ('merlo) *nm* blackbird.

merlo[2] ('merlo) *nm arch* battlement.

merluzzo (mer'luttso) *nm* cod.

mero ('mɛro) *adj* mere.

meschino (mes'kino) *adj* 1 wretched. 2 scanty, poor, mean.

mescita ('meʃʃita) *nf* 1 bar. 2 public house.

mescolare (mesko'lare) *vt* 1 mix, blend. 2 shuffle (cards). **mescolanza** *nf* mixture.

mese ('mese) *nm* month.

messa[1] ('messa) *nf* Mass.

messa[2] ('messa) *nf* putting, placing. **messa in piega** (hair) set.

messaggio (mes'saddʒo) *nm* message, note. **messaggero** (messad'dʒero) *nm* messenger.

Messico ('messiko) *nm* Mexico. **messicano** *adj,n* Mexican.

messo ('messo) *v* see **mettere**.

mestiere (mes'tjere) *nm* job, trade.

mesto ('mesto) *adj* sad.

mestolo ('mestolo) *nm* also **mestola** ('mestola) *nf* ladle.

mestruazione (mestruat'tsjone) *nf* menstruation. **avere le mestruazioni** have a period.

meta ('mɛta) *nf* aim, object.

metà (me'ta) *nf* half.

metabolismo (metabo'lizmo) *nm* metabolism.

metafisica (meta'fizika) *nf* metaphysics.

metafora (me'tafora) *nf* metaphor. **metaforico** *adj* metaphorical.

metallo (me'tallo) *nm* metal. **metallico** (me'talliko) *adj* metallic. **metallurgia** *nf* metallurgy.

metano (me'tano) *nm* methane.

meteora (me'tɛora) *nf* meteor. **meteorologia** (meteorolo'dʒia) *nf* meteorology. **meteorologico** (meteoro'lɔdʒiko) *adj* meteorological.

meticcio (me'tittʃo) *adj,nm* half-breed.

meticoloso (metiko'loso) *adj* scrupulous, meticulous.

metodista (meto'dista) *nm* Methodist.

metodo ('mɛtodo) *nm* 1 method. 2 order. **metodico** (me'tɔdiko) *adj* methodical.

metro ('metro) *nm* metre. **metrico** ('metriko) *adj* metric.

metropoli (me'trɔpoli) *nf invar* metropolis. **metropolitana** *nf* underground, tube.

mettere* ('mettere) *vt* 1 put, place, set. 2 take (time). 3 suppose. 4 install. 5 put forth, sprout. **mettere in onda** transmit. **mettere su** set up. **mettersi** *vr* 1 place oneself. 2 put on. 3 begin.

mezzo ('meddzo) *adj* 1 half. 2 medium. *adv* half. *nm* 1 half. 2 middle. 3 means. **le due e mezzo** half past two. **mezzaluna** *nf* crescent. **mezzanotte** (meddza'notte) *nf* midnight. **mezzogiorno** *nm* 1 midday, noon. 2 south. **mezz'ora** *adj,nf* half-hour.

mi (mi) *pron 1st pers m,f s* 1 me, to me. 2 myself.

mia ('mia) *poss adj, poss pron*
see **mio**.

miagolare (mjago'lare) *vi*
miaow.

mica ('mika) *adv* **mica male**
not too bad. **non...mica** not
at all.

miccia ('mittʃa) *nf* fuse.

micio ('mitʃo) *nm inf* cat.

microbo ('mikrobo) *nm also*
microbio (mi'krɔbjo)microbe.

microfono (mi'krɔfono) *nm*
microphone.

microscopio (mikros'kɔpjo)
nm microscope.

midollo (mi'dollo) *nm anat*
marrow.

mie ('mie) *poss adj, poss pron*
see **mio**.

miei ('mjɛi) *poss adj,poss pron*
see **mio**.

miele ('mjɛle) *nm* honey.

mietere ('mjetere) *vt* reap.

migliaio (miʎ'ʎajo) *nm,pl*
migliaia *f* about a thousand.

miglio (miʎʎo) *nm,pl* **miglia** *f*
mile.

migliore (miʎ'ʎore) *adj* **1** better. **2** best. **miglioramento** *nm* improvement. **migliorare** *vt,vi* improve.

mignolo (miʎʎolo) *nm* **1** little
finger. **2** little toe.

migrare (mi'grare) *vi* migrate.

mila ('mila) *adj,n invar*
thousands.

Milano (mi'lano) *nf* Milan.

milione (mi'ljone) *nm* million.

milionario (miljo'narjo) *nm*
millionaire. **milionesimo** *adj*
millionth.

milite ('milite) *nm* soldier.
militare *vi* **1** fight. **2** *mil*
serve. *adj* military. **militante**
adj,nm militant.

millantare (millan'tare) *vt* exaggerate. **millantatore** *nm*
boaster.

mille ('mille) *adj,nm* thousand.

millennio (mil'lɛnnjo) *nm* millennium. **millesimo**adj thousandth.

millepiedi (mille'pjɛdi) *nm
invar* centipede.

milligrammo (milli'grammo)
nm milligram.

mimetizzare (mimetid'dzare)
vt camouflage.

mimo ('mimo) *nm* **1** mimic. **2**
mime.

minacciare (minat'tʃare) *vt*
threaten. **minaccia** *nf* threat.

minare (mi'nare) *vt* **1** mine. **2**
undermine. **mina** *nf* mine
(explosive). **minatore** *nm*
miner.

minareto (mina'reto) *nm* minaret.

minerale (mine'rale) *adj,nm*
mineral.

minestra (mi'nɛstra) *nf* soup.
minestrone *nm* thick vegetable and pasta soup.

miniatura (minja'tura) *nf* miniature.

miniera (mi'njɛra) *nf* mine,
quarry.

minimo ('minimo) *adj* **1**
least. **2** lowest. *nm* minimum.

ministero (minis'tero) *nm* **1**
ministry. **2** office. **ministero degli affari esteri** Foreign Office. **ministero del-
l'interno** Home Office. **ministro** *nm* minister.

minore (mi'nore) *adj* **1** smaller,
less. **2** younger. **3** minor.
4 smallest. **5** youngest. **minoranza** (mino'rantsa) *nf* minority. **minorenne** (mino-
'renne) *adj* under age. *nm law*
minor.

minuetto (minu'etto) *nm* minuet.

minuscolo (mi'nuskolo) *adj*
small, tiny. **minuscola** (mi-
'nuskola) *nf* small letter.

minuto[1] (mi'nuto) *adj* **1** minute. **2** precise. **al minuto**
retail.

minuto[2] (mi'nuto) *nm* minute.

mio, mia, miei, mie ('mio,
'mia, 'mjɛi, 'mie) *poss adj 1st*

pers s my. *poss pron 1st pers s* mine.

miope ('miope) *adj* short-sighted.

miracolo (mi'rakolo) *nm* miracle.

miraggio (mi'raddʒo) *nm* mirage.

mirare (mi'rare) *vt* gaze at, look at. *vi* aim. **mira** *nf* aim. **mirino** *nm* viewfinder.

miscela (miʃ'ʃela) *nf* mixture. **miscellaneo** (miʃʃel'laneo) *adj* miscellaneous.

mischia ('miskja) *nf* fray, fight.

mischiare (mis'kjare) *vt* mix.

miscuglio (mis'kuʎʎo) *nm* mixture.

miseria (mi'zɛrja) *nf* **1** poverty. **2** misery. **miserabile** (mize'rabile) *adj* wretched. **misero** ('mizero) *adj* **1** wretched. **2** poor.

misi ('mizi) *v* see **mettere**.

missile ('missile) *nm* missile.

missione (mis'sjone) *nf* mission. **missionario** *nm* missionary.

mistero (mis'tero) *nm* mystery. **misterioso** (miste'rjoso) *adj* mysterious.

mistico ('mistiko) *adj* mystical. **misticismo** *nm* mysticism.

misto ('misto) *adj* mixed. *nm* mixture.

mistura (mis'tura) *nf* mixture.

misurare (mizu'rare) *vt* measure. **misura** (mi'zura) *nf* **1** measure. **2** size, measurement. **a misura che** in proportion as. **su misura** made to measure.

mite ('mite) *adj* mild.

mito ('mito) *nm* myth. **mitologia** *nf* mythology.

mitra[1] ('mitra) *nf* mitre.

mitra[2] ('mitra) *nm* submachine gun.

mitragliatrice (mitraʎʎa'tritʃe) *nf* machine-gun.

mittente (mit'tente) *nm* sender.

mobile ('mɔbile) *adj* movable, mobile. *nm* **1** piece of furniture. **2** *pl* furniture.

mobilio (mo'biljo) *nm* furniture.

mobilitare (mobili'tare) *vt* mobilize.

moda ('mɔda) *nf* fashion. **di moda** in fashion. **modista** *nf* milliner.

modellare (model'lare) *vt* model. **modella** (mo'dɛlla) *nf* *Art* model. **modello** (mo'dɛllo) *nm* **1** model. **2** pattern.

moderare (mode'rare) *vt* moderate. **moderato** *adj* moderate. **moderazione** *nf* moderation.

moderno (mo'dɛrno) *adj* modern, up-to-date. **modernizzare** (modernid'dzare) *vt* modernize.

modestia (mo'dɛstja) *nf* modesty. **modesto** (mo'dɛsto) *adj* modest.

modificare (modifi'kare) *vt* modify, alter.

modo ('mɔdo) *nm* **1** way, method. **2** *mus* key. **3** means. **a ogni modo** anyway. **in tutti i modi** in any case. **per modo di dire** so to speak.

modulare (modu'lare) *vt* modulate.

modulo ('mɔdulo) *nm* form.

mogano ('mɔgano) *nm* mahogany.

moglie ('mɔʎʎe) *nf* wife.

molecola (mo'lɛkola) *nf* molecule.

molesto (mo'lesto) *adj* annoying.

molla ('mɔlla) *nf* **1** spring. **2** *pl* tongs. **molletta** *nf* **1** clothes peg. **2** hairgrip.

molle ('mɔlle) *adj* soft.

mollusco (mol'lusko) *nm* mollusc, shellfish.

molo ('mɔlo) *nm* pier.

molteplice (mol'teplitʃe) *adj* **1** complex. **2** various.

moltiplicare (moltipli'kare) *vt* multiply.

moltitudine (molti'tudine) *nf* crowd.

molto ('molto) *adj* **1** much, a lot of. **2** *pl* many. **3** (of time) long. *adv* **1** much, a lot. **2** very.

momento (mo'mento) *nm* moment. **momentaneo** *adj* momentary.

monaco ('mɔnako) *nm* monk. **monaca** ('mɔnaka) *nf* nun.

Monaco ('mɔnako) *nf* Monaco. **Monaco di Baviera** Munich.

monarca (mo'narka) *nm* monarch. **monarchia** *nf* monarchy.

monastero (monas'tero) *nm* **1** monastery. **2** convent. **monastico** (mo'nastiko) *adj* monastic.

monco ('monko) *adj* **1** maimed. **2** incomplete.

mondezzaio (mondet'tsajo) *nm* rubbish tip.

mondo ('mondo) *nm* world. **mondiale** *adj* **1** world. **2** worldwide.

monello (mo'nɛllo) *nm* rascal.

moneta (mo'neta) *nf* **1** coin. **2** small change. **carta moneta** *nf* paper money.

monetario (mone'tarjo) *adj* monetary. **monetarismo** *nm* monetarism.

monocromo (mo'nɔkromo) *adj* monochrome.

monologo (mo'nɔlogo) *nm* monologue.

monopolio (mono'pɔljo) *nm* monopoly. **monopolizzare** (monopolid'dzare) *vt* monopolize.

monotono (mo'nɔtono) *adj* monotonous. **monotonia** *nf* monotony.

monsone (mon'sone) *nm* monsoon.

montaggio (mon'taddʒo) *nm tech* assembly.

montagna (mon'taɲɲa) *nf* mountain. **montagnoso** *adj* mountainous. **montanaro** *nm* person living in the highlands.

montare (mon'tare) *vi* climb, mount. *vt* **1** mount. **2** assemble, put together. **3** whip (cream).

monte ('monte) *nm* **1** mountain. **2** pile, heap.

montone (mon'tone) *nm* **1** ram. **2** mutton.

monumento (monu'mento) *nm* monument. **monumentale** *adj* monumental.

mora ('mɔra) *nf* blackberry.

morale (mo'rale) *nf* morality. *nm* morale. **moralità** *nf* morality. **moraleggiare** (moraled'dʒare) *vi* moralize.

morbido ('mɔrbido) *adj* soft. **morbidezza** (morbi'dettsa) *nf* softness.

morbillo (mor'billo) *nm* measles.

mordere* ('mɔrdere) *vt* bite. **mordente** (mor'dɛnte) *adj* biting.

morfina (mor'fina) *nf* morphine.

morire* (mo'rire) *vi* die.

mormorare (mormo'rare) *vi* murmur, mutter.

moro ('mɔro) *adj* dark. *nm* Negro.

morsi ('mɔrsi) *v* see **mordere**.

morsicare (morsi'kare) *vt* **1** nibble. **2** sting. **morso** ('mɔrso) *v* see **mordere**. *nm* **1** bite. **2** sting. **3** horse's bit.

mortadella (morta'dɛlla) *nf* spicy pork sausage.

mortaio (mor'tajo) *nm* mortar.

mortale (mor'tale) *adj* **1** mortal. **2** deadly. *nm* mortal. **mortalità** *nf* mortality.

morte ('mɔrte) *nf* death.

morto ('mɔrto) *v* see **morire**. *adj* dead. *nm* dead man.

mosaico (mo'zaiko) *nm* mosaic.

mosca ('moska) *nf* fly.

moschea (mos'kɛa) *nf* mosque.

moschetto (mos'ketto) *nm* musket.

mossa ('mɔssa) *nf* **1** movement. **2** game move.

mossi ('mɔssi) *v* see **muovere**.

mosso ('mɔsso) *v* see **muovere**. *adj* agitated. **mare mosso** *nm* rough sea.

mostarda (mos'tarda) *nf* mustard.

mostrare (mos'trare) *vt* show, exhibit. **mostra** *nf* exhibition, show.

mostro ('mɔstro) *nm* monster. **mostruoso** (mostru'oso) *adj* monstrous.

motivo (mo'tivo) *nm* **1** cause, motive. **2** motif.

moto[1] ('mɔto) *nm* motion. **mettere in moto** start.

moto[2] ('mɔto) *nf invar* motorbike.

motocicletta (mototʃi'kletta) *nf* motorcycle. **motociclista** *nm* motorcyclist.

motocisterna (mototʃis'terna) *nf mot* tanker.

motore (mo'tore) *nm* motor, engine. **motorino** *nm* motorcycle.

motoscafo (motos'kafo) *nm* motorboat.

movesti (mo'vesti) *v* see **muovere**.

movimento (movi'mento) *nm* movement.

mozione (mot'tsjone) *nf* motion.

mozzare (mot'tsare) *vt* cut off.

mozzarella (mottsa'rella) *nf* sweet Neapolitan cheese.

mozzicone (mottsi'kone) *nm* cigar or cigarette stub.

mucca ('mukka) *nf* cow.

mucchio ('mukkjo) *nm* heap, pile.

muco ('muko) *nm* mucus.

muffa ('muffa) *nf* mould, must.

mugghiare (mug'gjare) *vi* bellow, roar.

muggire (mud'dʒire) *vi* **1** moo.

2 bellow, roar. **muggito** *nm* roar.

mughetto (mu'getto) *nm* lily-of-the-valley.

mugnaio (muɲ'najo) *nm* miller.

mugolare (mugo'lare) *vi* **1** howl. **2** whine.

mulino (mu'lino) *nm* mill. **mulino a vento** windmill.

mulo ('mulo) *nm* mule.

multa ('multa) *nf* fine.

multicolore (multiko'lore) *adj* multicoloured.

multirazziale (multirat'tsjale) *adj* multiracial.

mummia ('mummja) *nf* mummy.

mungere* ('mundʒere) *vt* milk.

municipio (muni'tʃipjo) *nm* **1** municipality. **2** town hall. **municipale** *adj* municipal.

munire (mu'nire) *vt* **1** fortify. **2** supply, provide. **munizioni** *nf pl* ammunition.

muoio ('mwojo) *v* see **morire**.

muori ('mwori) *v* see **morire**.

muovere* ('mwovere) *vt,vi* move. **muovere un passo** take a step. **muoversi** *vr* move, stir.

muraglia (mu'raʎʎa) *nf* **1** wall. **2** barrier.

muro ('muro) *nm* **1** *pl* **muri** *m* wall. **2** *pl* **mura** *f* city wall. **muratore** *nm* mason.

muschio ('muskjo) *nm* musk.

muscolo ('muskolo) *nm* muscle.

museo (mu'zɛo) *nm* museum, art gallery.

musica ('muzika) *nf* music. **musicale** *adj* musical.

muso ('muzo) *nm* snout.

mussolina (musso'lina) *nf* muslin.

muta ('muta) *nf* wet suit.

mutande (mu'tande) *nf pl* pants, knickers. **mutandine** *nf pl* **1** bathing trunks. **2** pants.

mutare (mu'tare) *vt* change.

mutilare (muti'lare) *vt* mutilate.

muto ('muto) *adj* dumb, mute.

mutuo ('mutuo) *adj* mutual, reciprocal. *nm* loan.

N

nacchera ('nakkera) *nf* castanet.

nacqui ('nakkwi) *v* see **nascere**.

nafta ('nafta) *nf* diesel (oil).

nailon ('nailon) *nm* nylon.

nanna ('nanna) *nf inf* sleep.

nano ('nano) *nm* dwarf.

napalm ('napalm) *nm* napalm.

Napoli ('napoli) *nf* Naples. **napoletano** *adj,n* Neapolitan.

nappa ('nappa) *nf* tassel.

narcotico (nar'kɔtiko) *adj,nm* narcotic.

narice (na'ritʃe) *nf* nostril.

narrare (nar'rare) *vt* tell, relate. **narrativa** *nf* 1 narrative. 2 fiction. **narratore** *nm* narrative writer. **narrazione** *nf* narration, account.

nascere* ('naʃʃere) *vi* be born. **nascita** ('naʃʃita) *nf* birth.

nascondere* (nas'kondere) *vt* hide, conceal. **nascondersi** *vr* hide. **nascondiglio** *nm* 1 hiding place. 2 hide and seek.

nascosi (nas'kosi) *v* see **nascondere**.

nascosto (nas'kosto) *v* see **nascondere**. *adj* hidden. **di nascosto** secretly.

nasello (na'sello) *nm* whiting.

naso ('naso) *nm* nose. **nasale** (na'sale) *adj* nasal.

nastro ('nastro) *nm* 1 ribbon. 2 tape. **nastro magnetico** recording tape.

nasturzio (nas'turtsjo) *nm* nasturtium.

natale (na'tale) *adj* native, natal. **natalità** *nf* birth rate.

Natale (na'tale) *nm* Christmas.

natatoia (nata'toja) *nf* fin.

natica ('natika) *nf* buttock.

nativo (na'tivo) *adj,nm* native.

nato ('nato) *v* see **nascere**. *adj* born. **nato morto** still-born.

natura (na'tura) *nf* 1 nature. 2 temperament. **naturale** *adj* natural. **naturalismo** *nm* naturalism.

naturalizzare (naturalid'dzare) *vt* naturalize.

naufragio (nau'fradʒo) *nm* shipwreck.

nausea ('nauzea) *nf* 1 nausea. 2 disgust. **nauseare** *vt* 1 nauseate. 2 disgust.

nautico ('nautiko) *adj* nautical.

navata (na'vata) *nf* nave.

nave ('nave) *nf* ship, boat, liner. **navale** *adj* naval.

navetta (na'vetta) *nf* shuttle.

navigare (navi'gare) *vi* sail. **navigazione** *nf* navigation.

nazionalizzare (nattsjonalid'dzare) *vt* nationalize. **nazionalizzazione** *nf* nationalization.

nazione (nat'tsjone) *nf* nation. **nazionale** *adj* national. **nazionalismo** *nm* nationalism. **nazionalista** *nm* nazionalist. **nazionalità** *nf* nationality.

nazismo (nat'tsizmo) *nm* Nazism. **nazista** *nm* Nazi.

ne (ne) *pron* 1 of him, her, it, or them. 2 about it or them. *adv* from there. *partitive* some, any.

né (ne) *conj* neither, nor. **né...né** neither...nor.

neanche (ne'anke) *adv,conj* not even.

nebbia ('nebbja) *nf* 1 fog. 2 mist. **nebbioso** (neb'bjoso) *adj* 1 foggy. 2 misty.

necessario (netʃes'sarjo) *adj* essential, necessary. **necessità** *nf* necessity, need.

negare (ne'gare) *vt* 1 deny. 2 refuse. **negativa** *nf* negative. **negativo** *adj* negative.

negli ('neʎʎi) contraction of **in gli**.

negligere* (ne'glidʒere) *vt* neglect. **negligente** *adj* negligent. **negligenza** (negli'dʒentsa) *nf* negligence.

negoziare (negot'tsjare) *vt* negotiate. *vi* trade, deal. **negoziante** *nm* dealer. **negoziato** *nm* negotiation. **negoziatore** *nm* negotiator.

negozio (ne'gɔttsjo) *nm* 1 shop. 2 business.

negro ('negro) *adj,n* Negro.

nei ('nei) contraction of **in i.**

nel (nel) contraction of **in il.**

nell' (nel) contraction of **in l'.**

nella ('nella) contraction of **in la.**

nelle ('nelle) contraction of **in le.**

nello ('nello) contraction of **in lo.**

nemico (ne'miko) *adj* hostile. *nm, pl* **nemici** enemy.

nemmeno (nem'meno) *adv, conj* not even.

neo ('nɛo) *nm* beauty spot, mole.

neon ('nɛon) *nm* neon.

neonato (neo'nato) *adj* newborn. *nm* newborn child.

nepotismo (nepo'tizmo) *nm* nepotism.

neppure (nep'pure) *adv,conj* not even.

nero ('nero) *adj* black. *nm* 1 black. 2 *cap* Black.

nervo ('nɛrvo) *nm* nerve, sinew. **dare ai nervi** get on one's nerves. **nervoso** (ner'voso) *adj* 1 nervous. 2 excitable.

nessuno (nes'suno) *adj* 1 no, none. 2 any. *pron invar* noone, nobody.

nettare ('nettare) *nm* nectar.

netto ('netto) *adj* 1 clean, pure. 2 net.

neutrale (neu'trale) *adj* neutral. **neutralità** *nf* neutrality. **neutralizzare** (neutralid'dzare) *vt* neutralize.

neutro ('nɛutro) *adj* 1 neuter. 2 neutral.

neve ('neve) *nf* snow.

nevicare (nevi'kare) *vi* snow. **nevicata** *nf* fall of snow.

nevischio (ne'viskjo) *nm* sleet.

nevrosi (ne'vrɔzi) *nf invar* neurosis.

nicchia ('nikkja) *nf* niche.

nichel ('nikel) *nm invar* nickel.

nicotina (niko'tina)*nf* nicotine.

nido ('nido) *nm* nest.

niente ('njente) *pron invar,nm invar* nothing. *adv* not at all.

ninfa ('ninfa) *nf* nymph.

ninfea (nin'fea) *nf* waterlily.

ninna-nanna (ninna'nanna) *nf* lullaby.

ninnolo ('ninnolo) *nm* knickknack, plaything.

nipote (ni'pote) *nm* 1 nephew. 2 grandson. 3 *pl* grandchildren. *nf* 1 niece. 2 granddaughter.

nitido ('nitido) *adj* 1 clear. 2 bright.

nitrire (ni'trire) *vi* neigh.

no (nɔ) *adv* 1 no. 2 not.

nobile ('nɔbile) *adj,nm* noble. **nobiltà** *nf* nobility.

nocca ('nɔkka) *nf* knuckle.

nocciola (not'tʃɔla) *nf* hazelnut. **nocciuolo** (not'tʃwɔlo) *nm* hazelnut tree.

nocciolo ('nɔtlʃolo) *nm* 1 kernel. 2 stone.

noce ('notʃe) *nf* walnut, nut. *nm* walnut tree.

nocivo (no'tʃivo) *adj* harmful.

nocqui ('nɔkkwi) *v* see **nuocere.**

nodo ('nɔdo) *nm* knot.

noi ('noi) *pron 1st pers m,f pl* 1 we. 2 us. **noialtri** *pron 1st pers m,f pl* 1 we. 2 us. **noi stessi** *pron 1st pers pl* ourselves.

noia ('nɔja) *nf* 1 boredom. 2 annoyance. **dare noia** annoy. **noioso** (no'joso) *adj* 1 boring. 2 irritating.

noleggiare (noled'dʒare) *vt* hire, rent. **noleggio** *nm also* **nolo** ('nɔlo) *nm* hire.

nomade ('nɔmade) *adj* nomadic. *nm* nomad.

nome ('nome) *nm* 1 name. 2 noun.

nominare (nomi'nare) *vt* name, elect. **nomina** ('nɔmina) *nf* nomination.

non (non) *adv* not. **non...che** only.

noncurante (nonku'rante) *adj* careless.

nondimeno (nondi'meno) *conj* nonetheless.

nonno ('nɔnno) *nm inf* grandfather, grandad, or grandpa. **nonna** *nf inf* grandmother, grandma.

nono ('nɔno) *adj* ninth.

nonostante (nonos'tante) *prep* in spite of, despite.

non-ti-scordar-me *nm invar* forget-me-not.

nord (nɔrd) *nm* north. *adj invar* north, northern. **del nord** 1 northern. 2 northerly. **verso nord** northwards. **nord-est** *nm* north-east. *adj invar* north-east, north-eastern. **del nord-est** 1 north-eastern. 2 north-easterly. **nordico** *adj* northern. **nord-ovest** *nm* north-west. *adj invar* north-west, north-western. **del nord-ovest** 1 north-western. 2 north-westerly.

norma ('nɔrma) *nf* 1 norm. 2 regulation.

normale *adj* normal, usual. **normalità** *nf* normality.

Norvegia (nor'vedʒa) *nf* Norway. **norvegese** *adj,n* Norwegian. *nm* Norwegian (language).

nostalgia (nostal'dʒia) *nf* nostalgia. **nostalgico** (nos'taldʒiko) *adj* nostalgic.

nostro ('nɔstro) *poss adj 1st pers pl* our. *poss pron 1st pers pl* ours.

notaio (no'tajo) *nm* notary.

notare (no'tare) *vt* 1 note (down), mark. 2 observe. **nota** ('nɔta) *nf* 1 note. 2 mark. 3 bill. 4 list. **notevole** (no'tevole) *adj* noteworthy.

notificare (notifi'kare) *vt* notify, inform.

notizia (no'tittsja) *nf* 1 piece of news. 2 *pl* news, information.

noto ('nɔto) *adj* well-known.

notorio (no'tɔrjo) *adj* notorious.

notte ('nɔtte) *nf* night. **notturno** *adj* nocturnal. **guardiano notturno** *nm* nightwatchman.

novanta (no'vanta) *adj,nm* ninety. **novantesimo** *adj* ninetieth.

nove ('nɔve) *adj,nm* nine. **novecento** (nove'tʃento) *adj* nine hundred. *nm* 1 nine hundred. 2 twentieth century.

novella (no'vella) *nf* short story. **novelliere** (novel'ljere) *nm* short story writer.

novembre (no'vembre) *nm* November.

novità (novi'ta) *nf* 1 novelty, innovation. 2 news.

novizio (no'vittsjo) *nm* novice.

nozze ('nɔttse) *nf pl* marriage, wedding.

nuca ('nuka) *nf* nape (of the neck).

nucleo ('nukleo) *nm* nucleus. **nucleare** *adj* nuclear.

nudo ('nudo) *adj* 1 naked, nude. 2 bare, plain. *nm* nude. **nudismo** *nm* nudism. **nudista** *nm* nudist. **nudità** *nf* nudity.

nulla ('nulla) *pron invar* nothing. *adv* nothing.

nullo ('nullo) *adj* void, null.

numero ('numero) *nm* number. **numerico** (nu'meriko) *adj* numerical. **numeroso** (nume'roso) *adj* numerous.

nuoccio ('nwɔttʃo) v see **nuocere**.

nuocere* ('nwɔtʃere) vi harm, hurt, damage.

nuora ('nwɔra) nf daughter-in-law.

nuotare (nwo'tare) vi swim. **nuotatore** nm swimmer. **nuoto** ('nwɔto) nm swimming.

nutrire (nu'trire) vt feed, nourish. **nutriente** (nutri'ente) adj nutritious. **nutrimento** nm nourishment.

nuvola ('nuvola) nf cloud. **nuvoloso** (nuvo'loso) adj cloudy.

O

o (o) conj or. **o...o** either...or.

oasi ('ɔazi) nf oasis.

obbedire* (obbe'dire) vt, vi see **ubbidire**.

obbligare (obbli'gare) vt oblige, compel. **obbligato** adj obliged, grateful. **obbligatorio** (obbliga'tɔrjo) adj compulsory. **obbligo** ('ɔbbligo) nm 1 obligation. 2 duty.

obeso (o'bezo) adj obese. **obesità** nf obesity.

obiettare (objet'tare) vt object. **obiettivo** (objet'tivo) adj, nm objective. **obiettore** nm objector. **obiezione** nf objection.

obitorio (obi'tɔrjo) nm mortuary.

oblio (o'blio) nm oblivion.

obliquo (o'blikwo) adj oblique, slanting.

obliterare (oblite'rare) vt obliterate.

oblò (o'blɔ) nm porthole.

oblungo (o'blungo) adj oblong.

oboe ('ɔboe) nm invar oboe.

oca ('ɔka) nf goose.

occasionare (okkazjo'nare) vt cause.

occasione (okka'zjone) nf opportunity, occasion. **oggetto d'occasione** nm bargain.

occhio ('ɔkkjo) nm eye. **a quattr'occhi** tete a tete. **dare nell'occhio** catch the eye. **occhiali** nm pl glasses, spectacles. **occhiali da sole** sunglasses. **occhiata** nf glimpse, glance. **occhiello** (ok'kjello) nm buttonhole.

occidente (ottʃi'dente) nm west. **occidentale** adj western.

occorrere* (ok'korrere) v imp need. vi happen. **occorrente** (okkor'rente) adj necessary. nm all that is necessary. **occorrenza** (okkor'rentsa) nf 1 need. 2 occasion. 3 occurrence.

occulto (ok'kulto) adj occult.

occupare (okku'pare) vt 1 occupy, take up. 2 use, employ. **occuparsi** vr busy oneself, concern oneself. **occupante** nm occupier. **occupato** adj 1 busy. 2 occupied, taken, engaged. **occupazione** nf 1 occupation. 2 job, employment.

oceano (o'tʃeano) nm ocean.

ocra ('ɔkra) nf ochre.

oculista (oku'lista) nm oculist.

ode ('ɔde) nf ode.

odiare (o'djare) vt hate, detest. **odio** ('ɔdjo) nm hatred. **odioso** (o'djoso) adj hateful.

odo ('ɔdo) v see **udire**.

odorare (odo'rare) vt, vi smell. **odore** nm 1 smell. 2 pl herbs.

offendere* (of'fendere) vt offend, hurt. **offendersi** vr take offence. **offensiva** nf offensive. **offensivo** (offen'sivo) adj offensive.

offersi (of'fersi) v see **offrire**.

offerta (of'ferta) nf offer.

offerto (of'ferto) v see **offrire**.

offesa (of'fesa) nf offence.

officina (offi'tʃina) *nf* workshop.

offrire* (of'frire) *vt* offer.

offuscare (offus'kare) *vt* darken, obscure.

oggetto (od'dʒetto) *nm* object. **oggettivo** *adj* objective.

oggi ('ɔddʒi) *adv* today. **al giorno d'oggi** nowadays. **oggi a otto** a week today.

ogni ('oɲɲi) *adj* each, every. **in ogni modo** in any case. **ogni tanto** now and again.

Ognissanti (oɲɲis'santi) *nm* All Saints' Day.

ognuno (oɲ'ɲuno) *pron* each one, everyone, everybody.

ohimè (oi'mɛ) *interj* oh dear!

Olanda (o'landa) *nf* Holland. **olandese** (olan'dese) *adj* Dutch. *nm* 1 Dutchman. 2 Dutch (language).

olfatto (ol'fatto) *nm* sense of smell.

olimpiade (olim'piade) *nf* Olympic Games. **olimpico** (o'limpiko) *adj* Olympic.

olio ('ɔljo) *nm* oil.

oliva (o'liva) *nf* olive. **olivo** *nm* olive tree.

olmo ('olmo) *nm* elm tree.

oltraggiare (oltrad'dʒare) *vt* outrage, violate. **oltraggio** *nm* outrage, offence. **oltraggioso** (oltrad'dʒoso) *adj* outrageous.

oltre ('oltre) *prep* 1 beyond. 2 over. 3 besides. *adv* 1 ahead. 2 further.

oltrepassare (oltrepas'sare) *vt* exceed, overstep.

omaggio (o'maddʒo) *nm* homage.

ombelico (ombe'liko) *nm* navel.

ombra ('ombra) *nf* 1 shade, shadow. 2 ghost. **ombreggiare** *vt* shade.

ombrello (om'brello) *nm* umbrella. **ombrellino** *nm* parasol. **ombrellone** *nm* beach umbrella.

omettere* (o'mettere) *vt* omit.

omicidio (omi'tʃidjo) *nm* murder. **omicida** (omi'tʃida) *nm* murderer.

omissione (omis'sjone) *nf* omission.

omogeneo (omo'dʒɛneo) *adj* homogeneous.

omosessuale (omosessu'ale) *adj,nm* homosexual.

oncia ('ontʃa) *nf* ounce.

onda ('onda) *nf* wave.

onde ('onde) *adv* whence, from where. *pron* with or by which. *conj* so that.

ondeggiare (onded'dʒare) *vi* 1 undulate. 2 waver.

ondulare (ondu'lare) *vi,vt* wave, undulate. **ondulazione** *nf* 1 undulation. 2 (in hair) wave.

onesto (o'nesto) *adj* honest, decent. **onestà** *nf* honesty.

onice ('onitʃe) *nf* onyx.

onnipotente (onnipo'tente) *adj* omnipotent, almighty.

onomastico (ono'mastiko) *nm* name-day.

onore (o'nore) *nm* honour. **onorabile** *adj* honourable. **onorare** *vt* honour. **onorario** *adj* honorary. **onorevole** (ono'revole) *adj* honourable.

ontano (on'tano) *nm* alder.

opaco (o'pako) *adj* opaque.

opale (o'pale) *nm* opal.

opera ('ɔpera) *nf* 1 work. 2 *mus* opera.

operaio (ope'rajo) *nm* worker.

operare (ope'rare) *vi* work, act. *vt med* operate on. **operazione** *nf* operation. **operoso** (ope'roso) *adj* industrious.

opinione (opi'njone) *nf* opinion.

oppio ('ɔppjo) *nm* opium.

opponente (oppo'nente) *adj* opposing. *nm* adversary.

opporre* (op'porre) *vt* oppose.

opportuno (oppor'tuno) *adj* timely.

opposizione (oppozit'tsjone) *nf* opposition.

opposto (op'posto) *adj,nm* opposite, contrary. **all'opposto** on the contrary.

oppressi (op'pressi) *v* see **opprimere**.

oppressione (oppres'sjone) *nf* oppression.

oppresso (op'presso) *v* see **opprimere**. *adj* oppressed. **oppressivo** (oppres'sivo) *adj* oppressive.

opprimere* (op'primere) *vt* 1 oppress. 2 burden.

oppure (op'pure) *conj* or else.

opulento (opu'lento) *adj* opulent.

opuscolo (o'puskolo) *nm* pamphlet.

ora¹ ('ora) *nf* 1 hour. 2 time. **che ore sono?** what time is it? **di buon'ora** early. **non vedere l'ora di** long to.

ora² ('ora) *adv* now, just now.

orale (o'rale) *adj* oral.

orario (o'rarjo) *nm* timetable.

orazione (orat'tsjone) *nf* oration.

orbene (or'bene) *conj* so, well.

orbita ('orbita) *nf* orbit.

orchestra (or'kestra) *nf* orchestra.

orchidea (orki'dɛa) *nf* orchid.

ordinare (ordi'nare) *vt* 1 tidy, put in order. 2 order, command. 3 prescribe. 4 ordain. **ordinamento** *nm* regulation. **ordinazione** *nf* 1 ordination. 2 prescription.

ordinario (ordi'narjo) *adj* ordinary.

ordine ('ordine) *nm* 1 order. 2 command.

ordire (or'dire) *vt* plot, scheme.

orecchia (o'rekkja) *nf* dog-ear. **orecchio** *nm* ear. **orecchino** *nm* earring.

orefice (o'refitʃe) *nm* goldsmith.

orfano ('orfano) *adj,nm* or-

phan. **orfanotrofio** (orfano'trɔfjo) *nm* orphanage.

organico (or'ganiko) *adj* organic.

organizzare (organid'dzare) *vt* organize. **organizzazione** *nf* organization.

organo ('organo) *nm* organ. **organista** *nm* organist.

orgasmo (or'gazmo) *nm* 1 orgasm. 2 agitation, anxiety.

orgia ('ordʒa) *nf* orgy.

orgoglio (or'goʎʎo) *nm* pride, arrogance. **orgoglioso** (orgoʎ'ʎoso) *adj* proud, haughty.

orientare (orjen'tare) *vt* orientate.

oriente (o'rjente) *nm* east. **orientale** *adj* eastern, oriental.

origano (o'rigano) *nm* oregano.

originare (oridʒi'nare) *vi* derive, originate.

origine (o'ridʒine) *nf* 1 origin, source. 2 cause. **originale** *adj,nm* original. **originalità** *nf* originality.

origliare (oriʎ'ʎare) *vi* eavesdrop.

orina (o'rina) *nf* urine.

orizzonte (orid'dzonte) *nm* horizon. **orizzontale** *adj* horizontal.

orlo ('orlo) *nm* 1 rim, edge. 2 hem.

orma ('orma) *nf* 1 footprint. 2 trace.

ormai (or'mai) *adv* 1 by now. 2 by then.

ormeggiare (ormed'dʒare) *vt* moor.

ormone (or'mone) *nm* hormone.

ornare (or'nare) *vt* decorate, adorn. **ornamento** *nm* decoration.

ornitologia (ornitolo'dʒia) *nf* ornithology.

oro ('oro) *nm* gold. **d'oro** golden.

orologio (oro'lɔdʒo) *nm* 1 clock. 2 watch. **orologio da polso** wristwatch.

oroscopo (o'rɔskopo) nm horoscope.

orpello (or'pɛllo) nm tinsel.

orribile (or'ribile) adj horrible, awful.

orrore (or'rore) nm horror.

orso ('orso) nm bear. **orso polare** polar bear.

ortica (or'tika) nf nettle.

orto ('ɔrto) nm garden, market garden. **orticultura** nf horticulture.

ortodosso (orto'dɔsso) adj orthodox.

ortografia (ortogra'fia) nf spelling.

orzo ('ɔrdzo) nm barley. **orzata** nf barley water.

osare (o'zare) vt,vi dare.

osceno (oʃ'ʃeno) adj obscene. **oscenità** nf obscenity.

oscillare (oʃʃil'lare) vi 1 sway, swing. 2 vary. 3 hesitate.

oscurare (osku'rare) vt darken, obscure. **oscuramento** nm blackout. **oscurità** nf 1 darkness. 2 obscurity. **oscuro** adj 1 dark. 2 obscure.

ospedale (ospe'dale) nm hospital.

ospitare (ospi'tare) vt lodge, put up.

ospite ('ɔspite) nm 1 host. 2 guest. **ospitale** adj hospitable, friendly. **ospitalità** nf hospitality.

ospizio (os'pittsjo) nm 1 (establishment) home. 2 hostel.

ossequio (os'sɛkwjo) nm respect, reverence.

osservare (osser'vare) vt 1 observe. 2 note, remark. **osservatore** nm observer. **osservatorio** (osserva'tɔrjo) nm observatory. **osservazione** nf observation.

ossessionare (ossessjo'nare) vt obsess. **ossessione** nf obsession. **ossesso** (os'sɛsso) adj obsessed.

ossia (os'sia) conj or rather.

ossigeno (os'sidʒeno) nm oxygen. **ossigenato** adj bleached.

osso ('ɔsso) nm 1 pl **ossi** m (of animals or figurative) bone. 2 pl **ossa** f anat bone. **ossatura** nf framework. **ossobuco** nm 1 marrow bone. 2 dish made with this.

ostacolare (ostako'lare) vt hinder, impede. **ostacolo** (os'takolo) nm obstacle.

ostaggio (os'taddʒo) nm hostage.

oste ('ɔste) nm innkeeper.

ostello (os'tello) nm **ostello della gioventù** youth hostel.

osteria (oste'ria) nf inn.

ostetrica (os'tetrika) nf midwife.

ostile (os'tile) adj hostile. **ostilità** nf hostility.

ostinarsi (osti'narsi) vr persist. **ostinato** adj obstinate. **ostinazione** nf obstinacy.

ostrica ('ɔstrika) nf oyster.

ostruire (ostru'ire) vt block.

ottagono (ot'tagono) nm octagon. **ottagonale** adj octagonal.

ottano (ot'tano) nm octane.

ottanta (ot'tanta) adj,nm eighty. **ottantesimo** adj eightieth.

ottava (ot'tava) nf octave.

ottenere* (otte'nere) vt gain, get, obtain.

ottico ('ɔttiko) nm optician.

ottimo ('ɔttimo) adj excellent, very good. nm best. **ottimismo** nm optimism. **ottimista** nm optimist.

otto ('ɔtto) adj,nm eight. **ottocento** (otto'tʃento) adj eight hundred. nm 1 eight hundred. 2 nineteenth century. **ottavo** adj eighth.

ottobre (ot'tobre) nm October.

ottone (ot'tone) nm brass.

otturare (ottu'rare) vt fill (a tooth).

ottuso (ot'tuzo) adj blunt.

ovaia (o'vaja) *nf* ovary.
ovale (o'vale) *adj* oval.
ovatta (o'vatta) *nf* cottonwool.
ovazione (ovat'tsjone) *nf* ovation.
ovest ('ɔvest) *nm* west. *adj invar* west, western. **dell'ovest** western. **2** westerly. **verso ovest** west-wards.
ovile (o'vile) *nm* sheepfold.
ovulo ('ɔvulo) *nm* ovule.
ovvero (ov'vero) *conj* or else.
ovvio ('ɔvvjo) *adj* obvious.
oziare (ot'tsjare) *vi* idle. **ozio** ('ɔttsjo) *nm* **1** idleness. **2** leisure. **ozioso** (ot'tsjoso) *adj* idle.

P

pacchetto (pak'ketto) *nm* packet.
pacco ('pakko) *nm* parcel, package.
pace ('patʃe) *nf* peace. **pacifico** (pa'tʃifiko) *adj* peaceful. **(Oceano) Pacifico** *nm* Pacific (Ocean).
pacificare (patʃifi'kare) *vt* appease, pacify.
pacifismo (patʃi'fizmo) *nm* pacifism. **pacifista** *nm* pacifist.
padella (pa'dɛlla) *nf* frying pan.
padiglione (padiʎ'ʎone) *nm* **1** pavilion. **2** tent.
Padova ('padova) *nf* Padua.
padre ('padre) *nm* father. **padrino** *nm* godfather.
padrone (pa'drone) *nm* **1** owner, boss. **2** landlord.
paesaggio (pae'zaddʒo) *nm* landscape.
paese (pa'eze) *nm* **1** country. **2** village. **paesano** *nm* countryman.
paffuto (paf'futo) *adj* puffy.
pagaia (pa'gaja) *nf* paddle.
pagano (pa'gano) *adj,nm* pagan.
pagare (pa'gare) *vt* pay. **pa-**

ga *nf* pay, payment, salary.
pagamento *nm* payment.
pagella (pa'dʒella) *nf* report card.
paggio ('paddʒo) *nm* **1** page. **2** pageboy.
pagina ('padʒina) *nf* page (of a book).
paglia ('paʎʎa) *nf* straw. **paglietta** *nf* **1** steel wool. **2** boater (hat).
pagliaccio (paʎ'ʎattʃo) *nm* clown.
pagnotta (paɲ'ɲɔtta) *nf* round loaf.
pagoda (pa'gɔda) *nf* pagoda.
paio[1] ('pajo) *nm* pair.
paio[2] ('pajo) *v* see **parere**.
pala ('pala) *nf* also **paletta** shovel.
palato (pa'lato) *nm* palate.
palazzo (pa'lattso) *nm* **1** palace. **2** block, building.
palchetto (pal'ketto) *nm* **1** shelf. **2** *Th* box.
palco ('palco) *nm* **1** platform. **2** *Th* box. **palcoscenico** (palkoʃ'ʃeniko) *nm* stage.
palese (pa'leze) *adj* clear, evident.
palestra (pa'lestra) *nf* gymnasium.
palio ('paljo) *nm* horserace at Siena.
palla ('palla) *nf* **1** ball. **2** bullet. **pallacanestro** (pallaka'nestro) *nf* basketball. **pallavolo** *nf* volleyball.
palleggiare (palled'dʒare) *vi* *sport* dribble.
pallido (pal'lido) *adj* pale. **pallidezza** (palli'dettsa) *nf* paleness.
pallone (pal'lone) *nm* football. **palloncino** *nm* toy balloon.
pallottola (pal'lɔttola) *nf* **1** pellet. **2** bullet.
palma[1] ('palma) *nf* also **palmo** *nm* anat palm.
palma[2] ('palma) *nf* bot palm.
palo ('palo) *nm* pole, post.

palombaro (palom'baro) *nm* diver.

palpare (pal'pare) *vt* touch, feel.

palpebra ('palpebra) *nf* eyelid.

palpitare (palpi'tare) *vi* throb, palpitate. **palpito** ('palpito) *nm* beat.

paltò (pal'tɔ) *nm invar* overcoat.

palude (pa'lude) *nf* marsh.

panca ('panka) *nf* bench. **pancone** *nm* workbench.

pancetta (pan'tʃetta) *nf* bacon.

panchina (pan'kina) *nf* garden seat.

pancia ('pantʃa) *nf* belly. **panciotto** (pan'tʃɔtto) *nm* waistcoat.

pancreas ('pankreas) *nm invar* pancreas.

panda ('panda) *nm invar* panda.

pane ('pane) *nm* 1 bread. 2 loaf of bread. **pane grattato** breadcrumbs. **panforte** (pan-'forte) *nm* gingerbread. **panino** *nm* roll. **panino imbottito** sandwich.

panico ('paniko) *nm* panic.

paniere (pa'njere) *nm* basket.

panna[1] ('panna) *nf* cream. **panna montata** whipped cream.

panna[2] ('panna) *nf mot* breakdown.

panneggiare (panned'dʒare) *vt, vi* drape.

pannello (pan'nello) *nm* panel.

panno ('panno) *nm* 1 cloth. 2 *pl* clothes. **pannolino** *nm* 1 nappy. 2 sanitary towel.

panorama (pano'rama) *nm* view, panorama.

pantaloni (panta'loni) *nm pl* trousers.

pantera (pan'tera) *nf* panther.

pantofola (pan'tɔfola) *nf* slipper.

pantomima (panto'mima) *nf* pantomime.

papà (pa'pa) *nm inf* daddy, dad.

Papa ('papa) *nm* pope. **papale** *adj* papal. **papato** *nm* papacy.

papavero (pa'pavero) *nm* poppy.

papero ('papero) *nm* gosling.

papiro (pa'piro) *nm* papyrus.

pappagallo (pappa'gallo) *nm* parrot.

paprica ('paprika) *nf* 1 red pepper. 2 paprika.

parabola (pa'rabola) *nf* parable.

parabrezza (para'breddza) *nm* windscreen.

paracadute (paraka'dute) *nm invar* parachute. **paracadutista** *nm* parachutist.

paradiso (para'dizo) *nm* paradise, heaven.

paradosso (para'dɔsso) *nm* paradox.

parafango (para'fango) *nm* mudguard.

paraffina (paraf'fina) *nf* paraffin.

parafuoco (para'fwɔko) *nm* fireguard.

paragonare (parago'nare) *vt* compare. **paragone** *nm* comparison.

paragrafo (pa'ragrafo) *nm* paragraph.

paralisi (pa'ralizi) *nf invar* paralysis. **paralizzare** (paralid'dzare) *vt* paralyse.

parallelo (paral'lelo) *adj, nm* parallel.

paralume (para'lume) *nm* lampshade.

paranoia (para'nɔja) *nf* paranoia.

parapetto (para'petto) *nm* parapet.

parare (pa'rare) *vt* 1 adorn. 2 ward off. 3 avert.

parasole (para'sole) *nm* parasol.

parassita (paras'sita) *nm* parasite.

parata[1] (pa'rata) *nf* 1 *sport* parry. 2 defence.

parata[2] (pa'rata) *nf* parade.
paraurti (para'urti) *nm invar* bumper.
paravento (para'vɛnto) *nm* screen.
parcheggiare (parked'dʒare) *vt* park. **parcheggio** *nm* 1 parking. 2 car park.
parchimetro (par'kimetro) *nm* parking meter.
parco[1] ('parko) *nm* park.
parco[2] ('parko) *adj* sparing, economical.
parecchio (pa'rekkjo) *adj* 1 a lot of, a good deal of. 2 considerable, some. *pron* a good many. *adv* much.
pareggiare (pared'dʒare) *vt* level, balance. *vi sport* draw. **pareggio** *nm* 1 balance. 2 *sport* draw.
parente (pa'rɛnte) *nm,f* relation, relative. **parentela** (paren'tela) *nf* 1 relationship. 2 relatives.
parentesi (pa'rɛntezi) *nf invar* 1 parenthesis. 2 bracket.
parere* (pa'rere) *v imp* 1 seem, appear. 2 think. *nm* opinion.
parete (pa'rete) *nf* wall.
pari ('pari) *adj invar* 1 equal. 2 same. 3 (of a number) even. **parità** *nf* parity.
Parigi (pa'ridʒi) *nf* Paris.
parlamento (parla'mento) *nm* parliament.
parlare (par'lare) *vi* speak, talk. *vt* speak.
parmigiano (parmi'dʒano) *adj, nm* Parmesan.
parodia (paro'dia) *nf* parody.
parola (pa'rɔla) *nf* 1 word. 2 speech. 3 promise.
parolaccia (paro'lattʃa) *nf* bad word, swearword.
parrò (par'rɔ) *v* see **parere**.
parrocchia (par'rɔkkja) *nf* parish.
parroco ('parroko) *nm* parish priest.
parrucca (par'rukka) *nf* wig.

parrucchiere (parruk'kjere) *nm* hairdresser.
parsi ('parsi) *v* see **parere**.
parso ('parso) *v* see **parere**.
parte ('parte) *nf* 1 part. 2 portion, share. 3 side, direction. 4 *law,comm* party. **a parte** separately. **da parte** aside. **da una parte...d'altra parte** on the one hand...on the other.
partecipare (partetʃi'pare) *vi* 1 take part, participate. 2 share. *vt* announce.
participio (parti'tʃipjo) *nm* participle.
particolare (partiko'lare) *adj* 1 particular. 2 strange. 3 special. 4 private. *nm* detail.
partigiano (parti'dʒano) *adj,n* partisan.
partire (par'tire) *vi* leave, go away, depart. **a partire da oggi** starting from today. **partenza** (par'tɛntsa) *nf* departure.
partita (par'tita) *nf* game, match.
partito (par'tito) *nm* 1 choice. 2 match (marriage). 3 *pol* party.
partitura (parti'tura) *nf mus* score.
partorire (parto'rire) *vt* give birth to. **parto** *nm* birth, delivery.
parvi ('parvi) *v* see **parere**.
parziale (par'tsjale) *adj* partial.
pascere* ('paʃʃere) *vi* graze.
pascolare (pasko'lare) *vt,vi* graze. **pascolo** ('paskolo) *nm* pasture, meadow.
Pasqua ('paskwa) *nf* Easter.
passabile (pas'sabile) *adj* passable.
passaggio (pas'saddʒo) *nm* 1 passage. 2 crossing. 3 lift (in a car). **essere di passaggio** be passing through.
passare (pas'sare) *vi* 1 pass (by). 2 cease, stop. 3 go

away. **4** happen. *vt* **1** pass. **2** exceed. **3** spend (time). **4** strain. **passante** *nm* passer-by. **passaporto** (passa-'pɔrto) *nm* passport. **passatempo** (passa'tempo) *nm* hobby, pastime. **passato** *adj, nm* past.

passeggero (passed'dʒero) *nm* passenger.

passeggiare (passed'dʒare) *vi* go for a walk. **passeggiata** *nf* **1** walk. **2** drive, run, excursion.

passerella (passe'rella) *nf* **1** gangplank. **2** catwalk.

passero ('passero) *nm* sparrow.

passione (pas'sjone) *nf* passion.

passivo (pas'sivo) *adj* passive. **passività** *nf* passivity.

passo ('passo) *nm* **1** step. **2** excerpt, passage. **fare due passi** go for a short walk.

pasta ('pasta) *nf* **1** dough, pastry. **2** pasta. **3** cake. **pasta dentifricia** toothpaste.

pastasciutta (pastaʃ'ʃutta) *nf* pasta (with sauce).

pastello (pas'tello) *nm* pastel.

pasticca (pas'tikka) *nf* pastille.

pasticceria (pastittʃe'ria) *nf* cake shop.

pasticciare (pastit'tʃare) *vt* bungle. **pasticcio** *nm* **1** pie. **2** mess.

pastiglia (pas'tiʎʎa) *nf* tablet.

pastinaca (pasti'naka) *nf* parsnip.

pasto ('pasto) *nm* meal. **vino da pasto** *nm* table wine.

pastore (pas'tore) *nm* shepherd.

pastorizzare (pastorid'dzare) *vt* pasteurize.

pastrano (pas'trano) *nm* overcoat.

pastura (pas'tura) *nf* pasture.

patata (pa'tata) *nf* potato. **patata fritta** chip. **patatina** *nf* potato crisp.

patella (pa'tella) *nf* limpet.

patente[1] (pa'tente) *nf* licence, certificate.

patente[2] (pa'tente) *adj* obvious, evident.

paterno (pa'terno) *adj* paternal.

patetico (pa'tetiko) *adj* pathetic.

patibolo (pa'tibolo) *nm* scaffold.

patire (pa'tire) *vt, vi* suffer.

patria ('patrja) *nf* homeland, native land.

patrigno (pa'triɲɲo) *nm* stepfather.

patrimonio (patri'mɔnjo) *nm* **1** estate. **2** heritage.

patriota (patri'ɔta) *nm* patriot. **patriottico** (patri'ɔttiko) *adj* patriotic.

patrono (pa'trɔno) *nm* patron saint.

pattinare (patti'nare) *vi* skate. **pattinaggio** *nm* skating. **pattino** *nm* skate.

patto ('patto) *nm* agreement, pact.

pattuglia (pat'tuʎʎa) *nf* patrol.

pattume (pat'tume) *nm* rubbish, refuse. **pattumiera** (pattu'mjera) *nf* dustbin.

paura (pa'ura) *nf* fear, fright. **fare paura a** frighten. **pauroso** (pau'roso) *adj* **1** timid. **2** frightening.

pausa ('pauza) *nf* pause.

pavimento (pavi'mento) *nm* floor.

pavone (pa'vone) *nm* peacock. **pavoneggiarsi** (pavoned'dʒarsi) *vr* show off.

paziente (pat'tsjente) *adj* patient. *nm med* patient. **pazienza** (pat'tsjentsa) *nf* patience.

pazzo ('pattso) *adj* mad, insane. *nm* madman. **pazzia** *nf* madness.

peccare (pek'kare) *vi* sin. **peccato** *nm* sin. **che peccato!** what a shame! **peccatore** *nm* sinner.

pecora ('pekora) *nf* sheep.

pecorino *nm* sheep's milk cheese.

peculiare (peku'ljare) *adj* peculiar.

pedale (pe'dale) *nm* pedal. **pedalare** *vi* pedal.

pedana (pe'dana) *nf* 1 rug. 2 *sport* springboard.

pedante (pe'dante) *adj* pedantic. *nm* pedant.

pedata (pe'data) *nf* 1 footstep. 2 kick.

pediatria (pedja'tria) *nf* paediatrics.

pedicure (pedi'kure) *nm,f* chiropodist.

pedina (pe'dina) *nf game* 1 draughtsman. 2 pawn.

pedone (pe'done) *nm* pedestrian. **pedonale** *adj* pedestrian.

peggio ('pɛddʒo) *adv, adj invar* 1 worse. 2 worst. *nm,f* worst.

peggiorare (peddʒo'rare) *vt* make worse. *vi* worsen, deteriorate.

peggiore (ped'dʒore) *adj* 1 worse. 2 worst.

pegno ('peɲɲo) *nm* 1 pledge, pawn. 2 token. 3 forfeit.

pelare (pe'lare) *vt* 1 peel, skin. 2 pluck (a bird). **pelame** *nm* hair, fur.

pelle ('pɛlle) *nf* 1 skin. 2 hide. 3 leather. **amici per la pelle** *nm pl* friends for life.

pellegrino (pelle'grino) *nm* pilgrim. **pellegrinaggio** *nm* pilgrimage.

pellicano (pelli'kano) *nm* pelican.

pelliccia (pel'littʃa) *nf* fur coat, fur.

pellicola (pel'likola) *nf* 1 film, layer. 2 *phot* film.

pelo ('pelo) *nm* 1 hair. 2 fur, coat. **peloso** (pe'loso) *adj* hairy.

peltro ('peltro) *nm* pewter.

peluria (pe'lurja) *nf* down, soft hair.

pelvi ('pɛlvi) *nf invar* pelvis.

pena ('pena) *nf* 1 penalty, punishment. 2 pain, distress. **vale la pena** it is worthwhile.

penale *adj* penal. **penalizzare** (penalid'dzare) *vt* penalize. **penoso** (pe'noso) *adj* painful.

pendere* ('pɛndere) *vi* 1 hang. 2 lean, slope. **pendente** (pen'dɛnte) *adj* leaning. *nm* pendant. **pendenza**(pen'dɛntsa) *nf also* **pendice** slope.

pendio *nm* slope, slant.

pendolo ('pɛndolo) *nm* pendulum. **pendola** ('pɛndola) *nf* pendulum clock.

pene ('pɛne) *nm* penis.

penetrare (pene'trare) *vi* enter, penetrate. *vt* penetrate.

penicillina (penitʃil'lina) *nf* penicillin.

penisola (pe'nizola) *nf* peninsula.

penitente (peni'tɛnte) *adj,n* penitent. **penitenza** (peni'tɛntsa) *nf* penance.

penna ('penna) *nf* 1 feather. 2 pen.

pennello (pen'nɛllo) *nm* paintbrush.

penombra (pe'nombra) *nf* dim light.

pensare (pen'sare) *vi* think, consider. *vt* think over, ponder. **pensatore** *nm* thinker. **pensiero** (pen'sjero) *nm* thought. **stare in pensiero** be worried. **pensieroso** (pensje'roso) *adj* thoughtful.

pensile ('pɛnsile) *adj* hanging.

pensionare (pensjo'nare) *vt* pension (off). **pensionato** *nm* pensioner. **pensione** *nf* 1 pension. 2 board. 3 boarding house.

pentagono (pen'tagono) *nm* pentagon.

Pentecoste (pente'kɔste) *nf* Pentecost, Whitsun.

pentirsi (pen'tirsi) *vr* 1 repent. 2 regret, be sorry. **pen-**

timento *nm* **1** repentance. **2** regret.

pentola ('pentola) *nf* pot. **pentola a pressione** pressure cooker.

penzolare (pendzo'lare) *vi* dangle. **penzoloni** *adv* dangling.

pepe ('pepe) *nm* pepper. **peperone** *nm* pepper, capsicum.

pepita (pe'pita) *nf* nugget.

per (per) *prep* **1** for. **2** by. **3** through. **4** during. **5** towards. **per amico** as a friend.

pera ('pera) *nf* pear.

perbacco (per'bakko) *interj* by Jove!

perbene (per'bɛne) *adj invar* respectable.

percalle (per'kalle) *nm* gingham.

percentuale (pertʃentu'ale) *nf* percentage.

percepire (pertʃe'pire) *vt* **1** notice, perceive. **2** receive. **percezione** *nf* perception.

perché (per'ke) *conj* **1** why. **2** because. **3** so that.

perciò (per'tʃɔ) *conj* therefore.

percorrere* (per'korrere) *vt* go through, cross.

percorso (per'korso) *nm* **1** distance. **2** journey.

percossa (per'kɔssa) *nf* blow.

percuotere* (per'kwɔtere) *vt* strike, hit.

percussione (perkus'sjone) *nf* percussion.

perdere* ('perdere) *vt* **1** lose. **2** miss. *vi* leak. **perdersi** *vr* get lost. **perdita** ('perdita) *nf* loss.

perdonare (perdo'nare) *vt* forgive, pardon. **perdono** *nm* pardon.

perfetto (per'fetto) *adj* perfect.

perfezionare (perfettsjo'nare) *vt* perfect. **perfezionarsi** *vr* specialize. **perfezione** *nf* perfection.

perfidia (per'fidja) *nf* treachery. **perfido** ('perfido) *adj* treacherous.

perfino (per'fino) *adv* even.

perforare (perfo'rare) *vt* **1** pierce, perforate. **2** bore.

pergamena (perga'mɛna) *nf* parchment.

pericolo (pe'rikolo) *nm* danger. **pericoloso** (periko'loso) *adj* dangerous.

periferia (perife'ria) *nf* outskirts, suburbs.

perimetro (pe'rimetro) *nm* perimeter.

periodo (pe'riodo) *nm* period. **periodico** (peri'ɔdiko) *adj* periodic. *nm* periodical.

perire (pe'rire) *vi* perish.

periscopio (peris'kɔpjo) *nm* periscope.

perito (pe'rito) *adj* skilled, expert. *nm* expert.

perla ('perla) *nf* pearl.

perlustrare (perlus'trare) *vt* search.

permaloso (perma'loso) *adj* touchy.

permanente (perma'nɛnte) *adj* permanent.

permeare (perme'are) *vt* permeate.

permesso (per'messo) *adj* permitted. *nm* **1** permission, permit. **2** leave. *interj* excuse me! **permesso?** may I come in?

permettere* (per'mettere) *vt* allow, permit.

pernice (per'nitʃe) *nf* partridge.

perno ('perno) *nm* pivot.

pero ('pero) *nm* pear tree.

però (pe'rɔ) *conj* however, yet.

perossido (pe'rɔssido) *nm* peroxide.

perpendicolare (perpendiko-'lare) *adj,nf* perpendicular.

perpetuo (per'petuo) *adj* perpetual.

perplesso (per'plesso) *adj* perplexed.

perquisire (perkwi'zire) *vt* search. **perquisizione** *nf*

search. **mandato di perquisizione** *nm* search warrant.
perseguitare (persegwi'tare) *vt* 1 pursue. 2 persecute. **persecutore** *nm* persecutor. **persecuzione** *nf* persecution.
perseverare (perseve'rare) *vi* persevere.
persi ('persi) *v* see **perdere.**
persiana (per'sjana) *nf* shutter.
persino (per'sino) *adv* even.
persistere* (per'sistere) *vi* continue, persist.
perso ('perso) *v* see **perdere.**
persona (per'sona) *nf* person. **personale** *adj* personal. *nm* staff. **personalità** *nf* personality.
personaggio (perso'naddʒo) *nm* character.
personificare (personifi'kare) *vt* personify.
persuadere* (persua'dere) *vt* persuade, convince. **persuasione** *nf* persuasion. **persuasivo** *adj* persuasive.
pertanto (per'tanto) *conj* therefore.
pertosse (per'tosse) *nf* whooping cough.
pervenire*(perve'nire)*vi* reach.
pesare (pe'sare) *vt,vi* weigh. **pesante** (pe'sante) *adj* heavy. **peso** ('peso) *nm* 1 weight. 2 burden.
pesca[1] ('peska) *nf* peach. **pesco** *nm* peach tree.
pesca[2] ('peska) *nf* fishing. **pescare** *vt* 1 fish. 2 catch. **pescatore** *nm* fisherman.
pesce ('peʃʃe) *nm* 1 fish. 2 *pl cap* Pisces. **non sapere che pesci pigliare** not know which to choose. **pesce d'aprile** April fool. **pescecane** (peʃʃe'kane) *nm* shark. **pescheria** *nf* fishmonger's shop. **pescivendolo** (peʃʃi'vendolo) *nm* fishmonger.
pessimismo (pessi'mizmo) *nm* pessimism. **pessimista** *nm*

pessimist. **pessimistico** *adj* pessimistic.
pessimo ('pessimo) *adj* 1 very bad. 2 worst.
pestare (pes'tare) *vt* 1 trample on. 2 crush. 3 stamp (feet). **pestello** (pes'tello) *nm* pestle. **pesto** *adj* ground. *nm* kind of sauce. **carta pesta** *nf* papier-mâché.
peste ('peste) *nf* 1 plague. 2 nuisance.
petalo ('petalo) *nm* petal.
petizione (petit'tsjone) *nf* petition.
petrolifero (petro'lifero) **pozzo petrolifero** *nm* oilwell.
petrolio (pe'trɔljo) *nm* 1 oil. 2 petroleum. **petroliera** (petro'ljere) *nf* oil tanker.
pettegolo (pet'tegolo) *adj* gossipy. *nm also* **pettegola** *nf* gossip. **pettegolezzo** (pettego'leddzo) *nm* gossip.
pettinare (petti'nare) *vt* comb. **pettinarsi** *vr* comb one's hair. **pettinatura** *nf* hairstyle. **pettine** ('pettine) *nm* comb.
petto ('petto) *nm* 1 *anat* chest. 2 breast. **pettirosso** (petti'rosso) *nm* robin.
pezza ('pettsa) *nf* 1 patch. 2 cloth.
pezzo ('pettso) *nm* 1 piece, bit. 2 portion. **pezzo di ricambio** spare part. **pezzo grosso** bigwig. **un gran pezzo** a long time.
piaccio('pjattʃo)*v* see **piacere.**
piacere* (pja'tʃere) *vi* please, be pleasing. *v imp* like. **piacere a** please. ~ *nm* 1 pleasure, enjoyment. 2 favour. **per piacere** please. **piacevole** *adj* pleasant.
piaga ('pjaga) *nf* wound, sore, grief.
piagnucolare (pjaɲɲuko'lare) *vi* whimper.
pianerottolo (pjane'rɔttolo) *nm arch* landing.

pianeta (pja'neta) *nm* planet.

piangere* ('pjandʒere) *vi* cry, weep. *vt* lament.

pianista (pja'nista) *nm* pianist.

piano[1] ('pjano) *adj* flat, level. *adv* 1 quietly, gently. 2 slowly. **pian piano** very slowly.

piano[2] ('pjano) *nm* 1 plain. 2 plane. 3 floor, storey. **primo piano** fore ground. **pianterreno** *nm* ground floor.

piano[3] ('pjano) *nm* 1 plan. 2 project.

piano[4] ('pjano) *nm* piano.

pianoforte (pjano'forte) *nm* piano.

piansi ('pjansi) *v* see **piangere**.

piantare (pjan'tare) *vt* 1 plant. 2 fix, put. 3 abandon. **piantarsi** *vr* stand. **pianta** *nf* 1 *bot* plant. 2 *anat* sole 3 plan. **piantagione** *nf* plantation.

pianto[1] ('pjanto) *v* see **piangere**.

pianto[2] ('pjanto) *nm* weeping.

pianura (pja'nura) *nf* plain.

piastra ('pjastra) *nf* slab. **piastrella** (pjas'trella) *nf* tile.

piattaforma (pjatta'forma) *nf* platform.

piatto ('pjatto) *adj* flat. *nm* 1 plate. 2 dish (of food). 3 *cul* course. 4 *pl* cymbals. **piattino** *nm* saucer.

piazza ('pjattsa) *nf* square, marketplace. **fare piazza pulita** make a clean sweep. **piazzale** *nm* square, open space.

picca ('pikka) *nf* 1 lance, pike. 2 *pl game* spades.

piccante (pik'kante) *adj* spicy, pungent.

picchiare (pik'kjare) *vt* hit, strike. *vi* knock. **picchiotto** (pik'kjɔtto) *nm* doorknocker.

picchio ('pikkjo) *nm* woodpecker.

piccino (pit'tʃino) *adj* small, tiny.

piccione (pit'tʃone) *nm* pigeon.

picco ('pikko) *nm* peak. **andare a picco** sink. **a picco** perpendicularly.

piccolo ('pikkolo) *adj* small, little. *nm* little child.

piccone (pik'kone) *nm* pickaxe.

pidocchio (pi'dɔkkjo) *nm* louse.

piede ('pjede) *nm* foot. **a piedi** on foot. **stare in piedi** stand. **piedistallo** (pjedis'tallo) *nm* pedestal.

piegare (pje'gare) *vt* fold, bend. *vi* 1 turn. 2 lean. **piegarsi** *vr* bow. **piega** *nf* 1 fold. 2 pleat.

pieghevole (pje'gevole) *adj* flexible.

pieno ('pjeno) *adj* full, complete. **fare il pieno** *mot* fill up. **pieno zeppo** full up.

pietà (pje'ta) *nf* pity, mercy. **monte di pietà** *nm* pawnbroker's shop. **pietoso** (pje'toso) *adj* 1 pitiful. 2 compassionate.

pietanza (pje'tantsa) *nf* 1 dish. 2 *cul* course.

pietra ('pjetra) *nf* stone.

piffero ('piffero) *nm mus* pipe.

pigiama (pi'dʒama) *nm* pyjamas.

pigione (pi'dʒone) *nf* rent.

pigliare (piʎ'ʎare) *vt* 1 take. 2 catch.

pigmeo (pig'mɛo) *adj,n* Pigmy.

pigna ('piɲɲa) *nf* pine cone.

pigolare (pigo'lare) *vi* cheep, chirp.

pigro ('pigro) *adj* 1 lazy. 2 slow. **pigrizia** (pi'grittsja) *nf* laziness.

pila ('pila) *nf* 1 *arch* pile, support. 2 battery.

pilastro (pi'lastro) *nm* pillar.

pillola ('pillola) *nf* pill.

pilone (pi'lone) *nm* pylon.

pilotare (pilo'tare) *vt* 1 pilot. 2 *mot* drive. **pilota** *nm* pilot.

pimento (pi'mento) *nm* cayenne pepper.

pinacoteca (pinako'teka) *nf* art gallery.

pingue ('pingwe) *adj* fat.

pinguino (pin'gwino) *nm* penguin.

pinna ('pinna) *nf* 1 fin. 2 flipper.

pinnacolo (pin'nakolo) *nm* pinnacle.

pino ('pino) *nm* pine tree. **pineta** *nf* pine forest.

pinta ('pinta) *nf* pint.

pinza ('pintsa) *nf* pliers, pincers. **pinzette** *nf pl* tweezers.

pio ('pio) *adj* devout, charitable.

pioggia ('pjɔddʒa) *nf* rain.

piombare[1] (pjom'bare) *vi* fall heavily. **piombare su** assail.

piombare[2] (pjom'bare) *vt* 1 seal. 2 fill (a tooth). **piombo** ('pjombo) *nm* lead.

pioniere (pjo'njere) *nm* pioneer.

pioppo ('pjɔppo) *nm* poplar tree.

piovere* ('pjɔvere) *vi* 1 rain. 2 pour. **piovere a catinelle** rain cats and dogs.

piovigginare (pjoviddʒi'nare) *vi* drizzle.

piovra ('pjɔvra) *nf* octopus.

piovve ('pjɔvve) *v* see **piovere**.

pipa ('pipa) *nf* pipe.

pipistrello (pipis'trɛllo) *nm* *zool* bat.

piramide (pi'ramide) *nf* pyramid.

pirata (pi'rata) *nm* pirate.

piroscafo (pi'rɔskafo) *nm* steamship.

piscina (piʃ'ʃina) *nf* swimming pool.

pisello (pi'sɛllo) *nm* pea.

pisolino (pizo'lino) *nm* nap.

pista ('pista) *nf* 1 track. 2 runway.

pistola (pis'tɔla) *nf* pistol.

pistone (pis'tone) *nm* piston.

pitone (pi'tone) *nm* python.

pittore (pit'tore) *nm* painter.

pittoresco (pitto'resko) *adj* picturesque.

pittura (pit'tura) *nf* painting, picture.

più (pju) *adv* 1 more. 2 most. **di più** more. **non...più** no longer. **più tardi** later. **tanto più che** all the more since. ~ *prep* plus. *adj* more. *nm* majority. **per lo più** generally.

piuma ('pjuma) *nf* 1 down. 2 feather. **peso piuma** *nm* *sport* featherweight.

piuttosto (pjut'tosto) *adv* rather, somewhat.

pizza ('pittsa) *nf* dough base covered with various tomato mixtures.

pizzicare (pittsi'kare) *vt* 1 nip, pinch. 2 sting, bite. *vi* itch. **pizzicotto** (pittsi'kɔtto) *nm* *also* **pizzico** ('pittsiko) nip. **pizzicagnolo** (pittsi'kaɲɲolo) *nm* specialist grocer. **pizzicheria** (pittsike'ria) *nf* delicatessen.

pizzo ('pittso) *nm* 1 lace. 2 goatee beard.

placare (pla'kare) *vt* calm.

placca ('plakka) *nf* plaque.

placenta (pla'tʃɛnta) *nf* placenta.

placido ('platʃido) *adj* 1 tranquil, calm. 2 placid.

plagiare (pla'dʒare) *vt* plagiarize.

planare (pla'nare) *vi* glide.

plasmare (plaz'mare) *vt* mould. **plasma** *nm* plasma.

plastica ('plastika) *nf* plastic. **plastico** ('plastiko) *adj* plastic.

platano ('platano) *nm* plane tree.

platea (pla'tea) *nf* *Th* stalls, pit.

platino ('platino) *nm* platinum.

platonico (pla'tɔniko) *adj* platonic.

plausibile (plau'zibile) *adj* plausible.

plebaglia (ple'baʎʎa) *nf* rabble.

plebe ('plebe) *nf* common people.

plico ('pliko) *nm* 1 packet (of letters). 2 envelope.

plotone (plo'tone) *nm* platoon.

plumbeo('plumbeo)*adj* leaden.

plurale(plu'rale)*adj*,*nm* plural.

pneumatico (pneu'matiko) *adj* pneumatic. *nm* tyre.

po' (pɔ) *adj* contraction of **poco.**

pochino(po'kino)*adj*,*nm* little.

poco ('pɔko) *adj* 1 little. 2 insufficient. 3 *pl* few. **da poco** worthless. ~*pron* 1 little. 2 *pl* few. **un altro poco** another little bit. ~*adv* little. **a poco a poco** little by little. **per poco non** almost. **vediamo un po'** let's have a look.

podere (po'dere) *nm* farm.

podestà (podes'ta) *nm* mayor.

poema(po'ema)*nm*poem. **poesia** (poe'zia) *nf* 1 poetry. 2 poem. **poeta** (po'eta) *nm* poet. **poetico** (po'etiko) *adj* poetic.

poi ('pɔi) *adv* then, after. **d'allora in poi** from then on.

poiché (poi'ke) *conj* for, since.

polacco (po'lakko) *adj* Polish. *nm* 1 Pole. 2 Polish(language).

polarizzare (polarid'dzare) *vt* polarize.

polca (po'lka) *nf* polka.

polemica (po'lemika) *nf* controversy, polemic.

polenta (po'lenta) *nf* pudding made of maize flour.

poliestere (poli'estere) *nm* polyester.

poligamia (poliga'mia) *nf* polygamy.

poligono (po'ligono) *nm* polygon.

poliinsaturo (poliin'saturo) *adj* polyunsaturated.

polistirene (polisti'rene) *nm* polystyrene.

politecnico (poli'tekniko) *nm* polytechnic.

politica (po'litika) *nf* 1 politics. 2 policy. **politico** (po'-litiko) *adj* political. *nm* politician.

polizia (polit'tsia) *nf* police. **poliziotto** *nm* policeman. **romanzo poliziesco** *nm* detective story.

polizza (po'littsa) *nf* 1 voucher. 2 receipt. 3 bill. **polizza d'assicurazione** insurance policy.

pollaio (pol'lajo) *nm* poultry yard.

pollice ('pollitʃe) *nm* 1 thumb. 2 big toe. 3 inch.

polline ('polline) *nm* pollen.

pollo ('pollo) *nm* chicken. **pollame** *nm* poultry.

polmone (pol'mone) *nm* lung. **polmonite** *nf* pneumonia.

polo[1] ('polo) *nm* (astronomy) pole. **polare** *adj* polar.

polo[2] ('pɔlo) *nm* polo.

Polonia (po'lɔnja) *nf* Poland.

polpa ('polpa) *nf* flesh, pulp. **polpetta** *nf* meatball.

polpaccio (pol'pattʃo) *nm anat* calf.

polso ('polso) *nm* 1 pulse. 2 wrist. **polsino** *nm* shirt cuff.

poltrona (pol'trona) *nf* 1 armchair. **stall.**

poltrone (pol'trone) *adj* lazy.

polvere ('polvere) *nf* 1 dust. 2 powder. **polveroso** (polve'-roso) *adj* dusty.

polverizzare (polverid'dzare) *vt* pulverize.

pomata (po'mata) *nf* ointment.

pomeriggio (pome'riddʒo) *nm* afternoon.

pomice ('pomitʃe) *nf* pumice.

pomo ('pomo) *nm* 1 apple. 2 apple tree. **pomo d'Adamo** Adam's apple.

pomodoro (pomo'dɔro) *nm* tomato.

pompa[1] ('pompa) *nf* pomp, splendour.

pompa[2] ('pompa) *nf* pump.

pompelmo (pom'pelmo) *nm* grapefruit.

pompiere (pom'pjere) *nm* fireman.

ponce ('pontʃe) *nm also* **punch** (pʌntʃ) *nm invar* punch(drink).

ponderare (ponde'rare) *vt* ponder.

ponente (po'nɛnte) *nm* west.

ponesti (po'nesti) *v see* **porre**.

pongo ('pongo) *v see* **porre**.

poni ('poni) *v see* **porre**.

ponte ('ponte) *nm* 1 bridge. 2 *naut* deck.

pontefice (pon'tefitʃe) *nm* pontiff.

popolare (popo'lare) *vt* populate. *adj* popular. **popolarità** *nf* popularity.

popolo ('pɔpolo) *nm* people, nation. **popolazione** *nf* population.

popone (po'pone) *nm* melon.

poppa[1] ('poppa) *nf* stern.

poppa[2] ('poppa) *nf* breast.

poppare (pop'pare) *vt* suck.

porcellana (portʃel'lana) *nf* china, porcelain.

porco ('pɔrko) *nm, pl* **porci** 1 pig. 2 pork. **porcellino** *nm* piglet. **porcile** *nm* pigsty. **porcospino** *nm* porcupine.

porgere* ('pordʒere) *vt* 1 hand. 2 hold out. **porgere una mano** lend a hand.

pornografia (pornogra'fia) *nf* pornography. **pornografico** (porno'grafiko) *adj* pornographic.

poro ('pɔro) *nm* pore. **poroso** (po'roso) *adj* porous.

porpora ('pɔrpora) *nf* purple. **porporino** *adj* purple.

porre* ('porre) *vt* 1 place, put, set. 2 suppose.

porro ('pɔrro) *nm* leek.

porta ('pɔrta) *nf* 1 door. 2 gate. **portiera** (por'tjɛra) *nf* door. **portiere** (por'tjɛre) *nm* 1 doorman, porter. 2 goalkeeper.

portabagagli (portaba'gaʎʎi) *nm invar* 1 luggage rack. 2 porter.

portacenere (porta'tʃenere) *nm invar* ashtray.

portachiavi (porta'kjavi) *nm* key ring.

portaerei (porta'ɛrei) *nf invar* aircraft-carrier.

portafoglio (porta'fɔʎʎo) *nm invar* 1 wallet. 2 portfolio.

portalettere (porta'lettere) *nm invar* postman.

portamonete (portamo'nete) *nm invar* purse.

portare (por'tare) *vt* 1 carry. 2 take. 3 bring. 4 wear. 5 lead. 6 feel. **portarsi** *vr* behave. **portamento** *nm* bearing. **portata** *nf* 1 range. 2 capacity. **portatile** *adj* portable.

portariviste (portari'viste) *nm invar* magazine rack.

portasapone (portasa'pone) *nm invar* soap dish.

portasigarette (portasiga'rette) *nm invar* cigarette case.

portaspilli (portas'pilli) *nm invar* pin cushion.

portauova (porta'wɔva) *nm* egg cup.

portavoce (porta'votʃe) *nm invar* 1 megaphone. 2 mouthpiece, spokesman.

portico ('pɔrtiko) *nm* porch.

portinaio (porti'najo) *nm* porter, doorman. **portineria** *nf* porter's lodge.

porto[1] ('pɔrto) *nm* 1 carriage, transport. 2 postage.

porto[2] ('pɔrto) *nm naut* port.

porto[3] ('pɔrto) *nm* port (drink).

Portogallo (porto'gallo) *nm* Portugal. **portoghese** (porto'gese) *adj,nm* Portuguese. *nm* Portuguese (language).

porzione (por'tsjone) *nf* 1 share, portion. 2 helping (of food).

posa ('pɔsa) *nf* 1 pause. 2 pose. 3 *phot* exposure.

posare (po'sare) *vt* put, place, set or lay down. *vi* pose. **posarsi** *vr* alight. **posata** *nf* piece of cutlery.

posatoio (posa'tojo) *nm* perch.
poscritto (pos'kritto) *nm* post-script.
posi ('posi) *v* see **porre**.
positivo (pozi'tivo) *adj* positive.
posizione (pozit'tsjone) *nf* 1 position. 2 site. 3 situation.
posporre* (pos'porre) *vt* postpone.
possedere* (posse'dere) *vt* possess, own, have. **possedimento** *nm* 1 estate. 2 possession. **possesso** (pos'sesso) *nm* possession. **possessore** (posses'sore) *nm* possessor, owner.
possiamo (pos'sjamo) *v* see **potere**.
possibile (pos'sibile) *adj* possible. **possibilità** *nf* 1 possibility. 2 opportunity.
posso ('posso) *v* see **potere**.
posta ('posta) *nf* 1 post, mail. 2 post office. **postale** *adj* postal. **cassetta postale** *nf* postbox. **postino** *nm* postman.
posteggiare (posted'dʒare) *vi* park. **posteggio** *nm* parking place.
posteriore (poste'rjore) *adj* 1 back, hind. 2 later.
posterità (posteri'ta) *nf* posterity.
posticcio (pos'tittʃo) *adj* false, fake.
posto¹ ('posto) *v* see **porre**.
posto² ('posto) *nm* 1 place, spot, site. 2 place, seat. 3 job, position. 4 space, room. 5 post. **a posto** in order. **posto di primo soccorso** first-aid post.
postumo ('postumo) *adj* posthumous.
potabile (po'tabile) *adj* drinkable.
potare (po'tare) *vt* prune.
potassio (po'tassjo) *nm* potassium.
potente (po'tɛnte) *adj* powerful. **potenza** (po'tɛntsa) *nf* power.

potenziale (poten'tsjale) *adj*, *nm* potential.
potere*¹ (po'tere) *vi* 1 be able. 2 be allowed. **può darsi** it is possible.
potere² (po'tere) *nm* power.
potrò (po'trɔ) *v* see **potere**.
povero ('povero) *adj* poor, needy. *nm* 1 poor man. 2 beggar. **poveretto** *nm* poor wretch. **povertà** *nf* poverty.
pozza ('pottsa) *nf* puddle, pool. **pozzanghera** (pot'tsangera) *nf* puddle. **pozzo** ('pottso) *nm* well.
pranzare (pran'dzare) *vi* 1 lunch. 2 dine. **pranzo** *nm* 1 lunch. 2 dinner.
pratica ('pratika) *nf* 1 experience. 2 practice. 3 knowledge, familiarity. **praticare** *vt* 1 practice. 2 exercise.
pratico ('pratiko) *adj* 1 practical. 2 experienced.
prato ('prato) *nm* meadow.
preavvertire (preavver'tire) *vt* forewarn.
preavvisare (preavvi'zare) *vt* forewarn. **preavviso** *nm* notice, warning.
precario (pre'karjo) *adj* precarious.
precauzione (prekaut'tsjone) *nf* precaution.
precedere (pre'tʃedere) *vt* precede, go before. **precedente** (pretʃe'dɛnte) *adj* preceding. *nm* precedent. **precedenza** (pretʃe'dɛntsa) *nf* 1 precedence. 2 **mot** right-of-way, priority.
precipitare (pretʃipi'tare) *vt* 1 hurl. 2 speed up. *vi* crash down, fall. **precipizio** (pretʃi'pittsjo) *nm* precipice.
precisare (pretʃi'zare) *vt* specify, relate precisely. **precisione** *nf* precision. **preciso** *adj* exact, precise. **alle due precise** at exactly two o'clock.
precoce (pre'kɔtʃe) *adj* precocious.

preconcetto (prekon'tʃetto) *adj* preconceived. *nm* preconception.

precursore (prekur'sore) *nm* forerunner.

predare (pre'dare) *vt* pillage. **preda** *nf* 1 prey. 2 booty.

predecessore (predetʃes'sore) *nm* predecessor.

predestinare (predesti'nare) *vt* predestine. **predestinazione** *nf* predestination.

predica ('predika) *nf* sermon. **predicare** *vt,vi* preach.

prediletto (predi'letto) *adj,nm* favourite.

predire* (pre'dire) *vt* predict. **predizione** *nf* prediction.

predominare (predomi'nare) *vi* predominate, prevail. **predominio** *nm* predominance.

prefabbricato (prefabbri'kato) *adj* prefabricated.

prefazione (prefat'tsjone) *nf* preface.

preferire (prefe'rire) *vt* prefer. **preferenza** (prefe'rentsa) *nf* preference. **preferibile** (prefe'ribile) *adj* preferable.

prefetto (pre'fetto) *nm* prefect. **prefettura** *nf* prefecture.

prefiggere* (pre'fiddʒere) *vt* arrange in advance. **prefiggersi** *vr* intend.

prefisso (pre'fisso) *nm* prefix.

pregare (pre'gare) *vt* 1 pray. 2 beg, ask. **prego** *interj* 1 yes please! 2 pardon? 3 don't mention it!

pregevole (pre'dʒevole) *adj* valuable.

preghiera (pre'gjɛra)*nf* prayer.

pregiare (pre'dʒare) *vt* esteem. **pregio** ('predʒo) *nm* 1 esteem. 2 merit.

pregiudicare (predʒudi'kare) *vt* prejudice. **pregiudizio** (predʒu'dittsjo) *nm* prejudice.

pregustare (pregus'tare) *vt* look forward to.

preistorico (preis'tɔriko) *adj* prehistoric.

prelato (pre'lato) *nm* prelate.

prelevare (prele'vare) *vt* 1 withdraw. 2 take.

preliminare (prelimi'nare) *adj, nm* preliminary.

preludio(pre'ludjo)*nm* prelude.

prematuro (prema'turo) *adj* premature.

premeditato (premedi'tato) *adj* premeditated.

premere* ('premere) *vt,vi* squeeze, press. *vi* 1 insist. 2 be urgent.

premiare (pre'mjare) *vt* reward. **premio** ('premjo) *nm* 1 prize. 2 reward. 3 award.

preminente (premi'nente) *adj* pre-eminent. **preminenza**(premi'nentsa) *nf* pre-eminence.

premura (pre'mura) *nf* 1 care, attention. 2 hurry, urgency. **premuroso** (premu'roso) *adj* thoughtful.

prenatale (prena'tale) *adj* antenatal.

prendere* ('prɛndere)*vt* 1 take. 2 seize, catch. 3 surprise. 4 receive, get, earn. 5 take up, occupy. 6 catch (illness). 7 treat, consider. 8 hit, catch. *vi* set, take root. **prendere a** begin to. **prendere a destra** turn right. **prendere con le buone** treat nicely. **prendere fuoco** catch fire. **prendersela con** *vr* get angry with.

prenotare (preno'tare) *vt* book, reserve.

preoccupare (preokku'pare) *vt* worry, be anxious. **preoccuparsi** *vr* get worried. **preoccupato** *adj* worried. **preoccupazione** *nf* worry.

preparare (prepa'rare) *vt* prepare. **prepararsi** *vr* get oneself ready. **preparazione** *nf also* **preparativo** *nm* preparation.

preposizione (prepozit'tsjone) *nf* preposition.

prepotente (prepo'tente) *adj*

overbearing, tyrannical. **prepotenza** (prepo'tentsa) *nf* arrogance.

prerogativa (preroga'tiva) *nf* privilege, prerogative.

presa ('presa) *nf* 1 capture, seizure. 2 dose. 3 pinch. 4 electric plug.

presbite ('prezbite) *adj* long-sighted.

prescrivere* (pres'krivere) *vt* prescribe.

presentare (prezen'tare) *vt* 1 present. 2 introduce. 3 offer. 4 show. **presentarsi** *vr* appear. **presentatore** *nm* compere. **presentazione** *nf* introduction.

presente (pre'zente) *adj,nm* present.

presentire (presen'tire) *vt* foresee. **presentimento** (presenti'mento) *nm* premonition.

presenza (pre'zentsa) *nf* presence.

preservativo (preserva'tivo) *nm* contraceptive.

presi ('presi) *v* see **prendere**.

preside ('preside) *nm* 1 principal. 2 dean.

presidente (presi'dɛnte) *nm* president.

presidio (pre'sidjo) *nm* garrison.

presiedere (pre'sjɛdere) *vt,vi* preside over.

preso ('preso) *v* see **prendere**.

pressare (pres'sare) *vt* press. **pressa** ('pressa) *nf* press.

pressione (pres'sjone) *nf* pressure.

presso ('presso) *adv* near, nearby. **da presso** closely. **presso a** about to. ~*prep* 1 nearby. 2 in, at. 3 care of. 4 in the opinion of. 5 among. **presso a** in comparison with. **pressi** *nm pl* vicinity. **pressappoco** (pressap'poko) *adv* roughly, more or less.

prestabilire (prestabi'lire) *vt* arrange in advance.

prestare (pres'tare) *vt* 1 lend. 2 give.

prestigio (pres'tidʒo) *nm* 1 trick. 2 prestige. **gioco di prestigio** *nm* conjuring trick.

prestito ('prestito) *nm* loan. **dare in prestito** lend.

presto ('presto) *adv* 1 quickly. 2 early. 3 soon. **al più presto** as quickly as possible. **fare presto** hurry.

presumere* (pre'zumere) *vi* presume. **presuntuoso** *adj* presumptuous. **presunzione** *nf* presumption.

presupporre* (presup'porre) *vt* presuppose.

prete ('prete) *nm* priest.

pretendere* (pre'tendere) *vt* 1 claim. 2 assert. 3 demand. 4 want, ask (a price). *vi* claim.

pretenzioso (preten'tsjoso) *adj* pretentious.

pretesa (pre'tesa) *nf* 1 claim. 2 pretension.

pretesto (pre'testo) *nm* pretext, excuse.

prevalere* (preva'lere) *vi* prevail. **prevalersi** *vr* take advantage.

prevedere* (preve'dere) *vt* 1 foresee. 2 forecast.

prevenire* (preve'nire) *vt* anticipate.

preventivare (preventi'vare) *vt* allocate. **preventivo** *nm* budget.

previdenza (previ'dɛntsa) *nf* foresight.

previsione (previ'zjone) *nf* expectation. **previsioni del tempo** *nf pl* weather forecast.

prezioso (pret'tsjoso) *adj* precious.

prezzemolo (pret'tsemolo) *nm* parsley.

prezzo ('prettso) *nm* 1 cost. 2 price.

prigione (pri'dʒone) *nf* prison. **prigioniero** *nm* prisoner.

prima ('prima) *adv* 1 first. 2

before. **3** beforehand. **4** formerly. *prep* before. *nf* **1** first night. **2** *mot* first gear. **3** first class. **prima o poi** sooner or later.

primavera (prima'vera) *nf* spring.

primitivo (primi'tivo) *adj* primitive.

primo ('primo) *adj* **1** first. **2** principal. *nm* first. **primogenito** (primo'dʒenito) *adj, nm* firstborn.

primula ('primula) *nf* primrose.

principale (printʃi'pale) *adj* main, chief, principal. *nm* manager, boss.

principe ('printʃipe) *nm* prince. **principessa** *nf* princess.

principio (prin'tʃipjo) *nm* **1** start, beginning. **2** principle.

priore (pri'ore) *nm rel* prior.

priorità (priori'ta) *nf* priority.

prisma ('prizma) *nm* prism.

privare (pri'vare) *vt* deprive.

privatizzare (privatid'dzare) *vt* privatize.

privato (pri'vato) *adj* private.

privilegio (privi'ledʒo) *nm* privilege.

privo ('privo) *adj* lacking, wanting.

probabile (pro'babile) *adj* probable, likely. **probabilità** *nf* probability.

problema (pro'blema) *nm* problem.

procacciare (prokat'tʃare) *vt* seek, obtain.

procedere (pro'tʃedere) *vi* **1** proceed, go on. **2** start. **3** act. **procedimento** *nm* **1** process. **2** *law* proceedings.

processione (protʃes'sjone) *nf* procession.

processo (pro'tʃesso) *nm* **1** process. **2** *law* trial, lawsuit.

proclamare (prokla'mare) *vt* proclaim, declare. **proclamazione** *nf* proclamation.

procreare (prokre'are) *vt* procreate.

procurare (proku'rare) *vt* **1** obtain. **2** cause.

proda ('prɔda) *nf* **1** bank, shore. **2** edge.

prodigare (prodi'gare) *vt* lavish. **prodigo** ('prɔdigo) *adj* lavish.

prodigio (pro'didʒo) *nm* miracle.

produrre* (pro'durre) *vt* **1** produce. **2** cause. **prodursi** *vr* happen. **prodotto** *nm* product. **produttivo** *adj* productive. **produttore** *nm* producer. **produzione** *nf* **1** production. **2** manufacture.

proemio (pro'emjo) *nm* introduction.

profanare (profa'nare) *vt* profane. **profano** *adj* profane.

proferire* (profe'rire) *vt* pronounce.

professare (profes'sare) *vt* **1** profess. **2** practise. **professione** *nf* profession. **professionista** *nm* professional. **professore** *nm* **1** teacher. **2** professor.

profeta (pro'feta) *nm* prophet. **profetico** (pro'fetiko) *adj* prophetic. **profezia** (profet'tsia) *nf* prophecy.

profilo (pro'filo) *nm* profile, outline. **di profilo** in profile.

profittare (profit'tare) *vi* profit, gain. **profitto** *nm* profit, gain.

profondo (pro'fondo) *adj* **1** deep. **2** profound. **poco profondo** shallow. **profondità** *nf* depth.

profugo ('prɔfugo) *nm* refugee.

profumare (profu'mare) *vt* perfume. **profumo** *nm* perfume.

profusione (profu'zjone) *nf* profusion.

progettare (prodʒet'tare) *vt* plan. **progetto** (pro'dʒetto) *nm* plan, project.

prognosi ('prɔɲɲozi) *nf* prognosis.

programmare (program'mare)
vt program. **programma** *nm*
1 programme. 2 program.

progredire (progre'dire) *vi*
progress, advance. **progresso** (pro'gresso) *nm* progress.

proibire (proi'bire) *vt* forbid,
prohibit.

proiettare (projet'tare) *vt*
throw, project. *vi* project.
proiettile (pro'jettile) *nm* 1
missile. 2 shot, shell, bullet.
proiettore *nm* 1 searchlight.
2 projector.

proletario (prole'tarjo) *adj,nm*
proletarian. **proletariato** *nm*
proletariat.

prolifico (pro'lifiko) *adj* prolific.

prologo ('prɔlogo) *nm* prologue.

prolungare (prolun'gare) *vt*
lengthen, extend, prolong.
prolungamento *nm* extension.

promettere* (pro'mettere) *vt*
promise. **promessa** *nf*
promise.

prominente (promi'nente) *adj*
prominent.

promiscuo (pro'miskuo) *adj* 1
mixed. 2 promiscuous.

promontorio (promon'tɔrjo)
nm headland, promontory.

promozione (promot'tsjone)
nf promotion.

promuovere* (pro'mwɔvere)
vt 1 promote. 2 encourage,
provoke.

pronome (pro'nome) *nm*
pronoun.

pronto ('pronto) *adj* 1 ready.
2 quick, prompt. **pronto
soccorso** *nm* first aid.
~ *interj* (on the telephone)
hello!

prontuario (prontu'arjo) *nm*
handbook.

pronunciare (pronun'tʃare) *vt*
pronounce. **pronuncia** *nf*
pronunciation.

propaganda (propa'ganda) *nf*
propaganda.

propendere* (pro'pendere) *vi*
incline. **propensione** *nf* inclination. **propenso** (pro'-
penso) *adj* inclined.

propizio (pro'pittsjo) *adj*
favourable.

proponimento (proponi'mento) *nm* resolution.

proporre* (pro'porre) *vt* propose, suggest. **proporsi** *vr*
intend.

proporzione (propor'tsjone) *nf*
proportion. **proporzionale** *adj* proportional.

proposito (pro'pɔzito) *nm* 1
aim, intention. 2 theme, subject. **a proposito** 1 by the
way. 2 to the point. **a proposito di** with regard to.

proposizione (propozit'tsjone)
nf proposition.

proposta (pro'posta) *nf*
proposal.

proprietà (proprje'ta) *nf* 1 property. 2 owner ship. **proprietario** *nm* 1 owner, proprietor. 2 landlord.

proprio ('prɔprjo) *adj* 1 own.
2 suitable, convenient. 3 characteristic. 4 proper. *nm*
one's own. *adv* 1 exactly, just,
precisely. 2 really.

propulsione (propul'sjone) *nf*
propulsion.

prora ('prɔra) *nf* prow, bows.

prorogare (proro'gare) *vt* defer, postpone, put off.
proroga ('prɔroga) *nf* extension, adjournment.

prorompere* (pro'rompere) *vi*
burst out.

prosa ('prɔza) *nf* prose.

prosciutto (proʃʃutto) *nm*
ham.

proscrivere* (pros'krivere) *vt*
outlaw, proscribe.

proseguire (prose'gwire) *vt*
continue, pursue. *vi* proceed,
continue.

prosperare (prospe'rare) *vi* flourish, thrive. **prosperità** *nf* prosperity. **prospero** ('prɔspero) *adj* **1** favourable. **2** prosperous.

prospettiva (prospet'tiva) *nf* **1** perspective. **2** view. **3** prospect.

prospetto (pros'petto) *nm* **1** view. **2** prospectus.

prossimo ('prɔssimo) *adj* **1** near. **2** next. *nm* **1** fellow human being. **2** neighbour. **prossimità** *nf* nearness, proximity.

prostituire (prostitu'ire) *vt* prostitute. **prostituta** *nf* prostitute. **prostituzione** *nf* prostitution.

protagonista (protago'nista) *nm* **1** protagonist. **2** chief actor.

proteggere* (pro'tɛddʒere) *vt* protect, defend.

proteina (prote'ina) *nf* protein.

protendere* (pro'tendere) *vt* extend. **protendersi** *vr* lean forward.

protessi (pro'tessi) *v* see **proteggere.**

protestante (protes'tante) *adj, n* Protestant.

protestare (protes'tare) *vi* protest. **protesta** (pro'tɛsta) *nf* protest.

protetto (pro'tetto) *v* see **proteggere.**

protettore (protet'tore) *nm* **1** protector. **2** patron.

protezione (protet'tsjone) *nf* **1** protection. **2** patronage.

protocollo (proto'kollo) *nm* **1** protocol. **2** register.

prototipo (pro'tɔtipo) *nm* prototype.

protrarre* (pro'trarre) *vt* **1** prolong. **2** put off.

provare (pro'vare) *vt* **1** prove. **2** test, try. **3** feel, experience. **provarsi** *vr* try on. **prova** ('prɔva) *nf* **1** trial, test. **2** ex-

amination. **3** proof, evidence. **4** rehearsal. **prova generale** dress rehearsal. **in prova** on trial.

provenire* (prove'nire) *vi* come from. **provenienza** (prove'njentsa) *nf* origin, source.

proverbio (pro'verbjo) *nm* proverb. **proverbiale** *adj* proverbial.

provincia (pro'vintʃa) *nf* province. **provinciale** *adj* provincial.

provocare (provo'kare) *vt* provoke. **provocante** *adj* provocative. **provocazione** *nf* provocation.

provvedere* (provve'dere) *vt* provide, furnish, supply. *vi* attend to, take care of. **provvedimento** *nm* measure, precaution.

provvigione (provvi'dʒone) *nf* commission.

provvisorio (provvi'zorjo) *adj* provisional.

provvista (prov'vista) *nf* supply.

prua ('prua) *nf* prow.

prudente (pru'dente) *adj* prudent, wise. **prudenza** *nf* prudence, caution.

prudere* ('prudere) *vi* itch. **prurito** *nm* itch.

prugna ('pruɲɲa) *nf* plum. **prugna secca** prune. **prugno** *nm* plum tree.

pseudonimo (pseu'dɔnimo) *nm* pseudonym.

psicanalisi (psika'nalizi) *nf invar* psychoanalysis. **psicanalista** *nm* psychoanalyst.

psichiatra (psi'kjatra) *nm* psychiatrist. **psichiatria** *nf* psychiatry. **psichiatrico** (psi-'kjatriko) *adj* psychiatric.

psichico ('psikiko) *adj* psychic.

psicologo (psi'kɔlogo) *nm* psychologist. **psicologia** *nf* psychology. **psicologico** (psiko'lɔdʒiko) *adj* psychological.

psicopatico (psiko'patiko) *adj* psychopathic. *nm* psychopath.
psicosi (psi'kɔzi) *nf* psychosis.
pubblicare (pubbli'kare) *vt* publish. **pubblicazione** *nf* publication. **pubblicità** *nf* publicity, advertising.
pubblico ('pubbliko) *adj* 1 public. 2 state. *nm* 1 public. 2 audience.
pubertà (puber'ta) *nf* puberty.
pudico (pu'diko) *adj* modest, decent. **pudicizia** (pudi'-tʃittsja) *nf* modesty.
pudore (pu'dore) *nm* modesty, decency.
puerile (pue'rile) *adj* childish.
pugilato (pudʒi'lato) *nm* boxing. **pugile** ('pudʒile) *nm* boxer.
pugnalare (puɲɲa'lare) *vt* stab. **pugnale** *nm* dagger.
pugno ('puɲɲo) *nm* 1 fist. 2 fistful. 3 punch. **fare a pugni** fight. **prendersi a pugni** begin to fight. **tirare pugni** punch.
pulce ('pultʃe) *nf* flea.
pulcino (pul'tʃino) *nm* chick.
puledro (pu'ledro) *nm* foal.
puleggia (pu'leddʒa) *nf* pulley.
pulire (pu'lire) *vt* 1 clean. 2 polish. **pulito** *adj* 1 clean. 2 tidy. **pulizia** (pulit'tsia) *nf* cleaning.
pullman ('pulman) *nm invar* 1 *mot* coach. 2 *(railway)* pullman coach.
pulpito ('pulpito) *nm* pulpit.
pulsare (pul'sare) *vi* throb.
pungere* ('pundʒere) *vt* 1 prick. 2 sting.
punire (pu'nire) *vt* punish. **punizione** *nf* punishment.
punta ('punta) *nf* 1 point, tip, end. 2 top. 3 pinch, touch. 4 promontory. **camminare in punta di piedi** walk on tiptoe. **ore di punta** *nf pl* rush hours. **puntina** *nf* 1 pin. 2 gramophone needle. **puntina da disegno** drawing-pin.

puntare (pun'tare) *vt* 1 point, direct, aim. 2 set. 3 bet. *vi* push. **puntata** *nf* 1 thrust. 2 bet. 3 instalment, number.
punteggio (pun'teddʒo) *nm* score.
puntellare (puntel'lare) *vt* prop up. **puntello** (pun'tello) *nm* prop.
puntiglioso (puntiʎ'ʎoso) *adj* 1 punctilious. 2 obstinate.
punto ('punto) *nm* 1 point, dot. 2 stitch. 3 mark. 4 section. **fare punto** score. **in punto** exactly. ~ *adv* no, not at all.
puntuale (puntu'ale) *adj* punctual. **puntualità** *nf* punctuality.
puntura (pun'tura) *nf* 1 prick, sting, bite. 2 injection. 3 pain.
punzecchiare (puntsek'kjare) *vt* prick.
può (pwɔ) *v see* **potere.**
puoi ('pwɔi) *v see* **potere.**
pupattola (pu'pattola) *nf* doll.
pupazzo (pu'pattso) *nm* puppet.
pupilla (pu'pilla) *nf anat* pupil.
purché (pur'ke) *conj* provided that.
pure ('pure) *conj* 1 however, nonetheless, yet. 2 even, still. *adv* also, too.
purgare (pur'gare) *vt* purge, cleanse. **purga** *nf* purge.
purgatorio (purga'tɔrjo) *nm* purgatory.
purificare (purifi'kare) *vt* purify.
puritano (puri'tano) *adj,n* Puritan.
puro ('puro) *adj* pure. **purità** *nf* purity.
purpureo (pur'pureo) *adj* crimson.
purtroppo (pur'trɔppo) *adv* unfortunately.
pus (pus) *nm invar* pus.
putrefare* (putre'fare) *vi* rot.
putrido ('putrido) *adj* rotten, putrid.

puzzare (put'tsare) *vi* stink. **puzzo** *nm* bad smell, stink. **puzzolente** (puttso'lɛnte) *adj* stinking.

Q

qua (kwa) *adv* here. **di qua** this way. **quaggiù** *adv* down here. **quassù** *adv* up here.

quacchero ('kwakkero) *nm* Quaker.

quaderno (kwa'dɛrno) *nm* 1 exercise book. 2 notebook.

quadrante (kwa'drante) *nm* 1 quadrant. 2 dial, face (of a clock).

quadrato (kwa'drato) *adj* square. *nm* 1 *math* square. 2 boxing ring.

quadretto (kwa'dretto) *nm* check (of material). **a quadretti** checked.

quadrifoglio (kwadri'fɔʎʎo) *nm* four-leaved clover.

quadro ('kwadro) *adj* square. *nm* 1 painting, picture. 2 *math* square. 3 *pl* game diamonds.

quadrupede (kwa'drupede) *adj,nm* quadruped.

quaglia ('kwaʎʎa) *nf* quail.

qualche ('kwalke) *adj invar* 1 some, a few. 2 any. **qualche volta** sometimes. **qualcheduno** *pron* someone. **qualcosa** (kwal'kɔsa) *pron also* **qualchecosa** something. **qualcuno** (kwal'kuno) *pron* 1 someone. 2 anyone. **qualora** (kwa'lora) *conj* if, in case. **qualsiasi** (kwal'siasi) *adj* 1 any. 2 whatever. 3 ordinary. **qualunque** *adj invar* any, whatever.

quale ('kwale) *adj* what, which. *pron* 1 who. 2 whom, which. 3 whose. *adv* like.

qualificare (kwalifi'kare) *vt* 1 qualify. 2 define. **qualificarsi** *vr* qualify. **qualifica** (kwa'lifika) *nf* qualification.

qualità (kwali'ta) *nf* 1 quality. 2 type, kind.

quando ('kwando) *conj* 1 when. 2 while.

quantità (kwanti'ta) *nf* quantity.

quanto ('kwanto) *adj* how much or many. **quanto tempo?** how long? ~*pron* 1 how much or many. 2 what. **tutto quanto** 1 the lot. 2 *pl* all. ~*adv* 1 how. 2 as much as. **quanto a** as regards. **quantunque** *conj* although.

quaranta (kwa'ranta) *adj,nm* forty. **quarantena** (kwaran-'tena) *nf* quarantine. **quarantesimo** *adj* fortieth. **quaresima** (kwa'rezima) *nf* Lent.

quartiere (kwar'tjere) *nm* 1 district, zone, quarter. 2 *mil* quarters.

quarto ('kwarto) *adj* fourth. *nm* quarter. **quartetto** *nm* quartet.

quarzo (kwartso) *nm* quartz.

quasi ('kwazi) *adv* almost, nearly. *conj* as if.

quatto ('kwatto) *adj* 1 crouched. 2 silent. **quatto quatto** quietly.

quattordici (kwat'torditʃi) *adj* fourteen. *nm* or *f* fourteen. **quattordicesimo** *adj* fourteenth.

quattrini (kwat'trini) *nm pl* money, cash.

quattro ('kwattro) *adj* four. **fare quattro passi** take a walk. ~*nm* or *f* four. **quattrocento** (kwattro'tʃento) *adj* four hundred. *nm* 1 four hundred. 2 fifteenth century.

quegli ('kweʎʎi) *adj* see **quello**.

quei ('kwei) *adj* see **quello**.

quel (kewl) *adj* see **quello**.

quello, quel, quella ('kwello, kwel, 'kwella) *pl* **quelli, quegli, quelle** *pron* 1 that man, he. **2** that (one). **3** *pl* those, the ones. *adj* **1** that. **2** *pl* those.

quercia ('kwertʃa) *nf* oak.

questionario (kwestjo'narjo) *nm* questionnaire.

questione (kwes'tjone) *nf* question, matter.

questo ('kwesto) *pron* **1** this man. **2** this (one). **3** *pl* these, the ones. *adj* **1** this. **2** *pl* these.

questore (kwes'tore) *nm* chief constable.

questura (kwes'tura) *nf* police station.

qui (kwi) *adv* here.

quietanza (kwje'tantsa) *nf* receipt.

quietare (kwje'tare) *vt* quieten. **quietarsi** *vr* calm down. **quiete** ('kwjɛte) *nf* calm.

quindi ('kwindi) *adv* therefore.

quindici ('kwinditʃi) *adj* fifteen. *nm* or *f* fifteen.

quindicesimo *adj* fifteenth.

quinta ('kwinta) *nf Th* wing.

quinto ('kwinto) *adj* fifth. **quintetto** *nm* quintet.

quota ('kwota) *nf* **1** quota, share. **2** instalment. **3** altitude. **4** *sport* odds. **prendere quota** gain height.

quotidiano (kwoti'djano) *adj* daily. *nm* daily newspaper.

R

rabarbaro (ra'barbaro) *nm* rhubarb.

rabberciare (rabber'tʃare) *vt* patch up.

rabbia ('rabbja) *nf* **1** rabies. **2** rage.

rabbino (rab'bino) *nm* rabbi.

rabbonire (rabbo'nire) *vt* placate. **rabbonirsi** *vr* calm down.

rabbrividire (rabbrivi'dire) *vi* shiver, shudder.

rabbuffare (rabbuf'fare) *vt* ruffle.

rabbuiare (rabbu'jare) *vi* grow dark. **rabbuiarsi** *vr* get dark.

raccapezzare (rakkapet'tsare) *vt* **1** gather. **2** understand.

raccapricciare (rakkaprit'tʃare) *vt* horrify. **raccapricciarsi** *vr* be horrified.

raccattare (rakkat'tare) *vt* pick up.

racchetta (rak'ketta) *nf* tennis racket.

racchiudere* (rak'kjudere) *vt* contain.

raccogliere* (rak'kɔʎʎere) *vt* **1** gather, collect, pick. **2** pick up. **raccogliersi** *vr* **1** assemble. **2** concentrate.

raccolta (rak'kɔlta) *nf* **1** harvest, crop. **2** collection.

raccolto (rak'kɔlto) *nm* crop, harvest.

raccomandare (rakkoman'dare) *vt* **1** recommend. **2** register (a letter, etc.). **raccomandata** *nf* registered letter. **raccomandazione** *nf* recommendation.

raccomodare (rakkomo'dare) *vt* **1** repair, mend. **2** put in order.

racconciare (rakkon'tʃare) *vt* repair.

raccontare (rakkon'tare) *vt* tell, narrate, recount. **racconto** *nm* **1** account. **2** tale, story.

raccorciare (rakkor'tʃare) *vt* shorten.

raccordare (rakkor'dare) *vt* join, connect. **raccordo** *nm* **1** *mech* connection. **2** slip-road, link road.

raccostare (rakkos'tare) *vt* also **raccozzare** (rakkot'tsare) bring together.

radar ('radar) *nm* radar.

raddolcire (raddol'tʃire) *vt* sweeten.

raddoppiare (raddop'pjare) *vt, vi* double.

raddrizzare (raddrit'tsare) *vt* straighten.

radere* ('radere) *vt* shave.

radiare (ra'djare) *vt* cancel, cross out.

radiatore (radja'tore) *nm* radiator.

radiazione (radjat'tsjone) *nf* radiation.

radicale (radi'kale) *adj,n* radical.

radicchio (ra'dikkjo) *nm* chicory.

radice (ra'ditʃe) *nf* root.

radio[1] ('radjo) *nm* radium. **radioattività** *nf* radioactivity. **radioattivo** *adj* radioactive.

radio[2] ('radjo) *nf invar* radio. **radioascoltatore** (radjoaskolta'tore) *nm* listener. **radiodiffusione** *nf* broadcasting.

radiografare (radjogra'fare) *vt* X-ray. **radiografia** *nf* X-ray.

rado ('rado) *adj* **1** sparse, thin. **2** infrequent. **di rado** rarely.

radunare (radu'nare) *vt* gather, collect. **radunarsi** *vr* assemble.

rafano ('rafano) *nm* radish.

raffica ('raffika) *nf* **1** gust, squall. **2** *mil* hail, burst.

raffigurare (raffigu'rare) *vt* represent.

raffinare (raffi'nare) *vt* refine. **raffinamento** *nm also* **raffinatezza** (raffina'tettsa) *nf* refinement. **raffineria** *nf* refinery.

raffreddare (raffred'dare) *vt* cool. *vi* get cold. **raffredarsi** *vr* **1** get cold. **2** catch a cold. **raffreddore** *nm* cold, chill.

raffrenare (raffre'nare) *vt* restrain.

rafia ('rafja) *nf* raffia.

raganella (raga'nella) *nf* **1** frog. **2** rattle.

ragazzo (ra'gattso) *nm* **1** boy. **2** boyfriend. **ragazza** *nf* **1** girl. **2** girlfriend. **ragazza alla pari** au pair.

raggiare (rad'dʒare) *vi* shine, beam. **raggio** *nm* ray, beam.

raggirare (rad'dʒare) *vt* trick, cheat. **raggiro** *nm* trick.

raggiungere* (rad'dʒundʒere) *vt* **1** reach, arrive at. **2** catch up with. **3** achieve. **4** hit (a target).

raggiustare (raddʒus'tare) *vt* **1** repair, mend. **2** put in order, tidy.

raggomitolare (raggomito'lare) *vt* wind into a ball. **raggomitolarsi** *vr* curl up.

raggrinzare (raggrin'tsare) *vt* crease, wrinkle. *vi* become wrinkled.

raggruppare (raggrup'pare) *vt* group, assemble. **raggrupparsi** *vr* assemble.

ragguagliare (raggwaʎ'ʎare) *vt* **1** level. **2** brief, inform. **ragguaglio** *nm* **1** comparison. **2** information.

ragia ('radʒa) *nf* resin.

ragionare (radʒo'nare) *vi* reason. **ragionamento** *nm* reasoning.

ragione (ra'dʒone) *nf* **1** reason. **2** right. **aver ragione** be right. **ragioneria** *nf* **1** accountancy. **2** bookkeeping. **ragionevole** (radʒo'nevole) *adj* reasonable. **ragioniere** (radʒo'njere) *nm* accountant.

ragliare (raʎ'ʎare) *vi* bray.

ragno ('raɲɲo) *nm* spider. **ragnatela** *nf* spider's web.

ragù (ra'gu) *nm* sauce, ragout.

raion ('rajon) *nm* rayon.

rallegrare (ralle'grare) *vt* cheer. **rallegrarsi** *vr* **1** cheer up. **2** rejoice. **rallegrarsi con** congratulate.

rallentare (rallen'tare) *vt* slacken. **rallentarsi** *vr* slow down.

rame ('rame) *nm* copper.

rammaricare (rammari'kare) *vt* vex. **rammaricarsi** *vr* **1** lament, complain. **2** regret. **rammarico** (ram'mariko) *nm* regret.

rammendare (rammen'dare) *vt* **1** mend. **2** darn.

...tare (rammen'tare) *vt* ...ber, recall. **rammen...si** *vr* remember.

rammollire (rammol'lire) *vt* 1 soften. 2 melt.

ramo ('ramo) *nm* branch. **ramoscello** (ramoʃ'ʃello) *nm* twig.

rampicare (rampi'kare) *vi* climb.

rampollo (ram'pollo) *nm* 1 *bot* shoot. 2 scion.

rampone (ram'pone) *nm* harpoon.

rana ('rana) *nf* frog.

rancido ('rantʃido) *adj* rancid.

rancore (ran'kore) *nm* rancour.

randagio (ran'dadʒo) *adj* stray.

randello (ran'dɛllo) *nm* club, stick.

rango ('rango) *nm* rank, status.

rannicchiarsi (rannik'kjarsi) *vr* crouch.

rannuvolare (rannuvo'lare) *vt* cloud. **rannuvolarsi** *vr* cloud over.

ranocchio (ra'nɔkkjo) *nm* frog.

ranuncolo (ra'nunkolo) *nm* buttercup.

rapa ('rapa) *nf* turnip.

rapace (ra'patʃe) *adj* rapacious.

rapida ('rapida) *nf* rapid.

rapido ('rapido) *adj* rapid, quick. *nm* express train.

rapina (ra'pina) *nf* robbery.

rapire (ra'pire) *vt* 1 snatch. 2 abduct, kidnap. 3 delight. **rapitore** *nm* kidnapper.

rappezzare (rappet'tsare) *vt* 1 piece together. **rappezzo** (rap'pettso) *nm* patch.

rapporto (rap'pɔrto) *nm* 1 report. 2 relation, connection.

rappresaglia (rappre'saʎʎa) *nf* reprisal, retaliation.

rappresentare (rapprezen'tare) *vt* 1 represent. 2 perform, act. **rappresentarsi** *vr* imagine. **rappresentante** *nm* 1 representative. 2 sales-man. **rappresentazione** *nf* performance.

raro ('raro) *adj* rare.

rasare (ra'sare) *vt* 1 shave. 2 level.

raschiare (ras'kjare) *vt* scrape. *vi* clear one's throat.

rasentare (razen'tare) *vt* go close to, skim. **rasente** *prep* close to.

rasi ('rasi) *v* see **radere**.

raso ('raso) *v* see **radere**. *nm* satin.

rasoio (ra'sojo) *nm* razor.

rassegnarsi (rasseɲ'ɲarsi) *vr* resign oneself. **rassegna** *nf* 1 *mil* inspection. 2 review. 3 report.

rasserenarsi (rassere'narsi) *vr* clear up.

rassettare (rasset'tare) *vt* 1 tidy, arrange. 2 repair, mend.

rassicurare (rassiku'rare) *vt* reassure. **rassicurarsi** *vr* be reassured.

rassomigliare (rassomiʎ'ʎare) *vi* resemble, look like. **rassomigliarsi** *vr* look alike. **rassomiglianza** (rassomiʎ'ʎantsa) *nf* resemblance.

rastrello (ras'trello) *nm* rake. **rastrelliera** (rastrel'ljɛra) *nf* 1 hay rack. 2 dish rack.

rata ('rata) *nf* instalment. **comprare a rate** buy on hire purchase.

ratificare (ratifi'kare) *vt* confirm, ratify.

ratto[1] ('ratto) *nm* kidnapping.

ratto[2] ('ratto) *nm* rat.

rattoppare (rattop'pare) *vt* patch, mend.

rattrappire (rattrap'pire) *vi* be stiff.

rattristare (rattris'tare) *vt* sadden. **rattristarsi** *vr* become sad.

rauco ('rauko) *adj* hoarse.

ravanello (rava'nello) *nm* radish.

ravioli (ravi'ɔli) *nm pl* pieces of stuffed pasta.

ravviare (ravvi'are) *vt* put in order, tidy.

ravvisare (ravvi'zare) *vt* recognize.

ravvivare (ravvi'vare) *vt* revive.

ravvolgere* (rav'vɔldʒere) *vt* wrap.

razionale (rattsjo'nale) *adj* rational.

razionare (rattsjo'nare) *vt* ration. **razione** *nf* ration.

razza ('rattsa) *nf* race, breed.

razzia (rat'tsia) *nf* raid. **razzismo** (rat'tsizmo) *nm* racialism. **razzista** *nm* racialist.

razzo ('raddzo) *nm* rocket.

re (re) *nm invar* king.

reagire (rea'dʒire) *vi* react.

reale[1] (re'ale) *adj* real. **realismo** *nm* realism. **realtà** *nf* reality.

reale[2] (re'ale) *adj* royal.

realizzare (realid'dzare) *vt* achieve, carry out. **realizzarsi** *vr* come about.

reato (re'ato) *nm* crime.

reattore (reat'tore) *nm* reactor.

reazione (reat'tsjone) *nf* reaction.

rebbio ('rebbjo) *nm* prong.

recapito (re'kapito) *nm* address.

recare (re'kare) *vt* **1** bring. **2** cause. **recarsi** *vr* go.

recensire (retʃen'sire) *vt* review. **recensione** *nf* review.

recente (re'tʃente) *adj* recent, new.

recessione (retʃes'sjone) *nf* recession.

recingere* (re'tʃindʒere) *vt* surround, enclose. **recinto** *nm* enclosure.

recipiente (retʃi'pjente) *nm* container.

reciproco (re'tʃiproko) *adj* mutual, reciprocal.

recitare (retʃi'tare) *vt* **1** recite.

2 perform. **recita** ('retʃita) *nf* performance.

reclamare (rekla'mare) *vi* protest, complain. *vt* demand, claim. **reclamo** *nm* claim.

reclame (re'klam) *nf* **1** advertisement. **2** advertising.

reclusione (reklu'zjone) *nf* **1** seclusion. **2** imprisonment.

reclutare (reklu'tare) *vt* enlist, enrol, recruit. **recluta** *nf* recruit.

record ('rekord) *nm invar* record (in sport, etc.).

recriminare (rekrimi'nare) *vi* recriminate. **recriminazione** *nf* recrimination.

recto ('rekto) *nm* **1** recto, right-hand side of page. **2** reverse (of a coin).

redarguire (redargu'ire) *vt* reprove, reproach.

redattore (redat'tore) *nm* **1** writer. **2** editor. **redazione** *nf* **1** editing. **2** editorial staff.

reddito ('reddito) *nm* income, revenue.

redentore (reden'tore) *nm* redeemer. **redenzione** *nf* redemption.

redigere* (re'didʒere) *vt* compile, draft.

redine ('redine) *nf* rein.

reduce ('redutʃe) *nm* survivor. *adj* returned.

refe ('refe) *nm* thread.

referendum (refe'rendum) *nm invar* referendum.

referenza (refe'rentsa) *nf* reference.

refettorio (refet'tɔrjo) *nm* refectory.

regalare (rega'lare) *vt* give. **regalo** *nm* gift.

regale (re'gale) *adj* regal.

regata (re'gata) *nf* boat race.

reggere* ('reddʒere) *vt* **1** hold, support. **2** direct. **3** rule. *vi* resist. **reggersi** *vr* stand. **reggente** (red'dʒente) *nm* regent.

reggia ('reddʒa) *nf* royal palace.

reggimento (reddʒi'mento) *nm* regiment.

reggipetto (reddʃi'petto) *nm invar also* **reggiseno** *nm* bra, brassiere.

regia (re'dʒia) *nf* (film) direction.

regime (re'dʒime) *nm* 1 regime. 2 diet.

regina (re'dʒina) *nf* queen. **reginetta** *nf* beauty queen.

regio ('redʒo) *adj* royal.

regione (re'dʒone) *nf* region. **regionale** *adj* regional.

regista (re'dʒista) *nm* 1 (of a film) director. 2 *Th* producer.

registrare (redʒis'trare) *vt* 1 note, register. 2 record. **registratore** *nm* tape-recorder. **registratore di cassa** cash register. **registrazione** *nf* 1 registration. 2 recording. **registro** *nm* register.

regnare (reɲ'nare) *vi* reign. **regno** *nm* 1 kingdom. 2 reign.

regola ('regola) *nf* rule. **in regola** in order.

regolare (rego'lare) *vt* regulate, adjust. *adj* regular. **regolarità** *nf* regularity.

regolo ('regolo) *nm* ruler. **regolo calcolatore** slide rule.

reincarnazione (reinkarnat'tsjone) *nf* reincarnation.

relativo (rela'tivo) *adj* 1 relative. 2 relevant. **relatività** *nf* relativity.

relazione (relat'tsjone) *nf* 1 relation, relationship. 2 report.

relegare (rele'gare) *vt* 1 confine. 2 relegate.

religione (reli'dʒone) *nf* religion. **religioso** (reli'dʒoso) *adj* religious.

reliquia (re'likwja) *nf* relic.

reliquiario (reli'kwarjo) *nm* shrine.

remare (re'mare) *vi* row. **re-**

matore *nm* oars-man. **remo** *nm* oar.

reminiscenza (reminiʃ'ʃentsa) *nf* 1 remembrance. 2 reminiscence.

remissivo (remis'sivo) *adj* submissive.

remoto (re'moto) *adj* remote.

rena ('rena) *nf* sand.

rendere* ('rendere) *vt* 1 give back, return. 2 give. 3 make. 4 yield. **rendersi** *vr* become. **rendersi conto** realize. **rendiconto** *nm comm* statement.

rendita ('rendita) *nf* income.

rene ('rene) *nm anat* kidney. **reni** ('reni) *nf pl anat* back.

renna ('renna) *nf* reindeer.

Reno ('reno) *nm* Rhine.

reparto (re'parto) *nm* 1 department, section. 2 *mil* detachment.

repellente (repel'lente) *adj* repulsive.

repertorio (reper'torjo) *nm* 1 index. 2 repertory.

replicare (repli'kare) *vt* 1 reply. 2 repeat. **replica** ('replika) *nf* 1 reply. 2 *Th* repeat per-formance, run.

reprensibile (repren'sibile) *adj* blameworthy.

repressione (repres'sjone) *nf* repression. **repressivo** *adj* repressive.

reprimere* (re'primere) *vt* check, suppress.

repubblica (re'pubblika) *nf* republic. **repubblicano** *adj,n* republican.

reputare (repu'tare) *vt* consider, judge. **reputazione** *nf* reputation.

requie ('rekwje) *nf* rest.

requisire (rekwi'zire) *vt* requisition.

resa ('resa) *nf* 1 surrender. 2 return.

resi ('resi) *v* see **rendere**.

residente (resi'dɛnte) *adj,nm* resident. **residenza** (resi'dɛntsa) *nf* residence. **residenziale** *adj* residential.

residuo (re'siduo) *nm* remainder.

resina ('rezina) *nf* resin.

resistere (re'sistere) *vi* **1** resist, hold out. **2** endure. **resistente** *adj* resistant. **resistenza** (resis'tentsa) *nf* resistance.

reso ('reso) *v* see **rendere**.

resoconto (reso'konto) *nm* report.

respingere* (res'pindʒere) *vt* **1** repel, force back. **2** reject.

respirare (respi'rare) *vi,vt* breathe. **respirazione** *nf* respiration. **respiro** *nm* **1** breath. **2** rest.

responsabile (respon'sabile) *adj* responsible. **responsabilità** *nf* responsibility.

ressa ('ressa) *nf* crowd.

ressi ('ressi) *v* see **reggere**.

restare (res'tare) *vi* **1** stay, remain. **2** be left.

restaurare (restau'rare) *vt* restore. **restauro** *nm* restoration, repair.

restio (res'tio) *adj* reluctant.

restituire (restitu'ire) *vt* give back, restore.

resto ('resto) *nm* **1** rest, remainder. **2** change (money). **del resto** besides.

restringere* (res'trindʒere) *vt* **1** tighten, squeeze. **2** restrict. **3** take in (clothes). **restringersi** *vr* **1** narrow. **2** shrink. **3** close up. **restrizione** *nf* restriction.

rete ('rete) *nf* **1** net. **2** network. **3** *sport* goal. **reticella** (reti'tʃella) *nf* luggage rack.

reticente (reti'tʃente) *adj* reticent. **reticenza** (reti'tʃentsa) *nf* reticence.

reticolato (retiko'lato) *nm* wire netting.

retina ('retina) *nf* retina.

retorica (re'tɔrika) *nf* rhetoric.

retorico (re'tɔriko) *adj* rhetorical.

retribuire (retribu'ire) *vt* **1** pay. **2** reward. **retribuzione** *nf* payment.

retro ('retro) *nm* back, reverse side. **retrodatare** (retroda'tare) *vt* backdate. **retrogrado** (re'trɔgrado) *adj* backward, retrograde. **retroguardia** (retro'gwardja) *nf* rearguard. **retromarcia** (retro'martʃa) *nf* reverse gear. **retrospettivo** (retrospet'tivo) *adj* retrospective. **retrovisore** (retrovi'zore) *nm* driving mirror.

retrocedere* (retro'tʃedere) *vi* retreat.

retta ('retta) *nf* **dare retta** listen, pay attention.

rettangolo (ret'tangolo) *nm* rectangle. **rettangolare** *adj* rectangular.

rettificare (rettifi'kare) *vt* correct, rectify.

rettile ('rettile) *nm* reptile.

retto[1] ('retto) *adj* **1** straight. **2** honest. **3** correct, right. *nm* **1** right angle. **2** *anat* rectum.

retto[2] ('retto) *v* see **reggere**.

rettore (ret'tore) *nm educ* rector.

reumatismo (reuma'tizmo) *nm* rheumatism. **reumatico** (reu'matiko) *adj* rheumatic.

reverendo (reve'rɛndo) *adj,nm* reverend.

revisione (revi'zjone) *nf* revision.

revocare (revo'kare) *vt* annul.

revolver (re'vɔlver) *nm invar* revolver.

riabbassare (riabbas'sare) *vt* lower again.

riabbracciare (riabbrat'tʃare) *vt* embrace again.

riabilitare (riabili'tare) *vt* **1** rehabilitate. **2** reinstate. **riabilitazione** *nf* rehabilitation.

riaccendere* (riat'tʃendere) *vt* relight.

riaccompagnare (riakkompan'nare) vt take back.

riacquistare (riakkwis'tare) vt regain.

riaddormentarsi (riaddormen'tarsi) vr fall asleep again.

riaffermare (riaffer'mare) vt reaffirm.

rialto (ri'alto) nm hill, rise.

rialzare (rial'tsare) vt lift up, raise. **rialzarsi** vr rise. **rialzo** (ri'altso) nm rise.

riammettere* (riam'mettere) vt readmit.

rianimare (riani'mare) vt revive.

riapertura (riaper'tura) nf reopening.

riapparire* (riappa'rire) vi reappear.

riaprire* (ria'prire) vt, vi reopen.

riassumere* (rias'sumere) vt 1 resume. 2 re-employ. 3 summarize. **riassunto** nm summary.

riattaccare (riattak'kare) vt 1 reattach. 2 hang up (telephone).

riattivare (riatti'vare) vt put back into operation.

ribadire (riba'dire) vt rivet.

ribaldo (ri'baldo) nm rogue.

ribaltare (ribal'tare) vt, vi, overturn. **ribaltarsi** vr capsize. **ribalta** nf 1 footlights. 2 flap.

ribassare (ribas'sare) vt lower. vi fall. **ribasso** nm fall, reduction.

ribattere (ri'battere) vt return (ball). vi retort.

ribellarsi (ribel'larsi) vr rebel, revolt. **ribelle** (ri'belle) nm rebel. adj rebellious. **ribellione** nf rebellion.

ribes ('ribes) nm invar gooseberry. **ribes nero** blackcurrant. **ribes spinoso** gooseberry bush.

riboccare (ribok'kare) vi overflow.

ribrezzo (ri'breddzo) nm shudder.

ributtare (ribut'tare) vt repel.

ricacciare (rikat'tʃare) vt drive back.

ricadere* (rika'dere) vi fall again. **ricaduta** nf relapse.

ricamare (rika'mare) vt embroider. **ricamo** nm embroidery.

ricambiare (rikam'bjare) vt exchange. **ricambio** nm exchange.

ricapitolare (rikapito'lare) vt sum up.

ricaricare (rikari'kare) vt reload.

ricattare (rikat'tare) vt blackmail. **ricattatore** nm blackmailer. **ricatto** nm blackmail.

ricavare (rika'vare) vt obtain, gain.

ricchezza (rik'kettsa) nf wealth.

riccio[1] ('rittʃo) nm hedgehog. **riccio di mare** sea urchin.

riccio[2] ('rittʃo) adj curly. nm curl. **ricciuto** adj curly.

ricco ('rikko) adj rich.

ricercare (ritʃer'kare) vt 1 seek. 2 investigate. **ricerca** nf research.

ricetta (ri'tʃetta) nf 1 med prescription. 2 recipe.

ricevere (ri'tʃevere) vt receive. **ricevimento** nm reception. **ricevitore** nm receiver. **ricevuta** nf receipt.

richiamare (rikja'mare) vt 1 call back, recall. 2 attract, draw. 3 rebuke. **richiamo** nm 1 recall. 2 call.

richiedere* (ri'kjedere) vt 1 ask again. 2 demand, request. 3 need. **richiesta** (ri'kjesta) nf demand, request.

riciclare (ritʃi'klare) vt recycle.

ricino ('ritʃino) nm castoroil plant. **olio di ricino** castor oil.

ricominciare (rikomin'tʃare) vt begin again.

ricompensa (rikom'pensa) *nf* reward.

riconciliare (rikontʃi'ljare) *vt* reconcile. **riconciliarsi** *vr* be reconciled.

ricondurre* (rikon'durre) *vt* take back.

riconoscere* (riko'noʃʃere) *vt* 1 recognize. 2 acknowledge. **riconoscente** (rikonoʃ'ʃente) *adj* grateful. **riconoscenza** (rikonoʃ'ʃentsa) *nf* gratitude. **riconoscimento** *nm* recognition.

ricopiare (riko'pjare) *vt* copy out.

ricoprire* (riko'prire) *vt* cover.

ricordare (rikor'dare) *vt* 1 remember, recall. 2 remind of. 3 commemorate. **ricordarsi** *vr* remember. **ricordo** (ri'kɔrdo) *nm* 1 memory. 2 souvenir.

ricorrere* (ri'korrere) *vi* 1 turn to. 2 appeal. 3 recur.

ricostruire (rikostru'ire) *vt* reconstruct.

ricotta (ri'kɔtta) *nf* cottage cheese.

ricoverare (rikove'rare) *vt* 1 shelter. 2 admit to hospital. **ricovero** (ri'kovero) *nm* refuge.

ricrearsi (rikre'arsi) *vr* amuse oneself. **ricreazione** *nf* recreation.

ricredersi (rikre'dersi) *vr* change one's mind.

ricuperare (rikupe'rare) *vt* recover, salvage.

ricusare (riku'zare) *vt* refuse.

ridare* (ri'dare) *vt* give back.

ridere* ('ridere) *vi* laugh.

ridicolo (ri'dikolo) *adj* ridiculous.

ridire* (ri'dire) *vt* 1 repeat. 2 find fault.

ridurre* (ri'durre) *vt* 1 reduce. 2 adapt. **riduzione** *nf* 1 reduction. 2 *mus* arrangement.

riempire (riem'pire) *vt* 1 fill. 2 stuff. 3 fill in.

rientrare (rien'trare) *vi* 1 reenter. 2 return.

rifare* (ri'fare) *vt* 1 do or make again. 2 repair.

riferire (rife'rire) *vt* 1 report. 2 ascribe. **riferirsi** *vr* refer. **riferimento** *nm* reference.

rifiutare (rifju'tare) *vt* 1 refuse. 2 reject. **rifiutarsi** *vr* refuse. **rifiuto** *nm* 1 refusal. 2 *pl* refuse, rubbish. **merce di rifiuto** *nf pl* waste goods.

riflessione (rifles'sjone) *nf* reflexion.

riflessivo (rifles'sivo) *adj* thoughtful.

riflesso (ri'flesso) *nm* 1 reflection. 2 reflex.

riflettere* (ri'flettere) *vt,vi* reflect. **riflettersi** *vr* be reflected. **riflettore** *nm* searchlight, floodlight.

rifondere* (ri'fondere) *vt* refund.

riformare (rifor'mare) *vt* 1 reform. 2 *mil* discharge. **riforma** *nf* 1 reform. 2 Reformation. **riformatore** *nm* reformer.

rifornire (rifor'nire) *vt* supply, provide. **rifornimento** *nm* supply. **stazione di rifornimento** *nf* filling station.

rifuggire (rifud'dʒire) *vi* 1 flee. 2 shun.

rifugiarsi (rifu'dʒarsi) *vr* take refuge. **rifugiato** *nm* refugee. **rifugio** *nm* refuge, shelter.

rifulgere* (ri'fuldʒere) *vi* shine.

rigaglie (ri'gaʎʎe) *nf pl* giblets.

rigare ('rigare) *vt* rule. **riga** *nf* 1 line, stripe. 2 row. 3 ruler. 4 parting (in hair). **a righe** striped. **rigato** *adj* lined, striped.

rigettare (ridʒet'tare) *vt* 1 throw back. 2 reject. **rigetto** (ri'dʒetto) *nm* rejection.

rigido ('ridʒido) *adj* 1 stiff, rigid. 2 strict, severe. **rigidez-**

za (ridʒi'dettsa) *nf* severity. **rigidità** *nf* rigidity.
rigirare (ridʒi'rare) *vt* turn. **rigirarsi** *vr* turn round. **rigiro** *nm* 1 turning. 2 trick.
rigo ('rigo) *nm* line.
rigoglioso (rigoʎ'ʎoso) *adj* exuberant.
rigore (ri'gore) *nm* rigour, harshness. **rigoroso** *adj* 1 severe. 2 rigorous.
rigovernare (rigover'nare) *vt* wash up (dishes).
riguardare (rigwar'dare) *vt* 1 look at again. 2 concern. 3 consider. *vi* overlook. **riguardarsi** *vr* take care of oneself. **riguardo** *nm* 1 regard, respect. 2 care. **riguardo a** as regards.
rilasciare (rilaʃ'ʃare) *vt* 1 leave again. 2 release. 3 issue. **rilascio** *nm* 1 release. 2 issue.
rilassare (rilas'sare) *vt* relax. **rilassarsi** *vr* slacken.
rilegare (rile'gare) *vt* 1 bind (a book). 2 set (a jewel). **rilegatura** *nf* binding.
rileggere* (ri'leddʒere) *vt* reread.
rilevare (rile'vare) *vt* 1 lift up. 2 notice. 3 point out. 4 survey. 5 understand. 6 relieve. 7 take over.
rilievo (ri'ljevo) *nm* relief.
rilucere* (ri'lutʃere) *vi* glitter.
riluttante (rilut'tante) *adj* reluctant. **riluttanza** (rilut'tantsa) *nf* reluctance.
rima ('rima) *nf* rhyme.
rimandare (riman'dare) *vt* 1 send back. 2 put off, postpone. **rimando** *nm* 1 return. 2 postponement.
rimanere* (rima'nere) *vi* 1 stay, remain. 2 be left, remain. **rimanere ferito** be wounded.
rimango (ri'mango) *v* see **rimanere**.

rimarrò (rimar'rɔ) *v* see **rimanere**.
rimasi (ri'masi) *v* see **rimanere**.
rimasto (ri'masto) *v* see **rimanere**.
rimasugli (rima'suʎʎi) *nm pl* leftovers.
rimbalzare (rimbal'tsare) *vi* rebound. **rimbalzo** *nm* rebound.
rimbambire (rimbam'bire) *vi* become childish.
rimbeccare (rimbek'kare) *vt* retort.
rimboccare (rimbok'kare) *vt* turn or tuck up.
rimbombare (rimbom'bare) *vi* resound.
rimborsare (rimbor'sare) *vt* refund, repay.
rimediare (rime'djare) *vi* cure. **rimedio** (ri'mɛdjo) *nm* cure, remedy.
rimescolare (rimesko'lare) *vt* 1 mix. 2 shuffle (cards).
rimessa (ri'messa) *nf* 1 shed. 2 garage.
rimettere (ri'mettere) *vt* 1 replace, return. 2 put on again. 3 lose. 4 postpone. 5 send. 6 pardon. 7 entrust. **rimettersi** *vr* 1 return. 2 recover. 3 (of the weather) clear up. 4 rely.
rimodernare (rimoder'nare) *vt* update, modernize.
rimontare (rimon'tare) *vt* 1 reassemble. 2 go up again. 3 remount. *vi* 1 remount. 2 date.
rimorchiare (rimor'kjare) *vt* tow. **rimorchio** (ri'mɔrkjo) *nm* trailer.
rimorso (ri'mɔrso) *nm* remorse.
rimpasto (rim'pasto) *nm* reshuffle.
rimpatriare (rimpa'trjare) *vi* return home. *vt* repatriate. **rimpatrio** (rim'patrio) *nm* repatriation.

rimpiangere* (rim'pjandʒere) vt regret.

rimpiattino (rimpjat'tino) nm hide-and-seek.

rimpiccolire (rimpikko'lire) vt make smaller. vi become smaller.

rimpinzarsi (rimpin'tsarsi) vr overeat.

rimproverare (rimprove'rare) vt rebuke. **rimprovero** (rim-'prɔvero) nm rebuke, reproof.

rimuovere* (ri'mwɔvere) vt 1 remove. 2 dissuade.

Rinascimento (rinaʃʃi'mento) nm Renaissance.

rincagnato (rinkaɲ'ɲato) adj snub (of a nose).

rincalzare (rinkal'tsare) vt 1 prop up. 2 tuck in. 3 chase.

rincarare (rinka'rare) vt increase the price of.

rincasare (rinka'sare) vi go home.

rinchiudere* (rin'kjudere) vt enclose, shut up.

rincontrare (rinkon'trare) vt meet.

rincorrere* (rin'korrere) vt chase, pursue. **rincorsa** nf short run.

rincrescere* (rin'kreʃʃere) vi cause regret. v imp be sorry.

rinculare (rinku'lare) vi recoil.

rinfiancare (rinfjan'kare) vt prop up.

rinforzare (rinfor'tsare) vt reinforce, strengthen. **rinforzo** (rin'fɔrtso) nm 1 support. 2 mil reinforcement.

rinfrescare (rinfres'kare) vt 1 cool. 2 refresh. **rinfrescarsi** vr 1 cool down. 2 have a cool drink. **rinfrescante** adj refreshing. **rinfresco** nm refreshment.

rinfusa (rin'fuza) adv,adj **alla rinfusa** higgledy-piggledy.

ringhiare (rin'gjare) vi growl. **ringhio** nm growl.

ringhiera (rin'gjera) nf 1 railing. 2 pl banisters.

ringiovanire (rindʒova'nire) vt make younger. vi become younger.

ringraziare (ringrat'tsjare) vt thank. **ringraziamento** nm thanks.

rinnegare (rinne'gare) vt 1 deny. 2 disown.

rinnovare (rinno'vare) vt renew.

rinoceronte (rinotʃe'ronte) nm rhinoceros.

rinomato (rino'mato) adj famous.

rintoccare (rintok'kare) vi (of a clock) strike, (of a bell) toll.

rintoppare (rintop'pare) vt come across, bump into.

rintracciare (rintrat'tʃare) vt trace.

rintronare (rintro'nare) vt 1 shake. 2 stun. vi resound.

rintuzzare (rintut'tsare) vt blunt.

rinunciare (rinun'tʃare) vi give up, relinquish. vt renounce. **rinuncia** nf renunciation.

rinvenire* (rinve'nire) vt find. vi revive.

rinviare (rinvi'are) vt 1 send back. 2 put off, defer.

rinvigorire (rinvigo'rire) vt strengthen.

riordinare (riordi'nare) vt 1 tidy. 2 reorganize.

riorganizzare (riorganid'dzare) vt reorganize. **riorganizzazione** nf reorganization.

ripagare (ripa'gare) vt repay.

riparare (ripa'rare) vt 1 repair, mend. 2 protect. **riparazione** nf repair. **riparo** nm shelter. **senza riparo** irreparably.

ripartire (ripar'tire) vt divide, share. vi leave again.

ripassare (ripas'sare) vt 1 recross. 2 revise. 3 retouch. 4 look over. **ripassata** nf 1 revision. 2 look over, inspection. **ripasso** nm revision.

ripensare (ripen'sare) *vi* 1 reconsider. 2 change one's mind.

ripentirsi (ripen'tirsi) *vr* repent.

ripercussione (riperkus'sjone) *nf* repercussion.

ripetere (ri'petere) *vt* repeat. **ripetizione** *nf* 1 repetition. 2 rehearsal.

ripiano (ri'pjano) *nm* shelf.

ripido ('ripido) *adj* steep.

ripiegare (ripje'gare) *vt* fold up.

ripiego (ri'pjɛgo) *nm* expedient.

ripieno (ri'pjɛno) *adj* stuffed. *nm* stuffing, filling.

riporre* (ri'porre) *vt* place.

riportare (ripor'tare) *vt* 1 take or bring back. 2 report. 3 win, obtain, receive. **riportarsi** *vr* refer.

riposare (ripo'sare) *vt* 1 put back. 2 rest. *vi* rest. **riposarsi** *vr* rest. **riposo** (ri'poso) *nm* rest. **a riposo** retired.

ripostiglio (ripos'tiʎʎo) *nm* 1 hiding place. 2 storeroom.

riprendere* (ri'prendere) *vt* 1 take back. 2 take again. 3 resume. 4 reprove. 5 film. *vi* revive. **riprendersi** *vr* 1 recover. 2 correct oneself.

ripresa (ri'presa) *nf* 1 resumption. 2 *sport* second half or round.

riprodurre* (ripro'durre) *vt* reproduce. **riproduzione** *nf* reproduction.

ripugnante (ripuɲ'ɲante) *adj* repugnant. **ripugnanza** (ripuɲ'ɲantsa) *nf* repugnance.

ripulsione (ripul'sjone) *nf* repulsion. **ripulsivo** *adj* repulsive.

risaia (ri'saja) *nf* paddy field.

risalire (risa'lire) *vt* 1 go up again. 2 go back to, date from.

risaltare (risal'tare) *vi* stand

out. **risalto** *nm* relief, prominence. **fare risalto** stand out.

risanare (risa'nare) *vt* cure.

risarcire (risar'tʃire) *vt* compensate.

risata (ri'sata) *nf* laugh.

riscaldare (riskal'dare) *vt* 1 heat, heat up. 2 warm. **riscaldarsi** *vr* warm up. **riscaldamento** *nm* heating. **riscaldatore** *nm* heater.

riscatto (ris'katto) *nm* ransom.

rischiarare (riskja'rare) *vt* 1 light up. 2 enlighten. 3 clear. *vi* light up. **rischiararsi** *vr* clear up. clear up.

rischiare (ris'kjare) *vt* risk. *vi* run the risk. **rischio** *nm* risk. **rischioso** (ris'kjoso) *adj* risky.

risciacquare (riʃʃak'kware) *vt* rinse.

risciò (riʃ'ʃɔ) *nm* rickshaw.

riscontrare (riskon'trare) *vt* 1 compare. 2 verify. **riscontrarsi** *vr* correspond. **riscontro** *nm* 1 checking. 2 comparison.

riscossa (ris'kɔssa) *nf* insurrection.

riscuotere* (ris'kwɔtere) *vt* 1 cash, draw, collect (one's salary). 2 obtain. 3 shake. **riscuotersi** *vr* 1 start. 2 *med* come round.

risentire (risen'tire) *vt* feel, experience. *vi* show signs of. **risentirsi** *vr* take offence. **risentimento** *nm* resentment.

riserbo (ri'serbo) *nm* reserve.

riservare (riser'vare) *vt* keep, reserve. **riserva** (ri'serva) *nf* 1 stock, reserve. 2 reservation. 3 reserve, preserve. 4 *sport* reserve. **riservato** *adj* reserved.

risi (risi) *v see* **ridere**.

risiedere (ri'sjɛdere) *vi* reside.

riso[1] ('riso) *v see* **ridere**.

riso[2] ('riso) *nm* rice.

riso[3] ('riso) *nm* 1 laugh. 2 laughter.

risolsi (ri'sɔlsi) *v* see **risolvere**.

risolto (ri'sɔlto) *v* see **risolvere**.

risoluto (riso'luto) *adj* determined. **risolutezza** (risolu-'tettsa) *nf* determination.

risoluzione (risolut'tsjone) *nf* resolution.

risolvere* (ri'sɔlvere) *vt* 1 resolve, solve. 2 break down, dissolve. 3 decide. 4 annul. **risolversi** *vr* 1 dissolve. 2 make up one's mind.

risonare (riso'nare) *vi* resound, ring out. **risonanza** (riso-'nantsa) *nf* 1 resonance. 2 echo.

risorgere* *vi* rise again. **risorgimento** *nm* 1 revival. 2 *cap* Italian 19th-century independence movement.

risorsa (ri'sorsa) *nf* resource.

risparmiare (rispar'mjare) *vt* 1 save. 2 spare. **risparmio** (ris'parmjo) *nm* saving. **cassa di risparmio** *nf* savings bank.

rispettare (rispet'tare) *vt* respect. **rispettabile** (rispet'tabile) *adj* respectable. **rispettabilità** *nf* respectability. **rispetto** (ris'petto) *nm* respect. **rispetto a** as regards. **rispettoso** (rispet'toso) *adj* respectful.

rispettivo (rispet'tivo) *adj* respective.

risplendere (ris'plendere) *vi* shine.

rispondere* (ris'pondere) *vi* 1 reply, answer. 2 be responsible for. 3 correspond. 4 respond. **rispondere di sì/no** answer yes/no.

risposi (ris'posi) *v* see **rispondere**.

risposta (ris'posta) *nf* 1 reply, answer. 2 response.

risposto (ris'posto) *v* see **rispondere**.

rissa ('rissa) *nf* brawl. **rissoso** (ris'soso) *adj* quarrelsome.

ristabilire (ristabi'lire) *vt* restore.

ristagnare (ristaɲ'ɲare) *vi* stagnate. **ristagno** *nm* stagnation.

ristampare (ristam'pare) *vt* reprint.

ristorante (risto'rante) *nm* restaurant.

ristorare (risto'rare) *vt* refresh, restore. **ristoro** (ris'tɔro) *nm* 1 relief. 2 refreshments.

ristretto (ris'tretto) *adj* 1 narrow. 2 restricted, limited.

risultare (risul'tare) *vi* result, ensure. **risultare chiaro** be clear. **risultato** *nm* result.

risuonare (risuo'nare) *vi* resound, ring out. **risuonanza** *nf* 1 resonance. 2 echo.

risurrezione (risurret'tsjone) *nf* resurrection.

risuscitare (risuʃʃi'tare) *vt* bring back to life, revive. *vi* rise again. **in riflesso** *vt*

risvegliare (rizveʎ'ʎare) *vt* awaken, revive. **risveglio** *nm* revival.

ritaglio (ri'taʎʎo) *nm* 1 newspaper cutting. 2 scrap.

ritardare (ritar'dare) *vt* slow down, delay. *vi* 1 be late. 2 (of a watch) lose. **ritardo** *nm* delay. **in ritardo** late.

ritegno (ri'teɲɲo) *nm* restraint.

ritenere* (rite'nere) *vt* 1 keep back. 2 keep, hold. 3 consider. 4 remember. **ritenersi** *vr* consider oneself.

ritirare (riti'rare) *vt* 1 withdraw, draw back. 2 retract. 3 draw (money). **ritirarsi** *vr* 1 withdraw. 2 retire. **ritirata** *nf* 1 retreat. 2 lavatory. **ritiro** *nm* withdrawal.

ritmo ('ritmo) *nm* rhythm. **ritmico** ('ritmiko) *adj* rhythmic.

rito ('rito) *nm* rite. **rituale** *adj* ritual.

ritoccare (ritok'kare) *vt* touch up. **ritocco** (ri'tokko) *nm* retouch.

ritornare (ritor'nare) *vi* 1 return, come back. 2 recur. *vt* give back. **ritorno** *nm* return. **essere di ritorno** be back. **ritorno di fiamma** 1 backfire. 2 renewed passion.

ritrarre* (ri'trarre) *vt* 1 draw back. 2 reproduce. **ritrarsi** *vr* withdraw.

ritratto (ri'tratto) *nm* portrait.

ritroso (ri'troso) *adj* 1 reluctant. 2 shy.

ritrovare (ritro'vare) *vt* 1 find (again). 2 discover. 3 recover. **ritrovarsi** *vr* 1 meet. 2 find oneself. **ritrovo** (ri'trovo) *nm* 1 meeting. 2 meeting place. **ritrovo notturno** nightclub.

ritto ('ritto) *adj* 1 upright. 2 straight. **stare ritto** stand up. ~ *nm* right side.

riunire (riu'nire) *vt* 1 gather, collect. 2 reunite. **riunirsi** *vr* 1 be reunited. 2 meet. **riunione** *nf* meeting.

riuscire* (riuʃ'ʃire) *vi* 1 go out. 2 work or turn out. 3 result. 4 succeed, manage. **riuscita** *nf* 1 result. 2 success.

riva ('riva) *nf* bank, shore.

rivale (ri'vale) *adj, n* rival. **rivaleggiare** *vi* rival. **rivalità** *nf* rivalry.

rivedere* (rive'dere) *vt* 1 see again. 2 revise, examine.

rivelare (rive'lare) *vt* reveal, disclose. **rivelazione** *nf* revelation.

riverberare (riverbe'rare) *vt* reverberate.

riverire (rive'rire) *vt* respect. **riverente** (rive'rɛnte) *adj* reverent. **riverenza** (rive'rɛntsa) *nf* 1 reverence. 2 bow.

rivestire (rives'tre) *vt* 1 cover. 2 line.

riviera (ri'vjera) *nf* coast.

rivista (ri'vista) *nf* 1 *mil* parade. 2 magazine, review. 3 revue.

rivolgere* (ri'vɔldʒere) *vt* 1 turn (over). 2 direct. **rivolgersi** *vr* 1 turn round. 2 apply. 3 go towards. **rivolgimento** *nm* upheaval.

rivoltare (rivol'tare) *vt* turn. **rivoltarsi** *vr* revolt. **rivolta** *nf* revolt.

rivoltella (rivol'tella) *nf* revolver.

rivoluzione (rivolut'tsjone) *nf* revolution. **rivoluzionario** *adj* revolutionary.

rizzare (rit'tsare) *vt* raise, erect. **rizzarsi** *vr* 1 stand up. 2 stand on end.

roba ('rɔba) *nf* stuff, things, possessions.

robusto (ro'busto) *adj* strong, sturdy.

rocca ('rɔkka) *nf* fortress. **roccaforte** *nf* stronghold.

roccia ('rɔttʃa) *nf* rock. **roccioso** (rot'tʃoso) *adj* rocky.

rodaggio (ro'daddʒo) *nm mot* running in. **in rodaggio** running in.

Rodano ('rɔdano) *nm* Rhône.

rodere* ('rodere) *vt* 1 gnaw. 2 nibble. **roditori** *nm pl* rodents.

Rodesia (ro'dɛzja) *nf* Rhodesia. **rodesiano** *adj, n* Rhodesian.

rododendro (rodo'dɛndro) *nm* rhododendron.

rogna ('roɲɲa) *nf* 1 itch. 2 scabies.

rognone (roɲ'ɲone) *nm cul* kidney.

rollare (rol'lare) *vi naut* roll.

Roma ('roma) *nf* Rome. **romano** *adj, n* Roman.

Romania (roma'nia) *nf* Rumania. **romeno** *adj, n* Rumanian.

romanico (ro'maniko) *adj* romanesque.

romantico (ro'mantiko) *adj* romantic. **romanticismo** *nm* romanticism.

romanzo[1] (ro'mandzo) *adj* romance (language).

romanzo² (ro'mandzo) *nm* **1** novel. **2** romance. **romanziere** (roman'dzjere) *nm* novelist.

romito (ro'mito) *nm* hermit.

rompere* ('rompere) *vt* break, smash. *vi* break. **rompere la testa** annoy. **rompersi** *vr* break up. **rompersi la testa** rack one's brains. **rompicapo** *nm* annoyance. **rompiscatole** (rompis'katole) *nm sl* pest, nuisance.

ronda ('ronda) *nf mil* rounds, patrol.

rondine ('rondine) *nf zool* swallow.

rondone (ron'done) *nm* swift.

ronzare (ron'dzare) *vi* buzz, hum, whirr. **ronzio** *nm* buzz, hum.

ronzino (rond'zino) *nm inf* nag.

rosa ('rɔza) *nf* rose. *adj invar, nm invar* pink.

rosario (ro'zarjo) *nm* rosary.

rosbif ('rɔzbif) *nm invar* roast beef.

rosicchiare (rosik'kjare) *vt* nibble.

rosmarino (rozma'rino) *nm* rosemary.

rosolare (rozo'lare) *vt cul* brown.

rosolia (rozo'lia) *nf* German measles.

rospo ('rɔspo) *nm* toad. **ingoiare un rospo** swallow an insult.

rosso ('rosso) *adj, nm* red. **rossetto** *nm* lipstick. **rossore** *nm* shame.

rosticceria (rostittʃe'ria) *nf* shop selling cooked food.

rostro ('rɔstro) *nm* rostrum.

rotaia (ro'taja) *nf* **1** rail. **2** rut.

rotare (ro'tare) *vt, vi* rotate. **rotazione** *nf* rotation.

roteare (rote'are) *vt* whirl. *vi* wheel.

rotella (ro'tɛlla) *nf* wheel. **pattino a rotelle** *nm* roller-skate.

rotolare (roto'lare) *vt* roll. *vi* roll down. **rotolo** ('rɔtolo) *nm* roll.

rotondo (ro'tondo) *adj* round.

rotore (ro'tore) *nm* rotor.

rotta¹ ('rotta) *nf* **1** break. **2** rout. **a rotta di collo** at breakneck speed.

rotta² ('rotta) *nf* course, route.

rotto ('rotto) *v* see **rompere**. *adj* broken. **rottame** *nm* **1** fragment. **2** *pl* wreckage, ruins. **rottami di ferro** *nm pl* scrap iron. **rottura** *nf* break, breaking off.

rovesciare (roveʃ'ʃare) *vt* **1** upset, spill. **2** overturn. **3** turn inside out. **4** overthrow. **rovesciarsi** *vr* **1** overturn, capsize. **2** fall down. **rovescio** (ro'veʃʃo) *nm* wrong side, other side. **a rovescio** back to front. **capire a rovescio** misunderstand. **alla rovescia 1** inside out. **2** upside down.

rovinare (rovi'nare) *vt* ruin. **rovina** *nf* fall, ruin.

rovistare (rovis'tare) *vt* ransack.

rovo ('rovo) *nm* bramble, blackberry bush.

rozzo ('roddzo) *adj* rough, coarse.

ruba ('ruba) *nf* **andare a ruba** sell like hot cakes.

rubacchiare (rubak'kjare) *vt* pilfer.

rubare (ru'bare) *vt* steal, rob. **rubacuori** (ruba'kwɔri) *nm sl* lady-killer.

rubinetto (rubi'netto) *nm* tap.

rubino (ru'bino) *nm* ruby.

rubrica (ru'brika) *nf* **1** directory. **2** feature, column.

rude ('rude) *adj* rough.

rudere ('rudere) *nm* ruin.

ruga ('ruga) *nf* wrinkle. **rugoso** (ru'goso) *adj* wrinkled.

rugby ('rugbi) *nm* rugby. **rugbista** *nm* rugby-player.

ruggine ('ruddʒine) *nf* rust.

rugginoso (ruddʒi'noso) *adj* rusty.

ruggire (rud'dʒire) *vi* roar. **ruggito** *nm* roar.

rugiada (ru'dʒada) *nf* dew.

rullare (rul'lare) *vt* roll. *vi* **1** roll. **2** *aviat* taxi. **rullio** *nm* roll. **rullo** *nm* **1** roll. **2** *tech* roller. **rullo compressore** steamroller.

rum (rum) *nm* rum.

ruminare (rumi'nare) *vt* **1** chew. **2** ruminate.

rumore (ru'more) *nm* **1** noise, din. **2** rumour. **rumoroso** (rumo'roso) *adj* noisy.

rumoreggiare (rumored'dʒare) *vi* make a noise.

ruolo ('rwɔlo) *nm* **1** roll, list. **2** role.

ruota ('rwɔta) *nf* wheel. **ruota di ricambio** spare wheel. **girare a ruota libera** *vi* freewheel.

rupe ('rupe) *nf* cliff.

rupia (ru'pia) *nf* rupee.

ruppi ('ruppi) *v* see **rompere**.

rurale (ru'rale) *adj* rural.

ruscello (ruʃ'ʃello) *nm* stream.

russare (rus'sare) *vi* snore.

Russia ('russja) *nf* Russia. **russo** *adj,n* Russian. *nm* Russian (language).

rustico ('rustiko) *adj* rustic.

ruttare (rut'tare) *vi* belch, burp. **rutto** *nm* belch.

ruvido ('ruvido) *adj* rough, coarse. **ruvidezza** (ruvi'dettsa) *nf* coarseness.

ruzzare (rud'dzare) *vi* gambol.

ruzzolare (ruttso'lare) *vi* roll down.

S

sa (sa) *v* see **sapere**.

sabato ('sabato) *nm* Saturday.

sabbia ('sabbja) *nf* sand. **sabbie mobili** *n pl* quicksands. **sabbioso** (sab'bjoso) *adj* sandy.

sabotare (sabo'tare) *vt* sabotage. **sabotaggio** *nm* sabotage. **sabotatore** *nm* saboteur.

sacca ('sakka) *nf* **1** bag, satchel. **2** pocket.

saccarina (sakka'rina) *nf* saccharin.

saccente (sat'tʃente) *nm* knowall.

saccheggiare (sakked'dʒare) *vt* sack, plunder. **saccheggio** *nm* sack, pillage.

sacchetto (sak'ketto) *nm* paper bag.

sacco ('sakko) *nm* sack, bag. **sacco a pelo** sleeping-bag.

saccoccia (sak'kɔttʃa) *nf* pocket.

sacerdote (satʃer'dɔte) *nm* priest. **sacerdotale** *adj* priestly. **sacerdozio** (satʃer'dɔttsjo) *nm* priesthood.

sacramento (sakra'mento) *nm* sacrament.

sacrificare (sakrifi'kare) *vt* sacrifice. **sacrificio** *nm* sacrifice.

sacrilegio (sakri'ledʒo) *nm* sacrilege.

sacro ('sakro) *adj* holy, sacred.

sadico ('sadiko) *adj* sadistic. *nm* sadist. **sadismo** *nm* sadism.

saetta (sa'etta) *nf* arrow.

safari (sa'fari) *nm* safari.

saga ('saga) *nf* saga.

sagace (sa'gatʃe) *adj* clever, shrewd. **sagacità** *nf* sagacity.

saggezza (sad'dʒettsa) *nf* wisdom.

saggio[1] ('saddʒo) *adj* wise, prudent. *nm* sage.

saggio[2] ('saddʒo) *nm* **1** trial, test. **2** sample. **3** study, essay.

Sagittario (sadʒit'tarjo) *nm* Sagittarius.

sagoma ('sagoma) *nf* outline, profile.

sagra ('sagra) *nf* festival.

sagrestia (sagres'tia) *nf* sacristy. **sagrestano** *nm* sacristan.

sai ('sai) *v* see **sapere.**

sala ('sala) *nf* room, hall. **sala da pranzo** dining room. **sala operatoria** operating theatre.

salamandra (sala'mandra) *nf* salamander.

salame (sa'lame) *nm* pork sausage, salami.

salamoia (sala'mɔja) *nf* brine.

salario (sa'larjo) *nm* wages, salary.

saldare (sal'dare) *vt* **1** join, weld. **2** settle, pay (a bill). **saldezza** (sal'dettsa) *nf* firmness. **saldo** *adj* solid, firm.

sale ('sale) *nm* salt. **salare** *vt* salt. **salato** *adj* **1** salt, salty. **2** expensive. **saliera** (sa'ljɛra) *nf* saltcellar.

salgo ('salgo) *v* see **salire.**

salice ('salitʃe) *nm* willow.

salire* (sa'lire) *vt,vi* climb, go up. *vi* rise, increase. **salire in macchina** get into a car. **salita** *nf* ascent, climb.

saliva (sa'liva) *nf* saliva.

salma ('salma) *nf* corpse.

salmo ('salmo) *nm* psalm.

salmone (sal'mone) *nm* salmon.

salone (sa'lone) *nm* **1** hall. **2** assembly room.

salotto (sa'lɔtto) *nm* sitting room.

salpare (sal'pare) *vi* set sail.

salsa ('salsa) *nf* **1** sauce. **2** gravy. **salsiera** (sal'sjɛra) *nf* sauceboat.

salsiccia (sal'sittʃa) *nf* pork sausage.

salso ('salso) *adj* salt, salty.

saltare (sal'tare) *vi* jump, leap. *vt* **1** jump over. **2** miss. **saltare in aria** explode.

saltatoio (salta'tojo) *nm* perch.

saltellare (saltel'lare) *vi* skip, hop. **saltello** (sal'tɛllo) *nm* jump.

salterellare (salterel'lare) *vi* hop, skip. **salterello** (salte-'rɛllo) *nm* skip, jump.

saltimbanco (saltim'banko) *nm* acrobat.

saltimbocca (saltim'bokka) *nm invar* meat in anchovy sauce.

salto ('salto) *nm* jump, leap. **salto mortale** somersault.

salubre (sa'lubre) *adj* healthy.

salume (sa'lume) *nm* salted meat. **salumeria** *nf* delicatessen.

salutare (salu'tare) *vt* greet, say hello or goodbye to. **andare a salutare** go and see. **saluto** *nm* **1** greeting. **2** salute. **tanti saluti** best regards.

salute (sa'lute) *nf* health. **salutare** *adj* salutary.

salva ('salva) *nf* salvo.

salvaguardare (salvagwar'dare) *vt* safeguard. **salvaguardia** *nf* safeguard.

salvare (sal'vare) *vt* **1** save. **2** rescue. **salvarsi** *vr* escape.

salvagente (salva'dʒɛnte) *nm invar* lifebelt. **salvazione** *nf* salvation. **salvezza** (sal'vettsa) *nf* safety. **salvo** *adj* safe. *prep* except.

salvataggio (salva'taddʒo) *nm* rescue.

salvia ('salvja) *nf bot* sage.

sambuco (sam'buko) *nm* elder tree.

san (san) *adj* contraction of **santo.**

sanare (sa'nare) *vt* **1** cure, heal. **2** put right. **sanabile** (sa'nabile) *adj* curable.

sanatorio (sana'tɔrjo) *nm* sanatorium.

sancire (san'tʃire) *vt* sanction.

sandalo ('sandalo) *nm* sandal.

sangue ('sangwe) *nm* blood. **fare sangue** bleed.

sanguinare (sangwi'nare) *vi* bleed. **sanguigno** *adj* **1** blood. **2** blood-red. **sanguinoso** (sangwi'noso) *adj* bloody.

sanitario (sani'tarjo) *adj* sanitary.

sanno ('sanno) *v* see **sapere**.

sano ('sano) *adj* healthy, sound. **di sana pianta** entirely. **sano e salvo** safe and sound. **sanità** *nf* sanity.

santificare (santifi'kare) *vt* sanctify.

santo ('santo) *adj* holy, sacred. *nm* saint. **santità** *nf* holiness.

santuario (santu'arjo) *nm* sanctuary.

sanzionare (santsjo'nare) *vt* sanction, approve. **sanzione** *nf* sanction.

sapere* (sa'pere) *vt* know. **sapere di** taste of. **sapiente** (sa'pjente) *adj* wise. *nm* wise man. **sapienza** (sa'pjentsa) *nf* wisdom, learning.

sapone (sa'pone) *nm* soap. **saponata** *nf* lather. **saponetta** *nf* bar of soap. **saponiera** (sapo'njera) *nf* soap dish.

sapore (sa'pore) *nm* taste, flavour. **saporito** *adj* 1 tasty. 2 witty. 3 expensive.

sappiamo (sap'pjamo) *v* see **sapere**.

saprò (sa'prɔ) *v* see **sapere**.

saracinesca (saratʃi'neska) *nf* roller blind.

sarcasmo (sar'kazmo) *nm* sarcasm. **sarcastico** (sar'kastiko) *adj* sarcastic.

sarchiare (sar'kjare) *vt* hoe, weed. **sarchio** *nm* hoe.

sarda ('sarda) *nf* pilchard. **sardina** *nf* sardine.

Sardegna (sar'deɲɲa) *nf* Sardinia. **sardo** *adj,n* Sardinian.

sardonico (sar'dɔniko) *adj* sardonic.

sarei (sa'rei) *v* see **essere**.

sarò (sa'rɔ) *v* see **essere**.

sarto ('sarto) *nm* tailor. **sarta** *nf* dressmaker. **sartoria** *nf* tailor's shop.

sasso ('sasso) *nm* stone. **sassoso** (sas'soso) *adj* stony.

sassofono (sas'sɔfono) *nm* saxophone.

Satana ('satana) *nm* Satan.

satellite (sa'tellite) *nm* satellite.

satira ('satira) *nf* satire. **satireggiare** *vt* satirize. **satirico** (sa'tiriko) *adj* satirical.

saturare (satu'rare) *vt* saturate. **saturazione** *nf* saturation.

Saturno (sa'turno) *nm* Saturn.

sauna ('sauna) *nf* sauna.

savio ('savjo) *adj* wise. *nm* sage.

saziare (sat'tsjare) *vt* satisfy, fill. **sazio** *adj* full, sated.

sbaccellare (zbattʃe'lare) *vt* shell (peas).

sbadataggine (zbada'taddʒine) *nf* carelessness. **sbadato** *adj* careless.

sbadigliare (zbadiʎ'ʎare) *vi* yawn. **sbadiglio** *nm* yawn.

sbagliare (zbaʎ'ʎare) *vt* 1 miscalculate. 2 mistake. *vi* make a mistake. **sbagliarsi** *vr* make a mistake, be mistaken. **sbagliato** *adj* wrong, mistaken. **sbaglio** *nm* mistake, error.

sballare (zbal'lare) *vt* unpack.

sballottare (zballot'tare) *vt* toss about.

sbalordire (zbalor'dire) *vt* amaze, stun. *vi* be amazed. **sbalordimento** *nm* amazement.

sbalzare (zbal'tsare) *vt* 1 throw, fling. 2 dismiss. *vi* bounce. **sbalzo** *nm* 1 bounce. 2 leap. **a sbalzi** by fits and starts.

sbandare (zban'dare) *vt* disband, disperse. *vi mot* skid. **sbandarsi** *vr* disperse.

sbandire (zban'dire) *vt* banish.

sbarazzare (zbarat'tsare) *vt* clear, rid. **sbarazzarsi di** *vr* get rid of.

sbarbare (zbar'bare) *vt* 1 uproot. 2 shave.

sbarcare (zbar'kare) *vt* put ashore, unload. *vi* go ashore, disembark. **sbarco** *nm* landing.

sbarrare (zbar'rare) *vt* block, bar. **sbarrare gli occhi** open one's eyes wide. **sbarra** *nf* **1** bar, barrier. **2** tiller.

sbatacchiare (zbarak'kjare) *vt, vi* bang, slam.

sbattere ('zbattere) *vt* **1** beat, shake. **2** bang, slam. *vi* slam. **sbattere fuori** throw out.

sbavare (zba'vare) *vi* dribble.

sbiadire (zbja'dire) *vi* fade.

sbieco ('zbjɛko) *adj* slanting, askew. **guardare di sbieco** look at askance.

sbigottire (zbigot'tire) *vt* dismay. **sbigottirsi** *vr* be dismayed. **sbigottimento** *nm* dismay. **sbigottito** *adj* dismayed, amazed.

sbilenco (zbi'lenko) *adj* crooked.

sbirciare (zbir'tʃare) *vt* eye, gaze at.

sbirro ('zbirro) *nm inf* cop, policeman.

sboccare (zbok'kare) *vi* **1** flow. **2** lead, come out. **sbocco** *nm* outlet.

sbocciare (zbot'tʃare) *vi* blossom, open.

sborsare (zbor'sare) *vt* pay out.

sbottonare (zbotto'nare) *vt* unbutton.

sbozzare (zbot'tsare) *vt* sketch. **sbozzo** ('zbɔttso) *nm* sketch.

sbranare (zbra'nare) *vt* tear to pieces.

sbrattare (zbrat'tare) *vt* clean, clear.

sbriciolare (zbritʃo'lare) *vt* crumble. **sbriciolarsi** *vr* crumble.

sbrigare (zbri'gare) *vt* finish off, deal with. **sbrigarsi** *vr* hurry.

sbrodolare (zbrodo'lare) *vt* stain, dirty.

sbronzo ('zbrontso) *adj inf* drunk.

sbucare (zbu'kare) *vi* come out.

sbucciare (zbut'tʃare) *vt* peel, skin. **sbucciarsi** *vr* graze. **sbucciapatate** *nm invar* potato peeler.

sbuffare (zbuf'fare) *vi* puff. **sbuffo** *nm* puff.

scabbia ('skabbja) *nf* scabies.

scabro ('skabro) *adj* rough.

scabroso (ska'broso) *adj* **1** rough. **2** difficult. **3** risqué.

scacchiera (skak'kjɛra) *nf* chessboard.

scacciare (skat'tʃare) *vt* chase or drive out.

scacco ('skakko) *nm* **1** square, check. **2** *pl* chess. **a scacchi** checked. **scacco matto** checkmate.

scadere* (ska'dere) *vi* **1** decline, decrease. **2** expire, be due. **scadente** (ska'dente) *adj* of poor quality, shoddy. **scadenza** (ska'dentsa) *nf* expiry.

scafandro (ska'fandro) *nm* **1** diving suit. **2** spacesuit.

scaffale (skaf'fale) *nm* bookcase, bookshelf.

scafo ('skafo) *nm* hull.

scaglia ('skaʎʎa) *nf* **1** scale (of fish). **2** fragment. **scaglioso** (skaʎ'ʎoso) *adj* scaly.

scagliare (skaʎ'ʎare) *vt* throw, hurl.

scala ('skala) *nf* **1** stairs, staircase. **2** scale, proportion. **scala a piuoli** ladder. **scala mobile** escalator. **scalino** *nm* step, stair.

scalare (ska'lare) *vt* scale. **scalatore** *nm* mountain climber.

scaldare (skal'dare) *vt* warm up, heat. **scaldabagno** (skalda'baɲɲo) *nm* water heater.

scalfire (skal'fire) *vt* scratch.

scalo ('skalo) *nm* **1** wharf. **2** port of call. **volo senza scalo** *nm* non-stop flight.

scalogna (ska'loɲɲa) *nf inf* bad luck.

scaloppa (ska'lɔppa) *nf* escalope.

scalpello (skal'pɛllo) *nm* chisel.

scalpore (skal'pore) *nm* noise, row.

scaltro ('skaltro) *adj* shrewd, crafty. **scaltrezza** (skal'trettsa) *nf* cunning.

scalzare (skal'tsare) *vt* take shoes and socks from. **scalzo** *adj* barefoot.

scambiare (skam'bjare) *vt* 1 exchange. 2 mistake. **scambio** *nm* exchange.

scampanare (skampa'nare) *vi* peal, chime. **scampanata** *nf* peal.

scampare (skam'pare) *vt* save. *vi* escape. **scampo** *nm* refuge, safety. **non c'è scampo** there is no way out.

scampi ('skampi) *nm pl* scampi, prawns.

scampolo ('skampolo) *nm* remnant.

scanalare (skana'lare) *vt* groove. **scanalatura** *nf* groove.

scandalo ('skandalo) *nm* scandal. **scandalizzare** (skandalid'dzare) *vt* shock. **scandalizzarsi** *vr* be shocked. **scandaloso** (skanda'loso) *adj* scandalous, shocking.

scannare (skan'nare) *vt* slaughter.

scanno ('skanno) *nm* seat, bench.

scansare (skan'sare) *vt* avoid. **scansarsi** *vr* move aside.

scansia (skan'sia) *nf* bookcase.

scapigliare (skapiʎ'ʎare) *vt* ruffle, dishevel.

scapola ('skapola) *nf* shoulder-blade.

scapolo ('skapolo) *nm* bachelor.

scappare (skap'pare) *vi* run away, flee. **scappata** *nf* 1 visit, call. 2 escapade.

scarabocchiare (skarabok'-kjare) *vt* scribble. **scarabocchio** (skara'bɔkkjo) *nm* scribble.

scarafaggio (skara'faddʒo) *nm* cockroach.

scaramuccia (skara'muttʃa) *nf* skirmish.

scaricare (skari'kare) *vt* unload. **scaricarsi** *vr* 1 relax, unwind. 2 (of a clock) run down. **scarico** ('skariko) *adj* 1 unloaded. 2 (of a watch, etc.) run down. *nm* unloading. **tubo di scarico** *nm* exhaust pipe.

scarlatto (skar'latto) *adj,nm* scarlet. **scarlattina** *nf* scarlet fever.

scarno ('skarno) *adj* thin, scanty.

scarpa ('skarpa) *nf* shoe. **scarpino** *nm* dancing shoe.

scarso ('skarso) *adj* 1 scarce. 2 meagre. 3 lean, poor. **scarsità** *nf* scarcity.

scartabellare (skartabel'lare) *vt* skim through (a book).

scartare (skar'tare) *vt* 1 unwrap. 2 reject. *vi* swerve.

scassare (skas'sare) *vt* break open. **scasso** *nm* housebreaking.

scassinatore (skassina'tore) *nm* burglar.

scatenare (skate'nare) *vt* unleash. **scatenarsi** *vr* break out. **scatenato** *adj* wild.

scatola ('skatola) *nf* 1 box. 2 tin, can. **in scatola** tinned. **rompere le scatole a** annoy.

scattare (skat'tare) *vt* 1 spring (up). 2 go off. *vt* take (a photo). **scatto** *nm* spring.

scaturire (skatu'rire) *vt* 1 gush. 2 spring.

scavare (ska'vare) *vt* 1 dig (up). 2 excavate. **scavo** *nm* excavation.

scegliere* ('ʃeʎʎere) *vt* choose, pick.

sceicco (ʃe'ikko) *nm* sheik.

scelgo ('ʃelgo) v see **scegliere.**

scellerato (ʃelle'rato) adj wicked. **scelleratezza** (ʃellera'tettsa) nf wickedness.

scellino (ʃel'lino) nm shilling.

scelsi ('ʃelsi) v see **scegliere.**

scelta ('ʃelta) nf choice, selection.

scelto ('ʃelto) v see **scegliere.** adj choice.

scemare (ʃe'mare) vt,vi diminish, reduce. **scemo** adj silly.

scena ('ʃena) nf 1 stage. 2 scene. **scenata** nf row, commotion.

scendere* ('ʃendere) vi come or go down. 2 dismount. vt descend. **scendiletto** (ʃendi'letto) nm invar bedside rug.

scenico ('ʃeniko) adj scenic.

sceriffo (ʃe'riffo) nm sheriff.

scesa ('ʃesa) nf descent.

scesi ('ʃesi) v see **scendere.**

sceso ('ʃeso) v see **scendere.**

scettico ('ʃttiko) adj sceptical. nm sceptic. **scetticismo** nm scepticism.

scettro ('ʃ...ttro) nm sceptre.

schedare (ske'dare) vt file. **scheda** ('skeda) nf 1 index card. 2 ballot paper, form. **schedario** nm 1 file. 2 filing cabinet.

scheggia ('skeddʒa) nf chip, splinter.

scheletro ('skeletro) nm skeleton.

schema ('skema) nm outline, plan.

schermire (sker'mire) vi sport fence. **schermirsi** vr defend oneself. **scherma** nf fencing.

schermo ('skermo) nm screen.

schernire (sker'nire) vt sneer at. **scherno** nm scorn.

scherzare (sker'tsare) vi joke. **scherzo** nm joke. **per scherzo** as a joke. **scherzoso** adj playful.

schiacciare (skjat'tʃare) vt crush, squeeze. **schiaccianoci** nm invar nutcracker.

schiaffeggiare (skjaffed'dʒare) vt slap. **schiaffo** nm slap, smack.

schiamazzare (skjamat'tsare) vi 1 squawk. 2 cluck. **schiamazzo** nm 1 squawking. 2 din.

schiantare (skjan'tare) vt break. vi inf burst.

schiarire (skja'rire) vt clear up. vi become light.

schiavo ('skjavo) nm slave. **schiavitù** nf slavery.

schidione (ski'djone) nm cul spit.

schiena ('skjena) nf back, spine. **schienale** nm back (of a chair).

schierare (skje'rare) vt line up. **schierarsi** vr take sides. **schiera** ('skjera) nf 1 rank. 2 formation.

schietto ('skjetto) adj pure. **schiettezza** (skjet'tettsa) nf 1 purity. 2 sincerity.

schifiltoso (skifil'toso) adj fussy.

schifo ('skifo) nm disgust. **che schifo!** how disgusting! **schifoso** (ski'foso) adj disgusting, revolting.

schioccare (skjok'kare) vt 1 crack (a whip). 2 smack. **schiocco** ('skjokko) nm 1 crack. 2 smack.

schioppo (skj'ɔppo) nm gun. **schioppettata** nf shot.

schiumare (skju'mare) vt skim. vi foam. **schiuma** nf froth, foam. **schiumoso** (skju'moso) adj frothy.

schivare (ski'vare) vt avoid.

schizofrenia (skiddzofre'nia) nf schizophrenia.

schizzare (skit'tsare) vi gush, squirt. vt 1 splash. 2 sketch. **schizzo** nm 1 squirt, splash. 2 sketch.

sci (ʃi) nm invar 1 ski. 2 skiing. **sci nautico** water-skiing.

scia ('ʃia) *nf* wake, trail.

scià (ʃa) *nm* shah.

sciabola ('ʃabola) *nf* sabre.

sciabordare (ʃabor'dare) *vt* (of water) lap. *vi* ripple.

sciacallo (ʃa'kallo) *nm* jackal.

sciacquare (ʃak'kware) *vt* rinse.

sciagura (ʃa'gura) *nf* misfortune. **sciagurato** *adj* unfortunate.

scialacquare (ʃalak'kware) *vt* dissipate.

scialbo ('ʃalbo) *adj* pale.

scialle ('ʃalle) *nm* shawl.

scialuppa (ʃa'luppa) *nf* sloop. **scialuppa di salvataggio** lifeboat.

sciamare (ʃa'mare) *vi* swarm. **sciame** *nm* swarm.

sciancato (ʃan'kato) *adj* 1 lame. 2 rickety. *nm* cripple.

sciare (ʃi'are) *vi* ski. **sciatore** *nm* skier.

sciarpa ('ʃarpa) *nf* scarf.

sciatto ('ʃatto) *adj* slovenly.

scientifico (ʃen'tifiko) *adj* scientific.

scienza ('ʃentsa) *nf* 1 knowledge. 2 science. **scienziato** *nm* scientist.

scimmia ('ʃimmja) *nf* monkey.

scimmiottare (ʃimmjot'tare) *vt* ape, imitate.

scimpanzé (ʃimpan'tse) *nm* chimpanzee.

scimunito (ʃimu'nito) *adj* silly. *nm* fool.

scintillare (ʃintil'lare) *vi* sparkle, glitter, twinkle. **scintilla** *nf* spark.

sciocco ('ʃɔkko) *adj* silly, foolish. *nm* fool. **sciocchezza** *nf* stupidity, foolishness.

sciogliere* ('ʃɔʎʎere) *vt* 1 untie, loosen. 2 melt, dissolve. 3 solve, resolve. **sciogliersi** *vr* 1 free oneself. 2 melt. **scioglilingua** *nm invar* tongue-twister.

sciolgo ('ʃɔlgo) *v* see **sciogliere**.

sciolsi ('ʃɔlsi) *v* see **sciogliere**.

sciolto ('ʃɔlto) *v* see **sciogliere**. *adj* 1 loose. 2 agile. 3 melted. **versi sciolti** *nm pl* blank verse.

scioperare (ʃope'rare) *vi* strike, go on strike. **scioperante** *nm* striker. **sciopero** ('ʃɔpero) *nm* strike.

sciorinare (ʃori'nare) *vt* hang out.

sciovinismo (ʃovi'nizmo) *nm* chauvinism.

scipito (ʃi'pito) *adj* tasteless.

scirocco (ʃi'rɔkko) *nm* sirocco.

sciroppo (ʃi'rɔppo) *nm* syrup. **sciroppato** *adj* in syrup.

sciupare (ʃu'pare) *vt* 1 waste. 2 spoil.

scivolare (ʃivo'lare) *vi* 1 slip, slide. 2 glide. **scivolo** ('ʃivolo) *nm* 1 slide, chute. 2 slipway.

scoccare (skok'kare) *vt* 1 shoot. 2 fling. 3 strike (hours). *vi* go off.

scocciare (skot'tʃare) *vt inf* annoy, bother.

scodella (sko'della) *nf* bowl, soup plate.

scodinzolare (skodintso'lare) *vi* (of a dog) wag its tail.

scoglio ('skɔʎʎo) *nm* 1 rock, cliff. 2 obstacle. **scogliera** (skoʎ'ʎera) *nf* reef. **scoglioso** (skoʎ'ʎoso) *adj* rocky.

scoiattolo (sko'jattolo) *nm* squirrel.

scolare (sko'lare) *vt* drain. *vi* drip. **scolo** *nm* drainage. **scolapiatti** *nm invar* draining rack.

scolaro (sko'laro) *nm* schoolboy, pupil.

scolastico (sko'lastiko) *adj* scholastic.

scollatura (skolla'tura) *nf* neckline.

scolorire (skolo'rire) *vt* discolour. *vi* fade, lose colour.

scolpare (skol'pare) *vt* excuse. **scolparsi** *vr* defend oneself.

scolpire (skol'pire) vt sculpt, carve.

scombro ('skombro) nm mackerel.

scommettere* (skom'mettere) vt bet. **scommessa** nf bet.

scomodare (skomo'dare) vt disturb, bother. **scomodarsi** vr bother. **scomodo** ('skɔmodo)adj uncomfortable.

scomparire* (skompa'rire) vi disappear, vanish. **scomparsa** nf disappearance.

scompartire (skompar'tire) vt divide. **scompartimento** nm compartment.

scompigliare (skompiʎ'ʎare) vt 1 throw into disorder, upset. 2 ruffle. **scompiglio** nm disorder.

scomporre* (skom'porre) vt 1 break up. 2 disarrange. **scomporsi** vr lose composure.

scomunicare (skomuni'kare) vt excommunicate.

sconcertare (skontʃer'tare) vt disturb, disconcert.

sconcio ('skontʃo) adj indecent.

sconfessare (skonfes'sare) vt abjure, repudiate.

sconfitta (skon'fitta) nf defeat.

sconnettere* (skon'nettere) vt disconnect.

sconosciuto (skonoʃ'ʃuto) adj unknown.

sconquassare (skonkwas'sare) vt shatter.

sconsigliare (skonsiʎ'ʎare) vt dissuade.

sconsolato (skonso'lato) adj desolate.

scontare (skon'tare) vt 1 pay off. 2 pay for. **sconto** nm discount.

scontento (skon'tɛnto) adj dissatisfied, displeased. **scontentezza** (skonten'tettsa) nf discontent.

scontrarsi (skon'trarsi) vr 1 meet. 2 clash. 3 collide.

scontro nm 1 encounter, clash. 2 collision.

scontrino (skon'trino) nm 1 ticket. 2 token, voucher.

scontroso (skon'troso) adj sullen, touchy.

sconvolgere* (skon'vɔldʒere) vt upset, disturb. **sconvolto** (skon'vɔlto) adj upset.

scopare (sko'pare) vt brush. **scopa** nf 1 broom. 2 Italian card game.

scoperta (sko'perta) nf discovery.

scoperto (sko'perto) adj uncovered.

scopo ('skɔpo) nm aim, purpose.

scoppiare (skop'pjare) vi 1 burst, explode. 2 break out. **scoppio** ('skɔppjo) nm 1 explosion, burst. 2 outburst. 3 outbreak.

scoppiettare (skoppjet'tare) vi crackle.

scoprire* (sko'prire) vt 1 uncover, disclose. 2 discover.

scoraggiare (skorad'dʒare) vt discourage. **scoraggiamento** nm discouragement.

scorciare (skor'tʃare) vt shorten. **scorciarsi** vr become shorter. **scorciatoia** nf short cut.

scordare[1] (skor'dare) vt forget. **scordarsi** vr forget.

scordare[2] (skor'dare) vt put out of tune. **scordarsi** vr go out of tune.

scorgere* ('skɔrdʒere) vt make out, discern.

scorpione (skor'pjone) nm 1 scorpion. 2 cap Scorpio.

scorrazzare (skorrat'tsare) vi wander.

scorrere* ('skorrere) vi 1 flow, run. 2 pass. vt scour. **scorreria** nf raid.

scorretto (skor'retto) adj incorrect.

scorsa ('skorsa) nf glance.

scorso ('skorso) *adj* past, last. **l'anno scorso** last year.

scortare (skor'tare) *vt* escort. **scorta** ('skorta) *nf* 1 escort. 2 store, stock.

scortese (skor'teze) *adj* discourteous, impolite. **scortesia** *nf* rudeness.

scorticare (skorti'kare) *vt* skin, flay.

scorza ('skɔrdza) *nf* 1 *bot* bark. 2 rind, skin, peel.

scoscendere * (skoʃ'ʃendere) *vi* 1 crash down. 2 split.

scosceso (scoʃ'feso) *adj* steep.

scossa ('skɔssa) *nf* shake, jolt. **scossa elettrica** electric shock.

scossi ('skɔssi) *v* see **scuotere**.

scosso ('skɔsso) *v* see **scuotere**.

scostare (skos'tare) *vt* shift, remove. **scostarsi** *vr* move away.

scostumato (skostu'mato) *adj* dissolute.

Scotch (skɔtʃ) *nm invar Tdmk* sellotape.

scottare (skot'tare) *vt* burn, scald. *vi* burn. **scottatura** *nf* burn.

scovare (sko'vare) *vt* 1 drive out. 2 discover.

Scozia ('skɔttsia) *nf* Scotland. **scozzese** (skot'tsese) *adj* Scottish, Scots. *nm,f* Scot.

screditare (skredi'tare) *vt* discredit.

scremare (skre'mare) *vt* skim.

screpolare (skrepo'lare) *vi* crack. **screpolarsi** *vr* split. **screpolatura** *nf* crack.

scribacchiare (skribak'kjare) *vt,vi* scribble.

scricchiolare (skrikkjo'lare) *vi* creak, squeak. **scricciolo** ('skrittʃolo) *nm* wren.

scrigno ('skriɲɲo) *nm* casket.

scriminatura (skrimina'tura) *nf* parting (in the hair).

scrissi ('skrissi) *v* see **scrivere**.

scritta ('skritta) *nf* inscription.

scritto ('skritto) *v* see **scrivere**. *adj* written. *nm* writing. **scrittore** *nm* writer. **scrittura** *nf* 1 writing, handwriting. 2 contract.

scrivania (skriva'nia) *nf* writing desk.

scrivere * ('skrivere) *vt* write.

scroccare (skrok'kare) *vt* scrounge.

scrofa ('skrɔfa) *nf* sow.

scrollare (skrol'lare) *nf* shake, shrug.

scrosciare (skroʃ'ʃare) *vi* 1 pelt, pour. 2 roar. **scroscio** ('skrɔʃʃo) *nm* 1 roar, burst. 2 shower. **piovere a scroscio** pour.

scrupolo ('skrupolo) *nm* scruple. **scrupoloso** *adj* scrupulous.

scrutare (skru'tare) *vt* investigate, search.

scrutinio (skru'tinjo) *nm* counting, count (of votes). **scrutinio segreto** secret ballot.

scucire (sku'tʃire) *vt* unpick.

scuderia (skude'ria) *nf* stable.

scudiscio (sku'diʃʃo) *nm* riding whip.

scudo ('skudo) *nm* shield.

sculacciare (skulat'tʃare) *vt* spank. **sculacciata** *nf* spanking, spank.

scultura (skul'tura) *nf* sculpture. **scultore** *nm* sculptor.

scuola ('skwɔla) *nf* school.

scuotere * ('skwɔtere) *vt* shake.

scure ('skure) *nf* axe.

scuro ('skuro) *adj* 1 dark. 2 gloomy.

scusare (sku'zare) *vt* excuse, pardon. **scusarsi** *vr* 1 apologize. 2 find excuses. **scusa** *nf* 1 excuse. 2 pretext. **chiedere scusa** ask pardon. ~ *interj* 1 I beg your pardon! 2 excuse me!

sdegnare (zdeɲ'ɲare) *vt* scorn,

disdain. **sdegno** *nm* scorn.

sdegnoso (zdeɲ'ɲoso) *adj* disdainful.

sdentato (zden'tato) *adj* toothless.

sdraia ('zdraja) *nf* deckchair.

sdraiare (zdra'jare) *vt* stretch out. **sdraiarsi** *vr* lie down.

sdraio ('zdrajo) **sedia a sdraio** *nf* deckchair.

sdrucciolare (zdruttʃo'lare) *vi* slip. **sdrucciolevole** (zdrutt-ʃo'levole) *adj* slippery.

sdrucire (zdru'tʃire) *vt* tear.

se[1] (se) *conj* if, whether. **se mai 1** if ever. **2** if anything.

se[2] (se) *pron 3rd pers m,f s,pl* form of **sé**.

sé (se) *pron 3rd pers m,f s,pl* oneself, itself, himself, herself, themselves. **se stessa** *pron 3rd pers fs* herself. **se stesse** *pron 3rd pers f pl* themselves. **se stesso** *3rd pers m s* himself. **se stessi** *pron 3rd pers m pl* themselves.

sebbene (seb'bene) *conj* although.

seccare (sek'kare) *vt* **1** dry. **2** bore. **3** annoy. **seccatore** *nm* bore.

secchia ('sekkja) *nf* bucket, pail. **secchiello** (sek'kjɛllo) *nm* pail.

secchio ('sekkjo) *nm* bucket, pail.

secco ('sekko) *adj* **1** dry. **2** lean.

secolare (seko'lare) *adj* **1** age-old. **2** secular, lay.

secolo ('sɛkolo) *nm* **1** century. **2** age.

secondario (sekon'darjo) *adj* secondary.

secondo[1] (se'kondo) *adj* second. *nm* **1** second. **2** main course. **seconda** *nf* second class.

secondo[2] (se'kondo) *prep* according to. **secondo me** in my opinion.

sedano ('sɛdano) *nm* celery.

sede ('sɛde) *nf* **1** seat. **2** head office.

sedere* (se'dere) *vi* sit, be seated. **sedersi** *vr* sit down. *nm* backside, bottom. **seduta** *nf* sitting, meeting.

sedia ('sɛdja) *nf* chair, seat. **sedia a dondolo** rocking chair.

sedici ('seditʃi) *adj* sixteen. *nm or f* sixteen. **sedicesimo** *adj* sixteenth.

sedile (se'dile) *nm* seat, bench.

sedimento (sedi'mento) *nm* sediment, deposit.

sedurre* (se'durre) *vt* seduce.

seduzione (sedut'tsjone) *nf* seduction.

segale ('segale) *nf* rye.

segare (se'gare) *vt* saw. **sega** *nf* saw.

seggio ('sɛddzo) *nm* seat. **seggiovia** *nf* chair lift.

seggiola ('sɛddʒola) *nf* chair. **seggiolino** *nm* baby's chair.

segheria (sege'ria) *nf* sawmill.

seghettato (seget'tato) *adj* serrated.

segmento (seg'mento) *nm* segment.

segnalare (seɲɲa'lare) *vt* signal. **segnalarsi** *vr* distinguish oneself. **segnale** *nm* signal.

segnare (seɲ'ɲare) *vt* **1** mark, note. **2** indicate, show. **3** *sport* score. **segnarsi** *vr* make the sign of the cross. **segno** *nm* **1** mark, sign. **2** target. **3** limit, extent. **cogliere nel segno** hit the mark. **per filo e per segno** in detail. **segnalibro** (seɲ-ɲa'libro) *nm* bookmark.

segregare (segre'gare) *vt* segregate, isolate. **segregazione** *nf* segregation.

segretaria (segre'tarja) *nf* secretary. **segreteria** *nf* **1** secretary's office. **2** secretariat.

segreto (se'greto) *adj,nm* secret. **segretezza** (segre'tettsa) *nf* secrecy.

segugio (se'gudʒo) *nm* bloodhound.

seguire (se'gwire) *vt,vi* follow. **seguace** *nm* follower. **seguente** *adj* next, following.

seguitare (segwi'tare) *vi* 1 continue. 2 follow. **seguito** *nm* 1 suite. 2 following. 3 sequence, series. 4 continuation. **di seguito** uninterruptedly. **in seguito di** owing to.

sei[1] ('sɛi) *adj* six. *nm* or *f* six. **seicento** (sei'tʃɛnto) *adj* six hundred. *nm* 1 six hundred. 2 seventeenth century.

sei[2] ('sɛi) *v* see **essere**.

selce ('sɛltʃe) *nf* flint.

selciare (sel'tʃare) *vt* pave. **selciato** *nm* pavement.

selezionare (selettsjo'nare) *vt* select. **selezione** *nf* selection.

sella ('sella) *nf also* **sellino** *nm* saddle.

seltz ('sɛlts) *nm* soda-water.

selva ('selva) *nf* forest, wood. **selvaggio** (sel'vaddʒo) *adj* wild, savage. *nm* savage. **selvaggina** *nf* (hunting) game. **selvatico** (sel'vatiko) *adj* wild.

semaforo (se'maforo) *nm* 1 signal. 2 traffic light.

semantica (se'mantika) *nf* semantics. **semantico** (se'mantiko) *adj* semantic.

sembiante (sem'bjante) *nm* appearance. **sembianza** (sem'bjantsa) *nf* 1 appearance. 2 *pl* features.

sembrare (sem'brare) *vi* seem, appear.

seme ('seme) *nm* 1 seed. 2 *game* suit.

semicerchio (semi'tʃerkjo) *nm* semicircle.

semifinale (semifi'nale) *nf* semifinal. **semifinalista** *nm* semifinalist.

seminare (semi'nare) *vt* sow.

seminario (semi'narjo) *nm* 1 seminary. 2 seminar.

semola ('semola) *nf* bran. **semolino** *nm* semolina.

semplice ('semplitʃe) *adj* simple, easy. **semplicità** *nf* simplicity. **semplificare** (semplifi'kare) *vt* simplify.

sempre ('sempre) *adv* 1 always, all the time, ever. 2 still. **una volta per sempre** once and for all. **sempreverde** *adj,nm* evergreen.

senape ('senape) *nf* mustard.

senato (se'nato) *nm* senate. **senatore** *nm* senator.

senile (se'nile) *adj* senile.

senno ('senno) *nm* judgment, commonsense.

seno ('seno) *nm* bosom, breast.

sensale (sen'sale) *nm* broker.

sensato (sen'sato) *adj* sensible.

sensazione (sensat'tsjone) *nf* sensation, feeling. **sensazionale** *adj* sensational.

sensibile (sen'sibile) *adj* 1 sensitive. 2 notable, considerable. **sensibilità** *nf* sensitivity.

sensitivo (sensi'tivo) *adj* sensitive. **sensitività** *nf* sensitivity.

senso ('senso) *nm* 1 sense. 2 meaning. 3 direction, way. **senso unico** one way. **senso vietato** no entry. **sensuale** *adj* sensual, sensuous. **sensualità** *nf* sensuality.

sentenza (sen'tentsa) *nf* 1 sentence, judgment. 2 saying.

sentiero (sen'tjero) *nm* path, way.

sentimento (senti'mento) *nm* feeling, sentiment. **sentimentale** *adj* sentimental.

sentinella (senti'nella) *nf* sentry, guard.

sentire (sen'tire) *vt* 1 feel. 2 hear, listen to. 3 smell. 4 taste. **sentirsi** *vr* feel. **sentirsela di** feel capable of.

sentore (sen'tore) *nm* 1 inkling. 2 feeling.

senza ('sɛntsa) *prep* without. **senz'altro!** of course! certainly!

separare (sepa'rare) *vt* separate, divide. **separarsi** *vr* separate. **separato** *adj* separate. **separazione** *nf* separation.

sepolcro (se'polkro) *nm* grave, tomb.

sepolto (se'polto) *v* see **seppellire.** *adj* buried.

sepoltura (sepol'tura) *nf* burial.

seppellire* (sepel'lire) *vt* bury.

seppi ('seppi) *v* see **sapere.**

seppia ('seppja) *nf* cuttlefish.

sequela (se'kwela) *nf* sequence.

sequenza (se'kwɛntsa) *nf* sequence.

sequestrare (sekwes'trare) *vt* 1 seize, confiscate. 2 kidnap. 3 confine. **sequestro** (se'kwɛstro) *nm* seizure.

sera ('sera) *nf* evening. **abito da sera** *nm* evening dress. **serata** *nf* evening.

serbare (ser'bare) *vt* keep. **serbo** ('sɛrbo) *nm* reserve. **mettere in serbo** store.

serbatoio (serba'tojo) *nm* 1 tank. 2 reservoir.

serenata (sere'nata) *nf* serenade.

sereno (se'reno) *adj* serene, calm. **serenità** *nf* serenity.

sergente (ser'dʒɛnte) *nm* sergeant.

serico ('sɛriko) *adj* silk, silky. **serie** ('sɛrje) *nf invar* 1 series. 2 range.

serio ('sɛrjo) *adj* serious, grave. **poco serio** flighty. **sul serio** really. **serietà** *nf* gravity.

sermone (ser'mone) , *nm* sermon.

serpe ('sɛrpe) *nf* snake.

serpeggiare (serped'dʒare) *vi* wind, meander.

serpente (ser'pɛnte) *nm* snake, serpent.

serra ('sɛrra) *nf* greenhouse, hothouse.

serraglio (ser'raʎʎo) *nm* menagerie.

serrare (ser'rare) *vt* 1 lock (up), close. 2 tighten. *vi* shut. **serrata** *nf* lockout. **serratura** *nf* lock.

servire (ser'vire) *vt, vi* serve. *vi* make use of. *v imp* need. **servirsi** *vr* 1 use. 2 help oneself.

servizio (ser'vittsjo) *nm* 1 service. 2 favour. **donna di servizio** *nf* domestic help. **essere di servizio** be on duty. **fare servizio** operate, be open. **servizio da caffè** coffee set.

servo ('sɛrvo) *nm* servant. **serva** ('sɛrva) *nf* maid, servant. **servile** *adj* servile. **servitore** *nm* servant **servitù** *nf* 1 servitude, slavery. 2 servants.

sesamo ('sɛzamo) *nm* sesame.

sessanta (ses'santa) *adj, nm* sixty. **sessantesimo** *adj* sixtieth.

sessione (ses'sjone) *nf* session.

sesso ('sɛsso) *nm* sex. **sessuale** *adj* sexual. **sessualità** *nf* sexuality.

sesto ('sɛsto) *adj* sixth.

seta ('seta) *nf* silk.

sete ('sete) *nf* 1 thirst. 2 desire, longing. **avere sete** be thirsty.

setola ('setola) *nf* bristle.

setta ('sɛtta) *nf* sect.

settanta (set'tanta) *adj, nm* seventy. **settantesimo** *adj* seventieth.

sette ('sɛtte) *adj* seven. *nm* or *f* seven. **settecento** (sette'tʃɛnto) *adj* seven hundred. *nm* 1 seven hundred. 2 eighteenth century. **settimo** ('sɛttimo) *adj* seventh.

settembre (set'tɛmbre) *nm* September.

settentrione (setten'trjone) *nm* north. **settentrionale** *adj* northern.

settico ('settiko) *adj* septic.

settimana (setti'mana) *nf* week. **settimanale** *adj* weekly. *nm* weekly magazine.

settore (set'tore) *nm* sector.

severo (se'vero) *adj* 1 severe, harsh. 2 austere. **severità** *nf* rigour, severity.

sezionare (settsjo'nare) *vt* dissect. **sezione** *nf* 1 part, section. 2 department.

sfaccendare (sfattʃen'dare) *vi* be busy. **sfaccendato** *adj* idle.

sfacciato (sfat'tʃato) *adj* impudent.

sfacelo (sfa'tʃɛlo) *nm* ruin, collapse.

sfaldare (sfal'dare) *vt* flake. **sfaldarsi** *vr* flake off.

sfarzo ('sfartso) *nm* pomp. **sfarzoso** (sfar'tsoso) *adj* showy.

sfasciare (sfaʃ'ʃare) *vt* smash. **sfasciarsi** *vr* 1 collapse. 2 crash.

sfavillare (sfavil'lare) *vi* sparkle, glitter.

sfavorevole (sfavo'revole) *adj* unfavourable.

sfera ('sfera) *nf* sphere. **sferico** ('sferiko) *adj* spherical.

sferrare (sfer'rare) *vt* 1 land, hit (a blow). 2 launch (an attack).

sferza (sfɛrtsa) *nf* whip, lash. **sferzare** *vt* whip.

sfiatato (sfja'tato) *adj* breathless.

sfidare (sfi'dare) *vt* challenge. **sfida** *nf* challenge.

sfiducia (sfi'dutʃa) *nf* distrust.

sfigurare (sfigu'rare) *vt* disfigure.

sfilacciare (sfilat'tʃare) *vi* fray.

sfilare (sfi'lare) *vt* 1 unthread. 2 take off. *vi* march past. **sfilata** *nf* 1 procession, line. 2 march-past.

sfinge ('sfindʒe) *nf* sphinx.

sfinito (sfi'nito) *adj* exhausted.

sfiorare (sfjo'rare) *vt* 1 graze, skim, brush. 2 touch upon.

sfiorire (sfjo'rire) *vi* fade, wither.

sfocato (sfo'kato) *adj* out of focus.

sfogare (sfo'gare) *vt* vent, let out. **sfogarsi** *vr* pour out one's feelings. **sfogo** *nm* 1 outlet. 2 vent, free rein.

sfoggiare (sfod'dʒare) *vt,vi* show off. **sfoggio** ('sfɔddʒo) *nm* parade, display.

sfoglia ('sfɔʎʎa) *nf* rolled pastry. **pasta sfoglia** *nf* puff pastry.

sfogliare (sfoʎ'ʎare) *vt* leaf through, turn the pages of (of book).

sfolgorare (sfolgo'rare) *vi* flash, blaze.

sfollare (sfol'lare) *vi* 1 empty, disperse. 2 evacuate. **sfollato** *nm* evacuee.

sfondo ('sfondo) *nm* background.

sformare (sfor'mare) *vt* deform.

sfortuna (sfor'tuna) *nf* bad luck, misfortune. **sfortunato** *adj* unfortunate, unlucky.

sforzare (sfor'tsare) *vt* force. **sforzarsi** *vr* do one's best. **sforzo** *nm* effort.

sfrattare (sfrat'tare) *vt* 1 expel. 2 evict. **sfratto** *nm* eviction.

sfregare (sfre'gare) *vt* rub.

sfregiare (sfre'dʒare) *vt* deface. **sfregio** *nm* gash, scar.

sfrenare (sfre'nare) *vt* let loose. **sfrenato** *adj* unbridled.

sfrontato (sfron'tato) *adj* shameless.

sfruttare (sfrut'tare) *vt* exploit. **sfruttamento** *nm* exploitation.

sfuggire (sfud'dʒire) *vt* avoid. *vi* escape, elude. **di sfuggita** *adv* in passing.

sfumatura (sfuma'tura) *nf* **1** gradation, shade. **2** nuance.

sgabello (zga'bɛllo) *nm* stool.

sgambettare (zgambet'tare) *vi* scurry.

sganciare (zgan'tʃare) *vt* unhook.

sgangherare (zgange'rare) *vt* unhinge. **sgangherato** *adj* **1** awkward. **2** ramshackle. **3** coarse.

sgarbo ('zgarbo) *nm* rudeness. **sgarbatezza** (zgarba'tettsa) *nf* rudeness. **sgarbato** *adj* rude, impolite.

sgattaiolare (zgattajo'lare) *vi* slip away.

sgelare (zdʒe'lare) *vt,vi* thaw. **sgelarsi** *vr* thaw. **sgelo** ('zdʒɛlo) *nm* thaw.

sghembo ('zgembo) *adj* slanting, askew.

sghignazzare (zgiɲɲat'tsare) *vi* guffaw.

sgobbare (zgob'bare) *vi inf* **1** work hard. **2** swot.

sgocciolare (zgottʃo'lare) *vi* drip.

sgombrare (zgom'brare) *vt* **1** clear. **2** remove. *vi* move house.

sgombro[1] ('zgombro) *nm* removal.

sgombro[2] ('zgombro) *nm* mackerel.

sgomentare (zgomen'tare) *vt* terrify, frighten. **sgomento** *nm* dismay.

sgomitolare (zgomito'lare) *vt* unwind.

sgonfiare (zgon'fjare) *vt* deflate. **sgonfiarsi** *vr* go down. **sgonfio** *adj* deflated, flat.

sgorbiare (zgor'bjare) *vt* **1** scribble. **2** blot. **sgorbio** ('zgɔrbjo) *nm* **1** scribble. **2** blot.

sgorgare (zgor'gare) *vi* gush, pour.

sgradevole (zgra'devole) *adj* unpleasant.

sgradito (zgra'dito) *adj* unwelcome.

sgranare (zgra'nare) *vt* **1** shell, husk. **2** devour. **sgranare gli occhi** open one's eyes wide.

sgranchire (zgran'kire) *vt* stretch. **sgranchirsi** *vr* stretch.

sgravare (zgra'vare) *vt* unburden.

sgraziato (zgrat'tsjato) *adj* clumsy.

sgretolare (zgreto'lare) *vt* grind. **sgretolarsi** *vr* crumble.

sgridare (zgri'dare) *vt* scold, rebuke. **sgridata** *nf* scolding.

sguainare (zgwai'nare) *vt* unsheathe.

sgualcire (zgwal'tʃire) *vt* crease, wrinkle.

sguardo ('zgwardo) *nm* look, glance. **al primo sguardo** at first sight.

sguazzare (zgwat'tsare) *vi* **1** splash about. **2** wallow.

sgusciare (zguʃ'ʃare) *vt* shell, husk. *vi* slip away.

si (si) *pron* **1** himself, herself, oneself, itself, themselves. **2** one, people, they. **3** one another, each other. **si fa così** it is done this way.

sì (si) *adv* yes.

sia ('sia) *v* see **essere**. **sia...sia** both...and.

siamo ('sjamo) *v* see **essere**.

sibilare (sibi'lare) *vi* whistle. **sibilo**('sibilo)*nm* hiss, whistle.

sicché (sik'ke) *conj* so that, so.

siccità (sittʃi'ta) *nf* drought.

siccome (sik'kome) *conj* since, as.

Sicilia (si'tʃilja) *nf* Sicily. **siciliano** *adj,n* Sicilian.

sicomoro (siko'mɔro) *nm* sycamore.

sicuro (si'kuro) *adj* **1** safe, secure. **2** sure, certain. **3** reliable. **di sicuro** certainly. **mettere al sicuro** put in a safe place. **sicurezza** (siku'-

rettsa) *nf* **1** security, safety. **2** certainty.

sidro ('sidro) *nm* cider.

siedo ('sjɛdo) *v* see **sedere.**

siepe ('sjɛpe) *nf* hedge.

siesta ('sjɛsta) *nf* siesta, nap.

siete ('sjɛte) *v* see **essere.**

sifilide (si'filide) *nf* syphilis.

sifone (si'fone) *nm* siphon.

sigaretta (siga'retta) *nf* cigarette.

sigaro ('sigaro) *nm* cigar.

sigillare (sidʒil'lare) *vt* seal. **sigillo** *nm* seal.

sigla ('sigla) *nf* **1** initials. **2** abbreviation. **sigla musicale** signature tune.

significare (siɲɲifi'kare) *vt* mean, signify. **significante** *adj* significant. **significativo** *adj* significant. **significato** *nm* meaning, sense.

signora (siɲ'ɲora) *nf* **1** lady, woman. **2** (title of address) Mrs. **signorina** *nf* **1** young lady. **2** (title of address) Miss.

signore (siɲ'ɲore) *nm* **1** man, gentleman. **2** (title of address) Mr. **signorile** *adj* refined.

signoreggiare (siɲɲored'dʒare) *vt* dominate. **signoria** *nf* domination.

silenzio (si'lɛntsjo) *nm* silence. **silenzioso** (silen'tsjoso) *adj* silent, quiet.

silicio (si'litʃo) *nm* silicon. **chip di silicio** *nm* silicon chip.

sillaba ('sillaba) *nf* syllable.

siluro (si'luro) *nm* torpedo.

simbolo ('simbolo) *nm* symbol. **simboleggiare** *vt* symbolize. **simbolico** (sim'bɔliko) *adj* symbolic.

simile ('simile) *adj* like, alike, similar.

simmetria (simme'tria) *nf* symmetry.

simpatia (simpa'tia) *nf* liking, fondness. **simpatico** (sim'patiko) *adj* likeable, nice. **simpatizzare** *vi* take a liking.

simultaneo (simul'taneo) *adj* simultaneous.

sinagoga (sina'gɔga) *nf* synagogue.

sincero (sin'tʃero) *adj* sincere. **sincerità** *nf* sincerity.

sindacato (sinda'kato) *nm* trade union. **sindacalista** *nm* trade unionist.

sindaco ('sindako) *nm* mayor.

sinfonia (sinfo'nia) *nf* symphony.

singhiozzare (singjot'tsare) *vi* **1** hiccup. **2** sob. **singhiozzo** (sin'gjottso) *nm* **1** hiccup. **2** sob.

singolare (singo'lare) *adj* **1** singular. **2** peculiar.

singolo ('singolo) *adj* single, individual.

sinistro (si'nistro) *adj* **1** left. **2** sinister. *nm* misfortune. **sinistra** *nf* **1** left hand. **2** left-hand side. **3** *pol* Left Wing.

sino ('sino) *prep* until, up to. **sin da** since.

sinonimo (si'nɔnimo) *adj* synonymous. *nm* synonym.

sintassi (sin'tassi) *nf invar* syntax.

sintesi ('sintezi) *nf invar* synthesis. **sintetico** (sin'tetiko) *adj* synthetic.

sintomo ('sintomo) *nm* symptom.

sinuoso (sinu'oso) *adj* winding.

sionismo (sio'nizmo) *nm* Zionism. **sionista** *nm* Zionist.

sipario (si'parjo) *nm* curtain.

sirena (si'rɛna) *nf* **1** mermaid. **2** siren.

siringa (si'ringa) *nf* syringe.

sistemare (siste'mare) *vt* put in order, arrange, settle. **sistemarsi** *vr* settle down. **sistema** *nm* system, method.

sito ('sito) *nm* site, place.

situare (situ'are) *vt* place. **situazione** *nf* situation.

slacciare (zlat'tʃare) *vt* undo, untie.

slanciare (zlan'tʃare) vt throw. **slanciarsi** vr hurl oneself. **slancio** nm 1 rush. 2 impulse, burst.

sleale (zle'ale) adj disloyal, unfaithful. **slealtà** nf disloyalty.

slegare (zle'gare) vt untie.

slittare (zlit'tare) vi 1 slide. 2 skid. **slitta** nf sledge, sleigh.

slogare (zlo'gare) vt dislocate.

sloggiare (zlod'dʒare) vt dislodge. vi move out.

smacchiare (zmak'kjare) vt clean.

smagliarsi (zmaʎ'ʎarsi) vr (of stockings) rip, ladder. **smagliatura** nf (in a stocking) rip, ladder.

smalto ('zmalto) nm 1 enamel. 2 nail varnish.

smania ('zmanja) nf longing, desire.

smantellare (zmantel'lare) vt dismantle.

smargiasso (zmar'dʒasso) nm boaster.

smarrire (zmar'rire) vt lose, mislay. **smarrirsi** vr 1 lose one's way. 2 become confused.

smentire (zmen'tire) vt 1 deny. 2 contradict.

smeraldo (zme'raldo) nm emerald.

smettere* ('zmettere) vt stop, give up.

smilzo ('zmiltso) adj thin, lean.

sminuzzare (zminut'tsare) vt crumble.

smisurato (zmizu'rato) adj immense, huge.

smoccolare (zmokko'lare) vt snuff (a candle). vi swear.

smodato (zmo'dato) adj excessive.

smoking ('zmɔkiŋ) nm invar dinner jacket.

smontare (zmon'tare) vt 1 dismantle, take to pieces. 2 dishearten. vi dismount, get off.

smorfia ('zmɔrfja) nf grimace.

smorto ('zmɔrto) adj wan, pale.

smorzare (zmor'tsare) vt 1 dim, lower. 2 quench (thirst). 3 put out.

smuovere* ('zmwɔvere) vt move, shift.

snello ('znello) adj 1 slim, slender. 2 agile.

snob (znɔb) nm invar snob. adj trendy.

snocciolare (znottʃo'lare) vt 1 stone (fruit). 2 pay out.

snodare (zno'dare) vt untie, loosen.

so (sɔ) v see **sapere**.

soave (so'ave) adj soft, gentle.

sobbalzare (sobbal'tsare) vi 1 jolt, jerk. 2 start, jump. **sobbalzo** nm 1 jolt. 2 jump, start.

sobborgo (sob'borgo) nm suburb.

sobrio ('sɔbrjo) adj sober.

socchiudere (sok'kjudere) vt half-close.

soccombere (sok'kombere) vi give way.

soccorrere* (sok'korrere) vt assist, help.

soccorso (sok'korso) nm help, assistance.

sociale (so'tʃale) adj social. **socialismo** nm socialism. **socialista** nm socialist.

società (sotʃe'ta) nf 1 society. 2 company, firm.

socievole (so'tʃevole) adj sociable.

socio ('sɔtʃo) nm 1 member. 2 partner.

sociologia (sotʃolo'dʒia) nf sociology. **sociologo** (so'fɔlogo) nm sociologist.

soda ('sɔda) nf 1 soda. 2 soda-water.

soddisfare* (soddis'fare) vt, vi satisfy, fulfil. **soddisfacente** (soddisfa'tʃɛnte) adj satisfactory. **soddisfazione** nf satisfaction.

sodo ('sɔdo) adj hard, firm. adv 1 hard. 2 deeply, intensely.

sofà (so'fa) *nm invar* sofa, settee.

sofferente (soffe'rɛnte) *adj* suffering.

sofferenza (soffe'rɛntsa) *nf* suffering.

soffiare (sof'fiare) *vt, vi* **1** blow. **2** puff.

soffice ('sɔffitʃe) *adj* soft.

soffietto (sof'fjetto) *nm* bellows.

soffio ('soffjo) *nm* puff, whiff, breath.

soffitta (sof'fitta) *nf* attic, garret.

soffitto (sof'fitto) *nm* ceiling.

soffocare (soffo'kare) *vt* **1** suffocate, choke, strangle. **2** stifle. **soffocazione** *nf* suffocation.

soffrire* (sof'frire) *vt* **1** suffer. **2** endure, put up with, bear. *vi* suffer.

soggetto (sod'dʒɛtto) *adj, nm* subject. **recitare a soggetto** improvise. **soggettivo** *adj* subjective. **soggezione** *nf* **1** subjection. **2** embarrassment.

sogghignare (soggiɲ'ɲare) *vi* sneer.

soggiorno (sod'dʒorno) *nm* **1** stay. **2** living room.

soggiungere* (sod'dʒundʒere) *vt* add.

soglia ('sɔʎʎa) *nf* **1** doorstep. **2** threshold.

soglio ('sɔʎʎo) *v see* **solere**.

sogliola ('sɔʎʎola) *nf zool* sole.

sognare (soɲ'ɲare) *vt, vi* dream. **sogno** *nm* dream.

soia ('sɔja) *nf* soya.

solaio (so'lajo) *nm* attic.

solcare (sol'kare) *vt* plough, furrow. **solco** *nm* **1** furrow. **2** rut, track.

soldato (sol'dato) *nm* soldier. **soldatino** *nm* toy soldier.

soldo ('sɔldo) *nm* **1** penny. **2** *pl* money.

sole ('sole) *nm* sun. **solare** *adj* solar.

solenne (so'lɛnne) *adj* solemn, grave.

solere* (so'lere) *vi* be in the habit of.

soletta (so'letta) *nf* **1** sole (of a sock). **2** insole.

solido ('sɔlido) *adj, nm* solid. **solidificare** *vt* solidify. **solidificarsi** *vr* solidify.

solitario (soli'tarjo) *adj* lonely, solitary.

solito ('sɔlito) *v see* **solere**. *adj* usual, habitual. **di solito** usually.

solitudine (soli'tudine) *nf* solitude.

sollecitare (solletʃi'tare) *vt* urge. **sollecito** (sol'letʃito) *adj* prompt.

solleticare (solleti'kare) *vt* tickle. **solletico** (sol'letiko) *nm* tickle. **fare il solletico a** tickle.

sollevare (solle'vare) *vt* **1** lift, raise. **2** comfort. **sollevarsi** *vr* rise.

sollievo (sol'ljevo) *nm* relief.

solo ('solo) *adj* **1** alone. **2** only. **3** one, single. **una sola volta** once only. ~*adv* only. **da solo** by oneself, on one's own. **solamente** *adv* only. **solista** *nm* soloist.

solstizio (sol'stittsjo) *nm* solstice.

soltanto (sol'tanto) *adv* only.

solubile (so'lubile) *adj* soluble.

soluzione (solut'tsjone) *nf* solution.

soma ('sɔma) *nf* load. **bestia da soma** *nf* beast of burden.

somaro (so'maro) *nm* ass, donkey.

somigliare (somiʎ'ʎare) *vt, vi* resemble, be like. **somigliarsi** *vr* resemble one another. **somiglianza** (somiʎ'ʎantsa) *nf* resemblance.

sommare (som'mare) *vt* add up. **somma** *nf* **1** sum, total. **2** sum of money. **in somma**

in a word. **sommario** *adj,
nm* summary.

sommergere* (som'merdʒere)
vt submerge, flood. **sommergibile** (sommer'dʒibile)
nm submarine.

sommesso (som'messo) *adj* 1
docile. 2 soft.

somministrare (somminis'trare) *vt* administer.

sommissione (sommis'sjone)
nf submission.

sommo ('sommo) *adj* highest,
supreme. *nm* summit. **sommità** *nf* summit.

sommozzatore (sommottsa'tore) *nm* frogman, deep-sea
diver.

sonaglio (so'naʎʎo) *nm* bell.
serpente a sonagli *nm* rattlesnake.

sonare (so'nare) *also* **suonare**
vt,vi 1 ring, sound. 2 *mus*
play. **sonata** *nf* sonata.
sonatore *nm* player.

sondare (son'dare) *vt* sound,
test. **sondaggio** *nm* opinion
poll, survey.

sonetto (so'netto) *nm* sonnet.

sonico ('soniko) *adj* sonic.
barriera sonica *nf* sound
barrier.

sonnambulo (son'nambulo)
nm sleepwalker.

sonnecchiare (sonnek'kjare)
vi doze.

sonnifero (son'nifero) *nm*
sleeping pill.

sonno ('sonno) *nm* sleep.
avere sonno be sleepy.

sono ('sono) *v* see **essere**.

sonoro (so'nɔro) *adj* resonant.
onda sonora *nf* soundwave.

sontuoso (sontu'oso) *adj*
sumptuous.

soppiatto (sop'pjatto) **di soppiatto** *adv* secretly.

sopportare (soppor'tare) *vt* endure, bear, tolerate, stand.

sopprimere* (sop'primere) *vt*
1 suppress. 2 abolish.

sopra ('sopra) *prep* 1 above,
over. 2 upon. **al di sopra
di** above. **di sopra** 1 upstairs. 2 above.

soprabito (so'prabito) *nm*
overcoat.

sopracciglio (soprat'tʃiʎʎo)
nm eyebrow.

sopraccoperta (soprakko'perta) *nf* 1 bedspread. 2 dust
jacket (of a book).

sopraffare* (sopraf'fare) *vt*
overcome.

sopraggiungere* (soprad'-
dʒundʒere) *vi* 1 arrive. 2
occur.

soprannaturale (sopranna-
tu'rale) *adj,nm* supernatural.

soprannome (sopran'nome)
nm nickname.

soprano (so'prano) *nm* soprano.

soprappiù (soprap'pju) *nm*
extra.

soprascarpa (sopras'karpa) *nf*
overshoe, galosh.

soprattassa (soprat'tassa) *nf*
surtax.

soprattutto (soprat'tutto) *adv*
above all.

sopravvenire* (sopravve'nire)
vi 1 arrive. 2 occur.

sopravvivere* (soprav'vivere)
vi survive. **sopravvissuto**
nm survivor.

soprintendere* (soprin'tendere) *vi* supervise.

soqquadro (sok'kwadro) *nm*
disorder, mess.

sorbire (sor'bire) *vt* sip.

sorcio ('sortʃo) *nm* mouse.

sordido ('sɔrdido) *adj* sordid.

sordo ('sordo) *adj* 1 deaf. 2
dull, low. **sordità** *nf* deafness. **sordomuto** (sordo'-
muto) *nm* deaf-mute.

sorella (so'rella) *nf* sister. **sorellastra** *nf* half-sister.

sorgere* (sor'dʒere) *vi* rise.
sorgente (sor'dʒente) *nf* 1
spring, fountain. 2 source.

sormontare (sormon'tare) *vt* surmount.

sornione (sor'njone) *adj* cunning, sly.

sorpassare (sorpas'sare) *vt* 1 overtake. 2 exceed. **sorpassato** *adj* out-of-date. **sorpasso** *nm* overtaking.

sorprendere* (sor'prendere) *vt* 1 surprise. 2 catch. **sorprendente** (sorpren'dente) *adj* surprising. **sorpresa** (sor'presa) *nf* surprise.

sorreggere* (sor'reddʒere) *vt* support.

sorridere* (sor'ridere) *vi* smile. **sorriso** (sor'riso) *nm* smile.

sorseggiare (sorsed'dʒare) *vt* sip. **sorso** *nm* sip.

sorsi ('sorsi) *v* see **sorgere**.

sorta ('sorta) *nf* kind, sort.

sorte ('sorte) *nf* fate, destiny. **tirare a sorte** draw lots.

sorteggio (sor'teddʒo) *nm* draw.

sortilegio (sorti'ledʒo) *nm* witchcraft.

sortire[1] (sor'tire) *vt* 1 get, receive. 2 draw.

sortire[2] (sor'tire) *vi* 1 come out, emerge. 2 happen.

sorto ('sorto) *v* see **sorgere**.

sorvegliare (sorveʎ'ʎare) *vt* watch over, supervise. **sorvegliante** *nm* keeper, watchman. **sorveglianza** *nf* supervision.

sorvolare (sorvo'lare) *vt* 1 fly over. 2 skip over.

sosia ('sɔzja) *nm invar* double (of a person).

sospendere* (sos'pendere) *vt* 1 hang (up). 2 suspend. **sospensione** *nf* suspension.

sospettare (sospet'tare) *vt* 1 suspect. 2 distrust. **sospetto** (sos'petto) *vi* be suspicious. *adj* suspect. *nm* suspicion. **sospettoso** (sospet'toso) *adj* suspicious.

sospirare (sospi'rare) *vi* sigh. **sospiro** *nm* sigh.

sosta ('sɔsta) *nf* halt, stop. **divieto di sosta** no parking.

sostanza (sos'tantsa) *nf* substance.

sostegno (sos'teɲɲo) *nm* support.

sostenere* (soste'nere) *vt* 1 support, maintain. 2 uphold, defend. 3 affirm.

sostentare (sosten'tare) *vt* support.

sostituire (sostitu'ire) *vt* 1 replace, substitute. 2 take the place of. **sostituto** *nm* substitute.

sottaceti (sotta'tʃeti) *nm pl* pickles.

sottana (sot'tana) *nf* 1 petticoat. 2 skirt.

sotterraneo (sotter'raneo) *adj* underground. *nm* cave.

sotterrare (sotter'rare) *vt* 1 bury. 2 hide.

sottile (sot'tile) *adj* 1 fine, thin. 2 slim, slender. 3 subtle.

sottintendere* (sottin'tendere) *vt* 1 understand. 2 imply.

sotto ('sotto) *prep* under, below. **sott'acqua** *adv* underwater. **sott'olio** in oil. ~ *adv* below. **di sotto** below.

sottocoppa (sotto'kɔppa) *nf* saucer.

sottolineare (sottoline'are) *vt* underline.

sottomettere* (sotto'mettere) *vt* subdue, subject. *vr* submit.

sottopassaggio (sottopas'saddʒo) *nm* underground passage.

sottoporre* (sotto'porre) *vt* subject, submit. **sottoporsi** *vr* submit.

sottoscrivere* (sottos'krivere) *vt* sign. *vi* assent.

sottosopra (sotto'sopra) *adv* 1 upside down. 2 topsy-turvy.

sottotitolo (sotto'titolo) *nm* subtitle.

sottoveste (sotto'veste) *nf* 1 petticoat. 2 waistcoat.

sottovoce (sotto'votʃe) *adv* in a quiet voice.

sottrarre (sot'trarre) *vt* **1** remove, steal. **2** subtract. **3** save. **sottrarsi** *vr* escape. **sottrazione** *nf* **1** subtraction. **2** theft.

sovraccaricare (sovrakkari-'kare) *vt* overload.

sovrano (so'vrano) *adj,nm* sovereign.

sovrastare (sovras'tare) *vi* dominate.

sovvenzionare (sovventsjo'nare) *vt* subsidize. **sovvenzione** *nf* subsidy.

sovversivo (sovver'sivo) *adj* subversive.

sozzo ('sottso) *adj* filthy, dirty.

spaccare (spak'kare) *vt* break, split. **spaccarsi** *vr* split, crack. **spacco** *nm* split. **spaccamonti** (spakka'monti) *nm invar* boaster.

spacciare (spat'tʃare) *vt* **1** sell, sell off. **2** spread, circulate. **spacciarsi per** *vr* pass oneself off as. **spaccio** *nm* **1** selling. **2** shop.

spada ('spada) *nf* sword.

spaesato (spae'zato) *adj* lost.

spaghetti (spa'getti) *nm pl* long thin strips of pasta.

Spagna ('spaɲɲa) *nf* Spain. **spagnolo** *adj* Spanish. *nm* **1** Spaniard. **2** Spanish (language).

spago ('spago) *nm* string, twine.

spaiato (spa'jato) *adj* odd, unmatched.

spalancare (spalan'kare) *vt* open wide.

spalare (spa'lare) *vt* shovel.

spalla ('spalla) *nf* **1** shoulder. **2** *pl anat* back. **alzare le spalle** shrug one's shoulders. **spallata** *nf* shrug. **spalliera** (spal'ljɛra) *nf* **1** back (of a seat). **2** head or foot (of a bed). **spallina** *nf* epaulette.

spalmare (spal'mare) *vt* spread, smear.

spandere* ('spandere) *vt* **1** shed. **2** spread.

sparare (spa'rare) *vt* fire, shoot. **sparo** *nm* shot.

sparecchiare (sparek'kjare) *vt* clear (the table).

spargere* ('spardʒere) *vt* **1** spread, scatter. **2** shed. **spargersi** *vr* spread.

sparire* (spa'rire) *vi* disappear, vanish.

sparpagliare (sparpaʎ'ʎare) *vt* scatter.

spartire (spar'tire) *vt* divide, share.

sparuto (spa'ruto) *adj* haggard.

spasimo ('spazimo) *nm* spasm.

spassarsi (spas'sarsi) *vr also* **spassarsela** (spas'sarsela) enjoy oneself. **spasso** *nm* enjoyment, amusement. **andare a spasso** go for a walk.

spaurire (spau'rire) *vt* frighten, terrify.

spaventare (spaven'tare) *vt* frighten, alarm. **spaventarsi** *vr* take fright. **spaventapasseri** (spaventa'passeri) *nm invar* scarecrow. **spavento** *nm* fear, terror. **spaventoso** (spaven'toso) *adj* terrible.

spazio ('spattsjo) *nm* space. **spaziale** *adj* **1** spatial. **2** space. **volo spaziale** *nm* space flight. **spazioso** (spat'tsjoso) *adj* spacious.

spazzare (spat'tsare) *vt* sweep (away). **spazzacamino** *nm* chimneysweep. **spazzaneve** *nm invar* snowplough. **spazzatura** *nf* rubbish. **spazzola** ('spattsola) *nf* brush. **spazzolare** *vt* brush. **spazzolino** *nm* toothbrush.

specchio ('spekkjo) *nm* mirror. **specchiarsi** (spek'kjarsi) *vr* **1** look at oneself (in a mirror). **2** be reflected.

speciale (spe'tʃale) *adj* special. **specialista** *nm* specialist. **specialità** *nf* speciality. **spe-**

cializzarsi (spetʃalid'dzarsi) *vr* specialize.

specie ('spetʃe) *nf invar* 1 species. 2 kind, type, sort. **(in) specie** especially.

specificare (spetʃifi'kare) *vt* specify. **specifico** (spe'tʃifiko) *adj* specific.

speculare (speku'lare) *vi* speculate. **speculatore** *nm* speculator. **speculazione** *nf* speculation.

spedire (spe'dire) *vt* send, post. **spedizione** *nf* expedition.

spegnere* ('speɲɲere) *vt* 1 put out, extinguish. 2 turn or switch off. **spegnersi** *vr* go out, be extinguished.

spellare (spel'lare) *vt* skin.

spelonca (spe'lonka) *nf* cavern.

spendere* ('spendere) *vt* spend.

spengo ('spengo) *v see* **spegnere.**

spennare (spen'nare) *vt* pluck.

spensi ('spensi) *v see* **spengere.**

spensierato (spensje'rato) *adj* thoughtless.

spento ('spento) *v see* **spegnere.** *adj* 1 switched out or off. 2 extinct, dead.

sperare (spe'rare) *vi* hope. *vt* hope for. **speranza** (spe'rantsa) *nf* hope.

spergiurare (sperdʒu'rare) *vi* perjure oneself.

sperimentare (sperimen'tare) *vt* 1 test, try. 2 experience. **sperimentale** *adj* experimental.

sperma ('sperma) *nm* sperm.

speronare (spero'nare) *vt* ram. **sperone** *nm* spur.

sperperare (sperpe'rare) *vt* squander.

spesa ('spesa) *nf* 1 expense, cost. 2 shopping. 3 purchase. **a spese di** at the expense of. **essere spesato** have all expenses paid.

spesi ('spesi) *v see* **spendere.**

speso ('speso) *v see* **spendere.**

spesso ('spesso) *adj* 1 thick. 2 frequent. *adv* often. **spessore** *nm* thickness.

spettacolo (spet'takolo) *nm* 1 sight. 2 show. **spettacolare** *adj* spectacular.

spettare (spet'tare) *vi* 1 be up to. 2 be the duty or right of.

spettatore (spetta'tore) *nm* 1 spectator. 2 *pl* audience.

spettro ('spettro) *nm* ghost, spectre. **spettrale** *adj* ghostly.

spezie ('spettsje) *nf pl* spices.

spezzare (spet'tsare) *vt* break, smash. **spezzarsi** *vr* 1 break. 2 get broken. **spezzatino** *nm* stew.

spiacere* (spja'tʃere) *v imp* displease. **spiacevole** (spja'tʃevole) *adj* unpleasant.

spiaggia ('spjaddʒa) *nf* beach.

spianare (spja'nare) *vt* 1 smooth, flatten. 2 roll out (dough).

spiantare (spjan'tare) *vt* uproot.

spiare (spi'are) *vt* spy upon. **spia** *nf* spy.

spiccare (spik'kare) *vt* 1 pick. 2 cut off. 3 pronounce clearly. 4 issue. *vi* stand out. **spiccare il volo** take flight.

spicchio ('spikkjo) *nm* 1 segment, slice. 2 clove (of garlic).

spicciarsi (spit'tʃarsi) *vr* hurry.

spiccioli ('spittʃoli) *nm pl* small change.

spiedo ('spjedo) *nm cul* spit.

spiegare (spje'gare) *vt* 1 explain. 2 unfold, spread out. **spiegazione** *nf* explanation.

spietato (spje'tato) *adj* pitiless, ruthless.

spiga ('spiga) *nf* ear (of corn, etc.).

spilla ('spilla) *nf* brooch. **spillo** *nm* pin.

spilorcio (spi'lortʃo) *adj* mean, stingy.

spina ('spina) *nf* 1 thorn. 2

electrical plug. **birra alla spina** *nf* draught beer. **spina dorsale** spine. **filo spinato** *nm* barbed wire. **spinoso** (spi'noso)*adj* thorny.

spinacio (spi'natʃo) *nm* spinach.

spingere* ('spindʒere) *vt* **1** push, shove. **2** drive. **3** incite. **spingersi** *vr* **1** push forward. **2** dare.

spinsi ('spinsi) *v* see **spingere**.

spinta ('spinta) *nf* push, shove.

spinto ('spinto) *v* see **spingere**.

spionaggio (spio'naddʒo) *nm* espionage.

spira ('spira) *nf* coil. **spirale** *adj,nf* spiral.

spirare (spi'rare) *vi* **1** blow, breathe out. **2** breathe. **3** expire. *vt* exhale.

spirito ('spirito) *nm* **1** spirit. **2** ghost. **3** wit. **spiritoso** (spiri'toso) *adj* witty. **spirituale** *adj* spiritual.

splendere ('splendere)*vi* shine, gleam. **splendido** ('splendido) *adj* splendid, wonderful. **splendore** *nm* splendour.

spogliare (spoʎ'ʎare) *vt* **1** take off. **2** strip. **spogliarsi** *vr* undress. **spogliarello** (spoʎʎa'rello) *nm* striptease. **spogliatoio** *nm* changing room.

spoglio ('spoʎʎo) *nm* **1** sorting out. **2** examination.

spoletta (spo'letta) *nf* fuse.

spolverare (spolve'rare) *vt* dust.

sponda ('sponda) *nf* **1** edge. **2** bank.

spontaneo (spon'taneo) *adj* spontaneous.

sporcare (spor'kare) *vt* dirty, soil. **sporco** ('sporko) *adj* dirty.

sporgere* ('spordʒere) *vi* jut out. *vt* **1** put out. **2** stick out. **sporgersi** *vr* lean out.

sport (sport) *nm invar* sport. **sportivo** *adj* sporting.

sporta ('sporta) *nf* shopping basket.

sportello (spor'tello) *nm* **1** door. **2** counter. **3** window. **4** shutter.

sposalizio (spoza'littsjo) *nm* wedding.

sposare (spo'zare) *vt* marry. **sposarsi** *vr* get married. **sposa** ('spoza) *nf* **1** bride. **2** wife. **sposo** ('spozo) *nm* **1** bridegroom. **2** husband.

spostare (spos'tare) *vt* move, shift.

sprangare (spran'gare) *vt* bolt. **spranga** *nf* bolt.

sprazzo ('sprattso) *nm* **1** spray. **2** flash.

sprecare (spre'kare) *vt* waste.

spremere ('spremere) *vt* **1** squeeze. **2** wring. **spremuta** *nf* fruit squash.

sprimacciare (sprimat'tʃare) *vt* shake.

sprizzare (sprit'tsare) *vt,vi* squirt.

sprofondare (sprofon'dare) *vi* **1** collapse. **2** sink. **sprofondarsi** *vr* **1** collapse. **2** sink.

spronare (spro'nare) *vt* spur on. **sprone** *nm* spur.

sproporzionato (sproportsjo'nato) *adj* disproportionate.

sproposito (spro'pozito) *nm* blunder.

sprovvisto (sprov'visto) *adj* ill-prepared, lacking. **alla sprovvista** unawares.

spruzzare (sprut'tsare) *vt* squirt, spray, sprinkle. **spruzzo** *nm* spray, splash.

spugna ('spuɲɲa) *nf* **1** sponge. **2** towelling.

spumare (spu'mare) *vi* foam. **spuma** *nf* foam, froth. **spumante** *nm* sparkling wine.

spuntare (spun'tare) *vt* **1** blunt, break the point of. **2** check off. *vi* **1** appear, sprout. **2** (of the sun) rise. **spuntarsi**

vr become blunt. **spuntino** *nm* snack.

sputare (spu'tare) *vt, vi* spit. **sputo** *nm* spit, spittle.

squadra ('skwadra) *nf* 1 squad, squadron. 2 team. 3 set square.

squadrare (skwa'drare) *vt* look squarely at.

squadriglia (skwa'driʎʎa) *nf* squadron.

squagliare (skwaʎ'ʎare) *vt* melt. **squagliarsi** *vr* melt.

squalificare (skwalifi'kare) *vt* disqualify. **squalifica** (skwa'lifika) *nf* disqualification.

squallido ('skwallido) *adj* 1 squalid. 2 bleak. **squallore** *nm* 1 squalor. 2 dreariness.

squalo ('skwalo) *nm* shark.

squama ('skwama) *nf* scale (of a fish).

squarciare (skwar'tʃare) *vt* tear, rip. **a squarciagola** *adv* at the top of one's voice. **squarcio** *nm* 1 tear. 2 gash.

squassare (skwas'sare) *vt* shake violently.

squattrinato (skwattri'nato) *adj* penniless.

squilibrare (skwili'brare) *vt* unbalance. **squilibrio** *nm* lack of balance.

squillare (skwil'lare) *vi* ring. **squilla** *nf* bell. **squillo** *nm* ring. **ragazza squillo** *nf* callgirl.

squisito (skwi'zito) *adj* 1 exquisite. 2 (of food) delicious.

squittire (skwit'tire) *vi* cheep, squeak.

sradicare (zradi'kare) *vt* uproot.

sregolato (zrego'lato) *adj* disordered.

stabile ('stabile) *adj* 1 stable, fixed. 2 permanent. **beni stabili** *nm pl* real estate. **stabilità** *nf* stability. **stabilizzare** (stabilid'dzare) *vt* stabilize. **stabilire** (stabi'lire) *vt* estab-

lish, fix, determine. **stabilirsi** *vr* settle. **stabilimento** *nm* 1 factory. 2 establishment.

staccare (stak'kare) *vt* 1 remove, take off. 2 detach. *vi* stand out. **staccarsi** *vr* 1 come off. 2 leave.

stacciare (stat'tʃare) *vt* sieve. **staccio** *nm* sieve.

stadio ('stadjo) *nm* 1 stadium. 2 stage, phase.

staffa ('staffa) *nf* stirrup.

staffetta (staf'fetta) *nf* messenger. **corsa a staffetta** *nf* relay race.

staffile (staf'file) *nm* whip.

stagione (sta'dʒone) *nf* season. **stagionale** *adj* seasonal.

stagliare (staʎ'ʎare) *vi* stand out. **stagliarsi** *vr* stand out.

stagnare (stap'pare) *vi* stagnate. **stagnante** *adj* stagnant.

stagno[1] ('stappo) *nm* pool.

stagno[2] ('stappo) *nm* tin. **(carta) stagnola** *nf* 1 tinfoil. 2 silver paper.

staio ('stajo) *nm* bushel.

stalla ('stalla) *nf* stable.

stallo ('stallo) *nm* 1 seat. 2 *game* stalemate.

stallone (stal'lone) *nm* stallion.

stamattina (stamat'tina) *adv* *also* **stamani** this morning.

stamberga (stam'berga) *nf* hovel.

stambugio (stam'budʒo) *nm* small dark room.

stampare (stam'pare) *vt* 1 print. 2 publish. **stampa** *nf* 1 print, printing. 2 press. **stampante** *nf* printer. **stampatello** (stampa'tello) *nm* block letters. **stampato** *nm* printout. **stamperia** *nf* printing works. **stampo** *nm* mould, form.

stancare (stan'kare) *vt* tire. **stancarsi** *vr* become tired. **stanchezza** (stan'kettsa) *nf* tiredness. **stanco** *adj* tired.

standardizzare (standardid'dzare) *vt* standardize.

stanga ('stanga) *nf* barrier, bar. **stangata** *nf* blow.

stanghetta (stan'getta) *nf* 1 bolt. 2 side (of spectacles).

stanotte (sta'nɔtte) *adv* 1 tonight. 2 last night.

stante ('stante) *prep* on account of.

stantio (stan'tio) *adj* stale.

stantuffo (stan'tuffo) *nm* piston.

stanza ('stantsa) *nf* room. **stanza da bagno** bathroom. **stanziare**(stan'tsjare)*vt* assign.

stappare (stap'pare) *vt* uncork.

stare* ('stare) *vi* 1 be. 2 stay, remain. 3 be situated. 4 live. **come stai?** how are you? **lasciar stare** leave alone. **starci** be in agreement. **stare bene** 1 be well. 2 suit. **stare in piedi** stand. **stare male** 1 be ill. 2 fit badly. **stare per** be on the point of. **stare seduto** be seated. **stiamo a vedere!** let's wait and see! **ti sta bene!** it serves you right!

starna ('starna) *nf* partridge.

starnutire (starnu'tire) *vi* sneeze. **starnuto** *nm* sneeze.

stasera (sta'sera) *adv* this evening, tonight.

statalizzare (statalid'dzare) *vt* nationalize. **statalizzazione** *nf* nationalization.

statico ('statiko) *adj* static.

statistica (sta'tistika) *nf* statistics. **statistico** *adj* statistical.

stato[1] ('stato) *v* see **essere**.

stato[2] ('stato) *nm* 1 state, condition. 2 status. 3 state, nation. **statale** *adj* state, of the state. **statista** *nm* statesman.

statua ('statua) *nf* statue.

statura (sta'tura) *nf* height, stature. **di alta/bassa statura** tall/short.

statuto (sta'tuto) *nm* statute.

stavolta (sta'vɔlta) *adv inf* this time.

stazionare (stattsjo'nare) *vi* park. **stazionamento** *nm* parking.

stazione (stat'tsjone) *nf* 1 station. 2 resort.

steccare (stek'kare) *vt* 1 fence in. 2 put in splints. **stecca** *nf* 1 small stick. 2 *med* splint. 3 rib (of an umbrella). 4 billiard cue. 5 false note. **steccato** *nm* fence. **stecco** *nm* twig. **stecchino** *nm* toothpick.

stella ('stella) *nf* star. **stellare** *adj* 1 stellar. 2 star-shaped.

stelo ('stelo) *nm* stem, stalk.

stemma ('stemma) *nm* coat of arms.

stemperare (stempe'rare) *vt* dissolve.

stempiato (stem'pjato) *adj* (of hair) thin at the temples.

stendardo (sten'dardo) *nm* standard, banner.

stendere* ('stendere) *vt* 1 spread, spread out. 2 extend, stretch out. 3 hang out (washing). **stendersi** *vr* stretch out.

stenodattilografo (stenodatti'lɔgrafo) *nm* secretary, shorthand typist. **stenodattilografia** *nf* shorthand typing.

stenografia (stenogra'fia) *nf* shorthand.

stentare (sten'tare) *vi* 1 have difficulty. 2 be in want. **stentato** *adj* 1 stunted. 2 difficult. **stento** ('stento) *nm* 1 need, hardship. 2 effort. **a stento** hardly.

sterco ('sterko) *nm* dung.

stereofonico (stereo'fɔniko) *adj* stereophonic.

stereotipato (stereoti'pato) *adj* stereotyped.

sterile ('sterile) *adj* 1 sterile. 2 barren. **sterilità** *nf* sterility. **sterilizzare** (sterilid'dzare) *vt* sterilize. **sterilizzazione** *nf* sterilization.

sterlina (ster'lina) *nf* pound (sterling).

sterminare (stermi'nare) *vt* exterminate, destroy. **sterminio** *nm* slaughter, extermination. **sterminato** *adj* immense.

sternutire (sternu'tire) *vi* sneeze.

sterpo ('sterpo) *nm* twig.

sterzare (ster'tsare) *vt* steer. **sterzo** ('stertso) *nm* steering wheel.

stesso ('stesso) *adj* 1 same. 2 very. **fa lo stesso** it's all the same.

stesura (ste'sura) *nf* 1 drawing up, drafting. 2 draft.

stetoscopio (stetos'kɔpjo) *nm* stethoscope.

stetti ('stetti) *v* see **stare**.

stia ('stia) *nf* hen coop.

stigma ('stigma) *nm* mark, stigma.

stile ('stile) *nm* style. **stilista** *nm* stylist. **stilistica** (sti'listika) *nf* stylistics. **stilistico** (sti'listiko) *adj* stylistic.

stillare (stil'lare) *vi* drip, ooze. **stilla** *nf* drop.

stilografico (stilo'grafiko) **(penna) stilografica** *nf* fountain pen.

stimare (sti'mare) *vt* 1 estimate. 2 esteem. 3 value. 4 consider. **stima** *nf* 1 estimate. 2 esteem.

stimolare (stimo'lare) *vt* stimulate. **stimolante** *nm* stimulant. **stimolatore cardiaco** *nm* pacemaker. **stimolo** ('stimolo) *nm* 1 stimulus. 2 incentive.

stinco ('stinko) *nm inf* shin.

stingere* ('stindʒere) *vi* fade. **stingersi** *vr* fade.

stipare (sti'pare) *vt* cram together.

stipendio (sti'pɛndjo) *nm* salary.

stipo ('stipo) *nm* cabinet.

stipulare (stipu'lare) *vt* draw up.

stiracchiare (stirak'kjare) *vt* stretch.

stirare (sti'rare) *vt* 1 stretch. 2 iron. **stirarsi** *vr* stretch.

stirpe ('stirpe) *nf* race, descent.

stitico ('stitiko) *adj* constipated. **stitichezza** (stiti'kettsa) *nf* constipation.

stiva ('stiva) *nf naut* hold.

stivale (sti'vale) *nm* boot.

stizzire (stit'tsire) *vt* make angry. *vi* get angry. **stizzirsi** *vr* get angry. **stizza** *nf* anger. **stizzoso** (stit'tsoso) *adj* irritable.

stocco ('stɔkko) *nm* rapier.

stoffa ('stɔffa) *nf* cloth, material.

stoico ('stɔiko) *adj,n* stoic.

stola ('stɔla) *nf* stole.

stolido ('stɔlido) *adj* 1 foolish. 2 dull.

stolto ('stolto) *adj* stupid, foolish. **stoltezza** (stol'tettsa) *nf* stupidity.

stomacare (stoma'kare) *vt* sicken. **stomachevole** (stoma'kevole) *adj* sickening.

stomaco ('stɔmako) *nm* stomach.

stonare (sto'nare) *vi* 1 be out of tune. 2 clash. **stonato** *adj* out of tune.

stoppia ('stoppja) *nf* stubble.

storcere* ('stɔrtʃere) *vt* twist. **storcersi** *vr* twist.

stordire (stor'dire) *vt* stun, daze. **stordito** *adj* stunned, amazed.

storia ('stɔrja) *nf* 1 history. 2 story, tale. **storico** ('stɔriko) *adj* historical. *nm* historian. **storiella** (sto'rjɛlla) *nf* 1 story. 2 fib.

storione (sto'rjone) *nm* sturgeon.

stormire (stor'mire) *vi* rustle. **stormo** *nm* 1 flock. 2 swarm.

stornare (stor'nare) *vt* 1 avert. 2 dissuade.

storno ('storno) *nm* starling.

storpiare (stor'pjare) *vt* 1 cripple. 2 maim. **storpio** ('storpjo) *adj* 1 crippled. 2 maimed. *nm* cripple.

storta ('storta) *nf* twist, sprain.

storto ('stɔrto) *adj* twisted, bent.

stoviglie (sto'viʎʎe) *nf pl* crockery.

strabico ('strabiko) *adj* cross-eyed.

strabiliare (strabi'ljare) *vi* be amazed. **strabiliarsi** *vr* be amazed.

strabismo (stra'bizmo) *nm* squint.

stracarico (stra'kariko) *adj* overloaded.

straccare (strak'kare) *vt* tire out. **stracco** *adj* exhausted.

stracchino (strak'kino) *nm* type of cheese.

stracciare (strat'tʃare) *vt* tear. **stracciatella** (strattʃa'tella) *nf* soup with eggs and cheese. **straccio** ('strattʃo) *adj* torn. *nm* rag. **carta straccia** *nf* wastepaper. **straccivendolo** (strattʃi'vendolo) *nm* ragman.

stracuocere* (stra'kwɔtʃere) *vt* overcook. **stracotto** (stra-'kɔtto) *adj* overcooked. *nm* stew.

strada ('strada) *nf* 1 street, road. 2 way. **stradale** *adj* road. **lavori stradali** *nm pl* road works. **stradario** *nm* street plan.

strafare* (stra'fare) *vi* do too much, overwork. **strafatto** *adj* 1 overdone. 2 overripe.

strage ('stradʒe) *nf* slaughter, massacre.

stralunare (stralu'nare) *vt* roll (one's eyes).

strambo ('strambo) *adj* strange. **stramberia** *nf* oddity.

strame ('strame) *nm* fodder.

strampalato (strampa'lato) *adj* eccentric.

strangolare (strango'lare) *vt* strangle. **strangolamento** *nm* strangling. **strangolatore** *nm* strangler.

straniero (stra'njero) *adj* foreign. *nm* foreigner.

strano ('strano) *adj* strange, odd. **stranezza** (stra'nettsa) *nf* strangeness.

straordinario (straordi'narjo) *adj* extraordinary. *nm* overtime.

strapagare (strapa'gare) *vt* overpay.

strapazzare (strapat'tsare) *vt* ill-treat. **strapazzarsi** *vr* overdo things. **strapazzata** *nf* scolding. **strapazzato** *adj* ill-treated.

strapieno (stra'pjeno) *adj* full up.

strapiombare (strapjom'bare) *vi* lean over.

strappare (strap'pare) *vt* 1 tear, rip. 2 pull out. **strappata** *nf* tug. **strappo** *nm* 1 pull, tug. 2 tear.

straripare (strari'pare) *vi* (of a river) overflow its banks.

strascicare (straʃʃi'kare) *vt* also **strascinare** drag. **strascico** ('straʃʃiko) *nm* train (of a dress).

stratagemma (strata'dʒemma) *nm* stratagem.

strategia (strate'dʒia) *nf* strategy. **strategico** (stra'tedʒiko) *adj* strategic.

strato ('strato) *nm* 1 layer, coat (of paint). 2 stratum.

stravagante (strava'gante) *adj* strange, odd, eccentric. **stravaganza** (strava'gantsa) *nf* eccentricity.

stravecchio (stra'vekkjo) *adj* very old.

stravizio (stra'vittsjo) *nm* excess.

stravolgere* (stra'vɔldʒere) *vt* twist. **stravolto** (stra'vɔlto) *adj* troubled.

straziare (strat'tsjare) *vt* torture, torment. **strazio** ('strattsjo) *nm* torment, torture.

stregare (stre'gare) *vt* bewitch.

strega *nf* witch. **stregone** *nm* wizard. **stregoneria** *nf* witchcraft.

stregua ('stregwa) *nf* measure.

stremare (stre'mare) *vt* exhaust.

strenna ('strenna) *nf* Christmas present.

strepitare (strepi'tare) *vi* make a loud noise.

strepito ('strepito) *nm* din, noise. **strepitoso** (strepi'toso) *adj* noisy.

stretto[1] ('stretto) *v* see **stringere**. *adj* 1 narrow. 2 tight. 3 strict. 4 precise. 5 close, intimate. **a denti stretti** with clenched teeth. **stretta** *nf* grasp. **stretta di mano** handshake. **strettezza** (stret'tettsa) *nf* narrowness.

stretto[2] ('stretto) *nm* strait.

stria ('stria) *nf* stripe. **striato** *adj* striped.

stridere* ('stridere) *vi* 1 screech. 2 (of colours) clash. **strido** *nm* screech, shriek. **stridore** *nm* screeching. **stridulo** ('stridulo) *adj* shrill.

strillare (stril'lare) *vi* scream. **strillo** *nm* scream.

strimpellare (strimpel'lare) *vt* strum.

strinare (stri'nare) *vt* singe.

stringa ('stringa) *nf* lace, shoelace.

stringere* ('strindʒere) *vt* 1 tighten. 2 squeeze. 3 clasp, grasp. 4 conclude. 5 take in (a dress). *vi* be urgent.

strinsi ('strinsi) *v* see **stringere**.

striscia ('striʃʃa) *nf* 1 strip. 2 stripe.

strisciare (striʃ'ʃare) *vt* 1 drag. 2 graze. *vi* creep, crawl.

stritolare (strito'lare) *vt* crush.

strizzare (strit'tsare) *vt* 1 squeeze. 2 wring (clothes). **strizzare l'occhio** wink. **strizzata** *nf* squeeze. **strizzata d'occhio** wink.

strofe ('strɔfe) *nf* also **strofa** ('strɔfa) stanza.

strofinaccio (strofi'nattʃo) *nm* rag, duster, cloth. **strofinare** *vt* rub.

stroncare (stron'kare) *vt* 1 break off. 2 destroy.

stropicciare (stropit'tʃare) *vt* rub.

strozzare (strot'tsare) *vt* strangle, choke.

struggere* ('struddʒere) *vt* 1 melt. 2 consume. **struggersi** *vr* 1 melt. 2 torment oneself. **struggimento** *nm* torment.

strumento (stru'mento) *nm* 1 instrument. 2 tool. **strumentale** *adj* instrumental.

strusciare (struʃ'ʃare) *vt* rub.

strutto ('strutto) *nm* lard.

struttura (strut'tura) *nf* structure. **strutturale** *adj* structural. **strutturalismo** *nm* structuralism.

struzzo ('struttso) *nm* ostrich.

stuccare[1] (stuk'kare) *vt* putty, plaster, stucco. **stucco** *nm* plaster, putty.

stuccare[2] (stuk'kare) *vt* 1 sicken, nauseate. 2 annoy. **stuccarsi** *vr* be bored.

studente (stu'dente) *nm* student. **studentesco** *adj* student. **studentessa** *nf* student.

studiare (stu'djare) *vt* study.

studio ('studjo) *nm* 1 study. 2 study, office. 3 studio. **borsa di studio** *nf* grant. **studioso** (stu'djoso) *adj* studious. *nm* scholar.

stufa ('stufa) *nf* 1 stove. 2 heater.

stufare (stu'fare) *vt* 1 stew. 2 *inf* bore. **stufato** *nm* stew. **stufo** *adj inf* fed up.

stuoia ('stwɔja) *nf* mat.

stuolo ('stwɔlo) *nm* crowd.

stupefare (stupe'fare) *vt* amaze. **stupefacente** (stupefa'tʃente) *nm* drug.

stupido ('stupido) *adj* stupid,

foolish. **stupidaggine** (stupi'daddʒine) *nf* 1 stupid act. 2 nonsense. **stupidità** *nf* stupidity.

stupire (stu'pire) *vt* amaze. *vi* be amazed. **stupirsi** *vr* be amazed. **stupendo** (stu'pendo) *adj* marvellous, wonderful. **stupore** *nm* astonishment.

stuprare (stu'prare) *vt* rape. **stupro** *nm* rape.

sturare (stu'rare) *vt* uncork. **sturabottiglie** *nm invar* corkscrew.

stuzzicare (stuttsi'kare) *vt* 1 poke, prod. 2 provoke. 3 arouse. **stuzzicadenti** (stuttsika'dɛnti) *nm invar* toothpick. **stuzzicante** *adj* appetizing.

su (su) *adv* up. *prep* 1 on, upon. 2 over. 3 about. 4 towards. **in su** upwards. **su due piedi** at once. **su per** up. **su per giù** roughly. ~ *interj* come on!

sua ('sua) *poss adj, poss pron* see **suo.**

subacqueo (su'bakkweo) *adj* underwater.

subaffittare (subaffit'tare) *vt* sublet.

subappaltare (subappal'tare) *vt* subcontract.

subbuglio (su'buʎʎo) *nm* confusion.

subcosciente (subkoʃ'ʃɛnte) *adj,nm* subconscious.

subentrare (suben'trare) *vi* replace.

subire (su'bire) *vt* undergo, suffer.

subitaneo (subi'taneo) *adj* sudden.

subito ('subito) *adv* immediately, at once.

sublime (su'blime) *adj* sublime.

subordinare (subordi'nare) *vt* subordinate. **subordinato** *adj,n* subordinate.

suburbio (su'burbjo) *nm* suburb. **suburbano** *adj* suburban.

succedere* (sut'tʃedere) *vi* 1 succeed, follow. 2 happen, occur. **succedersi** *vr* follow one another. **successione** *nf* succession. **successivo** *adj* following. **successo** (sut'tʃesso) *nm* 1 outcome. 2 success. **successore** *nm* successor.

succhiare (suk'kjare) *vt* suck, suck up.

succinto (sut'tʃinto) *adj* succinct.

succo ('sukko) *nm* 1 juice. 2 sap. **succoso** *adj* juicy. **succulento** (sukku'lento) *adj* succulent.

succursale (sukkur'sale) *nf* branch (office).

sud (sud) *nm* south. *adj invar* south, southern. **del sud** 1 southern. 2 southerly. **verso sud** southwards. **sud-est** *nm* south-east. *adj invar* south-east, south-eastern. **del sud-est** 1 south-eastern. 2 south-easterly. **sud-ovest** *nm* south-west. *adj invar* south-west, south-western. **del sud-ovest** 1 southwestern. 2 south-westerly.

sudare (su'dare) *vi* sweat, perspire. **sudato** *adj* covered in sweat. **sudore** *nm* sweat, perspiration.

sudario (su'darjo) *nm* shroud.

suddetto (sud'detto) *adj* above-mentioned.

suddito ('suddito) *nm* subject, citizen.

suddividere* (suddi'videre) *vt* subdivide. **suddivisione** *nf* subdivision.

sudicio ('suditʃo) *adj* dirty, filthy. *nm* dirt. **sudiceria** *nf* filthiness. **sudiciume** *nm* dirt, filth.

sue ('sue) *poss adj, poss pron* see **suo.**

sufficiente (suffi'tʃɛnte) *adj* sufficient, enough. **sufficienza** (suffi'tʃɛntsa) *nf* sufficiency.

suffisso (suf'fisso) *nm* suffix.

suffragio (suf'fradʒo) *nm* vote, suffrage. **suffragista** *nf* suffragette.

suffumicare (suffumi'kare) *vt* fumigate.

suga ('suga) **carta suga** or **cartasuga** *nf* blotting paper.

suggellare (suddʒel'lare) *vt* seal. **suggello** *nm* seal.

suggerire (suddʒe'rire) *vt* suggest. **suggerimento** *nm* suggestion. **suggeritore** *nm* prompter.

suggestionare (suddʒestjo'nare) *vt* influence. **suggestione** *nf* instigation. **suggestivo** *adj* 1 evocative. 2 picturesque.

sughero ('sugero) *nm* cork.

sugli ('suʎʎi) contraction of **su gli**.

sugna ('suɲɲa) *nf* 1 fat. 2 grease.

sugo ('sugo) *nm* 1 juice. 2 gravy. 3 sauce. 4 essence, gist. **sugoso** (su'goso) *adj* juicy.

sui ('sui) contraction of **su i**.

suicidarsi (suitʃi'darsi) *vr* commit suicide. **suicida** *nm* one who has committed suicide. **suicidio** *nm* suicide.

suino (su'ino) *nm* 1 pig. 2 *pl* swine. **carne suina** *nf* pork.

sul (sul) contraction of **su il**.

sull' (sul) contraction of **su l'**.

sulla ('sulla) contraction of **su la**.

sulle ('sulle) contraction of **su le**.

sullo ('sullo) contraction of **su lo**.

sultanina (sulta'nina) *nf* (fruit) sultana.

sultano (sul'tano) *nm* sultan.

sunto ('sunto) *nm* summary.

suntuoso (suntu'oso) *adj* sumptuous.

suo, sua, suoi, sue ('suo, 'sua, 'swoi, 'sue) *poss adj* 1 *3rd pers s* his, her, its. 2 *2nd pers s fml* your. *poss pron* 1 *3rd pers s* his, hers, its. 2 *2nd pers s fml* yours.

suocera ('swɔtʃera) *nf* mother-in-law.

suocero ('swɔtʃero) *nm* father-in-law.

suoi ('swoi) *poss adj, poss pron* see **suo**.

suola ('swola) *nf* sole (of a shoe).

suoli ('swoli) *v* see **solere**.

suolo ('swolo) *nm* 1 ground. 2 soil. 3 layer.

suonare (swo'nare) *vt, vi* 1 ring, sound. 2 *mus* play. **suono** ('swono) *nm* sound.

suora ('swora) *nf* nun, sister.

superare (supe'rare) *vt* 1 exceed, surpass. 2 overcome, get over. **superato** *adj* out-of-date.

superbo (su'perbo) *adj* proud, arrogant. **superbia** (su'perbja) *nf* pride.

superficiale (superfi'tʃale) *adj* superficial. **superficialità** *nf* superficiality.

superficie (super'fitʃe) *nf, pl* **superfici** or **superficie** surface.

superfluo (su'perfluo) *adj* superfluous. *nm* surplus.

superiore (supe'rjore) *adj* 1 higher, upper. 2 superior. *nm* superior. **superiorità** *nf* superiority.

superlativo (superla'tivo) *adj, nm* superlative.

supermercato (supermer'kato) *nm* supermarket.

supersonico (super'sɔniko) *adj* supersonic.

superstite (su'perstite) *adj* surviving. *nm* survivor.

superstizione (superstit'tsjone) *nf* superstition. **super-**

stizioso (superstit'tsjoso) *adj* superstitious.

supino (su'pino) *adj* supine. **cadere supino** fall on one's back.

suppellettile (suppel'lettile) *nf* furnishings, fittings.

suppergiù (supper'dʒu) *adv inf* roughly, approximately.

supplemento (supple'mento) *nm* supplement. **supplementare** *adj* supplementary, extra.

supplicare (suppli'kare) *vt* beg, implore. **supplica** ('supplica) *nf* petition.

supplire (sup'plire) *vt* take the place of. *vi* **1** make up (for). **2** take the place (of). **supplente** (sup'plente) *adj,n* substitute.

supplizio (sup'plittsjo) *nm* torture.

supporre* (sup'porre) *vt* suppose, imagine. **supposizione** *nf* supposition. **supposto** (sup'posto) *adj* supposed. **supposto che** supposing.

supposta (sup'posta) *nf* suppository.

suppurare (suppu'rare) *vi* fester.

supremo (su'premo) *adj* supreme. **supremazia** (supremat'tsia) *nf* supremacy.

surclassare (surklas'sare) *vt* outclass.

surgelare (surdʒe'lare) *vt* freeze. **surgelato** *adj* frozen. **surgelati** *nm pl* frozen foods.

surrealismo (surrea'lizmo) *nm* surrealism. **surrealista** *adj* surrealist.

surrogare (surro'gare) *vt* take the place of, replace. **surrogato** *nm* substitute.

suscettibile (suʃʃet'tibile) *adj* susceptible.

suscitare (suʃʃi'tare) *vt* **1** arouse. **2** provoke, cause.

susina (su'sina) *nf* plum. **susino** *nm* plum tree.

susseguire (susse'gwire) *vi* follow.

sussidiare (sussi'djare) *vt* **1** subsidize. **2** support. **sussidiario** *adj* subsidiary. *nm* primary schoolbook. **sussidio** *nm* **1** aid, help. **2** subsidy.

sussiego (sus'sjɛgo) *nm* haughtiness.

sussistere (sus'sistere) *vi* **1** exist. **2** be valid.

sussultare (sussul'tare) *vi* start. **sussulto** *nm* start, jump.

sussurrare (sussur'rare) *vt,vi* whisper, murmur. **sussurro** *nm* murmur.

svagare (zva'gare) *vt* amuse. **svagarsi** *vr* enjoy oneself. **svago** *nm* amusement.

svaligiare (zvali'dʒare) *vt* rob, ransack.

svalutare (zvalu'tare) *vt* devalue. **svalutazione** *nf* devaluation.

svampare (zvam'pare) *vi* die down, calm down.

svanire (zva'nire) *vi* disappear, vanish.

svantaggio (zvan'taddʒo) *nm* disadvantage. **svantaggioso** (zvantad'dʒoso) *adj* unfavourable.

svariare (zva'rjare) *vt* vary.

svedese (zve'dese) *adj* Swedish. *nm* **1** Swede. **2** Swedish (language).

svegliare (zveʎ'ʎare) *vt* awaken, wake up. **svegliarsi** *vr* wake up. **sveglia** *nf* alarm clock. **sveglio** *adj* **1** awake. **2** quick-witted.

svelare (zve'lare) *vt* reveal.

svelto ('zvelto) *adj* **1** quick. **2** quick-witted. **3** slim.

svendita ('zvendita) *nf* (clearance) sale.

svenire* (zve'nire) *vi* faint. **svenimento** *nm* faint, faintingfit.

sventolare (svento'lare) *vt,vi* flutter.

sventrare (zven'trare) *vt* disembowel.

sventura (zven'tura) *nf* misfortune, bad luck. **sventurato** *adj* unlucky.

svergognato (zvergoɲ'ɲato) *adj* shameless.

svernare (zver'nare) *vi* spend the winter.

svestire (zves'tire) *vt* undress.

Svezia ('zvɛtsja) *nf* Sweden.

sviare (zvi'are) *vt* 1 divert. 2 lead astray. **sviarsi** *vr* go astray.

svignare (zviɲ'ɲare) *vi* slip away. **svignarsela** (zviɲ'ɲarsela) *vr* slip away.

sviluppare (zvilup'pare) *vt,vi* develop. **sviluppo** *nm* development.

svincolare (zvinko'lare) *vt* free.

svista ('zvista) *nf* oversight.

svitare (zvi'tare) *vt* unscrew.

Svizzera ('zvittsera) *nf* Switzerland. **svizzero** ('zvittsero) *adj,n* Swiss.

svogliato (zvoʎ'ʎato) *adj* unwilling.

svolazzare (zvolat'tsare) *vi* flutter.

svolgere* ('zvɔldʒere) *vt* 1 unwind. 2 develop. 3 carry out. **svolgersi** *vr* 1 take place. 2 unwind. **svolgimento** *nm* development.

svoltare (zvol'tare) *vi* turn. **svolta** ('zvɔlta) *nf* turn, bend.

svuotare (zvwo'tare) *vt* empty.

T

tabacco (ta'bakko) *nm* tobacco. **tabaccaio** *nm* tobacconist. **tabaccheria** *nf* tobacconist's shop.

tabella (ta'bɛlla) *nf* table, list.

tabernacolo (taber'nakolo) *nm* tabernacle.

tabù (ta'bu) *adj,nm* taboo.

tacca ('takka) *nf* notch, dent.

taccagno (tak'kaɲɲo) *adj* mean, miserly. *nm* miser.

taccheggiatore (takkeddʒa'tore) *nm* shoplifter.

tacchino (tak'kino) *nm* turkey.

taccio ('tattʃo) *v* see **tacere**.

tacco ('takko) *nm* heel.

taccuino (takku'ino) *nm* notebook.

tacere* (ta'tʃere) *vi* be quiet or silent. *vt* keep secret. **far tacere** silence.

tachigrafo (ta'kigrafo) *nm* tachograph.

tachimetro (ta'kimetro) *nm* speedometer.

tacito ('tatʃito) *adj* 1 silent. 2 tacit. **taciturno** *adj* quiet, taciturn.

tacqui ('takkwi) *v* see **tacere**.

tafano (ta'fano) *nm* horsefly.

tafferuglio (taffe'ruʎʎo) *nm* brawl.

taffettà (taffe'ta) *nm* taffeta.

taglia ('taʎʎa) *nf* 1 reward. 2 ransom. 3 size.

tagliare (taʎ'ʎare) *vt* 1 cut. 2 cut off. *vi* cut across. **tagliacarte** (taʎʎa'karte) *nm invar* paperknife. **tagliando** *nm* voucher. **tagliente** *adj* cutting, sharp. **taglio** *nm* cut, cutting.

tagliatelle (taʎʎa'telle) *nf pl* long flat strips of pasta.

tagliola (taʎ'ʎola) *nf* trap, snare.

tagliuzzare (taʎʎut'tsare) *vt* chop finely, shred.

talco ('talko) *nm* talcum.

tale ('tale) *adj* 1 such, such a. 2 so. *pron* someone. **il tal dei tali** so-and-so. **talché** *conj* so that. **talmente** *adv* so. **talora** *adv* now and again. **taluno** *adj,pron* some.

talvolta (tal'volta) *adv* sometimes.

taleggio (ta'leddʒo) *nm* type of cheese.

talento (ta'lɛnto) *nm* talent.

tallone (tal'lone) *nm anat* heel.

talpa ('talpa) *nf zool* mole.

tamburo (tam'buro) *nm* drum. **tamburare** *also* **tamburellare** *vi* drum. **tamburello** (tambu'rɛllo) *nm* tambourine.

Tamigi (ta'midʒi) *nm* Thames.

tamponare (tampo'nare) *vt* 1 plug, stop. 2 collide with, bump into. **tamponamento** *nm* collision. **tampone** *nm* pad.

tana ('tana) *nf* den, lair.

tanaglie (ta'naʎʎe) *nf pl* pincers, pliers.

tanfo ('tanfo) *nm* musty smell.

tangibile (tan'dʒibile) *adj* tangible.

tango ('tango) *nm* tango.

tanto ('tanto) *adj* 1 so much. 2 *pl* so many. *pron* 1 so much. 2 *pl* a lot of people. *adv* so much. **di tanto in tanto** from time to time. **ogni tanto** every now and then. **tanto quanto** as much as.

tappare (tap'pare) *vt* plug, stop up.

tappeto (tap'peto) *nm* carpet. **tappetino** *nm* rug.

tappezzare (tappet'tsare) *vt* 1 cover. 2 upholster. **tappezzeria** *nf* 1 tapestry. 2 upholstery. **fare tappezzeria** be a wallflower.

tappo ('tappo) *nm* stopper, cork.

tarantola (ta'rantola) *nf* tarantula.

tarchiato (tar'kjato) *adj* thickset, sturdy.

tardare (tar'dare) *vi* be late. *vt* delay. **tardi** *adv* late. **fare tardi** be late. **tardo** *adj* 1 slow. 2 late.

targa ('targa) *nf* 1 shield. 2 *mot* numberplate. 3 nameplate.

tariffa (ta'riffa) *nf* 1 price-list. 2 charge, rate, fare.

tarlo ('tarlo) *nm* woodworm.

tarma ('tarma) *nf* moth. **tarmato** *adj* moth-eaten.

tartagliare (tartaʎ'ʎare) *vi* stammer, stutter.

tartaro ('tartaro) *nm* tartar.

tartaruga (tarta'ruga) *nf* 1 tortoise. 2 turtle.

tartina (tar'tina) *nf* sandwich.

tartufo (tar'tufo) *nm* truffle.

tasca ('taska) *nf* pocket. **tascabile** (tas'kabile) *adj* pocket-sized. **tascapane** *nm* haversack.

tassare (tas'sare) *vt* tax. **tassa** *nf* tax. **tassazione** *nf* taxation.

tassi (tas'si) *nm invar* taxi. **tassista** *nm* taxi driver.

tasso[1] ('tasso) *nm* yew tree.

tasso[2] ('tasso) *nm* badger.

tastare (tas'tare) *vt* 1 touch. 2 feel. **tastiera** *nf* keyboard. **tasto** *nm* 1 key. 2 feel, touch. **tastoni** *adv* gropingly. **andare a tastoni** grope.

tattica ('tattika) *nf* tactics. **tattico** ('tattiko) *adj* tactical.

tatto ('tatto) *nm* 1 sense of touch, touch. 2 tact.

tatuaggio (tatu'addʒo) *nm* tattoo.

tautologia (tautolo'dʒia) *nf* tautology.

taverna (ta'vɛrna) *nf* inn, tavern.

tavola ('tavola) *nf* 1 table. 2 board, slab. 3 plate, illustration. **tavola calda** snackbar.

tavolo ('tavolo) *nm* table. **tavolino** *nm* table. **comodino** bedside table.

tazza ('tattsa) *nf* cup.

te (te) *pron 2nd pers m,f s fam* you. **da te** by yourself.

tè (tɛ) *nm invar* tea. **teiera** (te'jera) *nf* teapot.

teatro (te'atro) *nm* theatre. **teatrale** *adj* theatrical.

tecnica ('tɛknika) *nf* technique.

tecnico ('tɛkniko) *adj* technical. *nm* technician, engineer.

tecnologia *nf* technology.

tedesco (te'desko) *adj,n* German. *nm* German (language).

tedioso (te'djoso) *adj* tedious.

tegame (te'game) *nm* pan.

teglia ('teʎʎa) *nf* pan.

tegola ('tegola) *nf* tile.

tela ('tela) *nf* 1 cloth. 2 canvas, painting. 3 *Th* curtain.

telaio (te'lajo) *nm* loom, frame.

telecomunicazioni (telekomunikat'tsjoni) *nfpl* telecommunications.

teleferica (tele'fɛrika) *nf* cableway.

telefonare (telefo'nare) *vi,vt* telephone. **telefonata** *nf* telephone call. **telefonata urbana/interurbana** local/long-distance call. **telefonico** (tele'fɔniko) *adj* telephonic. **cabina telefonica** *nf* telephone box. **telefonista** *nm* telephonist. **telefono** (te'lefono) *nm* telephone. **dare un colpo di telefono** ring.

telegiornale (teledʒor'nale) *nm* television news.

telegrafare (telegra'fare) *vt* wire, telegraph. **telegrafo** (te'legrafo) *nm* telegraph.

telegramma (tele'gramma) *nm* telegram.

telepatia (telepa'tia) *nf* telepathy.

teleschermo (teles'kermo) *nm* television screen.

telescopio (teles'kɔpjo) *nm* telescope.

televisione (televi'zjone) *nf* television. **televisione a colori** colour television. **televisore** (televi'zore) *nm* television set.

telone (te'lone) *nm* tarpaulin.

tema ('tema) *nm* 1 theme, subject. 2 essay, composition. **tematico** (te'matiko) *adj* thematic.

temerario (teme'rarjo) *adj* rash, reckless. **temerarietà** *nf* boldness, recklessness.

temere (te'mere) *vt* 1 fear, be afraid of. 2 doubt. *vi* be afraid.

temperamento (tempera'mento) *nm* temperament.

temperare (tempe'rare) *vt* 1 moderate, mitigate, alleviate. 2 sharpen. **temperalapis** (tempera'lapis) *nm also* **temperamatite** *nm invar* pencil-sharpener. **temperato** *adj* moderate, temperate. **temperino** *nm* penknife.

temperatura (tempera'tura) *nf* temperature.

tempesta (tem'pesta) *nf* storm, tempest, hurricane. **tempestoso** (tempes'toso) *adj* 1 stormy. 2 agitated.

tempia ('tɛmpja) *nf* *anat* temple.

tempio ('tɛmpjo) *nm* 1 temple. 2 church.

tempo ('tempo) *nm* 1 time, period. 2 weather. 3 tense. 4 *sport* half-time. 5 tempo, beat. **a tempo** on time. **tempo fa** some time ago.

temporale[1] (tempo'rale) *nm* storm, thunderstorm.

temporale[2] (tempo'rale) *adj* temporal, secular.

temporaneo (tempo'raneo) *adj* 1 temporary. 2 transient, transitory.

temprare (tem'prare) *vt* temper, strengthen.

tenace (te'natʃe) *adj* 1 tenacious. 2 stubborn. **tenacia** *nf* tenacity.

tenaglie (te'naʎʎe) *nf pl* pincers, pliers.

tenda ('tɛnda) *nf* 1 curtain. 2 awning. 3 tent. **tendina** *nf* curtain.

tendenza (ten'dɛntsa) *nf* 1 tendency. 2 trend. 3 inclination.

tendere* ('tɛndere) vt **1** stretch. **2** hang or hold out. **3** tighten. **4** lay. vi **1** tend. **2** incline, be inclined. **tendere le orecchie** prick up one's ears.

tendine ('tendine) nm tendon, sinew.

tenebre ('tenebre) nf pl darkness, gloom. **tenebroso** (tene'broso) adj gloomy, dark.

tenente (te'nɛnte) nm lieutenant.

tenere* (te'nere) vt **1** hold. **2** have. **3** keep. **4** contain. **5** occupy. **6** consider. vi **1** resemble. **2** hold, stick. **3** (of a dye) be fast. **tenere conto di** keep in mind. **tenere la destra/sinistra** keep to the right/left. **tenere stretto** clasp, grip. **tenere un discorso** give a speech. **tenersi** vr **1** hold or keep oneself. **2** stand. **3** consider oneself. **4** restrain oneself. **5** avoid. **6** follow. **tenersi pronto** be on the alert.

tenero ('tɛnero) adj **1** tender. **2** affectionate. **tenerezza** (tene'rettsa) nf **1** tenderness. **2** affection.

tengo ('tɛngo) v see **tendere**.

tenni ('tenni) v see **tenere**.

tennis ('tennis) nm tennis. **tennista** nm tennis player.

tenore (te'nore) nm tenor. **tenore di vita** standard of living.

tensione (ten'sjone) nf **1** tension, strain. **2** voltage.

tentacolo (ten'takolo) nm tentacle.

tentare (ten'tare) vt **1** try, attempt. **2** test. **3** tempt. **tentativo** nm 'attempt. **tentazione** nf temptation.

tentennare (tenten'nare) vi **1** waver. **2** stagger, totter. **3** hesitate. vt shake.

tenue ('tɛnue) adj **1** slender, slight. **2** soft.

tenuta (te'nuta) nf **1** capacity. **2** estate. **3** uniform. **4** dress. **a tenuta d'acqua** watertight.

teologia (teolo'dʒia) nf theology. **teologo** (te'ɔlogo) nm theologian.

teorema (teo'rɛma) nm theorem.

teoria (teo'ria) nf theory, idea. **teorico** adj theoretical.

tepore (te'pore) nm mildness.

teppa ('teppa) nf mob, underworld.

terapia (tera'pia) nf therapy. **terapeutico** (tera'pɛutiko) adj therapeutic.

tergicristallo (terdʒikris'tallo) nm windscreen-wiper.

tergiversare (terdʒiver'sare) vi beat about the bush.

terme ('tɛrme) nf pl hot springs, spa. **termale** adj also **termico** ('tɛrmiko) thermal.

terminale (termi'nale) nm terminal.

terminare (termi'nare) vt, vi finish, end, terminate. **termine** ('tɛrmine) nm **1** limit, boundary. **2** term. **3** end, close.

termodinamica (termodi'namika) nf thermodynamics.

termometro (ter'mɔmetro) nm thermometer.

termonucleare (termonukle'are) adj thermonuclear.

termos ('tɛrmos) nm invar Thermos Tdmk.

termosifone (termosi'fone) nm radiator. **riscaldamento a termosifone** nm central heating.

termostato (ter'mɔstato) nm thermostat.

terra ('tɛrra) nf **1** earth. **2** land. **3** ground, floor. **4** soil. **5** clay. **per terra** on the ground. **terracotta** (terra'kɔtta) nf terracotta. **terremoto** (terre'mɔto) nm earthquake.

terrapieno (terra'pjɛno) *nm* embankment, earthwork.

terrazza (ter'rattsa) *nf also* **terrazzo** *nm* terrace.

terreno[1] (ter'reno) *adj* earthly.

terreno[2] (ter'reno) *nm* **1** ground, soil, land. **2** site.

terribile (ter'ribile) *adj* terrible, fearful.

territorio (terri'tɔrjo) *nm* territory. **territoriale** *adj* territorial.

terrò (ter'rɔ) *v* see **tenere**.

terrore (ter'rore) *nm* terror. **terrorismo** *nm* terrorism. **terrorista** *nm* terrorist.

terzo ('tertso) *adj* third. *nm* **1** third. **2** third party. **terza** *nf* **1** third class. **2** third gear.

tesa ('tesa) *nf* brim (of a hat).

teschio ('tɛskjo) *nm* skull.

tesi[1] ('tɛzi) *nf invar* thesis.

tesi[2] ('tesi) *v* see **tendere**.

teso ('teso) *v* see **tendere**. *adj* uptight.

tesoro (te'zɔro) *nm* **1** treasure. **2** treasury. **tesoreria** *nf* treasury. **tesoriere** *nm* treasurer.

tessera ('tɛssera) *nf* pass, card.

tessere ('tessere) *vt* weave.

tessile ('tessile) *adj,nm* textile. **tessuto** *nm* **1** cloth, material, fabric. **2** *anat* tissue.

testa ('testa) *nf* head. **dare alla testa** go to one's head. **in testa** on one's head. **rompersi la testa** rack one's brains.

testamento (testa'mento) *nm* law will.

testardo (tes'tardo) *adj* **1** stubborn. **2** headstrong.

testicolo (tes'tikolo) *nm* testicle.

testimone (testi'mɔne) *nm* witness. **testimoniare** *vt,vi* testify. **testimonianza** (testimo'njantsa) *nf* testimony. **testimonio** (testi'mɔnjo) *nm* witness.

testo ('tɛsto) *nm* text. **libro di testo** *nm* textbook.

testone (tes'tone) *nm* obstinate person.

testuggine (tes'tuddʒine) *nf* tortoise.

tetro ('tɛtro) *adj* gloomy, sombre.

tetta ('tetta) *nf inf* **1** breast. **2** teat. **tettarella** (tetta'rella) *nf* teat, dummy.

tetto ('tetto) *nm* roof. **tettoia** *nf* **1** shed. **2** roof.

Tevere ('tevere) *nm* Tiber.

ti (ti) *pron 2nd pers m,f s fam* you, to you.

tiara ('tjara) *nf* tiara.

tic (tik) *nm invar* **1** tic. **2** mannerism.

ticchettare (tikket'tare) *vi* tick.

ticchio ('tikkjo) *nm* **1** spasm. **2** whim.

tictac (tik'tak) *nm* tick, ticking.

tieni ('tjɛni) *v* see **tenere**.

tiepido ('tjɛpido) *adj* lukewarm.

tifo ('tifo) *nm* typhus.

tifone (ti'fone) *nm* typhoon.

tifoso (ti'foso) *nm* fan, supporter.

tiglio ('tiʎʎo) *nm* lime tree, linden.

tignuola (tiɲ'ɲɔla) *nf* moth.

tigre ('tigre) *nf* tiger.

timbrare (tim'brare) *vt* stamp. **timbro** *nm* **1** stamp. **2** timbre. **timbro di gomma** rubber stamp.

timido ('timido) *adj* shy, timid. **timidezza** (timi'dettsa) *nf* shyness.

timo ('timo) *nm* thyme.

timone (ti'mone) *nm* rudder. **timoniera** (timo'njere) *nf* wheelhouse.

timore (ti'more) *nm* fear. **timoroso** (timo'roso) *adj* timorous.

timpano ('timpano) *nm* **1** kettledrum. **2** eardrum. **3** *arch* gable.

tingere* ('tindʒere) vt dye, tint.
tino ('tino) nm vat.
tinta ('tinta) nf 1 dye. 2 colour, shade. **tintoria** nf 1 drycleaner's shop. 2 dyeworks.
tipo ('tipo) nm 1 type. 2 inf chap, fellow. **tipico** ('tipiko) adj typical.
tipografia (tipogra'fia) nf printing.
tiranneggiare (tiranned'dʒare) vt oppress.
tiranno (ti'ranno) nm tyrant. adj tyrannical. **tirannia** nf tyranny. **tirannico** (ti'ranniko) adj tyrannical.
tirare (ti'rare) vt 1 pull, drag, draw. 2 pull out, extract. 3 throw. 4 shoot. 5 print. 6 draw, trace. vi 1 pull. 2 aim, tend. 3 (of the wind) blow. 4 be tight. 5 shoot. **tirare avanti** struggle on. **tirare calci** kick. **tirare giù** jot down. **tirare su** 1 pull up. 2 bring up. **tirare vento** be windy. **tirarsi in là** vr move aside. **tirata** nf tug, pull. **tiratore** nm shooter. **tiratore scelto** marksman. **tiratura** nf 1 printing. 2 circulation.
tiro nm 1 shooting, firing. 2 shot. 3 trick. **a tiro** within range.
tirchio ('tirkjo) adj mean, stingy.
tirocinio (tiro'tʃinjo) nm apprenticeship.
titolo ('titolo) nm 1 title. 2 headline. 3 security, share.
tizio ('tittsjo) nm 1 chap, fellow. 2 what's-his-name.
tizzo ('tittso) nm also **tizzone** 1 brand. 2 ember.
toboga (to'bɔga) nm invar toboggan.
toccare (tok'kare) vt touch, feel. vi 1 happen. 2 be the duty of. 3 concern. **a chi tocca? tocca a me** whose turn is it? it's my turn. **tocco**

nm touch. **al tocco** at one o'clock.
toga ('tɔga) nf gown.
togliere* ('tɔʎʎere) vt 1 take (away). 2 remove, take off. **togliersi di mezzo** vr get out of the way.
toletta (to'letta) nf 1 dressing-table. 2 toilet.
tolgo ('tɔlgo) v see **togliere.**
tollerare (tolle'rare) vt tolerate, bear. **tollerabile** (tolle'rabile) adj tolerable. **tolleranza** (tolle'rantsa) nf tolerance, toleration.
tolsi ('tɔlsi) v see **togliere.**
tolto ('tɔlto) v see **togliere.**
tomaia (to'maja) nf upper (of a shoe).
tomba ('tomba) nf tomb.
tomo ('tɔmo) nm tome, volume.
tonaca ('tɔnaka) nf 1 tunic. 2 habit.
tondo ('tondo) adj round.
tonfo ('tonfo) nm 1 thud. 2 splash.
tonico ('tɔniko) nm tonic.
tonnellata (tonnel'lata) nf ton.
tonno ('tonno) nm tuna fish.
tono ('tɔno) nm tone.
tonsilla (ton'silla) nf tonsil. **tonsillite** nf tonsillitis.
topazio (to'pattsjo) nm topaz.
topo ('tɔpo) nm 1 mouse. 2 rat. **topo di biblioteca** bookworm.
topografia (topogra'fia) nf topography.
toppa ('tɔppa) nf 1 patch. 2 lock.
torba ('torba) nf peat.
torbido ('torbido) adj 1 murky. 2 troubled.
torcere* ('tɔrtʃere) vt 1 twist. 2 wring.
torchiare (tor'kjare) vt press. **torchio** ('tɔrkjo) nm press.
torcia ('tɔrtʃa) nf torch.
tordo ('tordo) nm thrush.
Torino (to'rino) nf Turin.

torma ('torma) *nf* swarm, throng.

tormentare (tormen'tare) *vt* torment. **tormento** *nm* 1 torment. 2 agony.

tornare (tor'nare) *vi* 1 return, go or come back. 2 turn out, prove to be. 3 become again. **tornare a fare** do again.

torneo (tor'nɛo) *nm* tournament.

toro ('tɔro) *nm* 1 bull. 2 *cap* Taurus.

torpedine (tor'pedine) *nf* torpedo.

torpido ('tɔrpido) *adj* torpid. **torpore** *nm* torpor, lethargy.

torre ('torre) *nf* 1 tower. 2 *game* rook. **torretta** *nf* turret.

torrefare (torre'fare) *vt* roast.

torrente (tor'rɛnte) *nm* torrent. **torrenziale** *adj* torrential.

torrido ('tɔrrido) *adj* torrid.

torrone (tor'rone) *nm* nougat.

torsi ('tɔrsi) *v* see **torcere**.

torso ('tɔrso) *nm* trunk, torso.

torsolo ('tɔrsolo) *nm* stump.

torta ('tɔrta) *nf* cake.

tortellini (tortel'lini) *nm pl* stuffed rings of pasta.

torto[1] ('tɔrto) *v* see **torcere**.

torto[2] ('tɔrto) *nm* wrong. **a torto** wrongly. **avere torto** be wrong.

tortora ('tɔrtora) *nf* dove.

tortuoso (tortu'oso) *adj* winding, curving.

torturare (tortu'rare) *vt* torture. **tortura** *nf* torture.

torvo ('tɔrvo) *adj* surly.

tosare (to'zare) *vt* shear, clip. **tosatrice** *nf* lawn-mower.

Toscana (tos'kana) *nf* Tuscany. **toscano** *adj,n* Tuscan.

tossico ('tɔssiko) *adj* toxic. *nm* poison.

tossire (tos'sire) *vi* cough. **tosse** *nf* cough.

tostare (tos'tare) *vt* 1 roast. 2 toast. **tostapane** *nm invar* toaster.

totale (to'tale) *adj* total, complete. *nm* total.

totalitario (totali'tarjo) *adj* totalitarian.

totocalcio (toto'kaltʃo) *nm* football pools.

tovaglia (to'vaʎʎa) *nf* tablecloth. **tovagliolo** *nm* napkin.

tozzo ('tɔttso) *nm* piece, bit. *adj* stocky, squat.

tra (tra) *prep* 1 between. 2 among.

traballare (trabal'lare) *vi* stagger, totter.

traboccare (trabok'kare) *vi* overflow.

tracannare (trakan'nare) *vt* gulp down.

traccia ('trattʃa) *nf* 1 trace. 2 trail, track. 3 footprint. 4 outline. **tracciare** *vt* 1 outline. 2 trace.

trachea (tra'kea) *nf* windpipe.

tradire (tra'dire) *vt* 1 betray. 2 be unfaithful to. **tradimento** *nm* 1 betrayal. 2 treachery. 3 treason. **traditore** *nm* traitor. *adj* treacherous.

tradizione (tradit'tsjone) *nf* tradition. **tradizionale** *adj* traditional.

tradurre* (tra'durre) *vt* translate. **traduttore** *nm* translator. **traduzione** *nf* translation.

trafficare (traffi'kare) *vi* trade, deal. *vt* trade in. **trafficante** *nm* dealer. **traffico** ('traffiko) *nm* 1 trade. 2 traffic. 3 bustle. **traffico contrario** *nm* contraflow.

traforare (trafo'rare) *vt* pierce, bore.

tragedia (tra'dʒɛdja) *nf* tragedy. **tragico** ('tradʒiko) *adj* tragic. *nm* tragedian.

traggo ('traggo) *v* see **trarre**.

traghetto (tra'getto) *nm* 1 crossing. 2 ferryboat.

tragitto (tra'dʒitto) *nm* journey.

traguardo (tra'gwardo) *nm* winning post.

trai ('trai) *v* see **trarre.**

trainare (trai'nare) *vt* drag, haul.

tralasciare (tralaʃ'ʃare) *vt* 1 omit. 2 give up.

tralcio ('traltʃo) *nm* 1 *bot* shoot. 2 vine shoot.

traliccio (tra'littʃo) *nm* trellis.

tram (tram) *nm invar* tram.

trama ('trama) *nf* plot.

tramezzare (tramed'dzare) *vt* partition, separate. **tramezzo** (tra'meddzo) *nm* partition.

tramite ('tramite) *nm* way, means. *prep* by means of.

tramontana (tramon'tana) *nf* north wind.

tramontare (tramon'tare) *vi* 1 (of the sun) set, go down. 2 fade. **tramonto** *nm* sunset.

tramortire (tramor'tire) *vi* faint.

trampoli ('trampoli) *nm pl* stilts.

trampolino (trampo'lino) *nm* 1 springboard. 2 diving board.

tranello (tra'nello) *nm* trap, plot.

trangugiare (trangu'dʒare) *vt* bolt, gulp down.

tranne ('tranne) *prep* except.

tranquillo (tran'kwillo) *adj* calm, peaceful, still. **tranquillità** *nf* calm, stillness.

transatlantico (transa'tlantiko) *adj* transatlantic. *nm* liner.

transitivo (transi'tivo) *adj* transitive.

transito ('transito) *nm* passage, transit.

transizione (transit'tsjone) *nf* transition.

tranvai (tran'vai) *nm invar* tram.

tranvia (tran'via) *nf* 1 tramway. 2 tram.

trapanare (trapa'nare) *vt* drill.

trapano ('trapano) *nm* drill.

trapelare (trape'lare) *vi* 1 trickle. 2 leak out.

trapezio (tra'pɛttsjo) *nm* trapeze.

trapiantare (trapjan'tare) *vt* transplant. **trapianto** *nm* transplant.

trappola ('trappola) *nf* trap.

trarre* ('trarre) *vt* 1 drag, pull, draw. 2 throw. 3 obtain.

trasalire (trasa'lire) *vi* start, jump.

trasandare (trazan'dare) *vt* neglect. **trasandato** *adj* slovenly.

trascinare (traʃʃi'nare) *vt* drag, pull.

trascorrere* (tras'korrere) *vt* 1 spend, pass. 2 go through quickly (a book, etc.). *vi* pass.

trascurare (trasku'rare) *vt* 1 neglect. 2 ignore. **trascurato** *adj* 1 neglected. 2 careless.

trasferire (trasfe'rire) *vt* transfer, move. **trasferirsi** *vr* move. **trasferimento** *nm* transfer.

trasformare (trasfor'mare) *vt* change, transform. **trasformazione** *nf* transformation.

trasfusione (trasfu'zjone) *nf* transfusion.

trasgredire (trazgre'dire) *vt* infringe, violate.

traslocare (trazlo'kare) *vt,vi* move. **trasloco** (traz'lɔko) *nm* removal. **fare trasloco** move house.

trasmettere* (traz'mettere) *vt* 1 transmit. 2 send. **trasmissione** *nf* 1 transmission. 2 programme, broadcast.

trasognato (trasoɲ'ɲato) *adj* dreamy.

trasparente (traspa'rente) *adj* transparent.

traspirare (traspi'rare) *vi* 1 perspire. 2 leak out. **traspirazione** *nf* perspiration.

trasportare (traspor'tare) *vt* transport. **trasporto** (tras'pɔrto) *nm* transport.

trassi ('trassi) v see **trarre**.
trastullare (trastul'lare) vt amuse. **trastullo** nm toy.
trasudare (trasu'dare) vi sweat.
trattare (trat'tare) vt 1 treat. 2 deal with, discuss. vi deal with, be about. **trattarsi di** v imp be a matter of. **trattativa** nf negotiation. **trattato** nm 1 treatise. 2 treaty.
trattenere* (tratte'nere) vt 1 keep or hold back. 2 detain, keep waiting. 3 entertain. **trattenersi** vr 1 remain, stay. 2 restrain oneself.
tratto[1] ('tratto) v see **trarre**.
tratto[2] ('tratto) nm 1 line, stroke. 2 stretch, space. 3 passage (in a book). 4 feature. **a un tratto** all of a sudden.
trattore (trat'tore) nm tractor.
trattoria (tratto'ria) nf restaurant.
trauma ('trauma) nm trauma.
travagliare (travaʎ'ʎare) vt trouble. **travaglio** nm 1 toil. 2 suffering.
travasare (trava'zare) vt decant.
trave ('trave) nf beam, rafter.
traversare (traver'sare) vt cross. **traversa** nf crossbar. **traversata** nf crossing.
traverso (tra'verso) adj oblique. **di traverso** askance. 2 amiss, the wrong way.
travestire (traves'tire) vt disguise. **travestimento** nm disguise.
travisare (travi'zare) vt distort, falsify.
travolgere* (tra'voldʒere) vt 1 overturn, upset. 2 overthrow.
tre (tre) adj three. nm or f three. **trecento** (tre'tʃento) adj three hundred. nm 1 three hundred. 2 fourteenth century.
trebbiare (treb'bjare) vt thresh.
treccia ('trettʃa) nf plait.

tredici ('treditʃi) adj thirteen. nm or f thirteen. **tredicesimo** adj thirteenth.
tregua ('tregwa) nf 1 truce. 2 respite.
tremare (tre'mare) vt 1 tremble, shake. 2 shiver.
tremendo (tre'mendo) adj awful, fearful.
trementina (tremen'tina) nf turpentine.
tremito ('tremito) nm shiver, shudder.
tremolare (tremo'lare) vi quiver.
tremore (tre'more) nm tremor.
treno ('treno) nm train. **treno di vita** way of life.
trenta ('trenta) adj,nm thirty. **trentesimo** adj thirtieth.
trespolo ('trespolo) nm trestle.
triangolo (tri'angolo) nm triangle. **triangolare** adj triangular.
tribolare (tribo'lare) vt torment.
tribordo (tri'bordo) nm starboard.
tribù (tri'bu) nf invar tribe. **tribale** adj tribal.
tribuna (tri'buna) nf 1 platform. 2 gallery. 3 sport stand. **tribunale** nm 1 court. 2 tribunal.
tricheco (tri'keko) nm walrus.
triciclo (tri'tʃiklo) nm tricycle.
trifoglio (tri'fɔʎʎo) nm 1 clover. 2 shamrock.
triglia ('triʎʎa) nf red mullet.
trillare (tril'lare) vi 1 trill. 2 vibrate. **trillo** nm 1 ring. 2 trill.
trilogia (trilo'dʒia) nf trilogy.
trimestre (tri'mestre) nm term.
trina ('trina) nf lace.
trincare (trin'kare) vt drink greedily.
trincea (trin'tʃea) nf trench.
trinciare (trin'tʃare) vt cut up, mince.
trinità (trini'ta) nf trinity.

trio ('trio) *nm* trio.

trionfare (trion'fare) *vi* triumph. **trionfale** *adj* triumphal. **trionfo** *nm* 1 triumph. 2 *game* trumps.

triplice ('triplitʃe) *adj* triple.

tripode ('tripode) *nm* tripod.

trippa ('trippa) *nf* tripe.

triregno (tri'reɲɲo) *nm* papal tiara.

triste ('triste) *adj* sad. **tristezza** (tris'tettsa) *nf* sadness.

tristo ('tristo) *adj* bad, evil.

tritare (tri'tare) *vt* mince. **tritacarne** *nm invar* mincer. **tritatutto** *nm invar* slicer and shredder.

trittico ('trittiko) *nm* triptych.

trivellare (trivel'lare) *vt* drill. **trivella** (tri'vella) *nf* drill.

triviale (tri'vjale) *adj* low, vulgar.

trofeo (tro'fɛo) *nm* trophy.

trogolo ('trɔgolo) *nm* trough.

troia ('trɔja) *nf* sow.

tromba ('tromba) *nf* trumpet. **tromba d'aria** tornado. **trombone** *nm* trombone.

troncare (tron'kare) *vt* break or cut off, interrupt. **tronco** *nm* 1 trunk (of a tree or body). 2 section.

trono ('trono) *nm* throne.

tropico ('trɔpiko) *nm* tropic. **tropicale** *adj* tropical.

troppo ('trɔppo) *adj* 1 too much. 2 *pl* too many. *adv* too, too much. **di troppo** in the way.

trota ('trɔta) *nf* trout.

trottare (trot'tare) *vi* trot. **trotto** *nm* trot.

trotterellare (trotterel'lare) *vi* 1 trot along. 2 toddle.

trottola ('trɔttola) *nf* spinning top.

trovare (tro'vare) *vt* 1 find, discover. 2 meet. **andare a trovare** visit. **trovarsi** *vr* 1 be, be situated. 2 feel.

truccare (truk'kare) *vt* 1 disguise, make up. 2 cheat. **truccarsi** *vr* make oneself up. **trucco** *nm* 1 make-up. 2 trick.

truciolo ('trutʃolo) *nm* wood shaving.

truffare (truf'fare) *vt* swindle, cheat. **truffa** *nf* swindle, fraud. **truffatore** *nm* swindler.

truppa ('truppa) *nf* troop.

tu (tu) *pron 2nd pers m,f s fam* you. **dare del tu** use the familiar form of address. **tu stesso** *2nd pers s fam* yourself.

tua ('tua) *poss adj, poss pron* see **tuo.**

tuba ('tuba) *nf* 1 tuba. 2 top-hat.

tubare (tu'bare) *vi* coo.

tubercolosi (tuberko'lɔzi) *nf invar* tuberculosis.

tubo ('tubo) *nm* 1 pipe. 2 tube. **tubatura** *nf* piping. **tubetto** *nm* tube.

tue ('tue) *poss adj, poss pron* see **tuo.**

tuffare (tuf'fare) *vt* plunge, dip. **tuffarsi** *vr* dive, plunge. **tuffatore** *nm* diver. **tuffo** *nm* dive, plunge.

tulipano (tuli'pano) *nm* tulip.

tumore (tu'more) *nm* tumour.

tumulto (tu'multo) *nm* uproar, tumult.

tunica ('tunika) *nf* tunic.

tuo, tua, tuoi, tue ('tuo, 'tua, 'twɔi, 'tue) *poss adj 2nd pers s fam* your. *poss pron 2nd pers s fam* yours.

tuoi ('twɔi) *poss adj, poss pron* see **tuo.**

tuono ('twono) *nm* thunder. **tuonare** *vi* thunder.

tuorlo ('twɔrlo) *nm* egg yolk.

turare (tu'rare) *vt* stop, plug, cork.

turba ('turba) *nf* mob, crowd.

turbante (tur'bante) *nm* turban.

turbare (tur'bare) *vt* trouble,

worry, disturb. **turbarsi** *vr* become agitated. **turbamento** *nm* disturbance.

turbina (tur'bina) *nf* turbine.

turbine ('turbine) *nm* 1 whirlwind. 2 hurricane.

turchese (tur'kese) *adj,nf* turquoise.

Turchia (tur'kia) *nf* Turkey. **turco** *adj* Turkish. *nm* 1 Turk. 2 Turkish (language).

turchino (tur'kino) *adj* dark blue.

turismo (tu'rizmo) *nm* tourism. **turista** *nm* tourist. **turistico** (tu'ristiko) *adj* touristic.

turlupinare (turlupi'nare) *vt* cheat.

turno ('turno) *nm* turn. **di turno** on duty.

tuta ('tuta) *nf* overalls.

tutela (tu'tela) *nf* guardianship. **tutore** *nm* guardian.

tutto ('tutto) *adj* 1 all. 2 *pl* each, every. *pron* 1 all, everything. 2 *pl* all, everyone. **del tutto** completely. **innanzi tutto** first of all. **tutt'al più** at very most. **tutt'altro!** on the contrary! **tutti e due** both. **tutto il giorno** the whole day. **tuttavia** *conj* yet, nevertheless.

U

ubbia (ub'bia) *nf* whim.

ubbidire (ubbi'dire) *vt,vi* obey. **ubbidiente** (ubbi'djente) *adj* obedient. **ubbidienza** (ubbi'djentsa) *nf* obedience.

ubriacare (ubria'kare) *vt* intoxicate. **ubriacarsi** *vr* get drunk. **ubriachezza** (ubria'kettsa) *nf* drunkenness. **ubriaco** *adj* drunk. **ubriacone** *nm* drunkard.

uccello (ut'tʃello) *nm* bird. **uccelliera** (uttʃel'ljera) *nf* aviary.

uccidere* (ut'tʃidere) *vt* kill.

uccisi (ut'tʃizi) *v* see **uccidere**.

ucciso (ut'tʃizo) *v* see **uccidere**. *adj* killed. *nm* victim. **uccisione** *nf* killing, murder. **uccisore** *nm* killer, murderer.

udire* (u'dire) *vt* hear. **udibile** (u'dibile) *adj* audible. **udienza** (u'djentsa) *nf* 1 hearing, sitting. 2 audience, interview. **udito** *nm* hearing. **uditore** *nm* listener. **uditorio** (udi'torjo) *nm* audience.

uffa ('uffa) *interj* what a bore!

ufficio (uf'fitʃo) *nm* 1 office. 2 department. **ufficio postale** post office. **ufficiale** *adj* official. *nm* official, officer.

ufo ('ufo) **a ufo** *adv* free, for nothing.

uggia ('uddʒa) *nf* dislike.

uggiolare (uddʒo'lare) *vi* whine.

ugola ('ugola) *nf* uvula.

uguagliare (ugwaʎ'ʎare) *vt* make even or equal, equalize. **uguagliarsi** *vr* be equal. **uguaglianza** *nf* equality.

uguale (u'gwale) *adj* 1 equal. 2 alike, identical. **per me è uguale** it's all the same to me. **ugualmente** *adv* likewise.

ulcera ('ultʃera) *nf* ulcer.

uliva (u'liva) *nf* olive.

ulteriore (ulte'rjore) *adj* further, ulterior.

ultimo ('ultimo) *adj* last, final, latest. **ultimatum** *nm invar* ultimatum.

ultravioletto (ultravio'letto) *adj* ultraviolet.

ululare (ulu'lare) *vi* howl. **ululo** ('ululo) *nm* howl, howling.

umanesimo (uma'nezimo) *nm* humanism. **umanista** *nm* humanist.

umanitario (umani'tarjɔ) *adj* humanitarian.

umano (u'mano) *adj* 1 human. 2 humane. **umanista** *nm* humanist. **umanità** nf humanity.

umbilico (umbi'liko) nm navel.

umido ('umido) adj damp, wet. nm 1 dampness, damp. 2 stew.

umidità nf dampness.

umile ('umile) adj humble. **umiltà** nf humility.

umiliare (umi'ljare) vt humiliate, humble. **umiliante** adj humiliating. **umiliazione** nf humiliation.

umore (u'more) nm mood, humour. **umorismo** nm humour. **umoristico** (umo'ristiko) adj funny, humorous.

un (un) see **uno**.

una ('una) see **uno**.

unanime (u'nanime) adj unanimous. **unanimità** nf unanimity.

uncino (un'tʃino) nm hook. **uncinetto** nm crochet hook. **lavorare all'uncinetto** crochet.

undici ('unditʃi) adj eleven. nm or f eleven. **undicesimo** adj eleventh.

ungere* ('undʒere) vt grease, oil. **ungere le ruote** grease someone's palm. **ungersi** vr dirty oneself with grease.

Ungheria (unge'ria) nf Hungary. **ungherese** (unge'rese) adj,n Hungarian. nm Hungarian (language).

unghia ('ungja) nf 1 nail. 2 claw, talon. **unghiata** nf scratch.

unguento (un'gwento) nm ointment.

unico ('uniko) adj 1 sole, only. 2 unique. **unicamente** adv only.

unicorno (uni'korno) nm unicorn.

unificare (unifi'kare) vt unify. **unificazione** nf unification.

uniforme (uni'forme) adj uniform, even. nf uniform. **uniformità** nf uniformity.

unire (u'nire) vt join, unite, connect. **unione** nf union. **unito** adj united.

unità (uni'ta) nf 1 unity. 2 unit.

università (universi'ta) nf university. **universitario** adj university. nm university student or teacher.

universo (uni'verso) nm universe. **universale** adj universal.

uno, un, una ('uno, un, 'una) adj one. indef art a, an. pron one, someone. **a uno a uno** one by one. **l'un l'altro** one another.

unto ('unto) adj greasy, oily. nm grease. **untuoso** (untu'oso) adj greasy, oily.

uomo ('womo) nm, pl **uomini** man.

uopo ('wopo) nm need.

uovo ('wovo) nm, pl **uova** f egg. **uova strapazzate** scrambled eggs. **uovo affogato** poached egg.

uragano (ura'gano) nm hurricane.

uranio (u'ranjo) nm uranium.

Urano (u'rano) nm Uranus.

urbano (ur'bano) adj 1 urban, city. 2 urbane. **urbanistica** (urba'nistika) nf town planning.

urgente (ur'dʒente) adj urgent. **urgenza** (ur'dʒentsa) nf urgency. **d'urgenza** urgently.

urinare (uri'nare) vi urinate. **urina** nf urine.

urlare (ur'lare) vi shout, howl. **urlata** nf howl. **urlo** nm, pl **urli** m or **urla** f howl.

urna ('urna) nf 1 urn. 2 ballot-box.

urrà (ur'ra) interj hurrah!

urtare (ur'tare) vt knock against, bump into, run into. **urtarsi** vr 1 become annoyed. 2 collide. **urtata** nf shove. **urto** nm 1 collision, crash. 2 push. 3 clash.

usare (u'zare) *vi* **1** be accustomed. **2** be in fashion. *vt* use, employ. **usabile** (u'zabile) *adj* usable. **usanza** (u'zantsa) *nf* custom, habit. **usato** *adj* used, worn, secondhand. *nm* usual. **uso** *nm* **1** use. **2** custom. **usuale** *adj* usual.

uscio ('uʃʃo) *nm* door. **usciere** (uʃ'ʃɛre) *nm* usher.

uscire* (uʃ'ʃire) *vi* **1** go or come out, leave. **2** appear, be published. **uscita** (uʃ'ʃita) *nf* **1** exit, way out. **uscita di sicurezza** emergency exit.

usignolo (uziɲ'ɲɔlo) *nm* nightingale.

ussaro ('ussaro) *nm* hussar.

ustionare (ustjo'nare) *vt* burn. **ustione** *nf* burn.

usura (u'zura) *nf* usury. **usuraio** *nm* usurer.

usurpare (uzur'pare) *vt* usurp.

utensile (uten'sile) *nm* utensil, tool.

utente (u'tɛnte) *nm* user.

utero ('utero) *nm* womb.

utile ('utile) *adj* useful. *nm* gain, profit. **utilità** *nf* usefulness. **utilitario** *adj* utilitarian. **utilizzare** (utilid'dzare) *vt* use, utilize.

uva ('uva) *nf* grape. **uva passa** raisin. **uva secca** currant. **uva spina** gooseberry.

V

va' (va) *v* imperative form of **andare**.

vacante (va'kante) *adj* vacant.

vacanza (va'kantsa) *nf* **1** holiday. **2** vacancy. **andare in vacanza** go on holiday.

vacca ('vakka) *nf* cow.

vaccinare (vattʃi'nare) *vt* vaccinate. **vaccino** *nm* vaccine.

vacillare (vatʃil'lare) *vi* **1** stagger. **2** hesitate.

vacuo ('vakuo) *adj* empty.

vada ('vada) *v* imperative form of **andare**.

vadano ('vadano) *v* imperative form of **andare**.

vado ('vado) *v* see **andare**.

vagabondare (vagabon'dare) *vi* wander, roam. **vagabondaggio** *nm* vagrancy. **vagabondo** *adj* vagabond, wandering. *nm* tramp.

vagare (va'gare) *vi* wander.

vaghezza (va'gettsa) *nf* vagueness.

vagina (va'dʒina) *nf* vagina.

vagire (va'dʒire) *vi* (of a newborn baby) cry.

vaglia[1] ('vaʎʎa) *nf* worth.

vaglia[2] ('vaʎʎa) *nm invar* money order. **vaglia postale** postal order.

vagliare (vaʎ'ʎare) *vt* sift. **vaglio** *nm* sieve.

vago ('vago) *adj* vague.

vagone (va'gone) *nm* **1** wagon, truck. **2** carriage. **vagone letto** sleeping-car. **vagone**

vai ('vai) *v* see **andare**.

vaiolo (va'jɔlo) *nm* smallpox.

valanga (va'langa) *nf* avalanche.

valere* (va'lere) *vi* **1** be worth. **2** be equal or correspond to. **non vale!** it does not count! **vale a dire** that is to say. **valersi** *vr* make use of. **valevole** (va'levole) *adj* valid. **validità** *nf* validity. **valido** ('valido) *adj* valid.

valgo ('valgo) *v* see **valere**.

valicare (vali'kare) *vt* cross. **valico** ('valiko) *nm* pass.

valigia (va'lidʒa) *nf* suitcase. **fare le valigie** pack. **valigeria** *nf* leather goods shop.

valle ('valle) *nf also* **vallata** valley.

valletto (val'letto) *nm* valet.

valore (va'lore) *nm* **1** value, worth. **2** courage, valour. **3** valuables. **4** *pl* shares. **mettere in valore** bring out. **va-**

lorizzare (valorid'dzare) *vt* **1** make the most of, exploit.
valoroso (valo'roso) *adj* valiant.
valutare (valu'tare) *vt* **1** value. **2** estimate. **valuta** *nf* **1** currency, money. **2** value. **valutazione** *nf* estimate.
valvola ('valvola) *nf* **1** valve. **2** electric fuse.
valzer ('valtser) *nm invar* waltz.
vampa ('vampa) *nf* **1** blaze, flame. **2** flush.
vampiro (vam'piro) *nm* vampire.
vandalo ('vandalo) *nm* vandal. **vandalismo** *nm* vandalism.
vaneggiare (vaned'dʒare) *vi* rave.
vanesio (va'nɛzjo) *adj* vain.
vangare (van'gare) *vt* dig. **vanga** *nf* spade.
vangelo (van'dʒelo) *nm* gospel.
vaniglia (va'niʎʎa) *nf* vanilla.
vanno ('vanno) *v see* **andare**.
vano ('vano) *adj* **1** useless, vain. **2** vain, conceited. **vanità** *nf* vanity. **vanitoso** (vani'toso) *adj* vain.
vantaggio (van'taddʒo) *nm* advantage. **vantaggioso** (vantad'dʒoso) *adj* advantageous.
vantare (van'tare) *vt* boast of. **vantarsi** *vr* boast. **vantatore** *nm* boaster.
vapore (va'pore) *nm* **1** steam, vapour. **2** steamer. **vaporetto** *nm* steamboat. **vaporizzatore** (vaporiddza'tore) *nm* spray, atomizer.
varare (va'rare) *vt* launch. **varo** *nm* launching.
varcare (var'kare) *vt* go beyond, cross. **varco** *nm* way, passage.
variare (va'rjare) *vt,vi* vary, alter. **variabile** (va'rjabile) *adj* variable, changeable. **variante** *nf* variant. **variazione** *nf* variation. **varietà** *nf* variety.

varicella (vari'tʃɛlla) *nf* chickenpox.
varicoso (vari'koso) *adj* varicose.
vario ('varjo) *adj* various.
varrò (var'rɔ) *v see* **valere**.
vasca ('vaska) *nf* **1** basin. **2** tank, tub.
vascello (vaʃ'ʃello) *nm* ship.
vasellame (vazel'lame) *nm* crockery, dishes.
vaso ('vazo) *nm* **1** vase. **2** jar. **3** pot.
vassoio (vas'sojo) *nm* tray.
vasto ('vasto) *adj* vast, spacious.
Vaticano (vati'kano) *nm* Vatican.
ve (ve) *pron 2nd pers m,f pl fam* you, to you. *adv* there.
vecchio ('vekkjo) *adj* old. **vecchiaia** *nf* old age. **vecchietto** *nm* old man.
vedere* (ve'dere) *vt,vi* see. **farsi vedere** appear. **non vedere l'ora di** look forward to. **vedersi** *vr* meet. **vedetta** *nf* look-out. **veduta** *nf* view.
vedova ('vedova) *nf* widow.
vedovo ('vedovo) *nm* widower.
vedrò (ve'drɔ) *v see* **vedere**.
veemente (vee'mente) *adj* vehement. **veemenza** (vee'mentsa) *nf* vehemence.
vegetare (vedʒe'tare) *vi* vegetate. **vegetariano** *nm* vegetarian. **vegetazione** *nf* vegetation.
vegliare (veʎ'ʎare) *vi* **1** stay awake. **2** attend, watch. **veglia** *nf* **1** vigil. **2** evening party. **veglione** *nm* masked ball.
veicolo (ve'ikolo) *nm* vehicle.
vela ('vela) *nf* sail. **veleggiare** *vi* sail. **veliero** (ve'ljero) *nm* sailing ship.
velare (ve'lare) *vt* **1** veil. **2** cover. **velo** *nm* veil.

veleno (ve'leno) *nm* poison. **velenoso** (vele'noso) *adj* poisonous.

velino (ve'lino) *adj* vellum. **carta velina** *nf* tissue paper.

velivolo (ve'livolo) *nm* aircraft.

velleità (vellei'ta) *nf* empty wish.

vellicare (velli'kare) *vt* 1 tickle. 2 stimulate.

vello ('vello) *nm* 1 fleece. 2 *zool* coat.

velluto (vel'luto) *nm* velvet. **vellutato** *adj* velvet.

veloce (ve'lotʃe) *adj* quick, rapid, fast. **velocità** *nf* speed.

velodromo (ve'lɔdromo) *nm* cycle track.

veltro ('veltro) *nm* greyhound.

vena ('vena) *nf* vein. **venato** *adj* veined.

vendemmiare (vendem'mjare) *vt* harvest (grapes). *vi* gather in the harvest. **vendemmia** *nf* wine harvest.

vendere ('vendere) *vt* sell. **venditore** *nm* seller.

vendetta (ven'detta) *nf* revenge.

vendicare (vendi'kare) *vt* revenge, avenge. **vendicativo** *adj* vindictive.

vendita ('vendita) *nf* sale. **in vendita** on sale.

venerare (vene'rare) *vt* worship, revere. **venerabile** (vene'rabile) *adj* venerable. **venerazione** *nf* veneration.

venerdì (vener'di) *nm* Friday. **venerdì santo** Good Friday.

Venere ('venere) *nf* Venus.

Venezia (ve'nɛttsja) *nf* Venice. **veneziano** *adj,n* Venetian.

vengo ('vengo) *v* see **venire**.

veniale (ve'njale) *adj* venial.

venire* (ve'nire) *vi* 1 come, arrive. 2 happen. **fare venire** send for. **venire a prendere** fetch. **venire bene/male** turn out well/badly. **venuta** *nf* coming, arrival.

venni ('venni) *v* see **venire**.

ventaglio (ven'taʎʎo) *nm* fan.

venti ('venti) *adj* twenty. *nm* or *f* twenty. **ventesimo** (ven'tezimo) *adj* twentieth. '

ventilare (venti'lare) *vt* ventilate. **ventilazione** *nf* ventilation.

vento ('vɛnto) *nm* wind. **ventoso** *adj* windy.

ventosa (ven'tosa) *nf* sucker.

ventre ('ventre) *nm* stomach, belly.

ventricolo (ven'trikolo) *nm* ventricle.

ventriloquo (ven'trilokwo) *nm* ventriloquist.

ventura (ven'tura) *nf* chance, fortune.

venturo (ven'turo) *adj* next, coming.

venusto (ve'nusto) *adj* beautiful.

verace (ve'ratʃe) *adj* true, real.

veranda (ve'randa) *nf* veranda.

verbo ('verbo) *nm* 1 verb. 2 word. **verbale** *adj* verbal, oral. *nm* minutes.

verde ('verde) *adj,nm* green. **essere al verde** be broke. **verdeggiare** *vi* turn green. **verdura** *nf* vegetables.

verdetto (ver'detto) *nm* verdict.

verecondo (vere'kondo) *adj* modest.

verga ('verga) *nf* rod.

vergine ('verdʒine) *nf* virgin. **verginità** *nf* virginity.

vergogna (ver'goɲɲa) *nf* shame. **che prova vergogna** ashamed. **vergognarsi** *vr* be ashamed. **vergognoso** (vergoɲ'ɲoso) *adj* 1 shameful. 2 bashful.

verificare (verifi'kare) *vt* verify, check. **verificarsi** *vr* happen. **verifica** (ve'rifika) *nf* check, inspection.

verme ('verme) *nm* worm. **vermicelli** (vermi'tʃelli) *nm pl* type of pasta.

vermiglio (ver'miʎʎo) *adj,nm* vermilion.

vermut ('vɛrmut) *nm invar* vermouth.

vernaccia (ver'nattʃa) *nf* type of white wine.

verniciare (verni'tʃare) *vt* varnish, paint. **vernice** *nf* paint, varnish.

vero ('vero) *adj* true, real. **verità** *nf* truth.

verosimile (vero'simile) *adj* probable.

verricello (verri'tʃɛllo) *nm* winch.

verro ('vɛrro) *nm* boar.

verrò (ver'rɔ) *v* see **venire**.

versare (ver'sare) *vt* 1 pour. 2 spill. 3 deposit. **versarsi** *vr* spill. **versamento** *nm* 1 deposit. 2 payment.

versatile (ver'satile) *adj* versatile. **versatilità** *nf* versatility.

versione (ver'sjone) *nf* 1 version. 2 translation.

verso[1] ('vɛrso) *nm* 1 verse. 2 line.

verso[2] ('vɛrso) *nm* reverse (of a coin, etc.).

verso[3] ('vɛrso) *prep* towards.

vertebrato (verte'brato) *adj, nm* vertebrate.

verticale (verti'kale) *adj* vertical.

vertice ('vertitʃe) *nm* summit, top.

vertigine (ver'tidʒine) *nf* dizziness. **avere le vertigini** feel dizzy. **vertiginoso** (vertidʒi'noso) *adj* dizzy.

vescica (veʃ'ʃika) *nf* bladder.

vescovo ('veskovo) *nm* bishop.

vespa ('vɛspa) *nf* 1 wasp. 2 *Tdmk* scooter.

vestaglia (ves'taʎʎa) *nf* dressing-gown.

vestibolo (ves'tibolo) *nm* hall, foyer.

vestigio (ves'tidʒo) *nm* trace.

vestire (ves'tire) *vt* dress, clothe. **veste** ('veste) *nf* dress, clothing. **vestiario** (ves'tjarjo) *nm* clothing. **vestito** *nm* 1 dress. 2 suit. 3 *pl* clothes.

veterano (vete'rano) *adj,nm* veteran.

veterinario (veteri'narjo) *nm* veterinary surgeon, vet.

veto ('veto) *nm* veto.

vetro ('vetro) *nm* glass. **vetro stratificato** *nm* laminated glass. **vetraio** *nm* glazier. **vetrata** *nf* glass door or window. **vetrina** *nf* 1 shopwindow. 2 glass case.

vetta ('vetta) *nf* summit.

vettovaglie (vetto'vaʎʎe) *nf pl* food supplies.

vettura (vet'tura) *nf* carriage, coach.

vezzeggiare (vettsed'dʒare) *vt* fondle. **vezzo** *nm* 1 habit. 2 affection. 3 *pl* charms. **vezzoso** (vet'tsoso) *adj* pretty.

vi (vi) *pron* 2nd pers m,f pl fam you, to you. *adv* there.

via[1] ('via) *nf* 1 street, road. 2 way. **per via aerea** airmail. **via di mezzo** middle course. **viale** *nm* avenue.

via[2] ('via) *adv* away.

viadotto (via'dotto) *nm* viaduct.

viaggiare (viad'dʒare) *vi* travel. **viaggiatore** *nm* traveller, passenger. **commesso viaggiatore** *nm* salesman. **viaggio** *nm* journey.

Via Lattia *nf* Milky Way.

viandante (vian'dante) *nm* wayfarer.

viavai (via'vai) *nm invar* bustle.

vibrare (vi'brare) *vi* vibrate, quiver. **vibrante** *adj* vibrant. **vibrazione** *nf* vibration.

vicario (vi'karjo) *nm* vicar.

viceconsole (vitʃe'kɔnsole) *nm* vice-consul.

vicedirettore (vitʃediret'tore) *nm* assistant manager.

vicenda (vi'tʃɛnda) *nf* event. **a vicenda** in turn.

vicepresidente (vitʃepresi'dɛn-te) *nm* vice-president.

viceversa (vitʃe'vɛrsa) *adv* vice versa.

vicino (vi'tʃino) *adj* near, neighbouring. *nm* neighbour. *adv* close by. **vicino a** near.

vicinato *nm* neighbourhood.

vicinanza *nf* 1 vicinity. 2 *pl* neighbourhood.

vicolo ('vikolo) *nm* alley.

video ('video) *nm* video.

vidi ('vidi) *v* see **vedere.**

vidimare (vidi'mare) *vt* stamp, authenticate.

vieni ('vjeni) *v* see **venire.**

vietare (vje'tare) *vt* forbid, prohibit.

vigilare (vidʒi'lare) *vt* watch over. **vigilante** *adj* watchful.

vigilanza *nf* vigilance. **vigile** ('vidʒile) *adj* watchful. *nm* policeman. **vigile del fuoco** fireman. **vigilia** *nf* 1 eve. 2 vigil.

vigliacco (viʎ'ʎakko) *adj* cowardly. *nm* coward. **vigliaccheria** *nf* cowardice.

vigna ('viɲɲa) *nf* 1 vineyard. 2 vine. **vigneto** (viɲ'ɲeto) *nm* vineyard.

vignetta (viɲ'ɲetta) *nf* cartoon.

vigore (vi'gore) *nm* strength, force. **entrare in vigore** come into force. **vigoroso** (vigo'roso) *adj* vigorous.

vile ('vile) *adj* low, mean, base.

villa ('villa) *nf* villa, country house.

villaggio (vil'laddʒo) *nm* village.

villano (vil'lano) *adj* rude. *nm* 1 peasant. 2 boor.

villeggiare (villed'dʒare) *vi* go on holiday. **villeggiante** *nm* holiday-maker. **villeggiatura** *nf* holiday.

viltà (vil'ta) *nf* 1 cowardice. 2 meanness.

viluppo (vi'luppo) *nm* tangle.

vimini ('vimini) *nm pl* wicker.

vincere* ('vintʃere) *vt* 1 win. 2 conquer. 3 beat. *vi* win. **vincersi** *vr* keep one's self-control. **vincitore** *nm* winner.

vincolare (vinko'lare) *vt* bind. **vincolo** ('vinkolo) *nm* bond, tie.

vino ('vino) *nm* wine.

viola[1] (vi'ɔla) *nf bot* violet. *adj,nm* violet, mauve.

viola[2] (vi'ɔla) *nf* viola.

violare (vio'lare) *vt* violate.

violentare (violen'tare) *vt* 1 force. 2 violate, rape. **violento** (vio'lento) *adj* violent. **violenza** (vio'lentsa) *nf* violence.

violetta (vio'letta) *nf* violet.

violino (vio'lino) *nm* violin.

violoncello (violon'tʃello) *nm* cello.

viottolo (vi'ɔttolo) *nm* track, path.

vipera ('vipera) *nf* viper.

virgola ('virgola) *nf* comma. **virgolette** *nf pl* inverted commas.

virile (vi'rile) *adj* virile, manly. **virilità** *nf* virility, manhood.

virtù (vir'tu) *nf* virtue. **virtuoso** (virtu'oso) *adj* virtuous. *nm* virtuoso.

virulento (viru'lento) *adj* virulent.

virus ('virus) *nm invar* virus.

viscere ('viʃʃere) *nm* anat organ. *nf pl* bowels.

vischio ('viskjo) *nm* mistletoe.

visconte (vis'konte) *nm* viscount.

viscoso (vis'koso) *adj* sticky, viscous.

visibile (vi'zibile) *adj* visible. **visibilità** *nf* visibility.

visiera (vi'zjera) *nf* visor.

visione (vi'zjone) *nf* vision.

visitare (vizi'tare) *vt* 1 visit. 2 *med* examine. 3 inspect. **visita** ('vizita) *nf* 1 visit. 2 examination. **visitatore** *nm* visitor.

visivo (vi'zivo) *adj* visual.

viso ('vizo) *nm* face.

vispo ('vispo) *adj* lively.

vissi ('vissi) *v* see **vivere**.

vissuto (vis'suto) *v* see **vivere**.

vista ('vista) *nf* 1 sight. 2 view.

visto ('visto) *v* see **vedere**. *nm* visa.

vistoso (vis'toso) *adj* showy, striking.

visuale (vizu'ale) *adj* visual.

vita[1] ('vita) *nf* life. **vitale** *adj* vital. **vitalità** *nf* vitality.

vita[2] ('vita) *nf* waist.

vitamina (vita'mina) *nf* vitamin.

vite[1] ('vite) *nf* vine.

vite[2] ('vite) *nf* screw.

vitello (vi'tello) *nm* 1 calf. 2 veal.

vittima ('vittima) *nf* victim.

vitto ('vitto) *nm* food. **vitto e alloggio** board and lodging.

vittoria (vit'tɔrja) *nf* victory. **vittorioso** (vitto'rjoso) *adj* victorious.

vituperare (vitupe'rare) *vt* insult, disgrace. **vituperio** (vitu'perjo) *nm* 1 shame. 2 insult.

viva ('viva) *interj* hurrah! long live.

vivace (vi'vatʃe) *adj* 1 lively. 2 bright. **vivacità** *nf* liveliness.

vivaio (vi'vajo) *nm* 1 fish pond. 2 *bot* nursery.

vivanda (vi'vanda) *nf* food.

vivere* ('vivere) *vi,vt* live.

viveri (vi'veri) *nm pl* supplies, victuals.

vivido ('vivido) *adj* vivid.

vivisezione (viviset'tsjone) *nf* vivisection.

vivo ('vivo) *adj* 1 alive, living. 2 lively. 3 bright.

viziare (vit'tsjare) *vt* spoil. **viziato** *adj* spoilt.

vizio ('vittsjo) *nm* 1 bad habit, vice. 2 defect. **vizioso** (vit'-

tsjoso) *adj* 1 depraved. 2 defective. **circolo vizioso** *nm* vicious circle.

vizzo ('vittso) *adj* withered.

vocabolo (vo'kabolo) *nm* word. **vocabolario** *nm* 1 dictionary. 2 vocabulary.

vocale (vo'kale) *adj* vocal. *nf* vowel.

vocazione (vokat'tsjone) *nf* vocation.

voce ('votʃe) *nf* voice.

vociare (vo'tʃare) *vi* shout.

vodka ('vɔdka) *nf* vodka.

vogare (vo'gare) *vi* row. **voga** *nf* 1 rowing. 2 fashion, vogue. **vogatore** *nm* oarsman.

voglia ('vɔʎʎa) *nf* wish, desire. **di buona/mala voglia** willingly/unwillingly.

voglio (vɔʎʎo) *v* see **volere**.

voi ('voi) *pron* 2nd pers *m,f pl fam* you. **voialtri** (vo'jaltri) *pron* 2nd pers *m,f pl fam* you. **voi stesse** *pron* 2nd pers *pl fam* yourselves.

volano (vo'lano) *nm* shuttlecock.

volare (vo'lare) *vi* fly. **volante** *adj* flying. *nm* steering wheel. **volantino** *nm* leaflet. **volata** *nf* flight.

volatile (vo'latile) *adj* volatile. **volatilità** *nf* volatility.

volentieri (volen'tjeri) *adv* willingly.

volere* (vo'lere) *vt* 1 want, wish. 2 demand, require. **voler bene a** love. **volerci** be necessary. **voler dire** mean. ~ *nm* will.

volgare (vol'gare) *adj* vulgar, common. **volgarità** *nf* vulgarity.

volgere* ('vɔldʒere) *vt,vi* turn. **volgersi** *vr* turn round.

volgo ('volgo) *nm* common people.

volli ('volli) *v* see **volere**.

volo ('volo) *nm* flight.

volontà (volon'ta) *nf* will. **volontario** *adj* voluntary. *nm* volunteer. **volonteroso** (volonte'roso) *adj* willing.
volpe ('volpe) *nf* fox.
volsi ('volsi) *v* see **volgere**.
volta[1] ('volta) **1** time. **2** turn. **a volte** sometimes. **una volta** once.
volta[2] ('volta) *nf arch* vault.
voltaggio (vol'taddʒo) *nm* voltage.
voltare (vol'tare) *vt,vi* turn. **voltarsi** *vr* turn round. **voltata** *nf* turn, turning.
volteggiare (volted'dʒare) *vi* **1** fly about. **2** vault.
volto[1] ('volto) *v* see **volgere**.
volto[2] ('volto) *nm* face.
volubile (vo'lubile) *adj* fickle, changeable.
volume (vo'lume) *nm* volume. **voluminoso** (volumi'noso) *adj* bulky.
voluttuoso (voluttu'oso) *adj* voluptuous.
vomitare (vomi'tare) *vt,vi* vomit. **vomito** ('vomito) *nm* vomit.
vorace (vo'ratʃe) *adj* greedy, voracious. **voracità** *nf* greed.
voragine (vo'radʒine) *nf* chasm.
vorrò (vor'rɔ) *v* see **volere**.
vortice ('vortitʃe) *nm* whirl.
vostro ('vostro) *poss adj 2nd pers pl fam* your. *poss pron 2nd pers pl fam* yours.
votare (vo'tare) *vi* vote. **votante** *nm* voter. **votazione** *nf* voting, vote. **voto** *nm* **1** vow. **2** vote. **3** mark.
vulcano (vul'kano) *nm* volcano. **vulcanico** (vul'kaniko) *adj* volcanic.
vulnerabile (vulne'rabile) *adj* vulnerable.
vuoi ('vwɔi) *v* see **volere**.
vuole ('vwɔle) *v* see **volere**.
vuotare (vwo'tare) *vt* empty. **vuoto** ('vwɔto) *adj* empty. *nm* empty space, vacuum.

X

xenofobia (ksenofo'bia) *nf* xenophobia.
xeres ('kseres) *nm invar* sherry.
xerocopiare (kseroko'pjare) *vt* photocopy. **xerocopia** (ksero'kɔpja) *nf* photocopy.
xilofono (ksi'lɔfono) *nm* xylophone.

Y

yacht (jɔt) *nm invar* yacht.
yoga ('jɔga) *nm* yoga.
yoghurt ('jɔgurt) *nm* yoghurt.

Z

zabaione (dzaba'jone) *nm* dessert made of eggs and marsala.
zacchera ('tsakkera) *nf* splash of mud.
zaffare (tsaf'fare) *vt* plug, stop up.
zafferano (dzaffe'rano) *nm* saffron.
zaffiro (dzaf'firo) *nm* sapphire.
zagara ('dzagara) *nf* orange blossom.
zaino ('dzaino) *nm* rucksack.
zampa ('tsampa) *nf* paw, leg.
zampillare (tsampil'lare) *vi* gush, spring. **zampillo** *nm* spurt.
zampogna (tsam'poɲɲa) *nf* bagpipe.
zana ('tsana) *nf* cradle.
zangola ('tsangola) *nf* churn.
zanna ('tsanna) *nf* tusk, fang.
zanzara (dzan'dzara) *nf* mosquito. **zanzariera** (dzandza-'rjera) *nf* mosquito net.
zappare (tsap'pare) *vt* hoe. **zappa** *nf* hoe.
zar (tsar) *nm* tsar. **zarina** *nf* tsarina.
zattera ('tsattera) *nf* raft.
zavorra (dza'vorra) *nf* ballast.
zazzera ('tsattsera) *nf* shock of hair.
zebra ('dzebra) *nf* zebra.

zecca ('tsekka) *nf* mint. **nuovo di zecca** *adj* brand-new.
zefiro ('dzefiro) *nm* zephyr.
zelo ('dzelo) *nm* zeal. **zelante** *adj* zealous.
zenit ('dzenit) *nm invar* zenith.
zenzero ('dzendzero) *nm* ginger.
zeppa ('tseppa) *nf* wedge.
zeppo ('tseppo) *adj* crammed, stuffed. **pieno zeppo** crammed full.
zerbino[1] (dzer'bino) *nm* dandy.
zerbino[2] (dzer'bino) *nm* doormat.
zero ('dzero) *nm* zero, nought.
zia ('tsia) *nf* aunt.
zibellino (dzibel'lino) *nm* sable.
zibetto (dzi'betto) *nm* civet.
zigomo ('dzigomo) *nm* cheekbone.
zigzag (dzig'dzag) *nm invar* zigzag. **camminare a zigzag** zigzag.
zimbello (tsim'bello) *nm* **1** decoy bird. **2** laughingstock.
zinco ('tsinko) *nm* zinc.
zingaro ('tsingaro) *nm* gipsy. **zingaresco** *adj* gipsy.
zio ('tsio) *nm* uncle.
zirlare (dzir'lare) *vi* chirp.
zitella (tsi'tella) *nf* spinster. **zitellona** *nf* old maid.
zittire (tsit'tire) *vt* silence.
zitto ('tsitto) *adj* quiet, silent. **stare zitto** be quiet.
zoccolo ('tsokkolo) *nm* **1** clog. **2** hoof.
zodiaco (dzo'diako) *nm* zodiac.

zolfo ('tsolfo) *nm* sulphur.
zolla ('dzolla) *nf* clod, tuft. **zolletta** *nf* sugar lump.
zona ('dzona) *nf* zone, area.
zonzo ('dzondzo) **andare a zonzo** *adv* wander about, stroll.
zoo ('dzoo) *nm invar* zoo.
zoologia (dzoolo'dʒia) *nf* zoology. **zoologico** (dzoo'lɔdʒiko) *adj* zoological. **giardino zoologico** *nm* zoo. **zoologo** (dzo'ɔlogo) *nm* zoologist.
zoppicare (tsoppi'kare) *vi* **1** limp. **2** be shaky. **zoppicante** *adj* **1** lame. **2** unsteady. **zoppo** ('tsɔppo) *adj* **1** lame. **2** wobbly, unsteady.
zotico ('dzɔtiko) *adj* rough, uncouth.
zucca ('tsukka) *nf* pumpkin. **zuccone** *nm* fool.
zucchero ('tsukkero) *nm* sugar. **zuccherare** *vt* to sugar. **zuccheriera** (tsukke'rjera) *nf* sugar bowl.
zucchino (tsuk'kino) *nm* courgette.
zuccotto (tsuk'kɔtto) *nm* iced sweet made of cream and chocolate.
zuffa ('tsuffa) *nf* scuffle.
zufolo ('tsufolo) *nm* whistle.
zulù (dzu'lu) *nm invar* Zulu.
zuppa ('tsuppa) *nf* soup. **zuppa inglese** *nf* trifle. **zuppiera** (tsup'pjera) *nf* soup tureen.

Stampato presso
GIUNTI INDUSTRIE GRAFICHE S.p.A.
Stabilimento di Prato, ottobre 1991